Hans-Günter Richardi
Schule der Gewalt

SERIE PIPER
Band 2057

Zu diesem Buch

Hans-Günter Richardi gibt einen dokumentarischen Bericht der beiden ersten Jahre des Konzentrationslagers Dachau. Sein Buch ist nicht nur ein Standardwerk zur Geschichte dieses Lagers. Es leistet auch einen entscheidenden Beitrag zur historischen Erforschung des Dritten Reiches, denn in Dachau wurden die Weichen gestellt für die Entwicklung des Systems der nationalsozialistischen Konzentrationslager. Dachau war das Vorbild aller Konzentrationslager.

Hans-Günter Richardi, geboren 1939 in Berlin. Ist Redakteur bei der »Süddeutschen Zeitung« in München und mit zahlreichen Publikationen zur Zeitgeschichte hervorgetreten.

Hans-Günter Richardi

Schule der Gewalt

Das Konzentrationslager Dachau

Piper
München Zürich

ISBN 3-492-12057-1
Februar 1995

Die Erstausgabe dieses Buches erschien 1983 in der
C.H. Beck'sche Verlagsbuchhandlung, München.
Umschlag: Federico Luci
Foto: Foto Sessner, Dachau
Satz: Georg Appl, Wemding
Druck und Bindung: Clausen & Bosse, Leck
Printed in Germany

Inhalt

Meiner Frau Christa gewidmet,
die mir bei meinen jahrelangen Nachforschungen
tatkräftig zur Seite stand.

Vorwort von Hermann Langbein

Die Literatur über die nationalsozialistischen Konzentrationslager ist schwer überschaubar; so viel wurde darüber geschrieben, zuerst und in erster Linie von Überlebenden, die sich verpflichtet fühlten, bekanntzumachen, was in Mitteleuropa im 20. Jahrhundert möglich geworden war, später auch von Wissenschaftlern, die sich um eine Darstellung der zeitgeschichtlichen Phänomene bemühen. Soll weiter über dieses Thema publiziert werden, mag sich mancher fragen.

Ja, es soll. Und ich wage die Voraussage: Es wird noch viel darüber geschrieben werden, sobald eine Generation ohne Scheu die ideologischen Wurzeln zu analysieren versucht, welche schließlich vom nationalsozialistischen Regime konsequent in die Praxis umgesetzt wurden – in eine Praxis, die man am deutlichsten eben in dessen Konzentrationslagern studieren kann, die schließlich ohne grundlegende Veränderung zu den Vernichtungsstätten weiterentwickelt werden konnten. Die inhumane Theorie des Sozialdarwinismus führte zu den Gaskammern. Das Wissen um diesen Zusammenhang hilft denjenigen, welche den Nationalsozialismus nicht selbst erlebt haben, die mörderische Wirkung des Giftes zu erkennen, die diesen Gedankengängen innewohnen.

Darum ist es zu begrüßen, wenn sich junge Menschen mit denjenigen Problemen befassen, welche in den nationalsozialistischen Konzentrationslagern manifest wurden. Und es ist sicher kein Zufall, daß verantwortungsbewußte Journalisten das tun, vor allem solche, die mit ihnen auch geographisch konfrontiert sind. So hat Toni Siegert viel Zeit und eigene Mittel investiert, um die Geschichte des Konzentrationslagers Flossenbürg zu rekonstruieren, in dessen unmittelbarer Nähe er wohnt und arbeitet – eines Lagers, das bis dahin kaum bekannt geworden war. Und so hat es Hans-Günter Richardi gewagt, die Geschichte des KZ Dachau darzustellen; er ist in der Stadt Dachau journalistisch tätig.

Die Aufgabe, die er sich gestellt hat, ist ungleich schwieriger als die seines Kollegen Siegert. Denn Dachau war das erste Konzentrationslager, es blieb das Musterlager im Sinn der SS, als immer mehr KZ's gegründet wurden und die Lager so erschreckend wuchsen, daß schließlich ein kaum mehr überseh-bares Netz von Lagern und Außenlagern das ganze Dritte Reich überzogen hat.

Richardi war daher wohl beraten, als er seine Arbeit unterteilte und vorerst eine Beschreibung der ersten beiden Jahre des KZ Dachau vorlegt. Sich der Verantwortung wohl bewußt, die mit dieser Aufgabe verbunden ist, recherchiert er gründlich und nützt die Möglichkeiten aus, die noch vorhanden sind, Überlebende zu befragen. Da in den Jahren 1933 und 1934 vor allem Bayern in Dachau interniert waren, kann Richardi die Zeugen der Zeit, in der in diesem KZ das System entwickelt wurde, das später auf alle weiteren Lager übertragen worden ist, unschwer erreichen, soweit sie noch leben.

Seinen sorgfältigen Nachforschungen gelingt es nicht nur, zahlreiche Episoden dieser Epoche zu beschreiben; er bemüht sich auch erfolgreich, die Morde zu rekonstruieren. Da in den ersten knappen neuneinhalb Monaten des Bestehens von Dachau 22 Menschen dort den Tod fanden, ist das möglich gewesen. Weiß man, daß in der schlimmsten Zeit – in den ersten Monaten des Jahres 1945 – im Tagesdurchschnitt mehr als 100 Häftlinge den Tod gefunden haben, dann versteht man, daß eine so detaillierte Studie nur für die erste Periode möglich ist.

„Schule der Gewalt" hat Richardi seine Arbeit genannt. Es ist zu wünschen, daß viele sie lesen und daß das Buch so aufgenommen wird, daß der Autor ermutigt wird, seine Studien über das Lager weiterzuführen, das den Namen der Stadt trägt, in der Richardi lebt und wirkt.

Wien, September 1982 *Hermann Langbein*

Vorwort des Verfassers

„Wenn Literatur, Geschichtsschreibung einen Sinn hat, dann diesen vor allem anderen: Vergessenes zurückzurufen, Verschollenes aufzuhalten, Verlorenes wiederzufinden.“ (Dietrich Strothmann in der Wochenzeitung „Die Zeit“ vom 12. Oktober 1979.)

Im Jahre 1975 traf ich zum erstenmal mit ehemaligen Häftlingen aus dem Konzentrationslager Dachau zusammen, die zur traditionellen Befreiungsfeier nach Dachau gekommen waren. Die Begegnung mit diesen Männern hat mich derart beeindruckt, daß ich mich damals entschloß, an die Erforschung der Geschichte des Konzentrationslagers heranzugehen.

Bis dahin war mir über das Konzentrationslager Dachau nur wenig bekannt. Vor allem hatte ich keine Vorstellung von den Gefangenen, die von den Nationalsozialisten hinter dem Stacheldraht festgehalten worden waren, von dem Leben im Lager und von der Geschichte des KL selbst. Die Forschung hatte es versäumt, die Betroffenen dazu anzuhören und nach Einzelheiten zu befragen, die es erst ermöglichen, ein genaues Bild von den Ereignissen in Dachau zu zeichnen.

Zwar gibt es zahlreiche Erlebnisberichte von ehemaligen Häftlingen, doch sind sie dem Historiker allein nur eine unzureichende Stütze. Denn diese Berichte sind aus dem Gedächtnis verfaßt, da es dem Gefangenen strengstens verboten war, im Lager Aufzeichnungen über die Geschehnisse im KL zu machen. Nur in wenigen Ausnahmefällen haben Gefangene unter Lebensgefahr bereits während der Haft Niederschriften angefertigt.

Die Berichte, die später in der Freiheit niedergelegt wurden, weisen oft Fehler und Widersprüche auf, die zum Teil deshalb entstanden sind, weil dem einzelnen Häftling meist der Überblick über das gesamte Lagergeschehen fehlte, er in der Regel auch nicht wußte, was in der Kommandantur vorging, und er leicht Gerüchten aufsaß, die im Lager verbreitet wurden.

Diese Erkenntnis bewog mich, nach solchen Überlebenden aus dem KL Dachau zu suchen, die auf Grund ihrer Stellung im Lager einen genaueren Überblick über die Vorgänge im Konzentrationslager hatten. Durch die gezielte Befragung dieser Leute glückte es mir in sieben Jahren, zu einem umfassenden Bild zu gelangen, das die Ereignisse in Dachau, wie ich meine, zuverlässig widerspiegelt. Bei meinen Interviews leitete mich auch die Sorge, daß angesichts des hohen Alters der meisten ehemaligen Dachau-Häftlinge keine Zeit zu verlieren war. Vieles wäre sonst unerforscht geblieben und von den Augenzeugen mit ins Grab genommen worden.

Neben den zahlreichen Häftlingsinterviews und den bereits bestehenden Veröffentlichungen zog ich für meine Arbeit auch Dokumente der SS-Führung, Unterlagen der Kommandantur in Dachau sowie Akten der Staatsanwaltschaft und Zeugenaussagen von Gefangenen und Bewachern vor Gericht heran, die ich dann mit meinen eigenen Recherchen zu einem Bild zusammenfügte. Ferner berücksichtigte ich, wie die Vorgänge im KL Dachau in der damaligen Presse wiedergegeben wurden.

Ursprünglich war es meine Absicht, die Gesamtgeschichte des KL Dachau in einem Band vorzulegen. Bei der Beschäftigung mit den Anfängen des Lagers mußte ich jedoch feststellen, daß es das umfangreiche Material, das ich in jahrelanger Arbeit zusammengetragen hatte, rechtfertigte, den Jahren 1933/34 ein eigenes Buch zu widmen, zumal in dieser Zeit die Weichen für die Entwicklung des gesamten KL-Systems gestellt wurden.

Mit dem vorliegenden Buch will ich aufzeigen, wie sofort mit dem Eintreffen der SS in Dachau der Terror begann und noch lange vor der „Reichskristallnacht" die ersten Juden das Opfer der Nationalsozialisten wurden. Zugleich war ich bemüht, auch den Menschen ihren festen Platz in der Geschichte des KL zuzuweisen, die noch versucht hatten, sich dem Terror der SS in den Weg zu stellen.

Ich möchte vor allem folgenden ehemaligen Dachau-Häftlingen danken, die mich bei meiner Arbeit unterstützt haben: Dr. Claus Bastian, Dr. Erich Braun, Alfred Haag, August Gattinger, Max Gorbach, Martin Grünwiedl, Hans Kaltenbacher, Otto Kohlhofer und Adolf Maislinger (alle in München) sowie Dr. Heinz Dietrich Feldheim (Krailling), Nikolaus Lehner (Dachau), Hans Popp (Winkelhaid), Georg Scherer (Dachau), Willi Schuster (Fürth), Richard Titze (Dachau), Walter Vielhauer (Heilbronn) und Karl Wagner (Karlsruhe).

Mein Dank gilt außerdem Centa Herker (München), der Witwe von Hans Beimler, und Luise Riemer (Nürnberg), der Witwe des ehemaligen Dachau-Häftlings Karl Riemer, die mir wichtige Informationen über den Lebenslauf ihrer Männer zukommen ließen.

Von Herzen danke ich auch der Leiterin der KZ-Gedenkstätte Dachau, Barbara Distel, und ihren Mitarbeiterinnen Sofie McGehee und Eleonore Voit, die mir in allen Fragen immer eine große Hilfe waren und die sich stets bemühten, mir meine Arbeit zu erleichtern. Mit ihrer Unterstützung konnte ich immer wieder auf das großartige Archiv zurückgreifen, das Barbara Distel und ihre Vorgängerin Ruth Jakusch in der KZ-Gedenkstätte angelegt hatten.

Ich war bemüht, ein Bild von den Anfängen des KL Dachau so genau und objektiv wie möglich zu zeichnen. Nie habe ich mich dabei auf Spekulationen oder Mutmaßungen eingelassen. Eingang fanden in dieses Buch nur Angaben, die durch Quellen belegt und die für den Leser überprüfbar sind.

Dennoch ist sich der Verfasser durchaus bewußt, daß es auch ihm nicht gelingen konnte, alle Vorgänge im KL Dachau bis ins letzte Detail aufzuhellen. Denn wo Verbrechen begangen werden, meiden die Täter bekanntlich die Zeugen.

Hans-Günter Richardi

Erster Teil

DIE UNBEUGSAMEN

Erste Nachrichten aus der Hölle

Sein letzter Tag beginnt nach einer frostigen Nacht mit einem strahlenden Wintermorgen. Hans Beimler ist auch an diesem 1. Dezember 1936 wie immer voller Unrast, als er in aller Frühe aufbricht, um seinem Bataillon, das im Verteidigungskampf um Madrid an der Brücke San Fernando seinen Mann zu stehen hat, einen Besuch abzustatten.[1] Was ihn heute treibt und schließlich zu seinem verhängnisvollen Gang in die vorderste Feuerlinie hinreißen wird, ist allein die Sorge um die Sicherheit und um das Wohlergehen der ihm anvertrauten Truppe. Zusammen mit seinem deutschen Kameraden Louis Schuster[2] und mit seinem spanischen Chauffeur Tomas Calvo Cariballos, einem Madrider Arbeiter, begibt er sich in die heißumkämpfte Universitätsstadt.

Der Weg nach vorn ist eine Gratwanderung zwischen Leben und Tod. In den Gräben auf der gegenüberliegenden Seite, nur siebzig Meter von den eigenen Stellungen entfernt, lauern überall marokkanische Scharfschützen und feuern auf alles, was sich bewegt. Richard Staimer, der Kommandant des Bataillons „Ernst Thälmann", empfängt Beimler mit Sorge und warnt ihn eindringlich vor dem Aufenthalt in dem überaus gefährlichen Frontabschnitt. Doch dieser winkt ab. „Na, was heißt das schon? Ich bin ein alter Soldat", sagt er und macht sich auf den Weg. Staimer und Schuster begleiten ihn zu den Schützengräben, wo Beimler als Politkommissar des Bataillons die Kämpfer begrüßen und nach dem Rechten sehen will.

Die Mehrzahl der Männer hat noch in keinem Krieg gekämpft. Den Leuten fehlt jede Erfahrung im Umgang mit Waffen. Dennoch verteidigen sie sich mit bewunderungswürdiger Entschlossenheit und Opferbereitschaft gegen die Angriffe der spanischen Faschisten, die Madrid, die Hauptstadt der Republik, an sich reißen wollen.

Beimler, der selbst als Soldat der deutschen Kaiserlichen Marine am Ersten Weltkrieg teilgenommen hat, bleibt lange vorn bei den Männern. Er ermahnt sie, die Gewehre sauberzuhalten, überzeugt sich vom Ausbau der Schützengräben, erteilt Ratschläge, empfiehlt Verbesserungen und warnt auch die Leute davor, ihr Leben durch Unachtsamkeit aufs Spiel zu setzen. „Vorsicht", meint er, „ist nicht Feigheit und Leichtsinn kein Heldentum."

So sind fast anderthalb Stunden schnell vergangen, als der Politkommissar und seine Begleiter den Rückweg antreten. Vor ihnen liegt eine Böschung, die von den Mauren mit erhöhter Wachsamkeit beobachtet wird. Hier ist jede falsche Bewegung lebensgefährlich. Staimer[3] rät den Männern, den Abhang einzeln und im schnellen Lauf zu überwinden, um den Scharfschützen nur schwer ein Ziel zu bieten.

Zuerst rennt der Kompanieführer Christoph los. Alles bleibt ruhig, kein Schuß fällt. Dann macht sich Beimler auf den Weg. Zwanzig Meter hinter ihm folgt Staimer. Der Kommandant holt Beimler ein, und beide laufen für einen Augenblick nebeneinander her, als die Marokkaner die trügerische Stille brechen. Maschinengewehrfeuer beginnt in den Ohren der vorwärtsstürmenden

Männer zu hämmern. Beimler schreit plötzlich auf und greift sich mit beiden Händen an die Brust. Eine Kugel hat ihn getroffen. Er dreht sich einmal um die eigene Achse und stürzt dann zu Boden. Noch im Fallen ruft er den kommunistischen Kampfgruß aus: „Rot Front!“

Staimer und Schuster, die an Beimler vorübergeeilt sind, werfen sich hinter einem Baum in Deckung. Jetzt erst wird ihnen bewußt, was geschehen ist. Sie kehren zu Beimler zurück, doch sie kommen zu spät. Als sie sich über ihn beugen, lebt er nicht mehr. Sie heben den Körper des Gefallenen auf und tragen ihn, Schuster an den Füßen und Staimer am Kopf, vorsichtig die Böschung hinunter. Dabei ruft der Kommandant nach einem Sanitäter, damit der Tote aus dem Schußfeld der Mauren geborgen werden kann.

Ein Sanitäter schlägt sich zu den Männern durch. Er bringt eine Tragbahre mit, auf die sie Beimler legen. In diesem Augenblick wird der Sanitäter selbst getroffen. Ein Geschoß durchschlägt seinen Arm. Jetzt bricht Staimer allein auf, um die Ambulanz zu holen, die Beimler nach hinten schaffen soll. Geduckt läuft er los, als das feindliche Maschinengewehrfeuer wieder einsetzt. Sein letzter Blick fällt noch auf Schuster, der bei dem Toten und bei dem Verwundeten zurückgeblieben ist. Unter Beschuß der Marokkaner sucht er nun hinter einem Baum Schutz. Da ereilt auch ihn die tödliche Kugel. Mit einem Kopfschuß bricht Schuster zusammen.

Bis zuletzt ist der Unerschrockene nicht von der Seite seines Kampfgefährten gewichen. Auch als er erkannte, daß es für Beimler keine Rettung mehr gab, hielt er bei ihm aus. Er wußte, daß mit Hans Beimler einer der entschlossensten Freiheitskämpfer gegen die Diktatur des Faschismus von der Welt gegangen war. Nur 41 Jahre alt wurde der Mann, der nicht gezögert hatte, jedes persönliche Opfer auf sich zu nehmen, der Frau und Kinder zurückgelassen und den Schutz des bürgerlichen Lebens aufgegeben hatte, um im Existenzkampf der Spanischen Republik an die Seite des bedrängten Volkes zu treten. Wer war nun dieser „Freiwillige der Freiheit“, wie sich die internationalen Kämpfer im Spanischen Bürgerkrieg selbst nannten, woher kam er, und was bewog ihn, sein Leben für ein fremdes Land in die Schanze zu schlagen?

Von Anfang an steht Hans Beimler als Mitglied der Kommunistischen Partei Deutschlands (KPD) im Widerstand gegen seine nationalsozialistischen Gegner, die ihn zwingen, seine bayerische Heimat zu verlassen und im Ausland in die Emigration zu gehen. Mit Sorge verfolgt er im Exil weiter den Vormarsch der faschistischen Kräfte in Europa. Doch noch sind ihm die Hände gebunden, um der Entwicklung notfalls mit der Waffe Einhalt zu gebieten. Die Wende bringt erst der Sommer 1936, als die Falangisten und die Monarchisten in Spanien zum Sturm auf Madrid antreten, um die noch junge Republik zu stürzen. Am 17. Juli erheben sich auf Befehl von General Francisco Franco die Streitkräfte in Spanisch-Marokko, auf den Kanarischen Inseln und auf den Balearen. Tags darauf greift der Putsch auch auf das spanische Mutterland über.[4]

Franco, der am 4. August, nachdem der Aufstand des Militärs vom Volk zunächst zum größten Teil niedergerungen worden ist, zum neuen Schlag aus-

1 Hans Beimler auf dem Weg an die Front in Madrid, wo er am 1. Dezember 1936 fiel. ▷

holt und 15000 Mauren, „Moros" genannt, und Fremdenlegionäre, „Tercios", aus Spanisch-Marokko in Südspanien landen läßt, ist sich auch der Unterstützung seiner faschistischen Verbündeten in Portugal, Deutschland und Italien sicher: Hitler und Mussolini schicken ihm Kriegsgerät und Soldaten, die unangefochten in portugiesischen Häfen an Land gebracht werden und von dort aus die Grenze nach Spanien passieren können.

In dieser Stunde der höchsten Not, die mit dem Marsch der Faschisten auf Madrid für die Spanische Republik angebrochen ist, ruft die Kommunistische Internationale alle Demokraten auf, dem bedrohten Volk mit der Waffe zu Hilfe zu kommen. Der Appell verhallt nicht ungehört. Aus 53 Ländern strömen im Laufe der Zeit etwa 40000 Freiwillige herbei, die bereit sind, an der Seite der spanischen Volksarmee zu kämpfen. Die erste große Gruppe von 650 Männern trifft am 9. Oktober 1936 an Bord des Dampfers „Ciudad de Barcelona" in Alicante ein.[5]

Als die „Freiwilligen der Freiheit", von denen viele dem Aufruf des Zentralkomitees (ZK) der KPD vom 7. August „an alle militärisch ausgebildeten deutschen Antifaschisten im Ausland, sich der spanischen Volksfront als Soldaten zur Verfügung zu stellen", unverzüglich gefolgt sind, an Land gehen, befindet sich Hans Beimler längst in Spanien. Ihm ist die Aufgabe übertragen, als Vertreter des ZK seiner Partei jenseits der Pyrenäen „an der Organisierung des Verteidigungskampfes mitzuhelfen".[6] Tatkräftig, wie er ist, hat Beimler, der am 4. August nach Spanien aufbrach, die Zwischenzeit bereits genutzt, um mit den ersten internationalen Freiwilligen in Barcelona die „Centuria ‚Thälmann'", die nach dem damaligen Vorsitzenden der KPD[7] benannt ist, aufzustellen.

Mit dieser Kolonne schafft der deutsche Kommunist das Vorbild für die berühmten „Internationalen Brigaden", die später von Martínez Barrio, dem Präsidenten der „Cortes" (des spanischen Parlaments), im Auftrag der republikanischen Regierung mit der Organisationsbasis Albacete aus Kämpfern der verschiedensten Nationen gebildet werden. Seine Hundertschaft ist die erste selbständige militärische Formation, zu der sich internationale Freiwillige innerhalb der spanischen Volksmilizen zusammengeschlossen haben. Schon am 29. August rückt die Truppe unter Beimlers Führung als dreizehnte Centuria der „Columna 19 de Julio" („19. Juli") an die Aragónfront, wo fast die Hälfte aller 110 Kämpfer in den ersten Einsätzen fällt.

Die hohen Verluste deprimieren zwar die Männer, aber entmutigen sie nicht. Sie wissen, welche Gefahr Europa droht, wenn die faschistischen Kräfte nun auch in Spanien weiter an Boden gewinnen. Vor allem die deutschen Kommunisten und Sozialdemokraten sind fest entschlossen, sich ihren Landsleuten in der „Legion Condor" entgegenzuwerfen, die Hitler auf den spanischen Kriegsschauplatz entsandt hat, um Franco den Weg nach Madrid freizukämpfen. Viele von ihnen haben bereits in deutschen Konzentrationslagern für ihren Widerstand gegen den Nationalsozialismus gelitten. In Spanien ist nun für sie die Stunde gekommen, ihren Peinigern im offenen Kampf entgegenzutreten.[8]

Auch Hans Beimler hat die Schrecken der nationalsozialistischen Konzentrationslager am eigenen Leibe erfahren. Er war einer der ersten führenden Funktionäre der KPD in Bayern, auf die Adolf Hitler Jagd machen ließ. Mit seiner Einlieferung in das Konzentrationslager Dachau am 25. April 1933 erlebte auch Beimler die kompromißlose Härte, mit der die Nationalsozialisten ihre Gegner verfolgten und auszuschalten versuchten. Noch wenige Wochen vor seiner Verhaftung hatte er ihnen am 12. Februar in der letzten öffentlichen Wahlversammlung der KPD im Zirkus Krone in München den Fehdehandschuh mit den Worten zugeworfen: „Wenn sie den Krieg haben wollen, wir sind gerüstet. Wir haben die Erfahrungen der bayerischen Räterepublik für uns. Bei Dachau treffen wir uns wieder."[9] Er spielte damit auf den Sieg an, den die Rotgardisten während der Räterepublik am 16. April 1919 in Dachau über die Regierungstruppen errungen hatten.[10] Damals konnte Beimler noch nicht ahnen, auf welch schreckliche Weise sich für ihn seine Prophezeiung in Dachau erfüllen sollte.

Das Leben des bayerischen Arbeiterführers ist seit seiner frühesten Jugend vom Kampf um den sozialen Fortschritt geprägt.[11] Als Kind armer Eltern, dem Not und Elend keine fremden Begriffe sind, weiß er, wofür er streitet. Sein Geburtsort ist zwar die Großstadt München, wo er am 2. Juli 1895 zur Welt kommt, doch seine Kindheit und Schulzeit verbringt er auf dem Land in Waldthurn bei Tirschenreuth in der Oberpfalz. Dort erfährt er auch das Schicksal der Besitzlosen am eigenen Leib. Der Vater, der sich als Landarbeiter durchschlägt, und die Mutter, die als Magd in fremden Diensten steht, müssen so hart schaffen, daß für die Erziehung des Sohnes keine Zeit mehr bleibt. Einzig die alte Großmutter, die allein einen kleinen Bauernhof bewirtschaftet, nimmt sich neben ihrem schweren Tagewerk des Buben an und formt ihn für das Leben.

Nach dem Besuch der Volksschule erlernt Beimler das Schlosserhandwerk. Er kehrt der Oberpfalz den Rücken und wendet sich München zu, wo er sich in verschiedenen Betrieben als Metallarbeiter verdingt. Schon früh sucht er die Organisation der Werktätigen und tritt aus diesem Grunde im Jahre 1913 dem Deutschen Metallarbeiterverband bei. Aber auch München hält den jungen Schlosser nicht. Er geht nach Hamburg und arbeitet dort an der Elbe auf einer Werft.

Beimler ist gerade erst 19 Jahre alt geworden, als am 1. August 1914 der Erste Weltkrieg ausbricht. Der Bayer wird zur Marine eingezogen, in der er für die nächsten vier Jahre als Maat auf einem Minensuchboot seine vaterländische Pflicht zu erfüllen hat. Als sich dann die Matrosen am 3. November 1918 gegen das Kaiserreich erheben, steht Beimler in ihren vordersten Reihen. Nach München zurückgekehrt, ist er bald darauf auch unter den Rotgardisten zu finden, die im April 1919 zur Verteidigung der Räterepublik in der bayerischen Landeshauptstadt angetreten sind. Die roten Revolutionäre müssen jedoch in Dachau, wo sie sich zunächst behaupten konnten, am 30. April den Weißgardisten des „Freikorps Görlitz" weichen. Auch in München unterliegen sie dem Ansturm ihrer Gegner.

Trotz der Niederlage bleibt Beimler seiner politischen Überzeugung treu, zu der er einst als revolutionärer Matrose gelangt ist. Seine Zugehörigkeit zum Spartakusbund, dem er im Jahre 1918 beigetreten ist, und seine Mitgliedschaft in der KPD, der er seit der Gründung der Partei am 1. Januar 1919 angehört, bezeugen seine Haltung. Offen erklärt er der Weimarer Republik den Kampf und nimmt dafür auch ein Strafurteil in Kauf, das ihn 1921 für zwei Jahre Festungshaft in die bayerische Strafanstalt Niederschönenfeld bei Rain am Lech in Schwaben bringt, wo er sich inmitten von inhaftierten Mitkämpfern aus den Tagen der Räterepublik – unter ihnen Erich Mühsam und Ernst Toller – in vertrauter Gesellschaft weiß.[12]

Im Jahre 1923 öffnet sich für Beimler wieder das Tor zur Freiheit. Er kehrt nach München zurück und findet dort in der Lokomotivenfabrik „Krauß & Comp. Kommanditgesellschaft" eine Stellung als Schlosser. Nun erst beginnt seine eigentliche politische Karriere, die ihn in die höchsten Ämter der KPD führen wird. Zunächst allerdings bekleidet er kleinere Posten in Betriebszellen und in der Gewerkschaft, doch sie genügen Beimler, um sich zu profilieren.

Die Parteispitze wird auf den entschlossenen Kämpfer, der bereits als Mitglied des Betriebsrats bei Krauß das Vertrauen seiner Kollegen gewonnen hat, aufmerksam und beruft ihn im Juni 1925 als Verantwortlichen für die Betriebsarbeit der KPD in die Bezirksleitung Südbayern. Bald darauf steigt Beimler, der im Jahre 1925 auch die erste deutsche Arbeiterdelegation in die Sowjetunion begleitet, zum Sekretär für Gewerkschaftsfragen auf.

Sein Können macht ihn für die Partei immer unentbehrlicher: Im Jahre 1928 entsendet ihn die KPD nach Schwaben, wo er als Sekretär den Unterbezirk Augsburg leitet. In der Fuggerstadt verdient er sich zudem mit seiner Wahl in den Augsburger Stadtrat am 8. Dezember 1929 die ersten parlamentarischen Sporen. Mit den Erfolgen wächst auch seine Popularität in Bayern. Vor allem die kommunistische Jugend – unter ihr so prominente Aufsteiger wie der Schriftsteller Alfred Andersch und Georg Fischer, der spätere Staatssekretär im bayerischen Wirtschaftsministerium unter dem Ministerpräsidenten Wilhelm Hoegner, – verehrt und schätzt den „rauhbeinigen" Mann (Fischer) mit dem „harten Schlossergesicht" (Andersch), in dem sie ein Leitbild für ihre Zukunft sieht.

Die Parteiführung bleibt Beimler die Anerkennung für seine Verdienste nicht schuldig. Im Frühjahr 1932 holt sie ihn als Politischen Leiter des Bezirks Südbayern aus Augsburg, wo er jedoch noch bis zum August dem Stadtrat angehört, zurück nach München. Dort erreicht er dann den Höhepunkt seiner parlamentarischen Laufbahn: Im April 1932 wählen ihn seine Anhänger in den Bayerischen Landtag, und am 31. Juli desselben Jahres schafft er den Sprung in den Reichstag nach Berlin. Aber Beimler, der am 18. August auf das Mandat im Bayerischen Landtag verzichtet, bleibt für seine politische Arbeit in der Reichshauptstadt nicht mehr viel Zeit. Zwar wird er sowohl bei den Wahlen vom 6. November 1932[13] als auch im Wahlgang vom 5. März 1933 in seinem Amt als Reichstagsabgeordneter bestätigt, doch die Stimmen seiner Wähler haben kein Gewicht mehr. Seit dem verhängnisvollen 30. Januar 1933, an dem der greise Reichspräsident Paul von Beneckendorff und von Hindenburg den Führer der Nationalsozialistischen Deutschen Arbeiterpartei (NSDAP), Adolf Hitler, zum Reichskanzler berufen hat, ist die Demokratie in Deutschland tot. Was jetzt allein noch zählt, ist der Totalitätsanspruch des Führers.[14] Um diesem Geltung zu verschaffen, gehören die Straßen nun den braunen Scharen der „Sturmabteilung" (SA) und den schwarzen Kolonnen der „Schutzstaffel" (SS), die Hitler gegen seine Gegner aufmarschieren läßt, damit er sie demütigen und vernichten kann.

Auch Beimler in München droht Gefahr. Dort hat bereits am 1. März die

Verfolgung der Kommunisten mit allen Konsequenzen eingesetzt. Die erste Aktion der Polizei richtet sich gegen die Büros der KPD in der bayerischen Landeshauptstadt. In den Vormittagsstunden dringen die Beamten in die Häuser der Kommunisten ein und schließen die Geschäftsräume der Partei, des „Kampfbundes gegen den Faschismus", der „Revolutionären Gewerkschaftsopposition", der „Roten Hilfe" und der „Roten Sporteinheit" sowie die Druckerei und die Redaktion der parteieigenen „Neuen Zeitung". Gleichzeitig erfolgen die ersten Verhaftungen kommunistischer Funktionäre.[15]

Der Parteivorstand der KPD reagiert darauf sofort. Doch er geht nicht den Weg des Angriffs, sondern verharrt in der Defensive.[16] Die führenden Funktionäre werden angewiesen, unverzüglich ihre Wohnungen zu verlassen und sich an geheimen Orten zu verstecken. Auch Beimler entschließt sich, in München unterzutauchen. Am 5. März, als bei den Reichstagswahlen noch 55483 Münchner der KPD ihre Stimme geben, zieht er sich mit seiner zweiten Frau Centa in ein Gartenhaus nach Großhadern zurück. Während es ihm gelingt, sich in Sicherheit zu bringen, melden die „Münchner Neuesten Nachrichten" zwei Tage darauf die Festnahme von weiteren 65 Kommunisten. Davon fielen 58 der Polizei in die Hände, als sie verbotene Flugblätter verteilten und Hauswände beschrifteten. Sieben gerieten bei Haussuchungen in das Netz ihrer Verfolger.

Beimler ist jedoch fest entschlossen, sich dem Regime nicht zu beugen. Auch im Untergrund setzt er seinen Kampf gegen den Nationalsozialismus fort. Ihm steht dafür in seinem Versteck ein kellerartiger Vorratsraum zur Verfügung, der mit einem Abziehapparat, mit einer Schreibmaschine und mit Papier ausgestattet ist. Hier verfaßt er mit Hilfe seiner Frau nicht nur Anweisungen für die Partei, sondern stellt auch Flugblätter her, die dem Gegner beweisen sollen, daß der Widerstandsgeist der Kommunisten noch ungebrochen ist. Damit das kleine Schreibbüro unentdeckt bleibt, legt er über die Falltür, die den Zugang zum Raum sichert, einen Fleckerlteppich.[17]

Trotz aller Vorsicht gelingt es Beimler aber nicht, sich seiner Verhaftung zu entziehen. Am 11. April 1933 fällt er – vermutlich durch Verrat – in die Hände der Nationalsozialisten. Sie ergreifen ihn an der Fürstenrieder Straße in der Nähe des Münchner Waldfriedhofs. Dort hat er sich gegen seinen Grundsatz am Nachmittag statt in der Nacht mit zwei Parteifreunden getroffen. Anlaß der Zusammenkunft ist es, einen der beiden Genossen als Nachfolger für den inzwischen verhafteten Sekretär, der den Vertrieb der Parteiliteratur geleitet hat, in sein neues Amt einzuweisen. Nach kurzer Unterredung geht der eine wieder, während der andere zurückbleibt und mit Beimler, neben ihm am Boden liegend, noch eine Zigarette raucht. Als sich die Männer nach vier Minuten trennen wollen, braust plötzlich ein Auto heran. Für eine Flucht ist es zu spät. Sechs SS-Leute in Zivil springen mit gezogenen Pistolen aus dem Wagen und nehmen die Überrumpelten fest.[18]

Die Freude über den Fang ihres prominenten Gegners versetzt die Nationalsozialisten in einen wahren Siegesrausch.[19] Wie ein Lauffeuer verbreitet sich der Ruf durch die Münchner Polizeidirektion in der Ettstraße 2: „Den Beimler ham ma, den Beimler ham ma!" Angehörige der SA und der SS umringen den Verhafteten und verspotten ihn mit den Worten: „In Dachau sehen wir uns wieder!" Beimler erkennt, daß er von dieser tobenden Masse keine

Gnade zu erwarten hat. So befürchtet er das Schlimmste, als er durch das Haus geführt wird – gefolgt von einer johlenden Menge, die ihn mit wütenden Worten bedroht.

In einem Raum ohne Fenster, der nur mit einem schwarzen Bürotisch und mit einer Militärbettstelle eingerichtet ist, fallen sie dann über Beimler her. Er muß sich entkleiden und mit dem Oberkörper über den Tisch legen, während die SS-Leute, die ihm in die Kammer gefolgt sind, zu ihren Gummiknüppeln greifen. Sechzig- bis siebzigmal schlagen sie auf ihr Opfer ein, bis der Mißhandelte bewußtlos zusammensinkt. Doch die Peiniger begnügen sich damit noch nicht. Als Beimler wieder zu sich kommt, stürzen sich die Schläger erneut auf ihn. Die Hiebe, die Gesäß, Oberschenkel und Schultern treffen, verursachen so große Schmerzen, daß Beimler keinen Laut hervorbringt. Schließlich lassen die SS-Männer von ihm ab. „Bist jetzt zufrieden?" fragen sie zynisch den Gepeinigten. Aber Beimler, der schon befürchtet hat, den Raum nicht mehr lebend zu verlassen, zieht es vor, den Henkern die Antwort schuldig zu bleiben.

Er wird nun in die „Abteilung 6" im ersten Stockwerk der Polizeidirektion geführt, wo ihn ein Beamter, dessen Jacke das Hakenkreuz ziert, mit der scheinheiligen Frage empfängt: „Ja, Herr Beimler, was fehlt Ihnen denn? Ist Ihnen nicht gut, oder was haben Sie denn?" Zum erstenmal erfährt der Gequälte hier, wieviel Bosheit sich in diesem Regime hinter der Maske des freundlichen Biedermannes verbergen kann.

Nach vierzehn Tagen in den Gemeinschaftszellen 13 und 44 des Münchner Polizeigefängnisses wird Beimler am Vormittag des 25. April in das Konzentrationslager Dachau gebracht, wo ihn noch schlimmere Folterungen erwarten. Als er mit 24 Leidensgenossen nach einer Autofahrt von rund 25 Minuten das Ziel erreicht, bietet sich ihm hinter einem Labyrinth von Stacheldraht ein beängstigender Anblick: Zum Empfang des Transports hat sich eine große Zahl von SS-Leuten versammelt, die nicht nur Pistolen in den Händen halten, sondern auch noch sechzig bis siebzig Zentimeter lange Ochsenziemer schwingen. In ihrer Mitte steht der Kommandant des Lagers, SS-Sturmhauptführer Hilmar Wäckerle, der ebenfalls einen Ochsenfiesel trägt.

Unter dem Gebrüll der Wachmannschaften verlassen die Gefangenen den Wagen, um in militärischer Haltung vor dem Kommandanten anzutreten. Dieser kostet sichtlich den Triumph aus, Beimler in seiner Gewalt zu wissen. Mindestens achtmal läßt er den Namen des Arbeiterführers aufrufen, bis ihm Beimlers Antwort „Hier!" laut genug erscheint. Als die Häftlingsliste verlesen ist, erfährt Beimler eine neue Demütigung. Ein SS-Mann, der sich schon bei der Mißhandlung in der Polizeidirektion hervorgetan hat, nähert sich dem Gefangenen und hängt ihm ein Plakat um, das die Aufschrift trägt: „Herzlich willkommen."

Mit diesem Schild auf der Brust tritt Beimler seinen Leidensweg durch das Lager an. Die Dachauer Häftlinge sehen ihn mit mitleidigen Blicken kommen. Den meisten Männern, die nun für einen Moment ihre Arbeit – entweder im Straßenbau oder beim Teeren auf den Dächern der Baracken – unterbrechen, ist Beimler kein Fremder. Als Mitglieder der KPD kennen sie den Funktionär gut, der jetzt wie ein Schwerverbrecher an ihnen vorübergeführt wird. Vor allem der Reichstagsabgeordnete Michael Höllerzeder aus Deggendorf, der gerade damit beschäftigt ist, einen Abwasserkanal auszumauern, kann sein Entsetzen nicht verbergen, als er den Parteifreund erblickt. Beimler merkt ihm an, daß er Schlimmes für ihn befürchtet.

Ein Vorwand ist schnell gefunden, um den Arbeiterführer von den Mitgefangenen zu trennen. Als er in einer Halle die Taschen ausleeren muß, bereitet ihm der SS-Mann Hans Steinbrenner, für den Beimler bald nur noch den Namen „Mordbrenner" übrig hat,[20] eine Falle. In einer Seitentasche des Jacketts entdeckt er einen kleinen Bleistift, den Beimler übersehen hat, und schon alarmiert er Wäckerle: „Herr Kommandant!" ruft er. „Herr Kommandant! Der Kerl da hat den Befehl, alles auf den Tisch zu legen, nicht ausgeführt; er wollte schmuggeln."

Wäckerle, der nur auf diese Gelegenheit gewartet hat, fällt rasch sein Urteil. „Vierzehn Tage strengen Arrest!" befiehlt er. Damit ist Beimler wieder seinen Peinigern erbarmungslos ausgeliefert. Bereits auf dem Weg zum Arrest, der innerhalb des Lagers am anderen Ende der Krankenbaracke untergebracht ist, beginnt Steinbrenner mit der Mißhandlung. Hunderte von Häftlingen werden Zeugen, wie er Beimler seinen Ochsenziemer immer wieder mit solcher Wucht links und rechts ins Gesicht schlägt, daß die Hiebe noch in einer Entfernung von siebzig Metern zu hören sind.[21] Dabei ruft Steinbrenner den Gefangenen verächtlich zu: „Da schaut her, euren Beimler haben wir, der euch verführt und verhetzt hat."

Das Schlimmste aber steht Beimler noch bevor. Zunächst findet er sich in einem ebenerdigen Bau wieder, der, wie er an den offenen Abfluß- und Wasserleitungsrohren in den Wänden erkennt, ursprünglich als Toilette errichtet worden ist. Nun dient die Anlage, die in einer Front nebeneinander acht Zellen aufweist, der Lagerleitung als Bunker. Die Arrestzelle Nr. 3, in die Beimler gestoßen wird, bietet einen niederschmetternden Anblick. Außer einer Holzpritsche, die roh zusammengezimmert ist, fehlt in dem ehemaligen Doppelabort jedes Mobiliar. Als sich Beimler in dem Raum umsieht, bemerkt er ein kleines, hochliegendes Fenster, das nach seiner Schätzung 45 Zentimeter im Quadrat mißt und das von außen mit Rundeisenstäben vergittert ist. Diese Luke wird für ihn noch eine große Bedeutung haben.

Beimler hat sich gerade auf der Pritsche niedergelassen, als die Tür seiner Zelle auffliegt und Steinbrenner mit zwei anderen SS-Männern eintritt. Wütend fallen die drei mit Ochsenziemern, die sie hinter dem Rücken verborgen haben, über ihr Opfer her. „Jetzt haben wir dich, Hetzer", brüllt Steinbrenner, „du Landesverräter, du Arbeiterverräter, du Bolschewistensau, du Bonze." Und schon prasseln wieder Schläge auf Beimler herab. Die Peiniger halten erst inne, als sich der Mißhandelte vor Schmerzen nicht mehr rühren kann. Trotzdem wird er gezwungen, sich von der Bettstatt zu erheben. Steinbrenner stößt ihn in eine Ecke. „Willst du jetzt zugeben", droht er, „daß du die Arbeiter verraten hast?"

Doch Beimler bleibt standhaft. Mutig antwortet er: „Wenn ich jetzt vielleicht aus Angst vor weiteren Schlägen zugeben würde, daß ich die Arbeiter verraten habe, dann wär' ich nur wert, auf der Stelle erschlagen zu werden." Nach diesen Worten rechnet Beimler mit einem neuen Wutausbruch seiner Peiniger. Aber Steinbrenner und seine Komplicen reagieren nicht und verlassen die Zelle. In der Nacht jedoch kommen sie wieder. Diesmal sind es sechs

SS-Leute, die mit Steinbrenner an der Spitze in Beimlers Arrest stürzen. Vier Mann zugleich prügeln nun mit Ochsenziemern auf den Häftling ein, während die anderen in die Rufe ausbrechen: „Rot Front! – Heil Moskau! – Hoch Thälmann! – Hoch die Weltrevolution!“

Beimler leidet schreckliche Qualen. Diese Tortur ist dreimal schlimmer als alle Mißhandlungen, die er bisher ertragen hat. Mindestens vierzig, wenn nicht sogar fünfzig Schläge verabreicht ihm jeder der Henker. Aber auch danach geben sie noch keine Ruhe. Beimler muß ihnen die Hände hinstrecken, und wieder beginnt das Wüten. Die ersten zehn Schläge gelten den Fingerspitzen der linken Hand, die nächsten zehn den Fingern der rechten. Dann treffen ebenso viele Hiebe beide Handrücken. Als die Peiniger endlich von Beimler ablassen, ist er am ganzen Leib zerschunden.

Damit jedoch haben die Grausamkeiten noch kein Ende. Dem Häftling wird zwar eine Schüssel mit Löffel und Messer ausgehändigt, aber er erhält weder Wasser noch Brot. Als am Abend des vierten Tages der Verwalter Anton Vogel, dem der Arrestbau untersteht, nach dem prominenten Gefangenen sieht, erhebt Beimler Beschwerde. „Bekommt denn der nichts zu essen?“ wendet sich Vogel darauf mit gespieltem Erstaunen an Steinbrenner, der nun seinerseits zusagt, dem Arrestanten etwas zu bringen. In der Tat hält er Wort, und Beimler kann zum erstenmal in Dachau ein Stück Brot, eine Scheibe Schwarzwurst und eine Schüssel Tee zu sich nehmen.

Das Essen bekommt ihm aber nicht. In der folgenden Nacht beginnen Beimler heftige Bauchschmerzen zu quälen, die ihn schließlich veranlassen, bei seinen Bewachern nach einem Arzt zu verlangen. Wider Erwarten wird ihm die Bitte erfüllt. Die Kommandantur sorgt sogar dafür, daß er noch am selben Tag gegen 12 Uhr mit einem Sanitätsauto nach München in das Krankenhaus Links der Isar gebracht wird. Doch Beimler mißtraut der Lagerleitung, die auf einmal ein so reges Interesse an der Erhaltung seiner Gesundheit zeigt, – und behält recht. Schon die Ereignisse am nächsten Tag lassen erkennen, was die SS in Wahrheit gegen ihn im Schilde führt.

Am Mittag des 1. Mai tauchen plötzlich in dem Einzelzimmer, in dem er zu Bett liegt, zwei junge Burschen auf, die sofort seinen Verdacht erregen. Sie tragen keine Uniform, aber das Hakenkreuz, das sie angesteckt haben, ist nicht zu übersehen. Während sie unruhig auf und ab gehen, verlassen die beiden SS-Leute, die den Kranken bisher bewacht haben, den Raum. „Also, Beimler“, sagt schließlich einer der Besucher, „stehen Sie auf und ziehen Sie sich an.“ Dann eröffnet er dem Patienten, daß er nun in die Krankenabteilung des Gefängnisses Stadelheim gebracht werde. Ein Personenwagen stehe für die Fahrt schon bereit.

Bei diesen Worten schreckt Beimler zusammen. Für ihn gehört nicht mehr viel Phantasie dazu, um zu erraten, welches Schicksal ihm auf dem Transport zugedacht ist. So antwortet er dem jungen Mann mit aller Entschiedenheit: „Nein, ich kann nicht gehen.“ Zum Glück ist der Krankenpfleger, der in diesem Augenblick das Zimmer betritt, um das Thermometer zu holen, ebenso geistesgegenwärtig. Er erkennt sofort die Gefahr, in der sein Patient schwebt, und hält zu Beimler, von dem er weiß, wie schwer er in Dachau mißhandelt worden ist. „Nein, der kann nicht gehen“, erklärt er den beiden Fremden. Mit sichtlicher Wut gibt sich der Wortführer geschlagen. „Dann muß er halt wieder durch die Sanitäter transportiert werden." Bald darauf sind die Männer verschwunden.

Dieser Vorfall hat Beimler gezeigt, wie sehr sein Leben in Gefahr ist. Auch in Stadelheim, wohin er tatsächlich in einem Sanitätsauto gefahren wird, bekommt er die Bedrohung, der er ständig ausgesetzt ist, zu spüren. „Schlagt doch den Hund tot", schreit schon am ersten Tag eine Stimme durch den Spion in die Zelle, die er mit Kriminellen teilen muß. Doch keiner der Mitgefangenen vergreift sich an dem Kranken, der nach drei Tagen wieder ins Polizeigefängnis zurückgeschickt wird. Dort läßt man ihm noch nicht einmal die Zeit, einen Brief an seine Kinder und an seine Schwiegereltern zu schreiben. Erneut muß er aufbrechen, und wieder heißt das Ziel Dachau.

Noch vor der Abfahrt des Häftlingstransports, in dem er mit Bestürzung seine Parteifreunde Fritz Dressel, Josef Hirsch und Max Holy wiedersieht, entlädt sich über ihn der ganze Haß der Bewacher. „Gebt nur auf den Beimler Obacht", brüllt ein SS-Führer in das Auto. „Haut ihm nur gleich auf die Schnauze, wenn er sich rührt. Der Judenknecht hat in der Zelle die Internationale gesungen."

Der Empfang in Dachau gestaltet sich so bedrückend wie befürchtet. Wäckerle steht mit seinem Stab schon bereit, als der Transport das Lager erreicht, und fällt seinen Spruch: „Beimler, mein Freund, vierzehn Tage strengen Arrest." Wieder wird der Arbeiterführer auf das schwerste von Steinbrenner und dessen Kumpanen mißhandelt, und wieder landet er im Arrestbau in seiner alten Zelle Nr. 3. Beimler erkennt, daß er jetzt handeln muß, wenn er das Lager überleben will. Daß die Zeit drängt, wird ihm um so deutlicher, als er am 4. Mai sieht, wie SS-Leute damit beginnen, die Fenster des Bunkers von außen mit Brettern zuzunageln. Die Umstände, die sich für ihn immer lebensbedrohlicher entwickeln, lassen ihm keine andere Wahl, als das fast Unmögliche zu wagen – die Flucht aus dem Lager.

Beimler ist sich der Gefahren, die ihn erwarten, vollauf bewußt. Um unbemerkt aus dem Lager zu entkommen, hat er nicht nur einen Weg aus der Zelle zu finden, sondern auch einen dreifachen Drahtverhau zu durchbrechen, der zudem noch in der Mitte elektrisch geladen ist. Aber das sind längst nicht alle Hürden, die vor ihm liegen. Selbst wenn er die ersten Hindernisse unerkannt hinter sich gebracht hat, trennt ihn von der Freiheit noch eine mehr als zwei Meter hohe Mauer, die er unter den Augen von schwerbewaffneten SS-Posten überwinden muß.[22] Beimler wägt alles mit Bedacht ab, und obwohl er zu dem Ergebnis kommt, daß die Wahrscheinlichkeit größer ist, dabei den Tod zu finden, als unbeschadet über die Lagerbefestigung zu gelangen, entschließt er sich dennoch für das Wagnis.

Schritt für Schritt bereitet er die Flucht vor.[23] Als er in der Nähe des Bunkers den kommunistischen Häftling Fritz Kirchner, der wie er als Schlosser in der Lokomotivenfabrik Krauß gearbeitet hat, bemerkt, kommt ihm ein Gedanke. In einem günstigen Augenblick ruft er den ehemaligen Kollegen durch das Fenster seiner Zelle heran und bittet Kirchner, ihm eine Blechschere und ein zweites Werkzeug zu besorgen, mit dem er Schrauben lockern kann. Der Kamerad beschafft beides und spielt es Beimler heimlich zu. Dieser ist inzwischen selbst nicht untätig geblieben. Im Schutz der Nacht macht er sich daran, die Bretter, die zur Verdunkelung der Zelle von außen vor sein Fenster genagelt worden sind, wieder zu lösen. Um so größer ist sein Schreck, als er am folgenden Tag gestört und zu einer Vernehmung aus dem Arrest geholt wird. Doch zum Glück bemerkt Steinbrenner das eine Brett nicht, das Beimler bereits losgemacht hat. Erleichtert atmet er auf, als sich hinter ihm wieder die Tür schließt.

In der Nacht zum 9. Mai ist es dann soweit: Beimler verläßt den Arrestbau durch das Oberlicht seiner Zelle, nachdem er die Rundeisenstäbe des Fenstergitters mit dem einen eingeschmuggelten Werkzeug entfernt hat, und nähert sich in der Dunkelheit dem Stacheldrahthindernis mit dem dahinterliegenden elektrisch geladenen Drahtzaun, der für ihn die gefährlichste Hürde darstellt. Aber Beimler hat einen genialen Einfall, mit dem er den Zaun zu überwinden weiß. Er schneidet zunächst mit der Blechschere ein kleines Loch in die vordere Drahtsicherung, die nicht unter Hochspannung steht. Dann arbeitet er sich kriechend mit einem Holzbrett durch diese Öffnung zum Todesdraht vor, schiebt die Bohle über das Hindernis, legt sich auf sie und läßt sich mit dem Übergewicht auf die andere Seite des Stacheldrahtzauns fallen. Geschützt durch das Holz, das den Stromfluß isoliert, gelingt ihm das tollkühne Unternehmen ohne jede Verletzung.[24]

Zum erstenmal nach Wochen spürt Beimler wieder ein Glücksgefühl, als er dann auf der hohen Außenmauer der Lagerbefestigung steht und für eine Sekunde innehält, ehe er den Sprung in die Freiheit wagt. Erleichtert stellt er fest, daß er von keinem der SS-Posten, die hier patrouillieren, entdeckt worden ist. Beimler läßt sich an der Rückseite der Lagermauer hinab und verschwindet in der Nacht. Nach den Mißhandlungen und Strapazen, die hinter ihm liegen, kann er sich vor Schwäche kaum auf den Beinen halten. Dennoch gelingt es ihm auch noch, einen Wassergraben zu überqueren,[25] bevor er seinen Weg über das freie Feld langsam fortsetzt. Ein glücklicher Zufall kommt ihm zu Hilfe. Unterwegs stößt er auf das einsame Fuhrwerk eines Bauern, dem er folgt. Unerkannt schafft er es, in der Finsternis auf den Wagen aufzuspringen und auf dem Langbaum, der über das Ende des Fahrzeugs hinausragt, Platz zu nehmen. So gelangt er bis zum Morgengrauen nach Moosach.

Die Nachricht von Beimlers Flucht versetzt die Bewacher im Konzentrationslager in Panik. Wäckerle gerät außer sich, als er davon erfährt. Schäumend vor Wut, läßt er in aller Frühe die Wachmannschaften ins Lager stürmen und die Häftlinge antreten. „Unter wüstem Geschrei und zügellosen Beschimpfungen", erinnert sich der kommunistische Gefangene Karl Horn, der zusammen mit Beimler nach Dachau gebracht worden ist,[26] „mit Fußtritten und Knüppelschlägen wurden wir auf den Appellplatz getrieben. Es wurde abgezählt, aber die Zählung mußte immer wieder von vorn begonnen werden. Zunächst vermuteten wir eine Razzia nach illegalem Material oder eine der üblichen Filzungen, die nicht selten von der SS zum Diebstahl an der kümmerlichen Habe der Gefangenen benutzt wurden. In den Baracken wurde das Unterste zuoberst gekehrt. Jeder Strohsack, jeder Spind, ja selbst die auf dem Gelände befindlichen Kanalisationsschächte wurden durchsucht."

Alles wird aufgeboten, um dem Flüchtling auf die Spur zu kommen. Damit nichts ihrer Kontrolle entgeht, lassen die Bewacher auch sämtliche Holz- und Bretterstöße von Häftlingen umschichten. Sogar Flugzeuge kreisen in geringer Höhe über dem Lager und suchen die Umgebung ab.[27] Unterdessen kühlt die

Wachtruppe weiter ihren Zorn an den Gefangenen. „Stunde um Stunde", berichtet Horn, „standen wir auf dem Appellplatz. Trotz strenger Geheimhaltung sickerte durch, daß der Bezirkssekretär der KPD Südbayerns, Hans Beimler, aus dem Lager entkommen war. Es ist schwer zu beschreiben, was wir politischen Häftlinge bei dieser erregenden Nachricht empfanden, wie wir um das Schicksal unseres Kameraden bangten und nichts sehnlicher wünschten als ein gutes Gelingen der kühnen Flucht.

In ihrer maßlosen Arroganz vermochten sich die braun-schwarzen Herrenmenschen nicht vorzustellen, daß sich der Geflohene bereits außerhalb des Stacheldrahts befinden könnte. Die gründliche Durchsuchung des Lagers verlängerte zwar für uns die Qualen des Strafestehens, sicherte aber Hans Beimler den nötigen Vorsprung vor seinen Häschern. Erst durch den Einsatz von Suchhunden wurde der Fluchtweg entdeckt."

Inzwischen ist Beimler längst in Sicherheit. Als er Moosach erreicht hat, schlägt er sich weiter zum Münchner Stadtteil Fasanerie-Nord durch, wo er zuletzt gewohnt hat. Dort sucht er zunächst bei Parteifreunden Zuflucht, bei denen er, wie er sicher weiß, von der SS nicht vermutet wird. Gegen 5 oder 6 Uhr in der Frühe klopft er an die Wohnung der Familie. Als die Leute die Tür öffnen, fällt Beimler, der am Ende seiner Kräfte ist, ihnen erschöpft entgegen.

Die nächsten Stunden beweisen ihm, daß das Zusammenspiel der Kommunisten im Untergrund noch gut funktioniert. In kürzester Zeit gerät unter der geschickten Hand von Alfred Fruth,[28] der im Auftrag der Partei die Verantwortung für die Sicherheit des hohen Funktionärs übernimmt, ein Mechanismus in Bewegung, der Beimler immer weiter von dem drohenden Zugriff seiner Gegner entfernt. Noch am selben Morgen bringt der eilends herbeigeholte 16 Jahre alte Sohn des Landtagsabgeordneten und Parteigenossen Fritz Dressel aus Feldmoching, das in der Nähe der Fasanerie-Nord liegt, den prominenten Flüchtling auf seinem Fahrrad in die Münchner Innenstadt.

Dort taucht Beimler im Hause des Polizisten Friedrich Mäusle unter, das ihm den größtmöglichen Schutz bietet, da der Polizeibeamte als politisch unverdächtig gilt. Der Ort ist so gut gewählt, daß niemand in dem einsamen Spaziergänger, der hin und wieder an den Ufern der Isar zu sehen ist, den steckbrieflich Gesuchten vermutet.[29] Dabei ist die Öffentlichkeit durch die Presse längst zur Mithilfe bei der Fahndung nach Beimler aufgerufen.

Bereits am 11. Mai unterrichtete der „Amper-Bote" in Dachau seine Leser mit der folgenden Meldung über die Flucht des Arbeiterführers: „In der Nacht zum gestrigen Dienstag ist der bekannte Kommunistenführer und ehemalige Reichstagsabgeordnete, Schlosser Hans Beimler aus Augsburg, aus dem Konzentrationslager Dachau entflohen. Der Flüchtling, der bisher noch nicht wieder ergriffen werden konnte, trug eine braune Knickerbockerhose und eine braune Joppe. Er war glatt rasiert und trug kurzgeschorene Haare. Ein besonderes Kennzeichen sind seine auffallend großen und weit abstehenden Ohren.

Für Angaben, die zur Ergreifung des Entflohenen beitragen können, ist von der Lagerverwaltung eine Belohnung von 100 RM. ausgesetzt. Beimler war jener Kommunistenführer, der kurz vor der nationalen Revolution in einer Versammlung im Zirkus Krone den Ausspruch getan hatte: ‚Bei Dachau sehen wir uns wieder!' Anscheinend war er von der Wiedersehensfeier in Dachau nicht erbaut."

Wie groß für Beimler die Gefahr ist, durch Hinweise aus der Bevölkerung wieder in die Hände der Nationalsozialisten zu geraten, zeigt sich wenige Tage darauf besonders deutlich. Am 17. Mai berichtet der „Amper-Bote" über eine großangelegte Aktion der Polizei, die allein der erhofften Festnahme des Gejagten gegolten hat. „Bei der Polizei", schreibt das Dachauer Lokalblatt, „war die Meldung eingelaufen, daß sich der aus dem Konzentrationslager Dachau entflohene Kommunist Beimler in München in einem vom Garten umgebenen Hause an der Mandlstraße (Fortsetzung der Königinstraße) aufhalte. Daraufhin fuhr am Montag nachmittag Schutzpolizei in zwei Omnibussen an dem angegebenen Hause vor, schwärmte aus und riegelte es nach allen Seiten ab. In Erwartung eines etwaigen bewaffneten Widerstandes durch mehrere Kommunisten ging die Polizei mit einem Maschinengewehr und Revolvern vor und durchsuchte das verdächtige Anwesen. Die Polizeiaktion, die einen größeren Menschenauflauf verursachte, verlief jedoch ohne Ergebnis. Beimler war nicht zu finden. Man glaubt, daß er sich noch in der Nähe von Dachau aufhält und daß er von einem Genossen versteckt gehalten wird."

Während die Polizei auf der Suche nach Beimlers Versteck noch immer im dunkeln tappt, befindet sich der Arbeiterführer nach wie vor mitten in München im Hause seiner Beschützer. Erst nach sechs Wochen verläßt er im Juni 1933 auf Anraten der Partei die Stadt und setzt sich nach Berlin ab, wo er bis zum September bleibt. Von dort flieht er weiter in die Tschechoslowakei nach Prag und gelangt dann in die Sowjetunion. Damit der von der Haft Gezeichnete neue Kräfte sammeln kann, schickt die Kommunistische Partei Beimler, der überdies an Magengeschwüren leidet, zur Genesung und Erholung in ein Sanatorium auf der Krim. Später begibt er sich nach Zürich und schließlich nach Paris.

Doch Beimler rastet nicht. Sobald der Politiker, der als erbitterter Gegner des Nationalsozialismus so lange schweigen mußte, im Ausland vor seinen Verfolgern in Sicherheit ist, meldet er sich wieder zu Wort. Was er der Weltöffentlichkeit zu berichten hat, ist in der Tat sensationell genug. Ihm glückte nicht nur als erstem die Flucht aus dem Konzentrationslager Dachau, sondern er verfaßt auch den ersten dokumentarischen Erlebnisbericht über das Dachauer Lager, in dem er auf die Verbrechen hinweist, die dort von der SS an den Gegnern des Regimes begangen werden. Die Broschüre, der er den Titel „Im Mörderlager Dachau – Vier Wochen in den Händen der braunen Banditen" gibt, erscheint bereits im August 1933 in einer Auflage von 5500 Exemplaren in Moskau – publiziert von der „Verlagsgenossenschaft ausländischer Arbeiter in der UdSSR" und hergestellt von der Moskauer Druckerei „Iskra Revoluzii". Unter der englischen Überschrift „Four Weeks in the Hands of Hitler's Hell-Hounds – The Nazi Murder Camp of Dachau" wird der Bericht, der weltweites Aufsehen erregt, außerdem in London veröffentlicht.[30]

Das Buch bedeutet für die Nationalsozialisten eine schwere Niederlage in ihrem internationalen Ansehen. Zum erstenmal erfahren die Leser im In- und Ausland von einem Augenzeugen, welche Schrecken die Häftlinge hinter dem Stacheldraht von Dachau erwarten. Allein sein Schicksal ist ein erschütternder Beweis dafür. So schildert Beimler auch seine letzten Stunden im Arrest, die

HANS BEIMLER
MITGLIED DES REICHSTAGS
POLITISCHER LEITER DER KPD
SÜDBAYERNS

IM MÖRDERLAGER DACHAU

VIER WOCHEN IN DEN HÄNDEN DER BRAUNEN BANDITEN

1933

VERLAGSGENOSSENSCHAFT AUSLÄNDISCHER ARBEITER IN DER UdSSR / MOSKAU-LENINGRAD

2 Titelblatt des Berichts von Hans Beimler über das Konzentrationslager Dachau, der bereits im Jahre 1933 in der Sowjetunion erschien.

ihm keine andere Wahl ließen, als das Glück in der Flucht zu suchen, nachdem ihm bereits die Zeit genannt war, die er noch zu leben hatte.

„Nachmittags gegen 2 Uhr", beginnt er seine Geschichte,[31] „machte mir der Kommandant, natürlich in Begleitung des Mörders Steinbrenner, wieder ‚Visite'. Während Steinbrenner in die Zelle kam, blieb der Kommandant vor der Zellentür stehen, – beide Arme in die Hüften und die rechte Schulter gegen den Türrahmen gestützt. In der linken Hand hielt er eine nach rückwärts stehende Hundepeitsche. Dann fing er an, das zu wiederholen, was er mir schon öfter mit anderen Worten gesagt hatte:

‚Na – Beimler – wie lange gedenkst du denn die Menschheit mit deinem Dasein zu belästigen? Ich habe dir schon einmal gesagt, daß du dir darüber klar sein mußt, daß du in der heutigen Gesellschaft, im nationalsozialistischen Deutschland ein überflüssiges Subjekt bist. Lange sehe ich jetzt nicht mehr zu.'

Dann stieß er mit den Fingern gegen das auf der kleinen Bank liegende Tafelmesser und sagte:

‚Das Messer hast du nicht etwa zum Brotschneiden bekommen – das gehört zu etwas anderem.' –

Darauf erwiderte ich ihm:

‚Herr Kommandant! – Ich bin seit 14 Jahren Mitglied der Kommunistischen Partei – und habe um mein und der Arbeiterklasse Leben gekämpft und bin auch jetzt nicht gewillt, freiwillig auf mein Leben zu verzichten. Wenn Sie der Meinung sind, daß ich überflüssig geworden bin, dann geben Sie den Befehl, daß ich erschossen werde – dann wird es gemacht werden. Ob sich dann an der weiteren Entwicklung etwas ändern wird, ist eine andere Frage.' –

Er stellte sich dann vor mich und sagte:

‚Schau nur her, – frech wird das Schwein auch noch!' – ‚Dich erschießen – nein, du Sau bist keine Kugel wert – dich lassen wir daherin verhungern.'

Worauf ich ihm erwiderte:

‚Herr Kommandant! Ich bin jetzt schon vier Wochen in Haft und bin schon zu dreiviertel verhungert, dann werde ich das andere Viertel auch noch überstehen.'

Diese meine Antworten gingen dem Mörder Steinbrenner sehr stark auf die Nerven, und ich konnte es ihm aus der Fratze lesen, daß er mich am liebsten gleich erwürgt hätte. So sprang er auf mich zu und stieß mich wieder mit der Faust gegen die Brust an die Mauer. Als ich bei diesem Stoß, der mich ungemein schmerzte, ‚au' rief, sagte der Kommandant:

‚Ei schau, schreien tut er auch noch' – und wandte sich lächelnd zu Steinbrenner mit den Worten:

‚Schreien nützt nicht viel – bei uns geht's ganz lautlos und schnell.' –

Sie hatten die Zellentür kaum zwei Minuten zugeschlossen, da wurde schon wieder aufgesperrt. – Der Mordbandit riß mich mit dem Wort: , Raus!' aus der Zelle und warf mich in die Zelle 4. Es war der erschütterndste Augenblick meines Lebens. Vor meinen Füßen auf dem Steinboden lag die zerschundene, mit dicken Beulen bedeckte Leiche meines langjährigen Kampfgenossen Fritz Dressel.[32]

Der linke Arm lag ausgestreckt auf dem Boden, quer über den Vorderarm drei Schnitte, das Brotmesser daneben. – – –

Es war alles aufgeklärt. Der Genosse wurde durch die unerhörte Quälerei in den Tod getrieben, wie das an mir und auch an den Genossen Götz[33] und Genossen Hirsch geschah, dazu getrieben, Hand an sich zu legen. Er wurde dabei ‚unvorsichtigerweise' von einem Sturmführer gefunden, als er noch nicht verblutet war. Ein Gefangener, Dr. Katz, hätte den Genossen am Leben erhalten können. Doch der Wille des Kommandanten war, daß Dressel wieder vom Revier in die Zelle geworfen und dem Doktor untersagt wurde, den verwundeten Freund weiter zu behandeln. Man holte, um eine Behandlung vorzutäuschen, zwei SA-‚Sanitäter', am Abend des 7. Mai riß die Mörderbande den Verband von der Wunde, und der Genosse verblutete dann endgültig. Als Abschluß machten sie den Musikabend – den ‚Totentanz' – und besoffen sich zur eigenen Betäubung. – – –

Sollte ich vielleicht solange (sic!) bei meinem toten Genossen in der Zelle gelassen werden – bis ich es ihm gleichtat? – Wenn sie mich auch nach wenigen Minuten wieder aus der Zelle holten und in ‚meine' zurückbrachten, – so sollte ich doch gleich erfahren, warum sie mich in die Totenzelle geworfen haben.

‚So!' – sagte der Verbrecher, im Lager als Kommandant bezeichnet – ‚so! jetzt hast du es wohl gesehen, wie man es macht. Du mußt nicht glauben, daß du deshalb zu deinem Freund hineingekommen bist, um ihn nochmals zu sehen und von ihm Abschied zu nehmen. Du solltest bloß sehen, wie man es macht, und daß er nicht so feig war. Er hatte mehr Charakter als du feige Sau.' –

Von mir gingen sie fort und wiederholten mit dem Genossen Götz dasselbe, wie er es mir durch Zuruf bestätigte.

Nach wenigen Minuten erschienen sie wieder bei mir.

Der Kommandant: ‚Also hast du dir's schon überlegt?' – worauf ich ihm erwiderte, daß sich meine Ansicht noch nicht geändert hat. Darauf sagte er zu mir:

‚Ich will dir was sagen! Ich gebe dir bis 5 Uhr Zeit – jetzt ist es 3 Uhr, und wenn du es bis 5 Uhr nicht erledigt hast, dann wird's von uns erledigt!' – – –

Von mir raus, zu Götz rein.

Um 4 Uhr erschien wieder der Mörder Steinbrenner.

‚Ich habe gehört, du willst dich aufhängen?' ‚Mir ist es gleich, was du machst, wenn du tatsächlich zu feige bist, das Messer zu benutzen.' ‚Weißt du, wie man das macht?' – – –

Mit den Worten: ‚Ich glaube(,) du bist nicht nur feige, sondern auch dumm', ging er auf die Holzpritsche zu und nahm eine der beiden Wolldecken in die Hände. Die Wolldecke nach der breiten Seite betrachtend, meinte er: ‚Das wird zu kurz' – drehte die Decke so, daß sie der Länge nach unten hing(,) und mit der linken Hand die Decke von außen in einer Breite von ungefähr 10 Zentimeter festhaltend, fügte er hinzu:

‚Schau genau her, daß du das siehst, wie es gemacht wird!' – Bei diesen Worten fing er an, mit der rechten Hand einen Streifen in der Breite von 10 Zentimeter abzureißen.

‚Siehst du' – sagte er – ‚so wird's gemacht, wenn sich einer aufhängen will!' –

Nachdem er den Streifen in der ganzen Länge der Decke heruntergerissen hatte, machte er in das eine Ende einen Knoten, dann eine Schleife, und sagte:

‚So! Jetzt habe ich dir alles getan, was ich tun konnte – mehr kann ich dir nicht helfen. Also du brauchst jetzt bloß mehr den Kopf hineinzustecken, das andere Ende in das Fenster hinhängen(,) und alles ist fertig. In zwei Minuten ist alles erledigt. – Es ist doch nichts dabei – außerdem kommst du ja doch nicht mehr lebendig aus der Zelle raus. Der Befehl des Herrn Kommandanten muß ausgeführt werden.' –

So redete er auf mich ein – in einem Ton, als ob irgend jemand einen Freund zu etwas überreden will, was für den Freund eine Wohltat wäre. –

Die Situation war also für mich keine gute. Ich mußte erkennen, daß die Mörderbande daran festhielt, mich entweder doch noch so weit zu bringen, daß ich selbst Hand an mich legte, oder aber mich in kürzester Zeit ermorden werde. Da ich nun unter allen Umständen Zeit gewinnen wollte und mußte, um in der Nacht den Fluchtversuch zu wagen – hielt ich es nicht für zweckmäßig, aufs neue zu erklären, daß ich nicht zum Mörder am eigenen Leibe werden will. So erklärte ich dem Mörder Steinbrenner, als er mich nochmal fragte, nachdem er mir die Schlinge über die Schulter gelegt hatte – ‚ob's nun gemacht wird', ‚heute möchte ich das nicht machen!' – ‚Warum nicht?' fauchte er mich an. Ich erwiderte: ‚Heute hat mein Sohn seinen 12. Geburtstag und wird vielleicht zu Hause bei seinen Großeltern eine kleine Freude haben, sie wird nicht so groß sein, da Vater und Mutter im Gefängnis sitzen. Ich möchte nicht haben, daß mein Junge jedesmal an seinem Geburtstag daran erinnert werden soll, daß sein Vater an diesem Tag Selbstmord begangen hat.'

‚Das ist eigentlich ein plausibler Grund!' erwiderte darauf mein Peiniger. ‚Ich will das dem Kommandanten sagen, damit er dir bis morgen Gnadenfrist gibt, aber du mußt mir dein Ehrenwort geben, daß du das dann bis morgen früh um 7 Uhr erledigt hast.' (...)

Für mich stand aber unumstößlich fest, daß ich erstens auf keinen Fall selbst Hand an mich lege, und daß ich mich zweitens nicht grausam in dem finsteren Dreckloch erwürgen und eventuell aufhängen lassen werde, so daß ich mich entschied, auf jeden Fall in der Nacht auszubrechen, und wenn die Bande mich dabei erwischt – lieber unter ihren Kugeln sterben will. (...)

Ohne Erregung ‚verließ' ich in der Nacht vom 8. auf den 9. Mai die Zelle, um jeden Augenblick die Kugel zu erwarten."

So erschreckend diese Schilderungen sind, so wenig geht es Beimler darum, sich als Helden darzustellen. Den Sinn seines Berichts sieht er vielmehr darin, das mörderische Regime zu entlarven, das mit Hitler in Deutschland an die Macht gekommen ist. Zugleich ruft er die deutschen Arbeiter auf, sich „zum entschlossenen und mutigen Kampf gegen den Mordfaschismus" zusammenzuschließen und „für die Freilassung aller politischen Gefangenen" einzutreten.[34] Auf Vortragsreisen, die ihn durch verschiedene Länder führen, ruht er nicht, den Widerstand gegen Hitler zu mobilisieren. Seine Sorge gilt aber auch den Familien der Schutzhaftgefangenen, denen er im Rahmen des Möglichen von der Schweiz aus auf den heimlichen Wegen der „Roten Hilfe"[35] Unterstützungen zukommen läßt.

Doch einen Mann, der es gewohnt ist, zu kämpfen, können die beschränkten Mittel, die ihm im Exil für den Widerstand geblieben sind, nicht befriedigen. So folgt Beimler gern dem Ruf der Partei, im Spanischen Bürgerkrieg an die Seite der bedrängten Republik zu treten, die Franco mit Hitlers und Mussolinis Waffenhilfe zu stürzen entschlossen ist. Der bayerische Arbeiterführer, der am 7. August 1936 in Barcelona eintrifft, kämpft und opfert sich für die Freiheit des spanischen Volkes, dem er das Schicksal der Deutschen ersparen will. Sein Soldatentod am 1. Dezember 1936 erschüttert Millionen von Spaniern. Dreihunderttausend begleiten ihn auf seinem letzten Weg zum Bergfriedhof von Montjuich über Barcelona. Kein spanischer König, so sagt man, ist jemals zuvor mit einer so großen Anteilnahme der Bevölkerung zu Grabe getragen worden.[36]

Beimlers Opferbereitschaft bleibt den Kämpfern der Internationalen Brigaden unvergessen. Sie ehren den Mann, der aus der kleinen „Grupo ‚Thälmann'" mit den ersten deutschen Freiwilligen die berühmte „Centuria ‚Thälmann'" geschmiedet hat, indem sie am 14. April 1937 das neue 2. Bataillon der 11. Brigade nach ihm benennen.[37]

Wenn auch nach Beimlers Tod die Kämpfe von den Interbrigadisten in seinem Geist fortgeführt werden, so ist der Krieg angesichts der Waffenüberlegenheit des Feindes für die Republik doch nicht zu gewinnen. Nach drei Jahren des erbitterten Ringens sind die Republikaner ausgeblutet. Nicht zuletzt hat die eigene Offensive am Ebro, die mit dem 25. Juli 1938 eröffnet wurde, die Kräfte der Volksarmee erheblich geschwächt, wenn es ihren Soldaten auch gelungen ist, die Offensive des Gegners an der Levantefront zu stoppen. Mit schwerem Kriegsgerät treten Francos Truppen am 30. Juli zum Gegenstoß an, dem die Republikaner jedoch zunächst standhalten.

Aber die Niederlage beginnt sich bereits abzuzeichnen, als die republikanische Regierung am 23. September unter dem Druck des Völkerbundes gezwungen ist, alle internationalen Freiwilligen, mittlerweile rund 12000 Mann an der Zahl, aus den Reihen der Volksarmee zu entlassen. Während die Ebroschlacht noch tobt, trennen sich die Interbrigadisten schweren Herzens von ihren zurückbleibenden spanischen Frontkameraden, um zwei Tage darauf zum letztenmal durch die Straßen von Barcelona zu marschieren, wo die Bevölkerung in erschütternden Szenen von ihnen Abschied nimmt. Der Krieg endet vorerst für die Männer der Internationalen Brigaden im November in Demobilisierungslagern, die in der Nähe der französischen Grenze errichtet worden sind.[38]

Tatenlos müssen die Kämpfer – unter ihnen 1360 Deutsche und Österreicher, die in Bisaura de Ter im Quartier liegen – nun mit ansehen, wie die Niederlage auf die Republikaner immer bedrohlicher zukommt, nachdem die Faschisten im Gegensatz zur Volksarmee ihre deutschen, italienischen und portugiesischen Hilfskräfte nicht zurückgezogen haben. Mit 300000 Mann tritt der Feind am 23. Dezember sogar zur Großoffensive an, die ihm endgültig die Tür nach Katalonien öffnen soll. Die Republikaner kämpfen in dieser Schlacht schon auf verlorenem Posten. Sie können den Stoß, der von Francos Truppen mit einem enormen Aufgebot an Geschützen, Panzern und Flugzeugen geführt wird, nicht mehr auffangen und müssen der Übermacht weichen. Mit der Einnahme von Barcelona am 26. Januar 1939 haben die Faschisten das Ziel der Offensive erreicht.

In ihrer Bedrängnis ruft die Republik wieder die Interbrigadisten zu Hilfe, die im letzten Augenblick noch die Niederlage abwenden sollen. Aber das Ende können auch die internationalen Freiwilligen, die sich in der 11., 13. und 15. Brigade erneut formieren,[39] nicht mehr aufhalten. Denn seit dem Fall von Borjas Blancas löst sich die katalanische Front der Republikaner in wilder Flucht auf, die zum Chaos führt.[40] Alles, ob Zivilist oder Soldat, flutet auf die Grenze zu, um in Frankreich Schutz vor den nachrückenden Truppen der Faschisten zu finden. Die Internationalen Brigaden können nur noch in die Abwehrkämpfe eingreifen, um den Flüchtlingen den Rücken freizuhalten. Gemeinsam mit den Resten der Volksarmee ziehen sie sich dabei an die Grenze nach Frankreich zurück.

Auch das Parlament, das am 1. Februar zum letztenmal mit nur noch 62 Abgeordneten in einem Burgverlies der katalanischen Grenzstadt Figueras tagt, sieht das Ende der Republik gekommen. Zwar formuliert Regierungschef Juan Negrín in dieser Sitzung der Cortes die Bedingungen, von denen er den Friedensschluß mit Franco abhängig macht, doch glaubt in Wirklichkeit keiner der übrigen Anwesenden mehr an ein Zugeständnis der Faschisten. Danach löst sich das Parlament auf, und die Abgeordneten wählen den Weg ins Exil nach Frankreich.[41] Nun bleibt auch den Interbrigadisten nach den vielen vergeblichen Opfern nur noch der Rückzug aus Spanien. Am 8. und am 9. Februar 1939 überschreiten sie bei Perthus und bei Port-Bou die französische Grenze. Die letzte Einheit der Freiwilligen, die das Land verläßt, ist das 1. Bataillon der 11. Internationalen Brigade mit den deutschen Kämpfern. Am 12. Februar gehen die Soldaten unter dem Dreistern, der das Zeichen der Interbrigaden war, in der Nähe von Perthus nach Frankreich.[42]

Unter den Spanienkämpfern, die als geschlagene Truppen fremden Boden betreten, befindet sich auch der Österreicher Hermann Langbein, der zum Glück nicht weiß, welcher Leidensweg ihm noch bevorsteht. Es ist erst knapp ein Jahr her, daß der junge Wiener am 22. März 1938 der Heimat den Rücken kehrte und auf Schiern über die Schweizer Grenze flüchtete,[43] um sich in Spanien als Gegner des Nationalsozialismus den Internationalen Brigaden anzuschließen. Nun marschiert er mit seinen Kameraden einem ungewissen Schicksal entgegen. Das Bild der besiegten Armee, das er vor Augen hat, prägt sich ihm so tief ein, daß er es sein Leben lang nicht vergessen wird.

„Die Straße führt in großen Windungen steil aufwärts", berichtet er.[44] „Lang ist unser Zug und staubig der Weg. Bei den Biegungen der Straße kann man zurück und vor schauen: da zieht nun das geschlagene spanische Heer, da ziehen nun die Internationalen Brigaden über den Pyrenäenpaß nach Frankreich.

Neben uns Soldaten gehen Frauen und Kinder, alte Männer, die Mulis am Strick führen, voll beladen mit Säcken und Hausgerät. Unten im Tal, aus dem die Straße kommt, rauchen noch die vielen Lagerfeuer der Nacht.

‚Dort ist die Grenze.' Ein Haus wird sichtbar und davor eine Fahnenstange mit der französischen Trikolore. (...)

Der Zug stockt. Die Waffen müssen abgegeben werden. Rechts neben der Straße ist ein staubiges Stückl Wiese(,) und dort häufen sich die Gewehre. Auch ich nehme mein Gewehr von der Schulter. – Wir waren Soldaten.

Noch einmal geht's vorbei an André Marty, dem Chef der Internationalen Brigaden. Da steht er am Straßenrand, groß, mit seiner unvermeidlichen Baskenmütze. Ohne jedes Kommando richten wir unsere Reihen aus. Die Franzosen sollen sehen, daß wir nicht den Kopf hängen lassen.

Vor dem Zollhaus steht Garde mobile.[45] Gute, saubre Uniformen haben sie an. Jetzt sehen wir auch, warum es so langsam vorwärts geht: Wir werden an der Grenze visitiert. Jeder einzelne wird abgetastet, die Taschen, der Brotsack durchsucht. (...)

Die Straße geht nun bergab, aber der Weg wird nicht leichter. Jetzt spüren wir's erst richtig: wir haben den Krieg verloren. Wir sind nicht mehr Soldaten einer Freiheitsarmee. Neben uns geht ein Garde mobile mit einem Gewehr über der Schulter und ruft uns zu: ‚Allez, allez!'

Nun geht die Straße schon durch die Ebene.

‚Allez, allez!' Wir sind viele Stunden marschiert. Wie lange noch? Immer wieder dieselbe Antwort: Noch zwei Kilometer! Nacht wird's. Die Taschenlampen unserer Begleitposten zeigen uns Ausschnitte des Weges.

Am nächsten Morgen noch immer: ‚Allez, allez!'

Dann sehen wir Stacheldraht. Endlos lang. Frisch gesteckt im Küstensand."

Die Interbrigadisten und ihre spanischen Kampfgefährten sind am Ziel angelangt. Ihr Weg endet in der Gefangenschaft. St. Cyprien heißt das Lager, das Langbein und seine Kameraden aufnimmt. Der Anblick, den der Platz, benannt nach einem nahen Dorf, bietet, ist trostlos. Außer Sand und Stacheldraht, der die weiten Flächen in den Dünen, so weit man sehen kann, parallel zum Meer einzäunt, hat Frankreich für die Internierten nichts übrig. Nirgends steht eine Unterkunft, nirgends ein Zelt, das den Männern Schutz vor Kälte, Wind und Wetter gewähren könnte. So breiten die Gefangenen ihre Decken unter dem freien Himmel aus und legen sich in den Sand – belauert von Senegalesen, die an Maschinengewehren hinter dem Stacheldraht wachen.

Wie hier in St. Cyprien am Mittelmeer gibt es noch in Argelès und in vier kleineren Orten große Internierungslager, die ebenso schnell und lieblos von der französischen Regierung an der offenen See für das republikanische Militär aus Spanien eingerichtet worden sind. Auch dort müssen die Männer wie wilde Tiere mit eigenen Händen Löcher in den Sand graben, um sich notdürftig eine Bleibe zu schaffen. Schließlich sind es sogar fünfzehn Lager, in denen die Franzosen die Spanienkämpfer unter menschenunwürdigen Bedingungen festhalten.[46]

Doch die Gefangenen in St. Cyprien wissen sich zu helfen: Sie bauen Burgen in den Sand und decken sie mit Zeltplanen zu, bis sie endlich im März das erste Baumaterial erhalten und Baracken aus Holz, Wellblech und Dachpappe errichten können.[47] Als Eßgeschirr dienen ihnen Gefäße, die sie aus Konservendosen fabriziert haben. Aber kaum haben Langbeins Kameraden in St. Cyprien Fuß gefaßt, da müssen sie im April 1939 wieder aufbrechen. Ihr nächstes Ziel ist Gurs in der Nähe des Atlantik, wo ein gewaltiges Barackenlager die Internationalen erwartet.

Auch dieses Bild prägt sich Langbein ein: „In Cyprien war nur eine Reihe Stacheldraht gespannt, hier gibt es ein ganzes Verhau. Kreuz und quer und wirr durcheinander sind die Drähte(,) und über dem Tor steht in freundlichen Buchstaben: ‚Camp d'accueil' – Empfangslager. Garde mobile gibt es auch hier genug. (...) Langgestreckt ist das Lager, in der Mitte die Lagerstraße, links und rechts davon die ‚Ilots', das sind Barackengruppen, durch Stacheldraht voneinander getrennt. Sie sind mit Buchstaben bezeichnet. In das Ilot I werden wir hineindirigiert.

Die Baracken sind ganz leer. Keine Betten, keine Pritschen, keine Strohsäcke und auch keine richtigen Fenster, sondern nur kleine Klappen, wie man sie in Ställen hat."[48]

In diesem Lager erleben die Interbrigadisten den Ausbruch des Zweiten Weltkrieges. Langbein und seine österreichischen Kameraden erklären sich spontan dazu bereit, „gegen den Faschismus", wie sie dem Oberbefehlshaber der alliierten Streitkräfte in Frankreich, General Maurice-Gustave Gamelin, in einem Brief mitteilen, auch jetzt wieder „mit derselben Entschlossenheit zu kämpfen, mit der wir in Spanien gegen ihn gekämpft haben".[49] Sie bitten darum, als österreichische Einheit in den Verband der französischen Armee eingegliedert zu werden. Aber ihr Schreiben bleibt unbeantwortet. Statt dessen ergeht an die Spanienkämpfer die Aufforderung, sich zur französischen Fremdenlegion zu melden. Empört weisen die Interbrigadisten, die nicht mit Landsknechten verwechselt werden wollen, dieses Ansinnen zurück. Die Lagerleitung reagiert darauf verstimmt: Die Befehle, die sie erläßt, werden strenger, die Portionen der ohnehin schon schmalen Kost noch geringer.

Doch für Langbein ist es damit nicht getan. Mit mehr als vierzig österreichischen Leidensgenossen, die den Franzosen, wie Langbein herausfindet,[50] hauptsächlich „als besonders aktive und politisch bewußte Menschen" ein Dorn im Auge sind, wird er in ein Straflager nach Le Vernet im Süden von Toulouse gebracht, wo er unter Bibelforschern und Spanienkämpfern, unter Kommunisten und jüdischen Emigranten aus Mitteleuropa noch schwerere

Zeiten durchmacht. „Jetzt weiß ich erst richtig, was Hunger ist", klagt er.[51] „Es gibt Stunden, so vor der Brotfassung, wo man wirklich Schmerzen hat, wo man nichts anfangen kann, nicht lesen und nicht reden und nicht einmal gescheit denken."

Aber die Verpflegung ist nicht nur unzureichend, sondern dazu auch noch erbärmlich. So erhalten die Gefangenen außer viel zu kleinen Brotlaiben täglich die ekelerregenden Knollen der nordamerikanischen Sonnenblume, Topinambur genannt, die sonst lediglich als Viehfutter verwendet werden. Die Erdfrüchte, die vor dem Verzehr geschält werden müssen, schmecken fad und süßlich und stinken obendrein. Verfaulte Rüben ergänzen den Speiseplan, der im übrigen kein Gramm Fett für die Inhaftierten vorsieht.

In ihrem Elend wenden sich die Österreicher an die deutsche Repatriierungskommission in Vichy mit dem Begehren: „Wir sind bereit, in unsere Heimat zurückzufahren."[52] Doch nicht alle unterschreiben diesen Brief. Die Juden und einige Kommunisten, die mit ihrer Verfolgung durch die deutschen Machthaber rechnen müssen, ziehen es vor, sich den anderen nicht anzuschließen. Monate vergehen, bis die Kommission endlich antwortet, die Personalien der einzelnen an Ort und Stelle überprüft und schließlich den Weg aus dem Straflager freigibt.

Am 21. April 1941 verläßt Langbein mit seinen Gefährten Le Vernet, nachdem er schweren Herzens von den zurückbleibenden Kameraden Abschied genommen hat. Daß diese Veteranen die bessere Entscheidung getroffen haben,[53] zeigt sich bald. Aber zunächst nimmt alles seinen scheinbar korrekten Lauf. Als der Transport mit Langbein in Karlsruhe eintrifft, glauben die Männer fest an ihre Heimführung nach Österreich. Auch das tagelange Warten in einer Schule der Stadt weckt noch nicht ihr Mißtrauen.

Das schreckliche Erwachen kommt erst am 1. Mai, nachdem der Transport vor der Weiterfahrt neu eingeteilt worden ist. „Die einen fahren nur bis Salzburg und müssen sich gesondert halten", berichtet Langbein,[54] „die andern bis Wien(,) und der dritte Teil wird bis Graz geführt. Jeder wird an seine Heimatbehörde überstellt, heißt es.

Zu Fuß geht es auf den Bahnhof. Neugierig werden wir von den Passanten angesehen. Wir müssen auch ein merkwürdiges Bild bieten. In Uniformstükken und Zivilkleidern, zerlumpt und oftmals geflickt, verwaschen und verwittert, mit schlechtem Schuhwerk und mit Fetzen um die Füße statt Socken, mit allen möglichen improvisierten Koffern, so kommen wir daher. (...)

Ulm liegt hinter uns, die kleine altertümliche Stadt mit dem hohen Turm des Münsters. Dann dämmert's. In München heißt es auf einmal: Alles raus!

Warum? Auf dem Zug ist doch gestanden(:) München – Salzburg – Wien. Draußen müssen wir wieder antreten. Jetzt wird nicht mehr befohlen, daß die Transporte nach Salzburg, Wien und Graz sich getrennt halten sollen. Auf dem Perron werden wir durch ein Spalier von neugierigen Blicken geführt, dann zweigen wir auf ein Geleise ein. Dort steht eine Tafel: München – Dachau. Und ein Zug steht bereit. Kleine Waggons, so wie sie auf Lokalstrekken gebraucht werden.

Wir schauen uns nur an. Aus ist der Traum von Wien und vom Wiedersehen mit den Unseren. Die Fahrt ist kurz(,) und bei der Ankunft empfängt uns schon Dachauer SS."

Die Männer sind hinters Licht geführt. Statt in die Geborgenheit der Heimat zurückzukehren, endet ihre Reise für Jahre in dem Konzentrationslager, dem ihr Vorbild und Mitkämpfer, Hans Beimler, entronnen ist.

Die SS kann den „Rotspaniern", wie sie die Spanienkämpfer verächtlich nennt, zwar die Freiheit nehmen, aber den Widerstand der kampferprobten Männer bricht sie nie.[55] Auch nach Jahren des Schreckens und des Elends erheben sie sich beim Dachauer Aufstand wieder, um in den letzten Tagen des Konzentrationslagers, als die Not der Häftlinge nach kriegserfahrenen Kameraden verlangt, mit dem Gewehr in der Hand das Leben ihrer Leidensgefährten zu verteidigen.[56] Einer dieser Unbeugsamen ist der Österreicher Erich Hubmann. Er hat der Gruppe angehört,[57] die im Frühling 1941 mit Hermann Langbein nach Dachau gekommen ist.[58] Hubmann fällt im Kampf gegen die SS, als die Freiheit für ihn schon zum Greifen nahe ist. Nur wenige Stunden nach seinem Opfertod erreichen am 29. April 1945 die amerikanischen Befreier das Lager.

Stunde Null des Terrors

Dramatische Stunden sind es, die Martin Grünwiedl in einer Sommernacht des Jahres 1934 an der Isar in der Pupplinger Au erlebt.[1] Der junge Münchner Kommunist weiß, daß die Tätigkeit, der er hier im Schutz der Einsamkeit nachgeht, ihn wieder ins Konzentrationslager bringen kann. Dennoch ist er fest entschlossen, die Aufgabe, die er sich gestellt hat, auszuführen. Seit Wochen arbeitet er an einer Schrift, die wie Beimlers Bericht der Öffentlichkeit die Wahrheit über Dachau enthüllen soll.

Aber im Gegensatz zu Hans Beimler bringt er seine Dokumentation nicht im Ausland heraus, sondern riskiert es, sie in Bayern zu veröffentlichen – fast unter den Augen seiner Verfolger. Dazu schreibt er sie nicht nur selbst, er vervielfältigt sie auch noch in eigener Regie. Darüber hinaus berichtet er nicht wie Beimler, der im Arrestbau mit den übrigen Gefangenen kaum in Berührung gekommen ist, über sein eigenes Schicksal, was schon die Vorsicht verbietet. Ihm geht es vielmehr darum, das Leiden anderer Häftlinge darzustellen und ein Bild von den allgemeinen Lebensverhältnissen im Lager zu zeichnen.

Der Dekorationsmaler Martin Grünwiedl weiß, worüber er schreibt. Hinter ihm liegen elf Monate Haft, die er zum größten Teil im Konzentrationslager Dachau verbracht hat. Als er am 10. Februar 1934 die Freiheit wiedersieht, erhält er in München von den Parteifreunden Fritz Rottmeier[2] und Ludwig Ficker,[3] beide Mitglieder des Antimilitaristischen Apparates, den Auftrag, seine Dachauer Erlebnisse und Beobachtungen in einem Tatsachenbericht niederzulegen, der als aufklärende Broschüre unter der Bevölkerung verbreitet werden soll. Doch Grünwiedl hat das Manuskript noch nicht beendet, da erfährt er, daß er mit der Hilfe seiner Auftraggeber nicht mehr rechnen kann. Rottmeier ist am 6. März den Nationalsozialisten in die Hände gefallen, nachdem ihm kurz zuvor Adolf Maislinger, der Organisationsleiter der KPD in München,[4] ein Paket mit illegalen Schriften ausgehändigt hatte, das er an eine dritte Person weitergeben sollte.[5] Auch Ficker hat die Verhaftung gedroht. Aber er entkommt seinen Verfolgern noch im letzten Augenblick und flüchtet in die Schweiz.[6]

Grünwiedl muß das begonnene Werk nun allein fortführen. Zu diesem Zweck sieht er sich in seinem Bekanntenkreis zunächst nach Freunden um, die bereit sind, ihn bei der Arbeit zu unterstützen. Eine wertvolle Hilfe ist ihm von Anfang an sein ehemaliger Schulkamerad Sebastian Watzal, der als gelernter Schriftsetzer die nötigen Kenntnisse besitzt, um die von Grünwiedl zusammengetragenen Gefangenenberichte redigieren zu können.[7] Dabei beschränkt er sich auf Wunsch seines Jugendfreundes nur auf die Korrektur der grammatikalischen und der orthographischen Fehler. Den Text selbst läßt er im wesentlichen unverändert. Grünwiedl hofft, mit dem fehlerfreien Manuskript die Nationalsozialisten zu täuschen, die wohl kaum in dem Verfasser dieser gutformulierten Dokumentation einen Arbeiter vermuten werden.

Watzal erweist sich auch bei der weiteren Abwicklung des Unternehmens als wertvolle Stütze. Er entwirft nicht nur das Vor- und das Schlußwort für die Broschüre, sondern er beschafft darüber hinaus eine Schreibmaschine, mit der seine Braut den Text des Manuskriptes auf Matrizen überträgt. So gerüstet, kann Grünwiedl daran denken, die Vorbereitungen für die Vervielfältigung der Schrift in die Wege zu leiten. Er ist sich darüber im klaren, daß dies nicht in der Stadt geschehen kann, wo die Wände überall Ohren haben. Um ungestört arbeiten zu können, braucht er einen Ort, an dem er vor Verrätern sicher ist. Am geeignetsten erscheint ihm dazu ein Platz unter freiem Himmel in der Pupplinger Au, die unweit von Wolfratshausen liegt.

Dorthin bricht er schließlich mit vier Helfern auf.[8] Die fünf Fahrräder, auf denen die kleine Gruppe, als Urlauber getarnt, München verläßt, sind hoch beladen. Neben zwei Zelten und Proviant führen die Männer einen Abziehapparat und 8000 Blatt Papier mit sich, die zum Teil auf Anhängern verfrachtet sind. Mit diesem Gepäck gelangen sie unbehelligt in die Pupplinger Au, wo sie auf einer Insel in der Isar, auf der sie sich hinter dichtem Buschwerk sicher fühlen, ihre Zelte aufschlagen.

Drei Tage lang arbeiten sie dort unermüdlich an der Vervielfältigung der Broschüre. Dann müssen sie eine Zwangspause einlegen, weil ein Teil der ohnehin stark beanspruchten Matrizen durch Pflanzenreste und Schmutz im Zelt beschädigt worden ist und ausgewechselt werden muß. Grünwiedl beauftragt einen der Helfer damit, nach München zurückzukehren, um dort die unbrauchbaren Matrizen erneuern zu lassen. Der Mann verläßt das Versteck, kommt aber zum vereinbarten Zeitpunkt nicht zurück.

Bei den Wartenden wächst mit jeder Stunde, die sie vergeblich nach dem Gefährten Ausschau halten, das Unbehagen. Der Bote ist noch immer nicht eingetroffen, als am Abend die Dunkelheit hereinbricht und starker Regen einsetzt. Ein schlimmer Verdacht erwacht, und die Männer fangen an, sich über ihre Sicherheit Sorgen zu machen, denn jeder von ihnen weiß, daß er das Schlimmste zu befürchten hat, wenn das Unternehmen auffliegt. Mit Bangen ziehen sich die Ratlosen vor der Nässe ins Zelt zurück, wo sie jedoch lange Zeit keine Ruhe finden, bis sie endlich vor Müdigkeit einschlafen.

Gegen 2.30 Uhr in der Nacht schreckt sie plötzlich ein Geräusch auf. Im Nu sind sie hellwach. Ganz in ihrer Nähe hören sie das Geheul einer Sirene. Zu Tode erschrocken, denken sie nur an das eine: Verrat! Sie glauben sich von der Polizei bereits umzingelt. Mit klopfenden Herzen lauschen sie gespannt nach draußen. Eine halbe Stunde vergeht so, als wieder die Sirene, diesmal etwas weiter entfernt, ertönt. Zugleich beginnt das Zelt zu schwanken. Grünwiedl, den nun nichts mehr hält, kriecht ins Freie und ist im nächsten Augenblick von Wasser umgeben. Zusammen mit den nachfolgenden Freunden arbeitet er sich in der Dunkelheit zum zweiten Zelt vor, das in einem dichten Gebüsch steht und das die „Druckerei" beherbergt. Als sie das Versteck erreichen, spülen dort gerade die ersten Wellen über den Boden.

Nun besteht für sie kein Zweifel mehr: Hochwasser der Isar, das schnell weitersteigt, bedroht ihren Platz. Damit hat auch das Signal, das sie weckte, seine Erklärung gefunden. Als das Geheul der Sirene erneut zu ihnen herüberdringt, spricht einer der Männer die erlösenden Worte: „Das ist ja die Wasserpolizei." Erleichtert atmen alle auf. Sie sind zum Glück weder verraten noch entdeckt. Der Alarm der Polizei gilt nur dem Hochwasser.

Wenn sich auch ihre Sorgen als unbegründet erwiesen haben, so droht ihnen doch durch die Überschwemmung neue Gefahr. Um ihren Besitz zu retten, bleibt ihnen nicht mehr viel Zeit. Zusehends schwellen die Fluten im strömenden Regen an. Zuerst bergen die Männer das Papier und den Abziehapparat, dann die Zelte und die Fahrräder. Mit hochgestreckten Armen und mit nacktem Körper schleppen sie ihre Sachen, wobei sie oft bis zu den Schultern durch das kalte und verschmutzte Isarwasser waten, in das höher gelegene Gelände. Als der Tag anbricht, ist alles in Sicherheit. Bald darauf taucht auch der Bote aus München mit den neuen Matrizen auf und läßt erstaunt die überaus freundliche Begrüßung seiner Kameraden über sich ergehen, die ihm angesichts des Durcheinanders, in dem er die Zurückgebliebenen vorfindet, reichlich übertrieben erscheint. Von dem Verdacht, den die Freunde gegen ihn gehegt haben, erfährt er nichts.

Zwei Tage lang arbeiten Grünwiedl und seine Gefährten mit dem Handapparat weiter an der Vervielfältigung der Broschüre. Doch dann müssen sie ihr Unternehmen in der Pupplinger Au endgültig abbrechen, nachdem sie festgestellt haben, daß sie von einem Bauern, der sie beim Grasmähen entdeckt hat, beobachtet werden. Um jeder Gefahr aus dem Weg zu gehen, ziehen sie es vor, nach München zurückzukehren und dort das Werk zu vollenden. Als Unterschlupf in der Stadt dient ihnen die Wohnung einer Arbeiterfamilie, die schon deshalb den besten Schutz bietet, weil sie erst kurz zuvor von der Polizei ohne Ergebnis durchsucht worden ist.

Schließlich sind alle Mühen überstanden und 650 Exemplare der 32 Seiten starken Schrift, der Grünwiedl den Titel „Dachauer Gefangene erzählen" gegeben hat, mit der Hand abgezogen und geheftet. Rund 400 Stück der Broschüre, die zum Selbstkostenpreis von 20 Pfennig an den Mann gebracht werden soll, erhält die Stadtteilgruppe der KPD in Obergiesing, der es unter ihrem Leiter Gustav Wagner bis jetzt gelungen ist, sich der Verfolgung zu entziehen. Die Münchner Genossen gehen unverzüglich daran, die Dokumentation unter das Volk zu bringen. In fünf Tagen haben sie 130 Hefte verkauft, den Rest werfen sie heimlich in Briefkästen. Die übrigen 250 Exemplare schicken Grünwiedl und seine Helfer zum größten Teil mit der Post an Verwandte und an Bekannte und auch an Geschäftsleute, Ärzte, Rechtsanwälte und an andere Intellektuelle. Sebastian Watzal sorgt sogar dafür, daß einige Broschüren ins Ausland nach Frankreich und in die Schweiz gelangen.

Genau ein Jahr ist es her, daß Beimlers erster Bericht über das Konzentrationslager Dachau in Moskau die Druckpresse verlassen hat. Nun liegt eine zweite Schrift[9] vor, die den Nationalsozialisten beweist, daß der Widerstand der Kommunisten im Land noch nicht gebrochen ist. Mit bewunderungswürdiger Kaltblütigkeit erklärt Watzal der NSDAP im Schlußwort der Broschüre den Kampf. „Wir sind überzeugt", schreibt er, „daß Millionen von denen, die einst begeistert Heil schrien, vom Nationalsozialismus bereits geheilt sind, und ihre Zahl wird immer größer. Das hat die Naziregierung selbst schon bestätigt durch die notwendig gewordene Aktion gegen Miesmacher und Kritikaster,

◁ *3 Der Dekorationsmaler Martin Grünwiedl verfaßte nach seiner Haft in Dachau im Jahre 1934 die erste Dokumentation über die Verbrechen der SS im Konzentrationslager Dachau, die im Inland erschien.*

womit sie sich gezwungenermaßen ganz auf Verteidigung umstellte. Wir wollen uns aber nicht gleichgültig und ergeben in das Schicksal fügen, denn das wäre Unterstützung des faschistischen Betrugs- und Mordregiments. (…)

Auf denn! Kämpft mit den Kommunisten! Verfemt die Spitzel und Denunzianten! Seid mit dabei, wenn es gilt, abzurechnen mit der Hitler-Barbarei in einem freien, wirklich sozialistischen Deutschland!"

Ebenso mutig sind auch die Worte, die Watzal im Vorwort der Schrift für das Los der Dachauer Häftlinge findet. „Die Münchener Zeitungen und die ‚Münchner Illustrierte Presse'",[10] klagt er an, „haben sich die erdenklichste Mühe gegeben, das Konzentrationslager Dachau in Wort und Bild als eine Mustererziehungsanstalt hinzustellen. Mit der Wirklichkeit aber haben diese Veröffentlichungen nichts, aber auch gar nichts gemein. Die Bilder waren auf Kommando erstellt, was jeder kritische, gewissenhafte Beobachter ohne weiteres feststellen konnte, die veröffentlichte Beschwichtigungs-Erklärung seitens eines Gefangenen selbstverständlich erzwungen. In Dachau wurde noch keiner und wird auch keiner zum Nationalsozialismus erzogen. Und wer einmal gesehen hat, wie die Gefangenen fast alle, sobald sie nach ihrer Entlassung das Tor des Lagers hinter sich haben, zu laufen beginnen, gepeitscht von einem unaussprechlichen Gefühl, gemischt aus Freude und aus Schrecken, sie könnten etwa wieder zurückgeholt werden, der weiß, daß sich in Dachau keine Erziehungsanstalt, sondern eine mittelalterliche, barbarische Strafanstalt befindet."

Die Bevölkerung reagiert auf die Schrift, in der zum erstenmal mehrere Dachau-Häftlinge mit ihren unverfälschten Augenzeugenberichten zu Wort kommen, verschreckt. Allein die Tatsache, daß die Dokumentation ihnen zugesandt worden ist, läßt die meisten Empfänger um ihre Sicherheit bangen. So werden die Exemplare, die mit der Post befördert worden sind, zum größten Teil der Polizei übergeben. Grünwiedl entgeht diese Reaktion nicht. Von einem Dienstmädchen erfährt er auch, daß dessen Chef die Broschüre bereits zwei Stunden nach dem Empfang zur Polizei gebracht hat, weil die Postsendung ihm als Falle der Nationalsozialisten erschienen ist.

Dabei wird die Polizei erst durch das ängstliche Verhalten der Leute auf die Schrift aufmerksam. Sie beantwortet Grünwiedls Widerstandsunternehmen mit neuen Verhaftungen, die aber einen unschuldigen Personenkreis treffen. Die Fehlgriffe beweisen Grünwiedl, daß die Verfolger die falsche Spur aufgenommen haben.

Martin Grünwiedl hat bereits in der Zeit vor 1933 zu den Männern gezählt, die gegen Hitler aufgestanden sind. Wie Hans Beimler entstammt auch er ärmlichen Verhältnissen.[11] Sein Vater, der sechs Kinder zu ernähren hat, verdient sich den Lebensunterhalt schlecht und recht als Hilfsarbeiter. Bereits mit zwölf Jahren muß der Sohn Martin, der am 27. Dezember 1901 in Pförring bei Abensberg in Bayern zur Welt gekommen ist, den Dienst eines Bauernknechts annehmen, um sich allein durchzubringen. Bis 1924 geht er dieser Tätigkeit nach, dann verläßt er das Land und erlernt in München das Malerhandwerk. Dort tritt er auch im Januar 1930 der Kommunistischen Partei bei.

Damit hat Grünwiedl eine Entscheidung getroffen, die sein Leben bald in unvorstellbarem Maße verändern wird. Sie verlangt von ihm, wie von vielen seiner Genossen, in den nächsten Jahren seine ganze moralische Kraft sowie

Standfestigkeit und Charakterstärke, wenn er seinen Idealen weiter treu bleiben will. Aber er steht unerschrocken zur Partei, als Hitler am 30. Januar 1933 in Berlin an die Macht kommt und sofort die Verfolgung der kommunistischen Funktionäre in Preußen einsetzt.

Zu diesem Zweck baut der Reichskommissar für die Luftfahrt und das preußische Innenministerium, Hermann Göring, die „Abteilung I A", die bisher im Berliner Polizeipräsidium am Alexanderplatz als politisch-polizeiliche Nachrichtenzentrale für das gesamte Reich gedient hat, zur politischen Polizei aus. Als Geheime Staatspolizei wird sie später unter der Abkürzung „Gestapo" im ganzen Land zu einem gefürchteten Begriff. Die Buchstabenkombination geht auf die Abkürzung „Gestapa" zurück, die ein unbekannter Postbeamter beim Entwurf eines Laufstempels für das neue Geheime Staatspolizeiamt erfunden hat. Mit dem Oberregierungsrat Dr. Rudolf Diels an der Spitze nimmt die Behörde, die Göring unmittelbar unterstellt ist, ihren Sitz in einer ehemaligen Kunstgewerbeschule in der Prinz-Albrecht-Straße 8, während sich eine „Spezialabteilung zur Bekämpfung des Bolschewismus" im Karl-Liebknecht-Haus niederläßt, das ursprünglich den Kommunisten gehört hat.[12]

Daß die Nationalsozialisten bei der Verfolgung der Bolschewisten oder Marxisten, wie in ihrem Sprachgebrauch die Gefolgsleute der KPD heißen, auch vor der letzten Konsequenz nicht zurückschrecken werden, hat Hitler schon am 28. Februar 1926 in einer nichtöffentlichen Rede vor dem Hamburger Nationalklub in aller Offenheit erklärt: „Wenn eine Bewegung den Kampf gegen den Marxismus durchführen will, hat sie genauso intolerant zu sein, wie es der Marxismus selbst ist. Sie darf keinen Zweifel darüber lassen (...), wenn wir siegen, wird der Marxismus vernichtet, und zwar restlos; auch wir kennen keine Toleranz. Wir haben nicht eher Ruhe, bis die letzte Zeitung vernichtet ist, die letzte Organisation erledigt ist, die letzte Bildungsstätte beseitigt ist und der letzte Marxist bekehrt oder ausgerottet ist. Es gibt kein Mittelding."[13]

Als erste Waffe für die Jagd auf die Kommunisten dient Hitler nach der Machtergreifung zunächst die Notverordnung „Zum Schutz des deutschen Volkes", die bereits am 4. Februar 1933 vom Reichspräsidenten erlassen worden ist. Wenn sie auch der Polizei das Recht einräumt, einen Verhafteten bis zu drei Monaten festzuhalten, wahrt sie dennoch den Artikel 114 der Weimarer Reichsverfassung, der das Grundrecht der persönlichen Freiheit garantiert. So können nur Personen in polizeiliche Haft genommen werden, die sich wegen Landes- oder Hochverrats zu verantworten haben. Aber auch diesen steht das Recht zu, auf Wunsch einem Richter vorgeführt zu werden, der über die Fortdauer der Polizeihaft zu befinden hat.[14]

Erst der Brand des Reichstagsgebäudes am Abend des 27. Februar 1933 liefert den Nationalsozialisten den gewünschten Vorwand, um unverhohlen zum vernichtenden Schlag gegen den verhaßten Gegner ausholen zu können. Dreist behaupten sie, daß das Feuer das Werk kommunistischer Brandstifter gewesen sei.[15] So schreckt Göring auch nicht davor zurück, am Tag darauf mit einer Erklärung an die Öffentlichkeit zu treten, die schließlich die KPD zur Terrororganisation stempelt.

„Diese Brandstiftung", behauptet er,[16] „ist der bisher ungeheuerlichste Terrorakt des Bolschewismus in Deutschland. Unter den Hunderten von Zentnern Zersetzungsmaterial, das die Polizei bei der Durchsuchung des Karl-

Liebknecht-Hauses entdeckt hat, fanden sich die Anweisungen zur Durchführung des kommunistischen Terrors nach bolschewistischem Muster.

Hiernach sollen Regierungsgebäude, Museen, Schlösser und lebenswichtige Betriebe in Brand gesteckt werden. Es wird ferner die Anweisung gegeben, bei Unruhen und Zusammenstößen vor den Terrorgruppen Frauen und Kinder herzuschieben, nach Möglichkeit sogar solche von Beamten der Polizei. Durch die Auffindung dieses Materials ist die planmäßige Durchführung der bolschewistischen Revolution gestört worden.

Trotzdem sollte der Brand des Reichstags das Fanal zum blutigen Aufruhr und zum Bürgerkrieg sein. Schon für Dienstag früh 4 Uhr waren in Berlin große Plünderungen angesetzt. Es steht fest, daß mit diesem heutigen Tage in ganz Deutschland die Terrorakte gegen einzelne Persönlichkeiten, gegen das Privateigentum, gegen Leib und Leben der friedlichen Bevölkerung beginnen und den allgemeinen Bürgerkrieg entfesseln sollten.

Der Kommissar des Reiches im preußischen Ministerium des Innern, Reichsminister Göring, ist dieser ungeheuren Gefahr mit den schärfsten Maßnahmen entgegengetreten. Er wird die Staatsautorität unter allen Umständen und mit allen Mitteln aufrechterhalten. Es kann festgestellt werden, daß der erste Angriff der verbrecherischen Kräfte zunächst abgeschlagen worden ist. Zum Schutze der öffentlichen Sicherheit wurden noch am Montagabend sämtliche öffentlichen Gebäude und lebenswichtigen Betriebe unter Polizeischutz gestellt. Sonderwagen der Polizei durchstreifen ständig die hauptsächlich gefährdeten Stadtteile. Die gesamte Schutzpolizei und Kriminalpolizei in Preußen ist sofort auf höchste Alarmstufe gesetzt worden. Die Hilfspolizei ist einberufen." Diese besteht aus Angehörigen der SA und des „Stahlhelm".

Für die Männer um Ernst Thälmann gibt es nun kein Pardon mehr. Das Instrument, mit dem jetzt endgültig die gesamte kommunistische Opposition ausgeschaltet und in die Gefängnisse geworfen werden kann, ist schnell geschaffen. Bereits am 28. Februar, also nur 24 Stunden nach dem Reichstagsbrand, überraschen die Nationalsozialisten die Öffentlichkeit mit der „Verordnung des Reichspräsidenten zum Schutz von Volk und Staat", die es ihnen gestattet, alle politischen Gegner ohne richterlichen Spruch für unbestimmte Zeit in polizeiliche Haft zu nehmen.

Damit ist der Artikel 114 der „Verfassung des Deutschen Reiches" außer Kraft gesetzt, der besagt hat, daß „die Freiheit der Person unverletzlich ist" und daß Staatsbürgern, „denen die Freiheit entzogen wird, unverzüglich Gelegenheit gegeben werden soll, Einwendungen gegen ihre Freiheitsentziehung vorzubringen". Die Notwendigkeit der „Reichstagsbrandverordnung" wird mit der „Abwehr kommunistischer staatsgefährdender Gewaltakte" begründet.

Neben dem Eingriff in das Grundrecht der persönlichen Freiheit beraubt die Notverordnung laut Paragraph 1 die Staatsbürger ihres Rechts der freien Meinungsäußerung, der Pressefreiheit sowie des Vereins- und des Versammlungsrechts, gestattet „Eingriffe in das Brief-, Post-, Telegraphen- und Fernsprechgeheimnis" und erklärt „Anordnungen von Haussuchungen und von Beschlagnahmen sowie Beschränkungen des Eigentums auch außerhalb der sonst hierfür bestimmten gesetzlichen Grenze" für zulässig.[17]

Somit hat die Stunde Null des nationalsozialistischen Terrors geschlagen.

Die Verordnung bildet die Grundlage, auf der die Konzentrationslager entstehen. Aus ihr leiten die braunen Machthaber das „Recht“ her, ihre politischen Gegner für beliebig lange Zeit hinter Stacheldraht festzuhalten oder, wie sie es zynisch nennen, in Schutzhaft zu nehmen, wobei selbst ihre Ansichten einander widersprechen, ob der Staat nun vor der Person oder die Person vor den Staatsbürgern geschützt werden soll.[18]

Auch in Bayern, über dem bisher noch keine Hakenkreuzfahne geweht hat, ändern sich die Zeiten. Der bayerische Ministerpräsident Heinrich Held muß am 9. März 1933 dem Druck der Nationalsozialisten weichen und ohnmächtig mit ansehen, wie Generalleutnant Franz Ritter von Epp als neuernannter Reichskommissar die Regierungsgeschäfte an sich zieht. Noch am Abend desselben Tages informiert um 20.15 Uhr ein Telegramm des Reichsinnenministers Wilhelm Frick aus Berlin Held darüber, daß mit der Notverordnung vom 28. Februar nun auch seine Regierung gestürzt ist.

In Verdrehung der Tatsachen heißt es darin: „Da die infolge Umgestaltung politischer Verhältnisse in Deutschland hervorgerufene Beunruhigung der Bevölkerung die öffentliche Sicherheit und Ordnung in Bayern gegenwärtig nicht mehr gewährleistet scheinen läßt, übernehme für die Reichsregierung gem. § 2 Verordnung zum Schutz von Volk und Staat Befugnisse Oberster Landesbehörden Bayern und übertrage Befugnisse Generalleutnant Ritter von Epp in München. Ersuche diesem sofort die Geschäfte zu übergeben. Erwarte Drahtnachricht von Übergabe.“[19]

Doch Held läßt sich dadurch nicht einschüchtern und harrt zunächst weiter im Amt aus. Erst als seine Proteste in Berlin kein Gehör mehr finden, resigniert er und erklärt am 15. März in einem Schreiben an General von Epp seinen Rücktritt zum 16. März. Am Freitag, 17. März, erfahren auch die Leser der „Münchner Neuesten Nachrichten“, daß der bisherige Ministerpräsident „seine Amtsgeschäfte als geschäftsführender Staatsminister und Vorsitzender des Ministerrats niedergelegt hat“.

Inzwischen haben die neuen Herren des Landes längst die Schaltstellen der Macht mit ihren Leuten besetzt: So steht seit dem 9. März der Gauleiter der NSDAP in Oberbayern, Adolf Wagner, als Staatskommissar dem bayerischen Innenministerium vor, der Rechtsanwalt Hans Frank kontrolliert als Staatskommissar das Justizministerium, der Landtagsabgeordnete der NSDAP, Hermann Esser,[20] und der Stabschef der SA, Ernst Röhm, halten sich als „Staatskommissare zur besonderen Verwendung“ in Bereitschaft, und der Reichsführer-SS (RFSS), Heinrich Himmler, seit 1929 Chef der Schutzstaffel, leitet die Münchner Polizeidirektion, nachdem er noch am 9. März vom Reichskommissar zum kommissarischen Polizeipräsidenten ernannt worden ist.[21] Ihm zur Seite steht der Leiter des „Sicherheitsdienstes RFSS“, SS-Standartenführer Reinhard Heydrich, ein gescheiterter Marineoffizier, der sich durch sein ausgeprägtes Organisationstalent für Himmler unentbehrlich gemacht hat. Er führt nun, wie die „Münchner Neuesten Nachrichten“ am 13. März melden, das politische Referat der Polizeidirektion, das die Bezeichnung „Abteilung 6“ trägt.

Himmlers Aufgabe ist klar umrissen. Wie es in der Bekanntmachung zu seiner Ernennung heißt, hat er dafür Sorge zu tragen, daß „die Reichsregierung der nationalen Erhebung unter der Führung Adolf Hitlers auch in Bayern

4 Erbarmungslos verfolgte der SS-Standartenführer Reinhard Heydrich die politischen Gegner, nachdem er mit der Machtergreifung der Nationalsozialisten in Bayern im März 1933 die Leitung des politischen Referats in der Polizeidirektion München übernommen hatte.

treue Gefolgschaft findet".[22] Rasch werden die Kompetenzen des Reichsführers-SS weiter ausgebaut. Unmittelbar nach dem Abtritt der Regierung Held erhebt der Staatskommissar im Innenministerium, Adolf Wagner, wie den „Münchner Neuesten Nachrichten" vom 16. März zu entnehmen ist, den Münchner Polizeipräsidenten Himmler „zur Durchführung der von der politischen Polizei erforderlichen Aktionen" zum politischen Referenten beim Staatsministerium des Innern und unterstellt ihm „in dieser Eigenschaft die gesamte politische Polizei Bayerns". Zugleich erhält die „politische Polizei der Polizeidirektion München" die Bezeichnung „Bayerische Politische Polizei", abgekürzt „BPP".

Am 1. April kommt Himmler noch einen Schritt weiter. Wagner ernennt ihn zum Politischen Polizeikommandeur mit einer eigenen Dienststelle im Innenministerium, die künftig den Namen trägt: „Der Politische Polizeikommandeur Bayerns."[23] Damit hat die SS das öffentliche Leben im Land unter ihre Kontrolle gebracht, und Himmler und sein Adlatus Heydrich können nun daran gehen, die Bayerische Politische Polizei in Bayern zu dem zu machen, was Görings Gestapo in Preußen ist – zu einer gefürchteten Waffe gegen alle Gegner des Regimes.

Martin Grünwiedl und seine bayerischen Genossen bekommen jetzt ebenso wie die Parteifreunde nördlich der Donau die Abrechnung der Nationalsozialisten mit den Kommunisten und mit den Sozialdemokraten in ihrer ganzen Härte zu spüren. Das Signal zur Verfolgung gibt Reichskommissar von Epp bereits am 10. März mit einem Funkspruch an die Polizeidirektionen und an die Staatspolizeiämter in Bayern, der folgenden Wortlaut hat: „Ersuche sofort sämtliche kommunistischen Funktionäre und Reichsbannerführer[24] im Interesse der öffentlichen Sicherheit in Schutzhaft zu nehmen und Waffensuchungen vorzunehmen. Sofortige Anzeige an das Innenministerium. Der Aufziehung der Hakenkreuzfahne an öffentlichen Gebäuden keinen Widerstand entgegensetzen. Alle Polizeidoppelposten sind mit je einem S.A.- oder S.S. zu stellen; dieser ist von der Polizei mit Pistole zu bewaffnen. Gegen alle Gesetzwidrigkeiten und gegen Widerstände gegen die Anordnungen des Beauftragten der Reichsregierung mit aller Strenge vorgehen. Erwarte pünktlichen Vollzug. Regierungen und Bezirksämter verständigen."[25]

Im Zuge der ersten großen Verhaftungsaktion auf bayerischem Boden wird auch der Dekorationsmaler Martin Grünwiedl am 10. März in aller Frühe um 5 Uhr von zwei Beamten der politischen Polizei in Zivil und von einem uniformierten Polizisten in seiner Münchner Wohnung in Giesing, Raintaler Straße 39, aus dem Bett geholt. Nach einer Haussuchung, bei der Bücher beschlagnahmt werden, schleppen die Männer den Kommunisten in die Polizeidirektion und verhängen dort über ihn ohne Angabe eines Grundes die Schutzhaft. Zunächst kommt Grünwiedl von der Ettstraße in die Strafanstalt Stadelheim, wo er drei Tage lang bleibt. Dann bringt ihn ein Gefangenentransport, dem auch der Vorsitzende der Münchner SPD, Thomas Wimmer,[26] zugeteilt worden ist, in das Gefängnis nach Landsberg am Lech.[27]

Während die Nationalsozialisten auf der einen Seite das ganze Land mit einer Verhaftungswelle, wie sie Bayern noch nie erlebt hat, überziehen, bemühen sie sich auf der anderen Seite, die Schutzhaft in der Öffentlichkeit zu einer vorübergehenden Maßnahme herunterzuspielen. So scheut sich Himmler auch nicht davor, den massiven Einsatz der Polizei vor Vertretern der Presse mit heuchlerischen Worten zu rechtfertigen. Über die Gründe, die den Reichsführer-SS angeblich zu größter Strenge veranlaßt haben, unterrichten die „Münchner Neuesten Nachrichten" ihre Leser bereits am 13. März mit folgender Erklärung des Polizeipräsidenten:

„‚Ich habe Schutzhaft verhängt in ziemlich weitem Maße. Diese Maßnahme ist von manchen Stellen falsch verstanden worden. Ich habe mich zu dieser Maßnahme genötigt gesehen, da in der Stadt an vielen Stellen eine große Erregung war und es mir unmöglich war, die einzelnen Persönlichkeiten, die den Anlaß zur Erregung gaben, so zu schützen, daß ich die Sicherheit für Leben und Gesundheit übernehmen kann. Eines muß ich ausdrücklich betonen: Für uns ist der Staatsbürger jüdischen Glaubens genau so Staatsbürger wie der nichtjüdischen Glaubens(,) und sein Leben und sein Eigentum werden genau so geschützt. Da kennen wir keinen Unterschied. Aus diesen Gründen ist die Schutzhaft zu verstehen.' Auf eine Anfrage erklärte der kommissarische Polizeipräsident, daß die Schutzhaft vielleicht einige Tage dauern werde. Die Zahl der in Schutzhaft Genommenen sei beschränkt.

Weiter führte er aus: ‚Ich habe mich außerdem entschlossen, sämtliche Führer und Funktionäre der K.P.D. und sämtliche Führer des Reichsbanners und der ‚Eisernen Front',[28] die ja mit dem heutigen Tage verboten ist, in Haft zu nehmen, um jede Bedrohung der Sicherheit und Ordnung zu verhindern.'

Der Polizeipräsident bemerkte schließlich, er habe persönlich die Überzeugung, daß nunmehr die Erregung, die naturgemäß bei allen solchen Ereignissen, so auch in den Jahren 1918 und 1923, in den letzten Stunden Platz gegriffen, und die da und dort spontane Akte gegen Persönlichkeiten, die sich im politischen Kampfe besonders mißliebig gemacht haben, hervorgerufen habe, wieder aufhören werde und daß alles wieder in ruhigem Geleise geht. ‚Über eines aber', so betonte der Polizeipräsident, ‚möchte ich keinen Zweifel lassen: So lange ich Polizeipräsident bin, bin ich gewillt, jede Erhebung, die irgendwie den heute bestehenden Zustand auf illegale Art ändern will, auf das brutalste zu unterdrücken.'"

Die letzten Worte sind mehr als eine Kampfansage an die politischen Gegner. Mit der Androhung von brutaler Gewalt will Himmler jeden Widerstandsversuch von vornherein im Keim ersticken. Wie er denkt, so handelt er auch. Von Anfang an tritt der Reichsführer-SS als unerbittlicher Wächter über die „nationale Revolution" auf. Er durchkämmt das Land nach Staatsfeinden mit solcher Gründlichkeit, daß sein Eifer bald die Justizbehörden vor ein Problem stellt: Die Gefängnisse können die vielen Schutzhäftlinge, die Himmlers Polizei dem Strafvollzug zuführt, nicht mehr aufnehmen.

Doch der Staatskommissar für das Innenministerium, Adolf Wagner, weiß Rat. Bereits am 13. März teilt er seinem Amtskollegen Hans Frank im Justizministerium folgende Anregung mit: „Falls die den Justizbehörden zur Verfügung stehenden Gefängnisse nicht ausreichend sein sollten, empfehle ich, dieselben Methoden zur Anwendung zu bringen, die man früher den Masseninhaftierten der Nationalsozialistischen Deutschen Arbeiterpartei gegenüber anwandte. Man sperrte sie bekanntlich in irgendein leer stehendes Gemäuer und kümmerte sich nicht darum, ob sie den Unbilden der Witterung ausgesetzt waren oder nicht."[29] Damit weist Wagner zum erstenmal auf die Möglichkeit hin, die politischen Häftlinge an Plätzen zu konzentrieren, die außerhalb der Gefängnisse liegen. Außerdem rät er, neue Unterkünfte zu schaffen, die eigens für die Gefangenen bestimmt sind.[30]

Wagners Empfehlung ist schnell in die Tat umgesetzt. Schon am 22. März eröffnen die Nationalsozialisten in den ehemaligen „Deutschen Werken", deren Gebäude verwaist auf den aneinandergrenzenden Gemeindefluren der beiden Dörfer Etzenhausen und Prittlbach in der Nähe von Dachau liegen, das erste offizielle Sonderlager für Schutzhäftlinge. Diesen Ort, der die Gefängnisse entlasten und alle politischen Inhaftierten aus Bayern aufnehmen soll, bezeichnet Heydrich von Anfang an als „Konzentrationslager",[31] im Dienstgebrauch der SS abgekürzt „KL"[32] genannt.

Über das Lager, das zunächst noch unter dem Namen „Deutsche Werke" geführt wird, hat Himmler die Öffentlichkeit zum erstenmal am Montag, 20. März, in einer Pressebesprechung unterrichtet. Was der Reichsführer-SS über das KL zu berichten hat, erfahren die Leser der „Münchner Neuesten Nachrichten" am Tag darauf, Dienstag, 21. März, aus folgender Meldung:

„Am Mittwoch wird in der Nähe von Dachau das erste Konzentrationslager eröffnet. Es hat ein Fassungsvermögen von 5000 Menschen. Hier werden die gesamten kommunistischen und – soweit notwendig – Reichsbanner- und

Ein Konzentrationslager für politische Gefangene

In der Nähe von Dachau

In einer Pressebesprechung teilte der kommissarische Polizeipräsident von München Himmler mit:

Am Mittwoch wird in der Nähe von Dachau das erste Konzentrationslager eröffnet. Es hat ein Fassungsvermögen von 5000 Menschen. Hier werden die gesamten kommunistischen und — soweit notwendig — Reichsbanner- und marxistischen Funktionäre, die die Sicherheit des Staates gefährden, zusammengezogen, da es auf die Dauer nicht möglich ist, wenn der Staatsapparat nicht so sehr belastet werden soll, die einzelnen kommunistischen Funktionäre in den Gerichtsgefängnissen zu lassen, während es andererseits auch nicht angängig ist, diese Funktionäre wieder in die Freiheit zu lassen. Bei einzelnen Versuchen, die wir gemacht haben, war der Erfolg der, daß sie weiter hetzen und zu organisieren versuchen. Wir haben diese Maßnahme ohne jede Rücksicht auf kleinliche Bedenken getroffen in der Ueberzeugung, damit zur Beruhigung der nationalen Bevölkerung und in ihrem Sinn zu handeln.

Weiter versicherte Polizeipräsident Himmler, daß die Schutzhaft in den einzelnen Fällen nicht länger aufrechterhalten werde, als notwendig sei. Es sei aber selbstverständlich, daß das Material, das in ungeahnter Menge beschlagnahmt wurde, zur Sichtung längere Zeit benötigt. Die Polizei werde dabei nur aufgehalten, wenn dauernd angefragt werde, wann dieser oder jener Schutzhäftling freigelassen werde. Wie unrichtig die vielfach verbreiteten Gerüchte über die Behandlung von Schutzhäftlingen seien, gehe daraus hervor, daß einigen Schutzhäftlingen, die es wünschten, wie z. B. Dr. Gerlich und Frhr. v. Aretin, priesterlicher Zuspruch anstandslos genehmigt worden sei.

5 Mit dieser Meldung, die am 21. März 1933 in den „Münchner Neuesten Nachrichten" erschien, wurde die Öffentlichkeit über die Eröffnung des Konzentrationslagers Dachau unterrichtet.

marxistischen Funktionäre, die die Sicherheit des Staates gefährden, zusammengezogen, da es auf die Dauer nicht möglich ist, wenn der Staatsapparat nicht so sehr belastet werden soll, die einzelnen kommunistischen Funktionäre in den Gerichtsgefängnissen zu lassen, während es andererseits auch nicht angängig ist, diese Funktionäre wieder in die Freiheit zu lassen. Bei einzelnen Versuchen, die wir gemacht haben, war der Erfolg der, daß sie weiter hetzen und zu organisieren versuchen. Wir haben diese Maßnahme ohne jede Rücksicht auf kleinliche Bedenken getroffen in der Überzeugung, damit zur Beruhigung der nationalen Bevölkerung und in ihrem Sinn zu handeln.

Weiter versicherte Polizeipräsident Himmler, daß die Schutzhaft in den einzelnen Fällen nicht länger aufrechterhalten werde, als notwendig sei. Es sei aber selbstverständlich, daß das Material, das in ungeahnter Menge beschlagnahmt wurde, zur Sichtung längere Zeit benötigt. Die Polizei werde dabei nur aufgehalten, wenn dauernd angefragt werde, wann dieser oder jener Schutzhäftling freigelassen werde."[33]

Obwohl das KL gar nicht in Dachau liegt, sondern nach wie vor halb zum Dorf Etzenhausen und halb zur Gemeinde Prittlbach gehört,[34] wird es von Anfang an unter dem Namen des benachbarten Marktes weithin bekannt – und gefürchtet. So heißt in München bald ein Gebet im Volksmund: „Lieber Gott, mach mich stumm, daß ich nicht nach Dachau kumm!"[35] Die Berichte von Greueltaten im Lager, die sich mit der Zeit mehren, lassen den Namen „Dachau" in immer düstererem Licht erscheinen. Mit vorgehaltener Hand gibt man in der Bevölkerung weiter, was an alarmierenden Gerüchten spärlich durch den Stacheldraht sickert. Zwar erfahren die Menschen nichts Genaues, aber sie ahnen das Unheil, das über dem KL liegt. Das Ungewisse beklemmt sie und schüchtert sie mehr und mehr ein – was nicht zuletzt von den Nationalsozialisten gewollt ist, die das Lager als Waffe gegen das eigene Volk benutzen, um ihre Macht zu festigen. Schließlich spricht jeder von Dachau nur noch mit Schrecken.

Dabei ist der Ort selbst ein idyllischer Flecken, der sich, nur 18 Kilometer von München entfernt, mit seinen sehenswerten alten Häusern in landschaftlich reizvoller Umgebung auf einem Hügel hoch über der Amper erhebt. Zu seinen Füßen erstreckt sich im Süden das Dachauer Moos, Teil eines gewaltigen Moorgebiets, das von Alling und Germering bei Fürstenfeldbruck bis nach Freising reicht, und im Norden grenzt tertiäres Hügelland an den Markt, der mit seinem Schloß, einst Nebenresidenz des bayerischen Herrscherhauses, das Umland weithin sichtbar überragt. Vom Hofgarten auf dem 504 Meter hohen Schloßberg hat man eine vielgerühmte Aussicht, die den Blick bei klarem Wetter, vor allem bei Föhn, über München hinaus bis zu den Alpen schweifen und rund 75 Orte erkennen läßt.

Der Markt, der im Jahre 1933 insgesamt 8234 Einwohner zählt,[36] ist von alters her durch Verkehrswege gut erschlossen. Mit München verbindet ihn nicht nur eine Landstraße, die durch längst trockengelegtes Moorgebiet nach Moosach führt, sondern auch die Bahnlinie nach Ingolstadt, an die Dachau seit 1867 angeschlossen ist. Seinen Namen, der sich ursprünglich „Dahauua" geschrieben hat, verdankt der Ort der Amper und dem Lehm, den man hier in reichen Vorkommen findet. Er setzt sich aus dem althochdeutschen Wort „dâha", das Lehm heißt, und aus dem mittelhochdeutschen „ouwe" zusammen, das ein von Wasser umflossenes Land bezeichnet. Der Name bedeutet also: Lehmland am Wasser.

Das viele Wasser in und um Dachau prägt nicht nur das Bild des Marktes als einen Ort der Brücken, Gräben und Bäche, sondern belastet ihn auch. Durch die feuchte Witterung sind Tage, an denen Dachau im Nebel versinkt, keine Seltenheit. Sie gehören zum Markt wie der Torf zum Moor. Das hat einst auch für die Maler gegolten, als das 1200 Jahre alte Dachau, das bereits am

15. August 805 erstmals in einer Urkunde genannt worden war, noch den Ruf eines Künstlerorts genoß. Auf der Suche nach den Schönheiten der Natur waren die Landschaftsmaler im vergangenen Jahrhundert auf das Dachauer Moos gestoßen, das sie so begeisterte, daß sie sich im nahen Markt niederließen.

Mit den ersten Künstlern kam auch Carl Spitzweg nach Dachau. Der Münchner Maler, der mit Vorliebe das behagliche Leben in der idyllischen Kleinstadt zum Thema seiner Arbeiten machte, empfing hier viele Anregungen für seine Werke. So malte er sein bekanntes Bild „Der Bücherwurm" in der Zeit um 1850 im Dachauer Schloß.

Von Jahr zu Jahr zog es immer mehr Maler nach Dachau, und die Namen der Künstler von höchstem Rang, die an der Amper ihre Motive wählten, häuften sich: Lovis Corinth, Eugen Kirchner, Wilhelm Leibl, Max Liebermann und Max Slevogt waren nur einige von ihnen. Im Jahre 1890 erschien auch Adolf Hölzel in Dachau, dem der Ort seine hohe kunstgeschichtliche Bedeutung verdankt. Zusammen mit seinen Freunden Ludwig Dill und Arthur Langhammer, die er an die Amper nachgeholt hatte, gründete er 1897 die „Neu-Dachauer Schule", die in Künstlerkreisen große Beachtung fand und die Dachau zu einem Mekka der Maler machte. Schließlich bevölkerten den Ort so viele Künstler, daß in der Zeit um 1900, wie man behauptete, jeder zehnte Passant, dem man auf den Straßen des Marktes begegnete, ein Maler war.

Der Erste Weltkrieg brachte dann das Ende des Malerglücks in Dachau. Die jungen Künstler verließen 1914 den Markt, um zu den Fahnen zu eilen. Viele von ihnen kehrten nicht mehr zurück. Damit sank auch der Stern Dachaus als Künstlerkolonie. Er sollte nie mehr so hell erstrahlen wie in der Glanzzeit zwischen den Jahren 1890 und 1914.

Unsterblich mit Dachau verbunden ist auch der Name Ludwig Thomas. Der große bayerische Dichter ließ sich hier im Alter von 27 Jahren als erster Rechtsanwalt der Marktgemeinde nieder. An einem Abend im August 1894 war er mit einem Freund auf dem Weg nach Schwabhausen durch Dachau gezogen und hatte sich sofort für den Ort begeistert: „Wie wir den Berg hinaufkamen und der Marktplatz mit seinen Giebelhäusern recht feierabendlich vor mir lag", schrieb er später, „überkam mich eine starke Sehnsucht, in dieser Stille zu leben. Und das Gefühl verstärkte sich, als ich andern Tags auf der Rückkehr wieder durch den Ort kam. Ich besann mich nicht lange und kam um die Zulassung in Dachau ein. Alte Herren und besorgte Freunde rieten mir ab, allein ich folgte dem plötzlichen Einfalle, und ich hatte es nicht zu bereuen."[37]

Auch nachdem Thoma, der vom 18. Oktober 1894 bis zum 17. Mai 1897 in Dachau ansässig war, seinen Wohnsitz an der Amper aufgegeben hatte, blieb er dem Dachauer Land mit seinem ganzen Herzen verbunden. Noch kurz vor dem Tode verlangte der Sterbenskranke nach Rebhühnern aus seinem Dachauer Jagdrevier bei Unterweikertshofen.[38]

Als Thoma am 26. August 1921 in Rottach am Tegernsee die Augen schloß, waren die geruhsamen und beschaulichen Tage im stillen Dachau längst dahingegangen. Wie überall im Land brachen mit dem Ersten Weltkrieg auch für den Markt schwere Zeiten an. Über Nacht entwickelte sich die Landgemeinde, in der bisher Handwerk und Landwirtschaft die Bewohner ernährt hatten, zum Industrieort. Den Ausschlag dazu gab der Plan für den Bau einer Pulver- und Munitionsfabrik, die in Bayern entstehen sollte.

Warum sich die Militärs gerade für das Dachauer Umland als Standort entschieden, beschrieb der Maler Carl Thiemann später in seinen Erinnerungen:[39] „Oberst Hofmann,[40] ein Artillerieoffizier, erhielt den Auftrag, ein geeignetes Gelände ausfindig zu machen. Man erzählte damals, daß sieben verschiedene Orte zur Wahl standen. Die Entscheidung fiel auf das Gelände des nahe bei Dachau gelegenen Würmwaldes, da es als besonders günstig befunden wurde. Gegen Nordwesten war der Wald durch die hier vorbeifließende Amper begrenzt, auf der östlichen Seite dagegen erstreckte sich ein umfangreicher Teil des Dachauer- bzw. Schleißheimer Mooses, während durch die Mitte des Geländes die wasserreiche Würm floß."

Damit waren die Tage des „Würmmüllerhölzl", wie die Dachauer den Wald nach der dort liegenden Würmmühle nannten, gezählt. Am meisten bedauerte die Jugend den Verlust dieses Gebiets, das ihr mit seinen drei „W" – Wald, Wiese und Wasser – eine ideale Kulisse für die Indianerspiele geboten hatte. Noch viele Jahre danach erinnerte sich ein Dachauer Bürger mit Wehmut daran, wie er dort als Bub auf den Bäumen herumgeklettert und erst mit dem Gebetläuten um sechs Uhr abends heimgekehrt war.[41]

Mit Macht wurde der Bau der „Pulver- und Munitionsfabrik Dachau", im Volksmund bald nur noch als „Pumf" bezeichnet, im Jahre 1916 auf einer gerodeten Waldinsel von etwa 500 Tagwerk vorangetrieben.[42] Zugleich strömten Arbeiter aus allen Teilen Bayerns herbei, die den Rüstungsbetrieb bevölkern sollten. Sie kamen in solchen Scharen, daß sich Dachau auf einmal einer Invasion von rund 8000 neuen Bürgern[43] gegenübersah, die alle im Ort oder in der Umgebung ein Unterkommen suchten.

„Es galt nun", berichtet Carl Thiemann weiter, „für diese Wohngelegenheiten zu schaffen. In aller Eile errichtete man am östlichen Rande des Geländes (im Würmwald) massive Bauten, die von den Offiziers- und Beamtenfamilien bezogen wurden, während für die Mannschaften und Arbeiter im Fabrikgelände ebenfalls Unterkünfte, zumeist in Form von Wohnbaracken, erstellt wurden. Es kamen aber auch Arbeiterfamilien mit eigenen Wohnwägen hierher, die an verschiedenen Stellen der umgebenden Landschaft ganze ‚Wagenburgen' bildeten. In der Nähe der Etzenhausener Amperbrücke befand sich eine dieser Wagensiedlungen am linken Amperufer und bot einen malerischen Anblick. Am Rande dieser Siedlung befanden sich mehrere schöne, alte Weiden, unterhalb derselben standen die vielfach mit bunten Farben gestrichenen Wagen. Es wurde im Freien gekocht, oft flatterte die Wäsche, zum Trocknen zwischen den alten Bäumen aufgehängt, im Winde. Frauen und Kinder belebten die Szene. So ergaben sich dort malerische Bilder, welche einzelne der noch daheimgebliebenen älteren Maler oder Malerinnen zu interessanten Studien anregten."[44]

Welche Last Dachau mit der Pulver- und Munitionsfabrik aufgebürdet worden war, zeigte sich dann, als der Betrieb mit dem Ende des Ersten Weltkrieges am 11. November 1918 seine Produktion einstellen mußte. Tausende von Arbeitslosen standen nun ohne Brot auf der Straße. Zwar bot sich kurz nach Kriegsschluß für die Beschäftigten der Fabrik noch einmal die Gelegenheit, die Arbeit wiederaufzunehmen. Aber die Verbitterung über das Elend, das der Krieg über das Volk gebracht hatte, war unter den Arbeitern so groß, daß die meisten es ablehnten, weiter Munition herzustellen, und es vorzogen, ihren Arbeitsplatz zu opfern.

Die Absage an die Reichsregierung, die in Dachau angefragt hatte, „ob die Arbeiterschaft bereit wäre, Munition für die Reichswehr zu fabrizieren", wurde später allerdings von einer Dachauer Zeitung heftig attackiert. „In der großen Kantine im Speisehaus (der Pulverfabrik)", berichtete das Lokalblatt,[45] „war damals im Jahre 1919 die entscheidende, folgenschwere Versammlung. Lediglich Herr Straßer trat warm für die Weiterführung der Munitionsfabrik ein. Aber leider vergebens. Irregeführte und verhetzte Arbeiter brüllten: ‚Nein!' Und noch viel ärger gebärdeten sich damals radikale Weiber, die zischten: ‚Wir lassen unsere Manner nimma daschieß'n!' Der sozialistische Gewerkschaftsfunktionär Tenstädt tobte: ‚Ihr Kriegerwitwen, ihr wißt es, wie eure Männer weggeschossen wurden.' Alles gütliche, vernünftige Zureden des Herrn Straßer half demgegenüber nichts. Die gemäßigten vernünftigen Arbeiter und Arbeiterinnen konnten sich nicht durchsetzen(,) und bei der Abstimmung wurde die Weiterführung als Munitionsfabrik abgelehnt. Uns sind Arbeiter bekannt, die von der Versammlung weg heimgingen und weinten, weil sie wegen dieser Ablehnung das Gespenst der Arbeitslosigkeit kommen sahen."

Auch wenn die Versammlung anders entschieden hätte, wäre aber das Ende der Fabrik nicht aufzuhalten gewesen. Der Versailler Vertrag, der am 10. Januar 1920 in Kraft trat, ließ der Reichsregierung keine andere Wahl, als die Produktionsstätte stillzulegen und die Anlagen zur Herstellung der Munition zu schleifen. Für die Dachauer ergab sich jedoch zunächst noch ein Ausweg aus der Notlage. Die Deutschen Werke übernahmen die Gebäude der Pulver- und Munitionsfabrik und errichteten auf dem Werksgelände einen metallverarbeitenden Betrieb, der den Einheimischen neue Beschäftigungsplätze bot.

Aber das Unternehmen konnte sich nicht halten und mußte die Produktion wieder einstellen. Damit brachen für den Markt die Jahre des Elends an. „Tausende von Volksgenossen", stellte der Bürgermeister Hans Cramer später in seiner Denkschrift „Die Dachauer Not" fest, „verloren mit einem Schlag ihre Existenz. Der damalige bayerische Staat, der während der Kriegsjahre diese Arbeitskräfte aus allen Teilen des Landes herangeholt und sie in Dachau und Umgebung angesiedelt hatte, kümmerte sich wenig um das Los der nunmehr brotlos Gewordenen.

Ein großer Teil der zugezogenen Arbeiter konnte wegen der Wohnungsnot in ihren früheren Wohngemeinden nicht mehr zurück, sondern verblieb in Dachau, ohne hier anderweitige Beschäftigung zu finden. So fielen Hunderte und Aberhunderte der öffentlichen Fürsorge zur Last. Während andere Städte und Gemeinden erst in den Jahren 1930 bis 1932 empfindlich von der Arbeitslosigkeit betroffen wurden, mußte die damalige Marktgemeinde Dachau schon wenige Jahre nach Kriegsende ungeheure Mittel für die Hauptunterstützten, Krisenunterstützten und Notstandsarbeiter aufwenden."[46]

Die Zahlen der Arbeitslosen, die der Bürgermeister in seinem Bericht angab, sprachen für sich:[47] So entfielen am 15. September 1924 in Dachau auf tausend Einwohner 21 Erwerbslose, während es im übrigen Reich (ohne die besetzten Gebiete), statistisch gesehen, nur 0,9 Personen waren, die keiner Beschäftigung nachgingen. In den folgenden Jahren spitzte sich die Notlage auf dem Dachauer Arbeitsmarkt weiter zu. Nach einer Mitteilung des Reichsarbeitsministeriums waren am 15. April 1926 in Dachau von tausend Bürgern 65 Menschen als arbeitslos gemeldet – dagegen zum Vergleich im ganzen Reich 28, in Bayern 21, in Preußen 28 und in Hessen 37.

Im Jahr darauf sah das Ergebnis noch düsterer aus. Wie die Zahlen vom 15. Februar 1927 zeigten, waren in Dachau nun 70 von tausend Bürgern ohne Arbeit. Im Reich dagegen belief sich die statistische Vergleichszahl auf nur 28,2 Erwerbslose. Damit war der Markt mit der höchsten Arbeitslosigkeit in Deutschland an die Spitze aller notleidenden Gemeinden im Reich gerückt.

Die Not war im Ort, wie Bürgermeister Hans Cramer in seiner Denkschrift hervorhob, auch im Jahre 1933 noch „ganz unerträglich groß",[48] als die Nationalsozialisten die leerstehenden Gebäude der Deutschen Werke im Osten von Dachau wiederentdeckten und die Geisterstadt in eine Stätte des Schreckens zu verwandeln begannen. Was sie dort vorfanden, hatte lange vor ihrer Ankunft der Dachauer Lebenskünstler Eugen Mondt in einem damals noch unveröffentlichten Manuskript beschrieben. Sein Bericht aus den zwanziger Jahren zeichnete ein letztes Bild von der Pulver- und Munitionsfabrik, wie die ersten Schutzhäftlinge das Werk sahen, bevor es der Spitzhacke weichen mußte.[49]

„Da ist die große Pulverfabrik gekommen, der ein ganzer Wald zum Opfer fiel", erinnerte sich Mondt. „Was standen dort für herrliche Kiefern und für prächtige Föhren. Jetzt steht eine lange Reihe Doppelvillen: Beamtenhäuser mit roten Dächern; wo sie aufhören, beginnt eine unendlich lange Betonmauer, die den riesigen Fabrikkomplex abschließt. Hier wurde im Krieg Pulver gemacht; jetzt liegt das Werk lahm. Es wirkt wie eine Totenstadt.

Viele Häuser sind noch jetzt mit Rasenabhub bedeckt, was wegen der Fliegerbomben geschah. Die Zeit rennt schnell dahin. Ein Werk muß seinen Zweck erfüllen. Die Privatindustrie baut lieber ein Werk funkelnagelneu, als ein altes, wenn auch neuwertiges Werk zu übernehmen, das nicht ihren Zwekken auf das vollkommenste entspricht. Dazu kommt die Zentralisation: Ich habe mich oft gewundert, daß ein großer Geschäftsmann oder ein Bankier lieber mit unsäglichen Mühen und Aufwand ein Haus oder ein Grundstück neben bestehenden erwarb, als ein anderes, das ihm halb geschenkt worden wäre, ein paar Straßen weiter, oder an der Peripherie.

Alles was nach Niederlegung der Pulverfabrikation an dieser Stelle geschaffen wurde, ist an Dezentralisation gescheitert; das Zentrum Berlin lag zu weit. Auch scheint es an kaufmännischen Fachkräften und einem Zusammenarbeiten mit den technischen Kräften gefehlt zu haben. Hier hatten einmal Tausende von Menschen gearbeitet; ein eigenes Säuglingsheim war hier geschaffen worden, selbst der Gottesdienst wurde nicht vernachlässigt, im selben Gebäude war eine Kapelle. Jetzt liegen die sauberen Fabrikstraßen mit ihren numerierten Häusern und Häuschen unter den Tannen. Die riesigen Schornsteine stehen, rein wie Obelisken, in die Luft, die Pförtnerhäuschen sind noch in ihrer städtischen Uniform, die Krankenkasse, das Kasino sind geschlossen. Die Baracken, höre ich, werden auf Abbruch verkauft. Es ist, als wäre kein Segen mehr auf der Stätte, wo einmal Pulver für den Krieg gemacht wurde. Selbst in den entfernten Arbeitshäusern mit allen (sic!) modernen Bequemlichkeitsschnickschnack wohnen die Leute nicht gern."[50]

Außer der stillgelegten Fabrik, deren Tore für die Schutzhäftlinge nur geöffnet zu werden brauchten, gab es jedoch nichts, was die Nationalsozialisten hätte ermuntern können, ihr Konzentrationslager in der Nähe von Dachau zu errichten.[51] Der Markt selbst stellte nie eine nationalsozialistische Bastion dar.[52] Hier leistete die Mehrheit der Bürger im Gegenteil noch bis zur letzten freien Wahl mit dem Stimmzettel Widerstand gegen Hitler. So konnte sich die Bayerische Volkspartei (BVP) auch bei der Reichstagswahl am 5. März 1933 mit 1402 von insgesamt 4809 abgegebenen Stimmen in Dachau auf dem ersten Platz behaupten. Gegenüber der Reichstagswahl vom 6. November 1932 verlor sie nur acht Stimmen.

Mit dem zweitbesten Ergebnis schnitt die SPD ab, die 1355 Stimmen auf sich vereinigen konnte – 148 mehr als bei der letzten Wahl. Erst den dritten Platz belegte die NSDAP, für die 1151 Wähler votiert hatten. Das bedeutete allerdings, gemessen am Ergebnis der vergangenen Reichstagswahl, einen Gewinn von 609 Stimmen. Die KPD brachte es nur auf 706 Stimmen, womit sie gegenüber der Reichstagswahl vom letzten November 188 Stimmen einbüßte. Die Wahlbeteiligung war erstaunlich hoch. 89,6 Prozent der stimmberechtigten Bürger gingen an diesem Sonntag in vier Wahllokalen, und zwar im Bahnhofrestaurant sowie in den Gasthäusern Birgmann, Hörhammer und Drei Rosen, an die Urnen.[53]

Mutige Töne schlug zwei Tage darauf die Dachauer Lokalzeitung „Amper-Bote" – mit dem Untertitel: „Ein Blatt für Jedermann" – an, als sie in der Ausgabe vom Dienstag, 7. März, unverblümt ihre Genugtuung über das Wahlergebnis zum Ausdruck brachte: „Was das Abschneiden der BVP. in Markt und Bezirk Dachau anbelangt, so ist ihr Verlust in Dachau selbst nur minimal, während sie im Bezirke 576 Stimmen verliert, die wohl der NSDAP. zugute gekommen sein werden. Sie hat aber in Markt und Bezirk unbestritten ihre Position als stärkste Partei behauptet. Trotz aller Bekämpfung, die vor allem, und das ist das bedauerlichste in diesem Wahlkampf im Dachauer Bezirk, dank der Hetzarbeit gewisser Leute auf das persönliche Gebiet übertragen wurde, hat die BVP. im Bezirke Dachau ihre Stellung behauptet und die Belastungsprobe ausgehalten."

Demgegenüber kommentierte das Blatt mit spöttischen Worten, die den politischen Standpunkt der Redaktion deutlich erkennen ließen, das Wahlergebnis der NSDAP: „Nun, es sind trotz der Wahl- und Rundfunkreden, trotz der Massen an Papier in Presse und Flugschriften, trotz der Flugzeuge, die am Sonntag werbend auch unseren Markt Dachau überflogen, die nationalsozialistischen Bäume noch nicht in den Himmel gewachsen. 44% hat Hitler auf seine Bewegung vereinigt und wird mit 288 Abgeordneten in den neuen Reichstag, der allerdings noch obdachlos ist, einziehen. Nicht weniger als 96 Mandate kann er als Gewinn verzeichnen, aber trotzdem braucht er seine deutschnationalen Freunde, um regieren zu können, denn auch diese gewaltige Kraftanstrengung hat ihm noch nicht die alleinige Macht gebracht. Hitler kann den 5. März als seinen Palmsonntag betrachten(,) und es ist nur fraglich, wann diesem die Karwoche folgt. Vom lokalen Standpunkt aus betrachtet, können auch in Markt und Bezirk Dachau die Nationalsozialisten Erfolge verzeichnen. In Markt Dachau haben sie ihre Stimmenzahl etwas mehr als verdoppelt und im Bezirk etwas mehr als verdreifacht. Sie sind nun mit 5176 Stimmen im Bezirk die zweitstärkste und mit 1151 in Dachau selbst die drittstärkste Partei geworden. Ihren Gewinn von 3596 Stimmen haben sie zu einem geringen Teil von der BVP., dann vom Bauernbund und vor allem von den bisherigen Nichtwählern."

Der Artikel endete mit der ironischen Feststellung: „Hitler ist nun an seinem Ziel(,) und er wird ja nun endlich mit seiner Arbeit beginnen können. Möge nur die Enttäuschung der 17 Millionen, die ihm am 5. März ihre Stimme gaben, darüber nicht allzu groß werden, denn sonst könnten die Folgen unübersehbar sein."

Diese Zeilen waren kaum erschienen, als die Nationalsozialisten noch in derselben Woche auch in Bayern nach der Macht griffen. Wie überall im Land setzte in Dachau ebenfalls unverzüglich die Verfolgung der politischen Gegner ein. Die ersten Dachauer Opfer waren vier kommunistische Funktionäre, die , wie die „Münchner Neuesten Nachrichten" am Samstag, 11. März, meldeten, „in Schutzhaft genommen und in das Amtsgerichtsgefängnis eingeliefert" wurden.

Wenige Tage danach holten die neuen Machthaber zu einem noch größeren Schlag gegen die Kommunisten im Markt aus. Über diese Aktion berichteten die „Münchner Neuesten Nachrichten" am 23. März in aller Offenheit: „Gestern wurden in Dachau durch die Gendarmerie in Verbindung mit Bereitschaftspolizei und S.A.- und S.S.-Männern aus München große Durchsuchungen bei den linksgerichteten Kreisen durchgeführt. Rund 60 Kommunisten wurden in Schutzhaft genommen und nach München transportiert." Am selben Tag war bei Dachau das Konzentrationslager eröffnet worden.

Die Nachricht von der Errichtung des Lagers in den ehemaligen Deutschen Werken, abgekürzt „D.W.", kam im übrigen für die Dachauer nicht überraschend. Schon seit längerem waren Bestrebungen im Gange, die darauf abzielten, die stillgelegte Pulver- und Munitionsfabrik wieder einer Verwendung zuzuführen. Diese Überlegungen wurden von der „Dachauer Zeitung" unterstützt, die der NSDAP nahestand.[54] Wie das Blatt am 25. Januar 1933 ausführte, bestand der Vorschlag, Teile der Deutschen Werke in ein Wohnlager für Arbeitssuchende umzuwandeln, die tagsüber in den Mooren und in den Wäldern der Umgebung eine Beschäftigung finden sollten. Die Väter des Plans, die vermutlich in den Reihen der Nationalsozialisten zu suchen waren, versprachen sich von der Maßnahme in der Zeit der drückenden Arbeitslosigkeit eine Ankurbelung der heimischen Wirtschaft.

Wie dieser Ausweg aus der Not im einzelnen gedacht war, beschrieb der Verfasser des Artikels, der anonym blieb, den Lesern der „Dachauer Zeitung" ausführlich, wobei er zunächst auf die Geschichte der Pulver- und Munitionsfabrik, die einst „von fleißigen Arbeitern aller Berufsstände belebt" war, einging und dann den Versailler Vertrag verurteilte, der „die ehemals fast größten Staatswerke zur Munitionsherstellung und (zu) sonstige(n) Arbeiten mit einem Schlage brachgelegt" hatte: „Seit 1920 stehen die vielen Arbeitsstätten leer, die vielen mit enormen Unkosten aufgebauten Gebäude- und Werkanlagen sind heute tot und verlassen. Hierdurch kam für tausende braver Deutscher ein

Verdienst in Fortfall und brach gerade für die Arbeiterschaft unserer Gegend die fürchterliche Notzeit durch die Arbeitslosigkeit an."

Im folgenden wurde der Schreiber dieser Zeilen in seiner Kritik noch deutlicher: „Fast 14 Jahre sind nun vergangen, ohne daß es gelungen wäre, hier Wandel zu schaffen. Die Not ist so groß, daß unbedingt unserer arbeitenden Bevölkerung geholfen werden muß." Nach dieser Feststellung ging der Autor darauf ein, wie dem Elend zu begegnen sei. „Die hauptsächlichste Lösung", meinte er, „dürfte auch hier wohl die auszuführende Idee des Arbeitsdienstes sein, denn keine Gegend bietet letzten Endes so viel Arbeitsgelegenheit für viele Jahre, wie gerade unsere Dachauer Heimat. Große, brachliegende Staatsmoore müssen kultiviert werden, Straßen können verbessert und angelegt werden, die Amperregulierung kann durchgeführt werden, die Wälder der Umgebung bieten Arbeit in Hülle und Fülle zum Segen aller Arbeitswilligen und zur Hebung des Fremdenverkehrs aus der nahen Großstadt München. Gerade die stillgelegten Deutschen Werke sind wohl am besten geeignet für die Unterbringung von vielen jungen Arbeitswilligen."

Damit wurde zum erstenmal die verwaiste Pulver- und Munitionsfabrik in der Öffentlichkeit als Lager in Betracht gezogen. Mit praktischen Erwägungen fuhr der Verfasser fort: „Mit sehr geringen Kosten können Teile der D.W. eingerichtet werden für die unterzubringenden Arbeitswilligen. Die bereits vorhandenen Einrichtungen wie Speiseräume, Küchen, Aufenthaltsräume brauchen nur instandgesetzt (zu) werden, auch die nötigen sanitären Einrichtungen, Klosettanlagen, Baderäume, Aufenthaltsräume für Leichtkranke und Untersuchungsräume für den Arzt dürften vorhanden sein.

Die Einrichtung resp. die Instandsetzung aller dieser Anlagen würde von den Lagerinsassen vorgenommen werden, unter fachmännischer Aufsicht und unter Berücksichtigung des Grundsatzes: Den jungen Leuten ein Heim zu bieten nach des Tages Last und Mühen!"

Die letzten Zeilen klangen verdächtig. Erstmals war hier von „Lagerinsassen" die Rede. Steckte hinter allem etwa schon die Überlegung, in der Fabrik ein Straflager einzurichten, auf das die Dachauer beizeiten mit beschönigenden Worten schonend vorbereitet werden sollten? Eine klare Antwort darauf enthielt der Artikel jedoch nicht. Aber an Andeutungen fehlte es nicht, die verrieten, was gewisse Kreise im rechten Lager dachten, die vermutlich diesen Bericht auch initiiert hatten. So bezeichnete der Autor den Leiter des Lagers als einen „Führer, dessen Aufgabe die Arbeitseinteilung, Arbeitsüberwachung, die Überwachung der Unterkunft, Verpflegung und Beschäftigung durch Unterricht, Pflege der Kameradschaft und der Gesamtlagerordnung wäre". Hier war nun schon ein strenges Reglement angedeutet, das den Alltag im Lager in einen festen Rahmen zwängen sollte. Auch über die Vollmachten des Lagerleiters bestanden klare Vorstellungen: „Die Anweisungen seiner Amtsbefugnisse erhält dieser von der entsprechenden staatlichen oder sonstigen behördlichen Dienststelle."

Der Schatten des Konzentrationslagers tauchte vollends auf, als die Betrachtungen des Verfassers in der Feststellung gipfelten: „Ob nun diese Unterbringung in den D.W. für die Arbeitswilligen Zwang oder freiwillig sein wird, darüber dürfte wohl in sehr kurzer Zeit von Regierungsseiten Klarheit geschaffen werden."[55] Für diese Klarheit war in der Tat von Regierungsseiten bald gesorgt: Wenige Wochen nach Erscheinen des Artikels in der „Dachauer Zeitung“ kündigte Heinrich Himmler in der bereits erwähnten Pressebesprechung die Eröffnung des ersten Konzentrationslagers in der Dachauer Pulver- und Munitionsfabrik an.

Die „Dachauer Zeitung“ verfolgte die Entwicklung mit Befriedigung: „Am Sonntagvormittag“, meldete sie in ihrer Ausgabe vom Dienstag, 21. März, „kam eine große Kraftwagenkolonne der Polizei in den Deutschen Werken an, außerdem eine starke Abteilung Freiwilliger Arbeitsdienst der Nationalsozialistischen Deutschen Arbeiterpartei. Auf dem Wasserturm der ehemaligen Pulverfabrik weht, weithin sichtbar, die schwarz-weiß-rote Flagge, ein Zeichen, daß in dem verödeten Gelände der großen Dachauer Pulverfabrik neues Leben eingezogen ist.“[56] Stolz brüstete sich das Blatt am Tag darauf: „Wir haben bereits vor einigen Monaten über die Möglichkeit der Verwendung der großen Werksanlagen Abhandlungen aus berufener Feder gebracht, und was damals geschrieben wurde, ist heute zur Tatsache geworden.“[57]

Bevor die ersten Schutzhäftlinge in Dachau eintreffen, muß in aller Eile der Posten- und Patrouillendienst für die Bewachung des Lagers organisiert werden. Viel Zeit bleibt den Verantwortlichen dafür nicht. Noch am selben Montag, an dem Himmler die Presse über die bevorstehende Eröffnung des KL informiert, erreicht das Kommando der Schutzpolizei München ein Schreiben der Regierung von Oberbayern, in dem die leitenden Beamten aufgefordert werden, eine Hundertschaft zur Sicherung „des Sammellagers für politische Gefangene in Dachau“ zu entsenden. Nach der Empfehlung der Regierung soll sich die Wachmannschaft aus zwei Offizieren und aus vierzig bis sechzig Mann zusammensetzen. Dazu wird ausdrücklich betont: „Als Führer ist ein sehr energischer Polizei-Hauptmann zu bestimmen.“[58]

Die Bayerische Landespolizei hält sich, was die Zahl des Personals betrifft, fast peinlich genau an die Forderung der Regierung und wählt die „2. Polizei-Hundertschaft“ mit 54 Mann für den Wachdienst aus. Das Kommando über die Truppe hat der Polizei-Hauptmann Schlemmer – in der Tat ein sehr energischer und obendrein mutiger Offizier, wie sich noch zeigen wird. Er begibt sich bereits am 21. März mit seinen Männern nach Dachau, wo die Wachhundertschaft am selben Abend ihren Dienst antritt.

Das Lager, das die Beamten vorfinden, bietet einen trostlosen Anblick. Über das verlassene Gelände erstrecken sich mehr als zwanzig ein- und zweistöckige Steinbauten, die alle halb verfallen sind. Lediglich das ehemalige Verwaltungsgebäude macht noch einen brauchbaren Eindruck. Das Haus, das die Häftlinge zunächst aufnehmen soll, hat das besagte Arbeitsdienstkommando, dessen Erscheinen von der „Dachauer Zeitung“ gemeldet worden ist, in den letzten Tagen instand gesetzt und mit einem dreifachen Stacheldrahtverhau in einer Höhe von zwei Metern umgeben.[59] Angesichts der übrigen verwahrlosten Fabrikanlagen stellt ein Mitarbeiter der „Bayerischen Staatszeitung“, der das Lager vor der Ankunft der Gefangenen besichtigt hat, in seinem Bericht fest: „Erste Arbeit der Lagerinsassen wird sein, die weiteren Steinbauten, die sich in recht heruntergekommenem Zustand befinden, selber wieder herzurichten.“[60]

Am Mittwoch, 22. März, treffen dann die Schutzhäftlinge auf offenen Lastwagen im Lager ein. Sie kommen aus dem Gefängnis Stadelheim in München und aus der Strafanstalt Landsberg am Lech.[61] Unter den ersten Dachauer Gefangenen befindet sich auch der Dekorationsmaler Martin Grünwiedl aus München. Nach der Haft in Landsberg geht er nun an diesem kalten Märztag in Dachau wie alle seine Leidensgenossen einer ungewissen Zukunft entgegen.[62]

Über die Ankunft der Schutzhäftlinge unterrichten die „Münchner Neuesten Nachrichten" ihre Leser am darauffolgenden Sonntag, 26. März, ausführlich, ohne dabei mit beschönigenden Worten zu sparen: „Im Dachauer Konzentrationslager sind nun die ersten Kommunisten eingetroffen. In vier großen Kraftwagen der Landespolizei wurden etwa 200 Mann[63] unter starker Bedekkung (vorbei an zahlreichen Neugierigen, die sich seit Stunden am Einfahrtstor der ehemaligen Pulverfabrik eingefunden hatten), an ihren neuen Internierungsort gebracht.

Es ist vorgesehen, die politischen Gefangenen in Arbeitsgruppen zu teilen und (nach den noch notwendigen Arbeiten im Lager) für Kultivierungen im Dachauer Moos zu verwenden. Die Arbeitsteilung wird sich nicht viel von jener der schon bestehenden Arbeitsdienstlager unterscheiden. Es ist nicht ausgeschlossen, daß für einige der Internierten die Möglichkeit besteht, sich auf kultiviertem Gebiet anzusiedeln. In der Freizeit sind Vorträge heimatkundlicher und konfessioneller Art vorgesehen. Man will versuchen, die Internierten durch Arbeit, entsprechende Verköstigung, Gerechtigkeit gegenüber dem einzelnen wieder für vaterländische Ideen brauchbar zu machen.

Das Essen wird in einem großen Saal eingenommen, der bis zu 500 Personen fassen kann. Gekocht wird jedoch in Feldküchen. Die Unterkunft erfolgt in den Arbeiterbaracken, in denen während des Krieges der Freiwillige Hilfsdienst untergebracht war. Man rechnet, wenn die übrigen Baracken durch den jetzigen Trupp ausgebessert sind, mit einer Belegschaft von einigen tausend Mann."

Dachau unter den Sig-Runen

Für die Schutzhaftgefangenen, die am 22. März 1933 gegen Mittag mit dem ersten Transport aus der Strafanstalt Landsberg am Lech in Dachau eintreffen, endet hinter dem Einfahrtstor der Deutschen Werke die Reise ins Ungewisse. Denn noch vor wenigen Stunden, als sie nach 10 Uhr in Landsberg aufgebrochen sind, hat keiner von ihnen gewußt, wohin die Fahrt gehen wird. Mit Dachau als Ziel rechnete niemand.[1]

So ist Claus Bastian, Student der Rechte aus München, ebenso überrascht wie seine Mitgefangenen, als er nach der langen Fahrt auf dem offenen Lastwagen, die sie alle nach den vielen Tagen hinter Gittern als Wohltat empfunden haben, zum erstenmal das verödete Fabrikgelände erblickt. Wie Martin Grünwiedl, dem die Reise von Landsberg nach Dachau ebenfalls nicht erspart bleibt, ist auch der 23 Jahre alte Bastian bereits bei der ersten großen Verhaftungswelle in München den Nationalsozialisten in die Hände gefallen.

Der Student, am 23. März 1909 in Biebrich am Rhein geboren und in Utting am Ammersee in Bayern aufgewachsen, hat aus seiner Abneigung gegen Hitlers Politik nie ein Hehl gemacht. Für ihn zählen als Ziele aller politischen Bestrebungen nur humanistische Ideale. Bastian, der sich vor allem mit jugendlicher Begeisterung der Völkerverständigung verschrieben hat, sieht zunächst seine geistige Heimat in der KPD. Doch im Jahre 1931 kehrt er den Genossen wieder den Rücken, als er erkennt, daß sich die Partei mehr und mehr zu einer „Straßenkampfkorporation“,[2] wie er es nennt, entwickelt. Obwohl der Bruch mit der KPD ihn enttäuscht hat, zieht sich Bastian nicht aus dem politischen Leben zurück. Er gründet an der Universität München den „Marxistischen Studentenclub“ und gehört als Vorstandsmitglied dem angesehenen „Akademisch-Politischen Club“ an, der regelmäßig im Hotel „Vier Jahreszeiten“ in der bayerischen Landeshauptstadt tagt.

Aber diese Aktivitäten allein sind es nicht, die Bastian die Feindschaft der Nationalsozialisten zuziehen. Sie verübeln es ihm auch, daß er Partei für den Staatsrechtler Nawiasky ergriffen hat, als die Vorlesungen des Professors nach unpopulären Äußerungen zur Kriegsschuldfrage von braunen Studenten in SA-Hemden gestört worden sind. Bastian schreckt nicht davor zurück, auf Solidaritätskundgebungen seine Sympathie für den Hochschullehrer zum Ausdruck zu bringen und auch handgreiflich gegen die Gegner unter dem Hakenkreuz vorzugehen. Weiter kreiden die Nationalsozialisten dem Unbeugsamen an, daß er sich den Lebensunterhalt zum Studium als Mitarbeiter im russischen Reisebüro „Intourist“ am Münchner Maximiliansplatz verdient.

Am 9. März 1933 sehen dann Bastians Feinde ihre Stunde gekommen, um mit dem Studenten, der zum Glück noch in letzter Minute am 9. Februar sein Universitätsexamen abgelegt hat, abzurechnen. Gegen 4 Uhr in der Frühe schreckt das Läuten der Glocke Bastian in seiner Studentenbude im Parterre des Hauses Kurfürstenstraße 41 aus dem Schlaf. Als er die Augen öffnet, er-

6 Der Rechtsreferendar Claus Bastian aus München ging als erster Schutzhaftgefangener in die Geschichte des Konzentrationslagers Dachau ein. Er erhielt auf der Liste der Häftlinge die Nummer „1“.

blickt er vor den beiden Fenstern zwei Landespolizisten mit aufgepflanztem Bajonett. Kurz darauf stehen zwei Kriminalbeamte in seinem Zimmer, die ihm erklären, daß er verhaftet sei. Den Grund seiner Festnahme erfährt er nicht. Nachdem die Polizisten seinen Schreibtisch durchsucht haben, wird Bastian abgeführt und zum Polizeirevier am Hohenzollernplatz gebracht. Dort erwartet ihn ein Auto, ein sogenannter Zeiserlwagen, wie die Münchner sagen, mit dem er in die Polizeidirektion gelangt.

Im Polizeigefängnis in der Ettstraße findet sich Bastian in einer Gemeinschaftszelle wieder, die er auf engstem Raum mit etwa 45 Leidensgenossen teilen muß. Hier spielen sich nun schreckliche Szenen ab. Einige der Verhafteten sind so verzweifelt, daß sie versuchen, ihre Pulsadern am Eisenring des Toilettenbeckens aufzuschlagen, um ihrem Leben ein Ende zu setzen. Da es nirgends eine Sitzgelegenheit gibt, kauert sich Bastian auf den Steinboden und wartet ab, was die nächsten Stunden bringen werden.

Mitten in der Nacht holt man dann die Gefangenen. Als Bastian mit den anderen die Zelle verläßt, ist er auf das Schlimmste gefaßt. Ein großes Aufgebot an SA-Leuten läßt auch nichts Gutes ahnen. Wie Spießrutenläufer hasten die Männer durch die Reihen der SA. Bastian sieht erhobene Hände und hört Geflüster und Drohungen. Schließlich landet er in einem Gefangenentransportwagen, der ihn mit unbekanntem Ziel in die Finsternis der Nacht entführt. Die unheimliche Fahrt, die Bastian sein Leben lang nicht vergessen wird, endet im Gefängnis Stadelheim. Aber auch hier ist sein Aufenthalt nur von kurzer Dauer. Bald darauf kommt er nach Landsberg am Lech, wo er dann am Vormittag des 22. März auf dem ersten Lastwagen, der die Strafanstalt verläßt, mit rund fünfzig Mitgefangenen die Reise nach Dachau antritt.[3]

Als die Inhaftierten in den Deutschen Werken eintreffen, erwarten sie dort schon die Beamten der 2. Polizei-Hundertschaft unter Hauptmann Schlemmer. Die Männer der „Grünen Polizei", wie die Bayerische Landespolizei genannt wird, eröffnen den Ankömmlingen gleich beim Empfang, daß sie sich nun in Schutzhaft befänden – ein Wort, das Bastian und seinen Leidensgenossen noch fremd ist. Mehr erfahren sie nicht. Auch über den Grund ihrer Freiheitsberaubung herrscht weiter Stillschweigen.

Als erste Unterkunft dient den Häftlingen zunächst das ehemalige Verwaltungsgebäude der Pulver- und Munitionsfabrik, das durch einen Stacheldrahtzaun gegen das übrige Werksgelände abgeschirmt ist. Das Haus und der umzäunte Platz ringsum, der etwa ein Tagwerk groß ist, bilden das eigentliche Gefangenenlager. Alle anderen Bauten der Fabrik, die sich jenseits der Stacheldraht-Enklave erstrecken, liegen nach wie vor verlassen da.

Nach ihrer Ankunft werden die Häftlinge in den Keller des Verwaltungsgebäudes geführt, wo Polizeibeamte damit beginnen, die Namen der Gefangenen in eine Liste einzutragen. Da die in alphabetischer Reihenfolge vorgehenden Polizisten mit dem Namen von Bastian anfangen, erhält der Rechtsreferendar die Nummer „1". Er ist somit der erste registrierte Dachau-Häftling. Allerdings steht die Zahl nur auf dem Papier. Eine Häftlingsnummer, die, wie es einmal der Fall sein wird, an die Gefangenenkleidung genäht werden muß, gibt es noch nicht. Ebenso bleibt es den Inhaftierten zunächst erspart, sich einheitlich kleiden zu müssen. Sie behalten in den ersten Tagen des Lagers ihre eigenen Kleidungsstücke. Auch denkt noch niemand daran, ihnen die Haare zu scheren. All die vielen Mittel zur Erniedrigung der Gefangenen, wie der kahlgeschorene Kopf, die Häftlingsnummer und die einheitliche Sträflingskleidung, wird erst später die SS ersinnen.

Noch aber hat die Bayerische Landespolizei das Kommando über das Lager, und die grünen Beamten verhalten sich gegenüber den Häftlingen sehr korrekt. Nie verletzen sie die Würde der ihnen anvertrauten Menschen. Es gibt keine Beschimpfungen und keine Mißhandlungen. Zwischen den Polizisten und den Inhaftierten entwickelt sich sogar bald ein kameradschaftliches, fast herzliches Verhältnis. Viele der Bewacher machen kein Hehl daraus, daß sie für die Kommunisten, die ihnen bisher in düsteren Farben erschienen sind und die sich ihnen nun ganz anders darstellen, Sympathie empfinden. Sie unterhalten sich, ja diskutieren mit ihnen in freundschaftlichem Ton und stecken ihnen, obwohl das Rauchen im Lager verboten ist, heimlich Zigaretten zu, so viele sie wollen.[4] Auch die Verpflegung ist gut und schmackhaft. Die Gefangenen erhalten die gleiche Kost wie die Polizeibeamten. Zubereitet wird das Essen in Gulaschkanonen im Freien, da eine Küche im Lager noch nicht besteht.

Überhaupt ist das Lager für die Unterkunft der Schutzhäftlinge nicht genügend gerüstet. Es fehlt überall am Notwendigsten. Das einzige, was die Landespolizisten den Männern am Abend nach der Ankunft in Dachau bieten können, ist eine kalte Mahlzeit, die aus Brot und aus einem Stück Leberwurst besteht. Dazu schenken die Beamten Tee aus. So gestärkt, gehen die Inhaftierten der ersten harten Nacht im Lager entgegen. Ihre Bewacher weisen ihnen als Schlafquartiere einzelne Räume im ersten Stockwerk des Verwaltungsgebäudes zu, die sich in einem erbärmlichen Zustand befinden. Sie enthalten weder Bettstellen noch Stroh. Die Gefangenen müssen sich zur Nachtruhe zwischen kahlen Wänden auf den nackten Betonboden legen. Mit einer Decke, die jeder aus den Beständen der Polizei erhält, bemühen sich die Beamten, das Los der Männer ein wenig zu erleichtern.

Doch die Decken bieten gegen die Kälte in der noch frischen Märznacht kaum Schutz. So erheben sich viele der Schlaflosen bald wieder vom eisigen Boden und wandern frierend bis zum Morgen im Raum auf und ab. Vor allem die Rheumakranken leiden sehr unter der Kälte. Jammernd sehnen sie das Ende der Nacht herbei. Der Chef der Bewacher, Hauptmann Schlemmer, erkennt, daß den Häftlingen diese Verhältnisse nicht länger zugemutet werden können. Mit seiner Genehmigung verlassen am nächsten Tag Gefangene in Begleitung von Polizisten das umzäunte Lager im Verwaltungsgebäude und durchsuchen die leerstehenden Häuser und Hallen der Deutschen Werke nach alten, herumliegenden Brettern. Aus diesem Holz werden dann die ersten Bettstellen gezimmert.

Unter den Häftlingen, die von Anfang an die Initiative zur Selbsthilfe ergreifen, tut sich vor allem der Kommunist Freiberger, ein gelernter Schreiner, hervor. Da ihm das Herumstehen ohne jede Beschäftigung unerträglich ist, bittet er um die Erlaubnis, sich eine Werkstatt einrichten zu dürfen. Hauptmann Schlemmer willigt ein, und Freiberger macht sich zusammen mit dem jungen Mitgefangenen Hugo Jakusch, den er zu sich holt, an die Arbeit. Die ersten Möbel für die Dachauer Häftlinge kommen aus seiner Schreinerei.

Später wird die SS auf der Suche nach Beschäftigungsmöglichkeiten für die Schutzhaftgefangenen Gefallen an der Einrichtung eines lagereigenen Betriebes finden und nach Freibergers Modell weitere Werkstätten im KL aufbauen lassen, die jedoch nur noch für die Herren des Lagers unter den Sig-Runen[5] und nicht mehr allein für die Bedürfnisse der Inhaftierten arbeiten werden. Dachau entwickelt sich so zum Prototyp eines Arbeitslagers mit eigenen Werkstätten. Sein Vorbild wird schließlich auch in den anderen nationalsozialistischen Konzentrationslagern Schule machen. Zuvor haben nur Überlegungen bestanden, die Gefangenen außerhalb des Lagers zur Arbeit einzusetzen: im Straßenbau zum Beispiel, bei Trockenlegungen im Dachauer Moos und bei der Regulierung der Amper.

Solange allerdings Hauptmann Schlemmer noch die Befehlsgewalt über das Dachauer KL hat, werden die Häftlinge nicht gegen ihren Willen zur Arbeit gezwungen. Zu einer Beschäftigung für alle im Lager fehlt es auch an Werkzeugen und Geräten. Ebenso mangelt es in ausreichender Menge an Stacheldraht, der benötigt wird, um das Lager, wie vorgesehen, weiter auf das Gelände der Deutschen Werke auszudehnen und zu befestigen. So vergeht noch einige Zeit, bis die Inhaftierten daran gehen müssen, sich selbst hinter elektrisch geladenem Draht einzuschließen. Zunächst lassen die Polizeibeamten die Gefangenen, die mit jedem neuen Transport immer mehr das Verwaltungsgebäude bevölkern, die Häuser der alten Pulver- und Munitionsfabrik nach Werkzeugen durchsuchen, um wenigstens mit dem nötigsten Gerät für den Aufbau des Lagers gerüstet zu sein. Die Spaten und die Spitzhacken, die sich mit der Zeit ansammeln, werden in einem Magazin gelagert, das der Schutzhaftgefangene Claus Bastian zusammen mit einem Polizeibeamten verwaltet.

7 Ankunft im Konzentrationslager Dachau am 24. Mai 1933: Neue Häftlinge erreichen das Lager auf dem Weg in eine ungewisse Zukunft.

Zuvor schon hat Hauptmann Schlemmer die Dienste des gewandten Referendars, der am ersten Tag seiner Dachauer Haft 24 Jahre alt geworden ist, in Anspruch genommen und Bastian gleich nach der Ankunft aus Landsberg am Lech in seine Schreibstube abkommandiert. Dort wird der Häftling mit der Nummer 1 Zeuge eines mutigen Telefongesprächs, das Schlemmer, den es mehr und mehr empört, die politischen Gefangenen in dieser erbärmlichen Umgebung festhalten zu müssen, mit dem Innenminister Adolf Wagner führt. In aller Deutlichkeit droht der Hauptmann, daß er seine Hundertschaft zurückziehen werde.

Bastian, der genau hinhört, merkt sich jedes Wort des Offiziers. So kann er noch nach Jahren niederschreiben, was Schlemmer in seiner Verärgerung dem Minister entgegenschleudert: „Er halte die Gefangennahme der Häftlinge für ungesetzlich, er habe auch keine Lust mehr, aus den eigenen Verpflegungsbeständen und aus der eigenen Finanzkasse das Lager zu unterhalten. Er machte dem Gauleiter darüber hinaus den Vorwurf, daß die Landespolizei zu einer Maßnahme mißbraucht werde, die weder eine gesetzliche Grundlage habe, noch in irgendeiner Verlautbarung verankert sei. Auch eine Polizeiverordnung für die sogenannte Schutzhaft existiere in diesem Umfang und Ausmaß nicht. Wenn schon politische Maßnahmen dieser Art ergriffen werden würden, dann gehöre es zum billigsten Anstand, daß zumindest die finanziellen Mittel dafür, für die Verpflegung usw. bereitgestellt werden. Von der Landespolizei könne man das nicht verlangen."[6]

Der Protest des Hauptmanns kommt Heinrich Himmler nicht ungelegen. Im Interesse der Partei verfolgt er ohnehin das Ziel, die Aufsicht über das

Konzentrationslager Dachau der Bayerischen Landespolizei zu nehmen und der SS zu übergeben, um das Lager so für immer der Kontrolle durch die Justiz zu entziehen. Ihm geht es allein darum, die Entscheidungsgewalt über das Schicksal der politischen Gegner an sich zu reißen. Der Reichsführer-SS ist deshalb von Anfang an fest entschlossen, um das Lager eine Mauer des Schweigens zu errichten, die das geltende Recht nicht mehr durchdringen kann.

Was hier Rechtens ist, soll nicht länger dem Urteil des Richters unterliegen, sondern allein dem Diktat des Bewachers. So wandelt sich das Konzentrationslager nach Himmlers Absichten von einem Platz der Verbannung zu einem Ort der Vollstreckung. Das KL wird damit für den politisch Andersdenkenden zu einer Bedrohung mit unkalkulierbaren Folgen, die von der mehr oder minder befristeten Haft bis zur heimtückischen Ermordung reichen können.

Himmler ist sich darüber im klaren, daß er sich bei der Durchsetzung dieser Pläne nicht auf die altgedienten Beamten der Landespolizei stützen kann, deren Loyalität gegenüber dem Rechtsstaat noch tief verwurzelt ist.[7] Er braucht Gefolgsleute, die den Zielen der Partei treu ergeben sind. In seinen SS-Männern hat er diese Truppe, die er braucht, um die letzten Schranken der Menschenrechte in Dachau niederzureißen.

Doch die Polizei erkennt die Gefahr zunächst nicht. Als Gerüchte über die bevorstehende Übernahme des Lagers durch die SS in Dachau laut werden, beruhigt ein Oberwachtmeister die besorgten Häftlinge mit den Worten: „Die SS? Die können sie doch nicht zur Gefangenenbewachung gebrauchen. Gewehr können sie keines in die Hand nehmen, aber Sprüche machen über ihre Heldentaten. In der Kantine prahlen sie damit, daß sie Juden und Kommunisten totgeschlagen hätten wie räudige Hunde. Ich glaub' ja nicht alles. Aber Menschen sind das nicht mehr, das sind wilde Tiere! Nein, soweit ist es doch noch nicht, daß ihr denen ausgeliefert werdet.“[8]

Der Beamte täuscht sich jedoch. Die Tage, die der Bayerischen Landespolizei in Dachau noch gehören, sind bereits gezählt. Eines Nachts werden die Häftlinge, die nach einem anstrengenden Tag, den sie mit dem Aufbau des Lagers verbrachten, schon geschlafen haben, in der Zeit zwischen 22 und 23 Uhr durch die Marschtritte einer Kolonne geweckt.[9] Gespannt lauschen die Männer in die Dunkelheit. Die Geräusche, die an ihr Ohr dringen, beunruhigen sie. Deutlich hören sie Kommandos und Waffengeklirr. Auch Claus Bastian, der wie seine Kameraden mit Herzklopfen den Lärm vor dem Haus vernimmt, erscheinen die Vorgänge in dieser Nacht unheimlich.[10]

Als sich die Gefangenen zum Fenster schleichen und vorsichtig hinausspähen, erblicken sie ein Bild, das sie entsetzt. Vor dem Verwaltungsgebäude stehen Männer der SS in braunen Hemden und mit schwarzen Mützen. Sie sind vor dem SS-Oberführer Freiherrn von Malsen-Ponickau, dem Führer des SS-Abschnitts I in München,[11] angetreten, der nun eine Ansprache hält. Die Worte, die er an die Truppe richtet, können auch die Häftlinge verstehen. Sie sind so schrecklich, daß sie sich Bastian und seinen Mitgefangenen für immer tief einprägen.

„Kameraden von der SS!“ ruft der SS-Führer aus.[12] „Ihr alle wißt, wozu uns der Führer berufen hat. Wir sind nicht hierhergekommen, um diesen Schweinekerlen da drinnen menschlich zu begegnen. Wir betrachten sie nicht als Menschen, wie wir sind, sondern als Menschen zweiter Klasse. Jahrelang haben sie ihr verbrecherisches Wesen betreiben können. Aber jetzt sind wir an der Macht. Wenn diese Schweine zur Macht gekommen wären, hätten sie uns allen die Köpfe abgeschnitten. Daher kennen wir auch keine Gefühlsduselei. Wer hier von den Kameraden kein Blut sehen kann, paßt nicht zu uns und soll austreten. Je mehr wir von diesen Schweinehunden niederknallen, desto weniger brauchen wir zu füttern."

Die Worte lassen die Häftlinge erschauern. Was sie da gehört haben, bedeutet für sie Terror und Vernichtung. Zum erstenmal wird hier der brutale Mord an Gefangenen ganz offen proklamiert.[13] Einige der Männer sind darüber so bestürzt, daß sie verzweifelt aufschreien: „Sie werden uns jetzt alle umlegen."[14] Auch als die erste SS-Einheit, die das Dachauer Lager betreten hat, wieder abgerückt ist, können die Häftlinge keine Ruhe mehr finden. Sie liegen bis zum Morgen wach.

Erleichtert atmen alle auf, als sich am nächsten Tag zeigt, daß die Landespolizei der SS noch nicht das Feld geräumt hat. Selten ist der vertraute Anblick der Posten in der grünen Polizeiuniform von den Männern so begrüßt worden wie an diesem Morgen. Sofort wollen sie wissen, ob auch die Beamten Zeugen des nächtlichen Zwischenfalls geworden seien. „Ja, das war grausam anzuhören", antworten die Polizisten, „aber solange wir als Posten hier sind, geschieht euch nichts. Aber wenn wir wegkommen, dann geht's euch schlecht."[15]

Doch schon bald sind auch dem unerschrockenen Hauptmann Schlemmer die Hände gebunden. Kaum ist Himmler zum Politischen Polizeikommandeur Bayerns ernannt, besiegelt er das Schicksal des Dachauer Lagers mit einem raffinierten Schachzug. Am 2. April 1933 unterstellt er das KL sich selbst in seiner Funktion als Chef der politischen Hilfspolizei, die sich aus Angehörigen der SA und der SS zusammensetzt. Er erreicht damit, daß das Lager aus dem Machtbereich der Polizei in die Zuständigkeit der SS übergeht. So legalisiert er den Aufmarsch seines SS-Vorauskommandos, das Dachau seit seinem ersten nächtlichen Auftauchen nicht mehr verlassen hat. Mit diesem Winkelzug macht sich Himmler gleich in drei Eigenschaften zum Herrn über das Konzentrationslager: als Politischer Polizeikommandeur, als Chef der politischen Hilfspolizei und als Reichsführer-SS.[16]

Seine Entscheidung, die Himmler in einem Schreiben am 2. April dem Kommando der Schutzpolizei München mitteilt, stößt jedoch zunächst auf Widerstand. In ihrer Antwort, die sie am 6. April an den Reichsführer-SS richten, protestieren die Beamten gegen den Entzug aller Rechte im KL Dachau und gegen die totale Übernahme des Kommandos durch die SS.[17] „Solange eine Polizeitruppe für das Konzentrationslager Dachau abgestellt wird", fordert das Kommando der Schutzpolizei in seinem Schreiben, „ist der Pol. Führer voll verantwortlich für die innere und äußere Sicherheit des Gefangenenlagers, für Ausbildung der Wachtruppe und für Ausbau des Feuerschutzes und Alarmwesens. Die SS.-Verbände sind ihm – auch für Ausbildung – unterstellt. Er ist auf Zusammenarbeiten mit dem Lagerführer angewiesen."[18]

Himmler lenkt ein und erklärt sich damit einverstanden, daß die SS im KL Dachau zwar die Wachmannschaften stellt, die Führung der Wachtruppe aber in den Händen der Polizei bleibt. Zugleich wird den Polizeibeamten die Aus-

8 Träger des Terrors: Angehörige der SS-Wachtruppe in Dachau im Jahre 1933. Die Freiwilligen, die zumeist ohne militärische Ausbildung zur SS stießen, waren fanatische Anhänger des NS-Regimes und behandelten die politischen Häftlinge dementsprechend.

bildung der SS-Verbände im Wachdienst übertragen. Nach diesem Erfolg kann das Kommando der Schutzpolizei München am 7. April in einem Rundschreiben auf den Wachwechsel in Dachau hinweisen: „Die Bewachung des Sammellagers Dachau wird ab Dienstag, 11.4. 33(,) von politischer Hilfspolizei (SS) übernommen. Die Führer für das Wachkommando werden von der Bereitsch. Pol. gegeben."[19]

Die SS baut ihre Position im Lager in größter Eile aus, wie die rasch steigenden Zahlen der Wachmannschaften beweisen. Nachdem die erste SS-Einheit, die unter dem Kommando des SS-Sturmführers Robert Erpsenmüller[20] nach Dachau in Marsch gesetzt worden ist, zunächst nur aus etwa sechzig Mann[21] bestanden hat, erhöht die SS-Führung die Wachtruppe mit dem offiziellen Einzug ins Lager am 11. April sofort auf 138 Mann. Schnell nimmt die Mannschaftsstärke weiter zu: Am 12. April beläuft sich die Zahl der Bewacher bereits auf 196, am 20. April dann auf 217 und am 30. April schließlich auf 234 Mann.[22]

Die SS-Wachtruppe wird von zwanzig Wachtmeistern der Landespolizei[23] geführt, die auch für die Ausbildung der SS-Angehörigen zuständig sind. Die Polizeibeamten teilen die Mannschaften in sechs Wachzüge ein mit einer Sollstärke von je vierzig Wachleuten, bestehend aus einem Truppführer, fünf Scharführern und 34 Mann, deren Dienst täglich in folgender Reihenfolge wechselt: „Wache – Gefangenenbegleitung – Ergänzung für Wache und Gefangenenbegleitung – Bereitschaft – Ausbildung – Ruhe.“[24] Daneben werden, wie es in der „Übersicht der Sicherungsmaßnahmen“ für das Konzentrationslager weiter heißt, Neuzugänge „zu einem gesonderten Ausbildungszug, die Kommandierten zu einem Kommandiertenzug zusammengefaßt“.[25]

Mit dem Einzug der SS ins Lager enden auch die Tage von Hauptmann Schlemmer in Dachau. Er wird am 11. April von Hauptmann Winkler abgelöst, der ebenfalls der Bayerischen Landespolizei angehört.[26] Dem neuen Befehlshaber über die Dachauer Wachtruppe steht als zweiter Polizeioffizier Oberleutnant Schuler zur Seite,[27] der die Ausbildung der Wachmannschaften leitet.[28]

Im Leben der Häftlinge bedeutet der Wechsel des Wachpersonals einen katastrophalen Einschnitt. Der Polizei-Führer, der zwar nach außen dem gesamten Lager vorsteht, hat nun keine Befehlsgewalt mehr über sie. Zuständig für die Inhaftierten ist seit der Übergabe des Inneren Gefangenenlagers an die SS am 11. April der Lagerführer, und dieser kommt auch aus den Reihen der SS. Der SS-Sturmhauptführer, der sich schon am 19. April „Lagerkommandant“ nennt,[29] heißt Hilmar Wäckerle. Mit dem ehemaligen Diplom-Landwirt, geboren am 24. November 1899 in Forchheim, beginnt der Terror in Dachau.

Inzwischen ist auch der Ausbau des eigentlichen Gefangenenlagers, das die Häftlinge aus dem Verwaltungsgebäude aufnehmen soll, weiter vorangeschritten. Zusammen mit Pionieren der Reichswehr haben die Inhaftierten in den letzten Tagen selbst den Stacheldraht um das neue Lager gezogen, der nun elektrisch geladen ist, um jeden Fluchtversuch von vornherein zu verhindern. „Mit den Soldaten“, berichtet Martin Grünwiedl,[30] „hatten wir ein gutes kameradschaftliches Arbeiten, und wir verstanden uns auch gut. Wenn ein SS-Mann kam, brachen wir die Unterhaltung ab.“ Als schließlich das erweiterte Lager mit Stacheldraht gesichert ist, ziehen die Gefangenen in ihre neuen Unterkünfte um. Inzwischen hat auch die Einrichtung einer eigenen Küche außerhalb des Lagers, dessen Ausbau im Mai 1933 abgeschlossen ist, die Gulaschkanonen der Landespolizei ersetzt.[31] Von Anfang an bürgert sich in der Dienstsprache der Bewacher für das Häftlingslager die Bezeichnung „Inneres Gefangenenlager“ oder „Innenlager“ ein, weil es wie eine umfriedete Insel innerhalb des gesamten Lagerkomplexes liegt.

Unter den Inhaftierten, hinter denen sich das Stacheldrahttor zum Innenlager schließt, ist auch Claus Bastian. Doch das Schicksal meint es gut mit ihm. So zählt er zu den wenigen, die das Tor noch im Sommer 1933 auf dem Weg in die Freiheit wieder durchschreiten können,[32] während es für manchen zwölf Jahre lang verschlossen bleibt.

Einer dieser Unglücklichen, die bis zum Ende der nationalsozialistischen Diktatur in Dachau ausharren müssen, ist der Elektrotechniker Karl Riemer aus Nürnberg. Wie die Mehrzahl der Schutzhaftgefangenen in der ersten Zeit hat ihn ebenfalls die Zugehörigkeit zur Kommunistischen Partei Deutschlands ins Konzentrationslager gebracht. Riemer, der am 8. Januar 1908 in Nürnberg zur Welt gekommen und in der Stadt an der Pegnitz auch aufgewachsen ist, entstammt einem katholischen Arbeiterhaus. Der Vater hat den Lebensunterhalt für die Familie als Kranführer bei der „Maschinenfabrik Augsburg-Nürnberg AG.“ (M.A.N.) verdient.

Schon in jungen Jahren nimmt der Sohn, der bis zur großen Arbeitslosigkeit seinen Beruf als Elektrotechniker ausübt, am politischen Leben regen Anteil. Er tritt der KPD bei, arbeitet als Funktionär in der Nürnberger Bezirksleitung der Partei und ist darüber hinaus im „Bund der technischen Angestellten und Beamten" (Butab) gewerkschaftlich tätig. Von Anfang an steht Riemer den Nationalsozialisten ablehnend gegenüber. Er tritt deshalb auch der „Widerstandsbewegung" des Schriftstellers Ernst Niekisch[33] bei, die in Nürnberg von dem Volkswirt Dr. Joseph E. Drexel und von dem Regierungsrat Karl Tröger geleitet wird, und betätigt sich außerdem als Mitarbeiter für die Zeitschrift „Nazispiegel", die Hitler mit journalistischen Mitteln bekämpft.[34]

So ist Riemer von der ersten Stunde an der Verfolgung durch die neuen Machthaber ausgesetzt. Zwar gelingt es ihm zunächst noch, seinen Gegnern zu entkommen und eine Woche lang bei Freunden in Nürnberg unterzutauchen, doch dann wird ihm ein Zufall zum Verhängnis.[35]

Riemer ist nicht gewillt, sich den Nationalsozialisten zu beugen, und zieht deshalb die Flucht ins Ausland einem Leben in Unfreiheit vor. Aber bevor er der fränkischen Heimat den Rücken kehrt, will er noch einmal seine Frau Luise sehen, um von ihr Abschied zu nehmen. Als Treffpunkt für die heimliche Zusammenkunft wählen die Eheleute das Grab der Schwiegermutter auf dem Nürnberger Südfriedhof, weil sie annehmen, daß die Polizei sie dort nicht vermuten werde. Zunächst läuft auch alles nach Plan. Als sich das Paar jedoch nach der Begegnung gemeinsam auf den Heimweg macht, bemerkt Riemer plötzlich den Kriminalkommissar Paul Ohler, der auf dem Perron einer vorbeifahrenden Straßenbahn steht. Auch der berüchtigte Beamte der Nürnberger Politischen Polizei erkennt ihn.

Während Riemer noch überlegt, ob Ohler ihn entdeckt habe oder nicht, verläßt der Kriminalkommissar an der nächsten Haltestelle die Trambahn und folgt dem Ehepaar zu Fuß. Ehe sich Riemer versieht, hat Ohler ihn eingeholt. Der Polizeibeamte tritt von hinten an den Überraschten heran, hält ihn am Arm fest und erklärt: „Sie sind verhaftet." Dann führt er den Festgenommenen in Begleitung der Ehefrau zur nächsten Polizeiwache ab. So ist Riemer bereits acht Tage nach der Machtübernahme Hitlers in Bayern ein Gefangener seiner politischen Gegner.

Allein verläßt Luise Riemer die Polizeiwache, nachdem Ohler sie mit den beruhigenden Worten nach Hause geschickt hat, daß ihrem Mann, der in Schutzhaft genommen werde, nichts geschehe und daß er in spätestens vier Wochen wieder heimkomme. Doch die Wirklichkeit sieht anders aus. Nachdem Karl Riemer zuerst im Nürnberger Untersuchungsgefängnis festgehalten worden ist, gelangt er mit dem zweiten Häftlingstransport, der die Stadt am 13. April 1933 verläßt, in das Konzentrationslager Dachau.

Die ersten Schutzhäftlinge aus Nürnberg haben Dachau schon am 11. April erreicht – am selben Tag also, an dem die SS die Bewachung des Lagers übernommen hat. Welcher Empfang den Gefangenen von den SS-Männern bereitet worden ist, schildert der kommunistische Funktionär Willi Gesell aus Nürnberg-Gostenhof später in einem Bericht, der zeigt, wie schnell der Terror mit der Ankunft der neuen Wachmannschaften in Dachau um sich gegriffen hat.

Zunächst ahnen die Häftlinge jedoch nichts Schlimmes, als sie in Nürnberg einen Lastwagen der Landespolizei, kurz „Lapo" genannt, besteigen müssen.

„Das ging ohne Zwischenfälle ab", erinnert sich Gesell.[36] „Die Begleitmannschaft (Landespolizisten) erklärte uns, daß wir in das Konzentrationslager Dachau überführt würden. Das schreckte uns nicht, denn wir hatten bis dahin über das KZ Dachau noch nichts gehört. (...)

Also stimmten wir die ‚Internationale' an, und bei der Fahrt durch die Willstraße riefen wir in Sprechchören: Nieder mit dem faschistischen Terror! Es lebe die KPD! Es waren alle Kommunisten, und wir sangen unsere Freiheitslieder. Von dem Geschimpfe der Begleitpolizisten ließen wir uns nicht beeindrucken und auch nicht von ihrer höhnischen Bemerkung: ‚Ihr werdet euer blaues Wunder erleben, wenn ihr nach Dachau kommt.'

Als wir in das Lager einfuhren, erhoben sich etwa 100 auf dem Boden herumlungernde Gestalten in grünem Drillich, mit Gewehren und Pistolen bewaffnet. Sie schlugen wahllos auf uns ein und forderten die Juden auf, herauszutreten. Diese wurden vor unseren Augen schwer mißhandelt. – Anschließend jagten sie uns im Trab in das eigentliche Lager."

Weiter berichtet Gesell: „Am 13. April kam der zweite Häftlingstransport aus Nürnberg. Darunter waren mein Bruder Max, Martin Stiebel und der bekannte Rechtsanwalt Dr. Albert Rosenfelder. Ihre Kleider trugen sie in Bündeln unter den Armen. Von den Begleitposten der SS wurden sie immer wieder zu Boden geschlagen, ins Gesicht getreten und mit Faustschlägen traktiert. Verschiedene so auf das Ohr geschlagen, daß ihnen das Trommelfell platzte. Es war furchtbar, das mit anzusehen, obwohl auch wir nicht glimpflich empfangen worden sind. Und das hatten wohl die Lapos gemeint, als sie von dem ‚blauen Wunder' sprachen, das wir in Dachau erleben würden."

Unter den Gefangenen, denen dieser schreckliche Empfang im Lager zuteil wird, ist auch Karl Riemer. Der Mann, der seit seiner Jugend durch den unbedachten Steinwurf eines Nachbarkindes auf einem Auge blind ist, bringt es trotz dieser Behinderung fertig, sich dem unerbittlich harten Lagerleben gewachsen zu zeigen. Rasch gewinnt er durch seine Hilfsbereitschaft, seinen Mut und seine Zuverlässigkeit das Vertrauen und die Hochachtung der Kameraden. Auch die Erfahrungen, die Riemer in der Behandlung von Verletzungen besitzt, kommen den Leidensgenossen zugute. Die Kenntnisse hat er lange vor seiner Verhaftung auf einem Lehrgang für Sanitäter erworben und später als Mitglied in der Bergwacht vertieft, für die er an jedem zweiten Wochenende freiwillig zum Dienst in den Bergen angetreten ist.[37]

Als im Lager dann ein Krankenrevier eingerichtet wird, meldet sich Riemer als Sanitäter. In dieser Funktion entfaltet er ein segensreiches Wirken für seine Mitgefangenen: Auf verbotenen Wegen beschafft er heimlich für verletzte und erkrankte Häftlinge Medikamente oder nimmt eigenhändig Operationen vor, nachdem er diese Kunst den Ärzten abgeguckt hat.

So wird Karl Riemer mit den Jahren in Dachau zum Musterbeispiel für den standhaften politischen Gefangenen, dem Solidarität und Nächstenliebe wichtiger sind als das eigene Fortkommen und Wohlergehen. Das Ansehen, das er schließlich bei den Kameraden genießt, ist so hoch, daß man in den letzten Tagen des Lagers alle Hoffnung auf ihn setzen wird, um dem drohenden Untergang noch zu entrinnen. Und er wird erfüllen, was man von ihm erwartet: In einer geheimen Mission, die über Leben und Tod von Tausenden entscheidet, wird er zum Retter des ganzen Lagers.[38]

Das KL, das Riemer und seine Kameraden bei ihrer Ankunft in Dachau vorfinden, bietet noch einen verwahrlosten Anblick: Mehr und mehr hat die Natur in den vergangenen Jahren von dem Platz wieder Besitz ergriffen. Überall schießt Unkraut aus dem Boden, wuchert verwildertes Buschwerk, wächst Moos. Morast erstreckt sich über weite Flächen, und der weiche Schlamm macht die Wildnis, durch die sich kein fester Weg zieht, an vielen Stellen unpassierbar. Vom Pulver- und Munitionswerk sind nur verödete Fabrikhallen geblieben, die nun altes Gerümpel füllt. Geröll und Schutt bedecken die verlassenen Hofräume, und hier und dort ragt kaum sichtbar ein Anschlußgleis aus dem Grasbett hervor. Vereinzelt erinnern auch noch Pulvermagazine, die mit Rasendächern getarnt sind, an die einstige Bestimmung dieser Fabrikationsstätte.[39]

Der Verfall, in dem sich das ganze Fabrikgelände befindet, ist dem Dachauer Redakteur Hermann Larcher bei seinen Besuchen in den ehemaligen Deutschen Werken nicht entgangen. In einer Reportage, die seinen „Gang durch das Konzentrationslager Dachau" in der Ausgabe des „Bayerischen Heimgarten" vom 22. Juni 1933 beschreibt, macht er für den Ruin der Fabrik Elemente verantwortlich, die, wie er sich als treuer Gefolgsmann der NSDAP ausdrückt, mit den „unheilvollen Revolutionsjahren" in Bayern die Oberhand bekommen haben. „In der Pulverfabrik, den nachmaligen Deutschen Werken", führt Larcher aus, „wurde gestohlen, unermeßliche Werte wurden verschleudert(,) und so stand das Werk ausgepowert und war im Laufe der Jahre allmählich dem Verfall preisgegeben. Freilich wurden die notwendigsten Reparaturen vorgenommen, doch fehlte oft auch dazu das Geld."

Mit einem deutlichen Seitenhieb auf die Kommunisten, der den politischen Standpunkt des Verfassers klar erkennen läßt, fährt Larcher fort: „Da kam der Nationalsozialismus an das Ruder. Mit bewunderungswürdiger Sicherheit kamen die Befehle und Anordnungen des Reichskanzlers Adolf Hitler und brachten dem deutschen Volke nach Jahren unheilvollen Bruderkampfes und Parteihaders den ersehnten inneren Frieden. Der Kommunismus wurde verboten, die Führer der Gottlosenbewegung, die Volksaufwiegler und Zerstörer der deutschen Volksseele wurden in Schutzhaft genommen. Für die Gefangenen mußten, zur Entlastung der regulären Gefängnisse, besondere Räume geschaffen werden. Das weite Gelände der ehemaligen Pulverfabrik Dachau bot eine leicht nutzbar zu machende Gelegenheit zur Unterbringung der Schutzhäftlinge. Sie konnten dort auch gleich wieder zu praktischer, ehrlicher Arbeit erzogen werden, und das war ja nicht zuletzt der Zweck ihrer Inhaftierung."

Über das Lager selbst schreibt der Redakteur: „700 Tagwerk umfaßt das Gelände. Lange Baracken und riesige Hallen, zum Teil mit starken Eisenkonstruktionen, standen leer oder bargen eine Unmenge Schutt, aus der ‚ruhmreichen' Zeit der Räteherrschaft stammend. Die einst von den Deutschen Werken musterhaft eingerichteten Riesenhallen wurden im Jahre 1919 ausgeplündert, die neuen Maschinen um ein Spottgeld verschleudert oder von (gemeinen) Schiebern!! um den Schrottwert erstanden und dann mit Profit verkauft.

Heute nach wenigen Monaten sind bereits 1800 politische Gefangene untergebracht. Ein einige Meter hoher Stacheldrahtzaun umgibt das vorerst 50 Tagwerk umfassende Lager."

Larcher scheut sich nicht, seinen Lesern das Leben an diesem Ort als Idyll

9 Von der Pulverfabrik zur Todesmühle: Die verwaisten Gebäude der Deutschen Werke, die das Konzentrationslager Dachau aufnahmen.

darzustellen: „Überall wird eifrig gearbeitet(,) und die Posten stehen dabei. Dort wird ein Weg gerichtet, hier ein Fenster eingebaut, dort eins zugemauert. Im Garten sind Gefangene beschäftigt, auf den Dächern hämmern sie, eine große Baracke wird gesäubert, ausgebessert und neu in Stand gesetzt. Nur wenige Jahre noch und die ganzen Anlagen wären wertlos geworden."

Zeile für Zeile ist der Journalist bemüht, die wahren Verhältnisse im Lager zu verschleiern und die angebliche Zufriedenheit der Inhaftierten mit ihrem Los hervorzuheben: „Sie arbeiten gerne und willig(,) und wohl die meisten sind froh, daß sie nun ein geregeltes Leben, gutes Essen und ein Dach über sich haben." Doch die Wirklichkeit sieht anders aus. Was Larcher verschweigt, ist die Tatsache, daß es im Sommer 1933 keinen zweiten Platz in Bayern gibt, der mit einem so großen Aufwand an Material und Personal gesichert und bewacht wird wie das Konzentrationslager Dachau. Der Münchner Volksmund, der sich noch seinen Humor bewahrt hat, bezeichnet denn auch das KL als eine merkwürdige Festung, in die zwar gegen alle Logik jeder trotz Mauern, Wachen und Stacheldraht leicht hineinkomme, aber aus der man um so schwerer wieder herausfinde.[40]

In der Tat gleicht das gesamte Lager einem einzigen Bollwerk, das in der letzten Zeit immer weiter ausgebaut worden ist. Vor allem nach der Flucht von Hans Beimler, die den Bewachern wie ein Schock in die Glieder gefahren ist, hat die Kommandantur die Befestigungen erheblich verstärkt.[41] Seitdem gilt das Lager als ausbruchsicher. Jeder Versuch, dem Ort des Schreckens zu entkommen, würde dem Häftling, der das Unmögliche wagt, das Leben kosten.[42] Es sind zu viele Hindernisse, die sich dem Flüchtling in den Weg stellen.

Zunächst einmal ist das Innere Gefangenenlager, das aus zehn Wohnbaracken besteht, von einem Stacheldrahtzaun mit einer Hochspannungsleitung umgeben, die in der Nacht mit Starkstrom geladen wird.[43] Vor dem Draht erstreckt sich ein niedriger Lattenzaun, der die sogenannte Neutrale Zone begrenzt. Wer den Fuß auf sie setzt, wird ohne Anruf erschossen. Unmittelbar hinter der Befestigung des Innenlagers verläuft als zweite Sicherung eine knapp drei Meter hohe Betonmauer, die das gesamte Lager umschließt.[44] Sie ist ebenfalls mit elektrisch geladenem Stacheldraht versehen, der das Überklettern des Hindernisses unmöglich macht.

In dem Streifen zwischen Stacheldrahtzaun und Mauer[45] patrouillieren ständig SS-Wachen.[46] Sie stehen im Blickkontakt mit den Maschinengewehr-Doppelposten auf den vier Wachttürmen, die in die Außenmauer eingelassen sind.[47] Ein fünfter Turm erhebt sich im Lager gegenüber der Hauptwache.[48] Tag und Nacht sind die Mündungen der Maschinengewehre auf den Türmen von allen Seiten auf die Häftlinge gerichtet.[49] Starke Scheinwerfer, die in der Dunkelheit das Lager ableuchten,[50] ergänzen noch die Ausrüstung der Wachttürme, die so hoch gebaut sind, daß ihre Besatzungen die ganze Umgebung überblicken und jeden Winkel des Lagers unter Beschuß nehmen können.[51]

Um jeglichen Widerstand im Keim zu ersticken, hat die SS über das Lager das Standrecht verhängt. Das bedeutet, daß selbst bei dem nichtigsten Anlaß von der Schußwaffe Gebrauch gemacht werden kann.[52] Der Häftling dagegen hat kein Recht auf Verteidigung. Sobald er sich dem Stacheldrahtzaun mehr als drei Meter nähert, eröffnen die Wachmannschaften ohne Warnung das Feuer auf ihn.[53] Die Standrechtszone endet erst zweihundert Meter hinter dem

Lager. Sie ist bei den Gefangenen so gefürchtet, daß sogar Häftlinge, die das Terrain nach ihrer Entlassung aus dem KL auf dem Weg in die Freiheit durchschreiten, dort ihren Gang beschleunigen.[54]

Doch auch das Lager selbst bietet keinen Schutz vor den Kugeln der SS-Bewacher. Wiederholt sind bereits aus den Maschinengewehren auf den Türmen Schüsse losgegangen, die aber zum Glück niemanden getroffen haben.[55] Daß die Inhaftierten ständig in Lebensgefahr schweben, zeigt sich am deutlichsten in den Nächten, wenn die Posten häufig ohne Grund zwischen die Wohnbaracken feuern, nur um die Gefangenen einzuschüchtern und zu ängstigen.[56] Sie wissen, daß mit dem Trompetensignal zur Nachtruhe kein Häftling mehr die Baracke verlassen darf. Deshalb machen sie rücksichtslos von dem Befehl Gebrauch, auf jeden zu schießen, der vor dem Wecken ins Freie tritt oder sich auch nur am Fenster sehen läßt.

Wie leichtfertig die SS mit der Waffe umgeht, beweist ein Vorfall, den Walter Hornung nach der Entlassung aus der Schutzhaft in seinem Dachau-Buch schildert: „Am Abend hatten neue Posten ihre erste Nachtpatrouille angetreten“, berichtet er, „und man hatte ihnen nur gesagt, daß von abends neun bis früh fünf Uhr kein Gefangener die Baracken verlassen dürfe. Sie wußten nicht, daß um vier Uhr die Köche und Küchenhelfer aus der Baracke der achten Kompanie kamen, um als erste an die Arbeit zu gehen. Zum Glück hatte kein Schuß getroffen. Die Leute hatten sich sofort hingeworfen und waren dann in die Baracke zurückgeflüchtet.“[57]

So ist der Gefangene im KL ständig in Gefahr, das Opfer übereifriger Schützen zu werden. Selbst wenn sich das gesamte Lager zur Ruhe begeben hat, endet die Bedrohung nicht. Um sicherzugehen, daß auch alle Häftlinge die Baracken aufgesucht haben, ist jede Nacht in der Stunde zwischen 21 und 22 Uhr im Lager zusätzlich die sogenannte Doppelkontrollpatrouille unterwegs. Die Gefangenen in den Baracken erkennen die nächtliche Streife schon von weitem an dem harten Tritt der Stiefel, der durch die Lagergassen hallt, und an dem starken Licht der Scheinwerfer, das durch die Fenster dringt.[58]

Auch der Wald, der noch bei der Planung der Pulver- und Munitionsfabrik als willkommener Schutz vor Fliegerangriffen angesehen worden ist, muß nun dem Diktat der SS weichen. Die Kommandantur verlangt ein freies Schußfeld für die Turmbesatzungen, und so fressen sich Axt und Säge immer tiefer in den alten Baumbestand, bis der ohnehin schon sehr gelichtete Wald von der Lagerumgrenzung auf eine Entfernung von rund fünfzig Metern zurückgedrängt ist.[59]

Der Ausbau der Befestigungen wird von der SS-Führung mit solchem Eifer vorangetrieben, daß sich bald auch von außen niemand mehr dem Konzentrationslager nähern kann, ohne nicht sofort bemerkt zu werden. Darin zeigt sich von Anfang an die Absicht der Lagerleitung, das KL den Augen der Öffentlichkeit zu entziehen. Selbst vor einer Einschüchterung der einheimischen Bevölkerung schreckt die SS nicht zurück, um die Leute vom Lager fernzuhalten.

So veröffentlichen die „Münchner Neuesten Nachrichten“ am 20. April 1933 eine Mitteilung der „Lagerkommandantur Deutsche Werke“, die in erster Linie für die Dachauer Bürger bestimmt ist und die es an Deutlichkeit nicht fehlen läßt: „An die Bevölkerung des Bezirkes ergeht hiermit dringende

Warnung, in der Nähe des Konzentrationslagers Dachau nicht müßig umherzustehen. Wer in der dortigen Gegend etwas zu besorgen hat, soll rasch vorbeigehen, nicht stehenbleiben und vor allem nicht die Umfassungsmauern erklettern, um aus Neugierde einen Blick ins Lager werfen zu können. Dies ist mit Lebensgefahr verbunden, denn die Posten sind angewiesen, das Besteigen der Umfassungsmauer unter Anwendung der Waffen zu verhindern."[60]

Die Meldung, die im Gegensatz zu allen bisher verbreiteten Propaganda-Nachrichten aus dem Lager steht, zeigt zum erstenmal in der Presse das wahre Gesicht der SS. Doch die Lagerleitung läßt die Maske nur für einen kurzen Augenblick sinken. Bereits zwei Tage darauf erscheint in den „Münchner Neuesten Nachrichten" eine neue Notiz, die den Eindruck erwecken soll, daß die Kommandantur nichts zu verbergen habe. Sie bezieht sich auf den 44. Geburtstag von Adolf Hitler am 20. April und meldet: „Der Geburtstag des Reichskanzlers wurde auch im Konzentrationslager Dachau festlich begangen. Die in Schutzhaft Befindlichen erhielten eine besonders gute Verköstigung und Zigaretten. Ferner wurden musikalische Darbietungen geboten."

Aber es gehört nicht viel Phantasie dazu, um diese Nachricht als Lüge zu durchschauen. Wer die SS kennt, weiß, daß im KL keine Feste gefeiert werden. Denn hinter dem Stacheldraht büßt der Häftling alle Rechte auf ein menschenwürdiges Leben ein. Er hat keinen Namen mehr, verliert Ansehen und Ehre. Um den Gefangenen zu demütigen und ihm noch den letzten Rest seiner Würde zu nehmen, wird ihm der Kopf kahlgeschoren, bevor man ihn in das graue Heer der namenlosen Leidensgenossen stößt, die sein Schicksal teilen.

Die SS erniedrigt den Menschen zur ausgestoßenen Kreatur, die Person wird zur Nummer. Ein Federstrich genügt, um sie auszulöschen. Nichts mehr schützt hier Leib und Leben. Als Vogelfreier ist der Häftling der Willkür seiner Bewacher ausgeliefert. Wer diesen Weg vor sich hat, muß lernen, mit dem Tod zu leben, der nun Seite an Seite mit ihm geht.

Schon beim Empfang im Lager zeigt sich die menschenverachtende Haltung der SS gegenüber den Häftlingen. Eindrucksvoll hat Walter Hornung, der im Sommer 1933 selbst mit einem Gefangenentransport nach Dachau kam, die Ankunft neuer Häftlinge im KL beschrieben:[61] „An den Villen vorbei jagte jetzt das Auto, bog plötzlich links ab, ein zurückliegendes Eisentor tat sich auf, flog krachend wieder zu. Der Wagen fuhr eine breite Straße zwischen langen Werkshallen hindurch, eine knappe linke Kurve, er hielt vor einem Einzeltrakt. Eine Tafel besagte: Kommandantur!

Die Posten sprangen ab, die bewaffneten SS., die den Wagen erwartet hatten, drängten heran:

‚Heraus! Aufschließen in Viererreihen!'

Von verwegenen Gestalten umringt, stand der Transport. Der Führer übergab einem Mann, der in seinem braunen Mantel wie ein Viehhändler aussah, eine blaue Heftmappe. Dieser fing an, aus der Mappe aufzurufen. Wenn ein politisch bekannterer Name laut wurde, hatten die SS. noch ein besonderes Aha!

Nach der Verlesung schrie einer: ‚Wo habt ihr den Bonzen Auer!?'[62] Keiner antwortete. Wie ein Rudel Wölfe strichen sie um die Gefangenen.

‚Was hast du da?' Schon hatte der Angesprochene zwei schallende Ohrfeigen. Die Mütze flog zu Boden. Er hob sie auf und entfernte von ihr das Abzeichen eines Sportvereins, das die Farben der Republik enthielt. Seine Hände zitterten, als er die Mütze wieder aufsetzte.

Firner[63] preßte den Griff seiner Handtasche in die Faust. War es möglich, daß sie das geschehen ließen, ohne dem Schurken an die Gurgel zu fahren? Es war so! Die Kolonne stand, in den Augen funkelnden Zorn, aber keiner rührte sich vom Platze. Mit unbeweglicher Miene hörten sie das Gekläff der Tobenden, ließen die Visitation der Mützen nach Abzeichen an sich vorübergehen.

‚Im Gleichschritt marsch!'

Die Gruppe setzte sich in Bewegung, vorne, hinten und an den Seiten von SS. eskortiert, durch das Stacheldrahttor, eine Stacheldrahtallee, rechts durch eine langgestreckte Halle. Stacheldraht und wieder Stacheldraht. Rechtsum in eine Gasse, die in der Mitte wieder mit Stacheldraht verbaut war.

Haltkommando!

Neue SS.-Gestalten tauchten auf. Das Abspähen der Gesichter wiederholte sich. Ihre Blicke waren frech und herausfordernd, mehr als das, sie waren gemein! Was seid ihr jetzt? Jeder von euch gehört jedem von uns. Wir treten euch in den Dreck! Wir spucken euch an! Ganz klein werdet ihr noch! (...)

Zehn Meter vor ihnen ging eine Tür auf, heraus traten Gefangene eines früheren Transportes, die schon abgefertigt waren und sich in Reih und Glied stellten. Blutunterlaufene Gesichter sagten deutlich, was geschehen war. Keiner schaute herüber. Nach Abmarsch der Abteilung rückte die Gruppe Firners vor und begab sich in den Aufnahmeraum. Rechts war eine Reihe Stellagen zur Ablage der Kleider. Die Gefangenen mußten sich ausziehen und wurden von zwei Gefangenen-Sanitätern, die am Arm eine Rotkreuzbinde trugen, untersucht. Firner fiel auf, daß der eine jüdisches Aussehen und einen Schmiß im Gesicht hatte. Vielleicht Arzt, der gleichzeitig Jude und Kommunist war, mußte er denken. Mitleid überkam ihn vor so viel Pech.

Sie zogen sich wieder an, mußten sich in zwei Gliedern aufstellen und ihre Habseligkeiten vor sich auf den Boden legen. Die Tür öffnete sich, zwei SS. kamen herein, entdeckten gleich von der Tür aus den Malermeister Scharnagl, einen etwa 50jährigen Mann, der sich sein EK. I (Eisernes Kreuz I. Klasse) angesteckt hatte. Der eine, ein Bursche von vielleicht zwanzig Jahren, stürzte auf ihn zu, gab ihm eine schallende Ohrfeige und brüllte ihn an:

‚Du Sauhammel, du dreckiger! Schämst du dich nicht, zu diesen Vaterlandsverrätern zu gehören?'

Wortlos nahm Scharnagl die Kriegsauszeichnung ab und steckte sie in die Tasche.

Mann um Mann wurde von den zwei SS. peinlich untersucht, das Gepäck visitiert. Wer nicht schnell genug die Taschen umkehrte, bekam Rippenstöße. (...)

Einer hinter dem andern traten die Gefangenen an einen Tisch in der linken Ecke, an dem zwei Gefangenenschreiber tätig waren. Sie nahmen die Personalien auf und gaben jedem einzelnen seine Nummer bekannt. Am nächsten Tisch mußten Nagelfeile, Taschenmesser, Schlüssel und ähnliches, sowie Geldbeträge über 5 Mark abgegeben werden.

‚Antreten! ... Aufschließen! ... Aufgepaßt!'

Ein dicker und kurzbeiniger SS. verlas einen Auszug aus der Lagerordnung: ‚Wer einen Fluchtversuch macht ..., wer sich den Befehlen der SS. widersetzt ..., wer einen SS.-Mann anrührt ..., wer Aufruhr anzettelt ...' usw. usw. Jeder Satz schloß mit den Worten: ‚Wird erschossen!' Nach jedem Satz ein drohender Blick auf die Gefangenen. Der Schnauzbart bibberte, ein Schnörkel sozusagen: Verstanden!

Die Gefangenen standen mit unbeweglichen Mienen. Jeder wußte, daß er in der Hand von Mördern war, einer Soldateska, der die Kugel wohlfeil im Laufe saß, die keine Rechenschaft zu geben brauchte, denn die Standrechtsparagraphen deckten jedes Verbrechen. Unsichtbar standen für viele über dem Lager die Worte Dantes: Der du hier eingehst, laß jede Hoffnung fahren! (...)

Das Vorwärts-marsch! kam wie eine Erlösung. Rechts um die Ecke, über eine kleine Brücke, zwischen hohen Stacheldrahtzaun. Links hinter dem Zaun lag ein einstöckiges Gebäude: die Wache.

Ein SS.-Posten schritt lässig auf und ab, unsoldatische Gestalten lungerten auf einer Bank, riefen spöttisch in die Reihen der Anmarschierenden: Freiheit!

Das dritte und letzte Tor[64] ins Lager stand offen. (...) Der Trupp gelangte über den freien Platz in die Barackengasse. Die SS.-Begleitung machte kehrt. Die Gefangenen atmeten auf. Sie gingen in die Baracke. (...)

Gefangene im Drillich kamen in die Baracke, trafen Anordnungen; es waren der Feldwebel, Vizefeldwebel und Korporalschaftsführer. Der Korporal mit dem wiegenden Gang eines Matrosen verteilte die Schlafgelegenheiten; die Alten und körperlich Behinderten bekamen die unteren Klappen.[65] (...)

Zwei Gefangene kamen in die Baracke und etablierten die Haarschur, den vorschriftsmäßigen Dachauer Schnitt."

Mit der Aufnahme ins Lager muß sich der „Neuzugang", wie der Ankömmling in der Lagersprache heißt, der straffen und der allmächtigen Hierarchie der Häftlingsselbstverwaltung unterwerfen, die das Leben im KL von der ersten Stunde des neuen Tages bis zum späten Abend unter der strengen Aufsicht der SS regelt. Zunächst einmal wird er einer der zehn Kompanien zugewiesen, in die das gesamte Lager eingeteilt ist.[66]

Jede Kompanie, die in fünf Korporalschaften mit je 54 Mann untergliedert ist und die sich demnach aus insgesamt 270 Häftlingen zusammensetzt,[67] führt ein Feldwebel. Dieser kommt ebenso aus den Reihen der Schutzhaftgefangenen wie der Vizefeldwebel, der dem Feldwebel als Stellvertreter zur Seite steht, und die Korporalschaftsführer, die den beiden Kompaniechefs untergeordnet sind. Der Gruppe der sogenannten Funktionshäftlinge, die kraft ihres großen Einflusses auf das Lagergeschehen die „Lagerprominenz" bilden, gehören auch die „Capos" an.[68] Sie leiten die einzelnen Arbeitsgruppen der Gefangenen,[69] „Arbeitskommandos" genannt.

Der Häftlingsspitze steht als Vorgesetzter einer jeden Kompanie auf seiten der SS der „Kompanieführer" gegenüber, dem der Feldwebel für alle Vorgänge in der Kompanie zur Rechenschaft verpflichtet ist. Als Zeichen seines Amtes, das ihm uneingeschränkte Macht über die ihm untergebenen Gefangenen verleiht, trägt der SS-Mann über seiner Uniform eine gelbe Armbinde.[70]

Sowohl die Kompanien als auch die Korporalschaften sind mit Nummern versehen. So gehört zum Beispiel ein Häftling der 5. Korporalschaft der 1. Kompanie an, ein anderer der 2. Korporalschaft der 9. Kompanie. Wie alle Nürnberger Häftlinge befindet sich Karl Riemer in der 6. Kompanie.

Jede Kompanie bewohnt eine der insgesamt zehn Baracken des Gefange-

10 Die Unterkünfte der Häftlinge befanden sich in ebenerdigen Steinbauten mit Satteldach, die ursprünglich als Munitionsfüllwerkstätten gedient hatten. Jede Kompanie bewohnte eine der insgesamt zehn Baracken des Gefangenenlagers.

nenlagers, die sich in zwei Gruppen mit jeweils fünf nebeneinanderstehenden Bauten schräg gegenüberliegen. Obwohl die Unterkünfte in der Lagersprache als Baracken bezeichnet werden, handelt es sich bei ihnen doch um ebenerdige Steinbauten, die früher als Munitionsfüllwerkstätten gedient haben.[71] Die Gebäude sind bis zu einer Höhe von drei Metern aus Ziegelsteinen errichtet, enthalten Fenster und tragen ein Satteldach aus Holz, das mit Teerpappe gedeckt ist. Ihr Fußboden besteht aus Zement.

Größe und Einrichtung aller Baracken sind gleich. Jeder Bau ist nach der Zahl der Korporalschaften in fünf Schlafsäle unterteilt. Das bedeutet, daß in jedem Raum 54 Mann übernachten – und auch leben müssen. Denn andere Aufenthaltsmöglichkeiten gibt es für sie nicht. Spartanisch wie die Behausung ist auch das Mobiliar der Baracken. Die Einrichtung, die aus billigem Holz hergestellt ist, besteht im allgemeinen nur aus zwei, drei Bänken und aus zwei bis drei Tischen. In manchen Räumen sind es noch weniger Möbelstücke. Dort müssen sich die Häftlinge oft mit einer einzigen Bank begnügen. Die Möbel reichen also bei weitem nicht für die vielen Menschen aus, die einen Saal bevölkern. Wer keinen Sitzplatz ergattert, muß folglich stehen – und das häufig stundenlang.[72] Denn an Werktagen ist es den Gefangenen nicht gestattet, sich vor dem Abend auf den Betten niederzulegen.

So primitiv wie die Tische und die Bänke sind auch die Betten. Als Nachtlager dient den Gefangenen ein Gestell aus Holz, in dem die einzelnen Lagerstätten in drei Stockwerken übereinander angeordnet sind. Das Gerüst, das in der Mitte des Schlafsaales steht und das einem Kaninchenstall ähnelt, ist so hoch, daß es fast bis zum Dach der Baracke reicht. Für die Nacht verfügt jeder Häftling über einen harten Strohsack, der mit Weizenstroh gefüllt ist, über zwei Wolldecken in blaukarierten Bezügen und über ein Keilpolster für den Kopf, das in einer Hülle steckt.[73]

Das Leben auf engstem Raum bedeutet für die Männer, die in diesen Baracken zusammengepfercht sind, eine schwere Belastung. Mit Schaudern erinnert sich später der bayerische Freiherr Erwein von Aretin an die Nächte, die er in den Dachauer Schlafkäfigen verbracht hat. Vor allem der erste Abend im Lager bleibt ihm unvergeßlich: „Da ich mich an diesem Tag natürlich schauderhaft erkältet hatte, hustete ich in dieser und in den folgenden vierzehn Nächten, wie ich noch nie in meinem Leben gehustet hatte und störte damit meine unwillig zischende Nachbarschaft. Schlief ich aber endlich ein, so sorgte die niedere Kopflage, daß ich meiner ohnehin hochentwickelten Kunst des Schnarchens neue Nuancen hinzufügte, so daß mich die Nachbarn, insbesondere der zwei Betten weiter weg schlafende Dentist, immer wieder unsanft weckten, worauf ich mich wieder aufs Husten verlegte. Bei vierundfünfzig Leuten in einem Raum war natürlich an eine wirkliche Ruhe gar nicht zu denken. Ununterbrochen verschwand irgendeiner mit lautem Krach in der Dunkelheit an eine Bank rumpelnd in den Nebenräumen."[74]

Mehr noch als die vielen Störungen im Schlafsaal setzt den Häftlingen in kühlen Nächten die Kälte zu, die sie in den ungeheizten Baracken unter den

11 In den Dachauer Schlafkäfigen lagen die Gefangenen auf Betten, die in drei Stockwerken übereinander angeordnet waren. Neulinge im Lager fanden hier anfangs nur schwer Ruhe. Das Bild, das den Eindruck von zufriedenen Häftlingen erwecken sollte, verbreiteten die Nationalsozialisten im Sommer 1933 in der „Münchner Illustrierten Presse".

dünnen Decken keine Ruhe finden läßt. Frierend liegen dann die Männer auf ihren Strohsäcken und sehnen die wärmende Morgensonne herbei.[75] Vollends unerträglich wird das Leben in diesen Räumen, wenn nach starken Regengüssen das Wasser durch die Dächer tropft und die Häftlinge in ihrer Not Kübel in das Holzgebälk über ihren Köpfen hängen müssen, um der eindringenden Nässe Herr zu werden.[76]

Doch die Gefangenen finden sich auf die Dauer mit den jämmerlichen Behausungen nicht ab. Im Rahmen des Möglichen schreiten sie zur Selbsthilfe und gehen daran, die Baracken wohnlicher zu gestalten. „Behelfsmäßige Tische und Bänke", erinnert sich Walter Hornung,[77] „wurden ersetzt durch gehobelte. Dachau erhielt ein gepflegtes Aussehen unter den Händen der Ordnung und Gründlichkeit liebenden Marxisten.

In einigen Korporalschaften hatten Kunstbeflissene bereits ihre Kunst in Freskenmalerei aufleben lassen: eine etwas melancholische Meerlandschaft mit Leuchtturm, bayerische Berge, allegorische Arbeiterfiguren flankierten einen Werkplatz. Blu-Bo (Blut und Boden) war durch einen pflügenden Bauern vertreten. In der dritten Kompanie grünte auf der ganzen hohen Giebelfläche die Fluß- und Gebirgskarte Deutschlands; in der siebenten offenbarte sich das nationale Bekenntnis des Malers in dekorativen schwarz-weiß-roten und weiß-blauen Emblemen mit der Inschrift: Deutschland über alles! Zuweilen war schlicht hingeschrieben: Übt Kameradschaft!"

Aber mit den Maler- und Verschönerungsarbeiten erschöpfen sich noch nicht die Aktivitäten der kommunistischen Häftlinge. Sie versuchen auch, mehr und mehr Einfluß auf das Lagergeschehen zu nehmen, indem sie alle wichtigen Posten in der Häftlingsselbstverwaltung mit zuverlässigen Kameraden besetzen, die ihr Vertrauen haben. Auf diese Weise gelingt es, eigene Regeln zu schaffen, die den Gefangenen das Zusammenleben erleichtern. Denn von der SS ist keine Milde zu erwarten. Um dennoch nicht alle Hoffnung aufzugeben, schließen sich die Häftlinge zu einer Notgemeinschaft zusammen, die in der Solidarität mit den Leidensgenossen ihr höchstes Ziel sieht.

Von Anfang an wird jeder Versuch von Egoisten, zum eigenen Vorteil mit der SS auf Kosten der Kameraden ins Geschäft zu kommen, auf das härteste bekämpft. Vertrauenswürdige Funktionshäftlinge sind hingegen auf vielfältige Weise bemüht, Mitgefangenen zu helfen, die in Not oder gar in Lebensgefahr geraten: Wer zum Beispiel der schweren körperlichen Arbeit nicht gewachsen ist, erhält eine leichtere Tätigkeit. Wer immer wieder den Schikanen eines SS-Mannes ausgesetzt ist, wird dem Blickfeld des Schinders entzogen und einem anderen Arbeitskommando zugeteilt. Und wer schließlich schwer erkrankt, bekommt auf Schleichwegen ärztliche Hilfe.

Diese Entwicklung prägt die Geschichte des Dachauer Lagers, das mit seiner vorbildlich organisierten Häftlingsselbstverwaltung bald unter all den anderen Konzentrationslagern, die mehr oder minder einer korrupten Führungsclique ausgeliefert sind, eine rühmliche Ausnahme bildet. Daß im Zusammenleben der Gefangenen in Dachau noch menschliche Maßstäbe gelten, spricht sich in den Häftlingskreisen schnell herum. So wird von vielen der Transport nach Dachau noch als das geringere Übel angesehen.

Daß das KLD diesen Ruf genießt, ist das Verdienst der Kommunisten, die, ausgestattet mit einem starken Solidaritätsgefühl und in konspirativer Arbeit geschult, von der ersten Stunde an die Schaltstellen der Selbstverwaltung eingenommen haben. Sie machen es dadurch kriminellen Häftlingen, die später nach Dachau kommen werden, unmöglich, sich in diesen Machtpositionen festzusetzen und ihre Vertrauensposten zum Nachteil der Kameraden zu mißbrauchen, wie es in anderen Lagern der Fall sein wird.

Allerdings ist den Kommunisten ihre besondere Stellung in Dachau nur durch einen glücklichen Umstand zugefallen. Bevor noch die SS die Bewachung des Lagers übernommen hat, ist es nämlich üblich gewesen, daß die Aufsicht der Landespolizei mit den Häftlingen zusammen in den Schlafräumen übernachtet hat. Die SS jedoch weigert sich, nachts eine Wache ins Gefangenenlager zu entsenden, da sie den Häftlingen mißtraut und Rachehandlungen befürchtet. Deshalb führt sie als ihren verlängerten Arm im Lager die Häftlingsselbstverwaltung ein, die nun die Aufsichtspflichten übernimmt, die eigentlich die SS selbst wahrzunehmen hätte.

Die Kommunisten nutzen die Gunst der Stunde und besetzen die Posten der Feldwebel, Vizefeldwebel und Korporalschaftsführer bereitwillig mit ihren Leuten, sobald sich eine Gelegenheit dazu bietet. Durch geschicktes Taktieren gelingt es ihnen auch, den Einsatz der Arbeitskommandos unter ihre Kontrolle zu bringen, nachdem sich die SS als unfähig erwiesen hat, die für den Lageraufbau wichtigen Arbeiten zu organisieren, und die Aufgabe von den Häftlingen selbst gelöst worden ist. So stellen die Kommunisten auch den Arbeitsfeldwebel, der die Oberaufsicht über alle Arbeitskommandos hat, und delegieren ihre Kameraden auf die Posten der Capos.[78] Die SS gerät dadurch in Dachau von Beginn an in eine gewisse Abhängigkeit von den Häftlingen, was den Gefangenen später im Widerstand zugute kommen wird.[79]

Doch mit der Häftlingsselbstverwaltung hat der Kommandant Hilmar Wäckerle das Heft im Lager noch lange nicht aus der Hand gegeben. Er entledigt sich damit nur unbequemer Pflichten. Seine Macht stützt ein wirksameres Instrument, das er sich selbst geschaffen hat. Es besteht aus einem Papier und trägt die ziemlich nichtssagende Bezeichnung: „Sonderbestimmungen".[80] Diese verleihen dem Kommandanten die uneingeschränkte Befehlsgewalt über die Häftlinge. Sie gestatten ihm, nicht nur Arreststrafen zu verhängen, sondern auch Todesurteile auszusprechen. Zugleich verpflichten sie alle Gefangenen zum Arbeitsdienst, „dessen Dauer, Umfang von dem Kommandeur des Lagers bestimmt ist". Ferner bilden sie die Grundlage für das Standrecht, das mit dem Erlaß der Sonderbestimmungen über das KL verhängt worden ist.

Die Bestimmungen teilen die Gefangenen darüber hinaus in drei Klassen ein: in die sogenannte Klasse I, II und III. Wenn ein Schutzhäftling neu ins Lager kommt, gelangt er zunächst in die Klasse II. Dort erhält er, wie es die Sonderbestimmungen vorschreiben, „ein gewöhnliches Lager und angemessene Verpflegung". Die Klasse I ist als Beförderungsstufe gedacht. „Gefangene der Klasse II, welche sich gut führen und arbeitswillig sind", stellt Wäckerle in Aussicht, „können in die Klasse I überführt werden. In dieser Klasse erhalten die Gefangenen ein gutes Lager und eine ausreichende Verpflegung. Bei längerer guter Führung stehen in dieser Klasse weitere Vergünstigungen in Aussicht, insbesondere kann bei Verteilung des Arbeitsdienstes auf die Vorbildung und Fähigkeiten des Gefangenen Rücksicht genommen werden."

Aber es bleibt bei dem Versprechen. Von den rund 2500 Schutzhaftgefangenen, die im Juli 1933 das Lager bevölkern,[81] bringt es nur ein einziger fertig, in den Genuß dieser Auszeichnung zu gelangen. Der Auserwählte, der als sichtbares Zeichen seiner Beförderung in die Klasse I eine blaue Armbinde tragen darf, ist der Häftling Anton Schöberl, genannt Toni, ein Rotsportler aus Röthenbach bei Nürnberg. Er befehligt als Feldwebel die 2. Kompanie und leitet zugleich als Hauptmann die Lagerfeuerwehr. Seine Vergünstigung besteht darin, daß er an Sonntagen ausgehen und sich das Essen in die Baracke bringen lassen darf.[82]

Die Masse der Häftlinge jedoch bleibt in der Klasse II und wartet vergeblich auf eine Chance, in die bessere Stufe aufzurücken.[83] Dafür ist die Wahrscheinlichkeit größer, in die Klasse III strafversetzt zu werden. „In dieser Klasse", ordnet Wäckerle an, „erhält der Gefangene eine harte Lagerstätte und als Verpflegung warme Beköstigung in Höhe der um ¼ verkürzten Verpflegsration." Die Stufe ist vornehmlich höheren kommunistischen Funktionären, sogenannten Bonzen, und Juden vorbehalten, die zur besonderen harten Behandlung der „Strafkompanie", in der Lagersprache abgekürzt als „SK" bezeichnet, zugeführt werden.[84] Um den Männern jede Lebensfreude zu nehmen, wird ihnen dort auch das Rauchen verboten, das den anderen Häftlingen im Freien gestattet ist.[85]

Neben der Strafversetzung droht dem Gefangenen als noch größere Abschreckung der Arrest, der drei Stufen kennt: „gelinder, mittlerer oder strenger" Arrest. „Der Höchstbetrag der beiden ersteren Arten", verfügt Wäckerle im Paragraphen 3 der Sonderbestimmungen, „ist 8 Wochen, der des strengeren Arrestes ist 3 Monate. Der Vollzug der Arreststrafe erfolgt in der Regel in der Einzelhaft. Bei mittlerem Arrest erhält der Bestrafte eine harte Lagerstätte und als Nahrung nur Wasser und Brot. Der strenge Arrest wird in der gleichen Weise, wie in der mittleren, jedoch in vollkommen dunkler Kammer vollzogen."

Für den Gefangenen gehört nicht viel dazu, der Strafjustiz der SS in die Hände zu fallen. Denn, im Grunde genommen, steht er immer mit einem Fuß im Arrest. Selbst die geringsten Vergehen ahndet die Lagerleitung mit unnachgiebiger Härte. So bestraft sie, wie dem Paragraphen 4 zu entnehmen ist, denjenigen Häftling mit Arrest oder mit Strafversetzung, der es unterläßt, „jedem Angehörigen der Lagerkommandantur wie denen der Wachtruppe Achtung und Gehorsam" zu erweisen und „deren Befehle pünktlich zu befolgen". Der Gefangene hat „in gleicher Weise den Anordnungen der zum Sicherheits- und Begleitdienst befohlenen Personen Gehorsam zu leisten".

Doch damit erschöpfen sich die Strafandrohungen längst nicht. Ihre Liste reicht noch weiter. Mit einer Bestrafung laut Paragraph 5 hat außerdem zu rechnen:

„2. wer einem Angehörigen der Lagerkommandantur oder der Wachtruppe gegenüber wissentlich die Unwahrheit sagt,

3. wer einen ihm gegebenen Befehl nicht oder nicht richtig ausführt,

4. wer gegen die Haus- oder Lagerordnung verstößt,

5. wer einen Angehörigen der Lagerkommandantur oder der Wachtruppe beleidigt oder verleumdet,

6. wer eine Beschwerde auf unwahren Behauptungen stützt oder unter Ab-

weichung von dem vorgeschriebenen Dienstwege vorbringt oder vorzubringen versucht,

7. wer an den Einrichtungen des Lagers, den Anordnungen und Befehlen der Lagerkommandantur oder der ihr unterstellten Dienststellen Kritik übt oder an Beratungen teilnimmt, welche diesen Zweck verfolgen,

8. wer Unterschriften zu einer gemeinsamen Beschwerde sammelt,

9. wer den Arbeitsdienst verweigert,

10. wer auf irgend eine Art und Weise ohne Erlaubnis mit Personen außerhalb des Lagers in Verbindung steht oder sucht,

11. wer Sabotage irgend einer Art betreibt."

Im Paragraphen 8 schließlich schreckt Wäckerle auch vor der höchsten Strafe nicht zurück. „Mit dem Tode", formuliert er, „wird bestraft:

1. wer sich einem Angehörigen der Lagerkommandantur oder der Wachtruppe tätlich widersetzt oder tätlich zu werden versucht,

2. wer einen anderen Gefangenen dazu verleitet oder zu verleiten versucht, den Gehorsam gegenüber den Angehörigen der Lagerkommandantur oder der Wachtruppe zu verweigern,

3. wer zu der in Ziffer 1 und 2 aufgeführten Handlungen anstiftet und anzustiften versucht,

4. wer an einer gemeinsamen Gehorsamsverweigerung oder einem gemeinsamen tätlichen Angriff der in Ziffer 1 bezeichneten Art teilnimmt."

Bei aller Solidarität, die im Lager gepflegt wird, bleibt es nicht aus, daß sich auch schwarze Schafe unter die Häftlinge mischen, die als Spitzel und Spione im Dienst der SS stehen, Jagd auf ihre Mitgefangenen machen und sie der Justiz der Lagerleitung ausliefern.[86] Sie haben ihre Ohren überall, um zu erlauschen, was der Kommandantur an vertraulichen Informationen über geheime Besprechungen oder über unbedachte Äußerungen von Gefangenen hinterbracht werden kann.

In dieser Welt, in der es vom Leben zum Tod oft kein weiter Weg ist, muß der neue Häftling lernen, sich zurechtzufinden, wenn er das Lager überleben will. Vor allem hat er darauf zu achten, wie es in der Lagersprache heißt, „nicht aufzufallen", also nicht das Interesse der SS auf sich zu lenken. Denn die Posten lauern häufig nur darauf, um einem Gefangenen eine Verfehlung nachzuweisen, die der Kommandantur den Anlaß zu einer Bestrafung gibt. Schon wer sich nicht an das lagerübliche „Du", mit dem sich alle Häftlinge anzusprechen haben, hält, kann in Schwierigkeiten geraten. Ebenso ist es den Männern untersagt, mit „Heil Hitler!" zu grüßen, was jedoch alle als Wohltat empfinden. Die Gefangenen erfüllt es sogar mit Genugtuung, daß sie die einzigen in Deutschland sind, die man von dieser Grußpflicht befreit hat.

Der Dachauer Gruß unterliegt anderen Regeln. Wenn sich ein SS-Mann einem Häftling nähert, hat der Gefangene seine Ehrenbezeigung dadurch auszudrücken, daß er eine militärische Haltung annimmt,[87] die Hände an die Hosennaht legt und die Mütze vom Kopf reißt. Dabei ist es ihm verboten, den SS-Angehörigen anzusprechen. Umgekehrt darf kein Posten einen Gefangenen in ein Gespräch verwickeln. Der einfache SS-Mann ist mit „Herr Wachtmeister", der Scharführer mit „Herr Verwalter" anzureden.[88]

Wie der Gruß ist auch das ganze Leben im Lager nach militärischen Regeln ausgerichtet: Antreten und Strammstehen in Reih und Glied und Marschieren im Gleichschritt. Soldatische Ordnung gilt in Dachau als das Maß aller Dinge. Zugleich bedient sich die SS des preußischen Drills, um die Häftlinge zu zermürben und zu „Figuren“, wie sie sich ausdrückt, zu erniedrigen. Im lauten Kommandoton des Bewachers im Umgang mit dem Bewachten spiegelt sich die Arroganz wider, mit der sich der Mächtige über den Hilflosen erhebt.

Nach der Ankunft im Lager wird der Neuankömmling zunächst der 6. Kompanie zugeteilt, die als sogenannte Zugangskompanie alle Neuzugänge aufnimmt und ihnen den Lagerschliff vermittelt.[89] Danach führt der erste Weg des Neuen in die „Bekleidungskammer“, wie das Kleiderdepot heißt, das sich in der Revierbaracke befindet. Dort erhält er die Gefangenenkleidung, die in der ersten Zeit aus alten Uniformen der Reichswehr und der Polizei, in feldgrauer oder auch in bunter Ausführung,[90] bestanden hat. Da anfangs noch Mangel an Bekleidungsstücken herrscht, ist es Schutzhaftgefangenen gestattet, ihre Privatkleidung zu tragen.[91]

Später werden dann die ausrangierten Uniformen gegen weiße Drillichanzüge ersetzt, die aber aus so dünnem Tuch gearbeitet sind, daß sie keinen Schutz gegen die Kälte bieten. Deshalb erlaubt die SS, die im Gegensatz zu den Gefangenen grüne Drillichanzüge mit schwarzen Käppis trägt,[92] daß sich die Häftlinge warme Winterkleidung, wie Mäntel und Mützen, von daheim ins KL nachschicken lassen.[93] Im November 1933 führt die Lagerleitung schließlich neue graue Winteranzüge ein, die von den inhaftierten Schneidern im Lager selbst aus einem leichten Lodenstoff, den die Münchner Firma „Loden-Frey“ gefertigt und geliefert hat, hergestellt worden sind.[94]

Diese Kleider weisen zum erstenmal in der Geschichte des Konzentrationslagers Dachau Markierungen auf, die den Träger als Häftling kennzeichnen. Das Zeichen besteht aus einem breiten, roten Streifen, der von den Malern im Lager mit Ölfarbe auf den Rücken der Jacken und auf die Außennähte der Hosenbeine aufgepinselt worden ist. Die Handwerker unter den Schutzhäftlingen sind die ersten, die diese Uniform bekommen.[95]

Den Juden und den „Bonzen“ versagt die Lagerleitung jedoch lange Zeit selbst das einheitliche Häftlingskleid. Um sie dem allgemeinen Gespött preiszugeben, steckt die SS sie in schmutzige und in zerrissene Kleider. Außerdem läßt sie die Köpfe der Gedemütigten nur mit stumpfen Maschinen kahlscheren, die das Haar mehr ausreißen als schneiden. Die Folge ist ein Schädel voller Treppen, der die Erscheinung des Häftlings noch mehr entstellt, als dies ohnehin schon der Fall ist.[96]

In der Anfangszeit bleibt der weiße Drillichanzug hauptsächlich den „alten Lagerhasen“, wie die schon im Lagerleben erfahrenen Gefangenen genannt werden, vorbehalten, während die Neuzugänge zunächst weiter in ihren Zivilkleidern herumlaufen. Auf diese Weise können die SS-Posten sofort erkennen, wer neu im Lager ist und noch, im SS-Jargon, „auf Vordermann“ gebracht werden muß. Ein besonderes Auge haben hier die Bewacher auf die Parteifunktionäre, die von der ersten Stunde an im KL gedemütigt und schikaniert werden sollen. „Absichtlich“, erinnert sich Hornung,[97] „bekamen die ‚Bonzen‘ als letzte ihre Dachauer Uniform. Es war so bequem, die Funktionäre der Unterlegenen gleich herauszukennen; da konnte jeder SS. ungestraft sein Mütchen kühlen.“

Später erhält der Neuankömmling gleich bei der Ankunft im Lager den weißen Drillichanzug, ferner ein Paar feste Stiefel, ein Hemd, eine Unterhose und Socken, außerdem emailliertes Eßgeschirr, bestehend aus einer Schüssel und aus einem Teller, sowie einen Löffel, eine Gabel und ein Messer aus Blech mit einem Holzgriff, das sich in dieser Ausführung kaum zum Brotschneiden eignet. Die Ausrüstung ergänzen ein Wasserglas, eine Zahnbürste und ein Stück Seife.[98]

Nach der Einkleidung in der Kammer kehrt der Neuzugang in die Baracke der 6. Kompanie zurück, wo sich nun der Kompanieschreiber, der selbst ein Häftling ist, um ihn kümmert. Dieser notiert die Personalien des Neuen und sorgt dafür, daß ein Schild mit dem Namen des Kameraden an dessen Bett und an einer Wandtafel befestigt wird, die einen Überblick über den Mannschaftsstand der Kompanie gibt.[99] Da Kleiderspinde nicht zur Verfügung stehen, muß sich der Neuankömmling mit einer Anzahl von Haken begnügen, die ein Mitgefangener für ihn am Bett einschlägt.[100]

Nachdem dem Neuzugang seine Klappe im Schlafraum zugewiesen worden ist, hat er für den Strohsack, auf dem er sich nun nachts ausstrecken und Ruhe finden soll, selbst zu sorgen. Zu diesem Zweck muß er die Baracke wieder verlassen und sich den übrigen Neuzugängen anschließen, die zum Strohsackfassen angetreten sind. Wie die anderen erhält er auch einen leeren Sack und eine Hülle für das Kopfpolster, die er mit Stroh zu füllen hat. „So ausgerüstet", berichtet Hornung,[101] „marschierte die Korporalschaft, am Tor von SS.-Leuten in Empfang genommen, fast durch das ganze Lager hindurch zur großen Halle, in der das Stroh aufgeschüttet lag. Der Strohstaub hüllte sie in eine Wolke, die ihnen fast den Atem nahm. Es war hartes Weizenstroh und nicht einmal ganz distelfrei.

Ein jugendlicher SS. trieb mit: ‚Los, faule Bande! Schneller, schneller!' zur Eile. Die jüngeren, kräftigeren Gefangenen halfen den älteren, und endlich stand die Korporalschaft, auf dem Rücken die dicken Strohsäcke, die Keilpolster unter dem Arm, wieder abmarschbereit. Firner hatte sich ganz hinten angeschlossen. Vor ihm wackelte der Zug von Strohsäcken, unter denen die Beine der Träger klein wie Käferfüße erschienen.

Die Strohsäcke waren schwer. Ein Hinkender taumelte unter dem Riesensack, blieb etwas zurück. Der Posten jagte ihn mit Kolbenstößen in die Reihe."

Doch auch mit diesem Gang ist der erste schwere Tag im Lager noch nicht überstanden. Nachdem der Neuankömmling in der Wäschekammer sein Bettzeug empfangen hat, lernt er nun die unsinnige Dachauer Kunst des „Bettenbauens", wie das Bettenmachen in der Lagersprache heißt, kennen. Was die Lagerleitung hier von ihm verlangt, wird ihn noch viele Tage zur Verzweiflung treiben. Denn die SS erwartet an jedem Morgen ein tadellos gemachtes Bett, das keine einzige Falte, ja noch nicht einmal eine Unebenheit, aufweisen darf. Die kleinste Nachlässigkeit, die den Unwillen des Kompanieführers erregt, zieht eine Strafe nach sich. Streng wachen deshalb die Korporalschaftsführer darüber, daß kein Bett ihrer Leute den Anlaß zu einer Beanstandung gibt.

Das erklärt, weshalb sich das Bettenbauen in Dachau mehr und mehr zu einer nahezu kultischen Handlung entwickelt hat, die von einem Ungeübten neben ausgeprägter Fingerfertigkeit ein hohes Maß an Geduld erfordert. Im gegenseitigen Interesse üben die Gefangenen aber auch hier Solidarität. „Die ehemaligen Soldaten", erinnert sich Hornung , „erteilten den Uneingeweihten

Anweisung. Damit die zwei Wolldecken im blaukarierten Bezug glatt zu liegen kamen, wurden sie von der Bank aus geschüttelt, dann auf dem Tisch ein- und nachher auf der Klappe wieder ausgerollt. Über die Breite des übergeschlagenen Streifens rechts und links vom Klappenbrett entstanden Meinungsverschiedenheiten, da der Korporal bei der Marine gedient hatte, die Landratten aber ihre eigene Tradition verteidigten."

Während sich der Neuzugang mehr oder minder erfolgreich in der Kunst des Bettenbauens übt, geht der Lageralltag weiter. Er endet schließlich nach dem Abendessen mit dem Zählappell, den ein Trompetensignal ankündigt. Der Appell dient dazu, daß die Lagerleitung einen genauen Überblick über die Zahl der Häftlinge behält, die sich in ihrer Hand befinden. Eine Flucht bleibt ihr auf diese Weise nicht lange verborgen. Daneben hat der Zählappell die gleiche zeremonielle Bedeutung wie der Bau der Betten.

Sobald das Trompetenzeichen ertönt, müssen die Kompanien in ihrer Lagergasse neben der Baracke, wie es Vorschrift ist, in Viererreihen antreten. Dann melden die Korporalschaftsführer die Stärke ihrer Korporalschaft dem Feldwebel der Kompanie, der sich die Ergebnisse notiert und der die Meldungen an den SS-Kompanieführer weitergibt, der inzwischen hinzugekommen ist. Nach diesem Ritual wird zur nochmaligen Kontrolle in Gegenwart des SS-Vorgesetzten laut abgezählt. Dabei ist Vorsicht geboten. Denn alles, was den Ablauf des Appells stören könnte, erregt das Mißfallen des Kompanieführers, der sich schon darüber ereifert, wenn sich ein Häftling verzählt oder verspricht. Nicht selten sind Schläge die Antwort. Hat der Zählappell geklappt, so verabschiedet sich der SS-Mann brüllend mit dem Gruß: „Gute Nacht!" Die Kompanie antwortet ebenso lautstark mit den gleichen Worten. Dann erst beginnt für die Männer die kurz befristete Freizeit.[102]

„Abgehetzt, mit vibrierenden Nerven", schildert Hornung den Feierabend der Kameraden,[103] „gingen die Gefangenen noch etwas in der Lagergasse auf und ab. Auf dem großen Appellplatz wanderten die grauen Scharen hinter dem Stacheldrahtzaun in großen Runden oder in der Mitte in kleineren Gruppen, selten einer allein. Sicher hatte jeder der Zweitausendfünfhundert seine persönlichen Sorgen, indessen er schickte sie gerne auf Urlaub und tauchte in das Massenschicksal unter. Vielleicht war es gut, hier ein großes Stück seines Selbst auszuschalten und in dem wogenden Meer nur eine kleine Welle zu sein, so wie beim Zählappell eine x-beliebige Zahl."

Mit dem zweiten Trompetensignal am Abend, das die Häftlinge auffordert, die Baracken aufzusuchen und sich zum Schlafen niederzulegen, endet dann um 21 Uhr der Tag.[104] Fünf Minuten darauf erlischt in den Schlafräumen das Licht, und der Korporal befiehlt absolute Stille. Doch der Neuankömmling findet auf dem harten Strohsack, der ihm noch ungewohnt ist, keine Ruhe. Mit schweren Gedanken wälzt er sich auf dem Lager herum, bis ihn endlich nach Stunden der ersehnte Schlaf übermannt.

Um so erschreckender ist für ihn das Erwachen. Um fünf Uhr reißt ihn ein Hornsignal, das dreimal zum Aufstehen geblasen wird,[105] aus dem Schlummer. Nun erlebt er ein unvorstellbares Durcheinander. Alles stürzt in panischer Eile aus den Betten und macht sich unverzüglich über die Klappen her, die in kürzester Zeit wieder in ihre Idealform gebracht werden müssen. Das Bild, das der Schlafraum in diesen hektischen Minuten bietet, hat sich in Hornungs Er-

12 Häftlinge auf dem Weg zum „Essenfassen": Dreimal am Tag marschierten die Dachauer Gefangenen zu den Mahlzeiten mit ihrem Eßgeschirr zur Küche, die außerhalb des Innenlagers lag.

innerung tief eingegraben: „Der einzige Tisch zum Deckenrollen", schreibt er,[106] „war umlagert; die meisten verrichteten diese wichtige Handlung auf dem Steinboden, den sie zuvor notdürftig gekehrt hatten. Jeder hatte es eilig; dabei mußten die Inhaber der zwei unteren Klappenreihen bemüht sein, sich nicht ins Gehege zu kommen. Manche turnten verzweifelt in ihrem Schlafkäfig herum, glätteten und strichen und fluchten dabei lästerlich.

Nachher ging die Jagd auf die Waschschüsseln los.[107] Für 54 Mann waren acht Schüsseln da; Handtücher gab es noch nicht. Die zwei Wasserhahnen im Waschraum waren genau so belagert wie das Clo, und die Zeit war kurz. Jeden Augenblick konnte das Zeichen zum Kaffeefassen gegeben werden.

Um halb sechs Uhr ertönte der langgezogene Trillerpfiff.

‚Abzählen!' … ‚Rechts schwenkt marsch!'

Das Bild sah ganz und gar nicht militärisch aus, trotzdem die Spitze der Kompanie ein flottes Tempo anschlug. Das Vielerlei der Zivilanzüge erweckte den Eindruck, als marschiere hier eine Abteilung eben eingerückter Rekruten. Diese Vorstellung wurde allerdings wieder zerstört bei dem Anblick der vielen ergrauten Männer und der Hinkenden, im Gehen Behinderten, von denen man augenblicklich nicht sagen konnte, welche erst zu halben Invaliden geschlagen worden waren."

Der erste Weg am Morgen führt die Häftlinge also mit dem Eßgeschirr in der Hand zur Küche, die außerhalb des Innenlagers liegt. Sie ist durch einen Gang mit dem Speisesaal verbunden, in dem die Gefangenen ihr Essen einnehmen. Damit jedoch kein Inhaftierter die Mahlzeiten zur Flucht nutzt, hat die Lagerleitung das Gelände, in dem sich die Küche und der Speiseraum befinden, mit Stacheldraht und mit Mauern gesichert. Außerdem ziehen zusätzlich Doppelposten auf, die den Platz nicht aus den Augen lassen, wenn die Häftlinge dreimal am Tag in geschlossenen Kompanien zum Essenfassen marschieren: um 5.50, um 12.05 und um 18.50 Uhr.[108] Das entsprechende Signal zum Abmarsch der einzelnen Kompanien aus dem Lager wird nach ihrem Aufruf von einem Mann mit einer Fahne gegeben.[109]

Nachdem die Gefangenen in der großen Küche, die mit zwölf Kochkesseln ausgestattet ist,[110] ihr Essen empfangen haben, begeben sie sich in den benachbarten Speisesaal, wo sie an langen Tischen Platz nehmen können. Die Feldwebel und die Korporalschaftsführer dagegen genießen das Privileg, allein speisen zu dürfen. Ihnen wird das Essen ins Lager gebracht.[111] Damit bleibt ihnen vieles erspart. Denn die Tischzeiten im riesigen und oft eiskalten Speisesaal sind keine Freude.

Was den Neuankömmling dort erwartet, hat Erwein Freiherr von Aretin in seinem Buch „Krone und Ketten" beschrieben: „In dem ungeheuren Raum tobte der ohrenbetäubende Lärm der Hunderte von Essenden, die Luft war erfüllt von Dampf und Gestank und dem in der Kälte sichtbaren Atmen der schnaufenden Mäuler, und in dies alles hinein grölte ein ungeheurer Lautsprecher das Preislied aus den ‚Meistersingern', auch eine jener Attrappen für die besuchenden Kommissionen, wie die von der Kammer ausgegebenen Zahnbürsten und Seifen. (...)

Nebenbei bemerkt war die Lautsprecheranlage, die auch gelegentlich im Freien im Lager zu brüllen begann, keine Vorsorge der Lagerverwaltung, sondern die Juden im Lager hatten im Sommer den Befehl erhalten, sie zu stiften. Sie hatten daraufhin eine Kommission an den Kommandanten gesandt, die sich mit der Stiftung einverstanden erklärte, sich aber dafür menschliche Behandlung erbat. Die Stiftung war gnädig angenommen, die menschliche Behandlung rundweg abgelehnt worden."[112]

Seitdem dröhnen zu den Mahlzeiten Militärmärsche und Walzerklänge durch die lange Speisehalle. Die Musik erreicht eine solche Lautstärke, daß der Raum davon zum Bersten erfüllt ist. Aber die Männer hören den Lärm nicht mehr. So sehr ist ihr Gehör schon abgestumpft.[113] Doch vor einer anderen Geschmacklosigkeit der Lagerleitung können sie nicht ihre Sinne verschließen: „An die kahlen Wände des Eßsaals", erinnert sich der ehemalige Häftling Wenzel Rubner,[114] „hat ein Kommunist aus Kempten auf Befehl der SS – aber offensichtlich nicht ohne eigene Freude an der schlechten Sache – Karikaturen sozialdemokratischer und demokratischer Führer gemalt. Der preußische Ministerpräsident Otto Braun, der Berliner Polizeipräsident Albert Grzesinski, Philipp Scheidemann (mit einer Nadel durch die Stirn), der Zentrumsführer Marx, der ‚Ullsteinjude' Georg Bernhard (mit Ringellöckchen und einem Judenkäppchen) sind in dieser Galerie vertreten. Auch widerlich verzerrte Bilder der gemordeten Rathenau und Erzberger und des toten Gustav Stresemann fehlen nicht.

Eine Wand in der Nähe des Speisesaals trägt das Gemälde eines SA-

Mannes mit der Hakenkreuzfahne. Daneben steht ein Spruch, der nicht nur in Dachau für die Bewegung des Herrn Hitler symbolisch geworden ist: ‚Über Gräber vorwärts!'"

Die Kost, die an die Gefangenen ausgegeben wird, ist einfach und sehr fettarm.[115] Von Anfang an spart die SS am Essen, wo sie nur kann. Mit dem Geld, das sie den Häftlingen vom Munde abspart, bereichert sie sich selbst. Trotz der geringen Mittel, die der Lagerküche zur Verfügung stehen, bemühen sich die Gefangenenköche nach Kräften, genießbare Speisen auf den Tisch zu bringen, die geschmacklich oft noch nicht einmal schlecht sind.[116] Doch beim Dörrgemüse, auf das die Küche zurückgreifen muß, versagen auch die raffiniertesten Veredelungskünste.[117]

„Delikatessen" in der Verpflegung stellen Pellkartoffeln dar, die an verschiedenen Tagen zum Mittagessen verabreicht werden. Dann erhält jeder Häftling drei Kartoffeln mit der Schale, in der Lagersprache „Botaken" genannt, die meist so heiß sind, daß sich die Gefangenen die Erdäpfel statt in die Eßschüssel, die zu schnell erhitzt, in die Jackentasche stecken lassen.[118] Wiederholt fehlt es aber auch an diesem Genuß. Denn die Bauern, die das Lager mit Kartoffeln beliefern, lassen sich von der SS nicht einschüchtern. Wenn die Lagerleitung ihnen das Geld schuldig bleibt, laden sie ihre Wagen erst gar

13 Das Essen für die Häftlinge wurde von Mitgefangenen in einer großen Küche mit zwölf Kochkesseln zubereitet. Trotz der geringen Mittel, die der Lagerküche zur Verfügung standen, bemühten sich die Gefangenenköche nach Kräften, eine genießbare Kost auf den Tisch zu bringen. Das Bild zeigt Häftlinge bei der Essenausgabe.

nicht ab und kehren mit den Fuhren wieder um – zum Leidwesen der Häftlinge, die dadurch das Nachsehen haben.[119]

Beim Geiz der SS kann die Kost natürlich nur wenig Abwechslung bieten. Nachdem die Speisenfolge für jeden Tag in der Woche festgelegt ist, weiß der Häftling schon im voraus, was ihn mittags in der Küche erwartet. Am Montag steht Rollgerstensuppe mit Knorpelfleisch auf dem Programm. Dieses Essen enthält im allgemeinen nur wenige Brocken Kopffleisch, die zudem noch so hart sind, daß sie von den Zähnen Schwerstarbeit verlangen. Der hohe Wassergehalt hat der Suppe die spöttische Bezeichnung „Blauer Heinrich" eingebracht. Der Dienstag bietet mit seinem traditionellen Fischpichelsteiner, einem nicht gerade sehr appetitlichen Eintopf mit ein paar einsamen Fischstückchen, auch keine größeren Genüsse. Am Mittwoch gibt es Kuttelfleck – eine braune Brühe aus Eingeweiden, in der nach Hornungs Beobachtung „die Kuttelschnüre wie fette Würmer" herumschwimmen. Den säuerlichen Geruch des Essens empfinden viele als unangenehm. So haben denn auch die Gefangenen für die Dachauer Spezialität nur den Spottnamen übrig: „Drahtverhau, Drittes Reich inwendig". Dazu werden als Beilage Kartoffeln ausgegeben. Am Donnerstag folgt dann auf dem Speisenplan der Eintopf „Kartoffelsteiner", wie der Pichelsteiner mangels Fleisch und Gemüse genannt wird, am Freitag bekommen die Häftlinge Wasserreis oder Wassergrieß, und am Samstag gibt es wieder Kutteln. Lediglich der Sonntag bringt mit vier „Gängen" etwas Farbe in das ewige Einerlei des Küchenzettels: Das Feiertagsmahl besteht aus Suppe, Pellkartoffeln, Sauerkraut und aus einem Stückchen Fleisch.[120]

Außerdem erhält jeder Mann alle drei Tage ein schwarzes Kommißbrot, das er sich selbst für das Frühstück und für das Abendessen einteilen muß. Die Küche gibt am Morgen für jeden nur einen Schöpflöffel voll Kaffee aus Kornsud aus,[121] den der Häftling entweder gleich an Ort und Stelle trinkt oder, was morgens ausnahmsweise gestattet ist, in seine Baracke mitnimmt. Manche Gefangene schneiden ihr Schwarzbrot in das heiße, bittere Wasser, um so zu einem Ersatz für ein warmes Frühstück zu kommen.[122] Wer einem Arbeitskommando angehört, bekommt zusätzlich in der ersten Pause um 9.30 Uhr einen Napf voll Tee, der, wie Erwein Freiherr von Aretin findet, „gar nicht so schlecht" schmeckt.[123] Am Abend gibt es schließlich für alle Tee und dazu ein Stückchen Wurst.[124]

Wenn auch die Nahrung ungenügend und lieblos zusammengestellt ist,[125] so leidet doch die Mehrzahl der Schutzhaftgefangenen in der ersten Zeit noch keinen Hunger.[126] Zudem sind viele nach der langen Arbeitslosigkeit, die hinter ihnen liegt, im Essen nicht mehr verwöhnt. Sie finden sich mit der Kost ab. Dagegen haben sich die Juden und die Häftlinge der Klasse III von Anfang an mit gekürzten Rationen zu begnügen. Um ihre Leiden noch zu erhöhen, sind die jüdischen Kameraden auch vom „Nachfassen" ausgeschlossen, zu dem aufgerufen wird, wenn in der Küche Reste übrigbleiben. Dann ist es den Männern der Arbeitskommandos gestattet, erneut zum Essenempfang anzutreten und eine zweite kleinere Portion entgegenzunehmen, die so lange ausgegeben wird, bis der Vorrat erschöpft ist.

Die SS läßt auch sonst keine Gelegenheit aus, um den Juden das Leben im Lager noch unerträglicher zu machen, als es schon ist. Selbst die kleinste Freude gönnt sie ihnen nicht: An einem Abend läßt die Lagerleitung an die Gefangenen Salamiwurst in kleinen Mengen verteilen. Als jedoch die Juden an der Reihe sind und ihre Ration entgegennehmen wollen, ist angeblich der Vorrat verbraucht.[127]

In der ersten Zeit gestattet die SS den Häftlingen, Lebensmittelpakete von ihren Angehörigen zu empfangen, um damit die Lagerkost ein wenig aufzubessern. Aber bald zeigt sich, daß viele Sendungen, die sich die Frauen der Inhaftierten oft selbst vom Munde abgespart haben, die Adressaten nie erreichen. Sie werden von SS-Leuten unterschlagen oder beraubt, wobei es die Diebe vor allem auf Schokolade und auf Tabakwaren abgesehen haben. Die Beute verteilen sie untereinander.

Nicht selten bekommen die Häftlinge nur die leeren Kartons ausgehändigt und müssen dafür noch die obligatorischen zehn Pfennig bezahlen, die für die Auslieferung eines Pakets erhoben werden. Statt der Ware finden sie dann in der Sendung einen Zettel mit dem Hinweis: „Inhalt entnommen." Die SS, in fadenscheinigen Ausreden nie verlegen, begründet die Unterschlagungen damit, daß sie gezwungen sei, die Pakete zu kontrollieren und gegebenenfalls auch Waren einzuziehen, um den Schmuggel von Kassibern zu verhindern. Doch das Verräterische daran ist, daß sie Kleidungsstücke und Wäsche, für die sie offenbar keine Verwendung hat, unangetastet läßt, während Lebens- und Genußmittel als Konterbande verschwinden. Als Häftlinge ihre Frauen auf den Mißstand hinweisen wollen, erhalten sie den leeren Umschlag mit der Notiz zurück: „Lügenbrief entnommen."

Schließlich untersagt die Kommandantur die Zusendung von Lebensmittelpaketen überhaupt. Gestattet ist neben dem Empfang von Wäschepaketen bis zu zehn Pfund monatlich nur noch die Annahme von Geldbeträgen, die von Angehörigen der Häftlinge an das Lager mit der Post überwiesen werden. Die Lagerleitung will damit erreichen, daß die Gefangenen künftig die Kantine, die zum Pfingstfest 1933 erweitert worden ist, mehr in Anspruch nehmen als bisher. Sie erhalten dort gegen Bargeld verschiedene Lebensmittel, wie Zucker und Brot, zu überhöhten Preisen, die von der SS festgelegt werden. Dabei kümmert es sie nicht, daß sie sich noch am Elend der Ärmsten bereichert. Skrupellos nutzt sie die Zwangslage der Häftlinge aus, die auf sie angewiesen sind. Denn wer als Raucher bis dahin seine Zigaretten auf dem Postweg von daheim bezogen hat, muß nun sein Geld in die Kantine tragen, um sich die Zigaretten der Marke „Trommler", die dort als Erzeugnis einer der NSDAP nahestehenden Fabrik angeboten werden, kaufen zu können.

Die Entstehungsgeschichte der Kantine reicht in die Anfangszeit des Lagers zurück, als von der Kommandantur über das gesamte KL ein Rauchverbot verhängt worden ist. Nachdem die Gefangenen aber weiter heimlich dem Nikotingenuß gefrönt haben, wittert die SS ein lukratives Geschäft. Sie läßt das Verbot fallen und richtet dafür die Kantine ein, die bald neben Zigaretten auch Lebensmittel feilbietet. Die Erlöse fließen alle in die Taschen der SS, die davon das Freibier für ihre Kameradschaftsabende bestreitet und Geldprämien an die Wachmannschaften auszahlt.

Zugleich legt die Kommandantur in der Lagerordnung fest, daß kein Gefangener mehr als fünf Reichsmark besitzen darf. Mit diesem Betrag muß der Häftling eine Woche lang auskommen, auch wenn er über eine größere Summe verfügt. Jede Mark, die den zulässigen Höchstbetrag übersteigt, wird von der Lagerleitung deponiert. Erst nachdem die fünf Mark ausgegeben sind, kann der Gefangene von seinem Guthaben einen neuen Betrag abheben. Später wird die Summe auf fünfzehn Reichsmark erhöht.[128]

Sobald die Häftlinge am Morgen ihr Frühstück eingenommen haben, erfolgt um 6 Uhr der Arbeitsappell, zu dem ein Trillerpfiff die Männer auf eine Wiese hinter den Baracken des Innenlagers ruft. „Die Wiese", erinnert sich Hornung,[129] „war der große freie Platz nördlich der Giebelfronten der Baracken und vom hohen Stacheldrahtzaun mit Drahtverhau umgeben, an dem außen alle hundert Meter ein Posten stand. Die langen grauen Kolonnen marschierten in mehreren Säulen durch die Barackengasse hinaus."

Über den Verlauf des Appells berichtet Aretin weiter:[130] „Vor den aufmarschierten zehn Kompanien erschien auf einer Tribüne der sog. Arbeitsfeldwebel, der natürlich auch ein Gefangener war, und verlas eine Reihe von Namen, deren Träger sich vor der Tribüne versammeln mußten, und dann irgendeine Weisung erhielten, größtenteils die, zu einer bestimmten Stunde mit oder ohne Gepäck vor dem Tor zu sein. Dies bedeutete, daß sie entweder an ein Gericht überstellt oder in Dachau selbst vernommen wurden. Hier wurden auch die Entlassungen verlesen. (...)

War das erledigt, so ertönte das Kommando ‚Arbeitskommando formieren', worauf alle Kompanien wie wild durcheinanderstürzten, und die einzelnen sich je nach ihren Arbeitsplätzen, sei es in den Handwerksstätten, sei es für die Neubauten, sei es für die Erdarbeiten zu neuen Kolonnen zusammenfanden. Ich blieb bei meiner Kompanie, die durch dieses Kommando wenig berührt war, da sie als Kompanie der Neuzugänge zunächst nicht außerhalb des Lagers beschäftigt werden durfte. Dann erschienen Lieder singend, die Kolonnen der SS, an ihrer Spitze eine Art von Stab von lauter um die zwanzig Jahre herum stehenden Lausbuben – den Gesichtern nach war keiner älter als 25 Jahre –, die sich in blasierten Posen übten und, samt und sonders, ebenso wie die Wachen, vorzüglich in warme Mäntel gekleidet, zusammen mit den kälteschlotternden Drillichgefangenen, die natürlich keine Mäntel anziehen durften, ein schönes Bild der vom Dritten Reich erfundenen, bisher ganz unbekannten Volksgemeinschaft gaben.

Zwei oder drei von diesen Führergestalten bestiegen die Tribüne und einer, es war ein Herr von Dall'Armi,[131] den ich noch näher kennenlernen sollte, verlas nach der ihm vom Arbeitsfeldwebel vorgelegten Liste die einzelnen etwa zwanzig Arbeitskommandos, wobei er immer die Zahl der eingeteilten Leute hinter sich schrie. In diesem Augenblick setzte sich das Kommando in Marsch, von der Reihe der mit Gewehren versehenen Wachen löste sich eine der geschrieenen Zahl entsprechende Anzahl von Leuten, und die Kolonne zog singend ab.[132] So leerte sich allmählich der Platz, bis nur mehr die im Lager selbst beschäftigten und daher mit keinen Wachen versehenen Kommandos und die nicht eingeteilten Menschen übrigblieben, die dann wegtreten durften. (...)

Jetzt lag öde, aber furchterregend der leere Tag vor einem, grau und trostlos. Es gab keinen Ort, der irgend etwas Ähnliches wie einen erträglichen Aufenthalt bot. Die Baracke war zunächst noch unbewohnbar wüst im Zustand des Gelüftetwerdens und des wasserreichen Reinigens. War dieser Zustand vorbei, so konnte man sich ja wohl hineinsetzen, aber man riskierte immer, daß ir-

14 Der militärische Drill beherrschte den Alltag der Häftlinge von der ersten bis zur letzten Stunde. Auch die Arbeitskommandos hatten in Reih und Glied anzutreten, bevor sie in geschlossener Kolonne mit Begleitposten der SS aus dem Lager ausrückten.

gendein SS-Mann die Türe aufriß und Leute zu irgendwelchen Arbeiten anforderte, die die Möglichkeit, ja die Wahrscheinlichkeit von schweren Mißhandlungen und Schlimmerem in sich schlossen. Daher erhielt ich sehr bald den Rat, mich nicht allzuviel hier aufzuhalten."

Während also die Männer des Innendienstes und die Uneingeteilten, wie die Gefangenen heißen, die keinem Arbeitskommando angehören, im Lager zurückbleiben, rücken die übrigen Häftlinge zu ihren Arbeitsplätzen aus: in militärischer Ordnung und mit einem Marschlied auf den Lippen. Denn in Dachau ist selbst der Gesang noch ein Mittel der Unterdrückung und der Gewalt. Die SS schreibt nicht nur die Lieder vor, die auf den Märschen zu und von den Arbeitsstätten gesungen werden müssen, sondern befiehlt auch noch, wie dabei „die Zähne auseinanderzunehmen" sind und „das Maul aufzureißen" ist. Allein die Lautstärke entscheidet, nicht die Schönheit des Gesanges. Was in den Ohren der Begleitposten mißfällt, liefert neuen Vorwand zu Beschimpfungen und Mißhandlungen.

Zugleich dient das Lied in Dachau auch zur Täuschung der Öffentlichkeit. Der Bürger soll nämlich schon von weitem eine Häftlingskolonne herannahen hören, die mit ihrem lauten Gesang einen zufriedenen Eindruck erweckt und die den Ahnungslosen glauben macht: Menschen, die so singen, können nicht unglücklich sein.[133] „Und all dieses ‚Glück'", berichtet der ehemalige Häftling und Priester Johann Maria Lenz,[134] „mußten wir mit letzter Kraft hinausschreien in die Welt; darum der Schreigesang. Wir Gefangenen mußten Tag für Tag vor der Welt ein lautschreiendes Zeugnis geben von den ‚Herrlichkeiten' im ‚Musterlager' Dachau."

Als typische Dachauer Lieder, die bei jeder Gelegenheit, auch auf den Märschen zum und vom Appell, oft bis zur Verzweiflung der Häftlinge gesungen werden müssen, kommen im Laufe der Zeit in Gebrauch:[135]

„Steig ich den Berg hinan,
das macht mir Freude." –
„Auf dem Berg, so hoch dort oben
steht ein Schloß." –
„Siehst du den Auerhahn dort im Gebüsche,
siehst du den Auerhahn dort im Revier?" –
„In dem Schatten grüner Bäume laßt uns sing'n und fröhlich sein,
beim vollen Becher Weine unsern Freundschaftsbund erneu'rn!" –
„Lore, Lore, Lore, Lore,
schön sind die Mädchen von sechzehn, achtzehn Jahr."

Außerdem erfreuen sich bei der Dachauer SS besonderer Beliebtheit die Lieder „Schwarzbraun ist die Haselnuß", „Die blauen Dragoner, sie reiten",

15 Für die Häftlinge im Konzentrationslager Dachau bestand Arbeitszwang. Bereits 1933 begann die SS die Arbeitskraft der Gefangenen für gewinnbringende Dienste auszubeuten. Das Bild zeigt den Reichsführer-SS, Heinrich Himmler, im Gespräch mit einem Arbeitssklaven in Dachau.

„Wir lagen vor Madagaskar“ und „Hoch auf dem gelben Wagen“ mit dem Refrain: „Aber der Wagen, der rollt“, woraus die Gefangenen „Aber der Magen, der grollt“ machen.[136]

Die Ziele der Arbeitskolonnen, die am Morgen das Lager verlassen, sind verschieden. Zumeist handelt es sich um Baustellen oder Werkstätten, die das graue Heer der Häftlinge aufnehmen. Wer einem solchen Kommando angehört, kann sich aber trotz der Zwangsarbeit, zu der er ohne Aussicht auf ein Entgelt gepreßt wird, noch glücklich schätzen. Sein Los ist längst nicht so hart wie das der Leidensgenossen, die zum Straßenbau eingeteilt oder in die Kiesgrube abkommandiert sind. Sie erwartet zweifellos die schwerste Arbeit. In unzureichender Kleidung sind sie den ganzen Tag unter freiem Himmel den Unbilden der Witterung, Hitze, Regen und Kälte, ausgesetzt, was vielen im rauhen Dachauer Klima die Gesundheit kostet. Noch gefährlicher jedoch ist die Nähe der SS-Posten, die keine Gelegenheit auslassen, um die Gefangenen zu schikanieren und zu schinden. Mit wütendem Gebrüll treiben die Bewacher ihre Opfer zu immer höherem Arbeitstempo an. Wer dem nicht gewachsen ist, zerbricht und kehrt am Abend, gestützt von den Kameraden, mehr tot als lebend ins Lager zurück. Nicht umsonst ist die Kiesgrube die gefürchtete Domäne der Strafkompanie.

In den meisten Fällen geht es der SS gar nicht darum, die Häftlinge einer sinnvollen und produktiven Tätigkeit zuzuführen. Sie sieht in der Arbeit hauptsächlich ein Mittel zur Unterdrückung und Drangsalierung der Gefangenen, aus dem sie schließlich die Waffe entwickelt: Vernichtung durch Arbeit. Diese Einstellung hat sich bei der SS von Anfang an gezeigt. Als die meisten Häftlinge in den ersten Tagen des Lagers wegen fehlender Arbeitsplätze keiner Beschäftigung nachgehen können, läßt die Kommandantur sie antreten und stundenlang nach militärischem Vorbild exerzieren, damit die Männer, wie es heißt, nicht auf schlechte Gedanken kommen. Die Aufsicht über die Häftlingsrekruten erhält der Feldwebel der 10. Kompanie, Gröner, ein Kommunist aus Stein bei Nürnberg, der aber als entschlossener Gegner des Nationalsozialismus das Beste daraus macht. Er widmet sich der Aufgabe mit einem solchen Eifer, daß der Lagerleitung nicht verborgen bleibt, was ihn beflügelt. „Wir ziehen uns da ja die Rote Armee von morgen heran“, stellt der Kommandant, als er die schneidigen Aufmärsche und Übungen der Grönerschen Truppe auf der Appellwiese beobachtet, verärgert fest und streicht ein für allemal jede militärische Ausbildung der Gefangenen vom Tagesplan.[137]

Nachdem das gesamte Lager von den Häftlingen selbst ausgebaut und bewohnbar gemacht worden ist,[138] müssen sie nun auch noch die Arbeitsplätze schaffen, die ihrer eigenen Ausbeutung dienen sollen. Deshalb sind die Handwerker unter den Schutzhaftgefangenen bei der SS besonders begehrt. Nach der Errichtung der Schreinerei, mit der im Lager die erste Werkstatt etabliert worden ist, entstehen jetzt weitere Handwerksbetriebe: eine Schneiderei, eine Schlosserei, eine Schuhmacherei, eine Metzgerei und eine Bäckerei. Durch den Bau des lagereigenen Backhauses verlieren die Bäckermeister, die bisher wöchentlich 6000 Brote ins KL geliefert haben, einen lukrativen Auftrag. Die Bauten werden von den Maurern unter den Häftlingen ausgeführt, die auch Arrestzellen, Wachttürme und eine Waschküche errichten müssen. Zugleich haben sie in Eile für die SS ein geräumiges Schwimmbecken und einen neuen Schießstand anzulegen.

Die Nachfrage nach gelernten Arbeitskräften im Lager ist so groß, daß die Zahl der Handwerker aus allen Sparten schnell zunimmt. Bald sind es dreihundert und mehr Facharbeiter, die in den Dachauer Werkstätten für die SS tätig werden. Sie bilden eine eigene Kompanie, aus der später noch eine zweite hervorgeht, und arbeiten unter der Aufsicht von Meistern, die zum Teil als alte Kämpfer aus den Reihen der SA kommen.[139]

Wie sehr die SS die Arbeitskraft der Männer für ihre eigenen Interessen ausbeutet, schildert der Häftling Fritz Ecker, der seine Eindrücke unmittelbar nach der Entlassung aus dem KL am 29. Januar 1934 zu Papier bringt: „In Dachau hat man Handwerksstätten, die jeden Großbetrieb in den Schatten stellen. Von Gefangenen, die dafür nur miserable Nahrung erhalten, werden Zivilanzüge, Uniformen, Knabenkleidung, Wildlederhosen, Kletterwesten, Breecheshosen, neue Drillichanzüge in Massen gefertigt. In der Schreinerei wurden allein während meines Lageraufenthaltes Tausende von Schränken für Militärkasernen hergestellt. Dazu Büroeinrichtungen, Wohnungsmöbel, sogar ganze Brautausstattungen. Monatelang wurde in der Schreinerei auch an Sonntagen gearbeitet, monatelang dauerte die Arbeitszeit in zwei Schichten von 6 Uhr morgens bis 2 Uhr nachts. Als moderne Maschinen eingetroffen waren, haben die Schreiner von morgens 7 Uhr bis nachts 10 Uhr arbeiten müssen, unterbrochen nur von einer anderthalbstündigen Mittagspause. Also täglich 13½ Stunden Arbeitszeit, um Erzeugnisse zu fertigen, die dem notleidenden Handwerk eine willkommene Arbeits- und Verdienstmöglichkeit gebracht hätten.

Viele Gefangene haben behauptet, man halte sie nur deshalb so lange in Dachau gefangen, weil sie als Handwerker zur Aufrechterhaltung des Handwerksbetriebes nötig seien. Das kam auch tatsächlich vor. Aus den Handwerkskompagnien 1 und 2 fanden die wenigsten Entlassungen statt. Wurde der Stand einzelner Abteilungen durch Entlassungen vermindert, waren z. B. einige Schuhmacher entlassen worden, so konnten wir feststellen, daß alsbald unter Neuankommenden auch Schuhmacher ankamen. Dieselbe Beobachtung machten wir auch bei anderen Handwerken. Es schien so, daß man unter Gefängnisinsassen Schutzhaftgefangene ihres Berufes wegen für Dachau auserwählte, oder daß der Beruf schon bei der Verhaftung eine Rolle spielte.

Ich habe einen Brief gesehen, den der Schutzhaftgefangene Josef Merk erhielt. Die Ehefrau dieses Gefangenen hatte auf ein Entlassungsgesuch die Mitteilung erhalten, daß ihr Mann von der politischen Polizei freigegeben sei. Da Merk trotzdem nicht heimkehrte, wandte sie sich an die Lagerkommandantur. Deren Antwort stand in dem Brief an Merk in Abschrift zu lesen. Sie lautete ungefähr: ‚Der Maurer Josef Merk ist ein überaus fleißiger und fähiger Facharbeiter. Seine Führung im Lager ist ausgezeichnet und gab zu Beanstandungen keinen Anlaß. Da wir dringende Bauarbeiten durchführen, wird Merk jedoch noch benötigt. Seine Entlassung kann daher vor dem 15. Dezember nicht erfolgen!‘“[140]

Aber auch wer kein Handwerk erlernt hat, bleibt in Dachau vom Arbeitszwang nicht verschont. Er wird den Kommandos zugeteilt, die den Häftlingen ohne handwerkliche Fähigkeiten vorbehalten sind: zum Beispiel dem „Botakenkommando“, das für die Küche mit Blechmessern Kartoffeln schält, oder dem „Innenkommando“, auch „Aufräumungskommando“ genannt, das die Kieswege im Lager mit spitzen Holzstöcken von Laub, Zweigen und Unrat zu säubern hat. Andere Gefangene wieder arbeiten als Kellner in der SS-Kantine oder als Burschen in der SS-Kaserne, wo sie Stiefel putzen, Uniformen ausbürsten und Stuben reinigen.[141]

Daneben sind Häftlinge aber auch für die Bedürfnisse ihrer Kameraden tätig: Sie stehen als Köche im Dienst der Gefangenenküche, wirken als Strümpfestricker, die ihrer Arbeit im Schlafraum einer Baracke mit einem Holzlatten- statt mit einem Zementfußboden nachgehen, oder sind als Wäscher abkommandiert, die für die Leibwäsche ihrer Mitgefangenen zu sorgen haben. Jede Korporalschaft verfügt über zwei Wäscher.[142] Sie sind vom Außendienst ebenso befreit wie die Friseure, die sich tagsüber in ihrer Baracke aufhalten und dort ihre Kundschaft empfangen dürfen. Während sie den vorschriftsmäßigen Dachauer Schnitt, dem sich jeder Häftling einmal in der Woche unterziehen muß und der das Haar nur einen Millimeter über der Kopfhaut stehen läßt,[143] unentgeltlich zu machen haben, ist es ihnen gestattet, für eine Rasur ein Honorar von fünf Pfennig zu erheben. Damit der Kunde sie nicht verfehlt, haben die Humorvollen unter den Haarschneidern als Zunftzeichen außen an der Barakke den Deckel einer leeren Rollmopsbüchse angebracht.[144]

Vorübergehend werden Häftlinge auch als Torfstecher im Dachauer Moos eingesetzt. Ihr Kommando umfaßt hundert Mann und besteht nur aus Freiwilligen, die sich dazu gemeldet haben. „Der Andrang besonders junger Gefangener war groß“, erinnert sich Hornung.[145] „Sie verlockte vor allem die Hoffnung, der Enge und Zuchthausatmosphäre des Lagers auszukommen. Heraus aus dem Stacheldrahtverhau, aus dem Mauerring! Das Kommando wurde immer wieder gesiebt.

Montagfrüh verließen endlich die Torfstecher das Lager; Samstag nachmittag kamen sie zurück. Hin und zurück ein Marsch von je vier Wegstunden. Sie waren in einer Scheune untergebracht, die vorher von Gefangenen-Handwerkern eingerichtet und entsprechend mit Stacheldrahtzaun gesichert worden war.

Verpflegt wurden sie aus einer nahen Wirtschaft, etwas besser als im Lager. Wer Taschengeld hatte, konnte sich sogar Bier kaufen.

Arbeiten mußten sie genau so anstrengend wie im Lager; doch die Behandlung war etwas humaner.

Die strapazierenden Hin- und Rückmärsche lockten Neugierige an, die den grauen Zug der hundert Mann anstarrten, als käme er aus einer andern Welt. Die singenden, marschierenden Sklaven wirkten für die Sieger absolut nicht triumphal. Sie bildeten eine Massenanklage von furchtbarer Eindringlichkeit.

Die Blicke trafen und verstanden sich.“

Als einzigen bringt die SS nur den Invaliden im Lager, die in einer eigenen Kompanie zusammengefaßt sind, etwas Rücksicht entgegen. Sie sind von jeder Zwangsarbeit befreit. Dennoch enthebt diese Anordnung die SS nicht der Peinlichkeit, daß sie in Dachau auch Männer gefangenhält, die im Ersten Weltkrieg ihre Gesundheit für das Vaterland geopfert haben. Immerhin besteht ein großer Teil der etwa 150 Mann zählenden Invalidenkompanie aus Kriegsverletzten. Sie verbringen die Zeit im Lager bei leichter Tätigkeit, stopfen zum Beispiel die Strümpfe der Kameraden und bilden die Reserve der Kartoffelschäler.[146]

Der lange Arbeitstag der Häftlinge, der mit dem Abmarsch aus dem Gefangenenlager um 6.45 Uhr beginnt, wird durch eine Mittagspause unterbrochen, zu der die Männer um 12 Uhr wieder ins Innenlager zurückkehren. Nach dem Essenfassen um 12.05 Uhr bleibt ihnen eine längere Pause, die um 13 Uhr mit dem zweiten Arbeitsappell am Tag, auch „Nachmittagsappell" genannt,[147] endet. Um 13.15 Uhr rücken die Häftlinge wieder zu ihren Arbeitsstellen aus, wo sie im allgemeinen bis 18.30 Uhr tätig sind. Mit dem Abendessen um 18.50 Uhr und mit dem darauffolgenden Zählappell in den Lagergassen schließt sich dann der Tageslauf.[148]

Ein wenig Erleichterung im Lageralltag bringen den Gefangenen lediglich die Sonntage, an denen sie in der Regel vom Arbeitsdienst befreit sind. Deshalb entfallen sonntags auch die beiden Arbeitsappelle in der Frühe und nach dem Mittagessen. Ausnahmsweise ist es den Häftlingen sogar gestattet, sich am Nachmittag zur Entspannung auf ihre Betten zu legen, nachdem ihnen bereits am Morgen zugestanden worden ist, eine halbe Stunde länger zu schlafen als an den Werktagen. Zusätzlich bekommen sie zum Frühstückskaffee außerdem etwas Milch.[149]

Weiter ist es den Gefangenen, die grundsätzlich Besuche von Familienangehörigen im KL nicht empfangen dürfen,[150] am Sonntag erlaubt, ihre Post zu erledigen. Nach der Lagerordnung steht ihnen das Recht zu, einmal in der Woche einen Gruß nach Hause zu schicken: abwechselnd eine Postkarte, die einschließlich Porto acht Pfennig kostet, und einen Brief, für den die SS 15 Pfennig kassiert.[151] Umgekehrt dürfen die Inhaftierten im Monat einen Brief und eine Karte von daheim erhalten.[152]

Daß die Not erfinderisch macht, beweisen die Häftlinge in der Freizeit mit den verschiedensten Ideen. Sie bauen sich aus primitivsten Mitteln Schachfiguren und fertigen aus Zigarettenschachteln Spielkarten an.[153] Bald sind die Schachbretter von leidenschaftlichen Spielern umlagert, die vor allem aus den Reihen der Juden kommen. Andere wieder finden sich zu Bridgeklubs zusammen.[154] Die Männer, die Freude an Bastelarbeiten haben, beschäftigen sich ebenso wie die Invaliden, die für ein paar Zigaretten sogar Aufträge von der SS bekommen, mit Schnitzereien. Sie stellen aus dem Holz, das die Handwerker mit ins Innenlager bringen, Zigaretten- und Tabakdosen her.

Zur Erinnerung an die Leidenszeit im KL schneiden sie in die Deckel ihrer Erzeugnisse die drei Buchstaben ein, die allen für immer eine Mahnung sein sollen, niemals das Unrecht, das die SS an ihnen begangen hat, zu vergessen: „D. a. D." Manche lassen sich die Lettern auch auf ihre Brust tätowieren, um die Buchstaben stets gegenwärtig zu haben, die bedeuten: „Denk an Dachau!" Als die SS davon erfährt, verbietet sie die Verwendung des Zeichens und durchsucht alle Baracken nach solchen Dosen, ohne jedoch fündig zu werden. Zugleich untersagt die Lagerleitung den Gefangenen das Tragen von Knebelbärten, die mit der Losung „D. a. D." unter den Kommunisten langsam in Mode gekommen sind. „Wir werden euch das Lenin-Bärtchen ausreißen", empört sich die SS, „wenn es nicht sofort verschwindet."[155]

Für die geistige Nahrung steht den Häftlingen neben den Zeitungen, die sich manche ins Lager schicken lassen,[156] eine Leihbibliothek zur Verfügung, die von den Gefangenen selbst aufgebaut worden ist. Die Anregung dazu hat der inhaftierte Zeitungsverleger Bergmann aus Rosenheim gegeben – nicht zuletzt deshalb, um mit dieser Beschäftigung künftig den Stiefeltritten der SS zu entgehen, die dem Wohlbeleibten mit besonderem Eifer nachgestellt hat. Ihm gelingt es, den Kommandanten davon zu überzeugen, wie wichtig die Einrichtung einer Lagerbücherei für die bevorstehenden Wintermonate sei.

„Der Betrieb", berichtet Hornung (alias Julius Zerfaß),[157] der als ehemaliger Feuilletonredakteur der „Münchener Post" in die Verwaltung der Bibliothek berufen worden ist,[158] „begann mit der Versendung von Bettelbriefen an deutsche Verleger; den Grundstock bildete eine Stiftung des Pfarrers aus Beständen der katholischen Volksbibliothek in Dachau. Die geistige Winternahrung wurde karrenweise angefahren, drei Buchbinder zur Instandsetzung defekter Exemplare aufgerufen. Auch unter den Gefangenen arrangierte Bergmann einen kleinen Bettel.

Aber noch ehe die Bücherei ihren Betrieb richtig aufgenommen hatte, wurde Bergmann zur Entlassung aufgerufen."

Die Nachfolge als sogenannter Büchercapo tritt zunächst Vitus Heller, der Führer einer katholisch-sozialistischen Bewegung aus Würzburg, an, dem bald der Redakteur Konrad Kübler aus Landau an der Isar, ein niederbayerischer Führer des Reichsbanner Schwarz-Rot-Gold und des Bayerischen Bauern- und Mittelstandsbundes, in diesem Amt folgt.[159] Die Aufsicht über das Personal der Bücherei, dem das Essen als besondere Vergünstigung wie den Feldwebeln und den Korporalen ins Lager gebracht wird,[160] hat als Bibliotheksfeldwebel der SS-Kompanieführer Dambach.

Die Nachfrage nach den Büchern ist unter den Gefangenen von Beginn an überaus groß, auch wenn „die geistigen Quellen", wie Hornung weiter berichtet, aus der Lagerbibliothek zuerst „noch spärlich und träge" fließen. „Die gestifteten christlich-katholischen Hauskalender vom Pfarrer, ein paar alte Missionsjahrbücher, die zunächst zur Ausgabe kamen, wanderten schleunigst wieder zurück", erinnert sich der ehemalige Mitarbeiter des Büchercapos.[161] „Um Ganghofer und Karl May setzten Wettrennen ein. Old Shatterhand, das große Vorbild des Führers, lockte in die Prärien der Pubertät zurück.

‚Mein Kampf', die gereinigte Ausgabe, war in mehreren Exemplaren gestiftet; sie waren ständig unterwegs. Das Buch wurde gründlich gelesen. Besonders die im Dunkel gehaltene Vergangenheit des Führers interessierte die Kameraden. Schwulstige Sätze, in denen die Schlange sich selbst in den Schwanz biß, erlangten durch Vorlesung Heiterkeitserfolge."

Kampf der Staatsanwälte

Die SS läßt von Anfang an keinen Zweifel daran, daß sie die Schutzhaftgefangenen als Freiwild betrachtet, das seinen Bewachern auf Leben und Tod ausgeliefert ist. Ihre Menschenverachtung geht so weit, daß sie auch vor heimtückischen Morden nicht zurückschreckt. Bereits am Tag, nachdem die SS die Wachtruppe gestellt und die Aufsicht über das Innenlager übernommen hat, begeht sie ihr erstes schweres Verbrechen. Die Opfer sind Juden, die wie die kommunistischen Parteifunktionäre von der SS mit besonderem Haß verfolgt werden.

Dabei wirkt sich erschwerend aus, wenn ein Jude gleichzeitig auch noch zu den Kommunisten zählt, die mit den Juden als erste nach Dachau gekommen sind. Das Los der jüdischen Gefangenen, die zunächst etwa zehn Prozent der Lagerbelegschaft ausmachen,[1] ist in der Regel härter als das ihrer kommunistischen Leidensgenossen, weil sie sich die Feindschaft der Nationalsozialisten nicht nur wegen ihrer rassischen Abstammung, sondern oft auch noch wegen ihrer politischen Opposition zugezogen haben.[2] Blind folgt die SS dem verächtlichen Feindbild, das Adolf Hitler in „Mein Kampf" vom Juden als Träger des Marxismus entworfen hat. „Im russischen Bolschewismus", schreibt er, „haben wir den im zwanzigsten Jahrhundert unternommenen Versuch des Judentums zu erblicken, sich die Weltherrschaft anzueignen."[3] Das Gift dieser Worte beginnt in Dachau schnell zu wirken.

Die ersten jüdischen Opfer der SS sind die drei Jungkommunisten Dr. Rudolf Benario und Ernst Goldmann aus Fürth sowie Arthur Kahn aus Nürnberg. Der vierte Jude, der das Schicksal der jungen Leute teilt, ist der Kaufmann Erwin Kahn aus München. Goldmann, der sich sein Brot als Reisender verdient, und Benario, der, am 20. September 1908 in Frankfurt am Main geboren, Diplom-Volkswirt von Beruf ist,[4] haben aus ihrer Abneigung gegen den Nationalsozialismus ebensowenig ein Hehl gemacht wie der Student Arthur Kahn, der im „Kommunistischen Jugendverband Deutschlands" (KJVD) in Nürnberg als Funktionär tätig ist. Zugleich gehört Kahn, der am 15. Februar 1911 in Gemünden zur Welt gekommen ist, dem „Republikanischen Studentenbund" an.[5]

Auch als die Nationalsozialisten im März 1933 Bayern an sich reißen, halten die drei Juden dem Kommunistischen Jugendverband weiter die Treue und setzen ihre politische Arbeit fort. Doch viel Zeit bleibt ihnen dafür nicht mehr. Sie geraten schon bald in die Hände ihrer Verfolger und gelangen mit dem ersten Transport von Schutzhäftlingen, der Nürnberg verläßt, am 11. April ins Konzentrationslager Dachau, wo die SS, die dort am selben Tag ihr Schrekkensregiment angetreten hat, ihnen einen schlimmen Empfang bereitet. Vor den Augen ihrer Mitgefangenen werden sie durch Schläge schwer mißhandelt.[6] Aber auch danach läßt die SS nicht von ihnen ab, und die Juden haben ihre Peiniger weiter zu fürchten.

Zunächst folgt jedoch für alle Häftlinge, die neu im Lager eingetroffen sind, eine schreckliche Nacht, die ihnen zeigt, in welche Welt sie geraten sind. Was die Männer in den Stunden vor dem Morgengrauen erleben, berichtet der KPD-Funktionär Willi Gesell aus Nürnberg-Gostenhof,[7] der zusammen mit Benario, Goldmann und Kahn nach Dachau gebracht worden ist: „Nachts gegen 3 Uhr kamen plötzlich vier besoffene SSler, voran der berüchtigte Scharführer Steinbrenner, und jagten mehrere Schüsse in unsere Stube. Wir mußten vor der Baracke antreten zu einem Zählappell mit den üblichen Drohungen und Beschimpfungen. Nachdem sie sich ausgetobt hatten, zogen sich die SSler wieder zurück."

Am Morgen des 12. April – es ist der Mittwoch vor Gründonnerstag – erwartet die Juden nach dieser schlaflosen Nacht eine neue Tortur. „Früh um 7 Uhr", erinnert sich Gesell, „wurden die jüdischen Häftlinge Dr. Benario und Ernst Goldmann aus Fürth und Arthur Kahn aus Nürnberg aufgerufen, und Steinbrenner stellte auch mich zu den dreien. Wahrscheinlich war ich ihm bei meiner Einlieferung unliebsam aufgefallen.

Wir mußten eine riesige Trage voll Unrat schaufeln und zur Kiesgrube tragen. Nur unter größter Anstrengung konnten wir die Last heben und einige Meter schleppen. Dabei wurden wir ständig mit Schlägen angetrieben. Um 12 Uhr waren wir fertig."

Auch am Nachmittag schont die SS die drei Juden nicht, zu denen nun noch der Münchner Erwin Kahn stößt. Zusammen mit etwa dreißig anderen Häftlingen werden sie vom Kompanieführer Hans Steinbrenner, dem Chef der 2. Kompanie, der Benario, Goldmann und die beiden Kahn angehören, zu Erdarbeiten eingeteilt. Steinbrenner führt die Arbeitskolonne auch persönlich zur Baustelle des Schießplatzes, wo die Männer zwei Stunden lang in der Zeit von 14 bis 16 Uhr beschäftigt sind. Als die Gefangenen nach der Arbeit wieder ins Lager einrücken und an der Postbaracke vorbeikommen, erhalten sie die Erlaubnis, „Post zu fassen", wie der Empfang von Briefen im SS-Jargon heißt.[8]

In diesem Augenblick ahnen weder Benario und Goldmann noch Arthur und Erwin Kahn, daß ihr Todesurteil bereits gefällt ist und sie den Tag nicht mehr überleben werden. Wie das Verhängnis seinen Lauf nimmt, berichtet Kasimir Dittenheber,[9] der Augenzeuge wird, als die vier Juden von ihren Kameraden getrennt werden. „Es ging gegen Abend", erinnert er sich. „Die Postverteilung war beendet, die Gefangenen gingen ihren Baracken zu.[10] Da kam plötzlich der lange Steinbrenner angerannt. Er schien aufgeregt. ‚Alles halten! Wo ist der Kahn?' – ‚Hier!' meldete sich ein jüdischer Gefangener. ‚Noch ein Kahn!' – ‚Hier!' – ‚Der Goldmann? – Nein, Sie nicht, der Jude da!' – ‚Hier!' – ‚Benario!' – ‚Hier!' – ‚Mitkommen, die vier!'"

Was weiter geschieht, beobachtet der Häftling Anton Hirnickel, der die jüdischen Kameraden in Begleitung von Steinbrenner auf dem Gang zum Schießplatz in dem Wald, der an das Lager grenzt,[11] verschwinden sieht. Unmittelbar danach wird die Wache alarmiert und der Weg gesperrt, damit niemand der Gruppe folgen kann. „Kurz darauf", berichtet Hirnickel, „hörten wir auch die Schüsse und das Schreien."

Was ist passiert? Nachdem Steinbrenner die vier Gefangenen aus dem Lager geleitet hat, nehmen die SS-Männer Hans Burner und Max Schmidt sowie der SS-Sturmführer Robert Erpsenmüller die Gruppe in Empfang. Sie führen die Häftlinge tiefer in den Wald hinein und eröffnen dann aus ihren Pistolen das Feuer auf sie. Benario, Goldmann und Arthur Kahn erliegen noch an Ort und Stelle ihren tödlichen Verletzungen. Nur Erwin Kahn überlebt den Mordanschlag.[12] Mit lebensgefährlichen Wunden wird er ins Lager zurückgebracht.[13]

Am nächsten Morgen erfahren die Häftlinge, die schon mit dem Schlimmsten gerechnet haben, weil die Kameraden in der Nacht nicht mehr zu ihnen in die 2. Kompanie zurückgekehrt sind und der Lagerverwalter Anton Vogel noch am Abend mit einer Andeutung auf ihr Schicksal angespielt hat, während des Appells aus dem Munde von Steinbrenner, daß die Juden bei einem Fluchtversuch erschossen worden seien. „Wir wurden bleich", erinnert sich Kasimir Dittenheber.[14] „Es war also Wahrheit – ein nackter brutaler Mord an wehrlosen Gefangenen war vollbracht worden. Denn von einem Fluchtversuch konnte gar keine Rede sein. Die vier waren herausgesucht worden, sie hatten niemals Fluchtgedanken geäußert, aber vielfach Ahnungen gehabt, daß man sie ermorden wollte. Wir hatten es nicht geglaubt. Nun wußten wir es, und wir wußten, daß diesem ersten Mord noch weitere folgen würden."[15]

So sehr sich die SS auch bemüht, das Verbrechen zu vertuschen, das Unrecht kommt dennoch an den Tag. Der Zeuge der Anklage ist das vierte Opfer der Mörder selbst. Erwin Kahn, der, von fünf Schüssen getroffen, den Anschlag zunächst überlebt hat, wird noch am selben Abend nach der ersten Wundversorgung im Revier des Lagers in die Chirurgische Klinik nach München in die Nußbaumstraße gebracht. Dort berichtet er einem Arzt und einer Schwester von dem Vorfall in Dachau,[16] bevor er am 16. April seinen Verletzungen erliegt.[17]

Mit dieser Aussage kommt ein Stein ins Rollen, an dem die SS noch lange schwer tragen wird. Zweifellos hat ihr Ansehen Schaden genommen. Bereits am Tage nach ihrer offiziellen Ankunft in Dachau ist sie in ein Verbrechen verstrickt.[18] Die Staatsanwaltschaft beim Landgericht München II, die der beherzte Oberstaatsanwalt Carl Wintersberger leitet, scheut sich auch nicht, die Ermittlungen gegen die Mörder aufzunehmen und eine Gerichtskommission ins Lager zu entsenden. Ihr gelingt es jedoch nicht, den Wachmännern eine Schuld nachzuweisen. Die SS-Leute behaupten weiter, daß sie Benario, Goldmann und Arthur Kahn auf der Flucht erschossen hätten.[19] Dabei sei Erwin Kahn ihnen „in das Feuer gelaufen".[20] Das Gegenteil kann auch der Landgerichtsarzt den SS-Männern nicht beweisen, und so werden die Untersuchungen wieder eingestellt.

Die Nachricht von der Ermordung der vier jüdischen Kameraden löst unter den Häftlingen Empörung und Abscheu aus. In der ersten Erregung läßt sich der kommunistische Landtagsabgeordnete Josef („Sepp") Götz aus München zu den Worten hinreißen: „Das ist Faschismus in Reinkultur." Diese Bemerkung, die der Lagerleitung hinterbracht wird, hat für den 37 Jahre alten Schlosser verhängnisvolle Folgen. Bereits am Tage nach der Erschießung der Juden muß sich Götz bei dem Kommandanten melden, der ihn zur Rede stellt.

„Wäckerle", berichtet Martin Grünwiedl,[21] „drohte dem Genossen Götz mit Einzelhaft und ließ ihn wieder zu uns. Er erzählte uns die Vernehmung und sagte: ‚Wenn mir etwas passiert, dann wißt ihr, was los ist.' Genosse Götz und noch einige Gefangene machten dann einen Spaziergang den Stacheldraht entlang und besprachen die Möglichkeit einer Flucht. Am gleichen Tage wäre es noch möglich gewesen, zu entfliehen. Am nächsten Tage in der Frühe mußte der Genosse Götz heraustreten und Front zu uns machen. Genosse Höllerzeder, kommunistischer Reichstagsabgeordneter, mußte alle Juden verlesen, die als Marxisten im Reichstag waren. SS-Mann und Verwalter Vogel hielt eine Ansprache und teilte uns mit, daß die Juden feige gewesen und geflohen seien, aber von den guten Schützen der SS dabei erschossen worden seien. Er erzählte uns von der angeblichen Feigheit unserer Führer, die ins Ausland geflohen wären. Als wir zur Arbeit abmarschierten, wurde Genosse Götz in den Arrest geführt und grausam geschlagen.

Einige Tage gingen diese Torturen fort, bis sich Genosse Götz nicht mehr bewegte. Gefangene, die durch Arbeit Gelegenheit hatten, schlichen öfters an das Guckloch und sahen dadurch, daß sein ganzer Kopf und die Füße eingebunden waren. Zum Sprechen war er zu schwach. Als er ungefähr 18–20 Tage im Arrest war und sich wieder etwas erholt hatte, kam auch Reichstagsabgeordneter Hans Beimler, der politische Sekretär des Bezirks Südbayern der KPD."

Für ihn beginnt hier eine ebenso qualvolle Haft, wie sie schon Sepp Götz erdulden muß, der als erster Häftling in der Geschichte des Dachauer Lagers in den Arrest eingewiesen worden ist. Die SS hat für den Ort, an dem sie ihre Lynchjustiz unter Ausschluß der Öffentlichkeit übt, viele Namen. Sie nennt den Arrest „Bunker", „Zellenbau" oder auch „Kommandanturarrest", abgekürzt „KA". Nicht umsonst wird der „Revierbunker", wie der Arrest bisweilen heißt, weil er zusammen mit der Kleiderkammer im hinteren Teil der Revierbaracke untergebracht ist,[22] als der am meisten gefürchtete Platz im gesamten KL angesehen. Seine sechs Einzelzellen,[23] oft als „Isolierzellen" bezeichnet, gleichen nach den Worten des Häftlings Fritz Ecker einer Gruft. „Wer das Unglück hat", schreibt er,[24] „in einen solchen gemauerten Sarg ohne Fenster, völlig dunkel, zu kommen, der galt im Lager als lebendig begraben und der Kontrolle durch die Mitgefangenen entzogen." Vom Leben bis zum Tode ist es da oft kein weiter Weg mehr. „Gar mancher Gefangene", stellt Ecker fest, „wurde in den Bunker eingeliefert und niemals wieder gesehen."

Wer diesen Kerker überleben will, muß von guter Gesundheit sein. Allein schon die Zelle, die den Häftling aufnimmt, macht eine menschenwürdige Existenz unmöglich. Sie schränkt seinen Lebensraum auf wenige Quadratmeter ein. Eine Gerichtskommission, die, bestehend aus Oberamtsrichter Lorenz Meyer, Landgerichtsarzt Dr. Flamm und Justizsekretär Brücklmeier, am 18. Mai 1933 den im Innenlager neben der 10. Kompanie liegenden Arrest besucht, um ein neues Verbrechen der SS aufzudecken,[25] mißt einmal genau aus, wie gering die Bewegungsfreiheit eines Dachauer Arrestanten ist. „Die Zelle No. 4", heißt es im Protokoll,[26] „ist 2,98 m lang, 1,70 m breit, 2,75 m hoch. Die darin befindliche Bettlade ist 53 cm breit, und das darin befindliche Bänkchen ist 53 cm hoch, 29 cm breit, 78 cm lang. (...) Oberhalb der Bettlade befindet sich in 2,12 m Höhe ein Fenster. Der Fensterstock mißt 62 cm Höhe, das Fenster hat die Maße 45 cm breit und 46 cm hoch." Außen sind die Fenster mit kleinen Holzläden aus Kistendeckeln verschlossen, die kaum einen Strahl des Tageslichts in die Zelle dringen lassen.[27]

Neben der kleinen Bank und der Holzpritsche, die nur aus einfachen Brettern besteht,[28] enthält die Dunkelzelle als dritten Einrichtungsgegenstand lediglich noch einen Abortkübel in einem Holzverschlag.[29] Um von vornherein jeden Fluchtversuch auszuschließen, hat die Lagerleitung in dem Boden der Zelle das Ende einer 1,50 Meter langen, schweren Kette einzementieren lassen, die von Gefangenen selbst geschmiedet worden ist. Diese Gliederkette, die ein Gewicht von rund 25 Pfund hat, wird am linken oder rechten Fußgelenk des Häftlings befestigt,[30] damit sich der Arrestant nur noch ein paar Schritte hin und her bewegen kann.[31] „Ich konnte genau vier Schritte machen", erinnert sich der Häftling Matthias Keller.[32] „Dann mußte ich mich schon wieder drehen, und dabei schleppte ich die Kette immer mit."

Noch schlimmer als am Tag ist die Belastung, mit der eisernen Fessel zu leben, in der Nacht, wenn der Gefangene verzweifelt bemüht ist, Ruhe zu finden. Die Kette läßt ihn kaum ein Auge zutun. Denn der Häftling muß die Metallglieder auf die Holzpritsche ziehen, bevor er sich zum Schlafen niederlegt. Doch das schwere Gewicht drückt die Kette bald wieder auf den Boden. Die Fessel gleitet vom Bettgestell und reißt den Fuß, den die Kette umschließt, mit sich. „Dadurch", berichtet Keller, „war man dann wieder wachgerüttelt. Und so ging das natürlich in der Nacht immer wieder von vorne an. Also hat man die Kette immer wieder hochgezogen, und sie ist wieder abgelaufen. Manchmal hat man sich sogar auf die Kette gelegt, damit sie nicht rutscht und man eventuell etwas länger schlafen kann."

Eine zusätzliche nervliche Belastung stellt für den Gefangenen die Anordnung dar, daß er sich in seiner Einzelzelle absolut still verhalten und jedes Klirren mit der Kette vermeiden muß. „Wenn die Kette doch einmal ein wenig gerasselt hat und das Geräusch draußen auf dem Gang von einem beim Vorbeigehen gehört worden ist", erinnert sich der Häftling Hans Popp,[33] „dann begann das Brüllen." Die Kälte, die in den Zellen herrscht, erhöht noch die Leiden der Arrestanten. Die kleinen Kammern bleiben auch im Winter ungeheizt. „Nur am Gang", berichtet Keller, „war ein Ofen aufgestellt, der ab und zu in Betrieb genommen wurde."

Aber bald reicht der erste Arrest im Innenlager für die vielen Gefangenen, die mit verschärfter Haft belegt werden, nicht mehr aus. Deshalb läßt die Kommandantur im September 1933 von den inhaftierten Maurern mit dem Bau eines neuen Bunkers beginnen, in dem 21 Zellen vorgesehen sind.[34] Er entsteht außerhalb des Gefangenenlagers in den Abortanlagen, die sich gegenüber den Werkstätten der Handwerker erstrecken. Die Lagerleitung hat mit dem Projekt eine solche Eile, daß auch bei größter Kälte am Neubau der Arrestzellen gearbeitet wird.[35]

Der neue Bunker, der im Januar 1934 fertiggestellt ist, unterscheidet sich vom alten Arrest dadurch, daß er neben den Kammern für die Dunkelhaft zusätzlich Einzelzellen beherbergt, die nicht vom Tageslicht abgeschirmt sind. Doch auf Ketten, die in dem Fußboden einbetoniert sind, verzichtet die SS auch in diesem Zellenbau nicht. Sie läßt hier sogar noch Handschellen an der Wand befestigen.[36]

Unvergeßlich bleibt für Jakob Boulanger, den Leiter der Bezirksorganisation der KPD in Nordbayern,[37] der Augenblick, als der SS-Hauptscharführer Blank, der damals zusammen mit dem Hauptscharführer Kantschuster die Aufsicht über den Arrest innehat, ihn für elf Monate in eine Dunkelzelle des neuen Bunkers einsperrt. „Es war ein ganz schmaler, fensterloser Raum", berichtet er,[38] „mit einem Zementblock als Bett und einem Kübel für die Notdurft. Der Boden bestand aus faustdicken Steinen und war uneben. Blank schloß mich an eine schwere Kette und warf im Hinausgehen die Eisentür zu. Das Licht ging aus. Völlige Dunkelheit überfiel mich."

Die Finsternis bedeutet für den Häftling in der Einsamkeit, die ihn umgibt, ein Leben voller Schrecken. „Zunächst verliert man jeden Sinn für die Umgebung", erinnert sich Boulanger.[39] „Man steht im Dunkeln und weiß nicht, wie man gehen soll. Man hat unmittelbar vor sich eine Wand, wenigstens glaubt man, eine Wand vor sich zu haben. Man tastet sich vorwärts, bis man die Wand gefunden hat. Mit einer Hand die schwere Kette hochhebend – man muß dazu seine ganze Kraft aufbieten –, mit der anderen Hand an der Wand entlangtastend, geht man bis zur Tür, dann wieder zurück. Nach rechts darf man nicht gehen, sonst stößt man gegen den Zementblock. Aber weiß man denn, ob man nach rechts geht? Man sieht ja nichts. Erst nach Tagen, ganz allmählich, stellt sich der Orientierungssinn wieder ein. Und immer wieder, immer wieder der angestrengte Versuch, etwas zu sehen. Wie das die Augen müde macht! So tastet man sich ganz zermürbt zum Zementbett und setzt sich darauf. Lange kann man sowieso nicht gehen, denn die Kette ist schwer, sehr schwer. Klirren darf sie nicht. Wenn sie klirrt, schreit der Hauptscharführer oder der Kalfaktor: ‚Ruhe! Sonst erlebst du noch was!'

Die Nacht nahm kein Ende. Monatelang währte sie. Ich konnte mich nicht waschen, ich wurde nicht rasiert, meine Haare und mein Bart wuchsen wild. Ich sah nicht, was ich aß. Nur der Geschmack sagte es mir. Es war gar nicht einfach, zu essen. Da bekam ich zum Beispiel manchmal einen Räucherhering. Wie wird man im Dunkeln mit all den Gräten fertig? Ich fädelte mit den Fingern fast eine Stunde lang an dem Hering herum. Und doch, sogar darüber freute ich mich: Ich hatte wenigstens eine Beschäftigung."

Um so erschreckender ist für die Gefangenen die Feststellung, daß ihre Augen den Dienst versagen, wenn sie nach Monaten in ewiger Nacht und Kälte[40] wieder ans Licht geführt werden. „Ich konnte nichts sehen", berichtet Keller.[41] „Meine Augen waren erblindet. Ich mußte mich in den Schnee legen und brauchte, bis das Dunkle vom Auge wieder verschwunden war, ungefähr 20 bis 25 Minuten. Dann konnte ich erst einen schwachen Schimmer wahrnehmen."

Ähnlich ergeht es Boulanger. „Als ich nach elf Monaten Dunkelhaft", erzählt er,[42] „in eine helle Zelle gebracht wurde, erschrak ich zutiefst: Ich konnte kaum mehr sehen. Ich hielt meine Hände dicht vor die Augen, aber ich sah sie nur ganz verschwommen. Ob ich blind werden würde?

Ich war wie erlöst, als die Nacht kam: Die Dunkelheit tat mir wohl, sie hüllte mich ein wie eine warme Decke.

Nur ganz allmählich stellten sich meine Augen um. Ich lernte von neuem sehen, und ich war glücklich."

Die Lagerleitung ist natürlich bestrebt, das Elend, das die Häftlinge im Bunker erleiden, zu verheimlichen. Nicht zuletzt deshalb hat sie den zweiten Zellenbau außerhalb des Gefangenenlagers errichten lassen, um zu verhindern, daß die Häftlinge, die bisher die Verzweiflungsschreie der Mißhandelten aus dem alten Arrest gehört haben, weiter Ohrenzeugen ihrer Verbrechen werden. Dennoch dringt die Kunde von den noch größeren Schrecken, die in den neuen Hauptarresträumen[43] verübt werden, zu den Gefangenen ins Innenlager und empört die Männer.

„Ein Gefangener, der im neuen Arrestgebäude etwas zu reparieren hatte", berichtet Martin Grünwiedl,[44] „erzählte folgendes: Bevor wir in den Arrest traten, machte mich der Posten darauf aufmerksam, daß ich mit den Funktionären in den Zellen nicht sprechen darf. Als der Posten eine Tür öffnete, schrie gleich der Gefangene, Rechtsanwalt Rosenfelder aus Nürnberg:[45] ‚Ihr müßt einheizen, wir erfrieren!'

Genosse Häbich[46] hing an der Kette und rührte sich nicht mehr, da die Glieder erfroren waren. Er war seit seiner Einlieferung nicht mehr rasiert, auch die Haare waren ihm nicht mehr geschnitten.

Man kann es einfach nicht schildern, wie grausam diese Menschen in diesen feuchten, kalten und dunklen Löchern gemartert werden. Vierundzwanzig kommunistische Funktionäre hingen in diesem strengen Arrest, der im Spätherbst erbaut wurde, an schweren Ketten.

Das Wasser läuft an den Wänden herunter, da die Mauern noch nicht ganz ausgetrocknet sind. Das sogenannte Essen wird durch einen Wachhabenden in einem ganz verbogenen und verrosteten Marmeladenkübel – die meiste Zeit nicht einmal mehr lauwarm – in die Zelle gegeben."

Die Lagerordnung billigt den Gefangenen ohnehin nur alle vier Tage ein warmes Essen zu. Die übrige Zeit haben sie sich mit Wasser und mit Trockenbrot zu begnügen.[47] „Wir bekamen zum Essen einen Wecken Brot", erinnert sich Keller.[48] „Der mußte drei Tage lang reichen. Am vierten Tag gab es dann wieder das volle Lageressen, das die übrigen Häftlinge auch erhielten."

Bei den zahlreichen Schikanen und Torturen, die den Gefangenen im Bunker erwarten, nimmt es nicht wunder, daß die Einweisung in den Dunkelarrest für viele ein Todesurteil bedeutet,[49] was zumeist auch damit bezweckt ist. So mancher Bunkerhäftling, bei dem es sich in der Regel um einen politischen Funktionär handelt, kommt bereits mit einem entsprechenden Vermerk im Einlieferungsakt ins Lager, der seinen lautlosen Tod hinter den Arrestmauern fordert. „Die Angaben", berichtet Walter Hornung,[50] „stammten von örtlichen Stellen der Partei-Tscheka.[51] Sie hatte das Maß der politischen Gefährlichkeit festgelegt, das politische Vorleben bewertet. Wer kontrollierte nach, ob die Angaben gewissenhaft, ob sie nicht von persönlicher Rankünе diktiert waren?

Im Tschekabüro des Braunen Hauses[52] saßen die Leute, die mit ein paar Worten entschieden, ob einer (...) durch das Dunkel des Bunkers ins ewige Dunkel hinübergeprügelt wurde, im Dickicht des Waldes verschwand. Mit den Gefangenen im gleichen Wagen fuhr der Akt; in ihm konnte der Vermerk stehen: Auf Entlassung wird kein Wert gelegt!" Damit ist das weitere Schicksal des Häftlings in das Ermessen der Kerkermeister gestellt, die dann, wie sich Hornung ausdrückt, „Art und Zeitpunkt der Entlassung ins Jenseits" selbst bestimmen. So mancher dieser Unglücklichen ist jedoch schon vorher wahnsinnig geworden und gestorben.[53]

Der Arrest stellt aber auch für alle anderen Schutzhäftlinge, die ohne den tödlichen Hinweis in ihren Papieren nach Dachau kommen, eine ständige Bedrohung dar. Denn der Bunker erfüllt nicht nur die Aufgabe einer heimlichen Hinrichtungsstätte und einer Folterkammer, in der Geständnisse erpreßt werden, sondern er dient auch als Lagergefängnis zum Vollzug der Lagerstrafen, die nach Wäckerles Sonderbestimmungen über jeden Gefangenen verhängt werden können.

Sepp Götz ist der dritte Dachauer Häftling, der noch im alten Arrest den Tod findet, nachdem die SS bereits vor ihm im Bunker Fritz Dressel ermordet und Herbert Hunglinger durch grauenhafte Folterungen zum Selbstmord getrieben hat. Das Ende kommt für den Kommunisten nicht überraschend. Er hat von Anfang an damit gerechnet, daß die SS ihm nach dem Leben trachtet. Auch die Mitgefangenen wissen, wie schlecht es um ihn steht. Dennoch versuchen sie, ihn zu retten.

Über den ersten großen Beweis der Solidarität unter den Häftlingen im KL Dachau berichtet Kasimir Dittenheber: „Als im April der kommunistische Parteisekretär Sepp Götz ins Lager gebracht wurde, hatten wir noch Hoffnung, ihn durchzubringen. Wir gaben ihm gutgemeinte Ratschläge, die Genossen deckten ihn bei der Arbeit, damit ihn keine SS-Leute, die ihn kannten, sehen sollten. Er selbst war sich über sein Schicksal im klaren und trug es schweigend. ‚Zehn Prozent von uns bringen sie bestimmt um. Die Hälfte von euch kommt vielleicht in absehbarer Zeit heraus, die anderen wird der Sturz der Naziherrschaft befreien, vielleicht erst ein Krieg. Für mich sind wenig Aussichten.‘ So sagte er einmal zu mir. Als er in die Arrestzelle gebracht wurde, wußten wir, daß er recht hatte. Durch furchtbare Mißhandlungen suchte man Geständnisse und Angaben von ihm zu erpressen. Er blieb fest. Bleich, zerschlagen, abgemagert sahen wir ihn manchmal, wenn er aus der Zelle geführt wurde, und bei jedem Spaziergang befürchteten wir den ‚Fluchtversuch‘.“[54]

Seine letzte Stunde schlägt am 9. Mai 1933. In der Abgeschiedenheit des Bunkers trifft Götz auf dem Gang ein Schuß, der aus einer Pistole abgegeben worden ist, in den Kopf. Das Geschoß dringt in die linke Schläfe des Landtagsabgeordneten ein und verletzt ihn tödlich. Auch in diesem Fall schaltet sich die Staatsanwaltschaft München II wieder ein und ordnet eine richterliche Leichenschau an, weil sie der Lagerkommandantur mißtraut, die behauptet, daß Götz in Notwehr erschossen worden sei. Zur Tat bekennt sich auch der SS-Mann Karl Friedrich Wicklmayr, der angibt, den Häftling mit seiner Dienstpistole getötet zu haben, nachdem er von Götz bedroht worden sei.

Über den genauen Verlauf des Vorfalls sagt Wicklmayr vor dem Oberamtsrichter Lorenz Meyer des Amtsgerichts Dachau aus,[55] daß ihn „Götz, der ein Kopfkissen und einen Strohsack aus einer Zelle in die andere zu verbringen hatte, auf dem Gang, als er an ihm vorbeiging, zweimal angegriffen“ habe. Zuerst sei der Gefangene von ihm zurückgestoßen worden. „Als dieser aber“, erklärt Wicklmayr weiter, „das zweite Mal auf ihn losging, gab er einen Schuß auf ihn ab. Götz stürzte sofort tot zusammen.“

Die Ermordung des überaus beliebten Funktionärs entgeht den Häftlingen nicht. Einige von ihnen beobachten, wie der Leblose aus dem Bunker geholt wird. „Auf einem Brett“, erinnert sich Dittenheber,[56] „mit einer Decke verhüllt, trugen sie die Leiche hinaus.“ Niemand glaubt der SS, daß Götz, wie die Lagerleitung allen weismachen will, Widerstand geleistet und deshalb seinen Tod selbst verschuldet habe.

Wie berechtigt die Zweifel sind, zeigt sich, als noch am 9. Mai der Landgerichtsarzt Dr. Flamm zusammen mit Oberstaatsanwalt Wintersberger im Lager erscheint und den Toten untersucht. Er findet nicht nur in der Zelle des Erschossenen Blutspuren,[57] sondern entdeckt auch auf dem Kopf des Häftlings neben der tödlichen Schußverletzung eine zweite Wunde, die „mit einer derben Blutkruste verklebt“[58] ist. Dieses Ergebnis läßt darauf schließen, daß der Zwischenfall im Bunker anders abgelaufen sein muß, als der SS-Mann ihn geschildert hat. Da jedoch kein Licht mehr in das Dunkel zu bringen ist, verzichtet die Justiz darauf, Anklage gegen die Lagerleitung zu erheben.[59] Die Stunde der Staatsanwaltschaft soll erst noch kommen.

Der Mord an Götz hätte um Haaresbreite ein zweites Opfer gefordert. Das Geschoß, das den Landtagsabgeordneten niedergestreckt hatte, verfehlte um nur wenige Meter den Häftling Josef („Sepp“) Zäuner, den die SS ebenfalls im Arrest festhielt. „Unter der Mittagszeit“, berichtet er,[60] „als sich die anderen Kompanien im Speisesaal außerhalb des Lagers zur Einnahme des Essens befanden, wurde einige Zellen von der meinen entfernt eine Zellentüre geöffnet und ein Schuß abgefeuert. Hierauf trat eine plötzliche Stille ein.“

Es dauerte nicht lange, da erschien Steinbrenner in Begleitung des SS-Mannes Anton Hoffmann bei Zäuner in der Zelle und suchte nach dem Projektil. Das Geschoß war, wie der Gefangene erkennen konnte, „schräg durch den obersten Türpfosten“ in den Raum eingedrungen. Dort prallte es von der Wand ab und fiel auf die Lagerstatt des Häftlings nieder. „Steinbrenner“, erinnert sich Zäuner, „lachte, als er die Kugel sah.“ Er nahm sie an sich und meinte zu dem Gefangenen: „Da haben Sie aber Glück gehabt.“[61]

Die Brutalität der SS überrascht Sepp Zäuner[62] nicht mehr. Gleich bei seiner Ankunft in Dachau hat der Kommunist, der in Baar bei Reichertshofen daheim ist, die Methoden der Lagerleitung am eigenen Leib erfahren. Als erster Häftling in der Geschichte des Lagers wird der 43 Jahre alte Arbeiter noch am 8. Mai, an dem er aus dem Landgerichtsgefängnis in Eichstätt im KL eingetroffen ist, öffentlich ausgepeitscht.[63] Der Schutzhaftgefangene Fritz Schopper beobachtet,[64] wie er seine Hose ausziehen und sich über eine Mörteltrage beugen muß, bevor er die Hiebe auf das nackte Gesäß erhält.

„Ich bekam damals 80 Schläge“, erinnert sich Zäuner,[65] der wegen seiner Standhaftigkeit bald die Achtung seiner Kameraden genießt. „Bis 40 habe ich selbst mitgezählt. Die Schläge wurden mir von den SS-Leuten Kantschuster, Ehmann, Hoffmann und Unterhuber verabreicht. Die Schläge wurden mir mittels Ochsenziemer gegeben. Ich wurde geschlagen, weil ich einem SS-Mann gegenüber geäußert habe, der einen Jungsozialisten schlug: ‚So könnt ihr die Jugend nicht zum Nationalsozialismus erziehen.‘“ Schopper, der Augenzeuge dieses Vorfalls bei Zäuners Ankunft in Dachau wird,[66] hört den Arbeiter außerdem zu Steinbrenner, der den Häftling mißhandelt hat, sagen, daß es „eine Kulturschande im 20. Jahrhundert“ sei, einen wehrlosen Menschen zu schlagen. Dann spuckt er vor Steinbrenner und den anderen SS-Leuten aus, wobei er noch abfällig bemerkt: „Pfui Teufel!“

Sein mutiges Auftreten muß Zäuner teuer bezahlen. Denn mit der Auspeitschung hat die SS ihre Wut noch nicht gestillt. „Nach den Schlägen“, berichtet Zäuner,[67] „wurde ich durch den Steinbrenner in den Dunkelarrest geführt. Hierbei riß mir Steinbrenner meinen Spitzbart zum größten Teil ab, so daß ich am Kinn stark blutete. Er bemerkte hierbei: ‚Hier herinnen brauchen wir keine Leute mit einem Leninbart.‘“

Wenige Tage darauf wird der Bunker wieder Schauplatz eines Verbrechens. Das Opfer ist der jüdische Kaufmann Louis Schloss aus Nürnberg, der am Morgen des 16. Mai in der Zelle Nr. 4 tot „in halbsitzender Stellung", wie es im Protokoll des Amtsgerichts Dachau[68] heißt, gefunden wird. Zunächst scheint es so, als habe sich der Häftling an seinem Hosenträger erhängt. Doch Oberstaatsanwalt Carl Wintersberger, der auch in diesem Fall wieder voller Mißtrauen ist, läßt sich davon nicht täuschen. Bereits sechs Tage nach der Entdekkung des Toten kann er dem Generalstaatsanwalt Sotier beim Oberlandesgericht München eine überraschende Mitteilung machen.

„Am 16.5. 33 nachm.", schreibt Wintersberger,[69] „wurde die Staatsanwaltschaft durch die Gend. Station Dachau[70] verständigt, daß sich kurz vorher im Konzentrationslager Dachau ein Schutzhaftgefangener, der am 21.6. 80 geborene verw. Kaufmann Louis Schloss[71] aus Nürnberg, in seiner Einzelhaftzelle erhängt habe. Auf staatsanwaltschaftlichen Antrag wurde noch am gleichen Tag die richterliche Leichenschau unter Zuziehung des Landgerichtsarztes beim Landgerichte München II vorgenommen. Da hiebei festgestellt wurde, daß die Leiche zahlreiche Striemen aufwies, und da die Todesursache zweifelhaft erschien, wurde am 17.5. 33 die Leichenöffnung durchgeführt. Nach dem vorläufigen Gutachten der beteiligten Ärzte konnte durch die Sektion der Erhängungstod nicht bewiesen werden. Die an der Leiche vorgefundene ausgedehnte Zertrümmerung des Fettgewebes wurde als geeignet erachtet den Tod durch Autointoxikation und Fettembolie zu erklären."

Damit ist die Kommandantur des KL Dachau erneut in den Verdacht geraten, sich eines Verbrechens schuldig gemacht zu haben. Die Staatsanwaltschaft in München, die schnell die Machenschaften der SS durchschaut hat, zögert auch nicht lange, um die Lagerleitung zur Verantwortung zu ziehen. Mit großem Mut stellt sie sich zum erstenmal dem Terror der SS in den Weg. Am 1. Juni erhebt der Erste Staatsanwalt Josef Hartinger, der seit dem 1. Januar 1931 bei der Staatsanwaltschaft München II tätig ist und der in seinem Referat G die Vorfälle im Konzentrationslager Dachau zu behandeln hat,[72] die „öffentliche Klage gegen unbekannte Täter wegen Verbrechens der Körperverletzung mit Todesfolge" sowie gegen den Kommandanten Wäckerle, den Lagerarzt Dr. Nuernbergk und den Kanzleiobersekretär Josef Mutzbauer „wegen je eines Vergehens der Begünstigung".[73]

Zur Begründung seiner Anschuldigungen führt Hartinger aus: „Der Kaufmann Louis Schloss von Nürnberg, der sich im Konzentrationslager Dachau als Gefangener in einer Einzelhaftzelle befand, wurde am 16. Mai 1933 oder schon einige Zeit vorher von bis jetzt unbekannten Tätern, wahrscheinlich von Personen der Wachmannschaft des Konzentrationslagers Dachau, derart geschlagen, daß er am 16. Mai 1933 an den Folgen verstarb. Zum Zwecke der Vortäuschung eines Selbstmordes wurde Schloss mit einem Hosenträger nachträglich an einem Hacken (sic!) in seiner Zelle aufgehängt.

Obwohl die Beschuldigten Wäckerle, Nuernbergk und Mutzbauer von dem Fall Kenntnis erlangten und über die Todesursache sich klar waren, unternahmen sie unter Mißachtung ihrer Pflichten nichts, stellten vielmehr den Fall gegenüber der Staatsanwaltschaft und dem Gericht so hin, als ob es sich um einen einwandfrei festgestellten Selbstmord handle. Mutzbauer erklärte der Gerichtskommission, die im Lager zur Vornahme einer Leichenschau erschienen war, sogar, er sehe nicht ein, warum die Kommission im vorliegenden Fall tätig werden wolle, da Selbstmord außer Zweifel stehe."

Wintersberger schließt sich dem Urteil seines Untergebenen an und teilt noch am 1. Juni Generalstaatsanwalt Sotier zum „Ableben des Schutzhaftgefangenen Louis Schloss im Konzentrationslager Dachau" mit: „In nebenbezeichneter Sache habe ich heute gegen unbekannte Täter wegen Körperverletzung mit Todesfolge und gegen den Lagerkommandanten Wäckerle, den Lagerarzt Dr. Nuernbergk sowie den Kanzleiobersekretär Mutzbauer wegen Begünstigung die öffentliche Klage erhoben und Antrag auf Eröffnung und Durchführung der gerichtlichen Voruntersuchung(,) ferner auf Erlassung eines Haftbefehles gegen die benannten Beschuldigten wegen Verdunkelungsgefahr gestellt.

Über den Fortgang des Verfahrens werde ich berichten."[74]

Auch für die Häftlinge besteht kein Zweifel, daß Schloss ermordet worden ist. Wer mit angesehen hat, wie der Kaufmann im Lager empfangen worden ist, kann sich denken, was ihn im Bunker erwartet hat. Gleich bei seiner Ankunft in Dachau am 15. Mai sind die SS-Leute über Schloss hergefallen, der ihnen kein Unbekannter ist, nachdem das antisemitische Hetzblatt „Der Stürmer", das der Gauleiter von Franken, Julius Streicher, herausgibt, den Juden wiederholt wegen seiner Beziehungen zu „arischen Frauen" angegriffen hat.

In ihrem Haß zerren sie den Kaufmann vom Lastwagen, der ihn mit anderen Häftlingen ins Lager gebracht hat. Sie werfen ihn über einen Kotflügel des Transportautos und reißen ihm die Hose vom Leib. Dann beginnen mehrere kräftige SS-Männer, unter ihnen der Kompanieführer Hans Steinbrenner und der Arrestverwalter Johann Unterhuber, den Unglücklichen mit Ochsenziemern auszupeitschen. Die Schläge, die Schloss auf Gesäß und Rücken treffen, werden so heftig geführt, daß der Mißhandelte bald das Bewußtsein verliert und blutüberströmt vom Kotflügel herabrutscht. Aber auch nach dem Zusammenbruch des Juden lassen die Peiniger noch nicht von ihm ab. Sie schleifen ihr Opfer in die Deckenkammer und setzen dort die Tortur fort. Anschließend wird Schloss in den Bunker geschleppt, den er nicht mehr lebend verläßt.[75]

Am Tag darauf findet man seine Leiche in der Zelle Nr. 4. Der Kaufmann hängt an seinem eigenen Hosenträger, dessen sich die Mörder bedient haben, um einen Freitod vorzutäuschen. Auch wenn es ihnen nicht glückt, die Justiz irrezuführen, erreichen sie doch, daß die Ermittlungen keine letzte Klarheit mehr in den Fall bringen können. So bleibt ungeklärt, ob Schloss noch gelebt hat, als die Schlinge ihm um den Hals gelegt worden ist, oder ob er bereits an den Folgen der Mißhandlungen gestorben ist, bevor man ihn aufgehängt hat.[76] Ebenso erfolglos verlaufen die Nachforschungen nach den Tätern, die zweifellos in den Reihen der SS zu suchen sind, die aber von der Lagerleitung gedeckt werden.

Der Fall Schloss beschäftigt die Münchner Staatsanwälte noch voll, als ein neues Gewaltverbrechen im KL Dachau bekannt wird. Das Opfer ist der 31 Jahre alte Hilfsarbeiter und kommunistische Parteisekretär Leonhard Hausmann, geboren am 27. Januar 1902 in Augsburg, der am Vormittag des 17. Mai nach eigener Aussage der SS von dem Scharführer Karl Ehmann erschossen wird. Die Politische Abteilung des Konzentrationslagers meldet den Vorfall noch am selben Tag der Gendarmerie-Hauptstation Dachau, die ihrerseits das Amtsgericht in Dachau und die Staatsanwaltschaft in München vom Tode des Augsburger Häftlings verständigt. Staatsanwalt Hartinger beauftragt die Gendarmen unverzüglich damit, eine Skizze vom Tatort anzufertigen.[77]

Aber auch die Politische Abteilung im KL baut vor. Um von vornherein keinen Zweifel an ihrer Glaubwürdigkeit aufkommen zu lassen, verfaßt sie einen ausführlichen Bericht, in dem sie in allen Einzelheiten „zur Anzeige" bringt, wie der Schutzhaftgefangene sein Ende gefunden hat: „Hausmann war am 17.5. 33 vormitt. mit noch 50 Gefangenen, außerhalb des Konzentrationslagers, d.h. in nördlicher Richtung desselben bei Kulturarbeiten beschäftigt. Die Bewachung hatte Ehmann und noch 4 Posten unter sich. Zwei Mann, darunter Hausmann hatten etwas abseits vom Arbeitskommando junge Fichten auszugraben; es war dies gegen 10.30 Uhr. Plötzlich bemerkte Ehmann, daß nur mehr ein Gefangener arbeitete. Er drehte sich um und sah in einer Entfernung von 10 m hinter Gebüsch einen Mann mit einem Drillichanzug (Hausmann) verschwinden, der in Richtung auf eine dort befindliche Kiesgrube lief. Ehmann sprang ihm sofort nach, d.h. er lief auf die rechte Seite des Gebüsches zu, während der Flüchtling seinen Weg links vorbei nahm. Auf einer vor der Kiesgrube befindlichen Lichtung in einer Entfernung von 10 m rief Ehmann dem Hausmann mehrmals ‚Halt' zu und da dieser nicht stehen blieb, riß er seine 08 Pistole aus der Tasche und gab auf den Flüchtling einen Schuß ab, der ihn in den Rücken traf. Hausmann machte noch einen Satz und fiel dann zu Boden. Als Ehmann auf ihn zukam, war er bereits tot. SS-Mann Ludwig Wieland der ebenfalls beim gleichen Arbeitskommando Postendienst hatte gab an, daß er den Ehmann mehrmals laut schreien und dann einen Schuß fallen hörte. Ob Ehmann ‚Halt' rief, könne er nicht sagen. Erwähnt sei noch, daß Ehmann sofort nach dem Vorfall H. Polizeihauptmann Winkler Meldung erstattete."

Die Politische Abteilung schließt den Bericht, den ein gewisser Kriminal-Hauptwachtmeister Schelkshorn unterzeichnet und den die Kommandantur unverzüglich an „die Staatsanwaltschaft für den Landgerichtsbezirk München" weiterleitet, mit dem Versuch, Verständnis für die Tat des SS-Scharführers zu wecken, indem sie seiner Wachsamkeit Anerkennung zollt. „Das Gelände, wo Hausmann arbeitete", stellt sie fest, „ist infolge Buschgruppen, Unterholz und jungen Fichtenpflanzungen sehr unübersichtlich. Dies wird dem Hausmann jedenfalls die Gewißheit des Gelingens seiner Flucht gegeben haben. Wäre Scharführer Ehmann nicht so vorsichtig und aufmerksam gewesen, würde Hausmann zweifellos entkommen sein."[78]

Diese Auffassung teilt auch Hauptwachtmeister Johann Bielmeier von der Gendarmerie-Hauptstation Dachau, wie er am 18. Mai in seinem Bericht an „die Staatsanwaltschaft bei dem Landgerichte München II" hervorhebt: „Nachdem der Wald infolge des 15 jährigen Brachliegens vollständig verwildert ist, wäre es für Hausmann sehr leicht gewesen in denselben zu entkommen. Hätte Hausmann die auf der Skizze angeführte Kiesgrube, bezw. den gegenüberliegenden Wald noch erreicht, so würde seine Flucht zweifellos geglückt sein. Bis nämlich von dem Posten Alarm geschlagen worden wäre und die Bewachungsmannschaften herbeigekommen wären, würde Hausmann in dem äußerst dichten Wald und Gestrüpp entkommen sein, noch dazu wo an der Amper nur ein sehr schadhafter alter Stacheldrahtzaun angebracht ist.

Derselbe befindet sich noch aus der Zeit der ehm. Deutschen Werken (sic!) und hat den Zweck(,) daß Unbefugte vom Betreten des Gebiets der ehem. Deutschen Werke abgehalten werden."[79]

So sehr auch Ehmann beteuert, nur geschossen zu haben, um Hausmann an der Flucht zu hindern, so wenig glaubt ihm Hartinger. Noch am 17. Mai ordnet der Erste Staatsanwalt eine Leichenschau an, die wieder der Landgerichtsarzt Dr. Flamm vornimmt. Das Ergebnis ist für die SS niederschmetternd. Der Mediziner stellt nämlich fest, daß der Schuß, der Hausmann in die linke Brusthöhle eingedrungen ist, nicht, wie der Scharführer behauptet hat, aus einer Entfernung von zehn bis zwölf Metern abgegeben, sondern aus der erheblich kürzeren Distanz von weniger als einem Meter abgefeuert worden ist. Später kommt der Sachverständige, Professor Dr. Merkel, sogar zu dem Schluß, daß Hausmann keine dreißig Zentimeter von der Mündung der Pistole 08 getrennt haben, als die Waffe zum tödlichen Schuß abgedrückt worden ist.[80] Damit gilt es als erwiesen, daß der SS-Mann die Unwahrheit gesagt hat und der Häftling nicht auf der Flucht erschossen worden ist.

Oberstaatsanwalt Wintersberger zieht aus diesem Untersuchungsergebnis sofort die Konsequenzen. „Ich habe heute", teilt er am 1. Juni dem „Herrn Generalstaatsanwalt bei dem Oberlandesgerichte München" mit,[81] „gegen Ehmann die öffentliche Anklage erhoben und Antrag auf Eröffnung und Durchführung der gerichtlichen Voruntersuchung sowie auf Erlassung eines Haftbefehles gegen ihn wegen Flucht- und Verdunkelungsgefahr gestellt."

Auch im Lager ist es längst ein offenes Geheimnis, daß die tödliche Kugel Hausmann vorsätzlich getroffen hat. Häftlinge, die dem Arbeitskommando des Augsburgers angehört haben, berichten den Kameraden, daß sie bereits angetreten seien, um zum Mittagessen ins Lager einzurücken, als Ehmann den Mitgefangenen Hausmann wieder von ihrer Gruppe weggeholt habe. Hausmann sei befohlen worden, einen Gegenstand zu bringen, worauf er sich von seinem Kommando entfernt habe. Kurz darauf sei dann der Todesschuß gefallen.[82]

Während die Staatsanwaltschaft noch den Fall Hausmann untersucht, ereignet sich im KL eine neue Tragödie. Ihr fällt der jüdische Gerichtsreferendar Wilhelm Aron aus Bamberg zum Opfer, der zusammen mit Louis Schloss am 15. Mai nach Dachau gekommen ist.[83] Der Häftling Eugen Oehrlein, der aus dem Amtsgerichtsgefängnis Würzburg mit demselben Transport im Lager eintrifft, steht neben Aron, als die Gefangenen beim Empfang im KL vor dem Kommandanturgebäude antreten müssen. Er sieht, wie der SS-Mann Frank auf den Nebenmann zugeht und ihn anspricht: „Wie heißen Sie?" Aron nennt seinen Namen. „Sind Sie Jude?" Der Häftling bejaht die Frage. „Was sind Sie von Beruf?" Der Jude antwortet: „Referendar." – „Gewesen", erwidert der Wachmann zynisch.[84]

Diese Bemerkung läßt Aron ahnen, was ihn erwartet. Der 26 Jahre alte Jurist,[85] der durch seine große Statur und noch mehr durch sein rotes Haar auffällt, hat gleich bei der Ankunft im Lager das Interesse aller SS-Leute auf sich gezogen. Zunächst aber muß er mit ansehen, wie der Kaufmann Schloss unter den Schlägen seiner Peiniger bewußtlos vom Kotflügel des Transportautos sinkt, bevor sich die SS ihm zuwendet. Mit seinen jüdischen Leidensgenossen wird er von den übrigen Gefangenen des Transports getrennt und zur Empfangsprügel in die Deckenkammer gebracht, wo die Wachmänner sofort über ihn herfallen. Die Schläge, die auf ihn niederprasseln, sind von solcher Wucht, daß er am Gesäß schwerste Verletzungen erleidet.

Bewußtlos wird Aron ins Revier eingeliefert. Dort stellt der Häftlingsarzt Dr. Delvin Katz, der sich im Krankenbau mit großer Aufopferung den mißhandelten Mitgefangenen widmet, fest, daß der Jude in akuter Lebensgefahr schwebt. Das Gesäß des jungen Mannes ist nur noch eine blutige Masse, aus der die Knochen hervortreten. Der Todkranke beginnt bald zu delirieren. Als er im Fieber um sich schlägt, muß er auf seinem Strohsack festgebunden werden.[86]

Doch damit hat das Leiden des Juden noch kein Ende. Der kommunistische Landtagsabgeordnete Fritz Schaper, der neben Aron im Revier liegt, nachdem er selbst bei seiner Ankunft in Dachau am 24. April schwer mißhandelt worden ist, wird Zeuge, wie der Referendar, sobald er das Bewußtsein wiedererlangt hat, von der SS weiter gequält wird. Zu jeder Morgenvisite in der Zeit zwischen 9 und 10 Uhr erscheinen der stellvertretende Lagerkommandant Erpsenmüller und Steinbrenner in der Krankenstube und zerren den Juden, der schon vom Tode gezeichnet ist, von seinem Lager. Sie schleifen ihn mit entblößtem Körper in einen Raum, der unmittelbar an das Revier grenzt, und schlagen dort mit ihren Ochsenziemern immer wieder auf seine offenen Wunden ein, die bereits zu eitern beginnen.

Das Martyrium wiederholt sich tagelang. Erst der Tod erlöst Aron von den Qualen. Als Steinbrenner den Juden am Morgen des 19. Mai wieder zum Prügeln holen will, rührt sich der Mann nicht mehr. Wutentbrannt stößt der Kompanieführer mit dem Fuß nach ihm und geht an einen Tisch, um eine Meldung zu schreiben. Doch Dr. Katz hindert ihn daran. „Der ist ja tot", ruft er ihm zu.[87]

In einem verlöteten Zinnsarg wird Aron, der einer Herzlähmung erlegen ist, in seine Heimatstadt Bamberg übergeführt.[88] Die Lagerleitung weiß genau, warum sie es nicht riskieren kann, daß jemand noch den Toten zu Gesicht bekommt. Nach allem, was bereits passiert ist, muß sie mehr und mehr die Staatsanwälte in München fürchten, die mit wachen Augen das Lagergeschehen beobachten und die jedem Hinweis nachgehen, der sie auf die Spur eines neuen Verbrechens führen könnte.

Daß die Kommandantur vor keinem Mittel zurückschreckt, um die Ermittlungen der Staatsanwaltschaft zu erschweren oder gar unmöglich zu machen, zeigt sich eines Nachts im Mai, als gegen 22 Uhr in einer Holzbaracke, die Holzwolle und Hobelspäne enthält, ein Feuer ausbricht. Mit dem Ruf „Es brennt, es brennt!" weckt Steinbrenner die Männer der Lagerfeuerwehr.[89] Unter der Leitung ihres Hauptmannes Anton Schöberl[90] eilen die Gefangenen zum Brandort hinter dem Kommandanturgebäude, wo die Flammen schon lichterloh aus der Baracke schlagen. Den vierzig Häftlingen[91] gelingt es, das Feuer niederzukämpfen.

Doch als die Gefangenen am nächsten Morgen die Brandstelle aufräumen, machen sie eine makabre Entdeckung: Sie finden in den Trümmern zwei verkohlte und verstümmelte Leichen.[92] Alles deutet darauf hin, daß sie in den Hobelspäneschuppen gebracht worden sind, bevor das Feuer ausgebrochen ist. Den Häftlingen fällt auf, daß die Toten starke Brandspuren aufweisen, ob-

16 Der Haupteingang zum Konzentrationslager Dachau: Hinter diesem Tor erstreckte sich die Welt, in der nur noch das Standrecht der SS galt. Dennoch war die Justiz anfangs bemüht, dem Terror in Dachau Einhalt zu gebieten, indem sie sich immer wieder Zutritt zum Lager verschaffte, wenn es darum ging, die Spuren eines neuen Verbrechens zu sichern.

wohl die Flammen sie gar nicht erreicht haben. Denn die Leichen liegen in einem Raum, der vom Brand verschont geblieben ist. Die Feuerwehr hat sich erst mit Werkzeugen durch die Decke zu ihm Zutritt verschaffen müssen. „Also waren die Toten", berichtet Martin Grünwiedl,[93] „schon vorher extra angezündet worden, vielleicht mit Benzin."

Nach diesem Befund zweifelt keiner der Gefangenen mehr daran, daß das Feuer von der SS mit der Absicht gelegt worden ist, sich so der Leichen zu entledigen, um der Justiz jede Möglichkeit zu nehmen, die Todesursache zu klären. Wer die Toten sind, läßt sich jedoch nicht mehr mit Genauigkeit herausfinden. Ein Gerücht, das im Lager umgeht, will wissen, daß einer der beiden Aron gewesen sei.[94] Zugleich heißt es weiter, daß Josef Mutzbauer, der die Politische Abteilung leitet, angeregt habe, die Opfer auf diese Weise zu beseitigen.[95]

Die SS fühlt sich offenbar der Staatsanwaltschaft so überlegen, daß sie sich nicht scheut, nur wenige Tage nach dem Tode von Aron ein neues Verbrechen zu begehen. Wieder ist es ein Jude, dem Dachau zum Verhängnis wird. Der Münchner Rechtsanwalt Dr. Alfred Strauss, am 30. August 1902 in der bayerischen Landeshauptstadt geboren,[96] hat das Lager kaum betreten, als sich schon das Interesse der beiden SS-Männer Anton Hoffmann und Hans Steinbrenner auf den großen und korpulenten Mann richtet. „Das ist das richtige Fressen für uns", hört der Häftling Kasimir Dittenheber[97] den berüchtigten

Schläger Hoffmann[98] sagen. „Da kann man richtig hinhauen. An den mageren Proletenärschen ist so nichts dran."

So bleibt Strauss, der allein nach Dachau gebracht worden ist, von Anfang an nichts erspart. Die SS-Leute nehmen keine Rücksicht darauf, daß der Rechtsanwalt, wie jeder bei der Ankunft des Juden im KL an dem blutdurchtränkten Rücken des Anzuges sehen kann, bereits Schweres hinter sich hat. Steinbrenner geht mit ihm zur Lagerfeuerwehr und zwingt ihn dort, auf die 13 Meter hohe Feuerwehrleiter zu steigen.[99] Doch damit gibt sich der Kompanieführer noch nicht zufrieden. Wie der Häftling Hans Steinberger, der Mitglied der Löschtruppe ist, berichtet, läßt Steinbrenner die Männer der Lagerfeuerwehr einen Dauerlauf machen, dem sich der erschöpfte Strauss anschließen muß. Erst nach etwa zehn Minuten bricht der SS-Mann die schikanöse Übung ab und nimmt den Juden wieder mit sich. Bald darauf ist der Rechtsanwalt ein toter Mann.

Die Staatsanwaltschaft geht auch diesem Fall nach. „Eines Abends im Mai 1933 – es war wahrscheinlich schon nach Büroschluß –", erinnert sich Josef Hartinger,[100] „erfuhr ich, daß ein KZ-Häftling (ob dessen Name genannt wurde, weiß ich nicht, es war aber der Rechtsanwalt Strauss von München) auf der Flucht gelegentlich eines Spazierganges von seinem Begleiter, einem SS-Mann, erschossen worden sei. Ich wollte sofort eine Ortsbesichtigung und eine Leichenschau unter Zuziehung des Landgerichtsarztes Dr. Flamm vornehmen. Der Landgerichtsarzt war nicht mehr im Gebäude, ich konnte ihn aber fernmündlich erreichen und ersuchte ihn, sofort vor den Eingang des Lagers Dachau zu fahren, wo ich ihn zu einer Leichenschau erwarte. Ich selbst bat den noch anwesenden damaligen II. Staatsanwalt Dr. Lacherbauer, der einen eigenen Wagen vor dem Justizpalast stehen hatte, mich zum Lager zu bringen, was er tat. Mit Dr. Flamm traf ich, wie vereinbart, zusammen. Mit ihm und Dr. Lacherbauer ging ich ins Lager. Wir wurden an den Tatort geführt. Die Leiche des Strauss lag am Rande eines Gehölzes. Der Tod war durch Kopfschüsse verursacht. In der Nähe der Leiche stand der SS-Mann, der Strauss getötet hatte. Der SS-Mann hieß Johann Kantschuster. Ich glaube mich noch erinnern zu können, daß er groß und schlank war. Besonders gut entsinne ich mich, daß sein Gesichtsausdruck der eines verkommenen Menschen war. Ich unterhielt mich mit Dr. Flamm über ihn(,) und wir waren beide der Auffassung, daß sein Bild in ein Verbrecheralbum gehöre. Das Wort ‚Verbrecheralbum' wurde damals von uns gebraucht. Kantschuster gab an, daß Strauss beim Spaziergang plötzlich von ihm weggelaufen sei, um in dem nahen Gebüsch zu verschwinden. Er – Kantschuster – habe dem Fliehenden mit seiner Pistole nachgeschossen und ihn in den Kopf getroffen. Ich ordnete an, daß die Leiche in einen Raum gebracht und dort entkleidet werde. Die SS-Leute waren unwillig, kamen aber meiner Anordnung nach. Ich wollte vor allem noch wissen, ob die Leiche sonstige Gewalteinwirkungen aufweise. Dr. Flamm untersuchte sie genau. Er machte mich darauf aufmerksam, daß die Haut am Rücken und am ‚Gesäß' ‚ledern' sei. Das deutete auf frühere schwere Mißhandlungen hin. Deshalb ordnete ich Leichenöffnung an. Wegen der einsetzenden Dämmerung wurde sie am nächsten Tag durchgeführt."

Das Ergebnis der Untersuchung beweist, daß Strauss von Kantschuster mit einer Dreyse-Pistole[101] vorsätzlich getötet worden ist, nachdem er furchtbare

Folterungen erlitten hat. Außerdem macht die Tatsache, daß der Häftling nur Pantoffeln und keine Schuhe getragen hat, Oberstaatsanwalt Wintersberger stutzig. Er zieht daraus, wie er später berichtet,[102] den Schluß, daß „Strauss in seinem damaligen körperlichen Zustand und mit solcher Fußbekleidung“ keinen Fluchtversuch „angesichts der strengen Lagerbewachung unternehmen konnte noch wollte“.

Nach diesem Resultat ist Wintersberger fest entschlossen, Johann Kantschuster vor Gericht zur Rechenschaft zu ziehen. So teilt er am 1. Juni Generalstaatsanwalt Sotier, der am selben Tag von ihm auch über die Fälle Schloss und Hausmann unterrichtet wird, mit:[103] „Am 24. Mai 1933 wurde der 30 Jahre alte ledige Rechtsanwalt Dr. Alfred Strauss aus München, der sich als Schutzhaftgefangener im Konzentrationslager Dachau befand, bei einem Spaziergang, den ihm der Lagerarzt verordnet hatte, außerhalb des umzäunten Teiles des Lagers von dem ihn begleitenden SS(-)Mann Johann Kantschuster durch 2 Schüsse aus einer Pistole getötet. Kantschuster gibt folgende Schilderung: Er selbst habe austreten müssen; Strauss sei weiter gegangen. Plötzlich sei Strauß[104] weggesprungen, um in das etwa 6 m vom Saum weg entfernte Gebüsch zu gelangen. Als er dies gemerkt habe, habe er dem Flüchtenden aus einer Entfernung von etwa 8 m 2 Schüsse nachgesandt, worauf Strauß tot zusammengebrochen sei.

Noch am 24. 5. 1933 fand richterliche Ortsbesichtigung statt. Die Leiche des Strauß lag am Rande des Gehölzes. An den Füßen waren Lederpantoffel. Während der eine Fuß mit einem Socken bekleidet war, war der andere bloß, offenbar wegen einer Verletzung an diesem Fuß. Anschließend an die Ortsbesichtigung wurde die Leichenschau durchgeführt. Am Hinterkopfe der Leiche wurden 2 Einschüsse festgestellt. Außerdem wies der Leichnam mehrere Blutunterlaufungen und offene Wunden auf. Es wurde richterliche Leichenöffnung angeordnet, die am 26. 5. 33 vorgenommen wurde. Nach dem vorläufigen Gutachten ist der Tod eingetreten durch Gehirnlähmung infolge eines Durchschusses und eines Steckschusses in die rechte Hirnhälfte. Es wurden festgestellt ältere Striemen in der rechten Lenden- und Gesäßgegend, sowie Durchblutungen in den linken Bauchdecken. Ferner ergab die Richtung der Schußkanäle, daß die Schüsse von hinten unten schräg nach rechts oben abgegeben wurden. Aus welcher Entfernung sie abgegeben wurden, konnte durch die Sektion nicht geklärt werden, vielmehr sind zu diesem Zwecke chemische und mikroskopische Untersuchungen notwendig.

Ich habe heute gegen Kantschuster die öffentliche Anklage wegen Mordes erhoben und die Eröffnung und Durchführung einer gerichtlichen Voruntersuchung sowie Antrag auf Erlassung eines Haftbefehls gegen ihn gestellt.“

Doch all diese Aktivitäten der Münchner Staatsanwälte beeindrucken die Dachauer SS nicht. Sie muß sich ihrer Sache sehr sicher sein. Sonst könnte es nicht sein, daß der Justiz bereits am 25. Mai, also nur 24 Stunden nach dem Tode von Strauss, eine neue Gewalttat aus dem KL bekannt wird. Das Opfer ist der 28 Jahre alte, ledige Kaufmann Karl Lehrburger aus Nürnberg.[105] Der Jude, der, am 1. Dezember 1904 in der Stadt an der Pegnitz geboren,[106] als Angestellter in das Geschäft seines Vaters eingetreten ist, hat als Mitglied der KPD die Stadtteilorganisation Nürnberg-Gostenhof geleitet.[107] Als die Nationalsozialisten in Bayern die Macht übernehmen, teilt auch Lehrburger das

Schicksal seiner kommunistischen Parteifreunde. Er wird noch in den ersten Märztagen verhaftet und mit dem zweiten Häftlingstransport aus Nürnberg am 13. April nach Dachau gebracht.[108] Unter den Kameraden, die am selben Tag mit ihm ins Konzentrationslager kommen, ist auch Karl Riemer.

Zunächst gelingt es Lehrburger, seine jüdische Abstammung zu verheimlichen. Da ein entsprechender Hinweis auch in den Begleitpapieren fehlt, bleibt dem Kaufmann das Los der jüdischen Mitgefangenen erspart, die sofort nach ihrer Ankunft in Dachau von den „arischen" Leidensgenossen getrennt und in der „Judenbaracke" untergebracht werden.[109] Lehrburger findet dagegen Aufnahme in der 2. Kompanie.[110] Aber das Glück bleibt nicht auf seiner Seite. Das Verhängnis kommt mit dem 25. Mai, dem Feiertag Christi Himmelfahrt, als Kriminalkommissar Paul Ohler von der Politischen Polizei in Nürnberg, der bereits Karl Riemer übel mitgespielt hat, zusammen mit Nürnberger Parteifunktionären der NSDAP das Lager besucht. Lehrburger, der von der Visite erfährt, ist voller Unruhe. „Ich lasse mich lieber von diesen Kadetten nicht sehen", erklärt er seinem kommunistischen Kameraden Fritz Schopper aus Weiden, der mit ihm in der Baracke II schläft, und versteckt sich in seinem Bett in der dritten Etage.[111]

Aber der Versuch, vor Ohler unterzutauchen, mißlingt. Der Kriminalkommissar erfährt dennoch, daß Lehrburger seine jüdische Herkunft verschwiegen hat, und macht die Lagerleitung darauf aufmerksam.[112] Damit ist das Schicksal des Häftlings besiegelt. „Einige Minuten vor 11 Uhr", erinnert sich Schopper,[113] „ging der Ruf durch das Lager: ‚Lehrburger sofort zu Steinbrenner kommen!' Er befolgte diesen Befehl und verabschiedete sich von mir mit den Worten: ‚Fritz, ich hab' das Gefühl, wir sehen uns nicht wieder.'" Dann verläßt er die Baracke, und Schopper beobachtet noch, wie Lehrburger auf den Arrestbau zugeht, wo Steinbrenner bereits auf ihn wartet.

Zehn Minuten danach vernimmt Schopper plötzlich einen Pistolenschuß, der, wie er deutlich wahrnehmen kann, im Bunker abgefeuert worden ist. Der Häftling durchschaut sofort, daß der Schuß Lehrburger gegolten hat. Bald darauf sieht der Schutzhaftgefangene Fritz Schaper[114] den Kompanieführer Steinbrenner aus dem Revierbunker kommen und hört ihn im Vorbeigehen die Bemerkung machen: „Der ist mit einem Messer auf mich zugegangen."

Die Nachricht vom Tode des Juden, die sich wie ein Lauffeuer verbreitet, deprimiert die Gefangenen. Wie Georg Bieber, der zusammen mit Lehrburger aus Nürnberg in Dachau eingetroffen ist und der erst wie Riemer nach zwölf Jahren die Freiheit wiedersehen wird, berichtet,[115] waren die Häftlinge nach dieser Hiobsbotschaft „alle in sehr gedrückter Stimmung und schlichen still im Lager herum". Keiner zweifelt daran, daß Steinbrenner das Leben des Kameraden auf dem Gewissen hat.

Schopper wird Zeuge, wie die Kommandantur bemüht ist, die Spuren des Verbrechens schnell zu verwischen. „Gegen 11.30 Uhr", erinnert er sich,[116] „kam der Kompanieführer der 2. Baracke und verlangte von mir und dem Hans Reis die persönliche Habe des Lehrburger. Diese Sachen haben wir an den Kompanieführer ausgehändigt. Zwischen 13 und 14 Uhr sah ich, wie aus der Arrestbaracke durch zwei Häftlinge eine Tragbahre mit einem leblosen Körper, der mit einer Decke zugehüllt war, herausgetragen und zur Kommandantur gebracht wurde. Begleitet wurde diese Tragbahre von Steinbrenner, Lutz und anderen SS-Leuten."

Steinbrenner leugnet nicht, den Juden erschossen zu haben.[117] Er beruft sich aber darauf, daß Wäckerle ihm dazu den Befehl gegeben habe. Ihm sei gesagt worden, daß es sich bei Lehrburger um einen sowjetischen Spion handle, den man auf einer Tschekaschule in Rußland im Bakterienkrieg ausgebildet habe. Da der Verdacht, wie der Kommandant weiter behauptet haben soll, besteht, daß sich noch ein zweiter, wenn nicht sogar ein dritter Agent in Freiheit befindet, der durch einen Prozeß nicht gewarnt werden darf, bleibt keine andere Wahl, als Lehrburger sofort zu richten. Schließlich, sagt Wäckerle, wolle man auch die Öffentlichkeit nicht beunruhigen.

Der stellvertretende Kommandant Erpsenmüller rät Steinbrenner, den Befehl so auszuführen, als habe er sich in einer Notwehrsituation befunden, um bei einer gerichtlichen Untersuchung nicht in die Enge getrieben zu werden. Er entwickelt auch sofort einen Plan, wie Steinbrenner den Juden am besten täuschen könne. „Sie gehen zu ihm in die Zelle", empfiehlt Erpsenmüller,[118] „lassen ihn einen Brief zerreißen und ihn in einen Wasserkrug werfen. Dann lassen Sie ihn das in der Zelle befindliche Tischmesser so in die Hand nehmen, als wenn er zustoßen wollte, und dann erschießen Sie ihn und sagen bei der Vernehmung, daß Sie bei der Kontrolle der Zelle bemerkt hätten, daß der Lehrburger etwas in seinem Krug versteckt habe, und wie Sie sich bückten, um dort nachzusehen, haben Sie gesehen, daß Lehrburger mit einem Messer in der Hand nach Ihnen stoßen wollte, worauf Sie in Abwehr dieses Angriffes geschossen haben."

So geschieht es auch. Steinbrenner betritt die Einzelzelle des Juden und schießt Lehrburger mit seiner Mauser-Pistole Kaliber 7,63 mm[119] aus kürzester Entfernung mitten in die Stirn. Der Häftling bricht zusammen und ist sofort tot.[120] „Ich habe Lehrburger in seiner Zelle liegen lassen", berichtet Steinbrenner,[121] „versperrte die Zelle und begab mich zum Kommandanten Wäckerle und meldete ihm, daß ich den Befehl ausgeführt habe. Wäckerle erklärte hierauf, daß ich zu dieser Sache vernommen werde, und zwar von der Staatsanwaltschaft oder Mordkommission, und ja nichts anderes aussagen solle, als mir Erpsenmüller befohlen habe."

Auch in diesem Fall wird die Justiz in Dachau wieder tätig. Bei der genauen Untersuchung der Leiche von Lehrburger zeigt sich, daß der tödliche Schuß auf den Juden aus einer Entfernung von nur zehn bis zwanzig Zentimetern abgefeuert worden ist.[122] Aber das Ergebnis des ärztlichen Gutachtens reicht nicht aus, um Steinbrenners Behauptung, er habe in Notwehr gehandelt, zu erschüttern. Notgedrungen muß die Staatsanwaltschaft schließlich das Verfahren gegen Steinbrenner einstellen, weil die Darstellung, die der SS-Mann vom Ablauf der Tat gegeben hat, nicht zu widerlegen ist.[123]

Inzwischen hat die Lagerleitung dafür gesorgt, daß das Gerücht von dem angeblich mißlungenen Anschlag des Juden auf Steinbrenner unter den Häftlingen seine Runde macht. Doch die Gefangenen durchschauen die Lüge sofort. Sie wissen aus Erfahrung, daß mit dem Blechmesser, das sie alle besitzen, kein Mann niederzustechen ist. Seine Klinge dringt ja kaum durch eine Brotkruste.[124] Nur ein Selbstmörder würde mit einer solchen stumpfen Waffe einen Angriff auf seinen Bewacher wagen. Je mehr die Häftlinge über den Tod des

Kameraden nachdenken, desto klarer wird ihnen, daß Lehrburger einer abgekarteten Sache zum Opfer gefallen ist.[125]

Das Schicksal des Juden bewegt noch das Lager, als die SS, nur wenige Stunden nach dem Ende von Lehrburger, bereits wieder einem Gefangenen das Leben nimmt. Der Unglückliche ist der 33 Jahre alte Kaufmann Sebastian Nefzger aus München, der in der Nacht zum 26. Mai in seiner Arrestzelle den Tod findet. Wie in den anderen Fällen versucht die Lagerleitung auch hier, das Verbrechen zu vertuschen. Sie behauptet, daß Nefzger Selbstmord verübt habe. Einen entsprechenden Bericht über den Tod des Invaliden, der im Ersten Weltkrieg ein Bein verloren hat, verfaßt Kanzleiobersekretär Josef Mutzbauer noch am 26. Mai – und legt ihn zu den Akten. Mutzbauer hat guten Grund, das Schreiben der Justiz vorzuenthalten.

In dem Protokoll, das offenbar nur dann als Beweisstück herangezogen werden soll, wenn die Glaubwürdigkeit der Lagerleitung in Frage gestellt ist, heißt es:[126] „Auf Grund Mitteilung der Kommandantur des Konzentrationslager (sic!) vom 26. 5. 33 bringe ich folgendes zur Anzeige.

In der Nacht vom 25./26. 5. 33 verübte Nefzger in seiner Arrestzelle Selbstmord durch Oeffnen der Pulsader am linken Handgelenk.

Bei der Kontrolle am 26. 5. 33 vorm. 5.40 Uhr durch den Scharführer Winhard[127] und SS-Mann Steinbrenner wurde Nefzger in der Zelle tot am Boden liegend aufgefunden.

Bei Besichtigung der Leiche konnte ich feststellen, daß Nefzger zuerst Selbstmord durch Erhängen verüben wollte, was auf die (sic!) Strangulierung am Hals festzustellen war. Nefzger verwendete einen Lederriemen seiner Beinprothese, die (sic!) aber das Gewicht scheinbar nicht aushielt und abriß. Darauf dürfte sich Nefzger wie bereits erwähnt die Pulsader geöffnet haben.

Da nach Feststellung des Lager- und Leichenschauarztes Dr. Nuernbergk die Todesursache einwandfrei feststeht, wurde von einer Verständigung der Gerichtskommission abgesehen."

Das Amtsgericht in Dachau erfährt vom Tode des Häftlings erst am 27. Mai durch eine Bescheinigung des Lagerarztes. In fehlerhaftem Deutsch schreibt Dr. Nuernbergk, der sich mit dieser Erklärung zum Komplicen der Lagerleitung macht: „Bei der Leichenschau des Gefangenen Nefzger Sebastian (...) wurde festgestellt, daß eine Tödung (sic!) durch Einwirkung fremder Personen auszuschließen ist. Der Tod ist ohne Zweifel ein Verblutungstod durch Oeffnung der Pulsschlagader der linken Hand."[128]

Doch die Dachauer SS hat auch hier wieder einmal die Staatsanwaltschaft unterschätzt. Diese schenkt der Darstellung des Lagerarztes keinen Glauben und entsendet noch am 27. Mai, einem Samstag, den Landgerichtsarzt Dr. Flamm nach Dachau, wo der Mediziner in der Zeit zwischen 13 und 14 Uhr die gerichtliche Leichenschau in einem Schuppen des Konzentrationslagers vornimmt. Das Erscheinen des Landgerichtsarztes löst den Unwillen der Lagerleitung aus. Dr. Nuernbergk protestiert gegen den Besuch aus München und stellt Dr. Flamm zur Rede. Er will, wie der Landgerichtsarzt berichtet,[129] wissen, „auf wessen Veranlassung die Leichenschau vorgenommen werde, nachdem er bereits als Leichenschauer festgestellt und bestätigt habe, daß der Tod durch Verblutung aus der in selbstmörderischer Absicht beigebrachten

Schnittwunde am linken Handgelenk eingetreten und fremdes Verschulden zweifelsfrei auszuschließen sei".

Aber Dr. Flamm ist anderer Meinung. Er stößt auf Anhaltspunkte, die den Freitod des Kaufmanns in Zweifel ziehen. Aus diesem Grund erfolgt am Montag im Dachauer Leichenhaus die Obduktion, zu der auch Mutzbauer erscheinen muß. Auf die Frage, welche Wahrnehmungen er bei der Entdeckung des Toten gemacht habe, antwortet er: „Ich fand die Leiche des Nefzger in der Zelle Nr. 4 angekleidet, auf dem Rücken, mit ausgestreckten Armen, in einer Blutlache, auf dem Boden liegend vor. In der Nähe der Leiche lag ein scharf geschliffenes Tischmesser mit abgerundeter Spitze, das dick mit Blut befleckt war. Das künstliche Bein war abgenommen; es lag entfernt von der Leiche auf dem Boden. An einem Haken, der sich – von der Zellentüre aus gesehen – an der rechten Seitenwand befindet (2,30 m über dem Boden), hing ein etwa 0,5–1 cm breiter flacher Riemen, der in halber Höhe abgerissen war. An der Leiche war der Hals nicht umschnürt."[130]

Diese Aussage deckt sich jedoch nicht mit dem Befund, den die genaue Untersuchung des Toten ergibt. Was sich in Wirklichkeit nachts im Bunker abgespielt hat, teilt Staatsanwalt Hartinger am 1. Juni dem Untersuchungsrichter mit: „Der Kaufmann Sebastian Nefzger aus München, der sich als Schutzhaftgefangener im Konzentrationslager Dachau in einer Einzelhaftzelle befand, wurde vermutlich in der Nacht vom 25. auf 26. Mai 1933 von bis jetzt unbekannten Tätern, wahrscheinlich von Angehörigen der Wachmannschaft des Lagers Dachau, erwürgt. Die Tat wurde mit Überlegung ausgeführt. Zum Zwecke der Vortäuschung eines Selbstmordes wurde nachträglich ein tiefer Einschnitt in das linke Handgelenk des Getöteten gemacht.

Obwohl die Beschuldigten Wäckerle, Nuernbergk und Mutzbauer von dem Fall Kenntnis erlangten und über die Todesursache sich klar waren, unternahmen sie unter Mißachtung ihrer Pflichten nichts, stellten vielmehr den Fall so hin, als ob es sich um einen einwandfreien festgestellten Selbstmord handle. Nuernbergk schrieb sogar am 27. Mai 1933 an das Amtsgericht Dachau, daß eine Tötung durch Einwirkung fremder Personen ausgeschlossen sei. Auch Mutzbauer behauptete wider besseres Wissen in einem Bericht, es liege Selbstmord vor." Hartinger beantragt, gegen Wäckerle, Mutzbauer und Dr. Nuernbergk „wegen dringender Verdunkelungsgefahr" einen Haftbefehl zu erlassen.[131]

Nach dem Tode der Schutzhaftgefangenen Schloss, Hausmann und Strauss ist der Mord an Nefzger der vierte Fall, über den Oberstaatsanwalt Wintersberger am 1. Juni dem Generalstaatsanwalt gleichzeitig berichtet. „Am 27.5. 1933", schreibt er,[132] „kam beim Amtsgericht Dachau folgende Mitteilung in Einlauf: ‚Konzentrationslager Dachau, Politische Abteilung, am 27. Mai 1933 an das Amtsgericht Dachau. Bei der Leichenschau des Gefangenen Nefzger Sebastian, Kaufmann in München, Schommerstraße 17/0, geb. 10.1. 1900 in München, Religion katholisch, Familienstand verheiratet, wurde festgestellt, daß Tötung durch Einwirkung fremder Personen auszuschließen ist. Der Tod ist ohne Zweifel ein Verblutungstod durch Öffnung der Pulsschlagader der linken Hand. gez. Dr. Nuernbergk, Lagerarzt.'

Weder das Amtsgericht Dachau noch die Staatsanwaltschaft München II hatten bis dahin von dem in dem Schreiben mitgeteilten Ableben des Nefzger

Kenntnis erhalten, obwohl der Tod bereits in der Nacht vom 25. auf 26.5. 33 eingetreten ist. Das Amtsgericht Dachau verständigte die Staatsanwaltschaft München II von dem Schreiben. Es wurde nunmehr richterliche Leichenschau angeordnet, die noch am 27. Mai 1933 stattfand. Da der zugezogene Landgerichtsarzt den Tod durch Verblutung für zweifelhaft hielt und am Hals der Leiche eine Schnürfurche feststellte, wurde auf Veranlassung der Staatsanwaltschaft am 29. Mai 33 die richterliche Leichenöffnung vorgenommen. Das vorläufige Gutachten lautet: 1. Das Ergebnis der Leichenöffnung läßt Verblutung aus der Schnittwunde am linken Arme als Todesursache ausschließen. 2. Die Schnittwunde über dem linken Handgelenk weist 3 Einschnitte an dem Knochen auf. Es fehlen Probierschnitte. Diese Befunde sprechen gegen die Annahme, daß es sich um eine Selbstverletzung handelt. 3. Als Todesursache ist Erstickung anzunehmen. Als Ursache der Erstickung kommt Erwürgen und Erdrosseln in Frage. Der Verlauf der Strangmarke entspricht nicht den bei Erhängungstod sonst beobachteten Befunden.

Von der Leiche wurden vor der Öffnung 6 Lichtbildaufnahmen gemacht, von denen ein Abzug beigelegt wird.

Ich habe heute gegen unbekannte Täter wegen Mordes und gegen den Lagerkommandanten Wäckerle, den Lagerarzt Dr. Nuernbergk und den Kanzleiobersekretär Mutzbauer wegen Begünstigung die öffentliche Anklage erhoben und Antrag auf Eröffnung und Durchführung der gerichtlichen Voruntersuchung, sowie Erlassung eines Haftbefehles gegen die benannten Beschuldigten gestellt.

Über den Fortgang des Verfahrens werde ich berichten."

Auch die Ermordung des Mitgefangenen Nefzger bleibt den Häftlingen nicht verborgen. Sie wissen, daß der Kriegsbeschädigte nach Dachau gebracht worden ist, obwohl er der NSDAP angehört hat. Seine Einlieferung ins Konzentrationslager wird damit erklärt, daß er sich etwas gegen die Partei habe zuschulden kommen lassen. „Was dies war", erinnert sich Kasimir Dittenheber,[133] „wollte er nicht erzählen." Auffallend aber ist, daß die unteren Dienstränge der SS Nefzger gut behandeln und sogar begünstigen. Er sei zu Unrecht denunziert worden, sagen sie. Doch das rettet ihn nicht.

Dittenheber wird Zeuge, wie das Verhängnis für den Verlorenen seinen Lauf nimmt: „Nefzger war eines Tages mit mir und anderen Gefangenen bei der Postverteilung beschäftigt, als ein höherer Nazi hereinkam. Er sah Nefzger und schrie die SS-Leute an: ‚Was macht der hier? Spitzel bekommen keine bevorzugte Arbeit.' Nefzger wurde bleich. ‚Jetzt werde ich wohl bald da drinnen sein', sagte er später zu uns mit einem Blick in der Richtung, wo die Arrestzellen lagen. Er kam auch bald hinein, und am nächsten Morgen wurde er als toter Mann hinausgetragen. Die SS-Leute sagten, Nefzger sei durch ein Parteigericht als Spitzel entlarvt worden."

Für die Staatsanwälte gehört viel Mut dazu, den Kampf gegen die Dachauer Lagerleitung beharrlich fortzuführen. Immer wieder wird von der SS versucht, die Ermittlungen der Justiz zu stören oder gar zu verhindern. Das hat sich schon bei den Untersuchungen am Tatort selbst gezeigt. „Die Dachauer SS", berichtet Hartinger,[134] „war sich selbstverständlich bewußt, daß sich die Erhebungen gegen sie richteten, und benahm sich daher schroff abweisend und unverschämt. Ich mußte mich bei Vernehmungen beschimpfen lassen, daß ich im

Interesse der ‚Kommune' handle. Beschwerden bei der Lagerleitung waren gänzlich erfolglos, ich wurde einfach abgeschüttelt. Es war an sich schon mit Schwierigkeiten verbunden, in das Lager zu gelangen und an die verdächtigen Personen heranzukommen."

Auch die Untersuchung der Opfer gestaltete sich für Hartinger schwierig. Er fand jedoch einen Ausweg und ließ die Toten „wegen des Widerstrebens der Lagerleitung", wie er sich ausdrückt, zur Obduktion kurzerhand in das Leichenhaus auf dem Dachauer Friedhof bringen. Er ging sogar noch einen Schritt weiter. „Mindestens einmal", erinnert er sich, „ließ ich eine Leiche ohne Wissen der SS im Dachauer Friedhof exhumieren und sezieren, nachdem ich von der Beerdigung, die ohne meine Kenntnis erfolgt war, erfahren hatte."

Mit List umging Hartinger auch die Hemmnisse, die sich ihm im eigenen Büro in den Weg stellten: „Da mir einige mittlere und untere Beamte der Staatsanwaltschaft nicht zuverlässig erschienen, hielt ich eine Schreibkraft, die ich als einwandfrei betrachtete, für die Zeit nach Büroschluß am Abend zurück und diktierte ihr meine Anträge. Ich brachte die Akten am nächsten Morgen unter Umgehung des sonst üblichen Weges persönlich dem Untersuchungsrichter Dr. Kißner, mit dem ich die Angelegenheit bereits vorher besprochen hatte."

Doch als Hartinger die SS-Leute, gegen die er einen Haftbefehl beantragt hat, festnehmen lassen will, muß er erkennen, daß ihm die Hände gebunden sind. Trotzdem gibt er noch nicht auf. „Da auf dem gewöhnlichen Weg", berichtet er, „eine Verhaftung der Angeschuldigten – es befanden sich darunter auch der Lagerkommandant und der Lagerarzt – nicht möglich war, hatte ich daran gedacht, sie mit Hilfe der Mordabteilung der Münchener Polizei-Direktion durchführen zu können. Landgerichtsrat Dr. Kißner hatte sich den betreffenden Tag freigehalten und begab sich alsbald zur Polizei-Direktion. Wie er mir hernach mitteilte, lehnte aber die Mordabteilung ihre Mitwirkung ab, weil es sich um ‚politische' Strafsachen handelte, und verwies ihn an die sogen. politische Polizei. Er wandte sich noch am gleichen Vormittag an sie, wurde jedoch, wie er mir ebenfalls erzählte, mit einem Lächeln abgewiesen. Noch am gleichen Tag nachmittags um 2 Uhr wurde ich vom Justizministerium angerufen und aufgefordert, die Akten sofort persönlich zu bringen. Nachdem ich sie mir von Dr. Kißner wieder verschafft habe, übergab ich sie einem Ministerialrat, den ich vorher noch gebeten hatte, sie auf dem Dienstweg über den Generalstaatsanwalt vorlegen zu dürfen, da dieser nicht eingeweiht sei und doch wohl nicht übergangen werden könne. Es wurde mir aber bedeutet, daß dies nicht notwendig sei, außerdem wurde mir versprochen, daß ich die Akten baldigst wieder zurückerhalte. Ich bekam sie trotz wiederholten Ansuchens nicht mehr."

Aber auch der Generalstaatsanwalt ist inzwischen nicht untätig geblieben. Bevor noch Hartinger am 1. Juni den Versuch macht, die Beschuldigten in Dachau festnehmen zu lassen, leitet Sotier Schritte ein, um dem Terror im Konzentrationslager Einhalt zu gebieten. Er übergibt den Bericht, in dem Wintersberger den Generalstaatsanwalt am 22. Mai über den Tod des Häftlings Schloss in Kenntnis gesetzt hat, dem bayerischen Justizministerium und löst dort damit erhebliche Betroffenheit aus.[135]

Bereits am 29. Mai wird Wintersberger zur mündlichen Berichterstattung in das Ministerium bestellt, wo Ministerialrat Döbig ihn empfängt. Bei dieser Zusammenkunft macht der Oberstaatsanwalt den Strafrechtsreferenten auch auf die Sonderbestimmungen aufmerksam, die für die Häftlinge in Dachau erlassen worden sind. Wintersberger hat für die Unterredung einen schriftlichen Bericht vorbereitet, in dem er schreibt: „In der Anlage übersende ich zwei Abschriften der mir von der Lagerkommandantur auf Verlangen übergebenen Abschrift der Sonderbestimmungen für die Schutzhaftgefangenen. Der Lagerkommandant hat mir auf Befragen erklärt, daß er diese Bestimmungen auf Befehl seiner vorgesetzten Stelle selbst verfaßt habe und daß diese Bestimmungen vom Herrn Politischen Polizeikommandeur genehmigt seien. Meines Erachtens bedarf die Zulässigkeit der Anordnung des Standrechts und der Todesstrafe der Nachprüfung, da wohl derart weittragende Anordnungen nur von der Regierung selbst getroffen werden können."[136]

Diese Auffassung teilt auch Döbig. Mit Befremden nimmt er zur Kenntnis, daß sich die SS sogar das Recht anmaßt, für Vergehen, die sie mit der Todesstrafe belegt hat, ein eigenes Lagergericht einzuberufen. Nach dem Paragraphen 18 der Sonderbestimmungen,[137] der die Gerichtsbarkeit im KL regelt, setzt sich dieses „aus dem Kommandeur des Lagers, einem oder zwei von dem Lagerkommandanten zu bestimmenden Offizieren und einem der Wachtruppe angehörenden SS-Mann" zusammen. „Die Anklagebehörde", heißt es weiter, „wird ebenfalls von einem von dem Lagerkommandeur zu bestimmenden, der Lagerkommandantur angehörenden SS-Mann ausgeübt. Bei Stimmengleichheit entscheidet die Stimme des Vorsitzenden des Lagergerichts. Vorsitzender ist der jeweilige Kommandeur des Lagers. Soweit in Vorstehendem von dem Kommandeur die Rede ist, wird dieser bei seiner Abwesenheit von seinem Stellvertreter vertreten."

Die Informationen, die der Oberstaatsanwalt dem Ministerialrat über die Geschehnisse im KL Dachau gegeben hat, genügen Döbig, um sofort den bayerischen Justizminister Dr. Hans Frank über die Vorfälle zu unterrichten. Dieser reagiert ebenso empört wie sein Strafrechtsreferent und wendet sich unverzüglich an den Ministerpräsidenten Ludwig Siebert. Er ersucht ihn am Telefon, dafür zu sorgen, daß die Dachauer Vorkommnisse in der nächsten Sitzung des Ministerrats am 31. Mai zur Sprache kommen. Siebert stimmt diesem Begehren zu.

Doch Innenminister Adolf Wagner, der ebenfalls von Döbig im Auftrag des Justizministeriums am 30. Mai über die Ermittlungen im Konzentrationslager informiert wird, protestiert dagegen. Er stellt sich, wie Döbig nach dem Gespräch mit Wagner am 1. Juni vermerkt, auf den Standpunkt, „daß der Sachverhalt noch zu wenig geklärt sei, um die Angelegenheit zum Gegenstand einer Beratung im Ministerrat zu machen und daß zunächst der Herr Politische Polizeikommandeur Bayerns, der z. Zt. erkrankt sei, sowie der Lagerkommandant gehört werden müßten".[138]

Nach dieser Feststellung ruft Wagner seinerseits den Ministerpräsidenten an und bittet ihn, den Punkt wieder von der Tagesordnung des Ministerrats zu streichen, was auch geschieht. Als Ersatz schlägt Wagner eine Besprechung vor, zu der unverzüglich neben einem Repräsentanten aus seinem Hause und zwei Vertretern des Justizministeriums von seiten der SS Himmler, Wäckerle sowie Dr. Nuernbergk und von seiten des Landgerichts München II Oberstaatsanwalt Wintersberger und Landgerichtsarzt Dr. Flamm geladen werden sollen.

Aber zu dieser Begegnung kommt es nicht. Während Justizminister Frank am Nachmittag des 31. Mai noch an der Sitzung des Ministerrats teilnimmt, läßt Wagner das geplante Treffen bereits wieder absagen. Der Polizeireferent des Innenministeriums erklärt, wie sich Döbig notiert, dem Justizministerium, „daß die in Aussicht genommene Besprechung unterbleibe, weil jeder Anschein des Eingreifens in das schwebende Verfahren vermieden werden solle".[139] An Wintersberger ergeht lediglich die Empfehlung, sich persönlich mit Himmler in Verbindung zu setzen.

Tatsächlich wird der Oberstaatsanwalt auch vom Reichsführer-SS, von dessen Erkrankung seltsamerweise nun nicht mehr die Rede ist, am Tag darauf zu einer Unterredung empfangen. Über die Begegnung mit Himmler informiert Wintersberger das Justizministerium am 2. Juni mit folgendem Bericht: „Auftragsgemäß habe ich am1. Juni 1933 mittags mit Herrn Polizeikommandeur Himmler in seinem Geschäftszimmer in der Polizeidirektion München über die Vorkommnisse im Konzentrationslager Dachau, über die ich dem Staatsministerium der Justiz einzeln berichtet habe, eine längere Besprechung gehalten und ihm besonders die Fälle Schloss, Hausmann, Strauss und Nefzger, über die er schon unterrichtet zu sein schien, in kurzen (sic!) unter Vorzeigung der bei den Ermittlungsakten befindlichen Lichtbildern vorgetragen. Ich habe darauf hingewiesen, daß besonders die vier genannten Fälle schon nach dem Ergebnis der bisherigen Feststellungen den dringenden Verdacht schwerer strafbarer Handlungen seitens einzelner Angehöriger der Lagerwacht und Lagerbeamten begründen und daß sowohl die Staatsanwaltschaft, wie die Polizeibehörden, zu deren Kenntnis diese Vorkommnisse gelangt seien, bei Meidung schwerer Strafdrohung verpflichtet seien, ohne Rücksicht auf irgend welche Personen die strafrechtliche Verfolgung der genannten Vorkommnisse durchzuführen, und habe Herrn Polizeikommandeur Himmler gebeten(,) mich in dieser Aufgabe kräftigst zu unterstützen. Ich habe erklärt, daß ich wegen der genannten vier Fälle gerichtliche Voruntersuchung beantragen und durchführen lasse und gegen die Personen, die der strafbaren Beteiligung an diesen Fällen dringend verdächtig sind, richterlichen Haftbefehl wegen Verdunkelungsgefahr beantragen werde. Ferner habe ich erklärt, daß ich zu den weiteren notwendigen Ermittlungen die allein geeigneten Beamten der Kriminalabteilung der Polizeidirektion München heranziehen werde.

Auf mein Ersuchen hat Herr Polizeikommandeur Himmler zugesagt, dahin Befehl zu geben, daß mir und dem Untersuchungsrichter bei Vornahme der Erhebungen im Lager Dachau keinerlei Schwierigkeiten in den Weg gelegt werden dürfen und alle verlangten Aufschlüsse zu erteilen seien, und erklärt, daß er selbstverständlich auch gegen mein übriges Vorhaben hinsichtlich der Untersuchung der einzelnen Fälle nichts einzuwenden habe."[140]

Die Bereitschaft des Reichsführers-SS, Wintersberger bei seinen Ermittlungen im KL zu unterstützen, läßt darauf schließen, daß sich Himmler in die Enge getrieben sieht und deshalb eine offene Auseinandersetzung mit der Justiz scheut. Wie verfahren in der Tat seine Lage ist, zeigt sich schon am nächsten Tag, als es Justizminister Frank gelingt, den Reichsstatthalter Ritter von

Epp für die Vorfälle in Dachau zu interessieren. Noch am Nachmittag des 2. Juni empfängt der Reichsstatthalter Frank und Wagner zu einer Besprechung, an der neben Ministerpräsident Siebert und den Ministern Hermann Esser und Hans Schemm auch Himmler teilnimmt.[141] Der Tag endet für die SS mit einer Niederlage.

In der Sitzung, die für Himmler einen peinlichen Verlauf nimmt, muß der Reichsführer vor dem Reichsstatthalter und vor den anwesenden Ministern mit anhören, was die Staatsanwaltschaft gegen die Dachauer Wachtruppe vorzubringen hat. Die Schicksale der Häftlinge Hausmann, Nefzger, Schloss und Strauss, die dabei zur Sprache kommen, lösen in der Versammlung Betroffenheit aus. Himmler muß sich der Forderung beugen, aus diesen Fällen die Konsequenzen zu ziehen und „personelle Veränderungen" in der Lagerleitung herbeizuführen, um künftig derartige Verbrechen im Konzentrationslager zu verhindern. Als Himmler die Besprechung verläßt, ist das Schicksal des Kommandanten entschieden: Der Reichsführer läßt Wäckerle fallen und nimmt ihm das Kommando über das KL Dachau.

Mit dem SS-Sturmhauptführer Hilmar Wäckerle[142] scheidet ein erbarmungsloser Menschenverächter, der erst den Terror nach Dachau getragen und der seine Untergebenen ohne Skrupel zu Mißhandlungen, Folterungen und Morden angestiftet hat, aus dem Lager. Der Kommandant hat das Wachpersonal von Anfang an zu äußerster Härte gegenüber den Häftlingen angehalten. Wie er den SS-Leuten erklärt, erwartet er von ihnen, daß sie für Deutschland das werden, was für Rußland die Tscheka ist.[143] Er selbst erscheint nie ohne Ochsenziemer im Lager. Dabei wird er stets von einem großen Hund begleitet.[144]

In der ersten Zeit übernimmt Wäckerle jeden Häftlingstransport, der Dachau erreicht, persönlich und sucht auch selbst die Gefangenen aus, die dann ein Stück abseits geführt und dort zum Empfang von Kompanieführern mit Ochsenziemern ausgepeitscht werden. Seinen Männern sagt er, daß es schon früher im Zuchthaus üblich gewesen sei, die Sträflinge gleich bei ihrer Einlieferung zu schlagen.[145] Vermutlich will Wäckerle mit dieser Behauptung das Gewissen der Untergebenen beruhigen und die SS-Leute von der Gesetzmäßigkeit ihres Handelns überzeugen. Der Kommandant beteiligt sich auch selbst an Auspeitschungen. Später überläßt er die Auswahl der Häftlinge, die sofort bei ihrer Ankunft in Dachau mit rund 25 Schlägen auf das bekleidete Gesäß mißhandelt werden, seinen Untergebenen.

Bevor noch Wäckerle von seinem Posten abberufen wird,[146] tritt im Dachauer Lager eine folgenschwere Änderung ein: Am 30. Mai überträgt die Bayerische Landespolizei die Leitung des Wachkommandos an die SS.[147] Polizei-Hauptmann Winkler, der diesen Vorgang auch aktenkundig macht, vermerkt in seinem 76 Seiten starken Übergabe-Protokoll: „Die Führung der SS-Wachtruppe, sowie der Wach- und Sicherungsdienst im Konzentrationslager Dachau wurde heute an die SS-Führer übergeben."[148] Die Polizeibeamten widmen sich künftig nur noch der Ausbildung der Wachmannschaften.[149] Die SS ist damit endgültig Herr im eigenen Haus.

Der Wechsel erfolgt mit bürokratischer Genauigkeit. Jeder Gegenstand, der aus der Hand der Polizei in den Besitz der SS übergeht, wird gezählt und in einem Verzeichnis exakt erfaßt. So kann der SS-Mann Johann Schneider, der als Bekleidungswart der SS fungiert, allein 269 Mäntel, 280 Drillichröcke, 284 Drillichhosen, 300 Paar Stiefel und 303 Paar Schnürschuhe, 600 Hemden und ebenso viele Paar Socken sowie 1043 Wolldecken, 363 Leintücher und 379 Handtücher in Empfang nehmen.[150] Außerdem übergeben der Hauptwachtmeister Joseph Karrer und der Oberwachtmeister Ludwig Ortlieb[151] ihm 321 Löffel, 285 Gabeln und ebenso viele Messer, 324 Teller, 310 Schüsseln und 66 Steinkrüge, weiter 263 Zahnbürsten und die gleiche Zahl Mundgläser, 140 Putzlumpen, 160 Zinkschüsseln, 23 Eimer und 33 Stiefelzieher sowie 299 Strohsäcke, 43 Tische, 75 Schränke, 180 Stühle und 110 Doppelbettstellen. Insgesamt sind es 10966 Gegenstände, die an die SS ausgehändigt werden.

Auch die Waffen, die vom Kommando der Schutzpolizei München nach Dachau geliefert worden sind, wechseln nun den Besitzer. Der Waffenwart der SS, Scharführer Wilhelm Noetzl, erhält von Hauptwachtmeister Joseph Karrer und von Oberwachtmeister Georg Popp[152] 300 Karabiner 98a, 30 Pistolen 08, 300 Seitengewehre 98/05, 1740 Exerzierpatronen, 3000 Platzpatronen 88, 14500 scharfe Patronen (Eisenhülsen), 2000 Pistolenpatronen 08, 50 Leuchtpatronen weiß und 20 Signalpatronen rot sowie 100 scharfe Stielhandgranaten 24 und ebenso viele Sprengkapseln. Im ganzen sind es 28545 Posten, die das Waffenverzeichnis enthält.[153]

Während die Landespolizei in Dachau das Feld der SS überläßt, ist die nationalsozialistische Propaganda bemüht, das angeschlagene Ansehen der Lagerbewacher wieder zu heben. Obwohl es für Eingeweihte längst kein Geheimnis mehr ist, daß sich das KL Dachau zu einem Ort des Schreckens entwickelt hat, versucht sie noch, das Konzentrationslager vor dem Ausland in einem anderen Licht darzustellen. Welcher Art die Informationen sind, die sie über das KL an die ausländischen Journalisten weitergibt, können die Leser der „Münchner Neuesten Nachrichten" der Ausgabe vom 24./25. Mai 1933 entnehmen.

In großer Aufmachung berichtet die Zeitung unter der Überschrift „Bei den Schutzhäftlingen in Dachau" über einen Besuch von Vertretern der internationalen Presse[154] im Konzentrationslager: „Gelegentlich des Aufenthalts der ausländischen Journalisten, die auf Einladung der bayerischen Regierung eine Besichtigungsfahrt durch Bayern machten, wurde in München von einigen ausländischen Pressevertretern der Wunsch geäußert, das Konzentrationslager in Dachau besichtigen zu dürfen. Die Reiseleitung ging im Einverständnis mit den zuständigen bayerischen Stellen sofort auf diesen Wunsch ein und arrangierte den Besuch, weil gerade eine Besichtigung des Dachauer Lagers den ausländischen Pressevertretern am besten die Haltlosigkeit der über die Behandlung der Gefangenen verbreiteten Greuelmärchen vor Augen führen konnte. Ohne daß vorher die Lagerleitung verständigt wurde, fuhren die Pressevertreter und ihre Begleitung nach Dachau und erhielten dort ausgiebige Gelegenheit, sich über das Lager selbst und dessen Insassen zu informieren.

Die Journalisten konnten sich, wie uns von Teilnehmern an dieser Besichtigung bestätigt wird, ungehindert und frei mit den Schutzhäftlingen unterhalten und das Lager in all seinen Einzelheiten besichtigen. Ihren allgemeinen Eindruck faßten die Besucher dahin zusammen, daß sie einhellig das Konzentrationslager durchaus als Musterlager bezeichneten. Die Einrichtung fanden sie jedenfalls weit besser, als sie irgendeine noch so human ausgestattete Strafanstalt aufzuweisen hat. Die Lagerinsassen brachten mit Ausnahme der begreiflichen Klagen über die Freiheitsentziehung, keine Beschwerden über Behandlung, Verpflegung oder Unterkunft vor, obwohl die ausländischen Pressevertreter mit einzelnen Schutzhäftlingen sehr eingehend und ohne jede Aufsicht über diese Punkte sprechen konnten.

Wir hatten Gelegenheit, in Berlin bei einer offiziellen Pressebesprechung mit einem Teilnehmer an der Besichtigung, dem Mitglied des Propagandaministeriums, Dr. Bade, über seine Eindrücke zu sprechen und von ihm nähere Einzelheiten zu erfahren. Dr. Bade schilderte den vorzüglichen Eindruck, den die Schutzhäftlinge, fast durchwegs Kommunisten, auf die Besucher sowohl in körperlicher wie auch in seelischer Hinsicht gemacht haben. Die Leute sahen alle gut genährt aus. Man merkte ihnen bereits deutlich den erzieherischen Einfluß an, der beinahe kameradschaftlichen Gemeinschaft, wie sie im Lager herrscht. Deutlich war der Unterschied zwischen den ‚Alten', die bereits wieder gelernt hatten, sich des Lebens zu freuen(,) und den neu Eingelieferten, die noch verbissen und vergrämt umhergingen. Die Insassen sind in massiven Einzelbauten untergebracht, während die S.S.-Lagerwache selbst nur in Holzbaracken auf aufgeschüttetem Stroh schläft. Das Essen, das die Gefangenen sich selbst zubereiten, und das in der gleichen Form auch die Lagerwache erhält, wurde von den Besuchern, die auf ihren Wunsch das ‚Tagesmenu' vorgesetzt erhielten, allgemein gelobt.

Die Schutzhäftlinge sind natürlich an eine genau geregelte Lagerordnung gebunden, innerhalb deren man sich aber bemüht, ihnen soweit als möglich Freiheiten zu geben. So unterstehen die einzelnen Arbeitsgemeinschaften einem Lagerinsassen. Die Gefangenen haben eine eigene Lager-Feuerwehr, die von einem ehemaligen kommunistischen Matrosen geführt wird. Sie können sich nationale Zeitungen, wie ‚Völkischer Beobachter', ‚Angriff' und die ‚Münchner Neuesten Nachrichten' halten, haben außerhalb der Arbeitszeit, die zur Kultivierung des Dachauer Mooses verwendet wird, Sport- und Unterhaltungsmöglichkeiten. Die Ausübung der religiösen Pflichten ist ihnen selbstverständlich ebenso möglich, wie man sich bemüht, durch Vorträge und dergleichen erzieherisch auf sie einzuwirken.

Zwischen der S.S.-Lagerwache, die 70 Mann stark ist, und den Schutzhäftlingen besteht ein sehr gutes Verhältnis, und es hat sich bisher noch kein Fall von Insubordination oder Widerstand gegen die Anordnungen ereignet. Bezeichnend für die Führung des Dachauer Konzentrationslagers ist die Tatsache, daß drei Schutzhäftlinge, die vor einiger Zeit entlassen worden sind, schon nach wenigen Tagen zurückkehrten mit der Bitte, wieder ins Lager aufgenommen zu werden, da sie hier alles hätten, was ihnen draußen fehlt, Nahrung, Arbeit und ein Dach über dem Kopf. Die freiwilligen Schutzhäftlinge wurden auch wieder aufgenommen."

Zweiter Teil

INSEL DER AUSGESTOSSENEN

Reglement des Schreckens

Der Mann, der als Nachfolger von Hilmar Wäckerle an die Spitze des Konzentrationslagers Dachau berufen wird, ist so wenig wie sein Vorgänger eine starke Persönlichkeit. Dieser Theodor Eicke hat zwar ein bewegtes Leben hinter sich, aber der Erfolg ist ihm bisher stets versagt geblieben. Dennoch setzt der Reichsführer-SS auf den Elsaß-Lothringer, der am 17. Oktober 1892 als elftes Kind eines Bahnbeamten in Hampont unweit von Metz geboren worden ist.[1]

Nach dem Besuch der Volksschule und dem anschließenden Übertritt in die Realschule, die er ohne Abschluß verläßt, entscheidet sich Eicke für den Soldatenberuf. Er meldet sich im Jahre 1909 zur kaiserlichen Armee und schlägt dort 1913 als Zahlmeisteraspirant die Verwaltungslaufbahn ein. Während des Ersten Weltkrieges dient er bei verschiedenen Einheiten des Heeres als Unterzahlmeister und erringt mehrere Auszeichnungen. Im Jahre 1919 scheidet er aus dem Militärdienst aus, nachdem er freiwillig auf jeden Versorgungsanspruch verzichtet hat.

Eicke, der von Anfang an aus seiner Gegnerschaft zur Weimarer Republik kein Hehl macht, bemüht sich nun, in einem Zivilberuf Fuß zu fassen. Aber der Versuch mißlingt schon beim ersten Anlauf. Der Arbeitslose muß das Studium, das er noch 1919 am Technikum Ilmenau aufgenommen hat, wegen Geldmangels abbrechen.[2] Seine anschließenden Bemühungen, im Polizeidienst einen dauernden Broterwerb zu finden, schlagen ebenfalls fehl. Zwar glückt es ihm zunächst, bei der Polizeiverwaltung in Ilmenau eine Beschäftigung als Informant zu bekommen, doch bleibt es hier nur bei einem Zwischenspiel, und Eicke muß Mitte 1920 aus dem Dienst wieder ausscheiden.

Im Juli 1920 versucht er, über die Polizeischule in Cottbus an sein Ziel zu gelangen. Aber trotz bestandener Kommissarprüfung, die er noch im selben Jahr ablegt,[3] erhält er keine Anstellung. Erst bei der Schutzpolizei in Weimar findet er 1921 als Offiziersanwärter ein Unterkommen, das er jedoch bald wieder verliert. Bereits nach zwei Wochen steht der politische Heißsporn erneut ohne Arbeit auf der Straße – aus dem Dienst fristlos entlassen.[4] Auch sein Bemühen, als Kriminalbeamter in der Polizeiverwaltung von Sorau in der Niederlausitz vorwärtszukommen, scheitert.

So wendet sich der Mann, der eine Niederlage nach der anderen erleidet, nach Ludwigshafen am Rhein, wo er endlich als Polizeihilfsbeamter in den Polizeiverwaltungsdienst übernommen wird. Doch lange kann er sich auch hier nicht halten. Wieder wird ihm wie schon so oft seine politische Tätigkeit, die gegen die Republik gerichtet ist,[5] zum Verhängnis. Im Februar 1922 muß er schließlich, wie das SS-Personalhauptamt in Berlin-Charlottenburg später in Eickes „Gesamtdienstzeitbescheinigung" vermerkt, den Polizeidienst „wegen nat. soz. Einstellung" für immer quittieren und sein Fortkommen in der freien Wirtschaft suchen. Seine Bewerbung, die er an den Konzern „I. G. Farbenindustrie A.-G."[6] in Ludwigshafen richtet, hat Erfolg. Er wird angestellt und arbeitet dort in den Jahren von 1923 bis 1932 als Kaufmann und als Sicherheitskommissar des Werk-Spionageabwehrdienstes.[7]

In diese Zeit fällt auch sein Entschluß, sich ganz den Nationalsozialisten zuzuwenden. Er schließt sich im Jahre 1927 zunächst der SA an,[8] und am 1. Dezember 1928 tritt er der NSDAP bei,[9] wo er die Parteimitgliedsnummer 114901 erhält.[10] Aber seine eigentliche Karriere beginnt erst mit dem 29. Juli 1930, als Eicke zur SS überwechselt, die ihm eine glänzende Laufbahn eröffnet. Schnell steigt der SS-Mann mit der SS-Nummer 2921 am 27. November 1930 zum SS-Untersturmführer auf, wird am 15. Oktober 1931 zum SS-Standartenführer befördert und erreicht am 21. Oktober 1932 den Rang des SS-Oberführers.

Eicke, der zweifellos ein großes Organisationstalent besitzt, verschreibt sich der SS mit ganzem Herzen. Energisch treibt er in der Rheinpfalz den Aufbau der SS voran. Unter seiner Leitung entstehen in Frankenthal, in Grünstadt, in Ludwigshafen, in Oppau und in Speyer die ersten Formationen des schwarzen Korps.[11] Der Einsatz zahlt sich aus: Ende 1930 wird Eicke an die Spitze des SS-Sturms Ludwigshafen berufen und bereits im Jahr darauf mit der Führung der 10. SS-Standarte der Rheinpfalz betraut.[12]

Dann aber stellen sich dem Übereifrigen Schwierigkeiten in den Weg. Er überwirft sich mit dem Gauleiter der Rheinpfalz, Josef Bürckel, dessen Versuche er zurückweist, sich in Angelegenheiten der SS einzumischen.[13] Die Auseinandersetzungen sind noch nicht beigelegt, als die Justiz nach ihm greift. Eicke wird beschuldigt, Bombenattentate vorbereitet zu haben. Dem Ankläger gelingt es auch, dem SS-Standartenführer die Herstellung von etwa achtzig Bomben nachzuweisen, womit der Prozeß für Eicke verloren ist. Das Schöffengericht Pirmasens verurteilt ihn am 15. Juni 1932 zu zwei Jahren Zuchthaus.

Doch Eicke gibt sich nicht geschlagen. Mit List täuscht er in der Haft eine Krankheit vor – und gewinnt das Spiel. Er wird vorübergehend auf freien Fuß gesetzt und taucht unter. Auf höchsten Befehl des Reichsführers-SS flüchtet er nach Malcésine am Gardasee, wo er die Leitung eines SS-Flüchtlingslagers übernimmt, das die italienischen Behörden dort errichtet haben. Erst im Februar 1933 kehrt Eicke in die Heimat zurück.[14] Hier aber erlebt er eine bittere Enttäuschung. Himmler, der den Streitigkeiten zwischen Eicke und Gauleiter Bürckel ein Ende bereiten will, erteilt seinem SS-Oberführer die Weisung, „sich weder in SS- noch in politische Angelegenheiten zu mischen".[15] Eicke gibt jedoch keine Ruhe. Als er versucht, mit seinem Gegner gewaltsam abzurechnen, läßt Himmler ihn am 21. März 1933 in Schutzhaft nehmen und zur Untersuchung des Geisteszustandes nach Würzburg in die psychiatrische Universitätsklinik bringen, nachdem Bürckel den Widersacher als geisteskrank bezeichnet hat.[16]

Eicke scheint verloren, seine Karriere beendet. Nur er selbst glaubt nicht an das Ende seiner Laufbahn. In langen Briefen, die er in Würzburg an den Reichsführer-SS richtet, bittet er, wieder in Gnaden an seinen Platz in der SS zurückkehren zu dürfen.[17] Die Umstände kommen ihm zu Hilfe. Himmler, der gerade einen Ersatz für den inzwischen nicht mehr zu haltenden Dachauer Kommandanten sucht, erinnert sich des Bittstellers und überträgt ihm die Leitung des Konzentrationslagers. Am 26. Juni 1933 tritt Eicke als Nachfolger von Hilmar Wäckerle seinen Dienst in Dachau an,[18] nachdem Privatdozent Dr. Werner Heyde in Würzburg die geistige Gesundheit des SS-Oberführers in einem ärztlichen Gutachten bescheinigt hat.[19] Eickes offizielle Ernennung zum Kommandanten des KL Dachau erfolgt jedoch erst am 9. März 1934.[20]

Für die Häftlinge bedeutet der Wechsel an der Spitze der Kommandantur keine Besserung der Verhältnisse. Im Gegenteil – während Wäckerle willkürlich gehandelt hat, gibt Eicke dem Terror System. Unter ihm wird das KL Dachau selbst für die SS erst zur Schule der Gewalt.

„Eickes Absicht war", berichtet Rudolf Höß,[21] der auch die Dachauer Schule durchläuft, bevor er als Kommandant in Auschwitz traurigen Ruhm erlangt, „seine SS-Männer durch seine dauernden Belehrungen und entsprechenden Befehle über die verbrecherische Gefährlichkeit der Häftlinge von Grund auf gegen die Häftlinge einzustellen, sie auf die Häftlinge ‚scharf zu machen', jegliche Mitleidsregung von vornherein zu unterdrücken. Er erzeugte damit, durch seine Dauereinwirkung in dieser Richtung, gerade bei den primitiveren Naturen, einen Haß, eine Antipathie gegen die Häftlinge, die für Außenstehende unvorstellbar ist. Diese Einstellung hat sich in alle (sic!) KL auf alle dort diensttuenden SS-Männer und -Führer weiterverbreitet, weitervererbt."

Daß Eicke für die Schutzhäftlinge nur Verachtung kennt, beweist allein schon die „Disziplinar- und Strafordnung für das Gefangenenlager",[22] die er am 1. Oktober 1933 erläßt und die noch erheblich schärfer als Wäckerles Sonderbestimmungen abgefaßt ist. Gleich in der Einleitung zu den Strafbestimmungen, die „im Rahmen der bestehenden Lagervorschriften zur Aufrechterhaltung der Zucht und Ordnung für den Bereich des Konzentrationslagers Dachau" dienen sollen, stellt der SS-Oberführer fest: „Toleranz bedeutet Schwäche. Aus dieser Erkenntnis heraus wird dort rücksichtslos zugegriffen werden, wo es im Interesse des Vaterlandes notwendig erscheint. Der anständige, verhetzte Volksgenosse, (sic!) wird mit diesen Strafbestimmungen nicht in Berührung kommen. Den politisierenden Hetzern und intellektuellen Wühlern – gleichwelcher (sic!) Richtung – aber sei gesagt, hütet euch, daß man euch nicht erwischt, man wird euch sonst nach den Hälsen greifen und nach eurem eignen Rezept zum Schweigen bringen."

Die Strafen, die Eicke androht, zeigen, daß er in der Tat zu äußerster Härte entschlossen ist. Erstmals führt er im Lager die Prügelstrafe ein, die Wäckerle in seinen Sonderbestimmungen noch nicht vorgesehen hat. Bisher ist das Schlagen willkürlich gehandhabt worden. Nun aber ist die Züchtigung, die zunächst auf insgesamt 25 Stockhiebe begrenzt wird, streng geregelt und als sogenannte Nebenstrafe Bestandteil der neuen Strafbestimmungen. Als weitere Neuerung ordnet Eicke die Strafe des Pfahlbindens an, die von den Häftlingen bald noch mehr gefürchtet wird als die Prügelstrafe. Sie gilt, wie dem Paragraphen 19 der Disziplinar- und Strafordnung zu entnehmen ist, ebenso als Nebenstrafe wie das Strafexerzieren, die Postsperre, der Kostentzug, das harte Lager sowie der Verweis und die Verwarnung.

Als Hauptstrafen kann der Kommandant, der „für die Durchführung der erlassenen Lagervorschriften dem Politischen Polizeikommandeur", also Heinrich Himmler, „persönlich verantwortlich ist", Arrest und Strafarbeit verhängen, die, wie es im Paragraphen 19 weiter heißt, „harte körperliche oder besonders schmutzige Arbeit" umfaßt und „die unter besonderer Aufsicht durchgeführt wird". Für besondere Fälle sieht Eicke auch die Todesstrafe vor. Mit der Androhung der Höchststrafe setzt er sich bedenkenlos über den Pro-

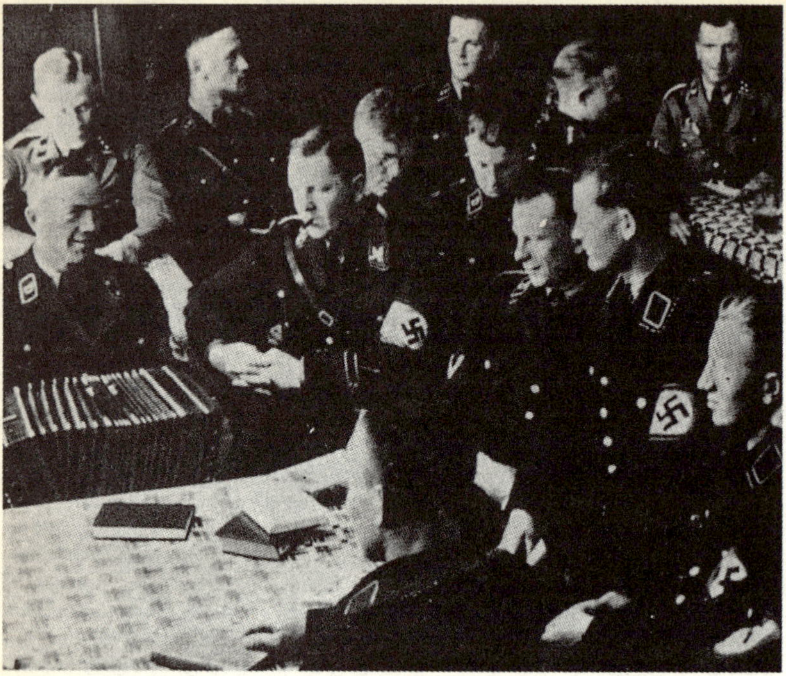

17 Lehrmeister der Gewalt: Theodor Eicke (2. v. l., rauchend) mit Angehörigen seiner Dachauer Wachtruppe bei einem Kameradschaftsabend im Jahre 1934.

test der Justiz hinweg, die bereits Wäckerle in den Sonderbestimmungen das Recht abgesprochen hat, über Leben oder Tod eines Häftlings zu richten.

Bei der Arreststrafe, die es in den Sonderbestimmungen auch noch in schwächeren Abstufungen gegeben hat, kennt Eicke keine Milde mehr. „Arrest", ordnet er im Paragraphen 19 an, „wird in einer Zelle, bei hartem Lager, bei Wasser und Brot vollstreckt. Jeden 4. Tag erhält der Häftling warmes Essen." Die geringste Haftdauer beträgt acht Tage, die mittlere 14 oder auch 21 Tage, die längste 42 Tage, wenn nicht gar „dauernde Verwahrung in Einzelhaft" befohlen ist, was einem Todesurteil gleichkommt. In einzelnen Fällen erhält der Delinquent neben dem strengen Arrest auch noch „zu Beginn und am Ende der Strafe" je 25 Stockhiebe.

Selbst geringe Vergehen werden mit großer Härte geahndet. So hat nach dem Paragraphen 6 schon mit Stockhieben und mit acht Tagen strengem Arrest zu rechnen:

„1. wer einem SS-Angehörigen gegenüber abfällige oder spöttische Bemerkungen macht, die vorgeschriebene Ehrenbezeugung (sic!) absichtlich unterläßt, oder durch sein sonstiges Verhalten zu erkennen gibt, daß er sich dem Zwange der Zucht und Ordnung nicht fügen will,

2. wer als Gefangenen-Feldwebel, als Gefangenen-Korporal oder als Vorar-

beiter die Befugnisse als Ordnungsmann überschreitet, sich die Rechte eines Vorgesetzten anderen Gefangenen gegenüber anmaßt, gleichgesinnten Gefangenen Vorteile in der Arbeit oder auf andere Weise verschafft, politisch anders gesinnte Mitgefangene schikaniert, falsche Meldungen über sie erstattet, oder sonstwie benachteiligt".

Die noch empfindlichere Strafe von 14 Tagen im Arrest droht dem Häftling, der, wie es im Paragraphen 7 heißt, „eigenmächtig ohne Befehl des Kompanieführers die für ihn bestimmte Unterkunft mit einer anderen vertauscht, oder Mitgefangene hierzu anstiftet oder verleitet" und der „auslaufenden Wäschepaketen verbotene oder im Lager hergestellte Gegenstände beifügt, darin versteckt, oder in Wäschestücken usw. einnäht". Weiter wird mit zwei Wochen strengem Arrest bestraft, „wer Baracken, Unterkünfte, oder andere Gebäude außerhalb der vorgeschriebenen Eingänge betritt oder verläßt, durch Fenster oder vorhandene Öffnungen kriecht" und „wer in den Unterkünften, Aborten und an feuergefährlichen Orten raucht, oder feuergefährliche Gegenstände an solchen Orten aufbewahrt oder niederlegt".

Noch härter fällt die Strafe aus, wenn ein Häftling überrascht wird, der, wie im Paragraphen 8 verankert ist, „das Gefangenenlager ohne Begleitperson verläßt, oder betritt" und der sich unbefugt „einer ausmarschierenden Arbeitskolonne anschließt". Der Gefangene wird mit einer Arreststrafe von 14 Tagen belegt und erhält zusätzlich vor und nach der Bunkerhaft 25 Stockhiebe. Die gleiche Behandlung droht dem, der in Briefen „Vorgänge im Konzentrationslager mitteilt".

Wie aus der Disziplinar- und Strafordnung deutlich hervorgeht, ist Eicke überhaupt bestrebt, keine Nachrichten mehr aus dem Lager an die Öffentlichkeit dringen zu lassen. Offensichtlich sind ihm hier die Erfahrungen, die sein Vorgänger mit der Justiz gemacht hat, eine Warnung. Deshalb ist er auch fest entschlossen, jeden mit dem Tode zu bestrafen, der, wie es im Paragraphen 11 unter anderem heißt, „wahre oder unwahre Nachrichten zum Zwecke der gegnerischen Greuelpropaganda über das Konzentrationslager oder dessen Einrichtungen sammelt, empfängt, vergräbt, weitererzählt, an fremde Besucher oder an andere weitergibt, mittels Kassiber oder auf andere Weise aus dem Lager hinausschmuggelt, Entlassenen oder Überstellten schriftlich oder mündlich mitgibt, in Kleidungsstücken oder anderen Gegenständen versteckt, mittels Steine usw. über die Lagermauer wirft, oder Geheimschriften anfertigt". Der Gefangene, der sich dessen schuldig macht, wird ebenso „kraft revolutionären Rechts als Aufwiegler gehängt" wie der Häftling, der „zum Zwecke der Aufwiegelung auf Barackendächer und Bäume steigt, durch Lichtsignale oder auf andere Weise Zeichen gibt oder nach außen Verbindung sucht" und der „andere zur Flucht oder zu einem Verbrechen verleitet, hierzu Ratschläge erteilt oder durch andere Mittel unterstützt".

Die Todesstrafe steht auch auf Meuterei. „Wer einen Posten oder SS-Mann", verfügt Eicke im Paragraphen 12, „tätlich angreift, den Gehorsam oder an der Arbeitsstelle die Arbeit verweigert, andere zum Zwecke der Meuterei zu den gleichen Taten auffordert oder verleitet, als Meuterer eine Marschkolonne oder eine Arbeitsstätte verläßt, andere dazu auffordert, während des Marsches oder der Arbeit johlt, schreit, hetzt oder Ansprachen hält, wird als Meuterer auf der Stelle erschossen oder nachträglich gehängt."

Ebenso droht auch bei Sabotage die Todesstrafe, wie aus dem Paragraphen 13 hervorgeht. Als Saboteur gilt, „wer vorsätzlich im Lager, in den Unterkünften, Werkstätten, Arbeitsstätten, in Küchen, Magazinen usw. einen Brand, eine Explosion, einen Wasser- oder einen sonstigen Sachschaden herbeiführt" und „wer am Drahthindernis, an einer Starkstromleitung in einer Schaltstation, an Fernsprech- oder Wasserleitungen, an der Lagermauer oder (s)onstigen Sicherungseinrichtungen, an Heizungs- und Kesselanlagen, an Maschinen oder Kraftfahrzeugen Handlungen vornimmt, die dem gegebenen Auftrage nicht entsprechen".

Nach Eickes Willen sollen die Strafbestimmungen die Gefangenen in doppelter Hinsicht treffen. Sie bedrohen die Häftlinge nicht nur mit den gefürchteten Lagerstrafen, sondern zögern auch die Entlassung in die Freiheit weiter hinaus. So heißt es im Paragraphen 19 ausdrücklich: „Arrest und Strafarbeit verlängern die Schutzhaft um mindestens 8 Wochen, eine verhängte Nebenstrafe verlängert die Schutzhaft um mindestens 4 Wochen. In Einzelhaft verwahrte Häftlinge kommen in absehbarer Zeit nicht zur Entlassung."

Um soviel Zwang ausüben zu können, braucht Eicke auch die geeigneten Bewacher, die den Erfolg seiner Maßnahmen garantieren. Aber die SS-Männer, auf die er zunächst in Dachau stößt, erscheinen ihm dazu wenig befähigt. Er ist über die „korrupte Wachabteilung von knapp 120 Mann", die er dort nach eigenen Worten antrifft, so enttäuscht, daß er in einem späteren Schreiben an Himmler für das Wachpersonal der ersten Stunde nur verächtliche Worte findet: „Damals unterstanden diese Wachmänner dem Oberabschnitt Süd, der die Sorgen und Nöte mir überließ, im übrigen mir aber ungefragt Leute schickte, die er aus irgendeinem Grunde in München loshaben wollte; damit verseuchte man mir die Truppe und deren Stimmung. Untreue, Unterschlagung und Korruption habe ich angetroffen. Binnen 4 Wochen habe ich rund 60 Mann deshalb entlassen müssen. Es ging nicht vorwärts, weil die Truppe dem Oberabschnitt Süd befehlsmäßig unterstand und von dort beeinflußt und als Sammelbecken sogenannter Versorgungsanwärter benutzt wurde. Als ich so nicht weiter kam, hat Reichsführer-SS meinem Antrag entsprochen und die kleine Wachtruppe mir ausschließlich unterstellt. Von nun an begann der ungestörte Aufstieg."

Im selben Schreiben an Himmler erinnert Eicke auch an das geringe Ansehen, das seine Leute ursprünglich selbst in den eigenen Reihen der Partei genossen haben: „Wir galten allgemein als notwendiges Übel, das nur Geld kostet; unscheinbare Wachmänner hinter Stacheldraht. Die knappe Löhnung für meine Führer und Männer habe ich dekadenweise bei den Staatskassen förmlich erbetteln müssen. Ich selbst bezog als Oberführer in Dachau ein Monatsgehalt von 230,– RM. (...) Meine Männer hausten in zugigen Fabrikhallen. Überall herrschte Armut und Elend."[23]

„Papa Eicke", wie der SS-Oberführer von seinen Leuten genannt wird,[24] ändert dies alles. Er formt aus einem Haufen unerfahrener und unangesehener Männer eine straffe und gefürchtete Truppe, die nicht umsonst schon 1933 in Dachau als Symbol das Totenkopfabzeichen erhält.[25] Das Emblem, das die Angehörigen der SS-Wachverbände künftig auf dem Kragenspiegel ihrer Uniform führen und das sich später auch auf den Namen der gesamten Formation

Dienstgrade bei SS, Waffen-SS und Heer

Allgemeine SS	Waffen-SS	Heer
SS-Mann	SS-Schütze	Schütze
	SS-Oberschütze	Oberschütze
SS-Sturmmann	SS-Sturmmann	Gefreiter
SS-Rottenführer	SS-Rottenführer	Obergefreiter
SS-Unterscharführer	SS-Unterscharführer	Unteroffizier
SS-Scharführer	SS-Scharführer	Unterfeldwebel
SS-Oberscharführer	SS-Oberscharführer	Feldwebel
SS-Hauptscharführer	SS-Hauptscharführer	Oberfeldwebel
SS-Sturmscharführer	SS-Sturmscharführer	Stabsfeldwebel
SS-Untersturmführer	SS-Untersturmführer	Leutnant
SS-Obersturmführer	SS-Obersturmführer	Oberleutnant
SS-Hauptsturmführer	SS-Hauptsturmführer	Hauptmann
SS-Sturmbannführer	SS-Sturmbannführer	Major
SS-Obersturmbannführer	SS-Obersturmbannführer	Oberstleutnant
SS-Standartenführer	SS-Standartenführer	Oberst
SS-Oberführer	SS-Oberführer	–
SS-Brigadeführer	SS-Brigadeführer und Generalmajor der Waffen-SS	Generalmajor
SS-Gruppenführer	SS-Gruppenführer und Generalleutnant der Waffen-SS	Generalleutnant
SS-Obergruppenführer	SS-Obergruppenführer und General der Waffen-SS	–
SS-Oberst-Gruppenführer	SS-Oberst-Gruppenführer und Generaloberst der Waffen-SS	Generaloberst
Reichsführer-SS		

Angaben über Allgemeine SS: Organisationsbuch der NSDAP 1943, S. 434; Angaben über Waffen-SS und Heer: E. K. Bramstedt, Dictatorship and Political Police, New York 1945, S. 87.

18 Die Rangstufen der SS im Vergleich mit den Dienstgraden des Heeres.

überträgt, wird in wenigen Jahren in ganz Europa zu einem Zeichen des Schreckens und der Gewalt.

Die erste Bedingung, die alle Männer zu erfüllen haben, die unter Eicke dienen, ist Härte. Der SS-Oberführer duldet weder Schwäche noch Mitleid. „Jede Spur von Mitleid", trommelt er, wie Rudolf Höß berichtet,[26] seinen Leuten ein, „zeige den ‚Staatsfeinden' eine Blöße, die sie sich sofort zu Nutze machen würden. Jegliches Mitleid mit ‚Staatsfeinden' sei aber eines SS-Mannes unwürdig. Weichlinge hätten in seinen Reihen keinen Platz und würden gut tun, sich so schnell wie möglich in ein Kloster zu verziehen. Er könne nur harte, entschlossene Männer gebrauchen, die jedem Befehl rücksichtslos gehorchten. Nicht umsonst trügen sie den Totenkopf und die stets scharf geladene Waffe! Sie stünden als einzige Soldaten auch in Friedenszeiten Tag und Nacht am Feind, am Feind hinter dem Draht!“

Woher kommen nun diese Mannschaften, die sich freiwillig Eickes Zwang und Drill unterwerfen? „Unsre Gefängnismeister in schwarzer Uniform“, erinnert sich der Schutzhäftling Wenzel Rubner,[27] „waren zum größten Teil noch recht jung, die meisten 25 bis 26 Jahre alt, viele noch jünger. In der Mehrzahl bayerische Bauernburschen, zeichneten sie sich durch ungewöhnliche Dummheit und Unreife aus. Geistige Interessen hatten sie nicht. Sie taten ihren Dienst und freuten sich, wenn es einen Grund und Gelegenheit zum Saufen gab.“

Dieses Urteil deckt sich auch mit dem Bild, das sich später der österreichische Häftling Walter Adam von den SS-Männern macht. „Viele“, berichtet er,[28] „hatten sich vor dem Jänner 1933 in Saalschlachten und bei ähnlichen Aktionen der Partei die Sporen verdient. Sie waren parteipolitisch gedrillt und fanatische Anhänger des Regimes. Ihre Schulbildung war sehr gering, es gab einen Lagerführer im Offiziersrang, der nur notdürftig schreiben konnte. Ihrem bürgerlichen Vorleben nach handelte es sich mit wenigen Ausnahmen um gescheiterte bürgerliche Existenzen, verkommene Halbintelligenz und arbeitsscheues Gesindel vom Lande. Ihre Umgangsformen und die Freiheit, mit jedem Häftling nach Willkür zu verfahren, machten das Lager auch in ruhigen Zeiten, wenn keine besonderen Exzesse vorkamen, zu einem Mittelding von Kaserne, Zuchthaus und Irrenanstalt.“

Ähnlich urteilt auch der Häftling Benedikt Kautsky über die SS. „Sie“, erinnert er sich,[29] „vermochte ihre Herkunft aus einer Soldtruppe des Bürgerkrieges niemals zu verleugnen, und das gesamte Offizierskorps hat keinen Hauch wirklicher Offiziersehre verspürt. Sie waren in Wirklichkeit Landsknechte, Parvenus des Bürgerkriegs. (…) Sie hatten in den Bürgerkriegszeiten zum Teil mit der Waffe in der Hand gekämpft und konnten die damals erworbenen Sitten und Gebräuche nicht ablegen.“

Der Nachwuchs der Wachmannschaften, der in den folgenden Jahren zu den KL-Bewachern strömt, rekrutiert sich schließlich aus noch jüngeren Leuten als der erste Stamm, was den Ausbildern, die den Neulingen, wie sich Rudolf Höß ausdrückt,[30] den „Dachauer Geist“ zu vermitteln haben, den Dienst erleichtert. Die Mehrzahl der Wachmänner ist im Alter zwischen 16 und 20 Jahren.[31] Daran ändert sich auch lange Zeit nichts. Noch Ende des Jahres 1938 sind 93,5 Prozent der KL-Bewacher unverheiratet. Bezeichnend für ihre Haltung und Einstellung ist, daß in ihren Reihen die meisten Kirchenaustritte zu verzeichnen sind. Während bei der Allgemeinen SS 21,9 Prozent der Angehörigen des schwarzen Korps der Kirche den Rücken gekehrt haben und sich nun nur noch als „gottgläubig“ bezeichnen, sind es bei den SS-Wachverbänden 69 Prozent. Auch hier macht sich Eickes Geist bemerkbar.

In einem „Glaubensbekenntnis“, das später in Auschwitz gefunden wird,[32] verspottet der Dachauer Zuchtmeister die Kirche: „Unser Glaube! Wir hassen den Gestank des Weihrauchs, denn er verdirbt die deutsche Seele. Wir glauben an einen Gott, aber nicht an seine Stellvertreter, Pfaffen und Götzendiener auf Erden, denn das wäre heidnisch. Wir glauben an die Grösse unseres geliebten deutschen Vaterlandes; für dessen (sic!) wir kämpfen und siegen oder sterben. Und wenn wir sterben müssen(,) dann nicht mit den Worten(,) Maria bitt für uns, so frei wie wir lebten(,) so frei wollen wir sterben. Unser letzter Hauch: Adolf Hitler."

Die Dachauer Schule, die Eicke entwickelt, hat zwei Gesichter: Auf der einen Seite fordert er von seinen Leuten erbarmungslose Härte gegenüber den Häftlingen, und auf der anderen verpflichtet er die Männer zu äußerster Disziplin gegenüber ihren Vorgesetzten. Bezeichnend dafür ist, daß er am 1. Oktober 1933 zusammen mit den Strafbestimmungen für das Gefangenenlager auch die „Dienstvorschriften für die Begleitpersonen und Gefangenenbewachung" erläßt, die bis in alle Einzelheiten regeln, wie sich der SS-Mann im Dienst zu verhalten hat.

Eicke setzt zwar mit seinem Pflichtenkatalog die ersten Dienstvorschriften, die bereits Polizei-Hauptmann Winkler für die Wachtruppe herausgegeben hat, außer Kraft. Doch in wesentlichen Punkten lehnt er sich an die Vorlage der ihm aus persönlichen Gründen verhaßten Polizei an. So befaßt er sich nicht nur mit gleicher Pedanterie wie Winkler mit den Pflichten der Torwache und der Begleitposten, sondern reglementiert auch genau den Ablauf des Häftlingsappells, den Abmarsch der Gefangenen aus dem Lager zu den Arbeitsstätten in militärischer Ordnung, den Wortlaut der einzelnen Kommandos, die Ehrenbezeigung, die Häftlinge gegenüber SS-Angehörigen zu leisten haben, und sogar den Abstand, der die Posten von den Gefangenen zu trennen hat.

Zugleich erwartet er, daß sich der SS-Mann als vorbildlicher Soldat erweist, der keine Schwäche zu erkennen gibt. „Wenn die Gefangenen Achtung vor dem SS-Posten haben sollen", betont er,[33] „darf es dem SS-Mann als Posten nicht gestattet sein, in träger Haltung herumzustehen, sich anzulehnen, das Gewehr auf den Rücken zu schieben oder die Hand auf die Mündung zu legen.

Lächerlich und unsoldatisch benimmt sich ein Posten, der dem fallenden Regen ausweicht. (...) Der SS-Mann hat Stolz und Würde zu zeigen. (...) Die Anrede ‚Du' kommt einer Verbrüderung gleich. Erniedrigend ist es für einen Totenkopfträger, der sich von Bolschewiken und Bonzen zum Botengänger machen läßt. (...) Dem SS-Begleitposten ist es verboten, außerdienstliche Gespräche mit den Gefangenen zu führen."

Ebenso untersagt Eicke den Bewachern jede Mißhandlung der Häftlinge. „Den Begleitposten", ordnet er an, „obliegt lediglich die Bewachung der Gefangenen. Sie richten ihr Augenmerk auf das Verhalten derselben bei der Arbeit. Träge Gefangene sind zur Arbeit anzuhalten. Streng untersagt ist jedoch jede Mißhandlung und Schikane.

Ist ein Gefangener bei der Arbeit sichtlich nachlässig und faul, oder gibt er freche Antworten, dann stellt der Posten den Namen fest. Nach Dienstschluß erstattet er Meldung. Selbsthilfe bedeutet Mangel an Disziplin."

Weiter fordert Eicke seine Männer auf, von der Schußwaffe ohne Rücksicht Gebrauch zu machen, wenn es darum geht, einen Fluchtversuch zu verhindern. Bewacher, die diesem Befehl nicht nachkommen, haben mit ihrer Bestrafung zu rechnen. „Wer einen Gefangenen entweichen läßt", droht Eicke,[34] „wird festgenommen und wegen fahrlässiger Gefangenenbefreiung der bayer. Politischen Polizei übergeben."

Den Wachmännern ist es noch nicht einmal gestattet, einen Warnschuß abzugeben. „Versucht ein Gefangener zu entfliehen“, heißt es ausdrücklich, „dann ist ohne Anruf auf ihn zu schießen. Der Posten, der in Ausübung seiner Pflicht einen fliehenden Gefangenen erschossen hat, geht straffrei aus.

Wird ein Posten von einem Gefangenen tätlich angegriffen, dann ist der Angriff nicht mit körperlicher Gewalt, sondern unter Anwendung der Schußwaffe zu brechen. Ein Posten, der diese Vorschrift nicht beachtet, hat seine fristlose Entlassung zu gewärtigen. Wer im übrigen seinen Rücken freihält, wird selten einen tätlichen Angriff zu gewärtigen haben.

Meutert oder revoltiert eine Gefangenenabteilung, dann wird sie von allen aufsichtsführenden Posten beschossen. Schreckschüsse sind grundsätzlich untersagt.“

Die Dienstvorschriften, die künftig das Klima im KL bestimmen, gelten im wesentlichen, solange der SS-Staat existiert.[35] Sie werden später von Dachau aus auch auf die Konzentrationslager übertragen, die in den folgenden Jahren noch entstehen. Dagegen muß Eicke die Strafbestimmungen für die Gefangenen, die zunächst ebenfalls in den anderen Lagern eingeführt werden,[36] bald wieder aufheben, nachdem sie, wie sich bei der Untersuchung von den Morden an zwei Häftlingen im KL Columbia-Haus in Berlin durch SS-Angehörige gezeigt hat,[37] von der Justiz nicht gedeckt worden sind. Eickes Kapitulation vor den Rechtswahrern schlägt sich am 18. April 1935 in folgender Eintragung im Diensttagebuch des Reichsjustizministers Franz Gürtner nieder: „Hinsichtlich der Dienstvorschriften für Konzentrationslager erklärte Eicke, daß zur Zeit eine geheime Gegenorder an die Lagerkommandanten ergangen sei, wonach diese scharfen Bestimmungen in Wirklichkeit nicht zur Anwendung gelangen sollten.“ Sie dienten „lediglich“ der „Einschüchterung“.[38] Am 29. Mai 1935 ist dann im Diensttagebuch sogar von einem „geheimen Gegenbefehl“ die Rede, der die „Strafvorschriften für Schutzhäftlinge“ außer Kraft setzt.[39]

Eicke distanziert sich zwar von seinen Strafbestimmungen, die Lagerstrafen jedoch, die er mit der Disziplinar- und Strafordnung für das Gefangenenlager eingeführt hat, hält er weiter aufrecht. Arrest, Pfahlbinden und Stockhiebe bleiben auch in den kommenden Jahren eine gefährliche Bedrohung für die Schutzhaftgefangenen in allen Konzentrationslagern. Für die Prügelstrafe gilt lediglich die Einschränkung, daß sie künftig nicht mehr der Lagerkommandant allein verhängen kann, sondern der Inspekteur der KL seine Zustimmung zu ihrer Vollstreckung geben muß. Der aber heißt seit 1934 ebenfalls Theodor Eicke.

Diese Vorschrift, der sich alle Kommandanten beim Vollzug der Prügelstrafe zu beugen haben, bestätigt auch Himmler im Januar 1937. In einem Vortrag, den er auf einem politischen Lehrgang der Wehrmacht über den „Kriegsschauplatz Innerdeutschland“ hält, erklärt er in Anspielung auf die Häftlinge in den Konzentrationslagern: „Wenn einer frech und widersetzlich ist, und das kommt hier und da vor, (…) kommt er entweder in Einzelhaft, in Dunkelarrest bei Wasser und Brot, oder – ich bitte hier nicht zu erschrecken, ich habe die alte Zuchthausordnung Preußens vom Jahre 1914–1918 genommen – er kann in schlimmen Fällen 25 Hiebe bekommen. Grausamkeiten, sadistische Sachen, wie es die Auslandspresse vielfach behauptet, sind dabei völlig unmöglich. Erstens kann die Strafe nur der Inspekteur sämtlicher Lager verhängen, also nicht einmal der Lagerkommandant, zweitens wird die Strafe vor einer

Bewachungskompanie vollzogen, so daß also immer ein Zug, 20 bis 24 Leute, dabei sind, schließlich ist bei der Bestrafung ein Arzt dabei und ein Protokollführer. Also mehr kann man an Genauigkeit nicht tun."[40]

Auch in den folgenden Jahren fordert Himmler die Kommandanten der Konzentrationslager immer wieder auf, sich an die Vorschrift zu halten und keine Prügelstrafe, im Jargon der SS abgekürzt „P.-Strafe" genannt, ohne Genehmigung der Inspektion der Konzentrationslager (IKL), die später bei der Eingliederung in das SS-Wirtschafts-Verwaltungshauptamt (WVHA) die Bezeichnung „Amtsgruppe D" erhält, zu verhängen. So schreibt der Amtsgruppenchef D, der SS-Brigadeführer und Generalmajor der Waffen-SS Richard Glücks, im Auftrag des Reichsführers-SS (RFSS) am 20. Januar 1943 in einem geheimen Runderlaß an alle Lagerkommandanten: „Der Reichsführer-SS und Chef der Deutschen Polizei hat mit Befehl – Tgb.Nr. 20/4/43 g – vom 12. 1. 43 nochmals angeordnet, daß Prügelstrafen für männliche Häftlinge in jedem Falle nur durch den Lagerkommandanten persönlich zu überprüfen und mit seiner Unterschrift hier zu beantragen sind. Vertretungen gibt es nicht.

In allen Fällen hat durch den Lagerkommandanten persönlich schärfste Überprüfung vor Antragstellung zur Genehmigung zu erfolgen. Dies muß in allen solchen Fällen *besonders* geschehen, soweit es sich um politisch oder kriminell nicht vorbestrafte Häftlinge deutscher oder ostgermanischer Abkunft handelt.

Bei der Prügelstrafe für weibliche Häftlinge, die ohnedies sehr selten sein darf, bedarf es nach wie vor in jedem Fall der persönlichen Genehmigung des Reichsführer-SS. Vorlage dieser Strafverfügungen wie angeordnet."[41]

Offensichtlich hat der allzu häufige Gebrauch der Prügelstrafe in den KL den Unwillen des RFSS erregt. Bereits am 2. Dezember 1942 läßt Himmler die Kommandanten durch den SS-Obersturmbannführer Arthur Liebehenschel, der das Zentralamt der Amtsgruppe D, abgekürzt „Amt D I", leitet, zur größeren Zurückhaltung bei der Wahl der Strafmaßnahmen auffordern. „Der Reichsführer-SS und Chef der Deutschen Polizei", gibt Liebehenschel in dem geheimen Rundschreiben bekannt,[42] „hat angeordnet, daß Prügelstrafen in Zukunft nur als letztes Mittel angewandt werden dürfen. Sie sind daher nur zu beantragen(,)

a) wenn alle anderen in der Lagervorschrift enthaltenen Strafen, wie Arrest, Dunkelarrest, Essenentzug, Strafarbeit(,) nichts gefruchtet haben. Essenentzug kann natürlich nur dann erfolgen, wenn nach ärztlichem Urteil der Häftling für diese Strafmaßnahme in entsprechender körperlicher Verfassung ist(,)

b) aus Abschreckungsgründen in einzelnen Fällen der Flucht oder bei tätlichem Angriff, hier aber auch nur dann, wenn der Fall exemplarisch geahndet werden *muß*.

Der Reichsführer-SS hat darauf hingewiesen, daß die Prügelstrafe kein Instrument für verantwortliche Kommandeure, Aufsichtshabende und Aufseherinnen ist, die zu faul oder unfähig sind, zu erziehen. Hat zum Beispiel ein Häftling einem anderen Häftling Essen gestohlen, so ist beim ersten Delikt der Schuldige mit Essenentzug, falls dies aus gesundheitlichen Gründen nicht möglich ist, mit Arrest bei Wasser und Brot mit 3 bis 5 Tagen zu bestrafen. Erst bei Wiederholung des gleichen Deliktes kann Prügelstrafe beantragt werden.

Die bisher hier zur Genehmigung vorgelegten Strafverfügungen haben eindeutig gezeigt, daß der Sinn und Zweck der härtesten Lagerstrafe (Prügel-Strafe) in den meisten Fällen nicht erkannt worden ist.

Die Lagerkommandanten werden gebeten, in Zukunft auf die Durchführung des Reichsführer-Befehls ihr besonderes Augenmerk zu richten und Strafverfügungen für Prügelstrafen nur in wirklich begründeten Fällen vorzulegen."

Die SS-Führung weiß, warum sie vor der leichtfertigen Anwendung der körperlichen Züchtigung warnt. Sie ist mit der Praxis der Prügelstrafe vertraut und kennt auch die Folgen, die das Schlagen für den Delinquenten haben kann. Im Gegensatz zur Exekution in Buchenwald, wo die Bastonade in der Regel mit dem Stock,[43] und zwar mit dem Spanischen Rohr,[44] vollstreckt wird, bedient sich die SS in Dachau beim Vollzug der Prügelstrafe, im SS-Jargon „Auszahlung" genannt,[45] großer Ochsenziemer, die sie vorher in Wasser legt und einweicht, damit sie geschmeidiger werden.[46]

Die Auspeitschung erfolgt auf einem hölzernen Gestell, das von der SS eigens dafür konstruiert worden ist und das einem Tisch ähnlich sieht.[47] Der Häftling, an dem die Prügelstrafe vollstreckt werden soll, muß sich zwischen die Fußrasten der Konstruktion stellen, bevor er, auf dem Bauch liegend, mit vorgestreckten Armen über das Gestell gezogen und mit straff gespanntem Rücken darauf festgeschnallt wird.[48] Der Exekutionstisch heißt in der Lagersprache „Bock", und der Gefangene, der mit ihm Bekanntschaft machen muß, „geht", wie die Häftlinge sagen, „über den Bock" oder wird, was das Bild noch besser trifft, „über den Bock gezogen".

Vor der Exekution belehrt die SS den Delinquenten, jeden Schlag, der ihm verabreicht wird, im Meldeton laut mitzuzählen.[49] Verzählt er sich dabei oder vergißt er vor Schmerzen das Zählen der einzelnen Stockhiebe überhaupt, so beginnt die Tortur von neuem, das heißt, die Prügelnden fangen wieder mit dem ersten Schlag an. Bisweilen begnügt sich die SS aber auch damit, die Zahl der verordneten Hiebe um fünf zu erhöhen.[50]

Das Strafmaß, das dem Häftling zudiktiert wird, ist ebenfalls unterschiedlich. Es richtet sich im allgemeinen nach dem Vergehen, das dem Gefangenen vorgeworfen wird. Die geringste Strafe besteht aus fünf Stockschlägen.[51] Meistens lautet der Spruch jedoch auf 25 Hiebe.[52] Daher bezeichnen die Häftlinge die Prügelstrafe nur noch als die „Fünfundzwanzig" oder in Anspielung auf das Folterinstrument als den „Bock". Nicht selten verabreicht die SS einem Delinquenten aber auch 50 Schläge.[53]

Die Strafe wiegt um so schwerer, als in Dachau jeder Schlag von zwei SS-Männern gleichzeitig ausgeteilt, jedoch nur als einfacher Hieb gezählt wird.[54] Das bedeutet, daß der Delinquent in Wirklichkeit die doppelte Anzahl der Schläge erdulden muß, die auf dem Papier zu seiner Bestrafung verfügt worden sind. Diese Praxis, die allerdings nur zeitweise angewandt wird, geht auf den SS-Hauptsturmführer Egon Zill zurück. Zill, der am 1. Dezember 1939 in Dachau zum Ersten Schutzhaftlagerführer befördert wird,[55] führt die 25 Doppelschläge ein,[56] nachdem die Prügelstrafe kurz zuvor vorübergehend abgeschafft worden ist.[57]

Die Stockschläge erhält der Delinquent auf das bekleidete Gesäß oder, wie es in der derben Dachauer Sprache heißt, „auf den Arsch".[58] Ein anderes Wort gibt es dafür im Lager nicht. Die Gefangenen sind es gewohnt, die Dinge ohne

Umschweife beim Namen zu nennen. Bevor der Häftling über den Bock geht, wird sein Hemd hochgezogen und die Unterhose nach unten gestopft. So bietet allein die dünne Leinenhose des Drillichs noch einen schwachen Schutz vor den Schlägen.[59] Die beiden SS-Leute, zumeist ausgesucht kräftige Männer, die auf Befehl oder auch freiwillig die Fünfundzwanzig zu vollstrecken haben,[60] nehmen dann rechts und links neben dem Bock Platz[61] und schlagen abwechselnd aus Leibeskräften auf die strammgezogene Hose des Delinquenten, wobei sie beim Ausholen zu jedem neuen Hieb in die Luft springen, um die Wucht der Schläge zu erhöhen.[62]

Die Wirkung der Hiebe ist verheerend. Oft springt schon bei den ersten Schlägen das Fleisch auf, und das Blut fließt in Strömen. Mit jedem Streich reißen die gekrümmten Spitzen der Ochsenziemer immer tiefere Wunden in das Gesäß.[63] Nicht selten kommt es dabei neben den schweren Haut- und Fleischwunden auch zu inneren Verletzungen, die so manchem Häftling das Leben kosten.[64] Gefürchtet sind vor allem die Schläge, bei denen die SS-Männer angeblich, wie sie behaupten, „ausgleiten" und die Nieren treffen.[65] Zumeist sind diese Hiebe jedoch beabsichtigt, und erfahrene SS-Leute verstehen es, mit einem zielsicheren Schlag dem Delinquenten einen schweren Nierenschaden beizubringen, der einen qualvollen Tod nach sich zieht.[66]

Aber auch wer die Tortur überlebt, hat oft mit einem wochenlangen Aufenthalt im Revier zu rechnen, bis die Verletzungen, die er auf dem Bock davongetragen hat, wieder geheilt sind.[67] Wie schrecklich mancher nach der Exekution zugerichtet ist, zeigt der folgende Auszug aus dem Krankenblatt eines Delinquenten: „Auf der linken Gesäßhälfte starke, schwarz-blau verschwollene eitrige Striemen, die rechte Gesäßhälfte weist faustgroße Löcher auf, so daß eine Fleischpolsterung erfolgen muß. Außerdem ist die rechte Niere verletzt, so daß eine Entfernung nötig werden wird. Urin blutig."[68]

Viele Häftlinge brechen bereits bei der Exekution zusammen und verlieren das Bewußtsein. In diesem Fall wird das Prügeln unterbrochen und der Ohnmächtige mit einem Kübel Wasser, den man über ihn schüttet, wieder in die schreckliche Wirklichkeit zurückgerissen.[69] Die SS erspart ihren Opfern keinen einzigen Schlag – selbst wenn der Delinquent, wie in Dachau geschehen, schon gestorben ist.[70] Ebenso wird darauf geachtet, daß die SS-Männer bei der Strafvollstreckung ihre ganze Kraft einsetzen und die Hiebe nicht zu schnell verabreichen. Zill pflegt den Henkersknechten immer wieder zuzurufen: „Langsam, langsam, er soll zu seinem vollen Genuß kommen!"[71]

An dieser Praxis ändert auch die Anwesenheit des SS-Arztes nichts, der dem Strafvollzug beizuwohnen hat. Von ihm kann der Delinquent im allgemeinen keine Hilfe erwarten. Er steht lediglich da, um der Vorschrift Genüge zu leisten und den Anschein einer medizinischen Fürsorge zu erwecken. Nur im Ausnahmefall kommt es vor, daß ein Lagerarzt in die Exekution eingreift und die Bastonade abbrechen läßt, weil er das Leben des Häftlings in Gefahr sieht.[72]

Nach der überstandenen Auspeitschung hat der Gefangene, sofern er noch stehen kann und nicht sofort ins Revier getragen werden muß, fünfzig oder auch mehr Kniebeugen zu machen, um, wie vorgegeben wird, „die Muskulatur zu stärken".[73] Dann muß er in strammer Haltung melden, daß er seine Strafe empfangen habe und warum er über den Bock gegangen sei. Erst jetzt tritt der anwesende Arzt in Aktion. Er pinselt das aufgeschlagene Gesäß mit einer starken Jodtinktur ein, was wiederum entsetzliche Schmerzen hervorruft.[74] Mancher Häftling, der bisher der Tortur auf dem Prügelbock widerstanden hat, bricht nun unter der erneuten Qual zusammen.[75]

Wer glücklicherweise auch der letzten Prozedur der Exekution getrotzt und all den Schmerz mit zusammengebissenen Zähnen ertragen hat, tritt den Gang zum Bunker an, wo er eine Arreststrafe zu verbüßen hat, die allgemein mit den Fünfundzwanzig verbunden ist. Sie erstreckt sich gewöhnlich über acht Tage, die der Delinquent in einer dunklen Einzelzelle verbringen muß.[76]

Die SS begnügt sich aber nicht mit dieser furchtbaren Strafe. Sie findet noch eine Steigerung der Tortur, indem sie ein Vergehen gleich zweimal mit dem Bock ahndet oder einem Gefangenen so viele Schläge zudiktiert, daß der Vollzug während der Bunkerhaft auf mehrere Exekutionen verteilt werden muß, weil der Häftling die zahlreichen Stockhiebe auf einmal nicht überleben würde.[77] Als sich jedoch die Zahl der Delinquenten, die den Schlägen zum Opfer fallen, häuft, verbietet Himmler die kurz aufeinanderfolgenden Auspeitschungen, wenn die Gefahr besteht, „daß der (zu) Strafende etwa an den Folgen dieser Strafe sterben könnte".[78]

Schließlich werden die Fünfundzwanzig, die nach Weisung der SS-Führung allerdings den Gefangenen im Alter von mehr als 50 Jahren in jedem Fall erspart bleiben sollen,[79] im Frühjahr 1942 weiter verschärft. In einem Rundschreiben setzt SS-Obersturmbannführer Liebehenschel am 4. April alle Lagerkommandanten davon in Kenntnis, daß künftig in besonderen Fällen auf das nackte Gesäß zu schlagen ist. „Der Reichsführer-SS und Chef der Deutschen Polizei", teilt der Leiter des Zentralamtes in Oranienburg mit,[80] „hat angeordnet, daß bei seinen Verfügungen von Prügelstrafen (sowohl bei männlichen als auch bei weiblichen Schutz- oder Vorbeugungshäftlingen), wenn das Wort ‚verschärft' hinzugesetzt ist, der Strafvollzug auf das *unbekleidete Gesäß* zu erfolgen hat.

In allen anderen Fällen bleibt es bei dem bisherigen vom Reichsführer-SS angeordneten Vollzug."

Bevor dieser Befehl die Lager erreicht hat, sind Schläge nur dann auf das nackte Gesäß verabreicht worden, wenn die SS einen Häftling mit einem „Selbstschutz" ertappt hat. Die Gefangenen bezeichnen damit eine dicke Unterhose oder eine besondere Einlage, die der Delinquent vor der Exekution unter seinen Drillich schmuggelt, um die Wucht der Schläge zu dämpfen.[81] Diese Manipulation wird selbstverständlich von der SS nicht geduldet.

In den ersten Jahren ist die Kommandantur in Dachau noch bemüht, den Exekutionen einen ernsten und den Umständen angemessenen Rahmen zu geben. So läßt sie, wie es Himmlers Wille ist, bei jeder Auspeitschung auf dem Appellplatz einen Zug der SS-Wachmannschaften mit Stahlhelm und Gewehr aufmarschieren,[82] um damit auch eine erzieherische Wirkung auf die jungen SS-Leute auszuüben, die zur Härte abgerichtet werden sollen.[83] Der Häftling Walter Adam aus Wien, der Augenzeuge der öffentlichen Prügelszenen geworden ist, berichtet über das grausame Schauspiel, das sich ihm auf dem Appellplatz geboten hat: „Zu Beginn des Jahres 1938 wurde die Prügelstrafe noch unter besonderen Formalitäten vollzogen. Das Lager hatte anzutreten, ein Zug SS marschierte auf, das Urteil wurde feierlich verlesen. Später, als die Anwendung der Prügelstrafe immer häufiger wurde, verzichtete man auf alle Formalitäten und prügelte reihenweise im Hof der Arrestbaracke oder im Baderaum."[84]

Wie solch eine Massenprügelei im Hof des Bunkers abläuft, schildert der Schutzhaftgefangene Erwin Gostner aus Hall in Tirol, der dabei selbst als einer der Delinquenten über den Bock gegangen ist:[85] „Wir werden in den Hof geführt. Dort erwartet uns der ‚Bock'.

Wir sollen ausgepeitscht werden, das ist nun klar. Wir sehen den Holzbock und die bereitgelegten Peitschen. Zwanzig SS.-Männer mit Pistolen unterdrükken jede mögliche Bewegung von Widerstand. Ein SS.-Arzt betrachtet uns mit wägendem Blick, als prüfe er die Widerstandsfähigkeit des einzelnen. Ein SS.-Untersturmführer, er heißt Kernschuster,[86] teilt uns mit, daß er uns nun mit Peitschenhieben ‚katholisch machen' wird. Diese Worte sind anscheinend ein beliebter Lagerausdruck.

Corazza kommt als erster an die Reihe. Mit verbissenem Gesicht tritt er vor und läßt sich die Füße anschnallen. Er muß sich beugen und über den Bock legen. SS.-Männer halten seine Hände und den Kopf fest. Sein Gesicht wird durch eine Decke verhüllt. Zwei SS.-Männer ziehen die Uniformröcke aus, krempeln die Ärmel hoch, nehmen die Peitschen und schlagen mit aller Kraft zu. 25 Hiebe fallen in immer schneller werdender Reihenfolge; die letzten klatschen in einen blutigen Brei. Dann wird Corazza abgeschnallt, sein Gesicht ist unkenntlich. Er hat keinen Laut von sich gegeben. Selbst in den Augen der SS.-Männer lese ich so etwas wie Bewunderung.

Ich sehe starr auf Corazza. Nein, ich will nicht zurückstehen! (...) Rohe Hände zerren mich zum Bock. Die ersten Schläge erdulde ich, ohne zu schreien, dann erhalte ich einen Hieb auf die Nieren. In rasendem Schmerz spanne ich die Glieder und versuche(,) mich loszureißen. Meine Peiniger stutzen einen Augenblick. Kernschuster tritt heran, prüft die blutigen Striemen und sagt kaltschnäuzig: ‚Gebt dem Schwein noch fünf Hiebe drauf!' Ich bekomme dreißig Peitschenhiebe und brülle nun wie ein Tier. Nach dem Abschnallen muß ich schnelle Kniebeugen machen und gerate in die Hände des Arztes, der meinen mißhandelten Rücken mit Jod einreibt. Fünfzehnmal wiederholt sich die gleiche Prozedur, bis alle Häftlinge ‚katholisch gemacht' sind. Einige haben vierzig und fünfzig Hiebe erhalten. Dann müssen wir in unsere Dunkelzellen zurück."

In der Anfangszeit des Lagers hat die Prügelstrafe noch keiner Beschränkung unterlegen. Jeder SS-Mann kann sie nach eigenem Gutdünken verhängen, ohne extra eine Genehmigung dafür einholen zu müssen.[87] Zumeist greifen die Bewacher zu Gummiknüppeln, frischen Weidenstöcken, feuchten Handtüchern und drahtumwickelten Ochsenziemern,[88] um allein persönliche Rachegelüste, die sie gegen verhaßte Häftlinge hegen, zu befriedigen. Die Lagerleitung setzt ihren Leuten dabei keine Schranken, sondern fördert im Gegenteil noch den Terror durch eigene Beispiele. Die Lynchjustiz ist in Dachau an der Tagesordnung.

Allerdings schlägt die SS zu dieser Zeit in der Regel noch im Verborgenen. Die Prügelszenen finden unter Ausschluß der Öffentlichkeit entweder im Keller unter der Gefangenenküche oder in einem kleinen Gebäude statt, das, durch Buschwerk weitgehend den Blicken entzogen, hinter der Hauptwache außerhalb des Innenlagers steht. Für beide Folterplätze haben die Häftlinge Namen erfunden, die verraten, was sich hinter diesen Mauern abspielt. Doppelsinnig heißen sie bei ihnen nach dem Idol der SS, Albert Leo Schlageter, der am 26. Mai 1923 von den Franzosen auf der Golzheimer Heide bei Düsseldorf standrechtlich erschossen worden ist, „Schlageterkeller“ und „Schlageterhäuschen“.[89]

Zunächst finden die Auspeitschungen noch unter der Deckbezeichnung „Vernehmung“ statt. Sie treffen vor allem die Neuzugänge, die ins Lager kommen. Über sie fallen besonders geübte Schläger her, die das „Wickelkommando“ bilden.[90] Dieses wird vom SS-Sturmführer Robert Erpsenmüller befehligt, dem Hans Steinbrenner als Lehrmeister im Umgang mit den „Werkzeugen“, wie die Peiniger Stahlruten und Ochsenfiesel nennen, zur Seite steht. Seinen Namen verdankt das Kommando der Wolldecke, mit der die Schläger die Schreie ihrer Opfer ersticken.

Über das Wüten dieser Männer berichtet Walter Hornung[91]: „Aus jedem Transport waren bald mehr, bald weniger Gefangene herausgegriffen und in den Keller zur ‚Vernehmung‘ abgeführt worden. Ihr einziges Verbrechen war, eine führende Funktion in einer marxistischen Organisation innegehabt zu haben.

Die ‚Vernehmung‘ vollzog das Schlägerkommando. Lutz, Unterhuber, Steinbrenner, Hofmann[92] waren ständig dabei. Der Kopf des Delinquenten wurde in eine Wolldecke gewickelt. Dann schlugen die SS. abwechselnd mit dem Ochsenziemer, auch mit einer Latte auf die Opfer ein, die anderen hielten es fest.

Dieses ‚Aufdünsten‘ oder ‚Wickeln‘ wurde zu einer Dienstangelegenheit; es vollzog sich unter beinahe stets gleichlautenden Schimpfworten: Judensau, rote Sau, Bonze, Marxistenschwein, Bolschewikenhund, die offenbar zur Erzeugung der Eigendynamik nötig waren. Nach Beendigung der Prozedur wurde dem ‚Vernommenen‘ gesagt: ‚Du bist die Leiter heruntergefallen! Hast du verstanden!‘“

Wie sehr die SS anfangs noch bemüht ist, ihre Mißhandlungen zu vertuschen, berichtet auch Fritz Ecker, der gleich bei seiner Ankunft in Dachau Erpsenmüller – er nennt ihn irrtümlich Erbsmüller – und dessen Wickelkommando in die Hände fällt: „Erbsmüller kam näher und fragte mich nach Namen und Wohnort. Da ich seine Absicht ahnte, stand ich sogleich militärisch stramm. Erbsmüller entfernte sich. Kaum eine Minute später holte er mich zur ‚besonderen Vernehmung‘ aus Reih und Glied und führte mich in den Keller unter der Gefangenenküche. Ich ahnte, was mir bevorstand. Und ich habe mir vorgenommen, keinen Schmerzensschrei hören zu lassen!

Im Keller zog Erbsmüller die Pistole, entsicherte und hielt sie mir, den Finger am Abzug, vor die Stirn. Er befahl mir, mich auszukleiden. Vier andere SS-Leute, darunter Franz Liebwein und Brummer, standen schlagbereit, Ochsenziemer und Gummiknüppel durch die Luft schwingend, vor mir. Ich mußte mich über einen Tisch legen. Mein Kopf wurde in eine Decke gewickelt und meine Kehle von einem SS-Mann auf die Tischkante gedrückt. Dann schlugen drei SS-Leute mit aller Kraft auf mich ein, bis mir das Blut von Rücken und Gesäß rann. Vierundsechzig Schläge habe ich gezählt. Danach wurde ich mit einem Eimer Wasser begossen(,) und ich hörte Erbsmüller sagen:

‚Noch eine Lektion, der Kerl spürt ja nix, der schreit net!‘

Und wieder wurde auf mich eingeschlagen, Oberschenkel und Waden waren mit blutenden Striemen bedeckt(,) und ich war nahe daran, in Schmerzensgebrüll auszubrechen, als der Befehl kam:

‚Aufhören, es reicht!‘

Einer schlug trotzdem noch mehrmals über meine Oberschenkel, bevor ich loskam.

Man befahl mir: ‚Anziehen! Rasch, rasch! Andere warten schon darauf!‘

Während ich mich anzog, wurde ich weiter geschlagen. In Eile und Erregung hatte ich die Weste falsch zugeknöpft, ich mußte sie aufknöpfen und nochmals zuknöpfen, und wurde auch dabei ständig von zwei SS-Leuten mit Stock und Gummiknüppel geschlagen.

Sodann wurde mir wieder die Pistole vor die Stirn gesetzt(,) und Erbsmüller sagte: ‚Du warst bei der Vernehmung, verstanden? Wo warst?‘

Halb bewußtlos entgegnete ich: ‚In Dachau!‘

Darauf hat mir Franz Liebwein durch einen Faustschlag zwei rechte Backenzähne ausgeschlagen.

Erbsmüller fragte erneut:

‚Hund, ich knall dich nieder, wo warst du?‘

Hatte ich das erste Mal ganz benommen und unbewußt geantwortet: ‚In Dachau‘, so tat ich es das zweite Mal aus absichtlichem Trotz.

Da bekam ich von einem SS-Mann einen Schlag mit dem Karabinerkolben in die Seite, dessen Schmerzen ich heute noch in den Rippen verspüre. Erbsmüller stellte seine Frage zum dritten Male und drückte die Pistolenmündung an meine Stirn. Man wollte von mir die Antwort haben, daß ich bei der ‚Vernehmung‘ war: Ich erwiderte zum dritten Male: ‚In Dachau.‘

‚Wart nur, du Hund, dich kriegen wir schon noch, du kommst lebendig nimmer aus dem Lager!‘

Zu dritt hat man mich zur Türe hinaus geprügelt! Ich wankte in meine Reihe zurück. Bald brach ich zusammen. Ein SS-Mann brachte einen leeren Kartoffelsack und sagte: ‚Da legst dich her, wenn dir schlecht ist!‘ Zwei andere SS-Leute aber stießen mich mit den Füßen an den Kopf, bis ich mich wieder erhob.

Ich mußte wieder in Reih und Glied stehen, bis alle ‚Vernehmungen‘ vorgenommen waren und danach noch ins Lager marschieren.“[93]

Im Jahre 1933 wählt die SS unter den Neuzugängen zunächst willkürlich aus, wen sie mißhandelt und wen sie verschont.[94] Aber 1934 besteht dann die allgemein gültige Regel, daß jeder Neuankömmling, der ins KL eingeliefert wird, zum Empfang im Schlageterhäuschen seine Fünfundzwanzig erhält.[95] Der kommunistische Häftling Willi Schuster aus Fürth berichtet über diese Begrüßungstortur, die er als Neuling im Jahre 1934 selbst erlitten hat: „Die erste Information, die mir die Kameraden nach meiner Ankunft im Lager gaben, war der Hinweis, daß noch nicht alles überstanden sei. Ich müsse jetzt alle Abend beim Zählappell damit rechnen, daß ich aufgerufen und noch mal in die Wachstube vorgerufen werde.“

So geschah es eines Abends auch. Schuster mußte sich in der Hauptwache melden, wo ihm der Schutzhaftbefehl mit der Begründung seiner Verhaftung verlesen wurde. „Dann“, erinnert er sich, „ist man unter Gebrüll nach hinten zum Schlageterhäuschen, einem kleinen, gemauerten Hüttlein im Gelände, gejagt worden. Man hat mir gesagt, daß ich hohe Sprünge machen solle, weil dort Stacheldraht gespannt sei. Im Schlageterhäuschen bin ich über einen Tisch gelegt und mit Ochsenziemern geschlagen worden. Danach bin ich wieder zurückgejagt und ins Lager entlassen worden. Dann war man aufgenommen."[96]

Die zweite schwere Körperstrafe, die zuerst in Dachau und später in allen anderen KL praktiziert wird, ist das Pfahlbinden, in der Lagersprache bald „Baumhängen" oder auch nur „Baum" oder „Hängen", seltener „Pfahlhängen" oder „Pfahl" genannt. Während in Buchenwald die Strafe tatsächlich an einem Baum vollstreckt wird,[97] was vermutlich die Umwandlung des Namens im Jargon der SS erklärt, bedient sich die Dachauer SS in den ersten Jahren eines Pfahls. Dieser besteht aus einem zweieinhalb Meter hohen und glatten Vierkantholz, das in eine Betonaussparung gerammt ist.[98]

Zum Vollzug der Pfahlstrafe, die in ihrer Grausamkeit der Prügelstrafe in nichts nachsteht, werden zunächst die Hände des Delinquenten gefesselt – in Buchenwald mit einem Strick, in Dachau dagegen mit einer eisernen Kette.[99] Der Häftling muß seine Arme über Kreuz nach hinten strecken und dabei die Handrücken so gegeneinanderlegen, daß die Fingerspitzen nach rückwärts zeigen.[100] Dann verdreht der Henkersknecht beide Hände nach innen und schlingt eine dünne Kette um die Gelenke, mit der er die Hände auf dem Rükken straff zusammenbindet.[101]

So gefesselt, muß der Delinquent auf einen Schemel[102] oder auf einen drei Stufen hohen Tritt[103] steigen. Der Peiniger klinkt nun das eine Ende der Kette in einem Haken ein, der an der Spitze des freistehenden Pfahls angebracht ist, und zieht mit einem Ruck den Stuhl unter den Füßen des Delinquenten weg oder stößt mit einem Fußtritt den Schemel um, auf dem der Gefangene steht, oder gibt dem Mann auch nur einen Stoß, daß er das Gleichgewicht verliert und von seinem Tritt taumelt.[104] Der Häftling stürzt etwa fünfzehn Zentimeter ins Leere[105] und bleibt an seinen Armen, die nach hinten gerissen worden sind, ungefähr zwanzig Zentimeter freischwebend über dem Boden in der Luft hängen.[106]

Der Delinquent erleidet Höllenqualen: Da seine Füße keinen Halt mehr finden, müssen jetzt die nach rückwärts gedrehten Arme das ganze Körpergewicht tragen, was unvorstellbare Schmerzen in den Schultern und in den zusammengeschnürten Handgelenken verursacht.[107] „Nur mühsam", erinnert sich der Häftling Julius Schätzle aus Stuttgart,[108] „konnte die Lunge mit dem nötigen Sauerstoff versorgt werden. Das Herz arbeitete in einem rasenden Tempo. Aus allen Poren drang der Schweiß." Ähnlich beschreibt auch der Schutzhaftgefangene Fritz Wandel aus Reutlingen die Qualen, die er selbst am Baum ausgestanden hat: „Mein Herz arbeitete in wilden Schlägen. Schon nach einer Viertelstunde konnte ich, da ich mit nach vorn geneigtem Kopf hing, beobachten, wie Schweißtropfen um Schweißtropfen von meinen Schuhspitzen in den Kies rann. – So sehr war ich ins Schwitzen geraten. Atemnot quälte mich(,) und oft übermannte mich der Schmerz derart, daß ich nicht umhin konnte, tierische Schmerzensschreie auszustoßen, die weithin hörbar waren."[109]

Die Strafe bleibt für die Gesundheit des Delinquenten nicht ohne Folgen.

Schon das Fallen in die Tiefe führt oft zu Gelenkbrüchen.[110] „Wer kein geübter Turner ist", berichtet der Häftling Edgar Kupfer-Koberwitz aus Stuttgart,[111] „der glaubt, daß seine Sehnen reißen, daß seine Arm- und Handgelenke auskugeln, und das kommt auch oft genug vor." Selbst wenn ein Delinquent die Pfahlstrafe ohne Komplikationen übersteht, hat er noch lange unter Schmerzen zu leiden. Meist kann er in der nächsten Zeit seine Hände und seine Arme, die fast immer schwere Lähmungserscheinungen zeigen, nicht benutzen.[112] Oft dauert es wochenlang, bis die gezerrten Gelenke wieder geheilt sind.[113] Manchem ist aber auch im Revier, das viele nach der Bestrafung zur Behandlung aufsuchen müssen, nicht mehr zu helfen: Er trägt für immer einen lahmen Arm oder eine verkrüppelte Hand davon, die ihn sein Leben lang an die Schrecken von Dachau erinnert.[114]

Wie die Prügelstrafe wird auch das Baumhängen in der ersten Zeit willkürlich gehandhabt. Die SS läßt die Delinquenten bis zu vier Stunden lang hängen und jagt noch Hunde auf die Unglücklichen, die an ihren Opfern hochspringen, nach ihnen schnappen und an ihnen zerren.[115] Als immer mehr Häftlinge an den Folgen dieser grausamen Folter sterben, wird im Jahre 1940 das Strafmaß auf Befehl des Reichsführers-SS herabgesetzt. Himmler ordnet an, daß der Baum künftig „nur für die Höchstdauer von einer Stunde, in erschwerenden Fällen die doppelte Zeit" verhängt werden darf.[116] Er läßt den Lagerkommandanten jedoch weiter das Recht, allein über die Anwendung der Pfahlstrafe zu entscheiden.[117] Eine Genehmigung der Amtsgruppe D wie bei der Prügelstrafe ist nicht erforderlich.

Himmler verfügt aber, daß dem Strafvollzug am Baum nur dann zugestimmt werden kann, „wenn der Arzt den zu Bestrafenden für gesund" erklärt hat. Später schränkt er den Gebrauch der Pfahlstrafe weiter ein. Der Reichsführer-SS weist die Lagerkommandanten an, das Baumhängen „auf ein Mindestmaß" herabzusetzen und auch nur dann zu verhängen, wenn „dadurch kein Ausfall der Arbeitskraft" erfolgt.[118] Im Jahre 1943 wird die Strafe schließlich von Himmler generell untersagt,[119] nachdem sie ein Jahrzehnt lang unsägliches Leid über die Häftlinge gebracht hat.

Anfangs ist das Hängen im Freien auf dem Hof des Bunkers vollstreckt worden, wo die Lagerleitung sieben Pfähle mit je vier Haken hat aufstellen lassen. Sie ermöglichen es, daß 28 Delinquenten gleichzeitig einer Strafe zugeführt werden können.[120] Im Jahre 1941 verlegt die Kommandantur dann die Exekutionsstätte in den Baderaum der Gefangenen, der zeitweise auch für Auspeitschungen gewählt wird.[121] Zwischen den Pfeilern, die den Duschraum stützen, läßt sie sieben lange Querbalken einziehen, die mit je sieben Haken versehen sind.[122] Dadurch können 49 Häftlinge zur gleichen Zeit aufgehängt werden – was der Sinn des Ortswechsels ist, nachdem der Baum zuletzt immer häufiger verhängt worden ist und die Pfähle im Bunkerhof für die Exekution nicht mehr ausgereicht haben.[123] Schließlich sieht sich die Lagerleitung im Jahre 1942 sogar veranlaßt, zwei feste Straftage in der Woche einzuführen, die jeweils sechzig bis siebzig Gefangene im Häftlingsbad an den Baum bringen.[124] Den übrigen Lagerinsassen ist jedoch das Zuschauen bei der Exekution an diesen Tagen, die neben dem Hängen auch für die Fünfundzwanzig bestimmt sind, nicht gestattet.

Mit dem Wechsel der Folterstätte ändert sich auch der Ablauf der Exekution. Der Delinquent wird nun nicht mehr von einem Schemel gestoßen, sondern mit der Kette an einem Haken, der in etwa zweieinhalb Meter Höhe im Querbalken steckt, hochgezogen und festgebunden.[125] In dieser Lage müssen Häftlinge auch manchmal Verhöre über sich ergehen lassen, wenn die Lagerleitung von ihnen ein Geständnis erpressen will.[126] „Oft", berichtet der Schutzhaftgefangene Sales Hess, ein Benediktinerpater aus der Abtei Münsterschwarzach,[127] „gaben die Gefolterten die gewünschte Aussage, auch wenn sie nicht der Wahrheit entsprach, nur um von dieser Marter frei zu werden."

Die SS-Peiniger erhöhen zumeist die Qualen der Gehängten noch durch üble Schikanen. So zerren sie an den Körpern der Delinquenten, bringen die Männer als „besondere Hetz" durch Stöße und Fußtritte zum Schaukeln, was die Schmerzen verdoppelt, schlagen und peitschen die Unglücklichen, hängen sich an die Beine der Gefangenen oder ziehen sie lang.[128] Verliert einer der Gemarterten das Bewußtsein oder „schläft" er, wie die SS dazu sagt, „ein", so wird er entweder durch einen Faustschlag ins Gesicht oder mit einem Kübel kalten Wassers geweckt.[129]

Selbst als die SS das Pfahlhängen in der ersten Zeit noch bis zu vier Stunden hinauszieht, was oft das Ende des Delinquenten bedeutet, weil erfahrungsgemäß der Tod zwischen der zweiten und der vierten Stunde eintritt,[130] gönnt sie dem Opfer keine Erleichterung. Gelingt es beispielsweise einem Gefangenen, mit den Füßen am Pfahl einen Halt zu finden, so schaukelt ihn der SS-Mann, der die Exekution überwacht, zur Strafe hin und her, sobald er das bemerkt. Auch vor einem beherrschten Delinquenten, der die Schmerzen unterdrückt, kennt die SS keine Achtung. Manchen schlägt sie nur deshalb mit dem Ochsenziemer auf Rücken und Gesäß, weil er keinen Schmerzenslaut von sich gibt. Als das Baumhängen im Jahre 1941 ins Häftlingsbad verlegt wird, verschärft die SS die Strafe durch eine neue Gemeinheit: Sie läßt bei der Exekution die Brausen so lange mit heißem Wasser laufen, bis die Delinquenten das Bewußtsein verlieren.[131]

Aber selbst wenn der Gefangene den Baum, der im übrigen für ein Vergehen auch zweimal verhängt werden kann,[132] hinter sich gebracht hat, muß er mit weiteren Mißhandlungen rechnen. Zumeist macht sich die SS dabei noch die Hilflosigkeit des Delinquenten zunutze, wie österreichische Häftlinge in einem gemeinsam abgefaßten Bericht beschreiben: „Wurde der so Gehängte nach der Mindestfrist von einer Stunde herabgelassen, so war er fast nie imstande, auf den Beinen zu stehen und fiel wie ein Sack um. Vorschriftsmäßig hätte er aber nun die Knöpfe der Jacke schließen und in strammer Haltung den Strafvollzug melden sollen. Da aber die Hände nach dieser Tortur auf jeden Fall für eine gewisse Zeit, oft für Tage, oft für Wochen, manchmal auch für immer, abgestorben und lahm waren, und deshalb der Befehl des Rockschließens nicht ausgeführt werden konnte, gab es gewöhnlich noch eine Tracht Prügel."[133]

Um so mitfühlender verhalten sich die Mitgefangenen, die dem Mißhandelten sofort zu Hilfe kommen, wenn er nach der Exekution zu ihnen zurückkehrt. Als Fritz Wandel zum Beispiel mit ausgekugelten Armen seine Unterkunft betritt, erwarten ihn bereits die Kameraden, die sich in der Baracke sogleich seiner annehmen. „Dort", erinnert er sich,[134] „mußte ich mich an das Ende eines Tisches setzen und mit der Brust gegen die Tischkante lehnen. Ein

Kamerad drückte mich von hinten gegen die Tischkante, damit ich nicht aufspringen konnte. Ein zweiter Kamerad legte meinen ausgekugelten Arm auf den Tisch(,) und nun faßten zwei Kameraden meinen Arm und kugelten ihn unter entsetzlichen Schmerzen wieder ein. Dann wurde mir der rechte Arm auf den Tisch gelegt und auf die gleiche schmerzende Weise eingekugelt. Niemand, der das nicht selbst erlebt hat, ist imstande nachzufühlen, welche furchtbaren Schmerzen ich bei dieser Prozedur auszustehen hatte.

Meine Kameraden entkleideten mich dann und brachten mich zu Bett. Erst nach vier Wochen war ich imstande, meine Arme wieder zu gebrauchen. Und nur dem Umstand, daß ich Kapo geworden war und nichts arbeiten mußte, habe ich es zu verdanken, daß ich mich so schnell wieder erholt habe. Ich kenne sehr viele, die als Folge dieser unmenschlichen Prozedur des Pfahlhängens für ihr ganzes Leben lahme Arme behielten. Mancher, der diese Tortur durchmachen mußte und der dann am anderen Tage wieder zum Arbeitskommando kam, aber mit seinen gelähmten Armen außerstande war, etwas zu arbeiten, hat von der entmenschten SS., die diesem Zustand selbstverständlich keine Rechnung trug, am anderen Tag prompt eine Strafmeldung erhalten, mit dem Ergebnis, daß er dafür, daß er nicht arbeiten konnte, auch noch eine Prügelstrafe von 25 Stockschlägen in Kauf nehmen mußte."

Die SS, die gern alle Pflichten von sich schiebt und Aufgaben an andere verteilt, verzichtet auch im Strafvollzug nicht auf fremde Hilfe. Ihr steht hier ein Mann zur Seite, der selbst aus den Reihen der Häftlinge kommt und der es als „Henker von Dachau", wie er bisweilen von den Mitgefangenen genannt wird,[135] zu trauriger Berühmtheit bringt. Er gebietet als Kalfaktor im Bunker über mehrere Gefangene, die ihm als Henkersknechte zur Hand gehen müssen.[136] Diese machen in der Regel die schmutzige Arbeit für die SS, „binden", wie Edgar Kupfer-Koberwitz berichtet, „die Kameraden, hängen sie auf, stoßen sie vom Tritt, schaukeln sie, so daß der SS nichts zu tun übrig bleibt, als ab und zu einen Schlag ins Gesicht oder einen Tritt mit dem genagelten Stiefel auszuteilen".

Der Kalfaktor ist bei allen Häftlingen gefürchtet. Wenn der alte, grauhaarige Mann wie ein Gespenst im Lager herumschleicht oder über den Appellplatz geht, begleitet ihn stets ein großer, schwarzer, halbwilder Hund, der auf den Namen „Arco" hört und den er mitunter auch auf Gefangene zu hetzen pflegt.[137] Diese seltsame Gestalt, die, wie Walter Adam meint, „von E.T.A. Hoffmann hätte erfunden sein können", bekleidet nicht zuletzt wegen ihrer Brutalität eine Sonderstellung im KL. So trägt der Kalfaktor, der allen Häftlingen unter dem Namen „Bunker-Bernhard" bekannt ist, zwar die Gefangenenkleidung, aber keine Nummer.[138] Als weitere Vergünstigung, die ihm die Kommandantur zugestanden hat, bewohnt er im Bunker allein eine Zelle, die besser als die anderen Räume im Arrest eingerichtet ist.

Obwohl er als Berufsverbrecher nach Dachau gekommen ist,[139] muß er auf Befehl des Kommandanten die Markierung der politischen Häftlinge tragen,[140] die anfangs noch aus einem aufgemalten breiten Streifen mit roter Ölfarbe auf jedem Ärmel und auf dem Rücken der Jacke besteht.[141] Nur einige im Lager kennen seinen vollen Namen und wissen, welches Verbrechen er auf dem Gewissen hat. Er heißt Bernhard Giebel und stammt aus Hamburg.[142]

Wie er nach Dachau gelangt ist, hört Paul Tastesen als einer der wenigen

Häftlinge vom Bunker-Bernhard selbst, als der Kommunist, der dem Kriminellen zuvor schon einmal im Hamburger Untersuchungsgefängnis begegnet ist, Giebel bei seiner Einlieferung in den Dachauer Arrest wiedersieht. „Nach und nach", berichtet Tastesen,[143] „erfuhr ich dann von Bernhard, daß er eine Wut auf den KZ-Kommandanten von Fuhlsbüttel hatte, weil der dafür gesorgt hatte, daß er auf lebenslänglich nach Dachau gekommen war.

Wer war nun dieser Bernhard Giebel? Ich lernte Bernhard während einer Übernachtung in der Polizeistation im UG Hamburg kennen. Stundenlang hat er mir über sein Schicksal berichtet. Er war nach achtjähriger Zuchthausstrafe aus Oslebshausen entlassen und nun in Polizeihaft genommen. Seine Missetat war, daß er beim Ausrauben eines Pelzwarengeschäftes im Neuen Steinweg in Hamburg von dem Geschäftsinhaber überrascht worden war(,) und diesen hat er dann totgeschlagen. (...) Dieses und manches andere hat mir der Bernhard erzählt. Wohl weil ich ihm damals so geduldig zugehört hatte, hat er mich gleich wiedererkannt, als ich in sein Höllenreich eingetreten war. Nun hatte er in mir einen gefunden, den er nach Hamburg ausfragen konnte und zwar nur auf Hamburger Plattdeutsch. Es ist bezeichnend für das System in einem KZ, daß die politischen Gefangenen solchen Menschen ausgeliefert waren, die, wie sich zeigte, auch den Schutzengel spielen konnten, denn merkwürdigerweise wurde ich von den Scharführern ziemlich in Ruhe gelassen. Von der Kette war ich schon seit einiger Zeit los."[144]

Vor den Lagerstrafen ist kein Häftling sicher. Jeder von ihnen kann wegen einer Kleinigkeit, die den Unwillen eines SS-Mannes erregt, über den Bock gehen oder mit „einer Stunde Baum", wie es in der Lagersprache heißt, bestraft werden. Dazu genügt schon ein abgerissener Knopf oder auch nur eine nicht zugeknöpfte Jacke, eine schlecht angenähte Häftlingsnummer, ein versteckter Zigarettenstummel, da das Rauchen während der Arbeitszeit verboten ist, ein nicht sorgfältig genug abgewaschenes Besteck oder Geschirr, ein mangelhaft gebautes Bett, ein nachlässig aufgeräumtes Spind oder ein vorzeitig verbrauchtes Stück Seife, das erst nach einem ganzen Monat ersetzt wird, obwohl davon im allgemeinen bereits fünf oder sechs Tage nach der Zuteilung nur noch ein kleiner Rest übrig ist.[145]

Es gibt tausend Dinge, die im KL ausreichen, um, wie die Gefangenen sagen, „aufzufallen", also den Zorn der SS auf sich zu ziehen. Aus diesem Grund muß der Häftling ständig wachsam, „auf Draht sein", damit er beizeiten die vielen Fallen erkennt, die ihm immer wieder von allen Seiten drohen. Denn er weiß, daß jede Strafe seinen Tod bedeuten kann. Deshalb beruht nach den Worten des Gefangenen Jan Domagala, eines Priesters aus Polen,[146] „die ganze Kunst des Überlebens im Lager" darauf, daß man nicht auffällt oder, wie es im Lagerjargon heißt, „unsichtbar ist" und auch nicht die Aufmerksamkeit der Lagerleitung auf sich lenkt – vorausgesetzt, daß die Gesundheit standhält und kein psychischer Zusammenbruch erfolgt.

Ähnlich lautet das Rezept des jüdischen Häftlings Ernst Michel aus Horn bei Detmold. „Eine Verhaltensregel im KZ", erinnert er sich,[147] „war zum Beispiel: nicht aufzufallen. Eine andere: rechtzeitig, wenn man einen SS-Mann nur von weitem gesehen hat, die Mütze vom Kopf zu reißen; rechtzeitig, das heißt nicht erst zwei, drei Meter, sondern schon zehn Meter vor ihm stramm stehen und die Hände an die Hosennaht legen. In Dachau wußte ich, wenn es

‚Antreten' hieß, mußte man, egal was man gerade tat, alles fallen lassen und sofort antreten.

Denn wenn man später kam und bei den letzten war, hat man immer Schläge bekommen. Man mußte sich immer bemühen, möglichst nicht in den vorderen Reihen zu gehen und möglichst nicht hinten zu stehen. Wenn Kolonnen zusammengestellt wurden, mußte man alles von vornherein so arrangieren, daß man möglichst immer in der Mitte stand. Die ersten und die letzten Reihen waren immer in Gefahr, zur Deportation (...) geholt zu werden. Oder wenn die Gefangenen in einer Kolonne gingen, und sie waren der SS zu langsam, dann sind immer die ersten oder die letzten geschlagen worden, weil man zu ihnen am leichtesten Zugang hatte. In der Mitte war man immer geschützter."

Am meisten gefährdet sind Häftlinge, die eine Brille tragen. Die SS sieht hinter jedem Augenglas einen Intellektuellen oder, wie sie abfällig sagt, „Intelligenzler", dem sie sich in ihren Minderwertigkeitskomplexen geistig unterlegen fühlt.[148] Die Folge ist, daß sie auf den Anblick von Brillenträgern besonders aggressiv reagiert. Deshalb raten die alten Lagerhasen den Neuzugängen, als erstes die Brillen abzulegen.[149]

Als die Häftlinge in den Kriegsjahren zur Arbeit in der Rüstungsindustrie gezwungen werden, nimmt die Gefahr, mit der Lagerleitung in Konflikt zu geraten, weiter zu. Die Kommandantur findet immer mehr Vergehen, die sie unter Strafe stellt. Ein Verzeichnis der SS für den internen Dienstgebrauch führt, säuberlich alphabetisch geordnet, nicht weniger als 47 strafbare Handlungen auf, die alle mit dem Bock geahndet werden. So sieht die Liste beispielsweise Strafen für folgende Delikte vor, wobei das Strafmaß gleich handschriftlich hinzugefügt ist: „Nachlässiges Arbeiten und undiszipliniertes Benehmen" (zehn Schläge), „Pfuscharbeiten mit hochwertigem Material" (25 Schläge), „Pflichten als Vorarbeiter vernachlässigt" (15 Schläge), „Arbeitsverweigerung trotz mehrmaliger Aufford. d. den Zivilmeister" (20 Schläge), „Arbeitsstelle entfernt und Lebensmittel gestohlen" (20 Schläge), „Diebstahl (Kartoffel)" – fünf Schläge, „Diebstahl (Lebensmittel)" – zehn Schläge, „Diebstahl von Lebensmitteln aus Heeresbeständen" (15 Schläge), „Diebstahl v. Rauchwaren aus SS-Kantine" (20 Schläge), „Alkohol getrunken und im Gelände herumgetrieben" (20 Schläge), „Bargeld trotz Verbot bei sich gehabt" (zehn Schläge), „Bargeld aus dem Lager geschmuggelt" (20 Schläge), „Unterschlagung von Judengeldern" (15 Schläge), „freches Benehmen gegen einen SS-Angehörigen" (15 Schläge), „Körperverletzung durch Werfen eines Gegenstandes nach d. Capo" (zehn Schläge), „Brief aus dem Lager geschmuggelt" (fünf Schläge), „Wolldecke zerschnitten" (15 Schläge), „Geschlechtsverkehr mit einer Frau" (25 Schläge), „Fluchtversuch" (15 Schläge), „Fluchtvorbereitung (Zivilsachen)" – 20 Schläge und „Fluchtversuch in Verbindung mit Einbruch" (25 Schläge).[150]

Wer nun das Pech hat, bei einem Verstoß gegen die Lagerordnung aufzufallen, erhält zunächst eine Strafmeldung, in der genaue Angaben zur Art des Deliktes und zur Person des Missetäters, wie Name, Geburtsdatum, Häftlingsnummer und Unterkunft, gemacht werden.[151] Das ausgefüllte Formular gelangt in die Hände der Lagerleitung, die den gemeldeten, also angezeigten Häftling zur Strafvernehmung oder, wie es auch heißt, zum Strafrapport vorlädt. Der Gefangene hat sich dort wegen seines Vergehens vor dem Lagerführer zu verantworten, wobei er auf die Fragen, die an ihn gestellt werden, nur mit Ja oder mit Nein antworten darf.[152] Rechtfertigungen sind dem Häftling nicht gestattet, da der Lagerführer von vornherein davon ausgeht, daß der SS-Mann, der die Meldung gemacht hat, immer im Recht ist.[153]

Nach der Vernehmung wird der Gefangene ins Lager zurückgeschickt, ohne daß man ihm sagt, mit welcher Strafe, Baum oder Bock, er zu rechnen hat. Der Lagerführer legt dann in Abwesenheit des Gemeldeten die Strafe fest und holt, wenn es sich um den Bock handelt, bei der Amtsgruppe D die Genehmigung zum Strafvollzug ein. Darüber vergehen oft Wochen, und der Delinquent hat, wie Benedikt Kautsky berichtet,[154] „häufig die Straftat schon längst vergessen", wenn der Spruch aus Oranienburg eintrifft. Doch nicht immer halten sich die Lagerkommandanten an die Vorschrift, sondern verhängen auch die Prügelstrafe, ohne zuvor die Amtsgruppe D darüber informiert zu haben.[155]

Die Entscheidung ist gefallen, wenn der Häftling zum Revier befohlen wird, wo ihn ein SS-Arzt mustert. Die Untersuchung verrät dem erfahrenen Gefangenen bereits, welche Strafe ihm bevorsteht. Hat er das Gesäß vorzuzeigen, so lautet das Urteil auf Bock.[156] Wenn sich der Arzt aber für die Hände interessiert, droht dem Delinquenten der Baum. So ergeht es dem Häftling Erwin Gostner, der über seine Untersuchung berichtet: „Der Arzt läßt sich meine Hände zeigen; er hat einen roten Zettel und macht seine Notiz darauf. Roter Zettel, das bedeutet Baum! Ich bin froh, daß es kein gelber ist, denn gelb heißt immer Bock."[157]

Doch die Lagerstrafen, die in Dachau verhängt werden, beschränken sich nicht nur auf die „drei bösen B", wie die Häftlinge Baum, Bock und Bunker nennen[158] – im Gegensatz zu den „guten drei B", mit denen die Gefangenen Brot, Bett und Bad meinen.[159] Die SS terrorisiert die Häftlinge auch mit Strafstehen, Strafarbeit und Strafexerzieren.

Strafstehen bedeutet, daß der Delinquent, der dazu verurteilt ist, stundenlang während seiner Freizeit in strammer Haltung am Lagertor stehen muß.[160] Während seine Kameraden mittags nach der Rückkehr ins Lager ihr Essen erhalten, hat er sofort den befohlenen Platz einzunehmen, den er erst dann verlassen darf, wenn die Kommandos wieder zur Arbeit ausrücken. Ebenso muß er sich am Abend nach dem Zählappell erneut unverzüglich am Lagertor einfinden und dort in unbeweglicher Haltung bei jedem Wetter, oft im strömenden Regen, ausharren, bis das Lager zum erstenmal zur Nachtruhe abgepfiffen wird. Dann hat der Gefangene in Windeseile zu seiner Unterkunft zu laufen, um die Baracke zu erreichen, bevor der zweite Abpfiff ertönt, denn danach schießen die Turmbesatzungen auf jeden Häftling, der sich noch im Freien blicken läßt.

Ohne die Hilfe der Kameraden kann kein Mann diese Strafe durchstehen.[161] Die Mitgefangenen organisieren deshalb einen Kameradschaftsdienst, der die Pflichten des Delinquenten übernimmt. Sobald der Bestrafte, dem die Lagerleitung außer der täglichen Brotration sowohl das Mittag- als auch das Abendessen gestrichen hat, nach dem überstandenen Tag bei den Kameraden eintrifft, läuft alles nach einem genau ausgeklügelten Plan ab. Während sich der Mann im Waschraum säubert, machen die anderen das Abendessen warm, das sie heimlich für ihren Leidensgenossen aufgehoben haben, putzen seine

Schuhe, bürsten seine Kleider und bringen sein Spind in Ordnung, damit der Kamerad zur vorgeschriebenen Zeit im Bett liegen kann. Nur so ist es möglich, ihn vor weiteren Strafen und unter Umständen auch vor dem Tod zu bewahren. Das Strafstehen, das die Lagerleitung bis zu einer Dauer von 28 Tagen verhängt, kann sowohl den einzelnen als auch ganze Gruppen, wenn nicht sogar das gesamte Lager treffen, das dann auf dem Appellplatz anzutreten hat.[162]

Ein noch härteres Los zieht der Gefangene, der zur Strafarbeit eingeteilt wird. Wie das Strafstehen ist auch diese Strafe, die im schlimmsten Fall bis zu vier Monaten verhängt werden kann, in der Freizeit abzuleisten.[163] Sie besteht aus schwerster körperlicher Arbeit, die zudem noch im Laufschritt verrichtet werden muß. Der Häftling hat Loren zu schieben, Sand zu karren, Steine zu tragen oder Zementsäcke zu schleppen. Der Arbeitsdruck wird noch dadurch erhöht, daß der einzelne oder auch eine Kolonne am Tag ein bestimmtes Pensum zu bewältigen hat. Die Arbeitsleistung, die verlangt wird, kann zum Beispiel darin bestehen, daß fünfzig bis siebzig Sack Zement in einer festgelegten Zeit abzuladen und zu einer Baustelle zu bringen sind.[164]

Die Strafarbeit, die auch als Kollektivstrafe praktiziert wird, ist zumeist mit Essenentzug verbunden.[165] Die Gefahr, dabei den Tod zu finden, droht hier nicht weniger als beim Strafstehen. Wer an den körperlichen Strapazen nicht, wie die Gefangenen sagen, „verreckt" oder „kaputtgeht", kann noch bei der Rückkehr ins Lager, die ebenfalls im Laufschritt zu erfolgen hat, „umgelegt" werden, wie sich die SS ausdrückt. Denn auch für die Strafarbeiter gilt, daß sie am Abend vor dem zweiten Abpfiff ihre Unterkünfte erreicht haben müssen. Gefangene, die unterwegs zurückbleiben oder aus der Reihe ausscheren, werden als Fliehende betrachtet und, wie es heißt, „auf der Flucht erschossen".[166]

Zumeist muß der Delinquent auch am Sonntag, an dem die Kommandos wie am Samstagnachmittag in der Regel nicht auszurücken brauchen,[167] zur Arbeit antreten und auf sein Mittagessen verzichten.[168] Selbst an einem hohen Feiertag macht die SS keine Ausnahme. Als einer der Betroffenen, der zu siebzig Tagen Strafarbeit verurteilt worden ist, erfährt Fritz Wandel die Unbarmherzigkeit der Lagerleitung am eigenen Leib. „Diese 10 Wochen Strafarbeit", berichtet er,[169] „waren die fürchterlichsten Wochen meines Lebens. Am Pfingstsonntag 1938 begann der erste Tag meiner Strafarbeit. Ich war den ganzen Sonntag in der Kiesgrube beschäftigt, wo ich mit dem Stoßkarren Kies zu fahren hatte, und zwar den ganzen Sonntag hindurch im Laufschritt. Ich hatte von diesem Augenblick an keine einzige Minute Freizeit mehr, keine Zeit Mittagessen zu empfangen, keine Zeit Abendessen einzunehmen, weil ich tagsüber im üblichen Arbeitskommando schaffte und während der Essenspause als Strafarbeiter in der Kiesgrube war. Auch abends, wenn die andern ausruhen konnten, mußte ich Strafarbeit leisten. Die Strafarbeit war erst dann zu Ende, wenn am späten Abend das Signal zum Schlafengehen gegeben wurde. Dann mußte ich die Arbeitsstätte im Eilmarsch verlassen und sofort ins Bett gehen. Wehe mir, wenn ich bei der nachfolgenden Kontrolle noch außerhalb meiner Lagerstätte gefunden wurde. Das hatte dann sofort eine neue Strafmeldung zur Folge, und 25 Stockschläge waren fällig.

Meine Kameraden richteten mir heimlich jeden Abend Brot her, Kartoffeln und Heringe, und ich mußte dann ebenso heimlich die hergerichteten Nahrungsmittel im Bett verschlingen. So kam es, daß ich mich nur alle 24 Stunden einmal satt essen konnte und mir nur wenige Stunden Schlaf blieben. Der Rest von mindestens 18 Stunden täglich war harter Arbeit gewidmet."

Große Anforderungen an das Durchhaltevermögen des Betroffenen stellt auch das Strafexerzieren, bei dem die Häftlinge oft stundenlang einzeln oder in ganzen Kolonnen über den Appellplatz gehetzt werden und sogenannte Sport- und Exerzierübungen, wie Kniebeugen, Laufen, Hinlegen und wieder Aufstehen, Robben, Rollen sowie Gehen und Hüpfen in Kniebeugestellung, als „Entengang" bzw. „Froschhüpfen" bezeichnet, verrichten müssen.[170] Da die Leidtragenden, die sich auf Befehl auch im Schmutz zu wälzen haben, bei dem „Sport", wie die SS die schikanösen Turnübungen zynisch nennt, ausgiebig Gelegenheit haben, den Boden aus nächster Nähe zu betrachten, heißt das Strafexerzieren bei den Gefangenen „Erdkunde".[171]

Die Strafe kann zum Beispiel eine ganze Häftlingskolonne treffen, wenn ihr Gesang am Abend beim Abmarsch vom Appellplatz beanstandet wird. So ergeht es Edgar Kupfer-Koberwitz und seinen Kameraden, die der Rapportführer zu einer Stunde Sport verurteilt, weil sie, wie sich der Gefangene erinnert, „nicht gut oder richtig genug" gesungen haben. „Wir bogen also", berichtet Kupfer-Koberwitz,[172] „beim Abmarsch nicht in die Lagerstraße ein, sondern marschierten auf den Appellplatz. Ein richtiges Strafexerzieren begann. Ganz exakt mußte marschiert werden, die Reihen hatten wie bei einer Parade auszusehen, und singen mußten wir, daß es nur so schmetterte. Eine Stunde ist lang, vor allen Dingen, wenn es eine Freistunde ist, die man so verbringen muß."

Oft verhängt die SS, die schon eine schiefe Linie beim Appell, verbotenes Reden oder „unzufriedenes" Singen beim Marschieren zum Anlaß einer Bestrafung nimmt, die Strafe auch ohne ersichtlichen Grund.[173] Vor allem auf langen Wegen zu weit entfernten Arbeitsplätzen zwingt sie die Männer zum Sport, um bei den Häftlingen erst keinen „Leerlauf", wie sie sich ausdrückt, aufkommen zu lassen. Weiter unterzieht sie auch Neuzugänge, die den „Lagerschliff" noch vermissen lassen, gern dieser grausamen Tortur.

Mit Schrecken erinnert sich Fritz Wandel, der am Tag nach seiner Ankunft in Dachau mit anderen Neuankömmlingen von morgens bis abends herumgejagt worden ist, an den Empfang: „Der achthundert Meter breite Appellplatz mußte von uns kriechend durchmessen werden. Danach mußten wir den Appellplatz im sogenannten Froschhüpfen überwinden. Hierbei brach mancher von uns erschöpft zusammen und lag bewußtlos auf dem Platz. Bereitgestellte Juden mußten daraufhin eimerweise kaltes Wasser auf die Bewußtlosen schütten, bis sie wieder zum Bewußtsein erwachten. Dann wurden sie mit Fußtritten und entsicherter Pistole aufgetrieben und bedroht, daß sie andernfalls erschossen würden. So ging es den ganzen Vormittag. Als wir endlich nachmittags zum Essen wegtreten konnten, waren wir völlig außerstande, auch nur einen Bissen zu uns zu nehmen, so erschöpft und ausgepumpt waren wir.

Nach dem Essen wurden wir von neuem herausgerufen(,) und das Strafexerzieren wurde fortgesetzt. Diesmal mußten wir uns auf der Erde wälzen, Purzelbäume schlagen und im Marsch-Marsch um den Appellplatz rasen. Dabei wurden wir von einer Horde SS.-Männer begleitet oder vielmehr mit Gummiknüppeln, Hundepeitschen oder Farrenschwänzen vorwärtsgepeitscht. Sie schlugen erbarmungslos auf uns ein(,) und bald waren wir mit blauen Striemen förmlich überzogen. Keiner war unter uns, der nicht blutete.

Unsere Knie waren kaputt(,) und ebenso zerschunden waren Ellenbogen und Hände."[174]

Neben den körperlichen Zermürbungsstrafen greift die SS aber auch zu Disziplinarmaßnahmen, mit denen sie vor allem den einzelnen seelisch besonders hart treffen will. So belegt sie den Mann entweder mit Postentzug oder mit Paketsperre, „wobei das lang ersehnte Paket", wie der Dachau-Häftling Nico Rost, ein Schriftsteller aus den Niederlanden, berichtet,[175] „vor den Augen des Häftlings vernichtet und zertrampelt wurde". Der Postentzug bedeutet dagegen, daß der Gefangene bis zu zwei Monaten keine Post empfangen und absenden darf.[176] Eine weitere Strafe besteht im Entzug des Essens, den der Lagerkommandant über einen Häftling bis zu 14 Tagen verhängen kann. Der Gefangene erhält in dieser Zeit keine warme Kost und ernährt sich nur von Wasser und Brot.

„Das Strafsystem", berichtet Benedikt Kautsky,[177] „war ebenso barbarisch in seinen Mitteln wie willkürlich im Ausmaß. Niemand wußte, wenn er von einem Scharführer angehalten wurde, wie die ‚Einvernahme' enden würde, und niemand wußte bei einer Meldung das Strafausmaß vorauszusagen. Prophezeiungen wurden nicht nach dem Vergehen, sondern nach der Person des Strafenden abgegeben. Man erlebte es immer wieder, daß Menschen wegen irgendwelcher Kleinigkeiten in eine Affäre verstrickt wurden, die tödlich endete, während wirkliche Vergehen mit lächerlichen Strafen geahndet wurden.

Das ganze Strafsystem wird am besten dadurch charakterisiert, daß der Bestrafte von der SS in keiner Weise als ehrlos betrachtet wurde. Häftlinge, die wegen Schiebungen, wegen Mißbrauchs ihrer Funktionen oder ähnlicher, nach der Auffassung des Lagers entehrender Straftaten in den Bunker kamen oder ‚Fünfundzwanzig' erhielten, konnten ohne weiteres ihre Funktionen von neuem übernehmen."

Das bedeutet aber nicht, daß damit die Strafe gelöscht und vergessen ist. Die Lagerleitung führt im Gegenteil über alle Strafen genau Buch und vermerkt jede Exekution in der Personalakte des Betreffenden, womit der Delinquent in die Reihe der Lagerverbrecher eingeordnet wird, die künftig mit einer noch strengeren Behandlung zu rechnen haben.[178] „Ein solcher Lagergefangener", erinnert sich Jan Domagala,[179] „ging bei jeder beliebigen Gelegenheit zum zweiten und dritten Mal an den Pfahl, an den Bock oder in Arrest."

Doch nicht allein die Lagerstrafen sind es, die der Häftling fürchtet. Noch mehr zehrt an seinen Nerven die Unberechenbarkeit seines Schicksals im Lager. Nie weiß er, wenn er sich morgens von seinem Strohsack erhebt, was der neue Tag ihm bringt – ob er den Abend überhaupt noch erlebt und er wieder in die Baracke zurückkehrt.[180] Jeder Tag kann sein letzter sein. Unabsehbar sind die Gefahren, die der Morgen birgt: Der Gefangene kann auffallen und eine Strafmeldung erhalten. Er kann unter der Last der schweren Arbeit zusammenbrechen und ohne ärztliche Hilfe im Revier enden. Er kann grundlos mißhandelt und zum Invaliden geschlagen werden. Und er kann sein gutes Arbeitskommando, das ihn vor dem körperlichen Zusammenbruch bewahrt hat, verlieren und, wie es heißt, „auf Transport gehen". Das bedeutet, daß er aus der Mitte der Kameraden, die ihm Geborgenheit geboten hat, herausgerissen und in ein anderes Lager abgeschoben wird. Dort landet er als Fremder, über den kein Freund mehr schützend die Hand hält, zumeist in einem schlechten Kommando mit erbärmlichen Arbeitsbedingungen.

Die Willkür, die alle Handlungen der Lagerleitung bestimmt, erhöht für den Häftling noch das Risiko, an einer Unachtsamkeit zu scheitern, zumal niemand in Dachau vor Überraschungen sicher ist. „Was gestern", erinnert sich Nico Rost,[181] „von einem der SS-Führer angeordnet war, wurde heute widerrufen, was gestern befohlen, war heute verboten. Jeder Tag brachte neue Maßnahmen und neue Schikanen, die ebenso viele neue Bedrohungen formten."

Die Erkenntnis, daß er schutzlos seinen Bewachern ausgeliefert ist, lastet schwer auf dem Gefangenen. Er weiß, daß er vogelfrei ist und keine Rechte hat.[182] Jeden Tag muß er darauf gefaßt sein, daß ihn eine Kugel trifft. Er kann mit seinen Kameraden von den Besatzungen der Maschinengewehrtürme zusammengeschossen werden, wenn er auf dem Appellplatz angetreten ist. Oder er kann am Arbeitsplatz in einen Hinterhalt gelockt und dort ermordet oder, wie die SS sagt, „fertiggemacht" werden.

Die jungen SS-Männer, die in der sogenannten Postenkette oder Postenlinie die Häftlinge im Arbeitseinsatz unter freiem Himmel bewachen, haben für ihre Morde eine teuflische Methode entwickelt: Sie entreißen einem Gefangenen die Mütze und werfen sie über die Postenkette hinaus, die einen Kreis um die Arbeitsstätte bildet und die der Häftling nicht überschreiten darf. Dann fordern sie den Mann auf, die Kopfbedeckung zurückzuholen, und schießen ihn mit dem Karabiner nieder, sobald er den Fuß über die Linie gesetzt hat.[183] Der Gegenstand, mit dem die SS-Leute einen Gefangenen auf diese heimtükkische Weise in den Tod hetzen, kann aber auch ein Stück Papier, das jenseits der Linie aufgelesen werden soll, oder ein Taschentuch sein, das absichtlich über die Postenkette geworfen wird.[184] Widersetzt sich der Häftling der Anordnung, so droht ihm eine Strafe wegen Befehlsverweigerung.

Die Morde werden nicht nur von der Lagerleitung gedeckt, sondern zudem noch mit einem Kopfgeld für jedes Opfer belohnt. So erhält der Todesschütze, der einen Gefangenen, wie es heißt, bei einem Fluchtversuch mit seiner Waffe niederstreckt, ein Taschengeld in Höhe von 20 Reichsmark, drei Tage Urlaub und eine Sonderzuteilung von Zigaretten.[185] Die Prämie erscheint skrupellosen Elementen so verlockend, daß sich Gleichgesinnte zusammenfinden und auf einen Trick verfallen, der allen Beteiligten den sicheren Erfolg verspricht: „Das Spiel", verraten österreichische Häftlinge in ihrem gemeinsamen Bericht,[186] „bestand gewöhnlich darin, daß sich zwei SS-Männer verabredeten, einer von ihnen sich dann schußbereit versteckt auf die Lauer legte, während der andere einem vorübergehenden Häftling die Mütze wegriß und sie über die Postenkette oder in die Umgebung des elektrischen Stacheldrahtes warf. Auf das bestürzte Gesicht des Häftlings lächelte ihn der SS-Mann dann freundlich an und sagte etwa so zu ihm: ‚Ach, jetzt habe ich mich geirrt. Du bist aber ein ganz braver Kerl, hole dir deine Mütze wieder. Ich tue dir nichts, du siehst, ich habe kein Gewehr.'

Der Häftling zögerte wohl, weil er der Sache nicht ganz traute. Er fürchtete sich aber, ohne Mütze zurückzukommen, denn darauf stand Strafe wegen Kleidersabotage(,) und es setzte dafür mindestens Prügel. War er unerfahren, so wagte er schließlich doch den Sprung um die Mütze. In diesem Augenblick

19 Erste Konfrontation mit der Macht der Bewacher: Häftlinge werden bei ihrer Ankunft in Dachau auf die strengen Regeln der Lagerordnung hingewiesen.

krachte dann der Schuß des versteckten Schützen, und der Häftling sank zu Tode getroffen nieder.

Das nächste Mal tauschten dann die beiden SS-Männer die Rollen."

Erfahrene Konzentrationäre fallen jedoch auf dieses abgekartete Spiel nicht herein. Sie weigern sich, die Mütze zu holen, und erklären dem SS-Mann, daß sie der Aufforderung nicht nachkommen könnten, weil laut Lagerbefehl jedes Passieren der Postenkette, wie sie wüßten, mit dem Tod bestraft werde. „Die Posten", erinnert sich Erwin Gostner,[187] „grinsen dann, und der Häftling bekommt seine Mütze auch so wieder. Aber wie viele gehen ahnungslos in die gestellte Falle!"

Diese Praktiken der SS führen dem Gefangenen immer wieder vor Augen, daß er ständig in Todesgefahr lebt. Und mehr noch als die körperlichen Leiden, die er erdulden muß, setzt ihm die Angst um sein Leben zu, die er nie verliert, aber im Laufe der Zeit zu verdrängen lernt.[188] Dabei ist es nur der Selbsterhaltungstrieb, der den Menschen nicht an seinem Schicksal verzweifeln läßt. Denn lebenswert erscheint das Dasein eines Schutzhaftgefangenen im KL nicht mehr.

Wie der Häftling bei seiner Einlieferung alles ablegen muß, was ihn an das Leben in der Freiheit und an die Stellung, die er einst in der Gesellschaft eingenommen hat, erinnert, so ist ihm auch im Lager kein persönlicher Besitz gestattet. Die Taschen seiner Kleider haben stets leer zu sein. Er besitzt keine Uhr mehr, kein Andenken an daheim. Noch nicht einmal ein Bild von seinen Angehörigen lassen sie ihm.[189] Nur ein Taschentuch darf er als einzigen Besitz mit sich führen.[190] Um dieser Lagervorschrift Nachdruck zu verleihen, werden die Gefangenen beim Einrücken von der Arbeit einzeln oder in Kolonnen immer wieder in überfallartigen Aktionen nach heimlich eingeschmuggelten Dingen durchsucht oder, wie die SS dazu sagt, „gefilzt".[191] Wer dabei mit verbotenem Schmuggelgut, zum Beispiel mit Brot, Geld oder Tabak, erwischt wird, hat mit einer Strafe zu rechnen.

Die einzige Möglichkeit, die Erinnerung an die Familie wachzuhalten und mit den Angehörigen in Verbindung zu bleiben, bietet die Post, die der Gefangene absenden und empfangen darf. Aber auch die Korrespondenz unterliegt erheblichen Beschränkungen: Wie der Häftling den Hinweisen auf dem vorgedruckten Briefformular,[192] das er in der Kantine erhält,[193] entnehmen kann, ist es ihm gestattet, im Monat zwei Briefe oder zwei Karten an seine Angehörigen zu schicken und ebenso viele in Empfang zu nehmen. Der Text, den der Gefangene schreibt, durchläuft genauso wie die eintreffende Post die Zensur.[194] Er darf nicht mehr als 45 Zeilen umfassen, nur an ein und dieselbe Adresse gerichtet sein und keine Informationen enthalten, die den Unwillen der SS erregen. „Jedwede Mitteilung über das Lager", erinnert sich Walter Adam,[195] „über die Arbeiten und über das Tun und Treiben des Schreibers überhaupt war verboten, auch über sein Befinden durfte er nur berichten, daß es gut sei."

Streng wacht die Postzensurstelle darüber, daß kein anderes Wort aus dem Lager nach draußen dringt. Wer in seinen Briefen nicht die richtigen Formulierungen findet, läuft Gefahr, daß seine Post erst gar nicht weiterbefördert und vernichtet oder zerschnitten wird. Umgekehrt kontrolliert die SS mit gleicher Unerbittlichkeit auch die Briefe, die für die Gefangenen bestimmt sind, und entfernt alle Textstellen, die ihr nicht passen, mit der Schere oder macht sie unleserlich. So kommt es, daß manche Post nur noch aus Fragmenten besteht, wenn sie in die Hände des Empfängers gelangt, nachdem ganze oder halbe Sätze herausgeschnitten worden sind.[196]

Haben die Angehörigen dem Brief, was nicht erlaubt ist, die Photographie von einem Familienmitglied beigelegt, so wird die Aufnahme dem Schreiben entnommen und sofort der Gefangeneneigentumsverwaltung übergeben, ohne daß dem Häftling die Gelegenheit geboten wird, das Lichtbild wenigstens einmal zu betrachten.[197] Zumeist erfährt er noch nicht einmal etwas von der Beschlagnahme der Photographie. Es kann ihm aber auch passieren, daß er wegen einer Aufnahme, die ihm zugesandt worden ist, zur sogenannten Postvernehmung in die Postzensurstelle vorgeladen wird, wo er sich für das beanstandete Bild zu verantworten hat.[198] Wenn er Glück hat, kommt er mit einer Verwarnung davon und kann zudem noch die Photographie für kurze Zeit in den Händen halten, bevor er sie wieder abliefern muß. Ist er jedoch vom Pech verfolgt, so gönnt ihm die SS nicht einmal einen flüchtigen Blick auf das Bild und diktiert ihm außerdem eine Lagerstrafe zu, die ihm im übrigen auch eine ungeschickte Formulierung in seinen Briefen einbringen kann.

Um der Postvernehmung, bei der prinzipiell alle Verstöße gegen die Postbestimmungen peinlich genau untersucht werden, aus dem Weg zu gehen, machen die Häftlinge in ihrer Korrespondenz notgedrungen nur belanglose Mitteilungen, die für den Empfänger kaum noch einen Informationswert haben und die lediglich als Lebenszeichen anzusehen sind. „Erst", erinnert sich der Gefangene Jean Bernard, ein Geistlicher aus Luxemburg,[199] „schrieb ich einen Entwurf und legte ihn einem erfahrenen Kollegen vor. ‚Mein Gott!' sagte der und strich die Hälfte weg. Ich versuchte von neuem, und nochmals blieb gerade das Interessanteste in der Vorzensur hängen. Und als ich endlich den richtigen Stil gefunden, da war mein Brief ungefähr das, was von nun an alle Briefe sein würden. Ein Geschreibsel, aus dem nicht viel mehr hervorging, als daß ich noch am Leben war."

Um die geistige Mauer, die mit der strengen Briefzensur um das KL errichtet worden ist, zu durchbrechen, müssen die Häftlinge nach einem Ausweg suchen, der die Kontrolle der SS ausschließt. Im Laufe der Zeit lernen sie es, mit List die Zensur zu umgehen und die Post, die über ihr wahres Befinden Auskunft gibt, unkontrolliert aus dem Lager zu bringen. Sie finden darin Unterstützung bei den Dachauer Bürgern, die heimlich, ungeachtet der Gefahr, der sie sich damit aussetzen, die „schwarzen Briefe", wie die geschmuggelte Post in der Lagersprache genannt wird, übernehmen und weiterbefördern.

Aber auch wenn diese unzensierten Briefe die Angehörigen erreichen, so werden sich die Empfänger doch vom ganzen Ausmaß des Elends, in dem der Absender lebt, kein Bild machen können, weil das Leid im KL für jeden in der Freiheit unvorstellbar ist. Seine Schrecken sind der Hunger, die Kälte in den Baracken,[200] das Heimweh[201] und die sexuelle Not. Nicht ohne Grund ist Frauen der Zutritt zum Lager verboten.[202]

Eine Ausnahme gewährt die Kommandantur lediglich der NS-Krankenschwester Eleonore Baur, genannt „Schwester Pia", die als einziges weibliches Wesen das KL betreten darf.[203] Daß die SS die ehemalige katholische Ordensschwester mit ihrer besonderen Gunst ehrt, hat seinen Grund[204]: Eleonore Baur ist eine Kampfgefährtin von Adolf Hitler aus allerfrühester Zeit und zudem eine Frau mit hohen Auszeichnungen, die sie sich nach dem Ersten Weltkrieg als Krankenschwester bei verschiedenen Freikorps, unter anderem als Sturmtruppenkrankenschwester bei den Kämpfen in Oberschlesien, verdient hat.[205] Im Jahre 1919 stößt sie in München zur Deutschen Arbeiterpartei (DAP), die ihren Versammlungsort im „Sterneckerbräu" im Tal hat, und lernt dort Hitler kennen. Sie tritt später der NSDAP bei, die aus der DAP hervorgeht, erhält die Parteimitgliedsnummer 511 und schließt sich am 9. November 1923 dem Marsch zur Feldherrnhalle an, der mit dem Tod von sechzehn Nationalsozialisten blutig endet. Hitler zeichnet die „Braune Schwester" 1933 für ihren Mut als einzige Frau mit dem Blutorden aus.

Im Jahre 1934 holt Himmler die einstige Nonne, die der Partei in den Saalschlachten während der Kampfzeit treue Sanitätsdienste geleistet hat, als Fürsorgeschwester zur Reichsführung der SS. Als SS-Ehrenoberführerin hat sie künftig freien Zutritt zum KL Dachau, wo ihr wie jedem SS-Offizier vom Wachtturm A Meldung erstattet werden muß: „Turm A ohne Neuigkeit!" Schwester Pia, zugleich Ehrenoberin der NS-Schwesternschaft,[206] zieht aus diesem Vorrecht ihren besonderen Nutzen. Als Vertrauensperson der NS-Führer erscheint sie unter dem Vorwand der Häftlingsfürsorge regelmäßig im Lager[207] und wählt sich dort selbst Gefangene in beliebiger Zahl aus, die sie in einem eigenen Arbeitskommando auf ihrem Grundstück beschäftigt.[208] Damit verfolgt Eleonore Baur, der nachgesagt wird, daß sie ständig in genagelten Stiefeln herumläuft, zweifellos eindeutige Absichten. „Fand sie einen, der ihr gefiel", erinnert sich Fritz Wandel,[209] „dann stellte sie seine Nummer fest, und am anderen Tage wurde er dem Kommando ‚Schwester Pia' zugeteilt. Dieses

Kommando bestand stets aus vier Mann(,) und den Neuen erwarteten fragwürdige Genüsse."

Doch die Häftlinge sind sich in der Ablehnung der umstrittenen Person nicht einig. Eleonore Baur hat unter den Gefangenen auch viele Anhänger, die durchaus die Gefälligkeiten, die sie manchen Kameraden ohne eigennützige Motive erwiesen hat, anerkennen.[210] „Die einen", berichtet der österreichische Häftling und Priester Johann Maria Lenz,[211] „lachten über sie, andere lobten sie. (...) Eine seltsame Gestalt, diese Sr. Pia. Wohl tat sie manches Gute im Lager." Im Dezember 1942 besucht sie zum Beispiel, wie sich Lenz erinnert, die inhaftierten Priester in Dachau und schenkt ihnen kirchliche Geräte und Paramente. „In der Abtei Ettal hatte sie all dies für uns erbettelt." Bald darauf bekundet sie den Geistlichen erneut ihre Sympathie. „Durch die Barmherzigen Schwestern im Schwabinger Krankenhaus (München)", vermerkt Lenz, „besorgte sie Anfang Jänner 1943 für jeden deutschen Priester etwas Weihnachtsgebäck."[212]

Aber was sind ein paar Kekse gegen den Hunger, den die Häftlinge leiden. Von Anfang an hat Eicke erkannt, daß der Hunger die wirksamste Waffe zur Unterdrückung der Gefangenen ist. Deshalb setzt er sie auch rücksichtslos gegen die Häftlinge ein, um jeden Versuch, einen Aufruhr anzuzetteln oder Widerstand zu leisten, durch die Schwächung der körperlichen Leistungsfähigkeit im Keim zu ersticken. So führt er bald im Lager die Regelung ein, daß an die Neuzugänge in den ersten vier Wochen nach ihrer Ankunft in Dachau nur die halbe Portion der üblichen Verpflegungsration ausgegeben werden darf.[213]

Er beabsichtigt damit, daß die Männer bereits mit dem ersten Tag ihrer Haft den quälenden Hunger zu spüren bekommen, der sie im KL nie mehr verläßt. Das „Kohldampfschieben", wie die Gefangenen zum Hungern sagen, erreicht im Gegenteil in den folgenden Jahren mit der zunehmenden Kürzung der Rationen ein immer schrecklicheres Ausmaß – bedingt durch die Korruption der SS, die mehr und mehr die Lebensmittel der Häftlinge unterschlägt und „verschiebt". „Dieser ständige Hunger", erinnert sich der Niederländer Nico Rost,[214] „beeinflußte so beinahe jeden Gedanken, wirkte so demoralisierend, daß er viele von uns zur Verzweiflung brachte."

Die Gespräche beginnen zu verstummen.[215] Das Denken wird zur Last, und nur noch die Gier auf einen Bissen beherrscht das ganze Sinnen und Trachten der Ausgehungerten. „Wenn dieser dauernde Halbhunger auch nicht unbedingt tötet", berichtet Erwin Gostner,[216] „so verkrüppelt er uns doch geistig und seelisch. (...) Wir haben fast alle die gleiche graue Hautfarbe, das sichere Kennzeichen des Hungers, und sitzen abends (...) brütend über den kärglichen Krumen unserer Mahlzeit. Wir starren ins Leere, wir haben einfach nimmer die Kraft des Aufbegehrens, wir sind mit allem fertig."

Neben der moralischen Wirkung sind auch die physischen Folgen der unzureichenden Verpflegung, die dazu noch fettarm ist und kaum Vitamine enthält, verheerend: Die Gefangenen verlieren rasch an Körpergewicht, ihre Abwehrkräfte schwinden, und sie werden anfällig gegen Krankheiten und Seuchen. Schrecklich ist Rost der Anblick der leidenden Kameraden in Erinnerung. „Die meisten Häftlinge", berichtet er,[217] „waren durch das andauernde Hungern so abgemagert, so völlig ausgemergelt, daß sie mehr wandelnden Skeletten als lebenden Menschen glichen."

Der Hunger zerstört jedoch nicht nur, er schmerzt auch, er „tut weh", wie sich Willi Schuster erinnert.[218] „Es ist so ein heißer Schmerz." Der Häftling Floris B. Bakels, ein Rechtsanwalt aus Rotterdam, hat die Stadien des Verfalls, die der Hungerleidende durchmacht, genau beobachtet: „Für den Beginn der echten Hungersnot", berichtet er,[219] „gibt es zahlreiche körperliche Symptome. Brausen im Kopf, zitternde Knie, allgemeine Erschöpfung; Wasser in den Füßen, unter den Augen, danach in den Beinen, sich weiter ausbreitend (Ödeme). Der Magen schwebt wie ein losgelöstes Organ über dem Bauch, man kann ihn dort fühlen. Manchmal scheint es, als ob im Magen ein Lappen ausgewrungen wird. Starke Schmerzen sind die Folge. (...) Man phantasiert, träumt bei Tag und vor allem nachts von Essensbergen und wilden Freßorgien. Die Fähigkeit zur Konzentration ist jetzt verschwunden, es gelingt nicht, die Gedanken zu sammeln. Gespräche werden rasch abgebrochen, ganz plötzlich. Zieht man sich eine kleine Wunde zu, dann schwillt sie in einer Stunde an; sie wird nicht mehr oder kaum heilen. Eine Kombination von Faktoren und das Essen, das man erhält, lösen meistens chronische Diarrhoe aus, man muß sich oftmals und plötzlich am Tag dringend erleichtern, von schmutziggelben oder hellbraunen Wasserströmen. Dabei wird man von dem Gefühl gepeinigt, daß das Leben aus dem eigenen Körper fortfließt.

Der Körper besteht nur noch aus Haut und Knochen: eine schmutziggraue, schlaffe, schuppige Haut, ein Sack, der um die Knochen drapiert ist. Immer friert man; alle Organe scheinen jetzt lose im Rumpf zu hängen: Herz, Lunge, Leber ... und die Kälte umfängt sie. Aufstehen kostet große Mühe, Gehen noch mehr, im Kopf fühlt man sich ganz leicht, der Appetit nimmt ab, kann sogar völlig verschwinden. Dann hat man schon viel hinter sich, steht nahe vor dem Tod."

Der Häftling ist damit zu einem „Kretiner" geworden, wie die SS, abgeleitet von Kretin, die verhungerten und völlig entkräfteten Gefangenen verächtlich nennt, oder auch ein „Muselmann", wie das andere Wort in der Lagersprache für die lebenden Toten lautet.[220] Der Anblick der Hilflosen, die sich vor Schwäche kaum mehr auf den Beinen halten können und die immer wieder vornübersinken, erinnert an Mohammedaner im Gebet.[221] „Es waren die zum Skelett Abgemagerten", berichtet der Häftling Max Wittmann,[222] „die wie ein Schatten umherirrten, ohne Lebenswillen und ohne Hoffnung. Die Todeskandidaten und zum ‚Abgang' Reifen. Sie hingen in ihren viel zu weiten Kleidungsstücken drin wie Muselmänner in ihren Gewändern und Umschlagtüchern. Greisenhaft schritten sie langsam und wankend dahin."

So mancher, der sich aufgegeben hat, setzt, sofern er die Kraft dazu noch hat, dem Leiden selbst ein Ende. Er wirft sich gegen den elektrisch geladenen Zaun,[223] „geht in den Draht",[224] wie die Gefangenen sagen, wo ihn ein Stromschlag oder die Schüsse eines SS-Postens auf dem benachbarten Wachtturm von seinen Qualen erlösen. Es geschieht aber auch, daß die Lagerleitung, wenn sie einen Häftling „fertigmachen" will, dem Unglücklichen einen Strick übergibt und ihn zwingt, sich zu erhängen.[225] Dem Gefangenen selbst ist es bei der strengen Kontrolle der Bewacher nach verbotenem Besitz kaum möglich, sich einen Strick für diesen Zweck zu beschaffen. Die SS muß schon ihre Hand mit im Spiel haben, wenn ein Häftling am Strick zu Tode kommt. Mißlingt jedoch der Selbstmord, so hat der Mann zu allem Unglück auch noch eine Strafe zu erwarten. Er geht über den Bock und erhält 25 Hiebe, weil nach der Forderung der SS „ein Selbstmord so auszuführen" ist, „daß er Erfolg hat".[226]

Neben dem Hunger, der Kälte und dem Terror empfinden die meisten Häftlinge die Tatsache als quälend, im KL zu einem ununterbrochenen Leben in einer Gemeinschaft verdammt zu sein. Während sich der Strafgefangene wenigstens am Abend in seine Zelle zurückziehen kann, ist der Schutzhaftgefangene, vom Aufenthalt im Bunker abgesehen, nie allein. „Der Verzicht auf das Alleinsein", erinnert sich der österreichische Häftling Rudolf Kalmar, Chefredakteur des „Wiener Tag",[227] „ist die tiefste Not der Gefangenschaft überhaupt." Immer umgibt den einzelnen eine Gemeinschaft, die er sich nicht ausgesucht hat und der er auch nicht entfliehen kann.

„Tag und Nacht", berichtet Bakels,[228] „bis in die Pritschen, bis auf die Aborte, bis aufs Sterbebett war man zusammen. Vielleicht konnte man einmal (...) versuchen, ganz alleine die Lagerstraße fünf Minuten auf und ab zu gehen. Doch nur zu bald wurde man von Männern angehalten, die auf ein paar Worte aus waren. Und hatte man eine Zigarette in der Hand, dann war man nicht eine Minute lang alleine: Schnorrer wußten den Raucher schnell ausfindig zu machen."

In der Baracke ist es nicht anders. Nirgends bietet sich dem Häftling ein Platz, an dem er zu sich finden, an dem er einmal mit seinen Gedanken allein sein kann. Auf der einen Seite mißtraut die SS jeder Zusammenkunft von mehr als zwei Gefangenen im Freien und verbietet den Händedruck zur Begrüßung,[229] auf der anderen aber pfercht sie die Männer in Massenquartieren zusammen. Doch auch diese Praktik gehört zu ihrem psychologischen Terror.

Wie schnell selbst die Anwesenheit von Freunden in bestimmten Augenblikken zur Last werden kann, schildert Kalmar aus eigenem Erleben: „Solange der Mensch stark genug ist, um sich auszuschalten, um kurzerhand seine ganze Vergangenheit, seine Familie, den Gedanken an das Zuhause, über Bord zu werfen, schwelt sie dumpf unter der Asche einer rein tierhaften Existenz.

Wenn aber frischer Wind in die Glut bläst, wenn ein Brief Erinnerungen aufreißt, die schon verschüttet waren, wenn sich aus einem Lautsprecher eine liebe Melodie zu dir verirrt, dann fangen die alten Wunden wieder zu bluten an.

Dann stehst du vor anderen Männern, die deine Freunde sind, und beginnst sie zu hassen. Weil sie den Raum besetzen, in dem du gerade allein sein möchtest, weil sie Dinge sprechen, die du gerade jetzt nicht hören kannst. Weil sie dir eine Gegenwart aufzwingen, die nicht zu dem paßt, was in dir gegenwärtig ist."[230]

Mehr noch als diese seelische Belastung drückt die Männer die Tatsache nieder, daß für sie das Ende der Schutzhaft nicht voraussehbar und damit nicht kalkulierbar ist.[231] Während sich der Zuchthäusler ausrechnen kann, wann er seine Strafe verbüßt hat, bleibt es dem Schutzhäftling versagt, die Zeit zu messen, die er hinter dem Stacheldraht verbringen muß. Sie kann sich über Wochen, über Monate und auch über Jahre erstrecken.[232] Nicht umsonst antworten erfahrene Konzentrationäre spöttisch den Neuzugängen, die noch auf eine kurze Haft hoffen: „Na ja, es sind ja nur die ersten fünfzehn Jahre, dann legt sich der Schmerz."[233]

Wie die Dauer der Gefangenschaft, die von vornherein nicht begrenzt ist, der Willkür unterliegt, deckt auch kein Gerichtsurteil die Schutzhaft. Allein der kleine, rote Schutzhaftbefehl, den die Geheime Staatspolizei (Gestapo)[234] ausstellt, genügt,[235] um einen Menschen für unbestimmte Zeit hinter den Mauern eines Konzentrationslagers verschwinden zu lassen. Zwar geht man im Jahre 1934 dazu über, die Schutzhaft für zunächst ein Vierteljahr zu verhängen und dann erst mit dem Haftprüfungstermin um jeweils weitere drei Monate zu verlängern,[236] doch bleibt im Grunde genommen die ganze Prozedur eine Farce.

Mit der Zeit macht die Gestapo von der Schutzhaft immer mehr Gebrauch. Ihre Willkür reicht so weit, daß sie Gerichtsurteile, die nicht in ihrem Sinne ausgefallen sind oder ihr zu mild erscheinen, durch die Einlieferung des Angeklagten ins Konzentrationslager „korrigiert".[237] Selbst politische Gegner, die freigesprochen werden, bringt sie noch vom Justizgebäude weg nach Dachau.[238] Aber auch der Widerstandskämpfer, der seine mutige Haltung mit einer Zuchthausstrafe bezahlt, ist vor dem KL nicht sicher. Es wird später zur Regel, daß jeder politische Häftling nach der Entlassung aus dem Zuchthaus automatisch in Schutzhaft genommen und für unbestimmte Zeit in ein Konzentrationslager eingeliefert wird, womit der Willkür der Gestapo keine Grenzen mehr gesetzt sind.

Wann der Schutzhaftgefangene wieder auf freien Fuß gelassen wird, entscheidet allein die Geheime Staatspolizei – und nicht die Lagerleitung, die darauf keinen Einfluß hat. Sie muß sich in jedem Fall dem Diktat der Gestapo beugen und einen Häftling freigeben, wenn die Anweisung dazu die Politische Abteilung im KL erreicht.[239] Diese untersteht nicht der Kommandantur, sondern ist als eigene und unabhängige Dienststelle in allen Konzentrationslagern unmittelbar der Gestapo angeschlossen, was nicht selten zu Spannungen zwischen beiden Flügeln führt.[240] Zwar wird die Lagerleitung in Zeitabständen von drei bis sechs Monaten aufgefordert, der zuständigen Gestapo-Leitstelle[241] einen „Führungsbericht" über den einzelnen Häftling vorzulegen,[242] doch bleiben diese Gutachten zumeist ohne Gewicht für die Entlassung: Entweder stellt die Kommandantur dem Mann ein schlechtes Zeugnis aus, weil sie seine Arbeitskraft nicht entbehren will,[243] oder der verantwortliche Referent bei der Heimat-Gestapo ignoriert eine gute Beurteilung, weil er nicht bereit ist, einen Irrtum zuzugeben, der einen Menschen schuldlos ins KL gebracht hat.

Wie zweifelhaft das ganze Entlassungsverfahren ist, sieht selbst ein SS-Mann wie Rudolf Höß ein. „Die vierteljährliche Haftüberprüfung, die für deutsche Schutzhäftlinge vorgeschrieben war", kritisiert er,[244] „war eine Formsache. Ausschlaggebend war die einweisende Dienststelle. Und diese wollte auf keinen Fall begangene Fehler eingestehen. Das Opfer war und blieb der Häftling, der auf Gedeih und Verderb der ‚Einsicht' der einweisenden Stelle ausgeliefert war. Einen Einspruch, eine Beschwerde gab es für ihn nicht. Günstige Umstände ließen ab und zu in Ausnahmefällen ‚Nachprüfungen' zu, die mit überraschenden Entlassungen endeten. Doch dies waren alles Ausnahmen. In der Regel blieb die Haftdauer der Laune des Schicksals überlassen!"

Schlägt dem Gefangenen dann doch einmal die Stunde der Entlassung, so läßt die SS ihn nicht gehen, ohne ihn vorher zu warnen, daß er sich auch in der Freiheit ihrem Zugriff nicht entziehen kann. Offen droht sie allen, die insgeheim entschlossen sind, ihren Widerstand gegen das Regime fortzusetzen, eine neue Bestrafung an. „Wir holen uns nämlich", heißt es in der „Belehrung für Entlassungen" unmißverständlich,[245] „jeden einzelnen aus dem Reich wie auch aus dem Ausland zurück." Weiter wird der Häftling ermahnt, über alles, was er im Lager erlebt und gesehen hat, zu schweigen. Selbst seinen engsten Angehörigen darf er über das Geschehen im KL nichts berichten. Ebensowenig ist es ihm gestattet, Fremden die aufgetragenen Grüße von Kameraden, die noch in Haft sind, auszurichten.

Nachdem der Gefangene die Belehrung zur Kenntnis genommen hat, muß er zusätzlich eine Erklärung unterschreiben, in der er sich verpflichtet, das ihm auferlegte Schweigegebot strikt einzuhalten und keine Verbindung mit ehemaligen Mithäftlingen zu suchen.[246] Bevor er das Lager verläßt, erhält er von der Politischen Abteilung seinen Entlassungsschein und, wenn er mittellos ist, einen Gutschein für die Heimfahrt. Ein SS-Mann begleitet ihn dann zum Dachauer Bahnhof, damit sichergestellt ist, daß der Häftling keinen Kontakt mit der einheimischen Bevölkerung aufnimmt und womöglich den Leuten erzählt, was ihm im KL widerfahren ist.

An seinem Heimatort muß sich der Entlassene unverzüglich bei der Polizei oder bei der Gestapo melden, die ihn unter Polizeiaufsicht stellt, um ihn nicht aus den Augen zu verlieren.[247] Das bedeutet, daß sich der Mann in genau vorgeschriebenen Zeitabständen, wenn nicht sogar jeden Tag,[248] immer wieder auf der für ihn zuständigen Polizeiwache einzufinden hat. So bleibt der ehemalige Schutzhäftling auch in der Freiheit ein Mann mit gebundenen Händen, der sich weiter im Netz der Geheimen Staatspolizei bewegt. Ständig schwebt über ihm das Damoklesschwert, aus nichtigem Anlaß oder auf Grund einer Denunziation erneut in Schutzhaft genommen zu werden, wenn die Gestapo diese Maßnahme für begründet hält.

Was es heißt, wieder ins Konzentrationslager eingeliefert zu werden, weiß er aus eigener Beobachtung. Er wird als sogenannter Zweitmaliger eingestuft und der Strafkompanie (SK) zugeteilt, wo ihn ein Leben erwartet, das die Hölle ist.[249] Wer in den Reihen der SK landet, hat nach dem Willen der SS die Zukunft schon hinter sich.

Zeichen der Solidarität

Nach den Kommunisten und nach den Gewerkschaftsführern, die seit der Besetzung der Gewerkschaftshäuser am 2. Mai 1933 ebenfalls verfolgt werden, trifft mit dem Verbot der SPD am 22. Juni nun auch die Sozialdemokraten verstärkt das Los der Schutzhaft.[1] Als die ersten Funktionäre der SPD Anfang Juli in Dachau erscheinen,[2] werden sie von den kommunistischen Gefangenen spöttisch begrüßt. „Jetzt kommt die Politik des kleineren Übels", rufen die Kommunisten,[3] die aus ihrer Abneigung gegen die Sozialdemokratie kein Hehl machen, ihnen verächtlich zu.

„Für die Kommunisten", schreibt der französische Dachau-Häftling und spätere Politologe an der Universität Paris-Vincennes, Joseph Rovan,[4] „bleiben die Sozialdemokraten immer die Vernichter der Revolution." Umgekehrt lehnen die Sozialdemokraten den revolutionären Radikalismus der Kommunisten ab. Die Führer der alten Arbeiterpartei, unter ihnen der junge Kaufmannssohn und Jurist, Historiker und Journalist Kurt Schumacher, der schließlich auch den Weg nach Dachau gehen muß, treten als entschiedene Gegner des Bolschewismus für die bestehende Demokratie in der Weimarer Republik ein, die sie verteidigen und weiter entwickeln wollen.[5] Auch im KL bleibt die Kluft, die KPD und SPD trennt, zunächst unüberbrückbar.

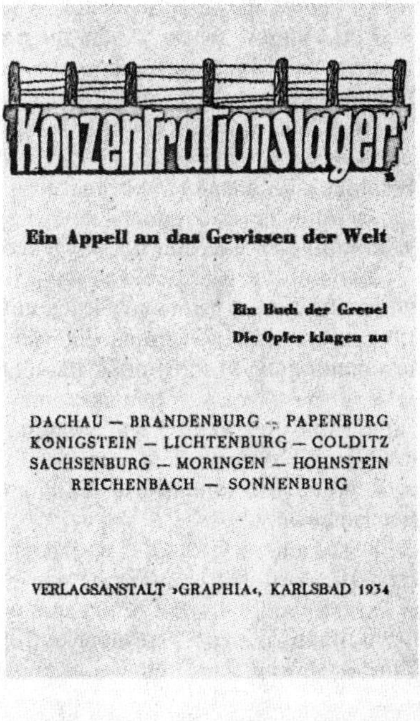

20 Dokumentation der Sozialdemokraten über die Verbrechen der Nationalsozialisten in den Konzentrationslagern. Das Buch erschien im Jahre 1934 in Karlsbad im Exil.

Wie sehr die Gegensätze in der ersten Zeit das Zusammenleben der Häftlinge erschweren, erfährt der Porzellanschmelzer Wenzel Rubner am eigenen Leib. Der Sozialdemokrat aus Schirnding, der bereits am 27. April, noch bevor die große Verhaftungswelle gegen die SPD-Funktionäre eingesetzt hat, nach Dachau gebracht worden ist, berichtet: „In meiner eignen Baracke lagen außer mir fast nur Kommunisten, und ich kann ehrlich sagen, daß ich anfangs versucht habe, mit ihnen gute Kameradschaft zu halten. Ich dachte, das gleiche schwere Schicksal müßte uns zusammenführen, müßte den verblendeten Haß auslöschen. Ich erinnerte mich auch an die kommunistischen Parolen von der Einheitsfront und meinte, wenn irgendwo auf der Welt, dann müßte hier unter dem Schandregiment brauner Schergen diese Einheitsfront zustandekommen. Aber bald genug gab ich den Annäherungsversuch auf. Gehässige Feindseligkeit schlug mir entgegen. Und ich war doch wirklich kein ‚Bonze' gewesen, sondern ein Arbeiter wie sie. Freilich – wenn ich mich ‚bekehrt' und mit auf die SPD geschimpft, wenn ich alle Taten der KPD gutgeheißen hätte, dann wäre ich vielleicht ihr Freund geworden. So aber behandelten sie mich wie einen Aussätzigen. Ich zog mich ganz von ihnen zurück."[6]

Noch bitterer beklagt sich Fritz Ecker, seit Mai 1920 Sekretär der Sozialdemokratischen Partei Deutschlands in Weiden, der am 1. Juli in Dachau eintrifft, über die schroffe, ablehnende Haltung der Kommunisten: „Auch ich selbst habe, wie fast alle Gegner des Faschismus, die Hoffnung gehegt, das gemeinsame Leid, das sozialdemokratische und kommunistische Funktionäre erdulden mußten, werde der beste Kitt für eine kommende proletarische Einheitsfront sein. Auch ich glaubte, im Konzentrationslager würde sich die Einigung der marxistischen Parteien anbahnen, zum Kampf gegen den gemeinsamen Gegner, der ohne die traurige Spaltung und Selbstzerfleischung des Proletariats niemals an die Macht gekommen wäre. Aber schon nach kurzer Zeit meines Aufenthaltes im Lager war diese Hoffnung gründlich zerstört. (...)

Ungemein häufig bemerkten ‚Kommunisten', es sei ihnen der Nazi lieber als der Sozi. Die faschistischen Folterknechte erklärten andererseits, es sei ihnen ein Kommunist lieber als ein Sozialdemokrat. Diese gegenseitige Zuneigung bekamen die Sozialdemokraten oft schmerzlich zu spüren. Wurde ein sozialdemokratischer Gefangener von den SS-Leuten gehöhnt, so ertönte bei den Kommunisten jedesmal Beifallsgelächter."[7]

Doch das Urteil, das Ecker über die Mitgefangenen der KPD fällt, ist sicher zu hart und auch zu pauschal. Denn es gibt unter den Kommunisten von Anfang an standhafte Männer, die sich, ungeachtet der unterschiedlichen Weltanschauungen, für die Solidarität aller Häftlinge einsetzen. Einer von ihnen ist jener Gröner, der das Exerzierkommando für die arbeitslosen Gefangenen befehligt und der, wie bereits erwähnt, bei seinen Ertüchtigungsübungen einen solchen Eifer entwickelt, daß der Lagerkommandant Theodor Eicke schon bald voller Mißtrauen in den Reihen der Häftlinge eine Rote Armee heranwachsen sieht.

Der „General Gröner",[8] wie der hünenhafte Feldwebel der 10. Kompanie genannt wird, tritt von vornherein gegen jede Benachteiligung der Sozialdemokraten auf. Als die SS-Posten versuchen, die Kommunisten gegen die Funktionäre der SPD aufzuhetzen und sogar zu Tätlichkeiten anzustacheln, fährt der Franke aus Stein bei Nürnberg dazwischen und bedroht, so berichtet

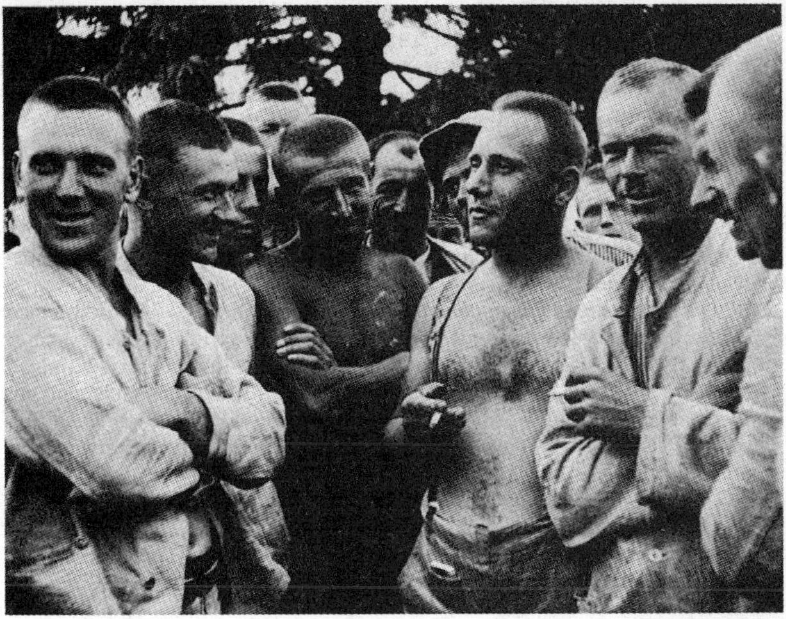

21 Männer, die sich der Diktatur nicht beugten: Das gemeinsame Schicksal vereinte die politischen Häftlinge in Dachau zur Geschlossenheit. Aus der Solidarität der Mitgefangenen zog so mancher von ihnen die Kraft zum Überleben.

Erwein Freiherr von Aretin mit Bewunderung für den Mann, „jeden mit seinen Eisenfäusten", der „es wagen würde, in einem Mitgefangenen etwas anderes zu sehen als einen Kameraden".[9] Der Kommunist, der sich so nach den Worten von Aretin als „ein muskelstarker Vertreter der Lehre von der absoluten Solidarität der Gefangenen" erweist, bleibt seinem Grundsatz auch gegenüber dem bayerischen Edelmann treu. „Gröner", erinnert sich Aretin, „nahm sich sofort meiner Ratlosigkeit mit jener Hilfsbereitschaft und Güte an, die ich in Dachau wiederholt als die hervorstechendste Eigenschaft des einfachen Mannes kennenlernte."

Dachauer Häftlinge vom Format eines Gröner sind es schließlich, die durch ihr Vorbild die Voraussetzungen dafür schaffen, daß Solidarität und Kameradschaft mehr und mehr das Zusammenleben im Lager bestimmen. Schon bald wird sich das KL Dachau darin wohltuend von anderen Konzentrationslagern unterscheiden, wo die Häftlingsselbstverwaltung in die Hände der Falschen gelangt. Diese schlagen den Weg der Korruption ein und wirken statt zum Wohl der Gemeinschaft nur zum Vorteil einer bevorzugten Minderheit von Gleichgesinnten. Für den einfachen Gefangenen ohne jede Funktion erreicht das Lagerleben dadurch noch schrecklichere Dimensionen, weil hier niemand mehr ist, der sich schützend vor ihn stellt. In Dachau aber herrscht der Geist der Solidarität in der Häftlingsselbstverwaltung, von einigen wenigen Rückschlägen abgesehen, bis zuletzt. Dem Vorbild der Dachauer folgen von allen Lagern später nur die Gefangenen im KL Buchenwald.[10]

Erheblichen Anteil an der Entwicklung in Dachau hat auch Sepp Zäuner aus Baar, der, wie bereits berichtet, sein mutiges Eintreten für einen mißhandelten Kameraden gleich bei seiner Ankunft im Lager mit Schlägen und Arrest bezahlen muß. Durch seine Haltung erwirbt er sich rasch die Achtung sowohl der kommunistischen als auch der sozialdemokratischen Häftlinge. So urteilt der Sozialdemokrat Walter Hornung über den Kommunisten: „Zäuners Tapferkeit inmitten von Feinden, die ihn wegen seiner untadelhaften Haltung haßten, war bezwingend. Er war ein Vorbild und genoß der Gefangenen unbeschränktes Vertrauen. Die Kommunisten waren stolz auf ihn; sie konnten es sein."[11] Hornung nennt Zäuner einen „Mann aus einem Guß, der durch seinen Charakter, die würdige Art seines Auftretens Respekt einflößte". Er sieht in ihm den „Typ des Revolutionärs und Idealisten, von soldatischer Haltung".[12]

Der Persönlichkeit des Häftlings kann sich auch Eicke nicht entziehen, der ihm schließlich Ende Juli den Posten des Arbeitsfeldwebels überträgt.[13] Zäuner erkennt, daß dieses Amt, das ihm die Verantwortung für alle Arbeitskommandos aufbürdet, eine undankbare Aufgabe ist. Zudem birgt die Funktion erhebliche Gefahren in sich. Denn ständig ist der Arbeitsfeldwebel von der SS umlauert, die mißtrauisch beobachtet, ob er sich, wie Hornung schreibt,[14] „nicht zuviel Nachsicht zuschulden kommen lasse". Dennoch übernimmt Zäuner das Amt, obwohl er weiß, daß er jeden Tag das Opfer der SS werden kann. Das Verantwortungsgefühl, das er für seine Kameraden empfindet, gebietet es ihm. „Wie er dastand", erinnert sich Hornung,[15] „gestrafft, jede Muskel des knochigen Gesichtes diszipliniert, mit kühlem Blick dem widerlichen Treiben der SS. zusehend, war er ein Bild starker Männlichkeit, das auf die SS. heimlich aufreizend wirken mußte."

In der Tat finden sich rasch Gegner, die es darauf anlegen, ihn zu Fall zu bringen. Denn schon bald hat sich Zäuner die Feindschaft der SS-Männer zugezogen, weil er sich immer wieder mutig zwischen seine Kameraden und die Posten drängt, um Mißhandlungen im letzten Augenblick zu verhindern. Seine Unerschrockenheit geht so weit, daß er sogar bei der Lagerleitung über die Übergriffe der Bewacher Beschwerde führt. Er scheut sich auch nicht vor dem Hinweis, daß er, wie Hornung berichtet,[16] „die Verantwortung für die Arbeitsleistungen ablehnen müsse, wenn die Posten auf eigene Faust in den Arbeitsgang eingriffen". Schließlich erklärt er vor den versammelten Häftlingen: „Wenn wieder einer von euch durch die Posten mißhandelt wird, meldet mir das! Ich will dann beim Kommandanten Beschwerde erheben!"[17]

Die SS findet rasch einen Vorwand, um sich des Unbequemen zu entledigen. Wie es dazu kommt, schildert Zäuner selbst: „Am 2. August 1933 hatte ich bei der Ausübung meiner Funktion als Lagerfeldwebel morgens wie üblich die Arbeitsdiensteinteilung der Kompanien vorzunehmen. Bei dieser Gelegenheit wandte ich mich an den Feldwebel der 3. Kompanie, Oehrlein, mit den höflichen Worten: ‚Feldwebel Oehrlein, wollen Sie bitte 32 Mann zum Arbeitskommando Reitweg abstellen.' Daraufhin antwortete der Oberverwalter Wienhardt: ‚Sie sind Vorgesetzter und haben nicht zu bitten, sondern zu befehlen.' Ihm begegnete ich sofort mit den Worten: ‚Und dennoch werde ich Kamerad meiner Kameraden bleiben.' Daraufhin wurde ich um 10 Uhr vormittags

22 Ein unerschrockener Kämpfer für seine Kameraden: Als erster Arbeitsfeldwebel im Konzentrationslager Dachau trat Josef Zäuner mutig der SS entgegen, um das Los der Mitgefangenen zu mildern und dem Terror Grenzen zu setzen.

durch Steinbrenner auf eine provokatorische Art unmittelbar bei der Baracke I angerempelt."[18]

Häftlinge, die nicht zur Arbeit ausgerückt sind, werden Zeugen dieses Vorfalles. „Im Laufe des Vormittags", erinnert sich Hornung,[19] „raste Steinbrenner plötzlich durch die Lagerstraßen, fuchtelte mit seiner großen Armeepistole in der Luft herum. Ein Gefangener, der ihm in der Friedrich-Ebert-Straße[20] in den Weg lief, entging knapp seiner Mordwaffe. Er glich einem Amokläufer; wie einem Tobsüchtigen trat ihm der Schaum vor dem Mund. Nun entdeckte er Zäuner, rannte auf ihn zu, packte ihn am Kragen, an der Gurgel, hieb auf ihn ein. Zäuner stand wie eine Säule. Die Gefangenen, die in der Nähe waren, flüchteten in die Baracken. Dann machte er kehrt und schnellte mit seinen langen Beinen an der Wache vorbei; Richtung Kommandantur."

Was dies zu bedeuten hat, erfährt Zäuner bald darauf. „Um 12 Uhr", berichtet er,[21] „holte mich Steinbrenner im Beisein von vier mit Karabinern bewaffneten SS-Leuten aus dem Speisesaal." Die Invaliden, die vor den anderen Häftlingen bereits in der noch fast leeren Speisehalle zum Mittagessen Platz genommen haben, sehen mit an, wie Zäuner, der die Gewohnheit hat, mit den ersten Gefangenen zu Tisch zu gehen, abgeführt wird. „Er sprang auf", schreibt Hornung,[22] „und schritt in unerschrockener Haltung durch die Halle. In seinem Gesicht zuckte kein Muskel. Die SS. nahmen ihn in die Mitte. Steinbrenner ging hinterher."

Als Zäuner in Begleitung seiner Bewacher das Innenlager erreicht, sind die Gassen menschenleer. Wie immer in solchen Fällen hat die Lagerleitung, die

Augenzeugen ihrer Verbrechen scheut, die Alarmsirene ausgelöst. Ihr schrilles Heulen bedeutet: „Alles in die Baracken!" Nach der Lagerordnung haben die Häftlinge darauf sofort in ihre Unterkünfte zu eilen, wenn sie es nicht riskieren wollen, von den Posten unter Beschuß genommen zu werden. Denn die SS-Männer zielen auf jeden, der sich beim Ertönen der Sirene noch im Freien sehen läßt.[23] Selbst ein neugieriger Blick durch das Barackenfenster, der allein schon verboten ist, kann dann tödlich sein. Deshalb wagen es die Häftlinge nur, in angemessener Entfernung vom Fenster nach draußen zu spähen, um in Erfahrung zu bringen, was ihren Augen verborgen bleiben soll. Manchmal treiben die Bewacher die Gefangenen auch nur mit Schüssen, die sie in die Luft abfeuern, in die Baracken.[24]

An diesem 2. August aber ist es die Alarmsirene, die ein neues Unheil ankündigt. „Die Stacheldrahttore flogen zu", erinnert sich Hornung.[25] „Eine Abteilung SS., Gewehr geschultert, sperrte die an sich schon mit Drahtverhau gesicherte Gasse ab." An den SS-Männern vorbei wird Zäuner aus der Speisehalle zurück in das Lager geführt.

Die Häftlinge, die starr vor Schreck im Speisesaal zurückbleiben, sehen den Arbeitsfeldwebel mit Sorge gehen. „In aller Augen", berichtet Hornung,[26] „stand die Angst um das Leben Zäuners; sie steigerte sich zum Entsetzen, als nacheinander Schüsse fielen. Jetzt hatten sie Zäuner sicher seitwärts in die Büsche geführt und niedergeknallt! Die Schreckschüsse waren aber in der Lagerstraße abgefeuert worden, denn einige Gesichter hatten sich an den Barackenfenstern sehen lassen."

Die Nervosität der SS ist so groß, daß die Bewacher jede Beherrschung verlieren. Zweifellos befürchten sie eine Revolte.[27] Fritz Ecker beobachtet, wie Steinbrenner plötzlich die Pistole zieht und auf einen Gefangenen abdrückt, der von ihm am Fenster ertappt worden ist. Zum Glück verfehlt er den Mann. Auch die anderen SS-Angehörigen greifen rücksichtslos zu ihren Waffen. „Von allen Seiten", erinnert sich Ecker,[28] „krachten Schüsse, die Sirene heulte, und die diensttuenden SS-Leute schrien wie besessen."

In dem allgemeinen Durcheinander wird Zäuner, den die SS offensichtlich als Führerfigur fürchtet, durch das Lager in den Bunker geleitet, wo ihn schreckliche Folterungen erwarten. „Dort untergebracht", berichtet er selbst, „erschien Steinbrenner abends in der Zeit, als die übrigen Kompanien das Lager zum Einnehmen der Abendkost verließen, mit Kantschuster, Hoffmann und Werner. Mit einer wollenen Decke wickelte er meinen Kopf ein, um so meine Schreie zu ersticken und nach außen abzudämpfen, riß meine Hose herunter, und dann wurde ich von diesen vier Mann mit Ochsenziemern geschlagen. Ich erhielt ca. 25 bis 30 Schläge. Dann verließen sie die Zelle und gingen. Mein Gesäß war vollkommen aufgeschlagen, und ich blutete sehr stark. Durch diese Schläge leide ich heute noch an Lähmungen der Muskeln."

Den Mitgefangenen entgeht nicht, was Zäuner durchzumachen hat. Deutlich hören die Häftlinge in den Baracken, die in der Nähe des Bunkers liegen, seine furchtbaren Schreie, die, wie sich Hornung erinnert,[29] „erst nach und nach erstarben".

Monatelang hält die Kommandantur Zäuner im Dunkelarrest fest.[30] Nach Wochen sehen die Häftlinge den Gepeinigten zum erstenmal wieder, als er von den SS-Männern Lutz und Wienhardt, dem sogenannten Sabotake, spazierengeführt wird. Das Bild, das er bietet, erbarmt sie. „Sein Gesicht", berichtet Hornung,[31] „war grau und eingefallen. Die Kameraden suchten seinen Blick. Vergebens! Ohne nach rechts oder links zu schauen, schritt er ungebeugt, willensgestrafft wie immer, zwischen Lutz und ‚Sabotake'."

Erst nach sieben Monaten hat das Leiden für Zäuner ein Ende. „Nun, Zäuner", will Eicke von ihm wissen, als er aus dem Arrest entlassen wird.[32] „Sind Sie immer noch Kommunist?" Zäuner antwortet ihm standhaft: „Herr Kommandant, ich war sieben Monate im Bunker. Was können Sie da von mir erwarten? Ich bin nach wie vor überzeugt, daß ein Wiederaufstieg Deutschlands nur in einer kommunistischen Gemeinschaft möglich ist!" Die mutige Erwiderung beeindruckt Eicke. „Sie sind ein Mann von Charakter, Zäuner!" erklärt er und schenkt ihm zum Zeichen der Anerkennung eine Pfeife.

Diese Geste des Kommandanten erstaunt sogar die Häftlinge, die Zäuner mit unbeschreiblichem Jubel empfangen, als er zu ihnen ins Lager zurückkehrt. „Viele", berichtet Hornung,[33] „sagten: Jetzt liegt mir nichts daran, noch ein Jahr Dachau auf mich zu nehmen! Und Zäuner, trotz der ausgestandenen Leiden immer noch Kopf hoch, freute sich mit ihnen."[34]

Ein dritter Kommunist, der wegen seines Kameradschaftsgeistes in Dachau von sich reden macht, ist Ignaz Wagenführ. Seine Stunde schlägt, als eine Entdeckung am Nachmittag des 19. Juni 1933 die Lagerleitung in Empörung versetzt. Ausgerechnet im Durchgang zur SS-Kantine hat ein Unbekannter mit einem Tintenstift einen Sowjetstern an die frisch getünchte Wand gemalt.[35] Sofort stehen die Häftlinge im Verdacht, die Zeichnung angebracht zu haben, um die SS zu provozieren. Die Schuldigen vermutet die Kommandantur im Straßenbaukommando. Wäckerle, der zu der Zeit noch nicht von Eicke abgelöst ist, läßt am Abend das ganze Lager vor dem Essenfassen auf der Appellwiese antreten. „Wienhardt", berichtet Wenzel Rubner,[36] „schrie uns an: ‚Wenn sich bis morgen früh der, der den Sowjetstern angeschmiert hat, nicht freiwillig meldet, macht die Kiesgrube morgen abend von sieben bis zehn Strafarbeit! Bis es herauskommt, wird jeden Abend ein andres Kommando drangenommen!'

Strafarbeit! Wir alle wußten, was das heißt! Hunger, Mißhandlungen, Arbeit bis zum Umsinken."

Doch die Aufforderung des Kommandanten an den Täter, sich selbst zu stellen, verhallt. Der Schuldige tritt nicht vor und erspart den Gefangenen durch sein Geständnis den schweren Weg in die Kiesgrube, der wie ein Verhängnis vor ihnen liegt. Die ersten, die den Gang antreten müssen, sind die Männer des Straßenbaukommandos. Die SS gestattet ihnen noch nicht einmal, vorher das Abendessen einzunehmen. Mit leerem Magen marschieren die siebzig Häftlinge um 19 Uhr zur ersten schweren Kollektivstrafe in der Geschichte des Dachauer Lagers zur Kiesgrube. Das Wetter tut ein übriges, um ihre Lage noch zu verschlechtern. Es ist kalt und regnet unaufhörlich. Mit schlimmen Ahnungen sehen die Kameraden die Unglücklichen davonziehen – begleitet von SS-Männern, die entschlossen sind, ihrer Wut freien Lauf zu lassen.

„Die Posten", berichtet Martin Grünwiedl,[37] „waren erbittert, weil sie bei diesem Hundewetter und außerhalb ihres Dienstes nochmals ausrücken mußten. Sie ließen ihren Zorn nun an den Arbeitern aus. Was die Gefangenen in der Kiesgrube leisten mußten, war nicht mehr menschlich. Mit dicken Stöcken schlugen die SS-Männer auf die total erschöpften Arbeiter ein. Mit dem Karabiner, aufgepflanzt an diesem Tage, schlugen sie zu. Einem jungen Juden wurden dabei die Augengläser zertrümmert, so daß die Glasscherben das ganze Gesicht zerschnitten. (Ein Auge konnte nur nach mindestens zweimonatiger Behandlung gerettet werden.)“

Stundenlang werden die Männer von der SS geschunden – erbarmungslos. Nirgends zeigt sich für sie ein Lichtblick. Noch immer regnet es in Strömen, und das Wasser durchnäßt die Häftlinge bis auf die Haut. Nur mit Mühe halten sie sich noch aufrecht. Die Männer sind am Ende ihrer Kräfte. Rubner, der diesem Kommando zugeteilt worden ist, erinnert sich: „Unsre Glieder zitterten, vor unsern übermüdeten Augen tanzten schwarze Flecken.“[38]

Während die Gefangenen noch in der Kiesgrube herumgehetzt werden, weiß die Lagerleitung längst, daß die Strafe die Unschuldigen trifft. Denn inzwischen hat Ignaz Wagenführ eine bewunderungswürdige Entscheidung gefällt, um den Kameraden zu Hilfe zu kommen.[39] Obwohl er die Tat nicht begangen hat, nimmt er die Schuld auf sich und ist bereit, dafür zu büßen. Die SS hört sich die Selbstanklage des vermeintlichen Täters an und rächt sich grausam an Wagenführ. Erst nachdem die Peiniger ihn halbtot geprügelt und in die offenen Wunden auch noch Salzwasser gegossen haben, lassen sie von ihm ab. Der Mißhandelte befindet sich in einem so elenden Zustand, daß die Sanitäter, die ihn ins Revier tragen, entsetzt feststellen: „Wenn der nicht stirbt, dann hat er eine Viechsnatur!“

Doch das Opfer des Kommunisten ist umsonst. Seine Leiden ersparen den Kameraden die Tortur in der Kiesgrube nicht. Erst um 22 Uhr läßt die Kommandantur die Strafarbeit einstellen und die Männer ins Lager einrücken.[40] Selbst nach diesem Tag entheben die Posten das Kommando nicht der Pflicht, mit einem Lied zu marschieren. Singend müssen die Häftlinge im Regen durch die Nacht ziehen.

Im Lager sind unterdessen die anderen Gefangenen in Sorge um die Kameraden. Sie fürchten, daß der eine oder andere die Strafe nicht überleben wird. Da sie wissen, daß das Kommando an diesem Abend mit keiner Verpflegung mehr rechnen kann, organisieren sie während der Abwesenheit der Strafarbeiter rasch einen Hilfsdienst. Während die einen Brot sammeln, heben die anderen ihr Essen auf, um vor den Kameraden nicht mit leeren Händen dazustehen. Als die Männer schließlich aus der Kiesgrube zurückkehren, nehmen sie gerührt die Geschenke entgegen. „Mehrere Kameraden, die wir zum Teil schon für verloren gaben“, berichtet Grünwiedl,[41] „haben vor Freude über unsere Solidarität geweint.“

Die Schrecken dieses Abends sind noch nicht vergessen, als eine empörende Nachricht im Lager die Runde macht. Ein SS-Mann, der vom Urlaub zurückkommt, gibt vor dem Kommandanten zu, daß der Sowjetstern seiner Hand entstammt. Er hat ihn an die Mauer gezeichnet, um, wie Rubner erfahren haben will, den Kameraden der Landespolizei „mal zu zeigen, wie man so ein Ding malt“.[42] Dagegen hört Grünwiedl, daß der SS-Mann das Emblem zusammen mit einem grünen Polizisten nur „aus Gaudium“ angebracht habe. Welche Information auch immer stimmen mag, feststeht, daß der Stern schon Wochen alt ist. „Man entdeckte ihn aber erst“, schreibt Grünwiedl,[43] „als die Maler tünchten. Der Sowjetstern war mit Tintenstift gezeichnet, und als die Wand trocknete, oxydierte die Zeichnung, und der Stern war deutlich zu sehen."

Voller Verbitterung nehmen die Häftlinge zur Kenntnis, daß Männer aus ihrer Mitte nicht nur zu Unrecht verdächtigt, sondern auch noch ohne jeden Schuldbeweis bestraft worden sind. Um so mehr verdient die Haltung des Kameraden Wagenführ Bewunderung. Er überlebt seine schweren Verletzungen, gerät aber bald wieder in die Mühlen der SS, weil er angeblich auf nationalsozialistische Propaganda, die aus einem Radiolautsprecher ins Lager übertragen worden ist, mit dem kommunistischen Kampfgruß „Rot Front!" geantwortet hat.

„Wir", berichtet Rubner,[44] „haben nie erfahren, ob das stimmte. Wir haben nur alle den Lagerbefehl[45] gelesen, in dem es – ungefähr – hieß:

‚Der Bolschewik Wagenführ wird wegen Meuterei mit acht Wochen strengem Arrest bestraft. Bei Strafantritt und nach verbüßter Strafe erhält er je 25 Stockhiebe. Der Korporalschaftsführer Heinrich Bergmeier wird, weil er den Vorfall nicht gemeldet hat, mit drei Tagen Arrest bestraft.'"

Die SS zieht also auch den zur Rechenschaft, der Kameradschaft übt. Jeder Freundschaftsbeweis unter den Häftlingen erscheint ihr verdächtig und nährt ihre Sorge vor heimlichen Verschwörungen. Deshalb setzt sie auch auf die Gefangenen Spitzel an, die auf der Suche nach jedem Wort sind, das nicht für die Ohren der Lagerleitung bestimmt ist. Vermutlich hat Ignaz Wagenführ seine Strafe einem Spitzel zu verdanken, der aller Wahrscheinlichkeit nach in der Baracke der 8. Kompanie zu suchen ist.

Zum Glück bleiben die Denunzianten, die ohnehin erst mit den Kriminellen nach Dachau kommen, in der Minderheit. Die Masse der Häftlinge lehnt den Verrat ab. Für den politischen Gefangenen ist ein Paktieren mit der SS undenkbar. Die Selbstachtung verbietet es ihm. Mit der Zeit lassen sich auch die politischen Gegensätze überwinden, die den Kommunisten vom Sozialdemokraten trennen. Die Häftlinge beider Parteien rücken enger zusammen und bilden als „Antifaschisten", wie sie sich nun lieber nennen, eine gemeinsame Front gegen die SS. Ihre Waffe ist die Solidarität.

Doch nicht nur die Kommunisten haben ihre Vorbilder wie Gröner, Wagenführ und Zäuner. Auch den Sozialdemokraten fehlt es nicht an einem standhaften Mann, der in Dachau Schweres durchmacht und dennoch nicht zerbricht. Der Unbeugsame ist der praktische Arzt Dr. Erich Braun, der dem „Arbeitersamariterbund" in Coburg gedient hat, bevor er ins Konzentrationslager gebracht worden ist.

Braun, der am 16. Februar 1898 in Coburg geboren ist, entstammt als einziges Kind einer jüdischen Familie. Nach dem Notabitur, das er im Ersten Weltkrieg ablegt, bleibt es ihm nicht erspart, an die Front gehen zu müssen. Er rückt im Jahre 1916 zum preußischen Infanterie-Regiment 71 ein, erlebt die Materialschlacht an der Somme in Nordfrankreich und schlägt sich als Gefreiter tapfer für ein Vaterland, das ihm später keinen Schutz bieten wird. Das ist um so unbegreiflicher angesichts der Tatsache, daß der junge Braun einer jüdischen Studentenverbindung angehört, die von allen deutschen Verbindungen im Ersten Weltkrieg prozentual die höchsten Verluste davonträgt.[46] So fallen oder sterben an den Kriegsfolgen von der „Freien Schlagenden Verbindung SALIA" in Würzburg siebzehn jüdische Bundesbrüder – und zwar vier Reserveleutnants, darunter ein Kampfflieger, ein Oberstabsarzt, ein Bataillonsarzt, sechs Unteroffiziere, zwei Gefreite und drei Kriegsfreiwillige.[47]

Braun, der nach dem Krieg in Berlin, Jena und Würzburg Medizin studiert, erkennt schon bald den zunehmenden Antisemitismus in den Studentenverbindungen, der von den Nationalsozialisten geschürt wird.[48] Dreimal kämpft er sogar mit dem Säbel in der Hand gegen seine Gegner, um ihnen zu beweisen, daß ein Jude mit einem Feigling, wie sie tönen, nicht gleichzusetzen ist. Im April 1924 verläßt er aus wirtschaftlichen Erwägungen die notleidende Heimat und begibt sich in die USA, wo er drei Jahre lang am „California Sanatorium" in Belmont arbeitet. Als jedoch die Mutter schwer erkrankt, kehrt er nach Coburg zurück und läßt sich dort auf Drängen der Eltern nieder. Nachdem er zunächst im Landkrankenhaus Coburg, in dem er schon in all seinen Ferien gearbeitet hat, seinem Beruf nachgegangen ist, baut er sich im Jahre 1928 eine eigene Praxis auf, die seinen Namen schnell in der Stadt weithin bekannt macht. Bei allem Erfolg bleibt es ihm aber ein Anliegen, armen und unglücklichen Menschen zu helfen. Aus diesem Grund wendet er sich auch der SPD zu und übernimmt im Arbeitersamariterbund den Posten des Chefarztes.

Der überzeugte Sozialdemokrat, dessen Patienten sich zu achtzig Prozent aus Arbeitern zusammensetzen, zieht sich bald die Mißgunst der nationalsozialistischen Kollegen zu. Die Gegner im weißen Kittel neiden Braun den Erfolg als Arzt und die Beliebtheit bei der Bevölkerung. Außerdem nehmen sie Anstoß an seiner jüdischen Abstammung und an seiner Mitgliedschaft in der SPD.[49] Erschwerend kommt für Braun hinzu, daß sich Coburg, wo Hitler zum erstenmal außerhalb Münchens öffentlich aufgetreten ist, bereits zu einer nationalsozialistischen Hochburg entwickelt hat. An ihrer Spitze steht Franz Schwede – ein Mann, den Braun nicht ohne Grund einen „kleinen Diktator" nennt. Er bekommt die Macht des Tyrannen, der schon im Jahre 1922 die Ortsgruppe Coburg der NSDAP gegründet und der als erster nationalsozialistischer Bürgermeister in Deutschland im Jahre 1930 den Sprung ins Rathaus der Stadt geschafft hat,[50] bald zu spüren.

Die Stunde der Abrechnung schlägt für seine Feinde am 10. März 1933. Braun wird am Morgen aufgefordert, sich bei der Polizei zu melden. Als er sich dort einfindet, eröffnen ihm die Beamten, daß sie gezwungen sind, ihn in Schutzhaft zu nehmen. Deutlich merkt er den Polizisten an, wie unangenehm ihnen die ganze Angelegenheit ist. Denn sie kennen alle den Arzt und haben keinen Zweifel an seiner Unbescholtenheit. Zudem sind die meisten von ihnen schon einmal von Braun behandelt worden. Am Tag darauf wird er jedoch wieder auf freien Fuß gesetzt, nachdem ein höherer Polizeibeamter, der aus München angereist ist, keine Veranlassung gesehen hat, ihn weiter festzuhalten. Damit ist der erste Versuch der Coburger Nationalsozialisten, Braun als lästigen Konkurrenten auszuschalten, zunächst gescheitert.

Aber die Gegner denken nicht daran, aufzugeben. Nur wenige Stunden nach seiner Freilassung holen sie zum neuen Schlag gegen den Arzt aus. „Am nächsten Morgen – es war ein Sonntag –", erinnert sich Braun,[51] „drangen um 6 Uhr acht SS-Männer in mein Haus ein. Sie zwangen mich, aufzustehen, kontrollierten das Telefon und die Privaträume, wichen mit ihren Pistolen auch nicht von meiner Seite, als ich meine Toilette machte, und bedrohten mich mit ihren Pferdepeitschen. Ihr erster Mann, Rittweger, ein Straßenaufseher, der für seine Brutalität bekannt war, fragte mich, wo ich meine Waffen versteckt habe. ‚Ich', antwortete ich, ‚habe nur eine Pistole und besitze die Erlaubnis dafür.'

Nachdem ich ihnen gesagt hatte, daß sich die Pistole in meinem Auto befinde, folgten sie mir, wobei sie ihre Waffen ständig auf mich gerichtet hielten, in die Garage, wo ich ihnen die Waffe ohne jede Empfangsbestätigung aushändigte. Sie stießen mich dann in ein Auto, das vor dem Haus wartete, und fuhren mich zum Hauptquartier der Nationalsozialisten, das oben im Rathaus untergebracht war. Dort fand ich mehrere Männer vor, die auf dem Boden saßen oder lagen. Ihre blutverschmierten Gesichter und ihr Stöhnen zeigten deutlich, wie sie behandelt worden waren."

Bald erfährt Braun, was die Nationalsozialisten ihm vorwerfen. Rittweger ruft ihn zu sich und beschuldigt ihn kommunistischer Umtriebe. „Ich war nie ein Kommunist", erwidert der Arzt, worauf der SS-Mann ihn anfährt: „Du bist ein Lügner. Ich weiß, daß du Kommunisten Geld gegeben hast, damit sie Nationalsozialisten ermorden." Als Braun die Unterstellung von sich weist und es ablehnt, auf diese abwegige Behauptung weiter einzugehen, gerät Rittweger außer sich vor Wut und versucht, den Arzt zu schlagen. Doch Braun weicht ihm aus, und der SS-Mann beruhigt sich wieder. Schließlich müssen die Nationalsozialisten den Arzt erneut gehen lassen, nachdem ihm nichts nachzuweisen ist.

Aber Braun fühlt sich danach in Coburg nicht mehr sicher.[52] Als Bürgermeister Schwede ihm auch noch ausrichten läßt, daß er ihm empfehle, die Stadt zu verlassen, weil er für den Schutz des Arztes nicht garantieren könne, folgt er dem Rat seiner Familie und der Freunde und begibt sich auf eine längere Reise. So wird er bei seinem Aufenthalt in Berlin am 1. April zufällig Zeuge, wie Nationalsozialisten die Geschäfte von Juden demolieren und jüdische Bürger auf der Straße angreifen. Er selbst bleibt verschont, weil er als Jude nicht erkannt wird.

Schließlich kehrt Braun, nachdem er wie ein Heimatloser mehr als einen Monat lang herumgereist ist, wieder nach Coburg zurück. Die Kranken, die auf seine Hilfe angewiesen sind, und auch die Ungewißheit, die über seiner Zukunft liegt, lassen ihm keine Ruhe. Am 30. Juni 1933, wenige Tage nach dem Verbot der SPD, wird er dann morgens gegen 8.30 Uhr zum drittenmal verhaftet und zum Bezirksamt gebracht. Als er dort etwa 25 Sozialdemokraten, hauptsächlich Vorsitzende der verschiedensten Arbeiterorganisationen, wie Arbeitergesangverein, Arbeiterkegelklub, Arbeiterschachverein, Arbeitersportverein und Arbeiterturnverein, antrifft, die in der gleichen Lage sind wie er, weiß er, daß er diesmal wegen seiner Tätigkeit als Arzt im Arbeitersamariterbund geholt worden ist.

„Wir saßen dort herum und durften weder sprechen noch uns rühren", erinnert sich Braun.[53] „Uns bewachten mehrere SS-Männer, die bis an die Zähne bewaffnet waren. Keiner kam, um uns anzuhören. Ich fragte einen der Bewacher, was mit uns weiter geschehen werde. Er antwortete mir: ‚Drecksjude, das wirst du noch sehen.' Ich erblickte meine Frau vor dem Fenster. Sie machte mir Zeichen, die ich natürlich nicht verstehen konnte. Sobald ein Posten dies bemerkte, drohte er mir und zog die Vorhänge zu. So warteten wir stundenlang."

Am Mittag ändert sich dann die Situation. Ein Lastwagen hält vor dem Bezirksamt, und die SS-Männer treiben die Gefangenen mit den Kolben ihrer Karabiner auf das Auto, das sie zum Hauptquartier der Nationalsozialisten bringt. Dort erfährt Braun von einem der Bewacher, der früher zu seinen Patienten gezählt hat, daß sie alle nach Dachau geschickt werden. „Natürlich", berichtet Braun, „waren wir darüber sehr erschrocken, weil über dieses Konzentrationslager so viele Geschichten erzählt worden waren, die sich zum Unglück alle als wahr erwiesen, wie ich später herausfand."

Um 16 Uhr wird den Männern eröffnet, daß in einer Stunde ihre Abreise nach München bevorstehe. Zugleich erhalten sie die Erlaubnis, ihre Angehörigen zu benachrichtigen und zu bitten, sie rasch mit dem Nötigsten zu versorgen. Während einige der Verhafteten noch glauben, daß sie nur zur Vernehmung nach München gebracht werden, hat Braun diese Hoffnung längst aufgegeben. „Ich", berichtet er, „machte mich schon auf das Schlimmste gefaßt." Sein Gefühl täuscht ihn nicht, wie sich bald zeigen soll.

„Kurz vor fünf Uhr", erinnert sich Braun, „wurden wir auf einem Lastwagen in Eile zum Bahnhof gefahren. Dort sahen wir, daß unsere Frauen gekommen waren, um sich von uns zu verabschieden. Der Zug um fünf Uhr war der Schnellzug nach München. Zahlreiche Leute benutzten ihn, und unter ihnen befanden sich viele, die mich kannten. Die Bewacher gestatteten unseren Frauen nicht, sich uns zu nähern. Erst als sich die Menschen, die auf den Zug warteten, einmischten, konnten wir einige Worte mit ihnen wechseln. Der Transport wurde von zwei Gendarmen begleitet. Einer der beiden war mein ehemaliger Feldwebel, der alles unternahm, um meine Lage zu erleichtern. Er erlaubte mir, Lebensmittel unterwegs auf den verschiedenen Bahnstationen zu kaufen, aber ich konnte nichts hinunterbringen. Meine Kehle war wie zugeschnürt. Ich mußte fortwährend an meine Familie denken."

Um 22.30 Uhr erreicht der Zug den Münchner Hauptbahnhof, wo schon ein grünes Lastauto bereitsteht, das die Coburger Häftlinge zum Polizeigefängnis in die Ettstraße befördert. Dort verbringen sie ihre erste Nacht hinter Gittern, nachdem sie ihre Taschen ausgeleert haben und zu mehreren ohne jede Verpflegung in kleine, verschmutzte Zellen gesperrt worden sind.

„Am 1. Juli 1933", berichtet Braun, „wurden wir morgens um 5 Uhr geweckt. Wir stürzten in die Halle hinunter, wo wir eine Tasse Kaffee, wie sie es nannten, erhielten und unsere Habseligkeiten zurückbekamen. Die Halle war voll von SS-Männern. Die letzte Hoffnung, vielleicht doch nicht nach Dachau gebracht zu werden, schwand beim Anblick des großen Lastwagens vor der Tür mit der Aufschrift: ‚S.S. Konzentrationslager Dachau'. Wir wurden auf das Auto gestoßen, und ab ging es in einem furchtbaren Tempo. Dabei schlug die große Signalglocke, die an dem Wagen angebracht war, ständig Alarm, und die Sirene heulte die ganze Zeit. Nachdem diese Teufelsfahrt quer durch München geführt hatte, war die offene Landstraße bald erreicht."

Währenddessen kauert Braun mit seinen Leidensgenossen aus Coburg mitten unter schwerbewaffneten SS-Leuten auf dem Boden des Lastwagens und blickt, „von finsteren Gedanken und schlimmsten Vorahnungen geplagt", dem Ziel entgegen.[54] „Es war gegen 6 Uhr", erinnert sich Braun,[55] „als wir vor dem großen Tor des Konzentrationslagers ankamen, das von schwerbewaffneten SS-Männern bewacht war, die uns Neuzugänge mit einem boshaften Lächeln angrinsten. Das Tor öffnete sich, wir fuhren hinein, und hinter uns schloß sich die Welt. Nachdem wir vor der Lagerkommandantur angehalten hatten, wurde uns befohlen, abzusteigen und in einer Linie anzutreten. Im Nu waren wir von einer Abteilung der SS umgeben, die das Bajonett am Gewehr trug. Jeder von uns begab sich mit seinem kleinen Koffer in der Hand zu einem großen Gebäude."

Dort sieht Braun zum erstenmal den stellvertretenden Lagerkommandanten stehen. Erpsenmüller hat vor dem Haus den Platz neben dem Leiter der Politischen Abteilung eingenommen, der eine Liste in der Hand hält und der nun die Namen der einzelnen Häftlinge aufruft. Nachdem die Männer von einem anderen SS-Angehörigen darüber belehrt worden sind, welche Vergehen im Lager mit dem Tode bestraft werden, haben sie das Gebäude, das den sogenannten Gefangenen-Aufnahmeraum beherbergt, zu betreten, wo ihre Personalien genau erfaßt werden. Dann müssen sie ihr Geld bis auf zehn Reichsmark abliefern, alle Taschen entleeren, Messer, Scheren und Nagelfeilen abgeben und ihre Koffer öffnen. „Während wir all dem unterzogen wurden", berichtet Braun, „hörten wir andere Lastwagen kommen. In der Tat wurden an demselben Tag mehr als 1200 Gefangene gebracht."

Der große Strom der verhafteten SPD-Funktionäre erreicht das Lager. Unter ihnen befindet sich auch Fritz Ecker, der in einem Autobus mit einem Transport aus dem Gefängnis des Amtsgerichts in Vohenstrauß nach Dachau gelangt. Er beschreibt, was sich in der Zwischenzeit vor dem Empfangsgebäude abspielt, während die Neuzugänge aus Coburg im Aufnahmeraum registriert werden: „Wir waren insgesamt 28 Häftlinge aus Weiden und Umgebung und trafen gegen ½10 Uhr vormittags im Lager ein. Schon der erste meiner Leidensgenossen, der dem Auto entstieg, wurde mit Geheul und Pfiffen empfangen. Wie hungrige Wölfe umschwärmten uns SS-Leute. Wütendes Geschimpfe und Drohungen waren ihr Willkommensgruß. Sie kannten uns nicht persönlich und wandten trotzdem ihren ganzen Haß gegen uns.

‚Ihr Hunde, ihr Verbrecher, euch werden wir's zeigen, euch lehren wir arbeiten, ihr Bonzensäue!'

Wie Tobsüchtige schrien uns die SS-Leute an, – und es waren doch nur Arbeitslose, politisch Irregeführte und Fanatisierte.

Es blieb nicht bei Drohungen. Umringt von den SS-Leuten, marschierten wir zum ‚Aufnahmeraum'. Beim Namensaufruf war der Gefangene Trautner nicht rasch genug in Reih und Glied gesprungen. Sofort wurde er von dem SS-Mann Putz (den Namen habe ich später erfahren) brutal am Kopfhaar gefaßt und zu Boden gerissen. Vier andere SS-Leute traten dem armen Menschen, der keiner politischen Partei angehörte, mit ihren Stiefeln ins Gesicht, stießen ihn an die Schienbeine und Ellenbogen und schrien: ‚Willst du aufstehen, du Hund!'

In uns anderen kochte die Wut über diese erbärmliche Feigheit an einem Wehrlosen, aber wenige Minuten später wurden wir mit derselben Brutalität behandelt.

Vor uns war ein Transport aus Coburg eingetroffen. Wir mußten deshalb vor dem Aufnahmeraum etwa zwei Stunden in Reih und Glied stehen. Bald wurde einer nach dem anderen aus unserer Reihe gerissen und fürchterlich mißhandelt. Einigen Gefangenen, Trautner, Wilmersdörfer und anderen wurde mit dem Seitengewehr das Kopfhaar stellenweise ausgeschnitten. Dabei wurden sie an den Haaren gepackt und zu Boden gerissen, getreten, aufgestellt und neuerdings niedergeworfen."[56]

Unterdessen warten die Coburger noch immer auf ihre Aufnahme ins Lager. So vergeht fast eine Stunde, als Braun plötzlich hört, wie die Namen aller jüdischen Häftlinge aufgerufen werden. Er folgt dem Ruf und stellt sich mit etwa 15 anderen Gefangenen getrennt in einer Linie auf. Erpsenmüller nähert sich der Gruppe und spricht Braun an, der als erster in der Reihe steht: „Du bist ein Arzt?" Braun bejaht die Frage, und Erpsenmüller erwidert geringschätzig: „Also einer von den Intellektuellen der verdammten Juden, die den Arbeiterstand in der Politik verhetzt haben." Aber Braun widerspricht ihm. „Nein", sagt er. „Ich war nicht in der Politik." Doch Erpsenmüller geht darauf nicht weiter ein und bricht das Gespräch ab. „Komm mit mir!" verlangt er.

Als Braun dem SS-Führer folgt, ahnt er nicht, daß ihm die schwerste Prüfung seines Lebens bevorsteht. „Er führte mich durch einen großen Eingang in einen weiten Hof", berichtet er.[57] „Hier waren wir allein. Er befahl mir, den Mund zu öffnen, und schob seine Pistole hinein, wobei er sagte, daß er mich jetzt erschießen werde. Ich stand da, wie aus Stein gemeißelt. Mein Körper war starr, meine Sinne arbeiteten schnell. Ich sah meine letzte Minute gekommen, dachte für einen Augenblick über mein Leben nach, sah vor mir meine Frau und mein Kind, meine Eltern, alles. Ich wunderte mich, warum der Schuß nicht fiel. Plötzlich fühlte ich, daß Erpsenmüller seinen Arm zurückzog."

Der SS-Mann ist durch den Mut seines Opfers sichtlich irritiert. „Du Saujud' hast wohl keine Angst?" herrscht er Braun an. „Nein, ich war im Krieg Soldat", gibt der Arzt zurück. „Ich sah dem Tode mehr als einmal ins Gesicht." Nach diesen Worten bricht Erpsenmüller in ein spöttisches Gelächter aus. „Ein Jude an der Front?!" höhnt er. „Du verdammter Lügner! Du hieltest dich gewiß während des ganzen Krieges hinter den Linien auf, schliefst mit Mädchen und verrietst Deutschland."

Aber Braun nimmt diese Beleidigung nicht unwidersprochen hin. Er macht den SS-Sturmführer darauf aufmerksam, daß er sich gegen die Verleumdungen nicht wehren könne, weil es ihm hier nicht möglich sei, seine Kriegsverdienste zu beweisen. Erpsenmüller schneidet ihm das Wort ab und bedroht sein Opfer von neuem. Wieder richtet er die Pistole auf den Mund des Häftlings. Doch Braun glaubt ihm nicht mehr, daß er die Drohung wahrmacht, nachdem er bereits beim ersten Mal gezögert hat, die Waffe abzudrücken. So geschieht es auch. Erpsenmüller läßt den Arm sinken und stößt Braun mit der Pistole über den Hof zu einem Treppenabgang, der in einen Kellerraum hinabführt. Dort erblickt der Arzt acht SS-Männer, die ihre Jacken abgelegt haben. Drohend halten sie Ochsenziemer in ihren Händen.

Braun wird aufgefordert, sich zu entkleiden. Als er dem Befehl nicht schnell genug nachkommt, reißen ihm die SS-Leute die Sachen vom Leibe. Dann wikkeln sie seinen Kopf in eine wollene Decke und ziehen ihn über einen Tisch, der in der Mitte des Raumes steht. Erbarmungslos prasseln im nächsten Augenblick die Schläge auf ihn herab. Sie bedecken den nackten Körper von den Schultern bis zu den Zehen. „Ich zählte 200 Hiebe", erinnert sich Braun. „In meinem Kopf drehte es sich. Ich erstickte fast. Die Schmerzen wurden immer unerträglicher. Aber ich gab keinen Laut von mir." Die Selbstbeherrschung ihres Opfers beeindruckt die Peiniger. „Der Saujud' schreit nicht mal", hört Braun sie sagen. Dennoch brechen sie die Tortur nicht ab.

„Ich muß halb bewußtlos gewesen sein", berichtet Braun, „als sie endlich die Schläge einstellten. Erpsenmüller, der die ganze Zeit anwesend war, befahl mir, mich anzukleiden, und weil ich es natürlich nicht schnell genug fertigbrachte, begann er mir mit seinen Fäusten harte Schläge ins Gesicht zu versetzen, so daß ich stürzte. Sobald ich mich erhob, schlug er mich wieder nieder."

Schließlich läßt der SS-Sturmführer von seinem Opfer ab. Braun, dessen Kleider zerrissen sind, sieht sich nach seinem neuen Regenmantel um, den er sich überziehen will. Aber er findet ihn nicht mehr. „Was suchst du?" wundert sich Erpsenmüller. „Meinen Mantel", antwortet Braun. „Du hattest einen Mantel bei dir?" fragt Erpsenmüller scheinheilig. Doch Braun läßt sich dadurch nicht beirren. „Ja", erwidert er fest. „Aber wo ist er?" dringt Erpsenmüller in ihn. „Ich finde ihn nicht", entgegnet Braun. „Du denkst wohl, daß wir ihn gestohlen haben?" erregt sich nun Erpsenmüller mit gespielter Empörung. Braun weicht der Frage aus und meint statt dessen: „Ich weiß nicht, wer ihn nahm. Aber ich weiß, daß ich ihn hatte."

Die Antwort des stellvertretenden Lagerkommandanten ist ein neuer Wutausbruch. Wieder läßt er die SS-Männer mit ihren Ochsenziemern über den Arzt herfallen, weil Braun, wie Erpsenmüller behauptet, es gewagt habe, Angehörige der SS des Diebstahls zu beschuldigen. Endlich hat aber auch diese Folter ein Ende, und Erpsenmüller führt den Mißhandelten zurück auf den Hof. Dort fragt er ihn: „Bist du durstig?" Als Braun, den die „menschliche Frage nach der unmenschlichen Behandlung" erstaunt, das bejaht, greift Erpsenmüller nach einem Feuerwehrschlauch und richtet den Wasserstrahl in voller Stärke auf den Häftling. Unter dem Gelächter der anderen SS-Männer, die aus dem Keller nachkommen, versucht Braun in seinen zerrissenen Kleidern verzweifelt, den Boden unter den Füßen zu behalten, während er von der Wucht der Wassermassen auf dem Hof herumgetrieben wird.

Als der Arzt mit Erpsenmüller zu den Männern seines Transportes, die noch immer im Aufnahmeraum warten, zurückkehrt, ist er von den Leiden, die hinter ihm liegen, gezeichnet. Braun braucht keinen Spiegel, um zu wissen, wie er aussieht. Deutlich kann er von den entsetzten Gesichtern der Kameraden ablesen, welches Bild er bietet. „Sie erzählten mir später", berichtet er, „daß sie dachten, ein toter Mann trete ein."

In dieser schweren Stunde erweist sich auch für Braun die Solidarität der Mitgefangenen als stärkste Stütze. Nachdem die SS die Neuzugänge mit dem abstoßenden Lied „Wenn's Judenblut vom Messer spritzt, dann geht's nochmal so gut!" ins Innenlager begleitet hat, wird der Arzt der Judenbaracke zugeteilt, wo sich hilfsbereite Kameraden sofort seiner annehmen. „Ich", erinnert sich Braun,[58] „werde nie das Gute vergessen, das sie mir dort von den ersten Minuten an erwiesen haben. Vor allem Landmann, der Korporalschaftsführer der jüdischen Gruppe, die sich aus rund 50 Juden aus verschiedenen Städten in Bayern, hauptsächlich aus Nürnberg, Fürth, Regensburg, München und Amberg, zusammensetzte, war äußerst fürsorglich zu mir. Er versuchte, mich zu trösten, indem er sagte, daß der erste Tag der schwerste von allen sei und daß danach nichts Schlimmeres mehr kommen werde."

Nachdem Braun von einem Friseur die Haare geschoren worden sind und die Kameraden seine Häftlingskleidung in die Baracke gebracht haben, legen die Männer den Schwerverletzten, der sich nicht mehr auf den Beinen halten kann, ins Bett. Sie lassen ihn auch ruhen, als sie am Mittag zum Essenfassen gehen. Dort sorgen sie weiter für ihn. Bei ihrer Rückkehr aus dem Speisesaal bringen sie ihm eine Schüssel mit, die Kutteln enthält. Mit Widerwillen schlingt Braun seine erste Mahlzeit im KL hinunter. Doch der Hunger ist größer als der Ekel vor dem ungewohnten Essen.

In der Zwischenzeit haben die Kameraden auch den Häftlingsarzt Dr. Delvin Katz verständigt, der Braun aufsucht. Der Mißhandelte leidet schreckliche Schmerzen. Sein ganzer Rücken ist von oben bis unten stark geschwollen, und Braun findet nur Ruhe, wenn er auf dem Bauch liegt. Katz kann für den Leidenden zunächst nichts anderes tun, als ihm ein paar Tabletten Aspirin geben. Am nächsten Morgen meldet sich Braun auf Anraten der Kameraden krank, um die Erlaubnis zu erhalten, im Bett liegenbleiben zu dürfen. Katz kümmert sich weiter um ihn und sorgt dafür, daß Braun gestattet wird, sich zur Sanitätsabteilung zu begeben.

Die SS-Verbandsstelle, die ein Sanitätswachtmeister der Bayerischen Landespolizei leitet,[59] heißt im Gegensatz zum Revier, wo die Kranken stationär behandelt werden, in der Lagersprache „Pflasterstation".[60] Sie liegt außerhalb des Gefangenenlagers, und der Weg, den Braun dorthin zu Fuß zurücklegen muß, ist weit. Wie der Name der Abteilung schon erwarten läßt, hält sich der junge SS-Arzt, dem Braun seine Beschwerden mitteilt, nicht lange mit dem Schwerverletzten auf. Er verordnet lediglich einen Verband und schickt Braun wieder fort. Allein dem Häftlingsarzt Dr. Katz ist es zu verdanken, daß der Kamerad mit dem Leben davonkommt. In bedenklichem Zustand bringt er Braun ins Revier. Dort kann sich Fritz Ecker, der im Bett neben Braun liegt, ein Bild von der Schwere der Verletzungen machen, die der Arzt durch die Schläge der SS erlitten hat. „Ich habe den Körper des Dr. Braun wiederholt gesehen", berichtet er.[61] „Das Fleisch hing ihm in Fetzen von Rücken und Gesäß."

In den nächsten sieben Wochen, die Braun im Revier zubringen muß, hat er noch Schweres durchzumachen. Wie sich herausstellt, ist ein Drittel der Muskeln an der rechten Seite des Gesäßes durch die Hiebe zerstört. Als Brand die Wunde befällt, muß sich Katz entschließen, den Schwerverletzten zu operieren. „Das abgestorbene Fleisch", erinnert sich Ecker, „wurde mit der Schere ausgeschnitten. Diese Wunde war größer als eine Handfläche."

Während der Operation stehen SS-Leute um das Bett des Patienten herum, die mit ansehen wollen, wie der Häftling leidet. Doch Braun verliert nicht die Beherrschung. Kein Schmerzenslaut kommt über seine Lippen. Auch danach finden sich SS-Angehörige regelmäßig ein, wenn Braun einen neuen Verband erhält. Aber sie treffen immer wieder einen Mann an, dessen Stolz ungebrochen ist. Während die Binden gewechselt werden, liegt Braun auf dem Bauch und pfeift oder summt eine Melodie, um die Schmerzen zu unterdrücken. „Und die neugierigen SS-Männer", berichtet er,[62] „waren um ihr Vergnügen gebracht."

Als sich Braun noch im Revier befindet, erscheint am 16. Juli in der „Münchner Illustrierten Presse" eine mehrseitige Bildreportage, die eine Be-

23 Titelseite der „Münchner Illustrierten Presse" vom 16. Juli 1933, in der die Bildreportage „Die Wahrheit über Dachau" erschien.

leidigung für alle Dachauer Häftlinge darstellt. Sie trägt zwar die Überschrift „Die Wahrheit über Dachau", enthält aber nur Unwahrheiten, die sich die nationalsozialistische Propaganda ausgedacht hat, um angeblich die „niederträchtigen Lügenmeldungen über das Erziehungslager im Dachauer Moos" zu widerlegen. Erneut wird hier der Versuch unternommen, die Öffentlichkeit zu täuschen. Wer den Bericht liest, soll den Eindruck gewinnen, daß niemand unverschuldet nach Dachau kommt. Zugleich fällt auf, daß kein einziges Mal mehr die Bezeichnung „Konzentrationslager" verwendet wird. Statt dessen ist in der Reportage abschwächend nur noch von einem „Erziehungslager" die Rede.

Die Verlogenheit der Berichterstattung gipfelt in dem Lob, das der Verfasser der SS zollt, indem er feststellt: „Die Träger der deutschen nationalsozialistischen Revolution des Frühjahrs 1933 stehen für ewige Zeiten vor dem Urteil der Geschichte makellos da. SA. und SS., durch endlos lange Schreckensjahre terrorisiert und mißhandelt, wahrten in den Tagen, da sie auf Befehl ihres Führers die Macht ergriffen, in übermenschlicher Beherrschung die Disziplin, die sie dem Gedenken ihrer 300 gefallenen Kameraden geschworen hatten. Ihrer Beherrschung ist es zu danken, daß die nationalsozialistische Revolution, eine deutsche, das heißt eine heilige Revolution genannt werden darf.

Aber sie durften die Lebensgrundlagen des deutschen Staates nicht angreifen lassen und mußten jene Elemente, die niederreißen wollen, während der Führer bereits aufbaut, entfernen. Aber indem sie es taten, zeugten sie für die hohe Kultur des Volkes, dem sie entstammten. Sie haben keinen Augenblick daran gedacht, sich an ihren Widersachern von ehemals zu rächen, den Satz ‚Auge um Auge, Zahn um Zahn' haben sie bewußt der Vergessenheit übergeben und an seine Stelle den fundamentalen Satz des Nationalsozialismus gestellt(:) ‚Gemeinnutz geht vor Eigennutz.'

Die noch staatsfeindlichen Elemente, die sich durch marxistische Irrlehren verführen ließen, wieder zu aufbauender Arbeit zu bringen, ihnen den ethischen Wert einer wahren Gemeinschaft klar zu machen, war das nächste Ziel.

Erziehungslager wurden eingerichtet, in denen diese Elemente so festgesetzt wurden, daß sie sich nicht mehr staatsfeindlich betätigen können. (...)

Eine bestimmte Schicht marxistischer und jüdischer Intellektueller überschwemmt seit Monaten die Welt mit Lügen infamster Art über die Behandlung und die Lebensverhältnisse der Schutzgefangenen in den deutschen Erziehungslagern. Die gemeinsten Verleumdungen werden über das bayerische Erziehungslager in Dachau bei München ausgedacht. (...)

Was ist nun die Wahrheit über Dachau? Auf diesen Bilderseiten steht sie. Ein Lager, in dem Menschen zur Arbeit und zur Disziplin erzogen werden. Menschen, die eines Tages, wenn sie erzogen sind, in die große Front des deutschen Nationalsozialismus eingegliedert werden sollen. Menschen, die human behandelt werden, die gut verpflegt und mit größter Hingabe ärztlich betreut werden, wobei sich die ärztliche Fürsorge bis in die kleinsten Einzelheiten, wie eine Zahnklinik, erstreckt. Menschen, die arbeiten müssen, die aber freie Zeit genug haben, sich dem Spiel und Sport hinzugeben. Menschen, die dem Besucher, ohne daß man sie fragt, sagen, daß sie es in ihrem Leben noch nicht so gut und sorglos gehabt haben, wie hier in Dachau. Die aufatmen, daß sie endlich Gelegenheit haben, ihr Handwerk, ihre gelernte Arbeit wieder ausüben zu können."

Zugleich erklärt der Verfasser zum erstenmal einer breiten Öffentlichkeit, daß der nationalsozialistische Staat, der die Häftlinge in drei Gruppen einteilt, mit der Errichtung des Dachauer KL auch noch andere Ziele verfolgt: „In erster Linie will er verderbte, unverbesserliche Individuen aus der deutschen Volksgemeinschaft entfernen. Diese Elemente leben im Lager Dachau von der übrigen Belegschaft getrennt und werden mit Sonderarbeiten beschäftigt.

24 Ein Weiher, der Wellen schlug: Bevor sich die nationalsozialistische Propaganda des „Lido" bemächtigte, war der Teich ein beliebter Badeplatz der Häftlinge. Als aber die „Münchner Illustrierte Presse" über das kleine Gewässer berichtet hatte, verbot die Kommandantur das Schwimmen im Weiher.

Dann will der Staat jenen Elementen, die im Dienste fremder Staaten oder überstaatlicher Mächte den deutschen Arbeiter zu undeutscher Weltanschauung verführten, jede Möglichkeit ihrer volkszersetzenden Tätigkeit nehmen. Schließlich will er die Verführten, deren Aufnahme in die Gemeinschaft seiner ordentlichen Staatsbürger er selbst anstrebt, durch erziehende Arbeit auf den

Weg zurückbringen, der jedem deutschen Menschen in die nationalsozialistische Gemeinschaft offen stehen soll."

Mit anderen Worten ausgedrückt, heißt das, daß der nationalsozialistische Staat nicht bereit ist, jedem Dachauer Häftling die Freiheit wiederzugeben. Die wahre Funktion, die Dachau zugedacht ist, wirft hier bereits ihre Schatten voraus. Vom angeblichen Erziehungslager zum Todeslager ist es nach solchen Worten kein weiter Weg mehr.

Die Reportage, die in mehreren Exemplaren der Illustrierten ins Lager gelangt, erntet den Spott der Häftlinge. Am meisten erheitert die Männer die Behauptung, daß sich die Gefangenen sogar ein „Schwimmbassin für sommerliche Freistunden" angelegt hätten, das „von einem Teil der Lagerinsassen in zwei Monaten ausgeschachtet und mit einer sauberen Einfassung versehen" worden sei. Wie so vieles in diesem Bericht ist auch das erfunden. In Wirklichkeit handelt es sich bei dem Becken um einen „trüben, stinkenden Tümpel", wie Hornung die „verwahrloste Kiesgrube" bezeichnet, „die zur Zeit des großen Fabrikbetriebes Dreck und Abfälle aufnahm, bis das steigende Grundwasser und nachrückendes Geröll die Häßlichkeiten verdeckten".[63]

Tatsache ist jedoch, daß der Weiher, der sich in dem Dreieck zwischen der äußeren linken Baracke VI und dem Stacheldrahtzaun des Innenlagers erstreckt und der von den Gefangenen scherzhaft „Lido" genannt wird, einer Verschönerungsaktion unterzogen worden ist. Auf eigenen Entschluß haben die Häftlinge damit begonnen, dem Gewässer, das der Stacheldrahtzaun in zwei Hälften teilt und das ein Brückensteg am Drahtverhau entlang zur neuen Kiesgrube überquert, ein ansprechenderes Aussehen zu geben. Sie belegen die terrassenförmige Böschung im Lager mit Rasenstücken und befestigen sie mit Pfählen und mit Rutengeflecht. Dann legen sie Stufen an, die zum Teich hinabführen, und schaffen einen schmalen Weg, der sich am Wasser entlangzieht. Die SS läßt die Gefangenen gewähren. Doch als das Verschönerungswerk der Häftlinge vollendet und „dem Lager", wie Hornung berichtet, „an dieser Präsentierstelle ein einnehmendes, ja einladendes Gesicht" gegeben ist, untersagt die Kommandantur den Gefangenen das Baden in dem Weiher.

Warum die SS überhaupt die Arbeiten am Teich geduldet hat, erfahren die Häftlinge schnell. Nachdem das Badeverbot verhängt worden ist, erscheint kurz darauf die Reportage in der „Münchner Illustrierten Presse" mit den Aufnahmen aus dem Lager. „Eines dieser Bilder", erinnert sich Hornung, „hatte in einer Momentaufnahme eine Anzahl Gefangener beim Baden erwischt. Die Photographie zeigte die im Werden begriffene schöne und saubere Anlage; sie konnte aber nicht zeigen, daß der Weiher eine stinkende Lacke war. Trotz der Seuchengefahr hatten die Lagergewaltigen das Baden so lange zugelassen, bis die Goebbelsreklame ihre Wirkung getan hat."

Doch offensichtlich ist auch die Lagerleitung nicht mit allem einverstanden, was dort behauptet wird. Während die Zeitschrift im Lager noch von Hand zu Hand geht, stellt die SS den Besitz der Illustrierten mit dem Beitrag über Dachau unter Strafe. „Sollte die Kommandantur", fragt sich Hornung, „noch über einen Rest von Scham den Gefangenen gegenüber verfügt haben?"

Jedenfalls steht es fest, daß die Häftlinge wieder einmal die Folgen der Veröffentlichung zu tragen haben. „Als Ersatz für das verbotene Freibaden", berichtet Hornung,[64] „wurde kompanieweises Brausebaden eingeführt. Schon nach dem ersten Versuch trat ein großer Prozentsatz der Gefangenen nicht mehr mit an. Je vier Mann unter eine Brause, fünf Minuten Waschzeit, An- und Auskleiden inbegriffen. Kaum hatte die eine Partie sich der Kleider entledigt, brüllte die SS.-Aufsicht: ‚Fertig! Die Nächsten!' Von einer Reinigung konnte keine Rede sein. Nach zwei Wochen fiel das Brausebad wieder weg.

Die Gefangenen zogen vor, Wasser in einer Zinkwanne in die Sonne zu stellen, sich im Waschraum richtig abzuseifen und gegenseitig mit Eimern kalten Wassers zu duschen; manche stellten sich auch unter den Schlauchregen der Feuerwehr, die an sehr heißen Tagen die Dachpappendächer bespritzte, damit der Zunder nicht zu brennen anfing.

Abends hockten die Gefangenen Mann an Mann am Uferrand und ließen die heißgelaufenen Füße ins Wasser hängen. Aber die Trockenheit brachte das Grundwasser zum Versiegen, der Wasserspiegel senkte sich, und bald langte der Lido nicht einmal mehr zum Fußbad."

Inzwischen ist Braun aus dem Revier, das er am 19. August 1933 verlassen hat,[65] zu seiner Korporalschaft zurückgekehrt. Damit beginnt für ihn ein neues Kapitel im Lagerleben, das ihm die Schrecken des Konzentrationslagers von einer anderen Seite zeigt. Er lernt nun das Dasein eines Arbeitssklaven kennen, der bis zur physischen Erschöpfung zu Tätigkeiten getrieben wird, die allein dazu dienen, ihn zu zerbrechen. Wie sehr der SS daran gelegen ist, erlebt Braun am 30. November und am 1. Dezember, als er in der Kiesgrube aus der Menge der Kameraden herausgezogen und einzeln einer unmenschlichen Behandlung unterworfen wird.

Das Unglück des Arztes ist es, daß an diesen beiden Tagen, und zwar von einem Mittag zum anderen, zwei SS-Männer die Aufsicht über das Arbeitskommando haben, die bei den Häftlingen gefürchtet sind. Der eine ist der Scharführer Richard Baer, der es nach Rudolf Höß und Arthur Liebehenschel als dritter Kommandant des KL Auschwitz noch zu trauriger Berühmtheit bringen wird, und der andere der Scharführer Otto Sporer, der nicht umsonst von den Gefangenen den Namen „Iwan der Schreckliche" erhalten hat.[66] Zu seinen Aufgaben gehört es, die ankommenden Transporte vom Bahnhof Dachau ins Lager zu bringen[67] und den Häftlingen bereits einen Vorgeschmack von dem zu geben, was sie im KL erwartet. So manchen Neuzugang hat Sporer noch am ersten Tag mit seiner ledergeflochtenen Peitsche mißhandelt.[68]

Diese beiden Rohlinge fallen am Nachmittag des 30. November über Braun her, als der Arzt mit seinem Kommando nach der Mittagspause in der Kiesgrube wieder die Arbeit aufnimmt.[69] Sie stellen ihn an eine Trage, die mit grobem Sand und mit Steinen hoch beladen ist, und befehlen ihm, sie aufzunehmen. Während der zweite Mann an der Trage alle zehn Minuten abgelöst wird, muß Braun die schwere Ladung ununterbrochen von 14 bis 18 Uhr im Laufschritt von einer Seite der Grube zur anderen schleppen. Als er nach zwei Stunden zum erstenmal zusammenbricht, sind die Scharführer, die ständig ein Auge auf ihn haben, sofort zur Stelle. Sie treten Braun mit den Stiefeln ins Gesicht und zwingen ihn, wieder aufzustehen. Mit Mühen gelingt es dem Häftling, sich zu erheben und die Arbeit fortzuführen.

Aber bald darauf erleidet er einen zweiten Schwächeanfall. Erneut springt Baer zu ihm und fordert ihn auf, sich aufzuraffen. Doch Braun ist am Ende seiner Kräfte. Er erklärt dem SS-Mann, daß er nicht mehr weitermachen könne. Die Antwort des Scharführers ist ein Wutanfall. „Wenn du nicht sofort mit der Arbeit beginnst", brüllt er, „ist das Befehlsverweigerung, und ich habe das Recht, dich zu erschießen. Es wird mir ein Vergnügen sein, einen dieser verdammten Juden loszuwerden."

Als Braun bereits die Pistole auf sich gerichtet sieht, siegt in ihm noch einmal der Lebenswille. Er rafft sich mit letzter Kraft auf und setzt die sinnlose Arbeit fort – „ständig", wie er sich erinnert, „bedroht, mißhandelt und ausgelacht". Nach der Rückkehr ins Lager ist er so aufgewühlt, daß er die ganze Nacht kein Auge schließen kann. Alle möglichen Gedanken gehen ihm durch den Kopf. Aber er entschließt sich, nicht aufzugeben. Er nimmt auch die Demütigung auf sich, als er am nächsten Morgen gezwungen wird, vor allen angetretenen Häftlingen lauthals hinauszubrüllen: „Ich bin der faulste Jude im Lager, der größte Lügner aller schmutzigen Juden!"

Sobald Braun in der Kiesgrube erscheint, stürzen sich seine Schinder wieder auf ihn. Von neuem beginnen ihre Quälereien. Doch diesmal steht der völlig entkräftete Mann die Tortur nicht lange durch. In immer kürzeren Abständen verliert er den Boden unter den Füßen und sinkt zusammen. Aber Sporer hat kein Erbarmen mit ihm. Mit wüsten Drohungen jagt er Braun auf den zugefrorenen Weiher, der an die Kiesgrube grenzt. Dort bricht der Arzt in die dünne Eisdecke ein und versinkt bis zum Hals im kalten Wasser. In diesem Augenblick hat er nur noch den einen Wunsch, daß ihn endlich eine Lungenentzündung von dem Leiden erlösen möge. Erst nach dreißig Minuten läßt Sporer den Durchnäßten ans Ufer zurückkommen, wo Braun die Arbeit unverzüglich wieder aufnehmen muß. Als er mittags ins Lager zurückmarschiert, wird er unterwegs weitergequält und sogar gezwungen, dabei zu singen.

Wieder sind es die Kameraden, die Braun zu Hilfe kommen. Von weitem haben die kranken, schwachen und alten Häftlinge über 60 Jahre, die vom Arbeitsdienst befreit sind und die sich tagsüber in ihrer Baracke aufhalten dürfen, mit ansehen müssen, wie der Arzt gequält worden ist. Als er nun zu ihnen zurückkehrt, umsorgen sie ihn sofort. Sie baden den Erschöpften in warmem Wasser, das sie inzwischen bereitet haben, und reichen ihm ein heißes Getränk, bevor sie ihn ins Bett legen.

Aus diesen Zeichen der Solidarität schöpft der Mißhandelte neue Kraft. Zur Hilfe der Kameraden gesellt sich für Braun aber auch das Glück. Ihm droht keine Gefahr mehr, als er von seinem Kompanieführer am Nachmittag krank gemeldet wird. Zudem sind Baer und Sporer unterdessen von ihrem Dienst, der stets am Mittag beginnt und der nach 24 Stunden mittags wieder endet, abgelöst worden. So überlebt der Arzt seine zweite schwere Prüfung.

Die Haft dauert jedoch noch Monate, bevor Braun am 20. März 1934 aus dem Lager entlassen wird.[70] Aber auch danach hat die Freiheit für ihn Grenzen. Er steht unter Polizeiaufsicht und muß sich täglich an seinem neuen Wohnort in Berlin-Wilmersdorf bei der zuständigen Polizeibehörde melden. In dieser Situation befindet sich Braun, als ihn eine Nachricht erreicht, die er nach allem, was er erlebt hat, nur mit Verwunderung aufnehmen kann. Unter dem Datum des 5. November 1934 teilt der Polizeipräsident in Berlin ihm „im Namen des Führers und Reichskanzlers" mit, daß ihm „auf Grund der Verordnung vom 13. Juli 1934 zur Erinnerung an den Weltkrieg 1914/1918 das

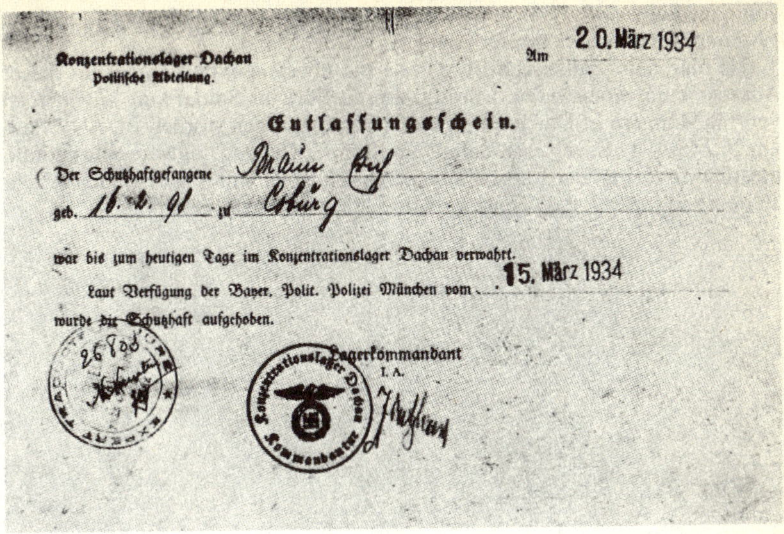

Konzentrationslager Dachau
Politische Abteilung.

Am 20. März 1934

Entlassungsschein.

Der Schutzhaftgefangene Braun Erich
geb. 16.2.91 zu Coburg
war bis zum heutigen Tage im Konzentrationslager Dachau verwahrt.

Laut Verfügung der Bayer. Polit. Polizei München vom 15. März 1934
wurde die Schutzhaft aufgehoben.

Der Lagerkommandant
I. A.

25 *Dokumente für die Freiheit auf Widerruf: Brauns Entlassungsschein aus dem Konzentrationslager Dachau (oben) und die Meldestempel des 155. Polizeireviers in Berlin (unten), wo sich der unter Polizeiaufsicht stehende Arzt täglich einzufinden hatte.*

155. Polizeirevier 2 - APR. 934 Berlin-Wilm.

155. Polizeirevier 3 - APR. 934 Berlin.

155. Polizeirevier 4. APR. 934 Berlin.

155. Polizeirevier 5 APR. 934 Berlin

155. Polizeirevier 6 APR. 934 Berlin.

155. Polizeirevier 7 APR. 934 Berlin

155. Polizeirevier 9. APR. 934 Berlin

155. Polizeirevier 10 APR. 934 Berlin

155. Polizeirevier 11. APR. 934 Berlin.

155. Polizeirevier 12 APR. 934 Berlin

155. Polizeirevier 13 APR. 934 Berlin.

155. Polizeirevier 14. APR. 934 Berlin

155. Polizeirevier 15 APR. 934 Berlin

von dem Reichspräsidenten Generalfeldmarschall von Hindenburg gestiftete Ehrenkreuz für Frontkämpfer verliehen worden" ist.[71]

Die nationalsozialistische Bürokratie hat übersehen, daß Hitler mit dieser Auszeichnung einen Juden würdigt, dessen Ehre als Soldat kurz zuvor noch von SS-Männern in Dachau durch den Staub gezogen worden ist. Als Braun am 26. Mai 1938 Europa mit dem Dampfschiff „Canada" in Marseille verläßt, um sich im Dienst der französischen Regierung als Kolonialarzt nach Afrika zu begeben, wirft er das Kreuz ins Mittelmeer.[72]

Ohnmacht der Justiz

Ein ungewöhnliches Schauspiel erleben die Häftlinge im KL Dachau am 4. August 1933.[1] An diesem Freitag erscheinen der Reichsführer-SS Heinrich Himmler und der SA-Stabschef Ernst Röhm mit großem Gefolge im Lager, um dort ein Denkmal zu enthüllen, das die Gefangenen auf Befehl der SS errichtet haben.[2] Der Gedenkstein gilt, was für die Kommunisten eine besondere Demütigung bedeutet, ausgerechnet einem ihrer erbittertsten Feinde: dem nationalsozialistischen Straßenkämpfer Horst Wessel, dessen Lied „Die Fahne hoch, die Reihen dicht geschlossen" seinen Schlägern voraneilte, wenn die SA in der Kampfzeit den Terror auf die Straße trug.[3] Das Ende des Studenten, der sich bereits im Jahre 1926 der NSDAP verschrieben und der in der Berliner Arbeitervorstadt Friedrichshain die Führung eines SA-Sturms übernommen hatte, war so gewaltsam, wie seine Kampflieder die politische Auseinandersetzung mit dem Gegner beschworen hatten. Er starb am 23. Februar 1930 nach einem Anschlag, den politische Widersacher am 14. Januar in seiner Wohnung auf ihn verübt hatten, an einer Blutvergiftung.[4]

Drei Jahre nach dem tödlichen Attentat müssen nun die Dachauer Schutzhaftgefangenen Horst Wessel ihre Reverenz erweisen. Die Kommandantur läßt die Häftlinge nicht nur das Denkmal für den braunen Kämpfer gestalten, sondern zwingt auch das gesamte Lager, am Tage der Weihe hinter dem Stacheldraht – „etwa 30 bis 40 Schritt", wie sich Wenzel Rubner erinnert,[5] vom Gedenkstein entfernt – anzutreten. Über das Spektakel, das sich den Männern an diesem arbeitsfreien Nachmittag bietet, berichtet Walter Hornung: „SS. nahmen in Paradeaufstellung gegenüber dem Denkmal Platz. Eine Hundertschaft Lapo mit Musik war kommandiert. In großer Uniform betraten die Würdenträger der braunen Diktatur: Röhm, Himmler, Heydrich, Esser, Schemm, Frank, Wagner das Lager. Die Ansprache von Stabschef Röhm klang rachegeschwollen herüber, stoßweise, gespickt mit Beschimpfungen der Marxisten. Dann erniedrigten sie das Lied vom guten Kameraden und schossen Salut! Kompanieweise mußten die Gefangenen beim Abmarsch an den hohen Herren vorbeidefilieren."[6]

Am Sonntag darauf melden die „Münchner Neuesten Nachrichten" das Ereignis der Öffentlichkeit mit folgendem Bericht: „Im Konzentrationslager fand die Einweihung des von den Gefangenen errichteten Horst-Wessel-Denkmals beim Eingang der Gefangenenbaracken statt. Zu dieser Einweihung hatten sich Stabschef Röhm und Reichsführer der S.S. Himmler eingefunden.

Musikmeister Bunge von der Leibstandarte München konzertierte mit seiner Kapelle vor dem Denkmal. Stabschef Röhm schilderte das Leben Horst Wessels, des Studenten, der mit Pickel und Schaufel arbeitete, um ganz in die Welt derer einzudringen, die eine vergangene Zeit zum Proletarier gestempelt hatte. Horst Wessels Tod reiht ihn ein in die Schar der Helden der Bewegung, die stets in unserem Andenken fortleben werden. Mit einem heißen Bekenntnis zur siegreichen Idee Adolf Hitlers schloß Stabschef Röhm seine Ansprache.

Vor der Enthüllung erfolgte eine Besichtigung des Lagers durch Röhm und Himmler. Die Wohn- und Verpflegungsverhältnisse der Gefangenen, wie auch die Organisation der Bewachung und die Wachmannschaften selbst wurden eingehend untersucht. In einem nach der Einweihung in der großen Speisehalle stattgefundenen Kameradschaftsabend äußerten sich dann die beiden Führer sehr lobend über die Disziplin der Truppe und sprachen dem Lagerkommandanten, Oberführer Eicke, ihre vollste Anerkennung aus."[7]

Doch weder Pomp noch Publizität, die der Denkmalsweihe gegolten haben, können die Achtung der Häftlinge vor dem Gedenkstein wecken. Zwar ist es ihnen befohlen, jedesmal die Mütze abzunehmen, wenn sie täglich auf dem Weg zum Essenfassen insgesamt sechsmal am Horst-Wessel-Stein vorübergehen. Aber sie finden einen Ausweg, wie sie sich der Anordnung entziehen können: Künftig marschieren die Männer mit bloßem Haupt zur Speisehalle, und auch im strömenden Regen bleiben die Kopfbedeckungen unten.[8]

Der Horst-Wessel-Stein, hinter dem zusätzlich an einer Giebelwand die Aufschrift „Über Gräber vorwärts!" an die Toten der Nationalsozialisten aus der Kampfzeit erinnert, ist jedoch nicht das einzige Denkmal im KL Dachau. Bereits zuvor hat die Lagerleitung eine kleine Felsenpyramide mit einer Gedenktafel gegenüber der Kommandantur aufstellen lassen, die dem Oberleutnant Albert Leo Schlageter zum zehnten Jahrestag seiner Erschießung am 26. Mai 1933 gewidmet worden ist.[9] Die Errichtung dieses Denkmals bleibt den Gefangenen ebenfalls nicht erspart.

Die SS bürdet den Häftlingen aber nicht nur die Arbeit auf, sondern läßt sich auch zu der Geschmacklosigkeit hinreißen, daß sie nach der offiziellen

26 Ein Gedenkstein, der zu grüßen war: Das von Häftlingen auf Befehl der SS errichtete Schlageter-Denkmal im Konzentrationslager Dachau.

Einweihung des Gedenksteins, der das gesamte Lager beizuwohnen hat, den jüdischen Rechtsanwalt Dr. Albert Rosenfelder aus Nürnberg zwingt, eine Rede auf Schlageter zu halten. Wie Walter Hornung berichtet, entledigt sich der mutige Mann dieser Pflicht mit bewunderungswürdiger Haltung. „Einen Moment", erinnert sich Hornung,[10] „zauderte er, dann begann er zu sprechen. Die Gesichter der SS. waren in eine ungeheure Spannung gepreßt, die der Gefangenen erstarrten in qualvoller Beklemmung und Angst.

Rosenfelder sprach mit spürbarer innerer Erregung von der Kameradschaft, vom Helden- und Märtyrertum, von der Opferung des Mannes für eine Sache. Aber mancher Satz, der Schlageter galt, konnte ebensogut zugedacht sein den von der Hitlersoldateska um ihrer Sache willen Gefolterten und Gemordeten!

Die SS. taten entzückt und klatschten Beifall. Sie machten gute Miene zum mißlungenen Spiel." Zur Demütigung aller Häftlinge ordnet die Lagerleitung jedoch an, daß dem Gedenkstein künftig mit einer Ehrenbezeigung Respekt zu zollen ist. Seitdem haben die Gefangenen das Schlageter-Denkmal, wenn sie an ihm vorbeimarschieren, mit heruntergerissener Mütze ebenso zu grüßen wie den später errichteten Horst-Wessel-Stein.[11]

Doch die Nationalsozialisten setzen ihren alten Kämpfern in Dachau nicht nur Denkmäler. Mancher Streiter für die Nationale Revolution bezahlt seine Gefolgschaft hier auch mit der Freiheit und erkennt zu spät, mit welcher skrupellosen Kamarilla er sich eingelassen hat. Denn die Nationalsozialisten machen selbst vor den eigenen Reihen nicht halt, wenn es darum geht, einen Parteigenossen auszuschalten, der gegenüber der Führung eine oppositionelle Meinung vertritt, der einer privaten Abrechnung zum Opfer fällt oder der mit seinem Wissen um belastende Vorgänge aus der Vergangenheit der Partei unbequem, wenn nicht gar gefährlich geworden ist. Das letztere trifft vor allem auf den preußischen Hauptmann a. D. Paul Röhrbein zu, der als einer der ersten Nationalsozialisten im Sommer 1933 in Schutzhaft genommen und bei Nacht nach Dachau gebracht wird. Dort isoliert die Lagerleitung den Offizier sofort von den übrigen Gefangenen und sperrt ihn in den Bunker.

Die Kunde von der Ankunft des Hauptmanns, der zunächst im Gefängnis der Münchner Polizeidirektion in der Ettstraße festgehalten worden ist, spricht sich jedoch trotz aller Versuche der Geheimhaltung unter den Häftlingen schnell herum. „Der Nachrichtendienst zwischen Lager und Ettstraße – die Überstellten waren die Übermittler –", berichtet Hornung,[12] „hatte herausgebracht, daß Röhrbein mit der Umlegung Oberfohrens in Zusammenhang stand, jenes Abgeordneten Oberfohren, der über die Hintergründe des Reichstagsbrandes Material besessen hatte."

Der Tod des Vorsitzenden der deutschnationalen Reichstagsfraktion, der am 7. Mai 1933 in seiner Kieler Wohnung das Opfer eines Mordanschlags wurde, hat seinerzeit um so mehr Aufsehen erregt, als der Politiker im Begriff war, die Öffentlichkeit auf die Rolle hinzuweisen, die Hitlers Partei beim Reichstagsbrand gespielt hatte. Bevor es aber dazu kam, brachte eine Kugel den Studienrat Dr. Ernst Oberfohren, der bereits belastendes Material gegen die Nationalsozialisten gesammelt und in einer Denkschrift veröffentlicht hatte, für immer zum Schweigen.[13]

Ob Röhrbein nun tatsächlich in den Mordfall, den man nach außen als Selbstmord dargestellt hat, verwickelt ist, können die Häftlinge nicht beurteilen. Der Hauptmann selbst streitet seine Mittäterschaft nicht ab, wie Erwein Freiherr von Aretin erfährt, der den Offizier kennenlernt, als Röhrbein noch einmal in die Münchner Polizeidirektion zurückkehrt, bevor sich sein Schicksal erfüllt. Über seine Begegnung mit dem Preußen berichtet der bayerische Edelmann: „Er war der Typus des großsprecherischen, von wahrem Soldatentum altpreußischer Prägung ständig schwärmenden, in Wirklichkeit aber ganz und gar haltlosen Offiziers, der den Weg in die Friedenswelt nach dem Krieg nicht zurückgefunden hatte, und, in Fememorde verwickelt, von sich behauptete, alle namhaften preußischen Gefängnisse von innen zu kennen. Seinen Reden nach war er nicht nur beim Reichstagsbrand, sondern auch bei der Ermordung Oberfohrens, wie überhaupt bei der Aufstellung der nationalsozialistischen ‚Rollkommandos' führend beteiligt und – auch in der Ettstraße – so sehr Alkoholiker, daß man begriff, warum die Machthaber den Vielwissenden hinter Schloß und Riegel sperren ließen."[14]

Dem Hauptmann, der am 27. November 1890 in Charlottenburg bei Berlin geboren worden ist,[15] helfen nun seine engen Beziehungen nichts mehr, die er einst in den guten Tagen zu einflußreichen Führern der SA, die wie er ungestört ihren homophilen Neigungen nachgingen, gepflegt hat. Zu seinem Freundeskreis zählte auch Röhm, der sich mit Röhrbein an den Stammtischen in den Berliner Homosexuellen-Lokalen „Kleist-Kasino" und „Silhouette" traf.[16] Von all diesen Kameraden hebt jetzt keiner mehr für den Ausgestoßenen, der, wie sich Aretin erinnert, „angeblich auf Veranlassung Görings interniert gehalten" wird, eine Hand. Lediglich sein Intimus, ein blutjunger Berliner von kaum 20 Jahren namens Schade, bleibt auch in der Haft an Röhrbeins Seite.[17]

Der zweite Nationalsozialist, der Anfang August des Jahres 1933 ebenso heimlich wie Röhrbein ins Lager gebracht und gleich in den Arrest geschleppt wird,[18] ist der Romanschriftsteller und Mitarbeiter der „Münchner Illustrierten Presse", Paul Edmund von Hahn.[19] Auch den Balten hat die eigene Partei gestürzt, nachdem sie ihm erst wenige Wochen zuvor Macht über den Münchner Zeitungsverlag Knorr & Hirth verliehen hatte. Zusammen mit dem Volkswirtschaftler Leo Friedrich Hausleiter, der sich vorher sein Brot als freier Mitarbeiter der „Münchner Neuesten Nachrichten" (MNN) und anderer in diesem Zeitungshaus erscheinenden Blätter verdient hatte, leitete er seit dem März den Verlag kommissarisch.[20]

Mit beiden, die der NSDAP schon vor der Machtergreifung in dem Verlag Spitzeldienste geleistet haben,[21] gelingt es Himmler, Einfluß auf das Zeitungshaus zu gewinnen und die ersten bayerischen Blätter gleichzuschalten.[22] Sowohl Hausleiter, der Mitglied der SS ist und der außerdem der Bayerischen Politischen Polizei in München angehört,[23] als auch Hahn, der es, wie Aretin berichtet,[24] „schnell verstand, sich mit Himmler usw. auf vertrauten Fuß zu setzen", machen von ihrer Macht rücksichtslos Gebrauch. Vor allem Hahn durchkämmt die Redaktionen der „Münchner Neuesten Nachrichten", der „Süddeutschen Sonntagspost" und der „Münchner Telegrammzeitung" nach Regimegegnern und wirft bei einer Massenentlassung mehr als fünfzig Redakteure und Mitarbeiter, die nicht sein Wohlwollen besitzen, auf die Straße.[25] Wie gefährlich die neuen Herren im Verlag Knorr & Hirth sind, zeigt allein schon die Tatsache, daß nach der Aussage von Aretin,[26] der selbst der Redaktion der MNN angehörte, bevor er mit sechs anderen Mitgliedern des Hauses in Schutzhaft geriet, Hausleiter „ebenso wie Hahn Blanko-Haftbefehle (!)" erhielt, „die er nur auszufüllen brauchte, wenn ihm jemand nicht paßte".

Aber Hahn, der lang genug, wie Aretin vermutet,[27] als Polizeikommissar in den „Münchner Neuesten Nachrichten" sein Unwesen getrieben hat, wird die eigene Vergangenheit zum Verhängnis. Seine Gegner entlarven ihn als Hochstapler, und Hausleiter versucht, den lästigen Mitwisser, dessen Kenntnisse er fürchtet, im letzten Augenblick über die Schweizer Grenze in Sicherheit zu bringen.[28] Als beide im Wagen nach Lindau fahren, müssen sie unterwegs erkennen, daß es für eine Flucht bereits zu spät ist. Ein Auto der Polizei folgt ihnen schon. Sie machen zwar noch den Versuch, die Verfolger abzuschütteln, indem sie heimlich die Reifen des Polizeiwagens durchschneiden. Doch sie geben die Flucht auf und kehren nach München zurück. Dort wird Hahn am 12. Mai, als er gerade im Begriff ist, seinen Freund Himmler zu einer Unterredung aufzusuchen, im Vorzimmer des Reichsführers-SS in der Polizeidirektion von einem SA-Mann mit vorgehaltener Pistole festgenommen.

Aretin vermutet, daß Hausleiter die schnelle Verhaftung des Balten veranlaßt hat, um den Schriftsteller, bevor er Himmler sprechen konnte, zum Schweigen zu bringen, nachdem das Unternehmen gescheitert war, Hahn über die Grenze abzuschieben. Für Eingeweihte ist dieser Schritt nicht weiter verwunderlich. Hausleiter hat Hahn lange Zeit mißtraut und gefürchtet, von dem Balten vergiftet zu werden.[29] So ließ er einmal die Kantine der „Münchner Neuesten Nachrichten" von der Polizei untersuchen, nachdem er an einem Kaffee, der ihm dort serviert worden war, einen sonderbaren Geschmack festgestellt hatte. Andererseits ist auch bekanntgeworden, daß er sich, wie Aretin berichtet, mit dem Gedanken trug, „seinerseits Herrn v. Hahn zu vergiften".

Nun wählt Hausleiter statt des Giftes die Schutzhaft und sorgt dafür, daß Hahn zunächst im Arrest des KL Dachau verschwindet, wo er ihm nicht mehr gefährlich werden kann. Sein Einfluß reicht so weit, daß es in seiner Macht liegt, wann Hahn die Freiheit wiedersieht. Immerhin ist Hausleiter, in dessen Ofenfirma, was seine Karriere erklärt, einst der Stellvertreter des Führers, Rudolf Heß, als Prokurist gearbeitet hat, der Vorsitzende der Bayerischen Schutzhaftkommission.[30] Und als solcher hat er bei der Entlassung eines Schutzhaftgefangenen ein entscheidendes Wort mitzureden.

Während die NSDAP das eigene Lager nach unbequemen Gefolgsleuten durchleuchtet, rollt auch die Verhaftungswelle gegen die Kommunisten weiter, die inzwischen im Untergrund untergetaucht sind und die von dort aus ihren Widerstand gegen das Regime fortsetzen. Rund zwei Wochen nach der Festnahme von Hahn glückt der Bayerischen Politischen Polizei ein Schlag, der die KPD empfindlich trifft: Am 30. Mai 1933 fällt ihr der Reichstagsabgeordnete und Chefredakteur der „Neuen Zeitung", Franz Stenzer, in die Hände, der nach der Verhaftung und Flucht von Hans Beimler als neuer Politischer Leiter der KPD im Bezirk Südbayern die Führung der Kommunisten übernommen hat.[31] Und am Tag darauf ereilt seinen Redaktionskollegen Alfred Fruth, der den Antimilitaristischen Apparat in München geleitet hat, das gleiche Schicksal.[32]

Fruth, der am 13. Februar 1906 in München geboren worden ist,[33] hat sich vom Chauffeur zum Redakteur hochgearbeitet. Seine Freunde rühmen das

Sprachtalent des intelligenten und liebenswürdigen Mannes, der vorzüglich Italienisch und Russisch spricht und der auch als ein Meister der deutschen Sprache gilt.[34] Im Auftrag der Partei hält er Kontakt zum Bund Oberland sowie zur SA und zur SS, um zersetzend in den gegnerischen Reihen zu wirken.[35] Diese gefährliche Tätigkeit führt er auch nach der Machtergreifung der Nationalsozialisten fort, bis er von seinen Feinden gestellt wird. Die Braunen rächen sich an ihm so grausam, daß Fruth kaum noch zu erkennen ist, als er im KL Dachau eintrifft. „Das Blut lief ihm zu den Wadenstrümpfen heraus", berichten Häftlinge, die ihn haben kommen sehen.[36] „Die SS erzählte, Fruth hätte (sic!) bei seiner Verhaftung einen SA-Mann die Treppe hinuntergeworfen."

Auch Franz Stenzer steht Schweres bevor, als er in die Gewalt der Nationalsozialisten gerät. Der Bahnarbeiter, der nie aus seiner Ablehnung der Braunen ein Hehl gemacht hat, ist wie Fruth ein Autodidakt. Ursprünglich hat Stenzer, der am 9. Juni 1900 in Planegg bei München geboren worden ist, nach dem Besuch der Volksschule in Starnberg den Beruf des Schiffbauers ergreifen wollen.[37] Er findet bei Ausbruch des Ersten Weltkrieges auch eine Lehrstelle in einer Bootswerft am Starnberger See, doch erlebt er dort die Enttäuschung, daß er hauptsächlich zu Hilfsarbeiten herangezogen und die Ausbildung im eigentlichen Lehrberuf vernachlässigt wird. Als die energische Mutter dem Lehrherrn deshalb wiederholt Vorhaltungen macht, rächt sich dieser. Nach mehr als zwei Jahren kündigt er das Lehrverhältnis und setzt den Jungen auf die Straße. Stenzer verdient sich danach sein Brot als Streckenwärter bei den Königlich Bayerischen Staatseisenbahnen, bis er im Alter von 17 Jahren zur Marine einberufen wird.

Nach dem Ende des Ersten Weltkrieges kehrt er in die Heimat zurück, wo die Mutter inzwischen in Pasing bei München eine Wohnung bekommen hat. Dort erhält er auch wieder einen Arbeitsplatz bei der Eisenbahn. Trotz seiner schweren Tätigkeit als Maschinenhausgehilfe und Kohlenlader im Bahnbetriebswerk München I findet Stenzer noch die Zeit, sich am politischen Leben zu beteiligen. Im Frühjahr 1920 tritt er der Ortsgruppe der KPD in Pasing bei. Dieser Schritt bedeutet für ihn die Wende in seinem Werdegang. Schnell erkennt die Partei seine Fähigkeiten und ernennt ihn im Jahre 1924 zum Mitglied der Bezirksleitung in Südbayern.

Drei Jahre darauf wendet sich Stenzer ganz der Politik zu. Er gibt seine Stellung bei der Deutschen Reichsbahn auf und widmet sich dem Studium der Politischen Ökonomie, bevor er Anfang 1929 von der Kommunistischen Partei mit der Leitung der Gewerkschafts- und Betriebsarbeit betraut wird. In den nächsten drei Jahren erreicht er den Höhepunkt seiner Karriere: Ende 1930 erfolgt seine Ernennung zum Chefredakteur der „Neuen Zeitung", die das Parteiorgan der KPD im Bezirk Südbayern darstellt. Zwei Jahre danach wählt ihn die Partei in das Zentralkomitee, und am 6. November 1932 schafft er den Sprung in den Reichstag, wo er den Wahlkreis 26 (Franken) vertritt.[38] Wenige Monate darauf fällt ihm die Aufgabe zu, die Arbeit von Hans Beimler fortzuführen, nachdem dieser von den Nationalsozialisten festgenommen worden ist.

Aber auch Stenzer kann sich nicht lange der Verhaftung entziehen. Seine Verfolger überraschen ihn am 30. Mai in einem geheimen Quartier am Roecklplatz in München und bringen ihn wie Alfred Fruth nach Dachau, wo beide unverzüglich in den Arrest eingeliefert werden. Dort treffen sie auch mit Hahn und Röhrbein zusammen, die ihr Schicksal im Bunker teilen.

Das Los der Männer erschüttert das ganze Lager. Mit Entsetzen sehen die Häftlinge, wie die vier, die hin und wieder aus dem alten Arrestbau zum Spaziergang ins Freie gelassen werden, mehr und mehr verfallen. „Wenn sie ausgeführt wurden", erinnert sich Hornung,[39] „glich einer dem andern. Im dunklen Kranz ihrer Kerkerbärte blühte bleich die Blume des Todes."

Fruth und Stenzer müssen, wie Martin Grünwiedl berichtet,[40] „Unmenschliches aushalten". Wochenlang liegen sie mit einer Kette am Fuß in einer völlig dunklen Zelle und sind immer wieder den Mißhandlungen der SS ausgesetzt, die Geständnisse von ihnen erpressen will. Auch Hahn hat schreckliche Qualen zu leiden. „Wir sahen ihn", erinnert sich Wenzel Rubner,[41] „wenn er ins Freie kam, furchtbar entstellt. Er sah aus wie ein Schatten." Stenzer bietet kein anderes Bild. Er ist, wie Fritz Ecker feststellt, der Stenzer zweimal zu Gesicht bekommt, als dieser zum Kommandanturgebäude gebracht wird,[42] „nur noch ein menschliches Wrack". Als Fruth und Stenzer nach längerer Zeit wieder auftauchen, fühlt sich Hornung, den der ganze Anblick „gespenstisch" anmutet, an „lebende Leichname" erinnert, die zwischen den SS-Männern Lutz und Wienhardt gehen.[43] „Ihr Erscheinen wirkte wie eine Halluzination."

Erst nach Wochen ist es Stenzer gestattet, den Angehörigen ein Lebenszeichen zu senden. So teilt er am 26. Juni zum erstenmal seiner Mutter und seinem Bruder Ruppert mit, daß er sich in Dachau befindet. In seiner großen, schwungvollen Handschrift, die noch viel von seiner Energie und Entschlußkraft verrät, schildert er mit wenigen Worten sein Befinden, ohne auf die wirklichen Umstände seiner Haft einzugehen. „Um mich", beruhigt er seine Familie,[44] „braucht Ihr Euch keine Sorge (zu) machen. Was die Behandlung anbelangt, so ist sie nach den für mich vorgesehenen Bestimmungen korrekt, daß ich lebe und gesund bin, könnt Ihr an der Schrift und dem Inhalt des Briefes feststellen. Was das Essen anbelangt, so ist dasselbe ausreichend und vor allem schmackhaft zubereitet."

Den größten Teil des Schreibens nimmt die Sorge um das Wohlergehen seiner Ehefrau Emma, die er liebevoll „Weibi" nennt, und seiner drei Kinder ein. „Ich weiß nicht", bedauert er, „ob mein lb. Weibi noch in Schutzhaft ist, oder ob sie auf Grund meiner Inhaftnahme freigelassen wurde. Sollte das nicht der Fall sein, so lastet wirklich auf Euch eine ziemliche Sorge. Auch ich bin besorgt, sowohl um Emma als auch um das Schicksal meiner 3 Kinder. Wenn Ihr Emma von meiner Verhaftung noch nicht in Kenntnis gesetzt habt, so wartet, bis es mir erlaubt ist, ihr selber einen Brief ins Gefängnis schreiben zu dürfen. Vor allem aber habe ich an Euch die Bitte, daß Ihr so gut wie möglich für Emma sorgt. Ihr Lebensmittel und die Zeitung schickt und öfters Briefe schreibt, damit sie ihr Los leichter erträgt."

Auch die Tatsache, daß der Familie mit seiner Verhaftung der Ernährer genommen ist, belastet ihn. „Ich denke, wenn Emma nicht bald frei wird, daß es notwendig ist, die Wohnung wiederum aufzugeben. Eventuell verkauft Ihr das Schlafzimmer preiswert, um etwas Geld zum Unterhalt der Kinder zu erhalten. Die übrigen Möbel versucht bei Bekannten im Speicher unterzustellen."

Im letzten Teil des Schreibens wenden sich seine Gedanken wieder der Ehefrau zu. „Wenn es mir nicht genehmigt wird, daß ich Emma einen Brief ins Gefängnis schreibe, wovon ich Euch Mitteilung machen werde, so schreibt ihr, daß sie sich um mich keine Sorgen machen soll.

Übermittelt ihr von mir herzliche Grüße und Küsse. Teilt ihr mit, daß ich Wort gehalten habe, dessen was sie schrieb. Lieb und Treu für sie, für die Kinder und die Arbeiterschaft. Sie soll mutig an alle Schwierigkeiten und Schicksalsschläge herantreten. Nur so läßt sich das Leben meistern und bekommt der Inhalt des Lebens jenen Gehalt, der den Lebenszweck auf eine höhere Stufe hebt. (...) Für Höheres als das eigene Sein zu kämpfen und zu leiden, Opfer zu bringen und Mut zu entwickeln, das gibt Lebenskraft, gibt dem Leben erst seinen Sinn und macht das Leben lebenswert."

Auch wenn Stenzer noch hofft, die Freiheit wiederzusehen und zu seiner Familie zurückzukehren, so ist sein Schicksal doch längst besiegelt. Die SS hat bereits sowohl für ihn als auch für Alfred Fruth das Todesurteil gesprochen. Nur mit der Vollstreckung läßt sie sich noch Zeit. Fruth ist der erste, der in der zweiten Hälfte des Juli aus dem Arrest geholt und in den Kommandantur-Bunker, der sich unter dem Gebäude der Lagerkommandantur befindet, gebracht wird.[45]

Hinter dem Redakteur, der sich längst aufgegeben hat, liegt zu dieser Zeit schon ein Selbstmordversuch. Doch er ist dabei überrascht worden, als er sich beide Pulsadern aufgeschnitten hat, um weiteren Mißhandlungen zu entgehen. Er wird dem Lagerarzt übergeben, der die Wunden versorgt, und die Häftlinge sehen später seine verbundenen Handgelenke. Dennoch hält die Lagerleitung den Mann, der mit seinen Nerven am Ende ist, weiter im Arrest gefangen. Mit seiner Isolierung im Kommandantur-Bunker leitet sie nun den letzten Akt der Tragödie ein.

Aber Eicke geht dabei vorsichtiger zu Werke als Wäckerle, den schließlich seine Fehler das Amt gekostet haben. Um von vornherein jede Spur des geplanten Verbrechens zu verwischen, läßt er Fruth einfach verschwinden. Am Montag, dem 7. August 1933, melden die „Münchner Neuesten Nachrichten" denn auch: „Aus dem Konzentrationslager Dachau ist in der Nacht vom 4. zum 5. August der kommunistische Funktionär, Kraftwagenführer Alfred Fruth, zuletzt Redakteur einer kommunistischen Zeitung, entwichen. Fruth, der am 13. Februar 1906 in München geboren ist, zählt zu den gefährlichsten und gewalttätigsten Kommunisten.

Er ist 1,74 Meter groß, hat dunkelblonde Haare, dunkelbraune Augen und auffallend weiße Zähne. Bei seiner Flucht war er mit einem weißen Drillichanzug bekleidet. Für die Wiederergreifung Fruths ist eine Belohnung von 500 Mark ausgesetzt. Sachdienliche Mitteilungen an die Bayerische Politische Polizei oder an die nächste Polizeiwache oder Gendarmeriestation erbeten."

Als diese Nachricht den Häftlingen im Lager zu Ohren dringt, geht, wie sich Hornung erinnert,[46] „eine Welle der Erregung durch die grauen Massen". Um jeden Verdacht von sich zu weisen, streut die SS das Gerücht aus, daß Fruth die Flucht nach Österreich geglückt sei. Freunde hätten ihn mit einem gefälschten Vorführungsbefehl der Bayerischen Politischen Polizei in einem Auto aus dem Lager abgeholt und statt zur Vernehmung ins Braune Haus nach München, wie sie behaupteten, bei Salzburg über die österreichische Grenze gebracht.[47] Dabei sei die deutsche Zollbarriere von dem Fluchtwagen mit einem Tempo von achtzig Kilometern pro Stunde durchbrochen worden.

Dieser Geschichte wird offensichtlich auch von der Bayerischen Politischen Polizei Glauben geschenkt. Denn sie setzt für die Ergreifung des Flüchtigen nicht nur eine Belohnung aus, sondern durchsucht auch die Wohnung der Ehefrau Lucie Fruth im Hause der Familie Holy in Feldmoching bei München und das Heim seiner Eltern. Als ihr der gewünschte Erfolg dabei versagt bleibt, behält sie dennoch beide Häuser weiter im Auge und überwacht sie monatelang.[48]

Doch den Häftlingen in Dachau kommen bald Zweifel an der Glaubwürdigkeit der Darstellung, die von der Kommandantur über die Flucht gegeben worden ist. Aber keiner der Mitgefangenen bringt etwas Genaues über das wahre Schicksal des Kameraden in Erfahrung. „Von Fruth", berichtet Hornung,[49] „hat man nie mehr etwas gehört. Er blieb verschwunden. Das große ewige Schweigen hat ihn aufgenommen."

Erst nach sechs Jahren dringt aus Paris, wo sich das „Internationale Zentrum für Recht und Freiheit in Deutschland" zur Bekämpfung des Nationalsozialismus niedergelassen hat, die Kunde, daß Fruth „Ende August erschossen" worden sei.[50] Dennoch glauben die Angehörigen und die Freunde des Verschwundenen noch lange Zeit daran, daß Fruth lebt. Der Tod des Mannes wird erst nach dem Ende des Zweiten Weltkrieges zur Gewißheit. Als Steinbrenner am 5. Dezember 1946 dem ehemaligen Redakteur der „Neuen Zeitung", Willy Grimm, gegenübergestellt wird, erklärt er vor etwa sechzig Dachau-Häftlingen als Zeugen, welches Ende dem Kommunisten bereitet worden ist: „Fruth sollte mittels Auto zur Vernehmung nach München überstellt werden. Die Abholung war telefonisch gemeldet. Vor der Ankunft des Autos (...) schickte der damalige Lagerkommandant Eicke einen Wagen, mit dem Fruth weggebracht wurde."[51] Von dieser Fahrt kehrte er nie mehr zurück. Steinbrenner gibt an, daß Eicke selbst Fruth erschossen habe.

Später macht der ehemalige SS-Untersturmführer vor der Polizei noch genauere Angaben. Bei seiner Vernehmung im Internierten-Krankenhaus in Garmisch-Partenkirchen sagt er am 20. August 1948 gegenüber den Beamten der Kriminalaußenstelle München-Pasing aus, daß Fruth bereits im Keller der Kommandantur von Eicke niedergeschossen worden sei.[52] „Die Leiche", berichtet er, „wurde in einen Sack verpackt, (...) dann in Eickes Wagen zum Walchensee verbracht und dort versenkt."

Als Todestag von Alfred Fruth wird der 27. August 1933 angenommen.[53] Der Redakteur hat es nicht mehr erlebt, daß er Vater eines Mädchens geworden ist, dem die Ehefrau nach seiner Ermordung das Leben geschenkt hat.[54]

Auch das Ende, das die SS Franz Stenzer zugedacht hat, ist genau vorausgeplant. Am 10. August wird er zusammen mit dem Leidensgenossen Georg Frühschütz aus dem Arrest geholt und zum Kommandanturgebäude gebracht. Was die beiden dort erwartet, schildert ein Bericht, der später nach den Angaben von Frühschütz verfaßt worden ist: „Unter dem Eingang des Gebäudes befand sich eine Zelle, in welche sie unter wüstem Geschrei, Flüchen und Verwünschungen hineingeprügelt wurden. Am Abend kamen einige SS-Männer, um beide aus der Zelle zu holen. Man führte sie durch einen dunklen Gang und über den Hof, wobei die SS-Männer mit schußbereitem Gewehr hinter den beiden hergingen."[55]

Die Häftlinge rechnen schon mit dem Schlimmsten. Doch die Bewacher geleiten sie über etwa 15 Stufen zu einem Kellerraum hinab, der wahrscheinlich früher einmal als Kartoffellager gedient hat, und stoßen sie mit den Gewehrkolben in das Gelaß, das, wie berichtet wird, einen trostlosen Anblick bietet: „Es war ein rechtwinkliger Raum, der durch einen vergitterten Lichtschacht tagsüber etwas Helle bekam. Der Boden war mit einer dicken Schmutzschicht überzogen und feucht. Die Wände waren mit Moos und Schimmel bedeckt. Ein widerlicher Geruch erfüllte den Raum. In der Ecke standen zwei Pritschen(,) und darauf war nasses, faules Stroh.“[56]

In diesem „Todeskeller“ müssen nun Stenzer und Frühschütz die nächsten Tage verbringen. Dabei werden sie von SS-Männern streng bewacht, die oben an der Treppe Posten bezogen haben. Alle zwei Stunden wechselt die Wache, und der ablösende Posten steigt jedesmal zu den Gefangenen hinab, um sich von ihrer Anwesenheit zu überzeugen. Die beiden Häftlinge bekommen bei dieser Gelegenheit immer wieder den Haß zu spüren, mit dem die SS-Männer sie verfolgen.

Der Kommunist Georg Frühschütz zog sich die Feindschaft der Nationalsozialisten zu, als er das Amt des Ersten Betriebsrats im „Buchgewerbehaus M. Müller & Sohn“ in München bekleidete, das bereits vor Hitlers Machtergreifung neben dem „Völkischen Beobachter“ auch die „Dachauer Zeitung“ und andere Schriften der NSDAP druckte. Den Braunen war es seit langem ein Dorn im Auge, daß ausgerechnet die Arbeiterschaft dieses Betriebs einen starken kommunistischen Flügel aufwies, der zu allem Übel die frischen Druckerzeugnisse früher zu Gesicht bekam als die nationalsozialistischen Leser.[57] Die neuen Machthaber beraubten deshalb die Arbeiter schnell ihrer Führung, brachten Frühschütz nach Dachau und glaubten, dort alle Informationen über die innerbetrieblichen Verbindungen der KPD im Buchgewerbehaus aus dem Verhafteten herauspressen zu können. Doch Frühschütz blieb standhaft und schwieg. Er trat dafür den schweren Gang an, der ihn schließlich im Arrest mit Stenzer zusammenführte.

Nachdem die zwei einige Tage lang in ihrem Keller ausgeharrt haben, erscheinen eines Abends mehrere SS-Männer mit Karabinern in dem Verlies und jagen Frühschütz und Stenzer ins Freie. Dort führen sie die Gefangenen über den Hof und schließen sie in einem Schuppen ein. „Aber schon nach wenigen Stunden“, heißt es in dem später nach den Angaben von Frühschütz verfaßten Bericht weiter,[58] „kamen beide wieder zurück in die Kellerzelle. In dieser waren in der Zwischenzeit Fußketten einzementiert worden, an welche die beiden Genossen nunmehr angeschlossen wurden. Als beide einmal an den Arrestverwalter die Bitte richteten, ob sie nicht ihre Zelle von all dem Schmutz und Unrat reinigen dürften, ließ ihnen Kommandant Eicke die Mitteilung überbringen, daß sie genug Schmutz über Deutschland gebracht hätten und ruhig im Dreck verrecken könnten. Ein anderes Mal brachte man ihnen Stricke mit der ‚freundlichen‘ Aufforderung, selbst Schluß zu machen. Franz Stenzer sagte dazu den SS-Leuten seine ungeschminkte Meinung, er bewies überhaupt in dieser aussichtslosen Lage eine überaus tapfere Haltung, aus der Frühschütz neue Kraft zur Überwindung dieser Nerven-Torturen schöpfte. Franz Stenzer hatte immer einen Schimmer Hoffnung, daß Frühschütz noch durchkommen könnte. Durch das Zusammentreffen außerordentlicher Glückszustände sollte er recht behalten.

In den Abendstunden des 22. August 1933, mitten aus einer angeregten Unterhaltung(,) holten Steinbrenner und Hoffmann unvermittelt Franz Stenzer zu seinem letzten Gang. Es war, als sträube sich das Schicksal dagegen, denn lange wollte sich das Schloß der Fußkette nicht öffnen lassen. Mit einem festen Händedruck verabschiedete sich Franz Stenzer von Frühschütz und verließ ruhig und gefaßt die Zelle."

Häftlinge sehen, wie Stenzer in Begleitung der SS-Leute im Freien erscheint.[59] „Es war der übliche, grauenhafte Anblick", erinnert sich Wenzel Rubner.[60] „Stenzer, der wochenlang Wasser und Brot, nur einmal wöchentlich warmes Essen bekommen hatte, konnte kaum mehr laufen. Wie ein Schwerkranker tastete er sich vorwärts." Bald verlieren die Gefangenen ihn jedoch aus den Augen. Der Häftling Konrad Link aus Schweinfurt beobachtet noch, wie er sich mit Steinbrenner und mit zwei anderen SS-Männern in Richtung des Würmkanals entfernt. „Kurze Zeit darauf", berichtet er,[61] „fiel ein Schuß." Auch Rubner nimmt plötzlich Schüsse wahr. „Minuten der Stille folgten", erinnert er sich.[62] „Dann blies wieder die Sirene(,) und wir wurden in die Baracken gesperrt, wie gewöhnlich, wenn etwas vorging. Diesmal dauerte es ungefähr eine Stunde. Von diesem Tage an war Stenzer verschwunden."

Die Häftlinge, die sich um den Verschollenen sorgen, plagt ein schrecklicher Verdacht. Ihnen ist längst aufgefallen, daß immer dann Gefangene nicht mehr zu ihnen zurückgekehrt sind, wenn sie sich, begleitet von SS-Leuten, in Richtung des Würmkanals entfernt haben und bald darauf Schüsse gefallen sind.[63] Sie fürchten nun, daß auch Stenzer ermordet worden ist. Ihre Ahnung bestätigt sich schnell. SS-Männer erklären ihnen, daß Stenzer „auf der Flucht erschossen" worden sei. Er habe es, wie Martin Grünwiedl über die Aussage der SS berichtet,[64] „dem Fruth nachmachen" wollen. Das sei „ihm aber nicht gelungen".

Doch die Gefangenen glauben der SS nicht. Wer gesehen hat, wie Stenzer keine zwanzig Schritte gegangen ist, ohne zusammenzuknicken,[65] weil ihn die vom Wasser angeschwollenen Beine nicht mehr getragen haben,[66] weiß, daß die ganze Geschichte nur dazu dient, um ein Verbrechen zu tarnen. Dennoch scheut sich die Lagerleitung nicht, mit der offenkundigen Lüge von Stenzers mißlungenem Fluchtversuch an die Öffentlichkeit zu treten.

Bereits am 24. August drucken die „Münchner Neuesten Nachrichten" die Mitteilung der Bayerischen Politischen Polizei über „das Ende eines der gefährlichsten Kommunisten", wie es in der Überschrift der Meldung heißt: „Am Abend des 22. August versuchte der schon seit längerer Zeit im Konzentrationslager Dachau untergebrachte kommunistische Hauptfunktionär Franz Stenzer aus Pasing(,) aus dem Lager zu entfliehen. Zweifellos veranlaßte ihn die gelungene Flucht seiner Genossen Beimler und Fruth, ebenfalls einen Fluchtversuch zu unternehmen. Diesmal wurde aber der Versuch von einem Lagerposten rechtzeitig entdeckt. Da der Flüchtende trotz wiederholter Anrufe nicht anhielt, gab der Posten mehrere Schüsse ab. Ein Schuß tötete Stenzer auf der Stelle."

Noch bevor die Meldung erschienen ist, hat Himmler am Vortag den Innenminister über den Fall informiert, um zu verhindern, daß Wagner wie bisher nicht erst über die Justiz vom Tode Stenzers erfährt. Er handelt damit auf ausdrücklichen Befehl des Ministers, der angeordnet hat, künftig über alle Aktivitäten der Bayerischen Politischen Polizei besser unterrichtet zu werden. Nachdem Wagner im Ministerrat wiederholt vom Reichsstatthalter und vom Ministerpräsidenten Klagen über das eigenmächtige Vorgehen seines Politischen Polizeikommandeurs gehört hat, besteht er nun bei Himmler darauf, „daß ihm tägliche Rapporte über die wesentlichen Ereignisse und über geplante größere Maßnahmen vorgelegt" werden.[67]

Aus diesem Grunde beeilt sich der Reichsführer-SS, dem „Herrn Staatsminister des Innern" noch am 23. August ausführlich über den Fall Stenzer zu berichten[68]: „Das Konzentrationslager Dachau meldete, daß am 22.8. 1933 gegen 19 Uhr der dort untergebrachte Schutzhaftgefangene Franz Stenzer, verh. Parteiangestellter, geb. 9.6. 1900 Planegg(,) zuletzt wohnhaft in Pasing, bei einem Fluchtversuch erschossen wurde.

Die Ermittlungen ergaben folgendes:

Stenzer war wegen seiner besonderen Gefährlichkeit im Lager Dachau in Einzelhaft untergebracht. Seinem wiederholten Ersuchen um Genehmigung eines Spazierganges wurde stattgegeben. Um ein Zusammentreffen mit den von der Außenarbeit zurückkehrenden Schutzhaftgefangenen zu vermeiden, wurde der Spaziergang für die Zeit von 18–19 Uhr festgesetzt. Begleiter war der Scharführer Dürnagl.[69] Unterwegs ersuchte Stenzer(,) seine Holzschuhe ausziehen zu dürfen, da er mit ihnen schlecht gehen könne. Dies wurde ihm gewährt. Stenzer wurde vor dem Spaziergang ausdrücklich darauf aufmerksam gemacht, daß sofort von der Waffe Gebrauch gemacht wird, wenn er irgendwie einen Fluchtversuch unternehmen sollte.

Gegen 19 Uhr kam der Begleiter mit Stenzer in die Nähe des errichteten Freibades für die SS-Angehörigen. In dessen unmittelbarer Nähe befindet sich ein Waldstück. Plötzlich fing Stenzer in Richtung auf den Wald zu laufen an. Den wiederholten Zurufen des Postens, einzuhalten, leistete er keine Folge, worauf der Posten auf den Fliehenden mehrere Schüsse abgab. Ein Schuß drang Stenzer in das Genick, durchbohrte den Kopf und trat an der Stirne heraus. Stenzer war sofort tot.

Das dringende Ersuchen Stenzers um Genehmigung eines Spazierganges, seine Bitte(,) die Holzschuhe ablegen zu dürfen(,) und der Ort seines Fluchtversuches lassen den Verdacht begründet erscheinen, daß er mit allem Vorbedacht die Flucht ergreifen wollte. (...)

Von dem Vorfall wurde bereits die Staatsanwaltschaft München II verständigt. Eine Kommission begab sich bereits in das Konzentrationslager Dachau zur Feststellung des Sachverhalts."

Oberstaatsanwalt Carl Wintersberger, den dieser Fall wieder auf den Plan ruft, hat zwar erhebliche Zweifel an der Glaubwürdigkeit des Berichts über den Tod des Reichstagsabgeordneten, aber es gelingt ihm diesmal nicht, der SS den Mord an Stenzer nachzuweisen. Selbst die Gutachter, die Wintersberger in die Untersuchung mit einschaltet, können die Behauptung der Lagerleitung nicht widerlegen, daß der Häftling auf der Flucht erschossen worden sei. So bleibt dem Oberstaatsanwalt schließlich nichts anderes übrig, als das Verfahren wieder einzustellen.

Seine Entscheidung teilt Wintersberger am 21. Dezember 1933 Generalstaatsanwalt Sotier im folgenden Bericht mit[70]: „Nach Anhörung des Landgerichtsarztes erschien die Erholung eines Gutachtens des Medizinalkomitees

27 Ein Streiter für das Recht: Oberstaatsanwalt Carl Wintersberger (im Bild links) nahm den Kampf gegen die SS auf, um dem Gesetz im Konzentrationslager Dachau Geltung zu verschaffen. Unbeirrt ermittelte er in den ersten Mordfällen gegen die Dachauer Lagerleitung.

München zur Klärung der Frage notwendig, aus welcher Entfernung der tödliche Schuß abgegeben wurde. Auf Grund von Schießversuchen mit der bei der Tötung des Stenzer verwendeten Pistole stellte das mit der Erstattung des Gutachtens betraute gerichtl.mediz. Institut München fest, daß die Entfernung von der Laufmündung der Schußwaffe bis zur Einschußstelle am Kopf des Stenzer mindestens 1 m(,) höchstens 2 m betragen hat. Unter Hinzurechnung des ausgestreckten Armes des Schützen und der Länge des Laufes der Pistole ergibt sich nach dem Gutachten im Augenblick der Abgabe des Schusses eine Entfernung von mindestens 2 m und höchstens 3 m.

Nun hat, wie aus (m)einem Bericht vom 9.9. 1933 hervorgeht,[71] nach der Bekundung des Scharführers Dirnagel (sic!) die Entfernung zwischen (ihm) und dem fliehenden Stenzer im Zeitpunkt der Abgabe des Schusses ca. 5 m betragen. Diese Entfernung wurde seinerzeit von der Gerichtskommission in der Weise festgestellt, daß die Strecke von der Stelle, die Dirnagl (sic!) als seinen Standort bei der Abgabe des Schusses bezeichnete, und einer Blutlache, die von der Verletzung des Stenzer herrührte, abgemessen wurde. Der scheinbare Widerspruch zwischen den Feststellungen des gerichtl.mediz. Institutes und der Gerichtskommission spricht nicht notwendig für eine Unrichtigkeit der Darstellung des Dirnagl. Abgesehen davon, daß sich Dirnagl wohl in dem Augenblick, als er auf Stenzer schoß, in einer begreiflichen Erregung befand, weshalb es nicht ausgeschlossen ist, daß er seinen Standplatz nicht mehr genau angeben konnte, ist es möglich und sogar wahrscheinlich, daß Stenzer, der nach dem Gutachten des Landgerichtsarztes im Hinblick auf die Art der Verletzung nach dem Getroffenwerden blitzartig zusammenstürzen mußte, der Länge nach vorwärts fiel, so daß zu der vom gerichtl.mediz. Institut angegebenen und hier zugrundel(i)egenden höchstmöglichen Entfernung zwischen Schützen und Gefangenen noch dessen Körperlänge von 1.75 (m) hinzu(zu)rechnen ist. Die Blutlache befand sich naturgemäß an der Auflagestelle des Kopfes, da es sich um eine Kopfverletzung handelte.

Ich habe das Verfahren nunmehr eingestellt, da nach dem Ergebnis der Ermittlungen dem Scharführer Dirnagl nicht widerlegt werden kann, daß er den Gefangenen Stenzer auf der Flucht erschossen hat, wozu er nach den für ihn geltenden Dienstvorschriften berechtigt war."

Aber auch danach traut die Dachauer SS noch nicht dem Frieden. Sie weiß, wie sehr Wintersberger ihr mißtraut. Und nach allem, was bisher geschehen ist, muß sie davon ausgehen, daß die Staatsanwaltschaft weiter den Verdacht hegt, hier einem neuen Mord auf der Spur gewesen zu sein, auch wenn sie den Beweis für die vorsätzlich begangene Bluttat nicht hat erbringen können. Wie sehr die Lagerleitung das schlechte Gewissen drückt, zeigt sich, als Fritz Ecker mit anderen Häftlingen am 29. Januar 1934 zur Entlassung aufgerufen wird. Bevor die Männer den Weg in die Freiheit antreten können, schärft ihnen Obersekretär Mutzbauer ein: „Der Stenzer wurde auf der Flucht erschossen. Dabei bleibt es! Verstanden?"[72]

Wenige Stunden nach dem Mord an Stenzer bahnt sich in München eine neue Tragödie an, die in Dachau tödlich endet. In der Nacht zum 23. August 1933 dringen, wie der Staatsanwaltschaft später berichtet wird,[73] „plötzlich 5–6 Männer in Hitleruniform" in das Haus Nr. 42 im Tal ein und verhaften dort im zweiten Stockwerk den Kunstgewerbler Hugo Handschuch und dessen Verlobte, die Hausangestellte Thea Kink, in der gemeinsamen Wohnung. Den Grund ihrer Festnahme erfahren sie nicht. Beide werden unverzüglich ins Braune Haus in der Brienner Straße gebracht und da voneinander getrennt.

Thea Kink sieht den Bräutigam erst am Abend des nächsten Tages wieder, als ihr gegen 20 Uhr befohlen wird, auf den Hof des Parteigebäudes hinauszugehen, wo sie sich zum Abtransport in die Polizeidirektion aufzustellen hat. Dabei wird sie Zeuge, wie ein Uniformierter mit einem Gummiknüppel mehrere Männer, die ebenfalls verhaftet worden sind, aus dem Gang ins Freie hinaustreibt. Als sie den Hof betritt, dringen auf einmal Schreie an ihr Ohr. Deutlich erkennt sie an der Stimme ihren Verlobten, der in einem Raum mißhandelt wird. Bald darauf erscheint auch er auf dem Hof.

Mit Entsetzen bemerkt Thea Kink, wie der Bräutigam zugerichtet worden ist. Sein Gesicht weist die Spuren schwerer Schläge auf, und die Lippen bluten. Doch die Frau findet keine Gelegenheit mehr, mit dem Mißhandelten zu sprechen, der in Begleitung von bewaffneten Männern abgeführt wird. Als sie selbst mit den anderen Verhafteten den Hof verläßt, erblickt sie den Verlobten noch einmal auf der Straße. Er folgt aber nicht der Gruppe der Festgenommenen, die zu Fuß zur Polizeidirektion in der Ettstraße aufbricht. Thea Kink befürchtet, daß er zusammengebrochen und deshalb nicht nachgekommen ist.

Doch nach ihrer Ankunft in der Polizeidirektion begegnet sie ihm wieder. Der Mann aber, der dort mit bleichem und verzerrtem Gesicht in einem Zimmer auf dem Boden sitzt, ist so entstellt, daß Thea Kink ihn kaum noch erkennt. Er stöhnt vor Schmerzen und bittet um Wasser, das ihm schließlich auch gereicht wird. Seine Braut, die nicht mit ihm sprechen darf, hört ihn klagen: „Es geht nicht mehr." Wie sehr er mit seinen Kräften am Ende ist, bemerkt sie, als zwei Männer nach einiger Zeit den Raum betreten. Sie müssen ihn vom Boden hochziehen, weil er sich nicht mehr allein erheben kann. Dann verschwinden sie mit ihm. Das ist das letzte Mal, daß Thea Kink ihren Verlobten lebend sieht.

Wenige Tage darauf erhält die Mutter von Hugo Handschuch die Mitteilung, daß ihr Sohn am 2. September im KL Dachau gestorben ist.[74] Als Todesursache wird auf dem Leichenschauschein „Herzschwäche nach vorausgegangener Gehirnerschütterung" angegeben. Den Wunsch der Angehörigen, den Toten noch einmal sehen zu dürfen, lehnt die Kommandantur ab. Auch die Braut, die sechs Tage nach ihrer Verhaftung wieder auf freien Fuß gesetzt worden ist, bekommt den Verlobten nicht mehr zu Gesicht. Statt dessen läßt die Lagerleitung den Toten in einem vernagelten Sarg unmittelbar in das Leichenhaus nach Dachau bringen und dort am 6. September auf dem Friedhof beerdigen.[75]

Das Verhalten der Kommandantur, die kategorisch jedes Öffnen des Sarges untersagt hat, empört die Mutter des Verstorbenen. Die Kaufmannsfrau Sophie Handschuch schließt daraus, daß die SS etwas zu verbergen hat und ihr Sohn vermutlich keines natürlichen Todes gestorben ist. Deshalb wendet sie sich am 18. September in einem Brief an die Staatsanwaltschaft München II und erstattet Anzeige, um die wahre Todesursache ermitteln zu lassen.[76] Wintersberger, der schon seit langem der SS mit wachsendem Mißtrauen begegnet, schaltet sich persönlich in die Untersuchung ein.

Je mehr sich der Oberstaatsanwalt mit dem Fall beschäftigt, desto klarer wird ihm, daß hier etwas nicht mit rechten Dingen zugegangen ist. Diese Überzeugung veranlaßt ihn, auch vor einer Exhumierung des Toten nicht zurückzuschrecken, um die Umstände zu klären, die zum Ende des Kunstgewerblers geführt haben. Über seinen Entschluß unterrichtet er das bayerische Justizministerium am 21. September mit folgender Mitteilung: „Nach dem Ergebnis meiner bisherigen Ermittlungen erscheint der Verdacht begründet, daß Handschuch schon am Tage seiner Verhaftung am 23. August 1933 im Braunen Haus in München erheblich körperlich mißhandelt wurde. Im Zusammenhang mit der weiter ermittelten glaubhaften Tatsache, daß seitens der Politischen Polizei oder der Lagerkommandantur Dachau den Angehörigen des Verstorbenen die Besichtigung der Leiche ausdrücklich verweigert wurde, ist daher auch der Verdacht gegeben, daß Handschuch eines nicht natürlichen Todes gestorben ist. Zwecks einwandfreier Feststellung der Todesursache werde ich daher beim Amtsgericht Dachau, in dessen Friedhof die Leiche bestattet ist, die Ausgrabung der Leiche und gerichtliche Leichenöffnung beantragen. Über das Ergebnis dieser Untersuchung werde ich berichten."[77]

Das Resultat der Exhumierung ist niederschmetternd. Die Untersuchung der Leiche bestätigt nicht nur den Verdacht, daß der Schutzhaftgefangene gewaltsam umgekommen ist, sondern verrät auch in erschreckendem Maße, wie sehr Handschuch bei den Mißhandlungen gelitten hat. Von dem erschütternden Ergebnis seiner Ermittlungen setzt Wintersberger das Justizministerium am 26. September in Kenntnis: „Die von mir beantragte gerichtliche Leichenöffnung wurde am 23.9. 33 in Dachau vorgenommen. Sie ergab, daß der Tod durch Gehirnlähmung infolge von Blutungen in die weichen Häute eingetreten ist und daß diese Blutungen von der Einwirkung einer stumpfen Gewalt herrühren, die den Schädel, besonders in der linken Schläfengegend und in der Hinterhauptgegend, getroffen hat. Außerdem wurden an der Leiche festgestellt ausgedehnte Blutungen in der linken Wangengegend, in der rechten Schulter- und linken Unterarmgegend, in der Gesäß- und Oberschenkelgegend und am linken Unterschenkel, Folgen einer stumpfen Gewalteinwirkung auf den Körper des Verstorbenen zu dessen Lebzeiten. Nach dem Befund auf Grund der Leichenöffnung sind nach dem vorläufigen ärztlichen Gutachten Anhaltspunkte für ein fremdes Verschulden gegeben.

Ich beabsichtige(,) die weiter erforderlichen Ermittlungen nach den Tätern im Benehmen mit der politischen Polizei zu pflegen.“[78]

Während Wintersberger noch bemüht ist, den Tätern, die den Tod des Kunstgewerblers verschuldet haben, auf die Spur zu kommen, ist den Häftlingen in Dachau längst klar, wer den Kameraden auf dem Gewissen hat. Deutlich erinnern sich viele an die Ankunft des Münchners im Lager, die selbst unter den leidgewohnten Gefangenen Aufsehen erregt hat. Handschuch ist eines Abends in einer Gruppe von etwa sieben Häftlingen angekommen,[79] die alle im Braunen Haus von SA-Leuten entsetzlich gefoltert worden sind.[80] Auch in Dachau fällt die SS über die Männer her und mißhandelt sie schwer. „Dann“, berichtet der Häftling Eugen Oehrlein aus Würzburg,[81] „mußten sie im Gänsemarsch durch das Eingangstor in das eigentliche Häftlingslager mit Parade-schritten marschieren. Verschiedenen waren die Haare abgeschnitten und ausgerissen – bis (auf) einen Max- und Moritzschopf, der mit einem roten Band zusammengebunden war.“

Unter den Gequälten befindet sich auch der Kaufmann Josef Amuschel aus München,[82] dessen Anblick die Gefangenen am meisten erbarmt. Schon von weitem sehen sie, daß der Mann am Ende ist. „Amuschel“, erinnert sich Oehrlein, „wurde von seinen Leidensgenossen, unter den Armen gestützt, durch das Tor geschleift, weil er allein unfähig war, zu gehen.“ Rechts und links neben der Gruppe laufen SS-Männer her, die dem Schlägertrupp des Wachpersonals angehören und die es sich nicht nehmen lassen, die Neuzugänge ins Innenlager zu begleiten.

Oehrlein schließt sich den Neuen an, weil er vom Lagerverwalter Wienhardt beauftragt worden ist, ihnen ihr Quartier in der Baracke 6/III anzuweisen. „Im Barackenzimmer“, berichtet er, „mußten die Ankömmlinge auf einen Tisch steigen und einen Vers nachsprechen, den einer vom Schlägertrupp vorsprach. Den Inhalt des kurzen Reims kann ich heute nicht mehr wiedergeben. Nachdem sich das Schlägerkommando an diesem Gaudium belustigt hatte, zog es ab.“

Der Häftling Hans Neupert aus Schlottenhof, der die Neuen in seine Baracke hat kommen sehen, ist über den Anblick der Männer bestürzt. An ihren Verletzungen erkennt er, daß sie, wie er berichtet, „Fürchterliches mitgemacht“ haben.[83] „Ihre Gesichter waren geschwollen und bluteten.“ Am schlimmsten von ihnen sind Amuschel und Handschuch zugerichtet. „Amuschel“, erinnert sich Oehrlein, „war von Kopf bis Fuß voller blauer und schwarzer blutunterlaufener Flecken. Er trug ferner Brandstellen an der Stirne, in den Augenhöhlen, an den Nasenflügeln, in den Mundwinkeln, an den Ohrenspitzen, auf den Brustwarzen und am ganzen Körper." Neupert schätzt, daß Amuschel, der von seinen Leidensgenossen auch am stärksten stöhnt, im Gesicht und am Körper „mindestens 50 Brandwunden" aufweist, die ihm mit brennenden Zigarren und Zigaretten beigebracht worden sind.[84]

Die Verletzungen sind so schwer, daß Amuschel, den Oehrlein sofort zu Bett bringen läßt, nicht mehr zu retten ist. Er stirbt in der Baracke am nächsten Tag in der Zeit zwischen 11 und 11.30 Uhr.[85] „Ich habe ihn", berichtet Oehrlein, „nach seinem Tode nochmals genau betrachtet. Er sah furchtbar aus."

Auch Handschuch ist im Keller des Braunen Hauses mit glühenden Zigaretten gefoltert und mit Lederstöcken geschlagen worden. Mit Entsetzen erinnert sich Fritz Ecker, der Handschuch noch gesehen und gesprochen hat, an den entstellten Körper des Mißhandelten: „Die Füße glichen Fleischklumpen oder Elefantenfüßen. Ihre Geschwülste rührten von unzähligen Stockhieben auf die Fußsohlen her. Das Gesäß war furchtbar angeschwollen, eine Stuhlentleerung unmöglich. (...) Handschuch konnte nur unter großen Schmerzen urinieren und verlor dabei Blut. Wie bei einem Aussätzigen war der ganze Körper mit eitrigen Wunden bedeckt. Man hatte dem armen Menschen die Haut mit brennenden Zigaretten und Zigarren, die man an den Körper tupfte, verbrannt.

Handschuch erzählte, daß der Keller in der Briennerstraße (sic!) ganz mit Blut bespritzt gewesen war, als Beweis dafür, daß darin auch andere ihr Martyrium erlitten hatten. Einem Gefangenen habe man in diesem Keller einen Schlauch in den After getrieben und ihm mit dem Wasserstrahl die Gedärme zerrissen. Dieser Gefangene habe fürchterlich geschrieen."[86]

Auch für Handschuch kommt jede Hilfe zu spät. Zwar hat Oehrlein den Schwerverletzten sofort ins Revier gebracht, dort aber stirbt er wenige Tage nach seiner Ankunft in Dachau.[87] Warum überhaupt die Schutzhaft über ihn verhängt worden ist, hat er als sein Geheimnis mit ins Grab genommen. Auch seine Braut kann darüber nichts aussagen. Vor Oberstaatsanwalt Wintersberger erklärt Thea Kink am 21. September: „Die Gründe unserer Inschutzhaftnahme sind mir nicht bekannt. Mir ist nichts davon bekannt, ob und in welcher Weise sich mein Bräutigam politisch betätigt hat. Ich wurde in der Polizei nur darnach gefragt, ob ich wisse, daß mein Bräutigam Männer in die S.A. geschickt habe, um die S.A. zu zersetzen."[88]

Die letzte Äußerung läßt die Vermutung zu, daß Handschuch ebenso wie Amuschel und die anderen Männer der Gruppe in einen Konflikt mit der SA geraten ist, die dann auch schreckliche Rache geübt hat. Nach Aussagen von Häftlingen sollen alle oder zumindest ein Teil von ihnen sogar der SA angehört haben, was sich aber nicht mehr eindeutig klären läßt.[89] Doch gewiß nicht ohne Grund ist das Gerücht entstanden, daß es sich bei ihnen um „oppositionelle SA-Männer" gehandelt habe. Mit Sicherheit trifft diese Annahme jedenfalls auf Josef Amuschel zu, der in der Tat einmal in den Reihen der SA marschiert ist.[90] Aus seinem Mund stammen auch die Worte, die er zwei Stunden vor seinem Tode ausgesprochen hat: „Wir wurden als Spitzel der KPD denunziert und verhaftet, obwohl wir bei der SA waren und der NSDAP angehörten." Diese Bemerkung, die der Häftling Josef Eckstein festgehalten hat,[91] könnte der Schlüssel zu dem Geheimnis sein, das über der Tragödie liegt.

Während Oberstaatsanwalt Wintersberger noch im Fall Handschuch ermittelt, wobei ihm jedoch der Tod von Amuschel verborgen bleibt, ereignet sich im KL Dachau ein neues Verbrechen. Eines der Opfer ist der jüdische Häftling Dr. Delvin Katz aus Nürnberg, der sich als praktischer Arzt freiwillig zum Dienst im Revier gemeldet hat, um sich dort der kranken und der mißhandelten Mitgefangenen anzunehmen.[92] Wie so vielen Häftlingen in Dachau ist auch dem Mediziner, der am 3. August 1887 in Korbach bei Kassel zur Welt kam,[93] seine Zugehörigkeit zur Kommunistischen Partei zum Verhängnis geworden. Zwar übte Katz in der KPD nie eine Funktion aus, doch die Nationalsozialisten verübelten ihm, daß er dem Sekretariat der Partei in Nürnberg nach dem Verbot der KPD heimlich seine Praxisräume für Besprechungen zur Verfügung stellte.[94] So ging er bald zusammen mit Karl Riemer und mit den anderen kommunistischen Genossen den Weg nach Dachau.

Nachdem er im Lager die Betreuung der Erkrankten und der Verletzten übernommen hat, erkennt Katz bald, daß er sich damit in große Gefahr begeben hat. Unfreiwillig wird er mehr und mehr für die SS zum unliebsamen Zeugen ihrer Untaten, und das Grauen, das er immer wieder erblickt, erschüttert und belastet ihn so sehr, daß die Veränderung, die er durchmacht, auch den Mitgefangenen nicht entgeht. „Der kleine, breitschultrige Mann mit dem Mensurzeichen im Gesicht", erinnert sich Hornung,[95] „war nicht jedem sympathisch. Vielleicht kam seine etwas schroffe Art, seine Ungeselligkeit aus dem Bewußtsein, zuviel zu wissen. Alle hatte er sie gesehen, die Geschundenen, die Zerschlagenen, die Zertretenen. (...) Vielen hatte er heimlich Hilfe und Linderung bringen können."

Je länger Katz in Dachau ist, desto mehr spürt er, wie aussichtslos seine Lage ist. Bekannten gegenüber äußert er seine Überzeugung, daß er das Lager nicht mehr lebend verlassen werde, weil die SS keinen Mann gehen lasse, der soviel gesehen habe wie er.[96] Seine Befürchtung wird zur Gewißheit, als er eine Nachricht erhält, die sofort die Lagerleitung alarmiert und in Unruhe versetzt. Die Familie teilt ihm mit, daß er hoffen könne, seine Angehörigen aus Anlaß der bevorstehenden Bar-Mizwa-Feier, mit der sein 13jähriger Sohn die religiöse Mündigkeit erreicht, bald wiederzusehen.[97]

Doch Eicke, der Katz als Zeugen fürchtet, ist fest entschlossen, den Arzt nicht freizugeben. Damit ihm der Häftling nicht gefährlich werden kann, faßt er den Plan, den Mann bei einer passenden Gelegenheit für immer mundtot zu machen. Die Absicht des Kommandanten bekommt Katz bald zu spüren. Er wird vom Sanitätsdienst ausgeschlossen und der 7. Kompanie zugeteilt, die als Strafkompanie dient.[98] Für Katz bedeutet die Strafversetzung, daß er nicht nur sein Nachtlager im Revier verliert und zu den Kameraden in die Baracke umziehen muß,[99] sondern daß er künftig auch schwere körperliche Arbeit zu leisten hat, die er als Intellektueller nicht gewohnt ist. Er teilt damit das Los aller Kameraden in der 7. Kompanie, der von der SS die beiden härtesten Kommandos aufgebürdet werden: Straßenbau und Kiesgrube.

Die Kompanie ist vor allem den Juden und den „Bonzen", wie die SS die Parteifunktionäre und die Abgeordneten zu bezeichnen pflegt, vorbehalten, weshalb sie zumeist auch nur „Judenkompanie" genannt wird. Ihre erste Korporalschaft bilden Kommunisten und Sozialdemokraten, die zweite besteht nur aus Juden, die dritte setzt sich aus Juden und aus Sozialdemokraten zusammen, und die vierte und die fünfte Korporalschaft rekrutieren sich aus Sozialdemokraten und aus Nationalsozialisten, die in Ungnade gefallen sind.[100]

Die Männer in der „Judenbaracke“ sind die Geächteten des Lagers. Wer dort landet, erlebt die Hölle auf Erden. Denn die SS zwingt die Gefangenen nicht nur zu den schwersten und unangenehmsten Arbeiten, sondern macht sie auch immer wieder zum Opfer neuer Schikanen. „In der großen Hitze im Juli und August 1933“, erinnert sich Fritz Ecker,[101] „mußten sozialdemokratische Funktionäre unter schweren Drangsalierungen in der ‚Kiesgrube‘ schuften. Ab und zu wurde einer von ihnen ausgesucht, der sich auf einen Sandhaufen stellen und mit lauter Stimme mehrmals ausrufen mußte: ‚Ich bin ein Bonze und Arbeiterverräter!‘ “

Überhaupt ist die Arbeit in der Kiesgrube voller Schrecken. Ständig stehen Posten bereit, die unaufhörlich die Männer zur Hast antreiben und mit Fichtenwurzeln bedrohen, die dort das bevorzugte Schlaginstrument der SS darstellen.[102] „Wer“, berichtet Ecker,[103] „auch nur einen Augenblick die Schaufel ruhen ließ, um auszuschnaufen, hatte Prügel zu erwarten, und sehr oft wurden Gefangene ins eiskalte Grundwasser geworfen. Völlig durchnäßt, frostbebend, mußten sie weiterarbeiten. Wer nicht mit Schaufel und Pickel umzugehen verstand oder schwere körperliche Arbeit schon lange nicht mehr verrichtet hatte, war bald völlig ermattet, und die Haut hing in Fetzen von den blutenden Händen. Jeder Spatenstich verursachte Schmerzen, und dazu trieben die SS-Posten ständig mit Schimpfen und Schlägen zu noch größerer Eile an. Der gewonnene Kies wird auf Feldbahngeleisen zu den Baustellen gefahren. Die Gefangenen müssen mit den schwer beladenen Rollwagen ständig im Galopp rennen. Keuchend, fast zusammenbrechend, nur durch die Angst vor Schlägen oder noch Schlimmerem aufrecht gehalten, stürmen die bedauernswerten Opfer nationalsozialistischer Barbarei die Geleise entlang, ab und zu getroffen von einem heimtückischen Hieb des nebenher laufenden und schreienden Wachtpostens.“

Für die alten Lagerhasen ist das Betragen der jungen SS-Leute nicht unbegreiflich. „Die SS-Männer“, berichtet Grünwiedl,[104] „werden in der Frühe meistens von den Abrichtern ziemlich ‚geschliffen‘ und lassen dann ihre Wut an den Gefangenen aus.“

Was auch immer die „Bonzen- und Judenkompanie“ betrifft, ist alles darauf gerichtet, den Männern das Leben unerträglich zu machen und ihnen jede kleine Erleichterung zu versagen. „Für sie bestand ein allgemeines Rauchverbot“, erinnert sich ein Häftling, der selbst einmal der 7. Kompanie angehört hat, aber nach der Entlassung nicht namentlich genannt sein will.[105] „Die schmutzigste Arbeit im Lager, das Reinigen der Kloaken usw., hatten ‚Juden und Bonzen‘ zu verrichten. (...) Die Juden mußten auch an ihren hohen Feiertagen arbeiten, – noch härter als an den anderen. Sie erhielten immer die schlechtesten Kleider und Ausrüstungsstücke und das wenigste Stroh für die Lagerstätte.“

In der zweiten Korporalschaft, die zumeist überfüllt ist, mangelt es den Gefangenen sogar an Schlafplätzen. „Die Überzähligen, manchmal bis zu acht Mann“, berichtet der Häftling aus der Judenkompanie,[106] „mußten dann auf dem harten Zementfußboden schlafen.“ Selbst in der Nacht läßt die SS ihre Opfer keine Ruhe finden, was den Mitgefangenen nicht entgeht. „Dicht neben unsrer Baracke“, erinnert sich Rubner,[107] „lag die Judenbaracke. Oft drang nachts Schreien und Gepolter zu uns herüber. Dann lagen wir wach und wußten: Jetzt ist die SS von einem Zechgelage zurückgekommen und treibt die jüdischen Gefangenen aus den Betten, schlägt sie, ohne Anlaß, aus reiner Lust am Quälen.

Wir sahen die betrunkenen Schinder natürlich nie, aber wir hörten den Lärm. Die Bewohner der Judenbaracke, die wir am andern Tag nach der Ursache fragten, erzählten so übereinstimmend von den nächtlichen Überfällen, daß ein Zweifel an der Wahrheit ihrer Worte nicht möglich ist.“

Die SS bemüht sich auch erst gar nicht, das harte Los, das sie den Juden bereitet, vor den anderen Häftlingen zu verheimlichen. Offensichtlich ist es sogar ihre Absicht, mit den Mißhandlungen eine abschreckende Wirkung auf die Mitgefangenen zu erzielen. Tatsächlich erwecken die Quälereien jedoch das Mitleid der Kameraden, vor deren Augen sich immer wieder erschütternde Szenen abspielen. „Eines Abends im Mai“, berichtet Rubner,[108] „standen wir am Fenster unsrer Baracke, das nach dem Weiher in der alten Kiesgrube zeigte. Mit uns war auch die Strafkompagnie (sic!) nach schwerer Tagesarbeit eingerückt. Plötzlich sahen wir, wie etwa zwanzig Juden in den Weiher getrieben wurden, der um diese Jahreszeit sehr kaltes Wasser hatte. Sie standen im tiefen Wasser und mußten dort spanische Reiter aufstellen, um ihn gegen Fluchtversuche zu sichern. Die Juden mußten den Stacheldraht mit bloßer Hand anfassen, viele bluteten, viele drohten vor Ermattung umzusinken. Das kalte Wasser reichte allen bis an die Schulter. Junge SS-Leute standen auf der Brücke, am Ufer, beschimpften und höhnten die Arbeitenden, trieben sie an, stießen mit Kolben nach ihnen.“

Das ist das Leben, das Katz erwartet, als er von Eicke aus der Geborgenheit des Reviers gerissen und in die Reihen der Geächteten gestoßen wird. Zunächst bleibt ihm allerdings noch eine Gnadenfrist. Damit er sich an den Umgang mit Harke und Schaufel gewöhnt, hat er zuerst im Lager Gartenarbeiten zu verrichten. Bedrückt reiht sich der Arzt in die Gruppe der Anlagenkolonne ein und geht den Kameraden zur Hand, die damit beschäftigt sind, die Promenade am Lido weiter zu verschönern und mit jungen Wacholderstauden aus dem nahen Wald zu bepflanzen.[109]

Wenn er auch nicht darüber spricht, so merken ihm die Mitgefangenen doch die Angst an, die ihn befallen hat. Das Bild, das der Verzweifelte bietet, bleibt Hornung unvergeßlich: „Er sah, auf den Rechen gestützt, wie abwesend über das tintenschwarze Wasser des Weihers, und seine Blicke verloren sich in die Dunkelheit des Waldes, in dem so mancher Kamerad verschwunden war.

Wenn von der Kiesgrube die rohen, erniedrigenden Schimpfworte herüberbellten, zuckte er zusammen. Nach und nach, als er einige Tage unbehelligt in der Anlage gearbeitet hatte, wurde er aufgelockerter, gesprächiger. Er begann, unsicher noch, zu hoffen, lachte manchmal ungezwungen mit im Kreise der Kameraden.“[110]

Aber diese ruhigen Tage enden für Katz bald. Hornung wird Zeuge, wie der Arzt schließlich noch tiefer stürzt. „Eines Morgens“, berichtet er, „kam aus dem schiefen Schreimaul Dall'Armis der Ruf: ‚Katz!‘ Er lief vor. ‚Im Kiesgrubenkommando antreten!' Dr. Katz wechselte im Laufschritt zum Kiesgrubenkommando, sein Gesicht war bleich, in den Augen stand Angst vor dem Kommenden."

Im letzten Glied der Kolonne marschiert Katz zur Kiesgrube. Dort beordern ihn die SS-Posten, die sich auf den Rand der Grube verteilen, an eine abseits gelegene Stelle und lassen ihn schaufeln – fortwährend, ohne Pause. Dabei wird er von Fritz Ecker beobachtet, der stundenlang mit ansehen muß, wie die SS den Arzt drangsaliert: „Er mußte mit Spitzhacke und Schaufel ganz nahe dem Weiher arbeiten und bekam für sich allein einen SS-Mann als Aufseher. Der trieb Katz fortwährend zu noch eiligerer Arbeitsleistung an. Der (...) Mann konnte vor Ermattung kaum noch die Schaufel heben, wurde jedoch ununterbrochen mit Scheltworten und Hohn angefeuert."[111]

Die Kameraden sind voller Mitleid für ihn. Aber jeder weiß auch, daß dem Mann nicht zu helfen ist. „So verging der erste Tag, der zweite", erinnert sich Hornung.[112] „Dr. Katz schaufelte. Er kehrte mittags und abends völlig erschöpft mit der Arbeitskolonne zurück und sprach nur mit ganz Vertrauten.

Als er in einem angekommenen Briefe wieder las, daß er jetzt bestimmt bald herauskomme, lächelte er traurig und sagte: ‚Wann werde ich in den Wald entlassen? Wie lange wollen sie mich noch quälen?' Die Kameraden hatten kaum mehr den Mut, ihm etwas Aufmunterndes zu sagen. So verging Tag um Tag."

Je länger der Arzt in der Kiesgrube leiden muß, desto mehr sinkt die Hoffnung der Kameraden, daß Katz die Strapazen durchsteht. Die Mitgefangenen befürchten, daß er das nächste Opfer aus der 7. Kompanie sein wird, nachdem erst im August der Nürnberger Jude Siegfried Schmitz aus ihrer Mitte gerissen worden ist. Der Kaufmann, der im Jahre 1897 in Kaisereck zur Welt gekommen war,[113] starb an den Folgen schwerer Mißhandlungen. Die SS hatte kein Erbarmen mit ihm, obwohl er schon mit lebensgefährlichen Verletzungen im Lager eintraf, nachdem er in Nürnberg von SA-Leuten geschlagen und mit Füßen getreten worden war.

„Bei seiner Einlieferung in Dachau, am 26. August 1933", erinnert sich der Kamerad, der ungenannt bleiben will,[114] „fieberte er stark und mußte von Mitgefangenen beim Gehen gestützt werden. Schmitz bat bei der Ankunft, ihn vor neuen Mißhandlungen zu schützen, da er ja ein todkranker Mann wäre. Das Bitten half ihm nichts. Er wurde trotzdem geohrfeigt und geschlagen und danach der bereits überfüllten Judenbaracke zugeteilt. Wir haben ihm ein Lager freigemacht. Er hatte 40° Fieber, wimmerte und stöhnte unausgesetzt. Wir mußten ihn entkleiden.

Sein Körper bot ein grauenhaftes Bild. Die Oberschenkel, der Bauch bis über den Nabel, Rücken und Gesäß waren grün und blau. Breite, blutunterlaufene Striemen bedeckten beide Seiten des Körpers. Die Hoden blau verfärbt, das Gesäß stark geschwollen. Das war sein Zustand nach der Einlieferung in Dachau am Sonnabend (...). Am Sonntag lag er in der Baracke. Am Montag wurde er ins Revier geschafft(,) und am Dienstag ist er gestorben. Wie wir durch andere Gefangene erfuhren, ist er innerhalb des Lagers verscharrt worden."

Auch für Katz gibt es kein Entrinnen mehr. Während die SS ihn noch in der Kiesgrube quält, tritt ein Ereignis ein, das dem Arzt zum Verhängnis wird. Den Zündstoff dafür liefern Photographien, die im Lager gemacht worden sind.

Den Unmut der Lagerleitung hat bekanntlich bereits die Bildreportage über das KL Dachau geweckt, die am 16 Juli in der „Münchner Illustrierten Presse" erschienen ist. Neben der unwahren Berichterstattung über die Umgestaltung des Weihers zum Freibad, die allein schon Anlaß zu erheblichem Ärger gegeben hat, enthält die Zeitschrift auf Seite 852 ein weiteres Bild, das, wie die SS nun beklagt, ebenfalls besser nicht veröffentlicht worden wäre, weil die Abbildung, was zunächst nicht bedacht worden ist, nur das Ansehen der Dachauer Lagerleitung in der Öffentlichkeit belastet.

Die Aufnahme zeigt mehrere Häftlinge, die eine riesige Straßenwalze ziehen. Unter der Überschrift „Schwere Arbeit" heißt es dazu im Bildtext: „Volksverführern, denen der Begriff Arbeit ihr Leben lang fremd geblieben ist, lernen ihn hier zum eigenen Nutzen kennen. Zum ersten Male arbeiten sie produktiv in einer Gemeinschaft."

Mit den „Volksverführern" sind die Männer der 7. Kompanie gemeint, die im Straßenbau das „Arbeitskommando Straßenwalze" bilden. Über die Tätigkeit der Straßenbaukolonne, die als einziges Kommando ständig außerhalb des Lagers beschäftigt ist,[115] berichtet Hornung: „Ein Gespann von etwa vierzig Mann, Juden und ‚Bonzen' gemischt, zog die Walze an Querstangen. Die anderen arbeiteten in losen Gruppen, lockerten die alte Straßenauffüllung, schaufelten sie weg, andere vermischten das angefahrene neue Material mit dem ausgehobenen und trugen es in leichter Wölbung wieder auf. Hinterher wirkten Sprengwagen und Walze zusammen, um der Schotterschicht die nötige Festigkeit zu geben."[116]

Wie für so vieles im Lager haben die Gefangenen auch für die Straßenwalze einen Namen. Sie nennen sie „Lina" – nach dem Lied, das sich bei der Dachauer SS besonderer Beliebtheit erfreut: „Lina, laß dein Weinen sein!"[117] Sogar für die Teilstrecke, die sie zwischen dem Lager und der Hauptstraße nach München ausgebaut haben, finden die Häftlinge eine Bezeichnung, die daran erinnern soll, daß es Juden und „Bonzen" gewesen sind, die auf dieser Straße die Walze gezogen haben. Sie lautet „Jubowa" und ist die Abkürzung für „Juden-Bonzen-Walze".[118]

Allerdings erkennen die Gefangenen auch an, daß der Scharführer Max Schmidt, der das Arbeitskommando Straßenwalze leitet, keine Mißhandlungen zuläßt. „Wenn er in der Nähe war", erinnert sich Hornung,[119] „hielten sich die Posten zurück." Auch Ecker hebt hervor, daß Schmidt, dem Hornung einen „verhältnismäßig guten Ruf" bestätigt, „nicht zu den Prügelhelden" gezählt hat.[120] Wie groß die Autorität des Scharführers ist, beweist der folgende Fall, den Ecker schildert: „Mir ist bekannt, daß zwei SS-Leute einmal planten, den Gefangenen Weinschenk aus Amberg, von der ‚Judenkompagnie' (sic!), ‚auf der Flucht' zu erschießen. Der Scharführer Max Schmidt war in den ersten Tagen des September 1933 beim Nürnberger Parteitag der NSDAP., und in seiner Abwesenheit führte ein anderer Scharführer die Aufsicht über den Straßenbau. Dem Weinschenk wurde befohlen, von der Straße weg seitwärts in ein Gebüsch zu laufen. Hinter einem Baum stand mit einer Pistole, schußbereit, ein anderer SS-Mann, um den ‚Fliehenden' niederzuschießen. Zufällig kam der zweite Kommandant des Lagers, Sturmführer Lippert, dazwischen, und diesem Zufall verdankt der Gefangene sein Leben."

Die Häftlinge zweifeln nicht daran, daß es bei der Anwesenheit von

28 Die Juden und die sogenannten Bonzen hatten in Dachau das schlimmste Los. Sie waren in einer eigenen Kompanie zusammengefaßt und hatten die schwersten Arbeiten zu verrichten. Gefürchtet war der Einsatz an der Straßenwalze, die von Gefangenen der „Bonzen- und Judenkompanie“ gezogen werden mußte.

Schmidt niemand gewagt hätte, den Mordanschlag an Justus Weinschenk zu versuchen. Zweifellos trägt der Scharführer bei allem Bemühen, die Gefangenen korrekt zu behandeln, aber auch der Tatsache Rechnung, daß sich die Posten auf einer Straße, die Passanten zugänglich ist, keine Übergriffe leisten können, ohne damit dem Ansehen der SS zu schaden.[121] Diese Überlegung bestätigt Hornung, der berichtet: „Außerhalb des Lagers, beim Straßenbau, waren die Hemmungen größer, je mehr die Kolonne in die Nähe der Wohnsiedlungen kam. (...) Das Arbeitstempo war angemessener als im Lager, wenn nicht die Posten in einer Art Hitzekoller ihre angesammelte Wut über den verblödenden Wachdienst auf die Gefangenen abluden. Denn hier draußen war kein Baum, der Schatten gab.“[122]

So ist es für die Häftlinge auch ohne Mißhandlungen Strafe genug, vor die Walze gespannt zu werden und das fast mannshohe und tonnenschwere Gerät ohne jede Hilfe in einer Doppelreihe über die Schotterbahn zu bewegen. Allein der Anblick, wie sich die Juden und die „Bonzen“ zu plagen haben, erfüllt die SS mit Genugtuung. Sie findet zunächst auch nichts dabei, daß das Arbeitskommando mit der Straßenwalze in der „Münchner Illustrierten Presse“ abgebildet und damit der Öffentlichkeit vorgestellt wird. Die Propaganda brüstet sich im Gegenteil sogar noch mit dem zweifelhaften Einfallsreichtum der

Dachauer Lagerleitung. „Aber auch die SS.-Posten", erinnert sich Hornung,[123] „machten Aufnahmen; einzelne Gefangene kamen so in den Besitz solcher Photos, die später noch eine verhängnisvolle Rolle spielen sollten."

Der nächste Schlag, zu dem Eicke ausholt, trifft das Lager unvorbereitet. Offensichtlich fürchtet der Kommandant, daß ihm die Kontrolle über die Häftlinge entgleitet und der Widerstandsgeist der Gefangenen die Oberhand gewinnt. Aus diesem Grunde ist er entschlossen, einen Fall herbeizuführen, der die Solidarität der Gefangenen erschüttern und der vor allem die übrigen Häftlinge gegen die Juden aufhetzen soll.

Wie die tragische Entwicklung für die Judenkompanie ihren Lauf nimmt, schildert der hier anonyme Augenzeuge[124]: „Der siebzehnte Oktober 1933, ein Dienstag, war ein rauher(,) kalter Tag. 16 Juden von der zweiten Korporalschaft der siebenten Kompagnie (sic!) hatten Stubendienst und arbeiteten in ihrer Baracke. Etwa 25 bis 28 Juden waren im Kommando Kiesgrube(,) und alle anderen der Judenkompagnie, soweit sie nicht im Kranken-Revier lagen, waren bei Wasserbauten beschäftigt.

Plötzlich erscheint der SS-Kompagnieführer mit dem Befehl: ‚Juden raus!'

Wir sechzehn mußten in zwei Gliedern auf dem Platz hinter dem Eingang zum Gefangenenlager antreten. Neben diesem Platz ist ein Rondell in den Wald geschlagen worden. Nur einige Tannen ließ man in der Mitte stehen(,) und um diese herum hatten Gefangene Sitzbänke gebaut und Verzierungen angelegt.

In diesem Rondell stand Eicke (...) mit großem Stab. Adjutant, zweiter Kommandant, der Lagerarzt und viele SS-Leute waren zugegen."

Für die Häftlinge gehört nicht viel Phantasie dazu, um zu erkennen, daß der Appell für sie nichts Gutes bedeutet. „Sind jetzt alle Hebräer aus der Baracke versammelt?" schreit Eicke ungeduldig. „Jawohl!" wird ihm gemeldet. Im nächsten Augenblick ertönt der schneidende Befehl: „Stiebel raus!" Doch statt des Buchhalters Martin Stiebel tritt der Häftling Stiefel vor, der sofort in den Arrest abgeführt wird. Bevor die Kameraden noch darüber nachdenken können, warum Stiefel in den Bunker gebracht wird, läßt der Kommandant wieder seine Stimme hören: „Ihr unverschämtes Judenpack habt hier in diesem Rondell eine Blechdose vergraben. In diese Blechdose steckt ihr jeweils Notizen mit Greuelnachrichten aus dem Lager, die dann nachts herausgebracht werden." Eicke behauptet, den Namen des Hauptschuldigen zu kennen. Dieser solle sich unverzüglich melden und die Dose selbst ausgraben.

Aber keiner der Häftlinge tritt vor. Der Kommandant zögert nicht lange. Wütend droht er den Juden, daß er sie, wenn sich der „Feigling" nicht sofort melde, das Rondell so lange umgraben lasse, bis die Dose gefunden sei. „Schafft ihr sie nicht innerhalb einer halben Stunde zur Stelle, dann habt ihr alle die Folgen zu tragen. Außerdem werde ich euch auf den Exerzierplatz führen!"

Als seine Worte ohne Echo bleiben, macht Eicke die Drohung wahr. „Werkzeuge wurden herbeigeholt", berichtet der Augenzeuge,[125] „und der ganze Platz etwa dreiviertel Meter tief umgegraben. Hinter jedem Gefangenen stand ein SS-Mann, beschleunigte durch Schimpfworte und Stöße mit dem Gewehrkolben das Arbeitstempo und paßte gut auf, daß die gesuchte Dose nicht etwa auftauche und wieder vergraben werde."

Unerbittlich läßt Eicke die Männer mit Pickel, Spaten und Schaufel im Erdreich schürfen. „Bis unter die Wurzeln der starken Tannen", erinnert sich Hornung,[126] „wurden die Pickelhiebe vorgetrieben, jeder Stein, jedes Fleckchen mußte umgedreht werden. Der Kommandant ging auf und ab und ließ die Gefangenen nicht aus dem Auge. (...)

Die Juden hackten, pickelten, gruben, wühlten mit den Händen im Boden. Die Ruhebänke, von den Gefangenen an diesem einzigen Schattenplatz mit viel Geschick und Geduld angebracht, fielen den Pickelnden zum Opfer. Der Kommandant gab selbst die Plätze an, an denen gegraben werden mußte."

Aber die Suche führt zu keinem Ergebnis. Die Dose bleibt unauffindbar. „Inzwischen", berichtet der Augenzeuge aus der 7. Kompanie,[127] „war bemerkt worden, daß man mit Stiefel einen Falschen in den Arrest gesteckt hatte. Der gesuchte Stiebel war an diesem Tage dem Kommando Kiesgrube zugeteilt. Er wurde geholt und nach kurzem Verhör in einen der Bunker geworfen." Noch weiß niemand der Häftlinge, was Stiebel zur Last gelegt wird. Bekannt ist den Kameraden nur, daß ihn seine Zugehörigkeit zur KPD nach Dachau gebracht hat.[128]

Trotz seiner jungen Jahre hat der Jude, der am 2. Februar 1899 in Kitzingen geboren ist,[129] bereits ein bewegtes Leben hinter sich. Noch als Jugendlicher geht er im Jahre 1917 an die Front, erwirbt dort die Tapferkeitsmedaille und kehrt als Unteroffizier aus dem Ersten Weltkrieg zurück.[130] Der gelernte Buchhalter macht sich in Nürnberg selbständig und führt lange Zeit ein eigenes Geschäft, bevor er 1931 als Angestellter in die Dienste eines größeren Unternehmens tritt. Schon früh wendet er sich der Kommunistischen Partei zu und übernimmt im Jahre 1929 den Vorsitz in der Nürnberger Ortsgruppe der Roten Hilfe. So bleibt es nicht aus, daß sich der beliebte Arbeiterfunktionär die Feindschaft der Nationalsozialisten zuzieht. Am 12. April 1933 wird er verhaftet und vier Wochen darauf ins KL Dachau eingeliefert.

Während Stiebel nun an diesem schicksalhaften 17. Oktober den Weg in den Arrest antritt, bleiben seine jüdischen Kameraden im Freien zurück. Eicke hat zwar die Suche nach der Blechdose einstellen, aber die Häftlinge noch nicht wegtreten lassen. Die Männer empfinden das Stehen an diesem trübseligen Nachmittag als besondere Last. „Der Nebel", erinnert sich Hornung,[131] „troff von den hohen Tannen; grau hingen die Wolkenfetzen über den Dächern, der Wald stand verschleiert." Die Feuchtigkeit durchdringt die Kleider der Juden, die sich nicht von der Stelle rühren dürfen, und bald zittern die Häftlinge vor Kälte. Vergeblich warten sie darauf, endlich in ihre Baracke zurückkehren zu dürfen. Auch als die anderen Angehörigen der 7. Kompanie vom Arbeitsdienst ins Lager einrücken, erhalten sie nicht die Erlaubnis zum Betreten ihrer Unterkunft. Sie müssen eine Stunde lang, in Reih und Glied angetreten, vor der Baracke stehen bleiben und die Durchsuchung ihrer Kleider über sich ergehen lassen. Dabei frieren sie in dem dünnen Zeug, das sie auf dem Leibe tragen, jämmerlich.

Unterdessen wird die Judenbaracke von der SS durchsucht. „Als wir", berichtet der Augenzeuge,[132] „um ¾7 Uhr wieder hinein durften, bot sich uns das Bild greulichster Unordnung. Alles lag über- und untereinander. Briefe und Papiere der Gefangenen und die Reisekoffer waren mitgenommen. Am Abend mußten wir die Kofferschlüssel auf der Kommandantur abliefern.

Ich selbst habe beinahe Todesangst ausgestanden. Als im Lager die Anordnung erging, daß die Briefe der Angehörigen nicht mehr in der Baracke aufgehoben werden dürfen, hatte ich meine wenigen auf den Boden des Koffers gelegt und ein Stück Stoff darüber geklebt. Sie trugen zwar alle den Stempel: ‚Konzentrationslager Dachau geprüft'. Mir drohten trotzdem Prügel und Bunker(,) und der konnte bei der sichtlichen Erregung der SS mit dem Tode enden."

Der zweite Mann, der nach Martin Stiebel noch am 17. Oktober von den Kameraden getrennt wird, ist Dr. Delvin Katz. Als die Juden nach 19.30 Uhr vom Essenfassen in ihre Baracke zurückkehren, erscheint bei ihnen der Arrestverwalter Lutz und befiehlt dem Arzt, ihm zu folgen. Nach diesem Abend sehen die Häftlinge Katz nicht wieder.

Der nächste Tag birgt für die Juden neue Schrecken. Bereits am Morgen des Mittwoch müssen sie gesondert antreten und zum Strafexerzieren unter dem Kommando des SS-Sturmführers Michael Lippert zum Exerzierplatz der SS marschieren, der außerhalb des Innenlagers liegt und der mit Hindernisgarten, Eskaladierwand, Fuchsbau und Gräben ausgestattet ist. Fritz Ecker wird Zeuge, wie die rund sechzig Mann von der SS geschunden werden: „Zuerst mußten sie – ich habe es selbst mit angesehen – mehrmals durch die am Eingang des Platzes befindlichen Pfützen kriechen, bis sie eine vollständige Schmutzkruste an der Kleidung hatten. Wer nicht ganz flach am Boden kroch, dem sprangen SS-Leute aufs Kreuz, traten ihn aufs Gesäß oder hieben mit Seitengewehren und Peitsche darauf los. Der Nürnberger Rechtsanwalt Dr. Rosenfelder wurde nach dieser ‚Kriechübung' vom Platze weg in den Bunker gebracht."[133]

Mit Albert Rosenfelder, der beim Exerzieren zusammengebrochen ist,[134] geht auf Befehl von Eicke der dritte Jude in den Arrest. Wie Stiebel und Katz zählt der Rechtsanwalt zu den ersten Nürnberger Häftlingen, die noch im Frühjahr 1933 nach Dachau gebracht worden sind. Vor seiner Verhaftung hat sich der etwa 40 Jahre alte Rosenfelder in vielen politischen Prozessen als Verteidiger von Republikanern und Sozialdemokraten einen Namen gemacht.[135] Das ist auch der Grund, weshalb der Nürnberger nach der Machtergreifung der Nationalsozialisten in Bayern sofort festgenommen und mit dem zweiten Transport, der die „Stadt der Reichsparteitage" am 13. April mit politischen Häftlingen verläßt, ins KL Dachau eingeliefert wird.[136] Dort erwarten den Juden, der den Sozialdemokraten nahesteht, von Anfang an schwere Demütigungen und Mißhandlungen.

Der kleine, schwächliche Mann wird nicht nur beim Exerzieren vor den Augen seiner Kameraden bis aufs Blut drangsaliert und verspottet,[137] sondern auch an der Straßenwalze hart herangenommen, wo Hornung ihm begegnet: „Die Querstange schien den fast zum Gerippe gewordenen Rosenfelder in der Mitte zu teilen. Aber er stapfte mit den andern im Schritt; schwer, hölzern, mechanisch setzten sich die Beine in Bewegung. (...) So gebückt, so unendlich traurig drückten sie, Fuß vor Fuß, die Gestänge an den Leib gepreßt, die Walze vorwärts."[138]

All diese Schikanen rauben Rosenfelder zwar die Gesundheit, doch die Kraft seines Verstandes können die Peiniger nicht brechen. Sein Mithäftling Dr. Erich Braun bezeichnet ihn als einen der intelligentesten Männer, denen er je begegnet ist. „Klar in seinen Gedanken und gewandt in der Sprache", erinnert sich der Arzt,[139] „war er ein Redner von hohen Graden." Großen Eindruck macht seine Haltung auf die Mitgefangenen, als er, wie berichtet, gezwungen wird, auf Schlageter die Gedenkrede zu halten.[140] Er entledigt sich dieser Aufgabe mit geistiger Überlegenheit.

Doch schwer leidet Rosenfelder unter dem Spott der SS, nachdem ihm die Bewacher einmal johlend eine Dornenkrone aufgesetzt haben.[141] „Das Blut", berichtet Rubner,[142] „lief ihm über Augen und Wangen. So mußte er vor uns hermarschieren und auf Befehl allerlei Lieder anstimmen, die wir mitzusingen hatten. Die Stimme versagte ihm, er konnte sich kaum aufrecht halten."

Nach all dem, was hinter Rosenfelder liegt, ist es nicht verwunderlich, daß der einstmals gesunde Mann am Ende ist, als ihn Eicke am 18. Oktober vom Exerzierplatz weg in den Bunker schleppen läßt. Auch ihn sehen die Kameraden nicht wieder. Sie hören nur, daß er Schweres im Arrest durchmacht, wo er an einer Kette hängt und entsetzlich unter der Kälte leidet.[143] Später verbreitet die SS die Nachricht im Lager, daß Rosenfelder entlassen worden sei.[144] Wie sich jedoch herausstellt, ist er nie daheim angekommen. Zwar bleibt es den Kameraden ein Rätsel, welches Ende Rosenfelder bereitet worden ist, doch zweifelt keiner von ihnen daran, daß er das KL Dachau nicht mehr lebend verlassen hat.[145] „Es ist möglich", gibt Erich Braun zu bedenken,[146] „daß eines Tages sein Skelett im Sumpf rund um das Lager gefunden wird."

Welches Schicksal dem Mann bevorsteht, ahnen die Mitgefangenen jedoch noch nicht, als sie sehen, wie Rosenfelder vom Exerzierplatz geführt wird. Außerdem hat jeder der Zurückbleibenden in diesem Augenblick mit sich selbst genug zu tun, um die Strapazen des Strafexerzierens durchzustehen. „Wir mußten", erinnert sich der Augenzeuge,[147] „über eine fünf Meter hohe Eskaladierwand klettern, von der ich herunterfiel und mir derart die Rippen prellte, daß ich keine Luft bekam. Danach durch den ‚Fuchsbau' schlüpfen, dann laufen, kriechen, springen und uns wälzen. Das ging zwei Stunden hindurch. Dann legte der zweite Lagerkommandant fünf Minuten Pause ein. Wir trieften vor Schweiß. (...)

Ein SS-Sturmführer erklärte, er wolle uns Juden jetzt zu richtigen Soldaten trainieren, damit nachher niemand sagen könne, man hätte uns wehrlos niedergeschossen. Danach fragte er, wer von uns Juden sich aufhängen wolle."

In der Tat findet die zynische Bemerkung Gehör. Der Häftling Edmund Rauner aus Schweinfurt kann die entwürdigende Behandlung nicht länger ertragen. Um weiteren Demütigungen zu entgehen, ist er dazu entschlossen, seinem Leben ein Ende zu bereiten. Er meldet sich, und der SS-Führer nimmt unbeeindruckt die Bereitschaft des Juden zum Äußersten zur Kenntnis.

„Ein Strick", berichtet der Augenzeuge, „ wurde herbeigeholt. Der Gefangene legte ihn um den Hals und wollte die Uhr und seine Habseligkeiten abgeben, worauf der Sturmführer sagte, von einem Juden nehme er nichts in die Hand. Ein andrer Gefangener mußte die Gegenstände an sich nehmen.

Als Rauner bat, den Strick anzuziehen, sagte der Sturmführer: ‚Nein, von dir Juden lassen wir uns unsern Exerzierplatz nicht verunstalten. Hänge dich daheim in deiner Judenbaracke auf!' "

Die Gefangenen stehen noch unter dem Eindruck des Erlebten, als der SS-Sturmführer Michael Lippert nach der Pause wieder erscheint. In ihrer Verzweiflung hoffen die Juden, ihn durch ein Entgegenkommen erweichen zu können. Im Namen ihrer Kameraden bitten die drei Häftlinge Karl Kissinger aus Ingolstadt, Albert Lachmann aus Kronach und Oskar Moritz aus Miltenberg, eine Erklärung abgeben zu dürfen, was Lippert ihnen gestattet. „Die Abordnung", erinnert sich der Augenzeuge, „trug nun vor, daß die Juden im Lager mit Greuelpropaganda nichts zu tun haben. Sie würden jedoch für alle Kosten von Veröffentlichungen in der Presse aufkommen und auch den Centralverein Deutscher Staatsbürger jüdischen Glaubens davon verständigen, daß es nicht wahr sei, wenn behauptet werde: Im Lager Dachau würden Mädchen mißbraucht, den Juden würden Hakenkreuze in die Schultern eingebrannt."

Doch diese Worte erregen nur den Unwillen des SS-Sturmführers. „Nein", erwidert Lippert, „dieses Mal lassen wir uns nicht drankriegen. Eure Judenpresse erklärt dann doch wieder, wir hätten eure Erklärung erpreßt. Gebt mir nur den Namen desjenigen an, der Nachrichten aus dem Lager verbreitet hat, dann werden wir das Strafexerzieren abbrechen."

Der SS-Führer endet jedoch nicht, ohne noch eine Anspielung auf den polnischen Häftling Schneuer zu machen, der vor einem Monat auf Intervention seines Konsuls aus dem Lager entlassen worden ist.[148] Eicke nahm die erzwungene Freilassung des Juden zum Anlaß für ein peinliches Schauspiel. Bevor er Schneuer freigab, ließ er den Mann vor den versammelten Gefangenen auspeitschen und gab ihm danach die Worte mit auf den Weg, daß dies die Grüße der Nationalsozialisten an Polen seien. Der Jude steht seitdem bei Eicke im Verdacht, daß er sich nicht an sein Schweigegebot gehalten und in der Öffentlichkeit Einzelheiten über das KL Dachau berichtet hat. Das ist auch der Grund, weshalb Lippert vor den angetretenen Juden auf dem Exerzierplatz die Drohung ausstößt: „Wenn wir den vor vier Wochen entlassenen Juden Schneuer erwischen, so wird der nicht erschossen und nicht erschlagen, aber lange leben wird er auch nicht mehr!"[149]

Mit dieser Bemerkung läßt Lippert das Strafexerzieren, dem sich keiner der Juden, weder jung noch alt, entziehen kann, fortführen. Erst um 11 Uhr wird die Tortur abgebrochen. „Unsere Drillichkleider", berichtet der Augenzeuge, „waren in einem unbeschreiblichen Zustand. Als wir einrückten, wurde befohlen, nachmittags in tadellos sauberem Drillich anzutreten."

Ehe die Juden noch zur Besinnung kommen, erreicht sie eine neue Schrekkensmeldung. In der Mittagspause hören sie von christlichen Gefangenen, daß Dr. Delvin Katz und Martin Stiebel nicht mehr am Leben seien. Im Falle von Stiebel erweist sich jedoch zum Glück die Todesnachricht am Nachmittag als falsch.[150] Das Ende von Katz dementiert niemand.

Den Juden bleibt aber nicht viel Zeit, um darüber nachzudenken, welchen Tod der Arzt gefunden haben könnte. Nach dem Mittagessen müssen sie in ihrem feuchten Drillich, der in der kurzen Zeit nach der raschen Wäsche noch nicht getrocknet ist, wieder antreten. Diesmal werden sie zum Arbeitskommando Straßenwalze befohlen. Während sie dort ihrer schweren Tätigkeit nachgehen, holt die SS die Juden nacheinander in Gruppen von je zehn Mann zur Vernehmung, die der Kriminalbeamte Beiersdorfer vornimmt. „Es setzte", erinnert sich der Augenzeuge,[151] „Ohrfeigen und Schläge."

Am folgenden Donnerstag, dem 19. Oktober, scheint sich die Erregung der SS etwas gelegt zu haben. Die Juden werden wieder zum üblichen Dienst eingeteilt. Doch läßt die Kommandantur sie nicht ohne Drohung ziehen. Es wird ihnen erklärt, daß die Untersuchung weitergehe. Daß in der Tat die Gefahr noch nicht gebannt ist, beweisen die Nachrichten, die am Mittag zu den Juden dringen. Sie hören, daß sich der kommunistische Häftling Wilhelm Franz im Arrest erhängt habe und daß der Gefangene Josef Altmann in den Bunker gebracht worden sei.

Die Neuigkeiten haben kaum ihre Runde gemacht, als die Juden selbst wieder im Mittelpunkt des Geschehens stehen. „Wir saßen noch beim Essen", berichtet der Augenzeuge, „als der Befehl erging: ‚Die Juden der 7. Kompagnie, zweite Korporalschaft, sofort raus!'

Vor der Baracke stand der Lagerkommandant Eicke mit seinen Wachmannschaften. Kein Gefangener durfte in die Baracke zurück.

Der Jude Ernst Sichel wurde aufgerufen. Der Kommandant verlangte von ihm die ‚hölzerne Zigarettendose mit doppeltem Boden', in der Photographien der Straßenwalze versteckt seien.

Sichel übergab die Dose und erklärte, daß er die Bilder von dem Kommandanten der Lagerfeuerwehr, dem Gefangenen Schöberl(,) gekauft habe, um sie als Andenken an das Lager aufzuheben. Die Bilder waren damals im Lager bekannt und sind sogar in deutschen illustrierten Zeitungen veröffentlicht worden.[152]

Sichel flog in den Bunker, ebenso auch ein jüdischer Gefangener Besser aus Berlin. Bei dem hatte man eine Dose gefunden, aus der die Bilder herausgenommen waren. Deswegen galt er als verdächtig, sie herausgeschmuggelt zu haben.

Alle Juden wurden dann nach solchen Dosen genau untersucht. Die Dosen wurden weggenommen. Auch die Baracken sind wiederum genau durchsucht worden. Ich hatte inzwischen die Briefe aus meinem Koffer vernichtet, fürchtete aber die nachträgliche Entdeckung des aufgeklebten Doppelbodens. Dann wäre auch ich, genauso wie Besser, in den Arrest gekommen. Aber niemand hat bei der Durchsuchung etwas bemerkt oder Verdacht geschöpft."

Die Kunde von der Beschlagnahme der Holzdosen, in denen die Häftlinge gewöhnlich ihren Tabak oder ihre Zigaretten aufbewahrt haben, verbreitet sich im Lager wie ein Lauffeuer. Zugleich geht das Gerücht um, daß auch alle anderen Baracken kontrolliert würden, was die Aufregung, die ohnehin schon unter den Männern herrscht, noch mehr erhöht. „Ein Teil der Gefangenen", erinnert sich Hornung,[153] „warf alles, was er an Papieren oder Dosen hatte, in die Abortgruben ... Die Visitation blieb aber aus."

Unterdessen suchen die Juden nach einem Weg, der dazu führt, den Kommandanten versöhnlicher zu stimmen. Sie einigen sich darauf, eine schriftliche Erklärung zu verfassen, in der sie versichern, daß alle Greuelnachrichten, die ihnen über das KL Dachau mitgeteilt worden seien, nicht der Wahrheit entsprächen. Das ist zwar geschickt formuliert, bleibt aber dennoch ohne Wirkung. Als der Korporalschaftsführer der Juden die Erklärung am Freitag dem Kommandanten übergibt, weist Eicke sie mit der Bemerkung zurück, daß sie ihm nicht genüge.[154] Er besteht auf einem Schuldbekenntnis der Juden, die er nach wie vor für die heimliche Verbreitung von Greuelnachrichten verantwortlich macht. Die Juden wissen jedoch, daß jedes Eingeständnis Hochverrat und damit ihr Ende bedeuten würde. Deshalb lehnen sie es ab, der SS, wie sie sich ausdrücken,[155] „freiwillig den Strick" zu liefern, an dem diese sie dann aufhängt.

Am Sonntag, dem 22. Oktober, hält Eicke die Zeit für gekommen, seinen letzten Trumpf auszuspielen. Er beabsichtigt, das gesamte Lager für ein Vergehen büßen zu lassen, das keinesfalls bewiesen ist. „Am Spätnachmittag", berichtet Hornung,[156] „wurde der Befehl ausgerufen: ‚Alles antreten vor den Baracken!'

Die Kompanien setzten sich in Marsch, nahmen Aufstellung mit Front zum Lautsprecher. Das große Blechmaul gab zunächst einige Krachlaute von sich. Nach wenigen Sätzen war erkennbar, daß eine große Sportreportage durchgegeben wurde, ein Länderspiel zwischen deutschen und belgischen Fußballmannschaften. Mit einem Gefühl der Erleichterung gaben sich die grauen Scharen dem dramatischen Hörgenuß der Reportage hin. Der Wettkampf ging nach einer Pause weiter; alles war auf das Ergebnis gespannt, da wurde abgebrochen. Der Lautsprecher schwieg.

Störung? Schade! Gern hätten sie das Spiel bis zum Ende verfolgt. Sie harrten nun des Befehls zum Abmarsch, da – (:) ‚Hier ist der Kommandant des Lagers!'

Die grauen Kolonnen horchten auf. Aller Augen waren starr auf das Blechmaul gerichtet.

‚Juden und Bolschewiken haben Greuelnachrichten ins Ausland geschmuggelt!' Das war der erste Satz einer Ansprache, die unheimlich drohend aus dem Blechrachen quoll.

‚Ich verdächtige besonders den entlassenen Juden Schneuer, dem ich zum Andenken an Dachau noch fünfundzwanzig Wohlgezählte verabreichen ließ, als ihn sein polnischer Konsul anforderte.' Die Stimme tobte hohl über das Lager, wie die eines plötzlich irrsinnig gewordenen Bauchredners. Die Gefangenen standen entsetzt. Man konnte jedes Rücken der Stiefelsohlen im Kies hören.

‚Mit Hilfe von Kassibern haben die Juden und Bolschewiken des Lagers Greuelpropaganda getrieben und damit Tausende verdient, während sie vor euch trockenes Brot aßen, wie euer Genosse Katz, der sich in seiner Zelle erhängt hat. Er hatte schon alles zur Ausreise ins Ausland vorbereitet. Auch euer Genosse Franz hat sich erhängt, nachdem er für seine Greuelmärchen achttausend Mark einkassiert, euch aber nichts davon gegeben hat. Im Arrest sitzen noch der Intellektuelle Rosenfelder, seines Zeichens Rechtsanwalt, ferner euer Genosse Altmann und der Jude Sichel, die Bildchen hinausbringen wollten, damit man in Prag schöne Hetzfilme drehen kann.'"

In seiner Ansprache an die nahezu 2500 Gefangenen, die erregt den Worten des Kommandanten lauschen, wird Eicke noch deutlicher. Er behauptet, daß die Häftlinge Altmann, Franz, Katz und Rosenfelder versucht hätten, Aufzeichnungen über Ereignisse im Lager, die in eine Mütze eingenäht worden seien, nach draußen zu schmuggeln. „Der Verräter Altmann", sagt er,[157] „hat seine Tätigkeit als Schreiber im Aufnahmeraum dazu benützt, sich jeweils die Namen jener Neuankömmlinge zu notieren, die bei der Ankunft im Aufnahmeraum geschlagen wurden. Sein sauberer Helfer Willy Franz hat als Leiter der Lagerpoststelle Zugang zum Gefangenenverzeichnis gehabt und daraus die genauen Personalien der ihm von Altmann Benannten festgestellt. Der

Jude Dr. Katz hat als tätiger Arzt im Krankenrevier Aufzeichnungen gemacht über die ins Revier eingelieferten Geprügelten. Der Dr. Rosenfelder, Rechtsanwalt aus Nürnberg, scheint auch nicht ganz unbeteiligt an der Sache zu sein!" Außerdem wird Martin Stiebel von Eicke beschuldigt, seine Hände mit im Spiel gehabt zu haben.[158]

Die Gefangenen nehmen die Ausführungen des Kommandanten schweigend zur Kenntnis. Wie weit seine Behauptungen den Tatsachen entsprechen, können sie nicht beurteilen. Ihnen ist auch nicht bekannt, daß die Vorfälle im KL Dachau bereits an höherer Stelle Wellen geschlagen haben. Schon am Donnerstag, dem 19. Oktober, hat Himmler den Ministerpräsidenten Siebert davon unterrichtet, daß am 17. Oktober in Dachau ein Kassiberschmuggel entdeckt worden sei. Damit hätten Häftlinge das Ziel verfolgt, Nachrichten aus dem KL zu schleusen, die dazu bestimmt gewesen seien, in der Tschechoslowakei „einen Greuelpropagandafilm über die angeblichen Vorkommnisse" im Konzentrationslager zu drehen.[159] Die Grundlage für die Nachrichten habe das Tagebuch gebildet, das von Wilhelm Franz geführt worden sei.[160] Franz habe seine Aufzeichnungen in einer Konservenbüchse verwahrt und im Lager vergraben. Allerdings sei das Tagebuch noch nicht gefunden worden. Als „geistiger Urheber" des geheimen Unternehmens gilt Katz, der Franz die Nachrichten für die Aufzeichnungen zugespielt habe.

In demselben Bericht gibt Himmler dem Ministerpräsidenten auch den Tod der beiden Häftlinge bekannt. Franz habe sich am Nachmittag des 17. Oktober eine halbe Stunde nach seiner Einlieferung in eine Einzelhaftzelle, wo er nach heftigem Widerstand „in gehöriger Weise zurechtgewiesen werden mußte", an seinem Leibriemen erhängt. In der Nacht zum 18. Oktober sei dann auch Katz freiwillig in den Tod gegangen. Er habe sich in seiner Arrestzelle „mit seinem Hosenträger an der Zugvorrichtung zur Oberlichtöffnung aufgehängt".

Über das Schicksal von Josef Altmann und Martin Stiebel ist zu dieser Zeit noch nicht entschieden. Aber auch sie kehren nicht mehr lebend aus dem Bunker zurück. Altmann, der aus Dolling stammt, am 26. Dezember 1891 geboren ist und den Beruf des Kaufmanns erlernt hat, stirbt am 12. Februar des folgenden Jahres in seiner Zelle.[161] Stiebel kommt am 2. April 1934 im Arrest um.[162] Von seinem Tode erfahren die Mitgefangenen erst durch eine Nachricht von draußen, die besagt, daß Stiebel in Rödelsee bei Kitzingen bestattet worden ist.[163]

Die Affäre, bei der Eicke jedes Mittel recht gewesen ist, um die Solidarität der Häftlinge zu spalten, hat auch für das gesamte Lager Konsequenzen. Nachdem der Lautsprecher plötzlich ausgefallen ist,[164] erscheint der Kommandant persönlich vor den Gefangenen und fährt in seiner Ansprache im Freien fort[165]: „Bildet euch nicht ein, daß das Lager aufgelöst wird. Da hinten wird nächstes Jahr eine Kaserne gebaut, einige von euch werden das noch erleben. Wer sich entsprechend beträgt, wird hinauskommen. Für die anderen haben wir Stricke genug ... Ab heute verhänge ich Entlassungssperre, Postsperre und Zeitungssperre.[166] Bedankt euch bei den Juden und Bolschewiken. Die Sperre wird erst aufgehoben, wenn die Juden unterschrieben haben, daß sie die Greuelnachrichten absichtlich ins Ausland geschmuggelt haben."[167]

Nach dieser Mitteilung erhalten die Kompanien den Befehl, zu ihren Baracken zurückzukehren. „Ihr Marschschritt", berichtet Hornung,[168] „hallte dumpf durch die Gassen. Ohnmächtige Wut beherrschte alle. Keiner glaubte an die Selbstmorde. Dr. Katz hatte weg müssen; sie schickten gleich noch eine Anzahl Schuldloser mit. Es genügte ihnen nicht, sie gemordet zu haben, sie bewarfen sie noch mit dem Unflat ihrer Lüge und Verleumdung."

Auch Oberstaatsanwalt Wintersberger, der am Vormittag des 19. Oktober durch die Bayerische Politische Polizei fernmündlich vom Tode der beiden Häftlinge Franz und Katz benachrichtigt worden ist,[169] bezweifelt die Selbstmorde. Deshalb begibt er sich noch am selben Vormittag mit dem Landgerichtsarzt Dr. Flamm nach Dachau, um dort die Toten in Augenschein zu nehmen. Als der Oberstaatsanwalt mit seinem Begleiter im KL eintrifft, findet er jedoch die Leichen nicht mehr in den Zellen vor. Die SS hat sie unterdessen in einen Lagerschuppen gebracht, bis auf die Füße entkleidet und auf Tragbahren gelegt.

Nachdem der Gerichtsmediziner die zwei Toten untersucht hat, steht für ihn fest, daß sowohl Katz als auch der am 5. Juni 1909 geborene Kaufmann Wilhelm Franz aus München[170] das Opfer eines Verbrechens geworden sind. „Beide Leichen", erinnert sich Wintersberger,[171] „zeigten vor allem auf dem Rükken auffallende Verfärbungen der Haut, so daß mir die von Dr. Flamm auf der Heimfahrt geäußerte Ansicht, daß beide Personen an Fettembolie infolge körperlicher Mißhandlungen gestorben seien, auch als Laie ohne weiteres als richtig erschien, zumal an beiden Leichen die um den Hals ganz waagerecht verlaufenden Strangulationsnarbe nicht durch Erhängen hervorgerufen sein konnte."

Der Verdacht wird noch dadurch erhärtet, daß in der Zelle von Franz frische Blutflecken und Blutspritzer auf der Holzpritsche festgestellt worden sind. Außerdem entgeht Wintersberger nicht, daß die Kettenvorrichtung, die in der Zelle von Katz zum Öffnen des Fensters gedient hat, zum Teil abgerissen und durch eine Schnur ersetzt worden ist.[172]

Das Ergebnis der Leichenschau veranlaßt den Oberstaatsanwalt, die Obduktion der beiden Toten anzuordnen, die am 20. Oktober in Anwesenheit des Lagerarztes Dr. Meixner und des Lageradjutanten Scheingruber von den Gerichtsärzten Dr. Flamm und Dr. Niedenthal durchgeführt wird. Beide Mediziner kommen in ihrem Gutachten zu dem Schluß, daß Franz und Katz einem Erstickungstod erlegen sind, der, wie die Staatsanwaltschaft in einer Notiz zusammenfaßt,[173] „durch Erwürgen und Erdrosseln von fremder Hand herbeigeführt worden" ist.

Die Ärzte bleiben auch den Beweis für ihre Annahme nicht schuldig. „Die am Hals vorgefundenen Strangulationsmarken", führt Justizminister Frank in seinem Bericht an Ministerpräsident Siebert aus,[174] „entsprechen ihrem Verlaufe nach nicht den bei Erhängten beobachteten Befunden. Hinsichtlich der Leiche des Franz wird im vorläufigen Gutachten noch angeführt, daß als konkurrierende Todesursache Fettembolie zunächst nicht auszuschließen ist; an dieser Leiche wurden frische Striemen am behaarten Kopf sowie besonders zahlreich am Rumpf und an den Armen mit ausgedehnten Blutungen und Zertrümmerungen des Fettgewebes festgestellt. Die Leiche des Katz wies außer den Verletzungen am Hals noch am Kopf verschiedene Hauteintrocknungen, Hautabschürfungen und eine Hautdurchtrennung auf."

Neben dem medizinischen Befund macht Wintersberger die Tatsache stutzig, daß sich die Kommandantur in Dachau weigert, der Staatsanwaltschaft die Requisiten auszuhändigen, die Franz und Katz angeblich dazu benutzt haben, um sich zu erhängen. Eicke reagiert auch nicht, als das Amtsgericht Dachau die Beschlagnahme der Gegenstände verfügt.

Die hartnäckige Haltung des Oberstaatsanwalts bei der Verfolgung der Verbrechen im KL Dachau erregt offensichtlich bald den Unwillen des Politischen Polizeikommandeurs. Am 18. November wendet sich Himmler deshalb an Justizminister Frank und unterbreitet ihm den Antrag, die Ermittlungsverfahren in den Fällen Handschuch, Franz und Katz „aus staatspolitischen Gründen" niederzuschlagen.[175] Das Begehren des Reichsführers-SS wird von Innenminister Wagner unterstützt, der sich am 29. November persönlich in die Angelegenheit einschaltet, nachdem der Justizminister nicht dem Wunsch Himmlers entsprochen hat.

„In der Zwischenzeit", schreibt Wagner seinem Parteigenossen im Justizministerium, „wurde von mir in einer Besprechung mit dem Politischen Polizeikommandeur Reichsführer SS. Himmler nochmals festgestellt, daß durch die Durchführung der Ermittlungsverfahren dem Ansehen des nationalsozialistischen Staates großer Abbruch deswegen getan würde, weil diese Verfahren sich gegen Angehörige der SA. und SS. richten und somit die SA. und SS., also Hauptträger des nationalsozialistischen Staates, unmittelbar betroffen würden. Aus diesen Gründen schließe ich mich dem Ihnen am 18. 11. 1933 unterbreiteten Antrag des Politischen Polizeikommandeurs im Staatsministerium des Innern auf Niederschlagung der Ermittlungsverfahren an.

Wie mir der Politische Polizeikommandeur Reichsführer SS. Himmler mitteilt, hatte er auch in dieser Sache eine längere Aussprache mit Ihnen. Auch im Ministerrat wurde bereits darüber gesprochen. Das Ergebnis war, daß das Justizministerium einen Beauftragten zur Politischen Polizei abstellte." Gemeint ist damit der Erste Staatsanwalt Dr. Walther Stepp, der als Verbindungsmann die Belange der Justiz bei der Bayerischen Politischen Polizei vertritt.

„Ich bin der festen Hoffnung", fährt Wagner in seinem Schreiben an Frank fort, „daß dies die letzten Fälle sind, die den Herrn Reichsstatthalter und den Ministerrat zum Eingreifen im Staatsinteresse zwingen. Den Organen der Politischen Polizei gegenüber habe ich eindeutigst zum Ausdruck gebracht, daß ich mich künftig in ähnlichen Fällen nicht mehr zur Antragstellung auf Niederschlagung der Ermittlungsverfahren bereit erklären kann. Andererseits verkenne ich die unbedingte Notwendigkeit nicht, vor allem den Aufsichtsorganen im Konzentrationslager eine Handhabe zu geben, mit deren Hilfe sie bei vorkommenden tätlichen Angriffen oder Widersetzlichkeiten oder auch bei schweren Verstößen gegen die Konzentrationslagerdisziplin durch sofortige Anwendung der Schußwaffe bezw. durch standrechtliches Erschießen eingreifen kann. Nur so wird es möglich sein, die Ordnung im Konzentrationslager, das bekanntlich fast ausschließlich Verbrechernaturen beherbergt, in jeder Beziehung aufrecht zu erhalten.

Für eine Meinungsäußerung Ihrerseits, sehr geehrter Herr Justizminister, wäre ich sehr verbunden."

Doch Frank ist entschlossen, nicht nachzugeben. Aus diesem Grunde wendet er sich am 2. Dezember an Ministerpräsident Siebert und schildert ihm in einem ausführlichen Bericht den Stand der Ermittlungen in den Fällen Handschuch, Franz und Katz. Zugleich informiert er ihn über Wagners Schreiben vom 29. November, in dem der Innenminister Frank ersucht hat, die Ermittlungsverfahren niederzuschlagen.

Der Justizminister ist offensichtlich nicht dazu bereit, die Verantwortung dafür zu übernehmen, denn er beschäftigt sich in seinem Bericht an Siebert auch ausdrücklich mit der rechtlichen Seite des Antrags. „Die Verfassungsurkunde des Freistaates Bayern vom 14. August 1919", erläutert er,[176] „hatte die Niederschlagung von strafrechtlichen Untersuchungen verboten. Das Gesetz über die Niederschlagung strafrechtlicher Untersuchungen vom 2. August 1933 (GVBl. S. 211) hat das Verbot der Niederschlagung beseitigt. Nach dem jetzt geltenden bayerischen Landesrecht ist sonach die rechtliche Möglichkeit gegeben, einzelne Strafverfahren durch Regierungsakt im Wege der Gnade niederzuschlagen. Die Ausübung dieses Rechts steht nach dem Reichsstatthaltergesetz ausschließlich dem Herrn Reichsstatthalter in Bayern zu.

Angesichts dieser Rechtslage bitte ich(,) den Antrag des Herrn Staatsministers des Innern dem Ministerrate zu unterbreiten und auf die Tagesordnung des nächsten Ministerrates zu setzen, wobei ich davon ausgehe, daß der Herr Staatsminister des Innern den Antrag im Ministerrate selbst vertreten wird."

Während Frank noch bemüht ist, den Versuch des Innenministers, die Ermittlungen der Staatsanwaltschaft zu Fall zu bringen, abzuwehren, ist es am 28. November im KL Dachau bereits zu einem neuen Verbrechen gekommen. Diesmal hat das Los den Häftling Fritz Bürk getroffen. Dem Familienvater aus Memmingen, der im Jahre 1893 geboren wurde und der den Beruf des Strickers erlernte,[177] ist der Gang zum Kohlenschuppen zum Verhängnis geworden, wo er mit anderen Gefangenen Kohlen für die zweite Korporalschaft der 8. Kompanie fassen sollte. „Ich sah ihn", berichtet Fritz Ecker,[178] „in der etwa 110 Mann starken Kohlenholerkolonne noch guten Mutes. Er hoffte, daß er bei der bereits angekündigten Weihnachtsamnestie mit zur Entlassung käme und freute sich darauf."

Auch Erwein von Aretin erinnert sich genau an den großen und „ganz gut aussehenden" Mann, der noch am Mittag des verhängnisvollen Tages zwei Reihen vor ihm mit zum Essen gegangen ist. „In langer Kolonne", berichtet er,[179] „zogen die Kohlenträger los – unter ihnen mein Vordermann vom Mittagessen – und wurden vor dem Tor von den Wachen empfangen." Als die Männer mit ihrer Last zurückkehren, erzählen sie flüsternd, daß Bürk nicht mehr am Leben ist.

Was sich kurz zuvor außerhalb des Innenlagers abgespielt hat, schildert Ecker: „Zufällig hatte ein dem Bürk feindlich gesinnter SS-Mann aus seiner Heimat Begleitdienst. Er stellte Bürk wegen angeblich ‚schlechter Haltung' zur Rede und befahl ihm, in den nahegelegenen Abort mitzukommen. Dort schlug er auf ihn ein und schoß ihn mit drei Schüssen nieder." Der Mörder ist der SS-Scharführer Wilhelm Birzle, der Bürk, wie der Landgerichtsarzt später feststellt,[180] mit seiner Mauser-Pistole Kaliber 7,65 mm einen Herzschuß, einen Bauchschuß und einen Kopfsteckschuß beigebracht hat.

Der SS-Mann verteidigt seine Tat mit der Behauptung, daß er in Notwehr gehandelt habe. Bürk sei von ihm in der Toilette wegen seines „vorher an den Tag gelegten ungeziemenden Verhaltens" zur Rede gestellt worden. Darauf habe ihn der Häftling angegriffen und „am Hals gepackt". Birzle will den Gefangenen zunächst zurückgestoßen und erst dann auf ihn geschossen haben, nachdem er von Bürk erneut attackiert worden sei.

In diesem Fall gelingt es der Staatsanwaltschaft nicht, die Darstellung des Scharführers zu widerlegen. Deshalb muß das Verfahren gegen ihn, wie Wintersberger am 16. Dezember dem Generalstaatsanwalt mitteilt, wieder eingestellt werden.[181]

Der wahre Tathergang bleibt dem Oberstaatsanwalt dadurch verborgen. Im Lager aber hat sich schnell herumgesprochen, daß Birzle, der wie sein Opfer aus Memmingen stammt, den Häftling ermordete, um eine alte Feindschaft zu rächen. Wie Aretin berichtet, hatte der Scharführer dem Mann schon einmal übel mitgespielt. Als Bürk bereits aus der Schutzhaft entlassen worden war, sorgte Birzle dafür, daß der Arbeiter nach Dachau zurückgebracht wurde. Dort schnitt er dem Verhaßten schließlich den Weg in die Heimat für immer ab.[182]

„Dem Mörder", erinnert sich Aretin,[183] „wurde nicht nur kein Haar gekrümmt, sondern er wurde nicht einmal einen Tag aus dem Dienst gezogen. Am Abend verlas der Kompanieführer der 8. Kompanie in der Korporalschaft des Ermordeten einen an diesem Tag eingetroffenen Brief von dessen Frau, in dem stand, daß sie und ihre drei Kinder sich so sehr nach dem Vater sehnten. Der Kreisleiter habe ihnen bestimmt zugesichert, daß der Vater spätestens zu Weihnachten zu Hause sei! Hatte der Mörder auch von diesem Briefe gewußt, hatte die unglückliche Frau mit ihm gar die Tat ausgelöst? Es war natürlich strengstens verboten, von der Untat zu sprechen, und man tat es nur flüsternd. Aber es ist nicht möglich, die Stimmung zu schildern, die sie auslöste, diese Mischung aus Empörung und stumpfgewordener Verzweiflung."[184]

Die Wut über den Mord an Bürk hat sich im Lager noch nicht gelegt, als der Ministerrat am 5. Dezember in München zu seiner nächsten Sitzung zusammentritt. Es ist die Stunde des Justizministers, in der er über den Innenminister triumphiert. Nachdem Wagner dem Kabinett seinen Antrag nahegelegt hat, die Ermittlungen in den Fällen Handschuch, Franz und Katz einzustellen, hält ihm Frank entgegen, daß er die Niederschlagung der Verfahren für „rechtspolitisch äußerst gefährlich" erachte.[185] Als Justizminister müsse er „auf den Ernst der Situation hinweisen". Er könne deshalb auch die Verantwortung für einen solchen Antrag „nicht allein übernehmen".

Die Worte des Ministers verfehlen bei Ritter von Epp nicht ihre Wirkung. Der Reichsstatthalter lehnt den Antrag des Innenministers ab und erklärt dazu, wie im Protokoll der Sitzung festgehalten wird: „Ein Begnadigungsakt komme gegenwärtig deshalb nicht in Frage, weil die Täter nicht festgestellt, Tatbestand und Motive der Handlungen nicht untersucht seien. Bei dieser Sachlage werde die Niederschlagung nicht Nutzen, sondern Schaden stiften. Auch für die Staatsregierung müsse es erwünscht sein, ihre Beschlüsse nur auf Grund genauer Unterlagen zu fassen, da dies die Verantwortung verringere. Notwendig sei, die dem Antrag zugrunde liegenden tatsächlichen Verhältnisse zu bessern und die Autorität des Staates nach allen Seiten zu wahren. Wenn ein Gnadenakt geschehe, müsse Sicherheit bestehen, daß sich ähnliche Vorfälle nicht wiederholten; auch müsse man wissen, wie mit den Leuten verfahren werde, die an den Taten beteiligt waren."

Wagner muß sich der Entscheidung des Reichsstatthalters beugen, und

Frank nimmt mit Genugtuung den Beschluß des Ministerrats zur Kenntnis, „daß die schwebenden Untersuchungsverfahren mit Beschleunigung weiterzuführen seien“. Das Kabinett werde sich erst dann wieder mit der Sache befassen, wenn die Ermittlungen abgeschlossen seien und „wenn feststeht, welche Garantien gegen die Wiederholung der Vorfälle gegeben sind und was mit den beteiligten Personen geschehen ist“.[186]

Nach diesem Sieg unterrichtet Frank unverzüglich den Strafrechtsreferenten in seinem Ministerium, Ministerialrat Döbig, über das Ergebnis der Beratung im Ministerrat. Was im einzelnen dabei zur Sprache gekommen ist, faßt Döbig noch am 6. Dezember in folgender „Vormerkung“ zusammen: „Die Strafverfahren wegen der Vorkommnisse im Konzentrationslager Dachau sind mit aller Entschiedenheit weiterzuführen. Der Sachverhalt ist mit größter Beschleunigung zu klären. Gegebenenfalls ist zur Unterstützung die Landespolizei heranzuziehen. Etwaigen Verdunkelungsversuchen ist mit den gebotenen Mitteln entgegenzutreten.

Der Oberstaatsanwalt bei dem Landgerichte München II wurde angewiesen, entsprechend dem Beschluß des Ministerrates unverzüglich und mit allem Nachdruck die Weiterführung der Verfahren zu betreiben und auf rascheste Klärung der Vorgänge hinzuwirken. Er wird in den Fällen Frantz (sic!) und Katz sofort und im Falle Handschuch nach Eintreffen der von der politischen Polizei zurückgeforderten Akten gerichtliche Voruntersuchung beantragen und auf ihre beschleunigte Durchführung bedacht sein. Er ist angewiesen, das Staatsministerium der Justiz über den Fortgang der Verfahren auf dem Laufenden zu halten und nach Abschluß der Voruntersuchungen die Akten mit einem Bericht über ihr Ergebnis und über die in Aussicht genommene weitere Sachbehandlung vorzulegen. Der GStA. b.d. OLG. München ist verständigt und beauftragt, auch seinerseits dem Verfahren sein besonderes Augenmerk zuzuwenden. Die Voruntersuchungen werden voraussichtlich von dem für den Bezirk Dachau zuständigen LGRat Kißner geführt werden.

Der Verbindungsmann zur Politischen Polizei I. StA. Dr. Stepp wurde weisungsgemäß beauftragt, die Entscheidung des Ministerrates dem Politischen Polizeikommandeur Himmler und dem Leiter der Bayer. Politischen Polizei mitzuteilen.“[187]

Auch Oberstaatsanwalt Wintersberger hält den Inhalt des Gesprächs, das Döbig mit ihm geführt hat, sofort in einer Vormerkung fest. Er notiert: „Am 6. 12. 33 mittags 11 Uhr wird mir von Min.R. Döbig mündlich eröffnet, daß d. Bayer. Ministerrat am 5. 12. 33 abends Folgendes beschlossen hat:

‚Die Ermittlungsverf. betr. das Ableben der Schutzhaftgef. Handschuch, Dr. Katz und Franz sind bis zur vollen Klärung des Sachverhalts mit tunlichster Beschleunigung und Energie durchzuführen; etwaigen Verdunkelungsversuchen ist entgegenzutreten und nötigenfalls die Hilfe der Landespolizei in Anspruch zu nehmen. Über den Gang des Verfahrens ist fortlaufend an das Staatsmin. d. Justiz zu berichten.‘

Es wurde mir erklärt, daß mir dieser Beschluß nur mündlich mitgeteilt wird.“[188]

Doch Himmler ist keinesfalls geneigt, der Justiz bei den Ermittlungen gegen die Dachauer SS unter die Arme zu greifen. Das zeigt sich, als Staatsanwalt Dr. Stepp am 6. Dezember den Reichsführer aufsucht, um ihn im Auftrag von

Ministerialrat Döbig über den Beschluß des Ministerrats zu informieren. Himmler ist von Anfang an darauf aus, Zeit zu gewinnen, damit er in Ruhe eine Lösung finden kann, wie die ganze Angelegenheit wieder aus der Welt zu schaffen ist.

„Herr Reichsführer SS.", berichtet Dr. Stepp,[189] „erklärte mir, die Sache gehe in hohem Maße den Stabschef der SA. Herrn Reichsminister Röhm an. Er müsse erst mit diesem Rücksprache nehmen. Er bat mich(,) mit zur Reichsstatthalterei zu fahren, um dort seine Meinungsäußerung nach erfolgter Rücksprache mit dem Stabschef entgegenzunehmen. Ich wartete im Vorzimmer des Herrn Stabschefs, bis Herr Reichsführer Himmler wieder erschien und mich aufforderte, mit zum Herrn Stabschef zu kommen. Herr Stabschef Röhm bat mich nun(,) dem Herrn Staatsminister der Justiz in seinem Namen eine Antwort zu übermitteln, die ich nachstehend aus der Erinnerung auf Ersuchen des Herrn Ministerialrats Döbig schriftlich fixiere:

‚Das Lager Dachau ist ein Lager für Schutzhaftgefangene, die aus politischen Gründen festgenommen wurden. Die in Frage stehenden Vorgänge sind politischer Natur und müssen unter allen Umständen zunächst von den politischen Stellen entschieden werden. Sie scheinen mir für eine Behandlung durch die Justizbehörden vorerst nicht geeignet. Das ist meine Ansicht als Stabschef und auch als Reichsminister, der ein Interesse daran hat, daß das Reich nicht politisch durch die in Frage stehenden Verfahren geschädigt wird.

Ich werde durch den Reichsführer SS. anordnen lassen, daß zunächst irgendwelche Untersuchungsbehörden das Lager nicht betreten dürfen und auch Angehörige des Lagers zunächst nicht einvernommen werden dürfen. Morgen werde ich mit dem Führer die Angelegenheit besprechen und ihn um seine Entscheidung bitten.'"

Von der Anordnung des Stabschefs hat Wintersberger jedoch noch keine Kenntnis, als er am 7. Dezember um 10 Uhr Himmlers Stellvertreter, SS-Brigadeführer Heydrich, anruft, um auftragsgemäß eine Besprechung über die weitere Behandlung der Dachauer Fälle zu vereinbaren, die zwischen dem Generalstaatsanwalt Sotier, Himmler und ihm stattfinden soll. Aber Heydrich, der bereits vom Beschluß des Ministerrats erfahren hat, lehnt ab. Er erklärt dem Oberstaatsanwalt, wie Wintersberger noch am selben Tag notiert: „Pol.Kom. Himmler und Minister Röhm sind heute morgen aus Anlaß des Min.Ratsbeschlusses zur Besprechung mit dem Führer nach Berlin gefahren. Es ist mir befohlen, jede Besprechung und jede Auskunft in den fraglichen Dachauer Fällen abzulehnen und das Betreten des Lagers Dachau durch einen Richter oder Staatsanwalt in diesen Fällen zu verhindern. Ich muß daher befehlsgemäß bis zur Rückkunft meiner Vorgesetzten die gewünschte Besprechung ablehnen."[190]

Wintersberger gibt sich mit dieser Auskunft nicht zufrieden. Unmittelbar nach dem Telephonat mit Heydrich informiert er Generalstaatsanwalt Sotier über das Gespräch, und am Nachmittag teilt er die Erklärung von Himmlers Stellvertreter auch Ministerialrat Döbig mündlich mit. Noch am selben Tag wendet er sich mit Zustimmung der beiden wieder an Heydrich und fordert von ihm die Ermittlungsakten zum Fall Handschuch zurück, die sich bereits seit Ende September in den Händen der Bayerischen Politischen Polizei befinden.

Fünfzig Ermordete in Dachau

London, 3. Jänner. (Inpreß.) Der „Manchester Guardian" berichtet über das Konzentrationslager in Dachau:

Die 2200 bis 2400 Internierten sind in zehn Baracken untergebracht. Unter ihnen sind ungefähr 50 Intellektuelle, einige Angehörige der Mittelschichten, 50 oder 60 Nazi, etwa 500 Sozialdemokraten, 2 Offiziere, mehrere Kriminelle, 15 Ausländer; alle andern sind Kommunisten. Die weitaus größte Zahl der Gefangenen besteht aus Arbeitern.

Die Internierten sind in zehn Kompanien zu maximal 270 Personen gegliedert. Die siebente Kompanie ist die „Disziplinarkompanie", die erste ist gebildet aus sozialdemokratischen und kommunistischen Arbeitern, die zweite aus Juden.

Die kommunistischen Funktionäre, die sich weigern, den Nazi politische Informationen zu liefern, werden in Zellen eingeschlossen. Die Zellen sind feucht, dunkel und nicht geheizt. Die Ketten, an denen die Strafgefangenen gefesselt sind, sind eingemauert. Das Nachtlager besteht aus einfachen Holzbrettern. Im September wurden die Internierten gezwungen, 21 neue Zellen zu bauen.

In Dachau wird die Strafe der körperlichen Züchtigung angewandt. Die Gefangenen werden mit drahtumwickelten Ochsenziemern geschlagen, die sie selbst verfertigen müssen. Sie erhalten 25 bis 75 schwere Schläge.

Kommunisten und Sozialdemokraten werden grundlos bei der Ankunft im Lager geschlagen. Man schlägt die Gefangenen auch mit feuchten Handtüchern. Sieben SA.-Männer, die am 1. August ins Lager eingeliefert wurden, sind derart mißhandelt worden, daß zwei von ihnen, Amuschel und Handschuh, starben. Der Kommunist Fritz Schaper wurde so zugerichtet, daß er sich zwei Monate lang nicht bewegen konnte. Am 2. September zerschlug ein Naziwächter einem Gefangenen mit einem Faustschlag den Unterkiefer.

Die Inhaftierten werden auch oft mit brennenden Zigaretten verbrannt.

Unter den am furchtbarsten Mißhandelten sind L. Buchmann, Georg Freischütz und der Journalist Ewald Thunig. Der Münchener Kommunist Sepp Götz wurde ermordet, nachdem er so mißhandelt worden war, daß er sich nicht mehr aufrichten konnte. Der Student Wickelmeier wurde durch einen Schuß getötet. Der Kommunist Fritz Dressel wurde zu Tode mißhandelt.

Getötet wurden der Stadtrat Hausmann, Lehrburger, der Reichsbannermann Aron, Willi Franz, Buerk, ein kommunistischer Funktionär aus Memmingen — insgesamt fast fünfzig Männer.

Der Korrespondent des „Manchester Guardian" ist im Besitz der Namen von neun Aufsehern, die die Gefangenen mißhandeln und morden.

29 Das Echo im Ausland auf den Terror in Dachau: Unter der Überschrift „Fünfzig Ermordete in Dachau" berichtete die „Arbeiter-Zeitung" in Wien am 4. Januar 1934 ausführlich über die Verbrechen der SS, wobei sich das Blatt auf einen Artikel im „Manchester Guardian" stützte.

Unterdessen hat der Justizminister angeordnet, nichts zu überstürzen. Er läßt dem Generalstaatsanwalt seine Weisung übermitteln, in den Dachauer Fällen „von dem Antrag auf Eröffnung der Voruntersuchung bis auf weiteres abzusehen".[191]

Doch Wintersberger läßt nicht locker. Immer wieder tritt er mit seinen Vorgesetzten in Verbindung, um sich nach dem Stand der Dinge zu erkundigen. Jedes Gespräch hält er in einer kurzen Notiz fest: „Am 9. Dez. 33 teilt mir Min.Rat Döbig fernmündlich mit, in den fragl. Fällen zunächst weitere Mitteilung in den ersten Tagen der kommenden Woche abzuwarten.[192]

Am 14. Dez. 33 nachm. teilt Gen.StAnw. Sotier fernmündlich mit, daß lt. Mitteilung des Min.Rat Döbig die Entscheidung über die Weiterbehandlung der oben gen. Fälle noch nicht gefallen sei und daher vorerst nichts zu geschehen habe, bis weitere Mitteilung erfolge.[193]

Am 22. Dez. 33 erklärt mir auf meine Anfrage Min.R. Döbig in Gegenwart des Gen.StAnw. Sotier, daß erst nach Rückkunft des Ministers Röhm eine Entscheidung über die Weiterbehandlung der 3 Fälle zu erwarten sei."[194]

So vergeht das Jahr 1933, ohne daß eine Entscheidung fällt. Erst im Februar 1934 kommt wieder Bewegung in die Angelegenheit. Zwar erfährt Wintersberger nicht, wie sich Hitler zu den Dachauer Vorfällen geäußert hat. Dafür tritt aber nun das Reichsjustizministerium in Berlin auf den Plan, dem die Ermittlungsakten vorgelegt werden sollen. Der Oberstaatsanwalt hält die neue Entwicklung in einer Notiz fest: „Am 26.2. 34, nachdem inzwischen auf fernmündl. Anfrage von Min.R. Döbig mehrmals erklärt wurde, daß eine Entscheidung immer noch nicht gefallen sei, habe ich die Akten Franz und Katz auf mündl. Anforderung Herrn Min.R. Döbig übergeben, der mir erklärte, daß das Ministerium nunmehr diese Akten und die Akten Handschuch, die er von der Pol.Polizei unmittelbar anfordere, mit Bericht an d. Reichsjustizministerium zuständigkeitshalber zur Entscheidung über die Frage der Weiterbehandlung leiten werde."[195]

Erneut verstreichen die Wochen, ohne daß etwas geschieht. Am 11. April hört Wintersberger, wie er vermerkt,[196] „gelegentlich einer Besprechung" in einer anderen Sache von Döbig lediglich, daß der Ministerialrat „nunmehr" die Akten, die offenbar wieder aus Berlin übersandt worden sind, durch den Justizminister dem Reichsstatthalter „zur Entscheidung der Frage der Niederschlagung zuleiten werde". Von der Fortführung der Ermittlungsverfahren ist nicht mehr die Rede.

Drei Monate danach zeigt sich jedoch die Angelegenheit wieder in einem anderen Licht. Ohne daß Wintersberger erfährt, worauf die Wende zurückzuführen ist, erhält er plötzlich am 11. Juli die Akten von dem Generalstaatsanwalt zurück.[197] Zugleich beauftragt Sotier den Oberstaatsanwalt mündlich damit, die Ermittlungen in den Fällen Franz und Katz mit Hilfe der Bayerischen Politischen Polizei fortzusetzen, in der Sache Handschuch aber die Unterlagen an die Staatsanwaltschaft München I abzugeben, die für das Münchner Stadtgebiet zuständig ist. Diese Weisung entspringt allerdings einem Irrtum. Fälschlicherweise wird angenommen, daß Handschuch bereits in der Polizeidirektion München seinen Verletzungen erlegen sei und den Weg nach Dachau als Toter angetreten habe, was jedoch nicht stimmt.[198]

Wintersberger macht bald die Erfahrung, daß er mit der Unterstützung der Politischen Polizei nicht rechnen kann. Kaltschnäuzig versagt sie ihm ihre Mitarbeit. Als schließlich sogar noch Zweifel an seiner Aufrichtigkeit geäußert werden, sieht er sich veranlaßt, den Generalstaatsanwalt zu unterrichten. Am 30. Juli berichtet er Sotier über seine Erfahrungen, die er mit der Politischen Polizei bei den Ermittlungen in den Fällen Franz und Katz gemacht hat: „In nebenbezeichneter Sache habe ich auftragsgemäß mit Ersuchen vom 12.7. 34 (...) die Bayerische Politische Polizei gebeten, im Benehmen mit der Kommandantur des Konzentrationslagers Dachau den Sachverhalt weiter aufzuklären und die als Täter verdächtigen Personen zu ermitteln zu suchen. In dem Ersuchen habe ich auch bemerkt, daß mir die gerichtlich beschlagnahmten Selbstmordwerkzeuge (Leibriemen und Hosenträger) der Toten bis jetzt nicht zugegangen seien.

Die Politische Polizei hat die Akten scheinbar ohne schriftliche Leitungsverfügung der politischen Abteilung des Kz.Lagers Dachau übermittelt. Letztere hat die Akten mit Schreiben v. 25.7. 34 (...) wieder an die Politische Polizei zurückgeleitet. Der 1. Absatz dieses Schreibens lautet: ‚Der neuerliche Beweiserhebungsantrag durch die Staatsanwaltschaft München II zeigt, mit welchen an den Haaren herbeigezogenen Mitteln gearbeitet wird, um dem Konzentrationslager Dachau angeblich ausgeführte Verbrechen in die Schuhe zu schieben.' Im zweiten Absatz des Schreibens wird dem Bedauern Ausdruck gegeben, daß die beiden Toten sich durch Selbstmord der zu erwartenden Bestrafung wegen Kassiberschmuggels zu entziehen vermochten. Der dritte Absatz nimmt zur Beschlagnahme Stellung und lautet: ‚Nachdem nun nach durchgeführter gerichtlicher Sektion die Leichen der Beiden freigegeben waren, bestand für die Kommandantur kein Interesse mehr, die Gegenstände(,) mit denen sich die Beiden aufhängten, noch aufzuheben. Die Kommandantur zählt nicht zu jenen widerlichen Kulturmenschen, die derartige Gegenstände, wie es in letzter Zeit in Amerika sich bei dem Fall Dillinger gezeigt hat, als Amulett in Verwahrung nehmen.(') Das Schreiben ist unterzeichnet in Vertretung des Lagerkommandanten von SS.-Obersturmbannführer Lippert.

Die Bayerische Politische Polizei hat mir am 27.7. 34 die Ermittlungsakten mit diesem Schreiben der Lagerkommandantur ohne weitere Äußerung wieder zugeleitet. Die Politische Polizei sowohl, wie die Lagerkommandantur scheinen daher nicht geneigt zu sein, meinem Ersuchen gemäß weitere sachdienliche Ermittlungen in der fraglichen Angelegenheit zu pflegen. Ich halte es deshalb für notwendig, daß von höherer Stelle die erforderlichen Weisungen an die Bayerische Politische Polizei und an die Lagerkommandantur ergehen, wenn in der Sache noch weitere Ermittlungen gepflogen werden sollen, da die genannten Stellen einem Ersuchen der Staatsanwaltschaft München II kaum Folge geben werden.

Hievon abgesehen(,) halte ich es auch mit Rücksicht auf die jüngsten Erlasse des Herrn Reichskanzlers und des Herrn Reichsjustizministers im Interesse der Rechtspflege für dringend geboten, daß wegen der im Schreiben der Lagerkommandantur enthaltenen unerhörten Anwürfe gegen die Staatsanwaltschaft München II von höherer Stelle die erforderlichen Verfügungen getroffen werden. Persönlich stelle ich Strafantrag wegen Beleidigung nicht."[199]

Dieses Schreiben ist das letzte, das Wintersberger in der Angelegenheit verfaßt. Seine Gegner sind offensichtlich nicht länger gewillt, sich weiter mit dem unbequemen Oberstaatsanwalt auseinanderzusetzen, der von Anfang an energisch gegen den Terror im KL Dachau eingeschritten ist – ungeachtet der persönlichen Gefahren, die er damit auf sich nahm.[200] Nun halten sie die Stunde für gekommen, sich des standhaften und aufrechten Mannes zu entledigen. Carl Wintersberger wird von seinem Posten als Leiter der Staatsanwaltschaft beim Landgericht München II, den er seit dem 1. September 1932 bekleidet hat, abgelöst und am 1. August 1934 als Oberlandesgerichtsrat nach Bamberg versetzt.[201]

Sein Nachfolger, Oberstaatsanwalt Dr. Barnickel, ist kein Mann mehr, der sich dem Unrecht im KL Dachau in den Weg stellt. Wenige Wochen nach seinem Amtsantritt legt er die Fälle Franz und Katz zu den Akten. Dem Generalstaatsanwalt schreibt er am 27. September dazu: „Das Verfahren habe ich eingestellt, da die Erhebungen keine ausreichenden Anhaltspunkte für die Annahme eines fremden Verschuldens am Ableben der beiden Schutzhaftgefangenen ergeben haben."[202]

Dieser Satz besiegelt die Niederlage der Justiz in Dachau. Von nun an ist für die SS der Weg frei zu neuen Gewalttaten, die keinen Ankläger mehr in staatlicher Robe finden.

Lohn des Verrats

Als Erwein von Aretin am 7. November 1933 ins Konzentrationslager Dachau gebracht wird, befindet sich dort Paul Edmund von Hahn, dem, wie sich der Redakteur der „Münchner Neuesten Nachrichten" erinnert,[1] „alle auf die Straße Geworfenen" aus dem Verlag Knorr & Hirth „soviel Unglück verdankten", bereits seit drei Monaten in Einzelhaft. So führen die Wege der Gegner von einst hinter dem Stacheldraht wieder zusammen.

Bei der Ankunft des Freiherrn im KL steht das Lager noch unter dem Eindruck der jüngsten Ereignisse, die den plötzlichen Tod der Kameraden Wilhelm Franz und Dr. Delvin Katz nach sich gezogen haben. Nach wie vor gelten für alle Häftlinge die Kollektivstrafen, die Eicke über die Gefangenen verhängt hat: Post-, Zeitungs- und Entlassungssperre.[2] Die letzten zwölf Mann, die wieder auf freien Fuß gesetzt worden sind, haben am 16. Oktober das Lager verlassen.[3] Seitdem ist kein Häftling mehr zur Entlassung aufgerufen worden.

Die Stimmung unter den zurückgebliebenen Männern ist gedrückt. Zu sehr lastet auf ihnen die Gewißheit, nun völlig von der Außenwelt abgeschnitten zu sein. Die grauen November-Tage lassen zudem alles noch schwerer erscheinen, als es schon ist. „Der Herbst", erinnert sich Walter Hornung,[4] „setzte mit kalten Regenschauern ein. Die Kommandos mußten zur Arbeit ausrücken und draußen bleiben, bis ihnen das Wasser aus den Schuhen quoll. Noch waren keine Öfen da. Zivilgewand durfte nicht getragen werden. Frierend liefen die Gefangenen durch die Lagerstraßen, drückten sich an den Wänden entlang, um den Schutz des Dachvorsprungs zu nützen. Manche trugen ihren Mantel unter den Drillich gezwängt.

In den Baracken hockten, wenn nach mehreren Regenstunden alles versammelt war, die Gefangenen eng beisammen, die Tische boten nicht für alle Platz. Der Kampf um das Mobiliar nahm zuweilen kriegerischen Charakter an. Die friedlichste Form war die heimliche Entführung von Tischen und Bänken. Das Kartenspiel und die Schachbretter blieben die einzige Ablenkung, nachdem keine Zeitungen mehr herein durften. Papier bildete einen raren Artikel, der versteckt werden mußte. Die Gefangenen wandten sich in ihrer Not an die Kompanieführer – es war kein Abortpapier mehr da. (…)

An den Wänden mahnten die Schilder: Übt Kameradschaft! Aber die Nerven versagten öfter. Die seelische Massenfolter der nicht absehbaren Haft, die Furcht vor dem Winter in den kalten, fast schutzlosen Baracken, keine Anstalten einer Fürsorge gegen diese Gefahr schufen eine Gereiztheit, die immer wieder nur durch das Bewußtwerden des gemeinsamen Schicksals besiegt wurde. Nach heftigen Zusammenstößen, die nahe ans Faustrecht rückten, gedieh dann immer wieder in wunderbarer Weise die gegenseitige Hilfe, die Opferbereitschaft.

Die Kost war noch schlechter geworden. Jetzt gab es nur noch am Sonntagabend Wurst oder Käse. Die billige Wasserwurst, dazu Brot und Tee, war wenigstens einigermaßen schmackhaft gewesen. Zuweilen waren noch manchmal eßbare Rettiche dazu gegeben worden. Nun wurde das Abendessen vegetarisch: in Wasser gekochtes Blaukraut, Kohlrabi oder Spinat, dazu ein paar Kartoffeln in der Schale; geschmacklos, fast ohne Nährwert. Wer etwas Fett dazutun konnte, war glücklich. Kartoffeln und Brot waren die hauptsächliche Nahrung."

Das ist die Situation, in der Aretin das Lager vorfindet. Wie allen Neuzugängen fällt es auch ihm nicht leicht, sich seiner neuen Umgebung anzupassen. Zudem muß er sich damit abfinden, daß er mit dem Eintritt ins KL alle seine Rechte hinter sich gelassen hat. Um so mehr ist er erstaunt, als er bald nach seiner Ankunft in Dachau erfährt, daß die Häftlinge zur bevorstehenden Reichstagswahl am 12. November ihre bürgerlichen Rechte zurückgewonnen haben, um ihrer Wahlpflicht nachzukommen. Schaudernd liest Aretin die Bekanntmachungen der Kommandantur im Lager, die jeden „mit sofortigem Erhängen" bedrohen, der es wagt, „auch nur eine Silbe im hitlerfeindlichen Sinne zu sagen".[5]

Vom Gang zur Urne, der vor ihnen liegt, haben die Gefangenen zum erstenmal am Allerseelentag Kenntnis erhalten.[6] Als am Vormittag dieses 2. November das Gerücht im Lager umgeht, daß die Häftlinge am Nachmittag zu einer Wahlversammlung anzutreten hätten, glauben viele an einen schlechten Witz.[7] Doch das Gerede bewahrheitet sich. Nach dem Mittagessen haben die Gefangenen geschlossen zur Speisehalle zu marschieren. Als sie dort eintreffen, sehen sie, daß der Saal eigens für die Veranstaltung ausgeräumt worden ist. Tische und Bänke sind beiseite geschoben und an der Seitenfront aufgestapelt worden. „Nur im zurückliegenden Teile", berichtet Hornung,[8] „standen noch einige Reihen Bänke für die Schwerinvaliden; sonst war die ganze Halle leer. Die Kompanien nahmen Aufstellung; sie reichten bis zur langen Rückwand. Dann marschierten die SS. ein und umstellten in zwei Gliedern das große Rechteck der grauen Masse an drei Seiten. Die Invaliden blieben außerhalb des Karrees."

Schnell zeigt sich, was dies alles zu bedeuten hat. Vor den Augen der in Reih und Glied angetretenen Häftlinge schwingt sich der bayerische Staatssekretär Dauser in SS-Uniform auf einen Tisch und richtet eine Ansprache an die Männer, die er zum Erstaunen der Gefangenen mit der Anrede eröffnet: „Deutsche Volksgenossen!"[9] Dann fährt er in derselben geschmacklosen Weise fort: „Ihr seid zu eurem Schutze hier und zur Erziehung im nationalen Geiste. Ihr dürft dankbar sein, daß euch die Regierung durch diese Schutzhaft vor Schaden an Leib und Seele bewahrt hat. Wer sich bessert, kann auf seine Entlassung rechnen; er wird in die große Volksgemeinschaft aufgenommen. Wer sich aber weiterhin nicht fügen will, der hat sich die Folgen selbst zuzuschreiben. Am 12. November ist euch Gelegenheit geboten, zu zeigen, ob ihr würdig seid, im neuen Staate zu leben. Wer mit Nein stimmt, stempelt sich selbst zum Vaterlandsverräter. Solche Elemente werden wir ohne Nachsicht unschädlich machen."[10]

Am Ende der Veranstaltung fordert Dauser die Häftlinge auf, das Horst-Wessel-Lied anzustimmen. Doch der Aufruf stößt zumeist auf taube Ohren. Nur schleppend klingt es durch den Saal: „Die Fahne hoch, die Reihen dicht geschlossen." Mit Schadenfreude erinnert sich Hornung: „Wären nicht die

SS., vereinzelte Nazi-Gefangene und die Spitzel gewesen, die Fahne wäre überhaupt nicht gestiegen."[11]

Nachdem die Gefangenen ins Innenlager zurückmarschiert sind, herrscht unter den Männern zunächst Ratlosigkeit. Niemand weiß so recht, wie er sich bei der Wahl verhalten soll. In langen Aussprachen, die alle aus Vorsicht im Flüsterton gehalten werden, setzen sich die Häftlinge mit der neuen Gefahr auseinander, die ihnen am 12. November droht. Dennoch sind nur wenige dazu bereit, mit Ja zu stimmen. Verzweifelt suchen die anderen nach einem Ausweg. Sie erkennen, daß es auch kein glücklicher Einfall ist, einen leeren Stimmzettel abzugeben. Diese Demonstration würde mit Sicherheit ihre Lage weiter verschlimmern und schwere Strafen nach sich ziehen. Die Kommunisten empfehlen deshalb den Kameraden, die Flucht nach vorne anzutreten und geschlossen mit Ja zu stimmen.

Während die Diskussion noch im Gange ist, dringt eine Warnung aus der Schreinerei, die jedes weitere Wort überflüssig macht. Die Häftlinge, die dort arbeiten, berichten, daß sie von der Kommandantur den Befehl erhalten haben, die Wahlurnen nach einer Zeichnung anzufertigen.[12] Sie sollen so eng bemessen sein, daß die Umschläge mit den Stimmzetteln, die in die Urnen geworfen werden, genau in der gewünschten Reihenfolge aufeinanderfallen. Zuerst werden Urnen hergestellt, die oben mit einem Schlitz versehen sind.[13] Sie bewähren sich jedoch nicht, als sie in der Schreinerei ausprobiert werden. Darauf haben die Gefangenen neue Holzkästen zu bauen, die den Schlitz an der Seite tragen und die vor allem dem Format der Umschläge genauer angepaßt sind als die ersten.[14] Insgesamt liefert die Schreinerei zwölf Urnen – zwei für die SS und eine für jede Kompanie.

Nachdem die Manipulationen der SS im Lager ruchbar geworden sind, sehen die Gefangenen ein, daß es keinen Zweck hat, sich dem Wahlschwindel in den Weg zu stellen. Um sich Repressalien zu ersparen, entschließen sie sich, mit Ja zu votieren. Sie hoffen dabei, daß die Öffentlichkeit für ihre Zwangslage Verständnis aufbringt.[15]

So rückt der Wahlsonntag heran. In der Frühe müssen die Häftlinge in ihren Kompanien antreten. Jeder Gefangene erhält einen roten Zettel, den er bei der Wahl abzugeben hat. Auf dem Schein ist neben dem Namen die Nummer vermerkt, die der Mann im Wählerverzeichnis seiner Kompanie trägt.[16] „Es wurde uns streng erklärt", berichtet Martin Grünwiedl,[17] „daß jeder bei seiner Kompagnie bleiben muß, und wehe demjenigen, der in eine andere Kompagnie zu laufen und dort zu wählen versuchen sollte. Unsere Kompagnie mußte 5–6mal abzählen, die anderen genauso, und dann wurde eine Kompagnie nach der anderen in eine leere Halle außerhalb des Lagers zum Wählen geführt. Wir bekamen unsere Stimmscheine und das Kuvert, machten in einer Kabine unser Kreuz, versicherten uns nochmals, daß wir es in der Aufregung auch nicht etwa falsch gemacht hatten, da wir doch durch das Kreuzchen nicht unser Todesurteil unterzeichnen wollten, und begaben uns dann (...) zur Urne."

Dort müssen die Häftlinge den Wahlschein und den Umschlag mit den Stimmzetteln gleichzeitig abgeben. „Die Kuverts", erinnert sich Grünwiedl, „warf ein Kriminalbeamter aus München in die Urne, wo sie sich reihenweise aufeinanderschichteten, und die roten Zettel mit den Namen der Gefangenen schichtete Obersekretär Mutzbauer ebenfalls schön aufeinander. Da bei dieser Art der Stimmabgabe die Reihenfolge der eingeworfenen Kuverts und die der abgegebenen Zettel mit den Namen genau dieselbe (sic!) war, konnte ohne weiteres festgestellt werden, wie jeder einzelne Gefangene gewählt hatte."

Auch der nächste Schritt der SS ist für die Häftlinge schnell zu durchschauen. „Hatte eine Kompagnie gewählt", berichtet Fritz Ecker,[18] „so wurde die Urne und die abgegebenen Zettel in einen anderen Raum getragen. Da eine Kompagnie höchstenfalls 270 Mann zählte, war die Kontrolle sehr leicht. Der Urnendeckel wurde abgehoben und Kuvert für Kuvert wieder von oben abgenommen und ebenso die Zettel mit den Namen der Wähler."

Bei aller Perfektion unterläuft der SS jedoch ein Mißgeschick. „Nachdem die 1. Kompagnie gewählt hatte", erinnert sich Ecker,[19] „hob der Obersekretär Mutzbauer die Urne bedächtig auf. Dabei entschlüpfte einem Nazi die verräterische Mahnung: ‚Aufpassen, nicht kippen!' Wir haben alle diebisch über diesen Reinfall gelacht. Er offenbarte uns, wie ‚geheim' die Stimmabgabe war."

So muß eine Kompanie nach der anderen vortreten und sich der Abstimmung stellen, bis alle zehn gewählt haben. Darüber vergehen Stunden, und die Wahl, die morgens um 8.30 Uhr begonnen hat, endet erst am Nachmittag gegen 15.30 Uhr.[20]

Mit Spannung sehen die Häftlinge dem Ergebnis der Abstimmung entgegen. Aber die Kommandantur gibt das genaue Wahlresultat offiziell nicht bekannt. So müssen sich die Gefangenen mit Gerüchten, die zu ihnen durchdringen, begnügen. Einmal heißt es, daß acht Mann mit Nein gestimmt hätten.[21] Dann wieder sollen es nach den Erzählungen der SS-Posten lediglich vier gewesen sein, die gegen Hitler votiert haben.[22] Aretin berichtet schließlich, daß sogar nur ein einziger Häftling mit Nein gestimmt habe, während die übrigen drei der Wahl ferngeblieben seien.[23] Auf jeden Fall soll Eicke, wie Aretin gehört hat, „vor Glück über seine Erziehungsmethode gestrahlt haben".

Der Kommandant läßt es auch nicht an versöhnlichen Zeichen fehlen. Er löst die Strafkompanie auf und verteilt die Juden und die „Bonzen" auf die anderen Kompanien. Zugleich gibt er die Häftlinge frei, die noch eine Gefängnisstrafe zu verbüßen haben, aber bisher nicht an die Justiz überstellt worden sind. Manche Gefangene haben seit Monaten auf diese Stunde gewartet.[24] „Sie empfanden", berichtet Hornung,[25] „ihre Hinübergabe an die Vollzugsjustiz als Geschenk."

Für die übrigen Häftlinge gilt jedoch weiter die Entlassungssperre. Um so mehr hoffen die Männer auf eine Amnestie, von der seit dem Wahlsonntag das Gerücht umgeht.[26] Die Spekulationen erhalten neuen Auftrieb, als in den Zeitungen die Rede davon ist, daß Justizminister Frank für Weihnachten die Entlassung aller politischen Häftlinge angekündigt habe.[27] Diese Mitteilung heizt die Spannung, die über dem Lager liegt, weiter an.

„Der Gedanke an die kommende Weihnachtsamnestie", erinnert sich Aretin,[28] „beherrschte wie eine fixe Idee alle Gespräche. Es kamen nicht sehr viele Zeitungen ins Lager, und alle Münchner Zeitungen standen hoch im Kurs, da die SS-Leute offenbar die Gewohnheit hatten, sie selbst zu lesen, bevor sie sie an die wenigen Abonnenten im Lager weitergaben. So waren die besten Nachrichtenquellen die kleinen Provinzblätter, die nicht das Interesse der

SS besaßen und daher schneller hereinkamen. Da war nun freilich nicht zu leugnen, daß diese sagenhafte Amnestie als eine feststehende Tatsache behandelt und Programme besprochen wurden, wie die Ortsgruppen der NSDAP die aus Dachau Zurückkehrenden symbolisch mit einem unvermeidlichen Fest als Volksgenossen aufnehmen würden, so daß es einem beinahe schon vor der Amnestie angst und bange wurde. Als Termin wurde allgemein die Reichstagseröffnung angesehen, die merkwürdigerweise auf den spätesten Termin, den 12. Dezember, angesetzt war."

Abgesehen von den wenigen alten Blättern, die vereinzelt hinter den Stacheldraht gelangen, hält die SS die Zeitungs- und die Briefsperre weiter aufrecht. Dennoch bleibt ein kleiner Spalt zur Außenwelt bestehen, der es zuläßt, daß hin und wieder ein Gruß von den Angehörigen ins Lager dringt. „Die Überweisung von Geld", berichtet Hornung,[29] „hat die Kommandantur aus naheliegenden Gründen nicht verboten; der wöchentlich erlaubte Betrag war auf fünfzehn Mark erhöht worden. Aus knappen Angaben auf den Postanweisungsabschnitten erhielten Geldempfänger dann und wann ein Lebenszeichen von zu Hause und auch kleine Ermutigungen."

Der ersehnte Dienstag, 12. Dezember, bricht schließlich an – und endet mit einer Enttäuschung. Zwar müssen die Häftlinge geschlossen zur Speisehalle marschieren, um sich dort im Rundfunk die Übertragung der Reichstagseröffnung aus Berlin anzuhören, aber die erwartete Rede des Reichskanzlers fällt aus. Statt dessen spricht Göring, der Hitler vertritt. Gespannt lauschen die Gefangenen auf jedes Wort. Doch von einer Amnestie ist nichts zu hören.[30] In wenigen Minuten endet die Übertragung wieder, und die Gefangenen kehren niedergeschlagen ins Innenlager zurück. „Aber das Thema Amnestie", erinnert sich Hornung,[31] „war nicht umzubringen. Die Entlassungshoffnungen konzentrierten sich nun auf Weihnachten."

Unterdessen geht das Lagerleben weiter. Neben dem Heimweh leiden die Männer am meisten unter der grimmigen Kälte in diesem Dezember, die den Aufenthalt in den Baracken unerträglich macht.[32] Trotz des harten Winters fehlt es in den Unterkünften noch immer an Öfen. Als sie endlich im Lager eintreffen, mangelt es nun wieder an Kaminkehrern. Der neue Arbeitsfeldwebel Karl Kapp, der nach einem gewissen Fugger als zweiter die Nachfolge von Zäuner angetreten hat, will diesen Notstand abstellen und wendet sich deshalb am nächsten Morgen an die Häftlinge: „Kaminkehrer werden gesucht!" Doch die Gefangenen, die zu dieser Zeit noch ein offenes Wort riskieren können, weil die SS erst später im Lager erscheint, maulen nur zurück: „Sind keine da! Müssen erst noch verhaftet werden!"[33]

Dennoch schreitet die Installation der Öfen voran. „Die ersten Öfen", berichtet Hornung,[34] „wurden an die Handwerkerkorporalschaften gefahren, die von fünf auf sieben angewachsen waren. (...) Die großen Öfen waren für die äußersten, die kleinen für die dazwischenliegenden Korporalschaften. Bis sie in allen Baracken aufgestellt und die Abzugsrohre richtig montiert waren, vergingen noch Wochen. Die Gefangenen saßen in ihre Mäntel gehüllt und gingen auf und ab wie die Marktfrauen im Winter vor ihren Ständen. Die SS.-Posten trugen schon Fellmäntel.

Als endlich die Kohlen angekommen und ausgegeben waren und der erste Rauch aufsteigen sollte, fiel er wie die Vergasung eines Frontabschnittes in die

30 Eine Barackengasse im Konzentrationslager Dachau: Wenn es das Wetter erlaubte, spielte sich das Leben der Häftlinge im Freien ab. Hier trafen sich die Gefangenen in der Freizeit, unterhielten sich mit Brettspielen oder erledigten ihre „große Wäsche".

Barackengassen(,) und die Gefangenen überlegten, ob es nicht gesünder wäre, auf die Wärme statt auf unvergiftete Luft zu verzichten. Der Moornebel drückte den Kohlenrauch, der Moornebel wich nicht mehr vom Lager.

Nun war die Kiesgrube nicht mehr zu sehen, sondern nur noch zu hören. Aber hören hieß sehen. Die Stimme Iwans hören – da konnte die Szene kein Nebel versperren. Waren doch die Juden immer noch die Erklärung schuldig …

Um die Öfen standen oder saßen mittags und abends die Arbeitssklaven des Lagers in ihren feuchten Kleidern, ihre durchfrorenen Knochen zu wärmen. Die Kameraden in der Baracke hatten inzwischen eine Kommunesuppe bereitet, denn mit den Öfen hatten die Kochgemeinschaften Schule gemacht. Mit ungeheurer Schnelligkeit waren in allen Korporalschaften Kochgeräte verfertigt worden. Die Speisehalle war ein Eiskeller. Viele Gefangene trugen daher ihr Essen in die Baracken, um es durch kleine Zutaten schmackhafter und fettreicher zu machen. Die Kartoffeln kamen als Geröstete dazu. Dachauer Spezialität wurden die Brennsuppen. Die Dachauer Brennsuppen waren nicht nur vorzüglich, sie waren auch tröstlich. (…) Die Kantine paßte sich der neuen Konjunktur an; sie führte nun auch Zwiebeln und Mehl."

Endlich zeigt sich für die Häftlinge wieder ein Lichtblick. Nach sieben Wochen hebt die SS zuerst die Briefsperre und dann die Zeitungssperre auf.

„Aber Zeitungen unter Kreuzband", erinnert sich Hornung,[35] „durften nicht mehr herein. Sie mußten durch die Post abonniert werden, das hieß beim SS.-Kompanieführer, denn die Poststube des Lagers existierte seit dem Beginn der Sperre nur mehr für die Auszahlungen. Die Briefausgabe erfolgte wieder durch die SS."

Weihnachten ist noch fern, als ein Ereignis eintritt, das für die Zukunft des Lagers schwere Folgen hat. Zum erstenmal bringt die SS kriminelle Gefangene nach Dachau, die ganz offensichtlich nur deshalb unter die Schutzhäftlinge gemischt werden, um durch ihre Anwesenheit die politischen Gefangenen zu diskriminieren. Zugleich verfolgen die Initiatoren des Plans das Ziel, mit den asozialen Elementen die Solidarität der Häftlinge zu untergraben und das Zusammengehörigkeitsgefühl der Lagerinsassen zu brechen. In der Tat erweisen sich die meisten der Verbrecher bald als eine große Gefahr für die Politischen.[36]

Über die schlechten Erfahrungen, die er mit ihnen gemacht hat, berichtet Wenzel Rubner: „Wir, die wir nur unsrer Überzeugung wegen im Lager saßen, bekamen mit ihnen eine Art krimineller Aufseher. Die Strafentlassenen bespitzelten uns bösartigst und suchten sich durch – oft genug unwahre – Denunziationen bei der SS kleine Vergünstigungen zu erschleichen. Uns half es wenig, wenn wir uns verteidigten, denn diesen Angebern glaubte man mehr als uns. Qual genug, neben solchen Menschen wohnen, arbeiten, leben zu müssen."[37]

Die ersten Kriminellen, die im KL Dachau eintreffen, kommen aus dem Arbeitshaus Rebdorf am Rande von Eichstätt.[38] Bei ihnen handelt es sich zumeist um Landstreicher und um andere asoziale Elemente, die sich angeblich während ihrer Strafzeit nicht gut geführt haben und die deshalb ins Konzentrationslager überwiesen worden sind. Über ihren rauhen Empfang in Dachau berichtet Hornung[39]: „Die Rebdorfer kommen! Sie waren seit acht Tagen angekündigt; die leeren Barackenteile der neunten Kompanie warteten auf sie. Immer wieder wurde verbreitet, Dachau sei als Sicherheitsverwahrung für asoziale Elemente, als Abfall-Lager der Rassenreinigung gedacht, das die politischen Gefangenen nur einzurichten hätten. (...)

Rebdorf ist das Arbeitshaus in Bayern, das den Verwalter Sabotake an Dachau abgegeben hatte. Jetzt war Sabotake von Lutz abgelöst; er selbst betreute den Schubraum, war Behüter von Nagelfeilen, Taschenmessern und anderen Gefangenenutensilien geworden. So konnte er zwar seine einstigen Internatszöglinge bald nach deren Einlieferung begrüßen, die Präparierung besorgten aber die elastischeren, unverbrauchteren SS.-Kompanieführer. Aus Rebdorf kamen die asozialen Elemente, die nichts mehr zu verlieren hatten. Da mußte die Präparierung so gründlich einsetzen, daß auch der leiseste Gedanke an Widerstand nicht mehr aufkommen konnte; darüber waren sich die SS. klar.[40]

Der Transport wurde mit gezückten Revolvern hereingetrieben, bekam sogleich Montur und dann: ‚Antreten!'

Marsch auf den Appellplatz. Dort begann das Exerzieren, bei dem die Schutzhäftlinge zusehen durften. Die Rebdorfer standen in Reih und Glied, die SS. vor und hinter ihnen mit entsicherter Schußwaffe. Die Gerechtigkeit gebietet, zu sagen, daß sie bei den ablaufenden Übungen ihr Letztes hergaben an Raffinesse und Ausdauer. Die ‚Bearbeitung' begann mit: ‚Laufschritt marsch, marsch!' über den ganzen Platz, bis den Präparanten wie gehetzten Hunden die Zunge förmlich aus dem Halse hing. Dann: ‚Hinlegen! Sprung auf! marsch, marsch!' Die Ersten bockten, die ersten Schläge fielen. Für jeden unbotmäßigen Blick Schläge und Fußtritte. Zum Abschluß wurde Kniebeuge geübt.

Sie taumelten durcheinander wie die Kegel auf der Kegelbahn. Die SS. hatten die Pistole in der einen Hand, mit der andern riß sie die Hingefallenen am Kragen empor; der Stiefel half von unten nach. Mitunter sah das Ganze aus, als seien Dompteure mit der Dressur beschäftigt. Im Grunde war es ja auch nichts anderes.

Die Rebdorfer marschierten mit verdrecktem Zeug in die Baracke und standen wenige Minuten später an den Waschtischen. Warmes Wasser wurde ihnen von der Lagerwaschküche nicht gegeben. Ein schneeverheißender Nordwest peitschte durch die Lagergassen."

Von Anfang an zeigen die Rebdorfer, wie die Kriminellen bald nur noch genannt werden, wenig Neigung, sich mit den politischen Gefangenen auf guten Fuß zu stellen. Sie meiden die Schutzhäftlinge und ziehen es vor, unter sich zu bleiben. „Um sechs Uhr morgens", erinnert sich Hornung,[41] „standen die Rebdorfer schon in Gruppen in der Lagerstraße und rauchten. Abends blieben sie bis zur letzten Minute vor dem Schlafsignal im Freien und gaben sich dem Kettenrauchen hin. Die Kantine machte gute Geschäfte. Bei manchen hatten sich über hundert Mark Löhnung aus jahrelangem Aufenthalt im Arbeitshaus angesammelt, die sie bei ihrer Übersiedlung ausbezahlt bekamen. Sie kauften sich, sobald die Kantine geöffnet wurde, Schokolade, Wurst, Butter, Keks; sie waren gierig auf diese so lang entbehrten Genüsse wie kleine Kinder.

Wenn sie so weiternaschten, war ihr Geld nach wenigen Wochen vertan. In Dachau war nichts für sie zu holen, denn das Lager entlohnte allenfalls mit Prügel. Der Zeitpunkt mußte kommen, an dem die Rebdorfer auf Raub und Diebstahl ausgingen.

Die politischen Gefangenen waren voll Mißtrauen, ignorierten sie und mieden ihre Baracke. Sie sahen in dem Auftauchen dieser unsicheren, zum Teil sogar verbrecherischen Elemente schwere Gefahren.

Aber ein Rebdorfer machte die Bemerkung: ‚Eigentlich eine Gemeinheit, daß wir mit dem politischen Gesindel beisammen sein müssen!'"

Dieser Ausspruch beleuchtet die Kluft, die sich von Anfang an zwischen beiden Häftlingsgruppen aufgetan hat. Solange das KL Dachau besteht, führt über sie kein Weg mehr hinweg. Die Feindschaft erreicht im Gegenteil mit den Jahren immer bedrohlichere Dimensionen, bis schließlich zwischen den gegnerischen Parteien der offene Kampf auf Leben und Tod ausbricht.

Daß die SS den Haß noch geschürt hat, bezeugt eine Dokumentation über das Dachauer Konzentrationslager, die im Jahre 1939 in Paris erscheint und die unter anderem auch auf die verhängnisvolle Rolle der Rebdorfer im Lagergeschehen eingeht: „Die politischen Gefangenen erkannten die Gefahren, die ihnen von dieser Seite drohten und schlossen sich von ihnen ab. Solange die Rebdorfer unter sich waren, war das nicht schwer. Aber später wurden sie zwischen die Politischen gelegt, was die Gefahren noch erhöhte. Zur gleichen Zeit wurde ein großer Teil von ihnen in den Werkstätten beschäftigt. Teilweise machte auch die Gestapo aus den Rebdorfern politische Gefangene, indem die Kommandantur ihnen, wenn ihre Zeit herum war, statt sie zu entlassen, einen Schutzhaftbefehl in die Hand drückte. Sie mußten ihr Arbeitszeug mit dem schwarzen Streifen, das Kennzeichen für die Rebdorfer, gegen solches mit einem roten Streifen, das Zeichen für politische Gefangene, umtauschen und waren somit ‚Kommunisten'. Ein gewisser Stolz war dann bei ihnen unverkennbar, doch innerlich blieben die meisten verlumpt."[42]

Je unerträglicher die Verhältnisse im Lager werden, desto mehr wächst die Ungeduld, mit der die Schutzhäftlinge der ersehnten Entlassung entgegenblikken. Dankbar wird jedes Gerücht aufgegriffen, das den Männern neue Hoffnung gibt. Das Zeichen einer bevorstehenden Wende sehen sie, als sie aufgefordert werden, sich alle photographieren zu lassen.[43] Nur wer sein Bild, heißt es, im Lager hinterlasse, könne den Weg in die Freiheit antreten. Die Folge dieser Ankündigung ist ein Ansturm auf den Photographen, der jedem Häftling ein Schildchen mit der Gefangenennummer umhängt, bevor er ihn einmal von vorn und einmal von der Seite ablichtet.[44] Später geht die SS dazu über, Aufnahmen von den Gefangenen gleich bei der Ankunft im KL Dachau machen zu lassen, um sofort Bilder bei der Flucht eines Häftlings für die Fahndung der Polizei zur Verfügung zu haben.

Am Donnerstag, dem 14. Dezember, schlägt dann die Stunde, die alle so ungeduldig herbeigesehnt haben: Die SS ruft nach den langen Wochen des Wartens endlich wieder die ersten Gefangenen zur Entlassung auf.[45] Rund fünfzig Mann sind es, die beim Appell am Morgen ihren Namen hören und noch fassungslos vortreten. „Liefert eure Sachen ab, um neun Uhr am Tor!" so wird ihnen befohlen. „Wegtreten!"

„Der Haufen", berichtet Hornung,[46] „löste sich, die angesammelte Spannung machte sich in einem jähen Freudenschrei Luft. Aufgeregt liefen die Aufgerufenen ihrer Baracke zu, um abzuliefern und ihre Habseligkeiten zusammenzupacken; ihre kleinen Eßvorräte verteilten sie an die Kameraden. Vor der Kammer drängten sich die Abliefernden, Freunde kamen hinzu, um sich schnell zu verabschieden, denn zu Abschiedsbesuchen blieb jetzt keine Zeit mehr. Diese kurze Fristbemessung sollte verhindern, daß die Entlassenen mit den Zurückbleibenden noch in zu enge Fühlung kamen."

Die Männer, die den Stacheldraht hinter sich lassen, können von Glück reden, daß sie dem Lager entronnen sind, wo die Kälte den Kameraden immer mehr zu schaffen macht. „In Baracke 1", erinnert sich Hornung, „begannen die gefangenen Schreiner Lattenroste zu legen. Der kalte Zementboden ließ keine warmen Füße aufkommen. Viele schrieben um warme Hausschuhe; da aber nach dem täglichen Aufwaschen der Boden noch stundenlang naß war, erwiesen sie sich als unpraktisch. Die Erkältungskrankheiten mehrten sich. Die Gefangenen dachten mit Schaudern an ihre Kameraden in den ungeheizten Bunkern. Die sonst nicht beliebten Holzpantinen wurden ein begehrter Artikel. Die Kammer war für den plötzlichen Bedarf nicht eingedeckt; trotzdem wurde das Kommando der Holzschuhmacher nicht vergrößert."

Unter den Häftlingen, die endlich freikommen, ist auch der Arbeitsfeldwebel Karl Kapp. Wie sein Vorgänger Josef Zäuner hat sich der Sozialdemokrat aus Nürnberg rasch das Vertrauen seiner Mitgefangenen erworben. „Er war ebenso aufrecht und unerschrocken", erinnert sich Hornung,[47] „aber noch geschickter in der Abwehr gefahrdrohender Situationen. Er machte keinen Kotau und verfügte über einen schlagfertigen Mutterwitz." Bereits als Capo des Kiestransportes ließ es Kapp nicht an Mut fehlen, wenn es darum ging, Übergriffen der Wachmannschaften entgegenzutreten. „Auf Grund seiner Tüchtigkeit", urteilt Hornung, „konnte er sich manchmal erlauben, einem Posten zu sagen: Ich bin verantwortlich und muß Sie bitten, mir die Leute nicht aufzuhalten! Dabei hatte er ganz genau das Gefühl, wann er ohne Risiko einen Widerspruch riskieren durfte."

Eine schwere Jugend hat den kleinen, untersetzten Mann geformt. Als Zwölfjähriger verliert er seine Eltern und kommt ins Waisenhaus.[48] Von da an bleibt das Pech an seiner Seite. Nachdem kein Geld mehr vorhanden ist, muß er die Realschule nach der dritten Klasse verlassen und in die Lehre eines Metzgers gehen. Er schließt die Ausbildung ab und versucht danach, mit seinem Bruder als selbständiger Kaufmann Fuß zu fassen. Aber die schlechten wirtschaftlichen Verhältnisse machen alle seine Pläne zunichte. Im Jahre 1927 tritt Karl Kapp der SPD bei, und 1933 schafft er für seine Partei den Sprung in den Nürnberger Stadtrat, dem er nur kurze Zeit angehört. Bald darauf gerät er in Schutzhaft und geht wie so viele seiner Parteifreunde den Weg nach Dachau. Nachdem Fugger, der Zäuner im Amt des Arbeitsfeldwebels folgte, entlassen worden ist, übernimmt Kapp den schweren Posten. Er ist es schließlich auch, der als erster eines Abends die ihm zugeflüsterte Information an seine Freunde weitergibt, daß demnächst mit der Aufhebung der Entlassungssperre zu rechnen sei.[49]

Nun zählt er selbst zu den Glücklichen, die Dachau hinter sich lassen können. „Ein SS.", berichtet Hornung,[50] „flüsterte ihm die Nachricht schon am Abend vorher zu und teilte ihm auch mit, daß die Kommandantur ihm einige Mark Fahrgeldzuschuß gebe. Der Rest war unter den enger(e)n Schicksalsgenossen schnell beisammen.

Kapp verabschiedete sich von seinen Freunden. Keiner der Männer seiner näheren Umgebung schämte sich der Tränen, die ihm ins Auge stiegen. Es wurde nicht mehr viel gesprochen. Was sie sich zu sagen gehabt, war längst gesagt und behielt seinen Wert." Als Kapp das Lager verläßt, ahnt er nicht, daß es nur ein Abschied für kurze Zeit ist. Er wird das KL wiedersehen und diesmal dem Stacheldraht für Jahre nicht mehr entrinnen. Und er wird neue Freunde gewinnen – aber auch viele Feinde, die ihn später als Lagerältesten ablehnen werden.

Nach Kapps Weggang hält die Entlassungswelle weiter an. „Jeder Tag", erinnert sich Hornung, „riß nun einige Kameraden weg. Dafür kam ein neuer Transport Rebdorfer. Sie kamen, wie ihr Vortrupp, in die nationalen Gymnastikstunden. Einer hatte bei der Geldausgabe zehn Mark zu viel bekommen und nichts gemeldet; er wurde fürchterlich geschlagen."

Für die Häftlinge, die weiter im Lager ausharren müssen, gewinnt der grimmige Winter immer bedrohlichere Schrecken. „Die Kälte", berichtet Hornung,[51] „war unerbittlich. In der Kantine wurde ein Kaffeeausschank eröffnet; für 15 Pfennige eine Tasse Kaffee.

Ein Feldbahngeleise wuchs Stück um Stück durch die Lagerstraßen zum Appellplatz hinaus; der Platz sollte eingekiest werden. Ausgerechnet im Winter beim Frost! In der Kiesgrube fror das Geröll, doch ohne Unterbrechung ging der Betrieb weiter. (...) Die Tannen standen morgens im Rauhreif. Die

Gefangenen, die nicht eingeteilt waren, verließen die Baracke nur, um zu rauchen. An den geschützten Südwänden bildeten sich graue Reliefs von Rauchern. Sie schmiegten sich fest aneinander wie Tauben an Gesimsen(,) und wie bei diesen war ein ständiger Wechsel; der eine ging, ein anderer nahm seinen Platz ein. Unentwegte sausten durch die Gassen, um sich warm zu laufen."

Je näher das Fest rückt, desto unruhiger werden die Häftlinge. Vor allem die Pessimisten sorgen sich, ob sie noch in den Genuß der „Bayerischen Weihnachtsamnestie" kommen, die, wie im Lager zu erfahren ist, vierhundert Schutzhäftlingen die Freiheit bringen soll.[52] Aretin erinnert sich, wie „die Nervenanspannung des Wartens bei der täglichen Namenverlesung der Freigelassenen im Lager allmählich eine furchtbare Stimmung erzeugte".[53] Die Unruhe ist auch begründet. In der letzten Woche vor Weihnachten geht die Zahl der Entlassungen vom Montag bis zum Donnerstag beängstigend zurück.[54] Unter den Männern herrscht Niedergeschlagenheit und Depression, nachdem am Donnerstag nur noch sechs Gefangene freigegeben worden sind.

„Sogar mein Riese von einem Gröner", berichtet Aretin,[55] „geriet in eine Stimmung, die es nicht mehr erlaubte, sich ihm zu nähern. Einer mußte schon anfangs der Woche als irrsinnig geworden entfernt werden, und als am Freitag, dem 22. Dezember, beim Frühappell keine Namen mehr verlesen wurden[56] und die Auffassung bestand, daß nun Schluß mit den Entlassungen sei, sah ich, wie ein anderer armer Teufel, gleichfalls wahnsinnig geworden, mit aller Wucht mit dem Kopf gegen die Wand sprang, immer und immer wieder, bis schließlich ihn die Wache gefesselt abführte, ich weiß nicht, ob in ein Krankenhaus oder ob in eigene Pflege, die in dubio in Verprügeln und Anketten im Arrest bestanden hätte."

Als einer der letzten, für die sich doch noch unerwartet vor dem Fest das Tor zur Freiheit öffnet, kann Aretin am Samstag, dem 23. Dezember, das Lager verlassen.[57] Er läßt mehr als zweitausend Kameraden zurück, die einem trostlosen Weihnachten hinter dem Stacheldraht entgegensehen.[58] Die Kommandantur unternimmt auch keine Anstrengungen, um den Zurückgebliebenen das Los zu erleichtern. „Während man die SS-Leute", erinnert sich Ecker,[59] „mit den wucherischen Erträgnissen der Gefangenenkantine beschenkte, sah unsere Weihnachtsfeier so aus: Am ersten Weihnachtsfeiertag, dem 25. Dezember, morgens war in der Küche ein Lichterbaum aufgestellt, an dem wir beim Kaffeefassen vorbeigingen und den wir etliche Sekunden, nur im Vorübergehen, ansehen konnten. Ein Gefangener spielte mit der Ziehharmonika Weihelieder. Als ‚Geschenk' für die monatelang geleistete Zwangsarbeit bekamen wir zwei Semmeln zum Kaffee(,) und als Abendessen gab es einen Salzhering." – „Und das Licht", erinnert sich der Nürnberger Häftling Hans Popp,[60] „wurde bereits um 8 Uhr abgedreht."

So neigt sich das erste Jahr in der Geschichte des Konzentrationslagers Dachau seinem Ende entgegen. In den knapp zehneinhalb Monaten seit der Eröffnung des KL sind insgesamt 4821 Häftlinge durch das Lager gegangen.[61] Von ihnen sind 22 Gefangene dem Terror der SS zum Opfer gefallen[62]: Josef Amuschel, Wilhelm Aron, Dr. Rudolf Benario, Fritz Bürk, Fritz Dressel, Wilhelm Franz, Alfred Fruth, Ernst Goldmann, Sepp Götz, Hugo Handschuch, Leonhard Hausmann, Herbert Hunglinger, Arthur Kahn, Erwin Kahn,

Dr. Delvin Katz, Karl Lehrburger, Sebastian Nefzger, Max Sailer,[63] Louis Schloss, Siegfried Schmitz, Franz Stenzer und Dr. Alfred Strauss.

Die Zahl der Häftlinge, die in den vergangenen Monaten das KL gleichzeitig bevölkert haben, schwankt im Durchschnitt zwischen 2000 und 2500 Mann.[64] Den größten Anteil der Lagerbelegschaft stellen in den Jahren 1933/34 mit fünfzig Prozent die Kommunisten.[65] Ihnen folgen mit je zwanzig Prozent die Sozialdemokraten und die kriminellen Häftlinge. Zehn Prozent der Lagerstärke bilden schließlich parteilose Juden.

Obwohl die SS eine Mauer des Schweigens um das Lager gelegt hat und argwöhnisch darüber wacht, daß keine Informationen über das Lagergeschehen an die Öffentlichkeit dringen, sind die Kommunisten im Untergrund doch über die Ereignisse in Dachau bemerkenswert gut unterrichtet. Sie verdanken ihre Kenntnisse einem Nachrichtendienst, der in Verbindung mit den Häftlingen steht. Diese wiederum haben im Lager eine ständige Wache eingerichtet, die alle Bewegungen der SS beobachtet und registriert. Die Kundschafter halten sich in der Baracke der 1. Kompanie verborgen, die gegenüber dem Gebäude der SS-Lagerwache liegt. Dort entgeht den Männern nichts, was eigentlich ihren Blicken entzogen bleiben soll.

Über den Spähdienst berichtet ein Gefangener später dem „Internationalen Zentrum für Recht und Freiheit in Deutschland", das seinen Sitz in Paris hat: „Wir wußten auf diese Weise über jeden Mord Bescheid. Wurde z. B. ein Gefangener umgebracht, dann transportierten 4 SS-Leute auf einer Bahre, meistens nachts zwischen 10 und 11 Uhr, den Toten zum Lager hinaus. Sie mußten unmittelbar an der 1. Kompagnie vorüber. Wir hatten eine genaue Kontrolle, auch über die Vernehmungen, die sich nachts vor und in der Wache abspielten."[66]

Doch die Häftlinge behalten nicht nur das Wachlokal der SS im Auge. Auch sonst belauern sie ihre Bewacher auf Schritt und Tritt. „Wenn ein Kompagnieführer", heißt es in der Dokumentation des Zentrums in Paris weiter,[67] „das Lager betrat, wurde er von den Gefangenen schon signalisiert. Ebenso glänzend war zeitweilig die Verbindung der Gefangenen mit München. Alle wichtigen Ereignisse im Lager waren meistens schon nach ein paar Stunden, ganz gewiß aber am nächsten Tage, in München bekannt. In vielen Fällen wurden die Vorgänge durch Flugblätter dort bekannt gemacht, wie durch SS-Posten und Gefangene, die neu eingeliefert wurden, im Lager erzählt wurde. Diese Verbindung ging der Kommandantur sehr auf die Nerven(,) und es war nicht zu verwundern, daß sie alle Anstrengungen machte, diese Verbindung ausfindig zu machen. Es war ein vergebliches Bemühen, denn man suchte immer am verkehrten Platz."

Doch die Kommunisten in München sammeln nicht nur Informationen aus dem KL und bringen sie auf Flugblättern in Umlauf. Sie schrecken auch trotz der Gefahren, die ihnen drohen, nicht davor zurück, die Verbrechen im Lager öffentlich anzuprangern. In der „Neuen Zeitung", die nach wie vor im Untergrund gedruckt und heimlich vertrieben wird, erscheint im Dezember 1933 ein Artikel, der mit bemerkenswertem Mut Stellung zum Terror der SS nimmt. Unter der Überschrift „Die Mörderhölle Dachau" geht der Verfasser des Beitrags mit den Nationalsozialisten offen ins Gericht: „Der 12. November brachte den Nazis, der Hitlerregierung einen grandiosen Wahlsieg. Wie dieser Sieg einzuschätzen ist, zeigen uns die Ergebnisse in den Konzentrationslagern. Ganz Deutschland ist ein Konzentrationslager. Mit welchem Recht wollen die faschistischen Henker, die eingekerkerten Arbeiter und Werktätigen noch weiterhin der Freiheit berauben. Sie sprechen jetzt von Gnade. Die ganze Arbeiterklasse will keine Gnade, sondern fordert das Recht auf Freiheit. Mehrere tausende bayerische Arbeiter, sitzen seit einem halben – dreiviertel Jahr in Dachau, in den Gefängnissen. Ihr einziges Verbrechen bestand darin, daß sie für die Befreiung aus Not und Knechtschaft für den Sturz der kapitalistischen Gesellschaftsordnung, für die Aufrichtung des Sozialismus, kämpften. Dutzende von Ihnen (sic!), die besten der Arbeiterklasse sehen die Freiheit nie wieder, man hat sie in der Hölle Dachau viehisch ermordet.

Heraus mit den Gefangenen!

Wie immer auch die faschistischen Henker diese Morde an wehrlosen Gefangenen bemänteln mögen, ‚auf der Flucht erschossen'(,) ‚wegen Widerstand erschossen', ‚in einem Anfall geistiger Umnachtung ums Leben gekommen'(,) nie und nimmer läßt sich verleugnen, daß sie(,) die Nazis, Mitglieder einer sogenannten Arbeiterpartei(,) wehrlose Arbeiter ermordeten …

Die Todeszellen.

Neben den allgemeinen Schlafräumen, den Baracken, gibt es noch in einem Kellerverließ (sic!) Dunkelzellen, von den dort Eingekerkerten kommen nur wenige noch lebend heraus. Es sind wirkliche Todeszellen. Mit einem Sonderwachkommando, die (sic!) die Gefangenen(,) an Ketten gelegt, friedhofsfertig machen. In diesen Zellen wurde eine Anzahl unserer Besten ermordet.

Angefangen von dem Gen. Götz, Dressel, Stenzer, Hausmann, Willy Franz usw.

Heraus zum Protest!

In allen Betrieben(,) auf allen Stempelstellen, in allen Wohnbezirken, überall wo Werktätige zusammenkommen, muß Stellung genommen werden zu den dauernden Ermordungen in Dachau, zur Befreiung aller Gefangenen. Das faschistische Regime, daß (sic!) sich mit einer abenteuerlichen Politik, mit rücksichtslosem brutalen, blutigen Terror zu halten versucht, ist nicht in der Lage(,) Arbeit und Brot zu schaffen …

Antifaschisten! Verbreitet überall die wirkliche Wahrheit über Dachau, duldet nicht, daß noch hunderte (sic!) der besten der Arbeiterklasse viehisch zugrundegerichtet werden. Werdet Kämpfer, unterstützt die Opfer des faschistischen Terrors, die eingekerkerten, ihre Hinterbliebenen.

Kämpft unerschrocken für die Befreiung aller proletarischen Gefangenen. Gebt für die Rote Hilfe! Kämpft mit der KPD für den Sozialismus!“[68]

Die Aufklärungsarbeit der Kommunisten bleibt nicht ohne Wirkung. Ihre Pfeile verletzen die Nationalsozialisten und zwingen sie zur Gegenpropaganda. Das zeigt sich deutlich, als der bayerische Ministerpräsident Siebert im März 1934 das Konzentrationslager Dachau besucht. Wenige Tage zuvor hat Eicke die Bestätigung erhalten, daß die SS-Führung trotz der noch gegen die Dachauer SS laufenden Ermittlungsverfahren der Staatsanwaltschaft zu ihm steht und seine Arbeit anerkennt. Am 9. März wird er offiziell zum Kommandanten des Konzentrationslagers Dachau ernannt, nachdem er bereits am 30. Januar zum SS-Brigadeführer befördert worden ist.[69]

Bei seinem Besuch im KL Dachau zeigt sich der Ministerpräsident von der Aufbauarbeit, die Eicke in seinem Lager für die Partei geleistet hat, beeindruckt. Jedenfalls teilt er dies in einem Brief dem Reichsführer-SS mit, der im vollen Wortlaut in der gleichgeschalteten Presse veröffentlicht wird. Ganz eindeutig will die nationalsozialistische Propaganda damit die Behauptungen der Kommunisten Lügen strafen.

„Sehr geehrter Herr Reichsführer!" beginnt Siebert den Brief.[70] „Lieber Pg. Himmler! Nach längerer Pause habe ich gestern das Konzentrationslager Dachau eingehendst in allen seinen Teilen wiederum besichtigt. Ich möchte nicht verfehlen, Ihnen meine besondere Genugtuung auszudrücken über die außerordentlich glückliche Umgestaltung des Lagers, die ich wahrgenommen habe. Es ist in der Zwischenzeit, wie man ruhig sagen kann, zu einem Muster-Gefangenenlager ausgestaltet worden. Die baulichen und sanitären Anlagen, die Lagerstätten, die Speise- und Aufenthaltsräume sind in einen Zustand gebracht, wie man ihn besser nicht verlangen kann. Lediglich einzelne Schlafräume, nicht die der Gefangenen, sondern der Bewachungsmannschaften, könnten nach meinem Dafürhalten noch eine Verbesserung erfahren.

Ich habe mich auch von der auffallend guten Verfassung der Gefangenen und von der Qualität der Verköstigung überzeugen können. Das Aussehen der Gefangenen, der frische Blick bei den meisten derselben, ihre außerordentliche Arbeitsbetätigung zerstreuen all die Märchen, die über das Lager verbreitet wurden, auch nach der persönlichen Seite. Dabei habe ich gehört, daß unter den Gefangenen hundert Insassen sind, die von einem Arbeitshause wegen dessen Ueberfüllung in das Lager Dachau einstweilen überwiesen wurden.

Der ganz auffallend geringe Krankenstand, die Unterbringung der Kranken im Revier, die Vorsorge auch für zahnärztliche Behandlung lassen erkennen, daß die Lagerverwaltung durchaus alle gebotene Fürsorge für die Insassen in den Kreis ihrer Erwägung zieht. Ungezählte unserer dem Staate verbundenen Volksgenossen haben bestimmt nach der Unterbringungs- und Verpflegsseite ein viel ungünstigeres Dasein wie die aus Staatssicherheitsgründen im Konzentrationslager Dachau Untergebrachten.

Nicht minder hat mich die eingehende Besichtigung der Einrichtungen der Politischen Polizei und der Sicherheitspolizei beeindruckt. Was hier in organisationstechnischer Hinsicht unter Benutzung der modernen technischen und wissenschaftlichen wie auch kriminellen (sic!) Erfahrungen in wenigen Monaten aufgebaut wurde und seiner völligen Ausgestaltung harrt, ist schlechthin unübertrefflich.

Ich beglückwünsche Sie zu dieser im Interesse des Staates ebenso notwendigen wie begrüßenswerten Schaffung all dieser Einrichtungen, die für den Schutz des neuen Staates und seiner Bürger bestimmt sind.

Es freute mich besonders, daß der badische Wirtschaftsminister und der anhaltische Ministerpräsident, die an der Besichtigung teilnahmen, in gleicher Weise von dem Gesehenen beeindruckt waren.

Mein Wunsch ist, daß es der Erziehung der Insassen des Konzentrationslagers Dachau gelingen möchte, sie bald in Freiheit zu setzen und zur Mitarbeit im Staate bereitmachen zu können.

Als äußeres Zeichen der Anerkennung für ihre rastlose Arbeit bitte ich, mir hundert bedürftige S.S.-Kameraden zu benennen, insbesondere solche, die im Dienste Schaden genommen haben oder die in familiären, wirtschaftlichen Sorgen sind. Ich werde denselben aus mir für Notfälle von privater Seite zur Verfügung gestellten Mitteln eine Spende von je 50 Mark in Anerkennung ihrer Tätigkeit für die Allgemeinheit überweisen.

Heil Hitler!"

Daß Eicke nach solchen Worten der Anerkennung das uneingeschränkte Vertrauen des Reichsführers-SS besitzt, steht außer Zweifel. Wie sehr Himmler den SS-Brigadeführer schätzt, zeigt sich, als er ihn in den Kreis der Verschwörer aufnimmt, die entschlossen sind, zum vernichtenden Schlag gegen die SA auszuholen. Schon seit langem hat sich der Stabschef der SA, Ernst Röhm, in der eigenen Partei und vor allem auch in der Reichswehr erbitterte Feinde geschaffen, die seinen Sturz betreiben. Mit seiner Forderung, die große Armee der SA in ein Volksheer umzuwandeln und damit den Einfluß des alten Offizierskorps auszuschalten, manövriert sich Röhm, der sich gern als „Scharnhorst der neuen Armee" bezeichnet, mehr und mehr in eine heikle Lage.[71] Die Gegner des SA-Chefs in der NSDAP fürchten, daß die Braunhemden wieder wie in der Kampfzeit auf die Straße gehen, um ihre Ziele durchzusetzen. Die Sorgen sind nicht unbegründet. Schon spricht Röhm von der „Zweiten Revolution" des Nationalsozialismus.[72]

Unter den Feinden, die sich gegen den Stabschef formieren, erweist sich Reinhard Heydrich als der gefährlichste Drahtzieher, der vor keinem Mittel zurückschreckt, um sich der SA in den Weg zu stellen.[73] Er sieht in der Auseinandersetzung mit Röhm eine große Chance für die SS, sich aus der Abhängigkeit der SA für immer zu lösen und als neue führende Kraft in der Partei aus dem Kampf hervorzugehen. Bei der Durchsetzung seiner Pläne kennt Heydrich keinen Kompromiß. Wenn der Griff des Schwarzen Korps zur Macht gelingen soll, muß das in einem Handstreich geschehen, der die zahlenmäßig überlegene SA aus heiterem Himmel trifft und sie sofort ihrer wichtigsten Führer beraubt. Keiner von ihnen, auch Röhm nicht, soll mit dem Leben davonkommen.

Während sich der Stabschef im Juni 1934 nichtsahnend zur Jodkur nach Bad Wiessee begibt,[74] schließt sich um ihn und um seine Gefolgsleute der tödliche Ring der SS. Heydrich ist es inzwischen gelungen, Himmler, der zunächst aus Anhänglichkeit zu Röhm gezögert hat, auf seine Seite zu ziehen,[75] und auch der preußische Ministerpräsident Hermann Göring, der in seinem Ehrgeiz den Oberbefehl über die Armee anstrebt, hat den Stabschef der SA längst abgeschrieben.[76] Nach einigem Zaudern läßt Hitler, der lange noch zu Röhm gehalten hat, schließlich den Verschwörern freie Hand: „Ich habe genug. Ich werde ein Exempel statuieren."[77] Die SS, erfahren in solchen Dingen, übernimmt es, die Todesurteile zu vollstrecken, die bereits über die SA-Führer verhängt worden sind, ohne daß diesen Gelegenheit geboten worden ist, sich zu verteidigen.[78]

Wenn das Unternehmen gelaufen ist, wird Hitler vor das Volk hintreten und behaupten, daß der Staat in Notwehr gehandelt habe, um den geplanten Putsch der SA abzuwehren.[79] In Wirklichkeit hat Röhm nie die Absicht verfolgt, Hitler in den Rücken zu fallen.[80] Bis zuletzt versichert er ihn seiner

Treue.[81] Hitler aber verrät den Kampfgefährten, weil dieser seinen Plänen im Wege steht und er die Ziele seines Stabschefs nicht mehr teilt.

Die Reichsführung der SS zieht Theodor Eicke ins Vertrauen und beauftragt ihn, sich für die „Nacht der langen Messer“, wie der tödliche Schlag gegen die Braunhemden bald genannt wird,[82] zu rüsten. Der SS-Brigadeführer legt bereits Ende April eine „Reichsliste“ mit den Namen der Todeskandidaten an,[83] und Anfang Juni probt er mit der Dachauer SS, die mit zwei Kompanien der „Leibstandarte-SS Adolf Hitler“ unter ihrem Kommandeur, SS-Gruppenführer Sepp Dietrich, in Südbayern gegen die SA ins Feld geworfen werden soll, in Planspielen den Ernstfall.[84] Doch erst am 30. Juni schlägt die Stunde der Abrechnung.

Die Unruhe, die das Wachpersonal schon in der Nacht zu diesem schwarzen Samstag erfaßt hat, entgeht den Häftlingen in Dachau nicht. „Ein ungewöhnlicher Autoverkehr“, berichtet Josef Eckstein,[85] „setzte ein, die Posten verließen fluchtartig ihre zugewiesenen Standorte. Die so schweren Maschinengewehre wurden von den Betontürmen entfernt, die leichten MG wurden auf einigen Türmen umgedreht, der Lauf, der sonst drohend auf uns gerichtet war, wurde zur Abwehr bereitgehalten. Zwischen diesem Lärm und Verkehr waren Kommandos zu vernehmen. Kein Schutzhäftling wußte, was los war. Soviel aber war gewiß, daß es keine militärische Übung war. (...) Die Gefühle nach all den Drangsalierungen der Schutzhäftlinge sind nicht zu beschreiben. An Schlaf war nicht zu denken. (...) An diesem Samstag blieben alle Arbeitskommandos mit Ausnahme des Küchenpersonals im Lager.“

Inzwischen ist nach dem verabredeten Stichwort „Kolibri“ die Treibjagd auf die SA-Führer eröffnet.[86] Ihr fallen aber auch bürgerliche Regimegegner zum Opfer, deren sich Hitler bei dieser Gelegenheit entledigt.[87] Ein Teil der Verhafteten wird nach Dachau gebracht und dort im Lager erschossen, das damit zum erstenmal in seiner Geschichte als Exekutionsstätte dient.[88] Einer der ersten, die zur Hinrichtung ins KL geschleppt werden, ist Gustav Ritter von Kahr, der Hitlers Putsch am 9. November 1923 an der Feldherrnhalle in München ein Ende bereitet hat. Nun rächt sich der Führer dafür grausam an dem ehemaligen Generalstaatskommissar.

Als Kahr am Nachmittag des 30. Juni im Lager eintrifft, wird er von mehr als hundert SS-Männern, die sich in der Nähe der Kommandantur aufhalten, mit lautem Freudengeschrei empfangen.[89] Sie umringen den Personenwagen, der Kahr gebracht hat, und brüllen: „Kahr, Kahr!“ Eicke, der auf dem Vorbau des Kommandanturgebäudes auf einem Stuhl gesessen und geraucht hat, als das Auto vorgefahren ist, erhebt sich und befiehlt, Kahr in den Arrest der Kommandantur einzuliefern. Die SS-Leute begleiten den 71 Jahre alten Mann, dessen Todesurteil bereits gesprochen ist, bis zum eisernen Tor des Bunkers, wo Kahr dem Arrestaufseher übergeben wird. Kurz darauf fällt der Schuß, der Kahrs Leben ein Ende bereitet.

Schnell gerät die SS in einen Blutrausch. „Die Nacht von Samstag auf Sonntag“, erinnern sich Häftlinge,[90] „wurde immer wieder unterbrochen durch das Indianergeheul der SS, wenn wieder ein Auto mit Verhafteten ankam. (...) Manche Gefangene wurden vor einen Sandhaufen gestellt und standrechtlich erschossen, während ein Scheinwerfer mit seinem fahlen Licht die Gruppe beleuchtete, wobei die von ihrer Aktion längst zurückgekehrte SS den Rahmen für das Bild abgab und dazu das Lied sang: ‚Deutschland erwache, Juda verrecke.‘ “

Erschüttert beobachten die Häftlinge, was sich vor ihren Augen ereignet.[91] Die meisten finden keinen Schlaf. Die Gefangenen der 1. Kompanie können die Geschehnisse am besten überblicken, da sich der Schauplatz unmittelbar vor ihrer Baracke befindet. Fast die ganze Nacht stehen sie in sicherer Dekkung abwechselnd neben den Fenstern und starren nach draußen. Sie verstehen nicht nur jedes Wort der SS, sondern nehmen auch alles deutlich wahr, was sich in ihrer Nähe abspielt, weil der Scheinwerfer die ganze Umgebung in helles Licht taucht.

Trotz größter Vorsicht kommt es durch den Leichtsinn eines Kameraden für die Männer doch zu einem lebensbedrohenden Zwischenfall. „Ein Gefangener der 1. Kompagnie, 1. Korporalschaft“, berichten Häftlinge,[92] „war so unvorsichtig, sich ans Fenster zu stellen, um besser sehen zu können. Er wurde mit Hilfe des Scheinwerfers, der plötzlich gedreht wurde und den Gefangenen tatsächlich in die Betten leuchtete, entdeckt. Der Posten, der gegenüber der Baracke stand, gab einen Schuß auf das Fenster ab, schoß aber in die Mauer.

Das war für die tollwütige SS ein Signal. 12 bis 15 SS-Leute, alle Chargen bis zum Sturmführer, (...) stürmten durch die offenstehenden Fenster in die Baracke der 1. Korporalschaft. Jeder in der Hand die schußbereite Pistole. Die SS-Leute in ihrem Blutrausch schrien: ‚Wenn wir schon unsere eigenen SA-Leute zusammenschießen, dann ist es um die roten Säue erst recht nicht schade‘, und waren drauf und dran, unter den Schutzhäftlingen ein Massaker zu veranstalten. Der Verwalter, der dazukam, rettete die Situation, indem er ganz energisch verlangte, daß die Baracke geräumt werde.“

Die SS macht auch vor dem Mord an einer Frau nicht halt. Eckstein nimmt wahr, wie sie gegen 23 Uhr in einem Auto im Lager eintrifft.[93] Der Wagen fährt bis zu der Brücke des Kanals, der durch das KL fließt. Dort muß sie aussteigen. SS-Männer umringen sie und führen sie auf ein Handzeichen des Sturmbannführers Michael Lippert ab. In ihrer Todesangst klammert sich die Frau an einen SS-Mann. Dieser aber stößt sie von sich und schießt sie nieder. Das Bild bleibt den Augenzeugen unvergeßlich. Als die Gefangenen am Sonntag in der Frühe zum Kaffeefassen marschieren, liegt, wie Häftlinge später berichten,[94] „noch ein Halbschuh des Mädchens vor dem MG-Turm.“

Der Tod der Frau gibt den Gefangenen Rätsel auf. Ein Gerücht will wissen, daß sie eine tschechische Spionin gewesen sei. Doch das entspricht nicht den Tatsachen. Die Frau heißt Ernestina Zoref[95] – und ist die Freundin des Schriftstellers Paul Edmund von Hahn gewesen.[96] Die Liaison mit dem Balten, dem Himmler seine Gunst entzogen hat, ist ihr zum Verhängnis geworden. Offensichtlich haben die Kenntnisse, die Hahn ihr vermittelte, sie zur lästigen Mitwisserin gemacht. Deshalb bringt die SS sie für immer zum Schweigen.

Hahn selbst befindet sich zu dieser Zeit nicht mehr in Dachau. Nach monatelanger Haft in einer Dunkelzelle ist er im April 1934 aus dem Lager entlassen worden. „Daß er das überlebte“, erscheint Aretin, der in dem ganzen Fall einen Mordversuch sieht, „als das reine Wunder“.[97] Der Schriftsteller wird zunächst nach Stadelheim gebracht und dort bald darauf mit der Auflage, sich täglich bei der Polizei einzufinden, auf freien Fuß gesetzt. Aber er hat sich, wie Aretin berichtet, „keinen einzigen Tag gemeldet“. Die einen schließen daraus, daß er doch noch ermordet worden sei, und die anderen vermuten, daß ihm sein einstiger Widersacher, Leo Friedrich Hausleiter, zur Flucht nach Österreich verholfen habe.[98]

Auch am Sonntag, dem 1. Juli, hat das Morden in Dachau noch kein Ende. Am Morgen wirft Eicke den Häftlingen ein Flugblatt über den Stacheldraht, auf dem die Namen von bereits erschossenen SA-Führern stehen[99]: Obergruppenführer August Schneidhuber, Obergruppenführer Edmund Heines, Gruppenführer Karl Ernst, Gruppenführer Wilhelm Schmid, Gruppenführer Hans Hayn, Gruppenführer Hans Peter von Heydebreck und Standartenführer Hans Erwin Graf von Spreti-Weilbach.[100] Das Blatt mit den Namen der „sieben Verräter", wie es heißt, geht im Lager von Hand zu Hand. Aufsehen erregt vor allem eine Bleistiftnotiz, die von Eicke persönlich stammen soll und die lautet: „Röhm wird erschossen."

Daß die SS in ihrem Haß keine Grenzen mehr kennt, erleben die Gefangenen am Abend, als SA-Führer gegen 19 Uhr zur Exekution ins KL gebracht werden. „Die Gefangenen", berichtet Hornung,[101] „stauten sich auf dem Platz hinter dem Lagertor. Lutz kam durchs Tor gerannt: ‚Alles in die Baracken!'

In das eilige Davonrennen scholl die Stimme des Kommandanten: ‚Warum denn? Laßt sie nur da! Sie sollen zuschauen!' Die grauen Scharen strömten zurück.

Vier Mann in brauner Uniform, den Aufschlägen nach höhere Chargen, wurden von bewaffneten SS. hinter den äußeren Arresten an die Wand geführt. Der Kommandant riß ihnen die Klappen und Borten herunter, sie entledigten sich ihrer Röcke und warfen sie ihm vor die Füße, sie entblößten ihre Brust und riefen: ‚Na, so schießt doch!' Das Angebot, ihnen die Augen zu verbinden, lehnten sie ab. Einer von ihnen wiederholte: ‚Na, so schießt doch endlich!'

Das Peloton legte an. Furchtlos standen die Vier. Der Kommandant schrie: ‚Gebt Feuer!'

‚Hoch Heines!' tönten die Stimmen in das Krachen der Schüsse. Drei sackten zusammen, einer schwankte nur; er bekam noch einen Gnadenschuß.

Wie festgenagelt standen die Gefangenen; ein Teil war auf die Dächer geklettert und saß droben wie angeklebt. Die vier Toten lagen hingestreckt. (...)

Hitlers Bartholomäusnacht verschlang Freunde und Feinde. Aus den Bunkern verschwanden gleichzeitig in das Dunkel dieser Nacht auch noch Marxisten und Juden, auf deren Entlassung ‚kein Wert' gelegt war."

Die „Reichsmordwoche", wie die Häftlinge schaudernd sagen, endet erst am Montag, dem 2. Juli, gegen 4 Uhr in der Frühe, als Hitler die Erschießungen stoppen läßt.[102] Ihr sind allein im Konzentrationslager Dachau 17 Personen zum Opfer gefallen.[103] Unter ihnen befinden sich neben Gustav Ritter von Kahr und Ernestina Zoref die SA-Männer Paul Neumayer, Erich Schieweck, Johann Schweighart und Max Vogel, die vor den Augen der Häftlinge füsiliert worden sind, die SA-Angehörigen Heinrich König, Martin Schätzl und Julius Uhl sowie Dr. Bernhard Rudolf Stempfle, Dr. Wilhelm Eduard Schmid und Dr. Fritz Michael Gerlich.[104]

Stempfle, der Schriftsteller und Mitherausgeber des „Miesbacher Anzeiger" war, hat sterben müssen, weil er über private Geheimnisse des Führers und Reichskanzlers unterrichtet gewesen ist.[105] Gerlich ist auf die Abschußliste der

SS geraten, weil er seit 1931 Hitler zusammen mit dem Kapuzinerpater Ingbert Naab als Chefredakteur zunächst im „Illustrierten Sonntag" und später in der Wochenzeitung „Der gerade Weg" in München bekämpfte. [106] Schmid verlor schließlich durch ein Versehen sein Leben. Der Musikkritiker wurde von der SS mit dem Münchner Arzt Ludwig Schmitt verwechselt, der als Mitarbeiter von Otto Strasser zu den Gegnern Hitlers gezählt hatte. Während sich der Mediziner im Gefängnis Stadelheim in einem Holzverschlag versteckt hielt, schleppte die SS den Falschen zu seiner Hinrichtung nach Dachau.[107]

Die Häftlinge, deren sich die Kommandantur im Zuge der Röhm-Affäre entledigt hat, sind der Rechtsanwalt Dr. Julius Adler aus Würzburg, der Prokurist Erich Gans aus Nürnberg, der Redakteur Walter Häbich aus Stuttgart, der Zementarbeiter Adam Hereth aus Laineck bei Bayreuth – und der Hauptmann a. D. Paul Röhrbein.[108] Für den Offizier endet mit seinem Tod ein Martyrium. Nachdem er Schweres im Arrest durchgemacht hatte, gab es für ihn einen trügerischen Lichtblick. Er wurde nach monatelanger Einzelhaft aus dem Konzentrationslager entlassen und nach München ins Gefängnis gebracht. Im Januar 1934 traf ihn Aretin, der dem KL Dachau gerade entronnen war, in Stadelheim wieder, wo Röhrbein weiter von allen anderen Gefangenen getrennt gehalten wurde. „Als er", berichtet Aretin,[109] „von dort wieder nach Dachau sollte, schnitt er sich – wissend, was Dachau ist – die Pulsadern auf, wurde aber geheilt und nach der Heilung doch nach Dachau geschickt." Hier schließlich rechnet die SS mit ihm für immer ab.

Auch für den Stabschef der SA gibt es kein Pardon.[110] Himmler und Göring fordern den Tod des SA-Chefs. Doch Hitler zögert, Röhm, der in Stadelheim festgehalten wird, seinen Henkern zu übergeben. Noch am späten Vormittag des 1. Juli widersetzt er sich in der Reichskanzlei dem Drängen Görings und Himmlers. Erst kurz vor 13 Uhr bricht er den Stab über den einstigen Mitkämpfer und Freund. Während Himmler und Göring triumphieren, läßt sich Hitler persönlich mit dem bayerischen Innenministerium in München verbinden, wo SS-Brigadeführer Eicke bereits auf neue Befehle aus Berlin wartet. Der Führer beauftragt ihn, dem Leben des Stabschefs ein Ende zu setzen. Bevor Eicke selbst zur Waffe greife, solle er jedoch Röhm nahelegen, den Freitod zu wählen.

Der Dachauer Kommandant beeilt sich, den Befehl des Führers sofort auszuführen. Zusammen mit SS-Sturmbannführer Michael Lippert und SS-Gruppenführer Heinrich Schmauser begibt er sich nach Stadelheim, wo er gegen 14.30 Uhr eintrifft. Doch der Leiter der Strafanstalt, Regierungsdirektor Dr. Robert Koch, ist nicht bereit, Röhm auszuliefern. Er verlangt von Eicke einen schriftlichen Befehl, den dieser aber nicht vorweisen kann. Darauf wendet sich Dr. Koch in einem Telefongespräch an Justizminister Frank und bittet um Rat. Als Frank zögert, reißt Eicke dem Regierungsdirektor wütend den Hörer aus der Hand und herrscht den Minister an, daß er auf Befehl des Führers handle.

Dem wagt sich auch Frank nicht zu widersetzen. Der Gefängnisverwalter Lechler geleitet die drei SS-Männer zur Zelle 474, wo Röhm mit nacktem und verschwitztem Oberkörper auf einer Pritsche sitzt. Als Eicke zu ihm in die Zelle tritt, wendet er ein wenig den Kopf. Der Dachauer Kommandant eröffnet dem Stabschef: „Sie haben Ihr Leben verwirkt. Der Führer gibt Ihnen noch

31 Sieg des Schwarzen Korps über die Braunhemden: Mit der Entmachtung der SA war für Heinrich Himmler (2. v. r.) der Weg frei zum Aufbau des SS-Staates. Das Bild zeigt den Reichsführer-SS mit dem Stellvertreter des Führers, Rudolf Heß (Mitte), bei einer Besichtigung des Konzentrationslagers Dachau.

eine Chance, die Konsequenzen zu ziehen." Mit diesen Worten legt er eine Pistole, die er mit einer Kugel geladen hat, und die neueste Ausgabe des „Völkischen Beobachter" auf den Tisch, die bereits mit großer Schlagzeile die Verhaftung des SA-Chefs meldet. Eicke gibt Röhm zehn Minuten Zeit. Dann verläßt er die Zelle und schließt die Tür hinter sich.

Die drei SS-Männer postieren sich auf dem Gang und warten. Doch der erwartete Schuß fällt nicht. Nach einer Viertelstunde verliert Eicke die Geduld. Er greift zu seiner Dienstwaffe und stürzt zusammen mit Lippert in die Zelle. „Stabschef", ruft Eicke, „machen Sie sich fertig!" Als er bemerkt, daß die Pistole in der Hand von Lippert zittert, ermahnt er den Sturmbannführer: „Langsam und ruhig zielen." Im nächsten Augenblick lösen sich zwei Schüsse, die Röhm treffen. Der Stabschef fällt nach hinten zu Boden und flüstert: „Mein Führer, mein Führer." Eicke antwortet dem Sterbenden zynisch: „Das hätten Sie sich früher überlegen sollen, jetzt ist es zu spät." Eine dritte Kugel, die Röhm in die Brust dringt, erlöst den Schwerverletzten von seinen Qualen. Als die Mörder die Zelle ihres Opfers verlassen, ist es 18 Uhr.

Nach der Entmachtung der SA ist dem Schwarzen Korps der Preis für den Verrat, den die SS an den eigenen Parteigenossen begangen hat, sicher. Bereits am 20. Juli 1934 entläßt Hitler die SS, die bisher der Obersten SA-Führung unterstanden hat, zum Dank für ihre großen Verdienste, „besonders im Zusammenhang mit den Ereignissen des 30. Juni 1934", aus der Abhängigkeit der SA und erhebt sie zur „selbständigen Organisation".[111] Damit ist Heydrichs Rechnung aufgegangen. Aber auch Hitler sieht sich auf seinem Weg zur totalen Macht einen erheblichen Schritt weitergekommen: Am 2. August leistet die Reichswehr, die nun die SA nicht mehr zu fürchten braucht, den gewünschten Eid auf seinen Namen.

Auch Theodor Eicke erhält den Lohn für seine Blutarbeit. Am 4. Juli ernennt Himmler den Dachauer Kommandanten zum „Inspekteur der Konzentrationslager und Führer der SS-Wachverbände".[112] Damit steigt Eicke auch zum Herrn über die KL auf, die bisher von der SA geführt worden sind. Der Reichsführer-SS beauftragt seinen bewährten Organisator damit, die kleinen Lager aufzulösen und die Häftlinge in größeren KL zusammenzulegen. Nachdem die Neugliederung der Lager im März 1935 abgeschlossen ist, herrscht Eicke neben dem KL Dachau über weitere sechs Konzentrationslager, die er nach dem Dachauer Vorbild umorganisiert hat: KL Columbia-Haus in Berlin, KL Esterwegen im Emsland, KL Fuhlsbüttel in Hamburg, KL Lichtenburg bei Prettin an der Elbe, KL Oranienburg in der Nähe von Berlin und KL Sachsenburg zwischen Frankenberg und Mittweida bei Chemnitz.[113] Mit der Ausdehnung seines Machtbereiches ist Eicke auch auf der Rangleiter eine Sprosse höher gestiegen. Seit dem 11. Juli 1934 trägt er den Dienstgrad eines SS-Gruppenführers.[114]

So ist Dachau mit Eickes Karriere über Nacht zum Zentrum der Gewalt für das ganze Reich geworden. Hier nun werden die Weichen für die weitere Entwicklung der Konzentrationslager gestellt. Hier bekommen die Wachmannschaften ihren Schliff im „Dachauer Geist", bevor sie als Posten für die anderen KL in die menschenverachtende Welt des SS-Staates hinausgehen. Und hier reift schließlich das Musterlager heran, das bald überall dort, wo die SS neue Lager errichtet, als Dachauer Modell Schule macht.[115]

Ausblick: Der Weg nach Auschwitz

Nach der Ernennung zum Inspekteur der Konzentrationslager bleibt Theodor Eicke zunächst auch weiter Kommandant des KL Dachau. Neben der Neuorganisation der Lager ist es sein zweites Ziel, die Wachtruppe zu verstärken und Wachmannschaften für jedes KL abzukommandieren, die dort unter einheitlicher Führung kaserniert werden. Den Kern der SS-Wachverbände bilden die Bewacher in Dachau, die Eicke bereits im Jahre 1933 zum „SS-Sturmbann Dachau", wie er die Truppe in den „Dienstvorschriften für die Begleitpersonen und Gefangenenbewachung" vom 1. Oktober 1933 nennt, zusammengefaßt hat.[1]

Anfangs untersteht der SS-Sturmbann Dachau, für den bald die neue Bezeichnung „Wachtruppe Oberbayern" aufkommt,[2] noch dem Oberabschnitt Süd der Allgemeinen SS,[3] was Eicke lange Zeit ein Dorn im Auge ist. Erst im Herbst 1934 gibt Himmler dem Drängen des SS-Gruppenführers nach und unterstellt die kleine Wachtruppe ausschließlich dem Inspekteur der KL.[4] „Von nun an", berichtet Eicke mit Genugtuung, „begann der ungestörte Aufstieg."

Schnell baut der Chef der Konzentrationslager seine Bewachungsarmee auf. Bereits im März 1935 verfügt er über sechs Wachtruppen: SS-Wachtruppe „Oberbayern" für das KL Dachau, SS-Wachtruppe „Ostfriesland" für das KL Esterwegen, SS-Wachtruppe „Elbe" für das KL Lichtenburg, SS-Wachtruppe „Sachsen" für das KL Sachsenburg, SS-Wachtruppe „Brandenburg" für die KL Columbia-Haus und Oranienburg sowie SS-Wachtruppe „Hansa" für das KL Fuhlsbüttel.[5]

Nachdem die Wachverbände im selben Jahr zum erstenmal beim Nürnberger Reichsparteitag in der Öffentlichkeit aufmarschiert sind, haben sie sich endgültig ihren festen Platz in der SS erkämpft.[6] Sichtbares Zeichen ihrer Anerkennung ist Hitlers Anordnung, die Wachmänner künftig aus dem Reichshaushalt zu besolden. Zugleich werden die Verbände von 2500 auf 3500 Mann verstärkt.[7] Außerdem findet am 1. April 1936 eine Neugliederung der SS-Wachverbände statt, die nun in fünf Wachsturmbanne eingeteilt werden:[8] SS-Wachsturmbann I „Oberbayern" (KL Dachau), SS-Wachsturmbann II „Elbe" (KL Lichtenburg), SS-Wachsturmbann III „Sachsen" (KL Sachsenburg), SS-Wachsturmbann IV „Ostfriesland" (KL Esterwegen) und SS-Wachsturmbann V „Brandenburg" (KL Columbia-Haus).[9]

Einschneidender ist jedoch noch eine weitere Änderung. Seit dem 29. März 1936 tragen die SS-Wachverbände die neue Bezeichnung „SS-Totenkopfverbände", abgekürzt „TV".[10] Der Name weist auf das Totenkopfabzeichen hin, das die Angehörigen der Verbände auf dem Kragenspiegel ihrer Uniform führen und das schon im Jahre 1933 in Dachau aufgekommen ist. Mit der neuen Bezeichnung ändern sich später auch die Namen der Sturmbanne, die nun lauten: SS-Totenkopfsturmbann I „Oberbayern", SS-Totenkopfsturmbann II „Elbe", SS-Totenkopfsturmbann III „Sachsen", SS-Totenkopfsturmbann IV „Ostfriesland" und SS-Totenkopfsturmbann V „Brandenburg".[11]

Zuvor hat der Chef des SS-Hauptamtes, SS-Gruppenführer August Heißmeyer, für die Uniform der TV-Angehörigen eine genaue Regelung erlassen: „Die Angehörigen der SS-Wachverbände", ordnet er in seiner Verfügung vom 9. März 1936 an,[12] „tragen für den Exerzier- und Wachdienst die erdbraune Uniform mit Kampfbinde und Kragenspiegeln, jedoch ohne Hoheitsabzeichen am Ärmel und ohne Ärmelstreifen. Im Geländedienst kann das Tragen der Kampfbinde unterbleiben. Dem Personal bei den Kommandanturstäben ist das Tragen der erdbraunen Uniform im Dienst gestattet. Ehrenposten auf öffentlichen Straßen und Plätzen tragen jederzeit den schwarzen SS-Dienstanzug. Das Tragen der erdbraunen Uniform als Ausgehanzug ist verboten."

Weiter schreibt der SS-Gruppenführer vor, daß die SS-Leute, die unmittelbar zum Lagerpersonal gehören, mit einem „K" auf dem Kragenspiegel ihrer Uniform zu kennzeichnen sind.[13] Sie sollen sich dadurch von den Führern und Mannschaften der Truppe unterscheiden, die außerhalb des Konzentrationslagers kaserniert ist. Allerdings gilt diese Regelung nur für SS-Männer bis zum Range eines Obersturmbannführers. In der Öffentlichkeit erscheinen die Angehörigen der Totenkopfverbände jedoch weiter in der schwarzen SS-Uniform, an der am linken Arm ein Streifen mit dem Namen des Sturmbannes angebracht ist. Sie wird erst im Jahre 1940 durch die feldgraue Uniform der Waffen-SS ersetzt, die seitdem auch in allen Konzentrationslagern als Dienstanzug gebräuchlich ist.[14]

Eicke gibt sich mit dem Geschaffenen nicht zufrieden. Bald geht er daran, die Zahl der Lager weiter zu verringern, um seine ganze Kraft auf die Errichtung neuer und größerer KL zu konzentrieren.[15] Bereits im Jahre 1935 trennt er sich vom Lager Oranienburg und Mitte 1936 vom Lager Fuhlsbüttel.[16] Am 23. September 1936 löst er dann auch das Konzentrationslager Esterwegen[17] und im November desselben Jahres das KL Columbia-Haus auf.[18] Die Häftlinge aus Esterwegen werden zusammen mit der Wachtruppe in das neue Lager Sachsenhausen überstellt,[19] das seit Juli 1936 bei Oranienburg aufgebaut wird.[20] Im Juli 1937 schließt Eicke auch das Lager Sachsenburg.[21] Er errichtet dafür das KL Buchenwald bei Weimar, mit dessen Aufbau im Juli 1937 begonnen wird.[22] Sowohl das KL Sachsenhausen als auch das KL Buchenwald entstehen nach dem Vorbild des Dachauer Lagers.[23]

Im Sommer 1937 verfügt Eicke also über die drei großen Lager Buchenwald, Dachau und Sachsenhausen. Daneben besteht das KL Lichtenburg weiter, das jedoch nur noch als Konzentrationslager für Frauen dient. Es wird später auch aufgelöst, und an seine Stelle tritt das größere Frauenkonzentrationslager Ravensbrück, das bei Fürstenberg an der Havel in Brandenburg errichtet worden ist.[24] Am 15. Mai 1939 werden die weiblichen Häftlinge aus dem KL Lichtenburg dorthin in Marsch gesetzt.

Die Verringerung der Konzentrationslager erfordert im Sommer 1937 eine Neugliederung der Totenkopfverbände, mit der am 1. Juli begonnen wird.[25] Eicke faßt die fünf Totenkopfsturmbanne zu den folgenden drei Totenkopfstandarten zusammen: SS-Totenkopfstandarte 1 „Oberbayern" mit 1473 Mann in Dachau, SS-Totenkopfstandarte 2 „Brandenburg" mit 1375 Mann in Sachsenhausen und SS-Totenkopfstandarte 3 „Thüringen" mit 1180 Mann in Buchenwald, in der die beiden SS-Totenkopfsturmbanne II „Elbe" und III „Sachsen" aufgehen.[26] Schließlich erfolgt mit dem 1. August 1937 auch noch eine Neugliederung des Lagerpersonals für die drei Konzentrationslager Buchenwald, Dachau und Sachsenhausen. Die Zahl der SS-Angehörigen, die unmittelbar in die Lager abkommandiert sind, beträgt in Buchenwald 120, in Dachau 121 und in Sachsenhausen 111 Mann.[27]

Nach dem „Anschluß" Österreichs werden die Totenkopfverbände weiter verstärkt. Auf Befehl des Reichsführers-SS vom 1. April 1938 formiert sich im darauffolgenden Sommer in Linz die SS-Totenkopfstandarte 4 „Ostmark", die für das geplante KL Mauthausen bestimmt ist.[28] Das erste Konzentrationslager in Österreich bauen 300 österreichische und deutsche Häftlinge auf, die aus dem KL Dachau nach Mauthausen entsandt worden sind.[29] „Am 8.8. 1938", erinnert sich der Gefangene Franz Jany aus Wien,[30] „wurden wir um 2.00 Uhr früh im KL Dachau verladen und unserem neuen Bestimmungsort Mauthausen an der Donau zugeführt. (...) Wir bauten 4 Baracken auf, das war das Anfanglager. (...) Im Oktober kamen wieder Häftlinge an, welche auch zum Barackenbau herangezogen wurden." Die Bewacher stellt anfangs noch die Dachauer Totenkopfstandarte „Oberbayern", die mit den ersten Gefangenen etwa 80 Mann nach Mauthausen schickt.[31]

Eicke, der seit 1938 die neue amtliche Dienstbezeichnung „Führer der SS-Totenkopfverbände und Konzentrationslager" trägt, befindet sich zu dieser Zeit mit seinem Stab nicht mehr in Dachau.[32] Bereits im Jahre 1935 ist er nach Berlin NW 7, Friedrichstraße 129, Block F, übergesiedelt, nachdem er das Kommando über das KL Dachau am 10. Dezember 1934 dem SS-Oberführer Heinrich Deubel übergeben hatte.[33] Doch Eicke bleibt nicht lange in der Reichshauptstadt. Schon am 2. August 1938 verlegt er den „Stab des Führers der KL und SS-TV" nach Oranienburg, wo die „Amtsgruppe D", wie der Führungsstab der Konzentrationslager später heißt, in der Nähe des KL Sachsenhausen bis zum Ende des Zweiten Weltkrieges untergebracht ist.[34]

Wenn Eicke auch das absolute Vertrauen des Reichsführers-SS besitzt, so ist er doch in der eigenen Partei nicht unumstritten. Ein Gegner erwächst ihm vor allem in der Person des SS-Standartenführers Dr. Werner Best, der das Büro der Geheimen Staatspolizei im Reichsinnenministerium leitet und der zugleich Heydrichs Stellvertreter ist. Mit Argwohn verfolgt Eicke die Bestrebungen des Geheimen Staatspolizeiamts (Gestapa), die Konzentrationslager wieder aus dem Machtbereich des SS-Gruppenführers zu lösen und unter eigene Kontrolle zu bringen. Dieser Schlag gegen den Rivalen gelingt zwar mit dem Gestapo-Gesetz vom 10. Februar 1936, das die Lager dem Gestapa unterstellt, auf dem Papier. In der Praxis aber trifft er ins Leere.[35]

Dennoch gibt Standartenführer Dr. Best nicht auf, das Feuer gegen den Inspekteur der KL, dessen Methoden er mit Entschiedenheit ablehnt, zu schüren. Als Eicke von der Gefahr, die sich hinter seinem Rücken zusammenbraut, erfährt, wendet er sich am 10. August 1936 in einem Schreiben an Himmler, in dem er über Dr. Best bittere Klage führt: „Im Geheimen Staatspolizeiamt kursieren Gerüchte, wonach die SS-Totenkopfverbände im Herbst 1936 meiner Führung entzogen und den SS-Oberabschnitten unterstellt werden sollen. Diese Gerüchte gehen vom Büro des Dr. Best aus. SS-Standartenführer Dr. Best vom Gestapa hat an gewisser Stelle erklärt, daß in den Konzentrationslagern eine Schweinerei herrsche; es sei an der Zeit, daß man die Lager wieder der Gestapo unterstelle."[36]

Nachdem Eicke weiß, daß die Augen seiner Feinde auf ihm liegen, ist er künftig bestrebt, alles zu verhindern, was Anlaß zu neuer Kritik geben könnte. Deshalb verbietet er im Jahre 1937 seinen Wachtruppen jede Mißhandlung von Häftlingen. „So sehr ich als Nationalsozialist", verfügt er,[37] „für ein solches Vorgehen Verständnis habe, kann und darf ich dieses Verhalten nicht dulden, wenn wir nicht Gefahr laufen sollen, vom Innenministerium des Deutschen Reiches als unfähig zur Behandlung von Gefangenen bezeichnet zu werden." Zugleich ordnet Eicke an, daß die Wachmannschaften alle drei Monate eine Erklärung zu unterschreiben haben, in der sie sich verpflichten, ihre Hand nicht gegen Häftlinge zu erheben.[38]

Wie sehr Eicke verunsichert ist, beweist die Verfügung, die er bereits am 3. August 1936 vor dem Reichsparteitag erlassen hat: „Zum zweiten Male seit Bestehen der SS-Totenkopfverbände nimmt der Führer Gelegenheit, seine Totenkopfbataillone an seinem Auge vorüberziehen zu lassen. Er sieht uns, weiß, wer wir sind, und erinnert sich an unsere Leistungen im Vorjahre. Erneut ringen wir um unsere Anerkennung und um unsere Existenzberechtigung."[39]

Streng wacht Eicke über die Disziplin in der Truppe. In seinem Befehl an die Wachmannschaften vom 1. April 1937 erklärt er: „Wer in den Totenkopfverbänden nicht gehorchen kann und nach Kompromissen sucht, muß gehen; dabei kann auf niemand Rücksicht genommen werden. Alleine schon unser Abzeichen zwingt dazu, alles Persönliche zurückzustellen. Auch hier kann gesagt werden, wer nicht freudig und freiwillig gehorcht, ist nicht SS-Mann(,) sondern Zweck-Mann; es kann für uns alle keine größere Freude geben, als ihn loszuwerden."[40]

Und im Juni 1937 schreibt er im Befehlsblatt: „Was nützt uns das Symbol, der Totenkopf, wenn er zum Lametta am Kragen wird und wir bei dem lächerlichen Versuch, eine militärische Organisation nachzubilden, schon in den Anfängen steckenbleiben. (...) Wir müssen die Männer lehren, selbstlos das bißchen ‚Ich' zu vergessen, damit sie sich, wenn es sein muß, vorbehaltlos einsetzen und verbissen ihre Pflicht erfüllen. (...) Diese Männer hat kein Wehrgesetz gerufen, sie kamen freiwillig, um dem Führer zu dienen; sie gaben deshalb, dem inneren Drange folgend, schon früh das Elternhaus auf, um sich von der Schutzstaffel körperlich und geistig formen zu lassen. Dieser freie Wille wiegt schwerer als ein Gesetz; er muß daher dankbar anerkannt und sorglich gehütet werden; aus ihm kommen dereinst Leistungen und Taten. Ohne diesen freien Willen gibt es keinen Gehorsam, keine Treue, kein Ehr- und Pflichtgefühl. Die drückende Verantwortung, den freien Willen in soldatische Tugenden umzuformen, liegt auf den Schultern derjenigen, die das Schicksal als Führer, Lehrer und Erzieher berufen und vor die Front gestellt hat. (...) Es ist daher trefflich eingerichtet, daß SS-Führer keine Beamte sind, die der Staat auch dann versorgt, wenn sie ein Leben lang im Beamtentrott neben ihren Pflichten herliefen und lediglich den Paragraphen zum Gesetz ihres Handelns machten."[41]

Eickes Sorgen sind nicht unbegründet. In der Tat steht die Existenzberechtigung der Totenkopfverbände als reine Wachmannschaften mehr und mehr in Frage. Nachdem sich das Regime innenpolitisch gefestigt hat, verlieren auch die Konzentrationslager ihre Bedeutung als Waffe gegen die Gegner der Partei. Das zeigt sich an der sinkenden Zahl der Schutzhäftlinge, die im Winter 1936/37 mit rund 7500 Gefangenen in allen Lagern ihren niedrigsten Stand erreicht hat.[42]

Himmler, der seine Totenkopfarmee nicht verlieren will, erkennt die Gefahr, und er schafft Abhilfe, indem er Eicke einen neuen Kreis von Häftlingen zuführt. Noch im Jahre 1937 leitet er Aktionen gegen sogenannte Gewohnheitsverbrecher und Asoziale ein, die als polizeiliche „Vorbeugungshäftlinge" in die Lager eingeliefert werden, um dadurch das System der KL wieder zu festigen. Neben der Funktion als „Umerziehungslager" für politische Gegner erhalten die Konzentrationslager nun auch noch die Aufgabe von „staatlichen Besserungs- und Arbeitslagern", wie es in dem Runderlaß des Reichskriminalpolizeiamts vom 4. April 1938 heißt.[43]

Der Reichsführer-SS verfolgt damit das Ziel, für das Schwarze Korps ein Heer von Zwangsarbeitern zu rekrutieren, das die Baustoffe für die nationalsozialistischen Bauprogramme unter der Leitung von Albert Speer zu liefern hat. Der erste Schritt in diese Richtung ist die Gründung der „Deutschen Erd- und Steinwerke GmbH" (DEST), die im Frühjahr 1938 als Firma der SS entsteht.[44] Sie widmet sich dem Bau von Ziegelwerken und der Ausbeutung von Steinbrüchen. Das Vorhandensein von abbaufähigem Granit führt denn auch zur Errichtung drei neuer Lager: KL Flossenbürg in der Oberpfalz im Mai 1938,[45] KL Groß-Rosen in Niederschlesien am 2. August 1940[46] und KL Natzweiler im Elsaß am 21. Mai 1941.[47] Nicht zuletzt ist auch das Vorkommen von Granit ausschlaggebend für die Eröffnung des KL Mauthausen gewesen.

Während Heydrich im Juni 1938 im Reich noch Jagd auf Asoziale machen läßt,[48] fällt Eicke bald darauf eine neue Aufgabe zu, die ihn offensichtlich mehr reizt als die Bewachung von Häftlingen und die vor allem endlich die Existenzberechtigung der Totenkopfverbände sichert. Am 17. August weist Hitler den Wachtruppen ihren festen Platz innerhalb der bewaffneten SS-Verbände zu, womit die TV gegenüber der Wehrmacht ihre Legitimation erhalten.[49]

„Die SS-Totenkopfverbände", stellt Hitler in seiner Anordnung über die Stellung der bewaffneten SS-Verbände fest,[50] „sind weder ein Teil der Wehrmacht noch der Polizei. Sie sind eine stehende bewaffnete Truppe der SS zur Lösung von Sonderaufgaben polizeilicher Natur, die zu stellen ich mir von Fall zu Fall vorbehalte. Als solche und als Gliederung der NSDAP sind sie weltanschaulich und politisch nach den von mir für die NSDAP und die Schutzstaffeln gegebenen Richtlinien auszuwählen, zu erziehen und durch Einstellung von SS-tauglichen Freiwilligen, die ihrer Wehrpflicht grundsätzlich in der Wehrmacht genügt haben, zu ergänzen. Besondere Ausnahmefälle unterliegen der Zustimmung der Wehrmacht. Sie unterstehen dem Reichsführer-SS und Chef der Deutschen Polizei, der mit für ihre Organisation, Ausbildung, Bewaffnung und volle Einsatzfähigkeit verantwortlich ist."

Neben der Bewachung der Konzentrationslager ist es nun auch Aufgabe der Totenkopfverbände, Angehörige der Allgemeinen SS, die aufgrund der Notdienstverordnung vom 15. Oktober 1938 einberufen werden sollen, kurzfristig für den Kriegsfall militärisch auszubilden.[51] Dazu erklärt der Reichsminister des Innern am 12. Januar 1939: „Der Reichsführer-SS und Chef der Deutschen Polizei wird auf Grund des Führererlasses vom 17. August 1938 von Mitte Januar 1939 ab Angehörige der Jahrgänge 1903–1913, die der SS angehören, zu einer dreimonatigen Übung zur Verstärkung der SS-Totenkopfverbände (Polizeiverstärkung) einberufen. Die Einberufung wird auf die Notdienstverordnung vom 15. Oktober 1938 gestützt."[52]

Die erste militärische Aufgabe hat sich für die Totenkopfverbände bereits während der tschechischen Krise im Herbst 1938 gestellt. Beim Einmarsch der deutschen Truppen am 1. Oktober in die umstrittenen Sudetengebiete ist die SS-Totenkopfstandarte „Oberbayern" mit den Sturmbannen I und II in Asch im Einsatz, während zuvor die SS-Totenkopfstandarte „Brandenburg" mit den Sturmbannen I und II nach Brieg in Niederschlesien und die SS-Totenkopfstandarte „Thüringen" mit den Sturmbannen I und II nach Radebeul beordert worden sind.[53] Als Hitler im folgenden Jahr zum Polenfeldzug rüstet, treten die Totenkopfverbände erneut unter Waffen. Am 12. September 1939 führt Eicke die SS-Totenkopfstandarte „Brandenburg" nach Polen und kehrt mit ihr am 26. September wieder in die Heimat zurück.[54]

Eicke wendet sich nun ganz seiner militärischen Karriere zu. Im KL Dachau, das vorübergehend von den Häftlingen geräumt wird, damit es der SS von Oktober 1939 bis Februar 1940 als Ausbildungslager dienen kann, stellt er die „SS-Totenkopfdivision" auf, die sich aus Angehörigen der drei Totenkopfstandarten und aus Männern der „Polizeiverstärkung" rekrutiert.[55] Himmler dankt seinem SS-Gruppenführer den Einsatz am 14. November 1939 mit der Ernennung zum „Kommandeur der SS-Totenkopfdivision". Zugleich bescheinigt er ihm damit „Dienststellung und Rangabzeichen eines Generalleutnants".[56]

Die Vergangenheit als Inspekteur der KL hat Eicke jetzt für immer hinter sich gelassen.[57] Er wird auch nie mehr mit Konzentrationslagern in Berührung kommen. Am 20. April 1942 erhält er seine Beförderung zum SS-Obergruppenführer und General der Waffen-SS, und am 26. Februar 1943 fällt er bei Pawlograd im Raum Charkow in Rußland.[58]

Nachdem die Angehörigen der TV, die bisher die KL bewacht haben, an die Front gegangen sind, übernehmen nun Männer der Allgemeinen SS, die für den Kriegsdienst nicht tauglich sind, den Wachdienst in den Lagern.[59] Sie werden in sogenannte SS-Totenkopfsturmbanne eingeteilt und der „Generalinspektion der verstärkten SS-Totenkopfstandarten", auch als „Inspektion der SS-T-Standarten" bezeichnet, unterstellt.[60] Doch diese besteht nur kurze Zeit. Nach der Auflösung der Inspektion am 1. August 1940 übernimmt das Kommando der Waffen-SS die Führung der Totenkopfsturmbanne, die sich im Sommer des Jahres 1941 unter anderem im KL Dachau aus vier, im KL Buchenwald aus drei, im KL Sachsenhausen aus sieben, im KL Flossenbürg aus drei und im KL Mauthausen ebenfalls aus drei Kompanien zusammensetzen.[61]

Damit bleibt die Waffen-SS, deren Name sich im Winter 1939/40 aus der Bezeichnung „bewaffnete SS" entwickelt hat,[62] untrennbar mit dem Geschehen in den Konzentrationslagern verbunden. So sehr ihre Angehörigen es später auch leugnen werden, so ist es dennoch eine Tatsache: Die Verbrechen, die im Zweiten Weltkrieg in den Konzentrationslagern begangen werden, geschehen unter dem Zeichen der Waffen-SS. Ihr allein untersteht die gesamte Organisation der Konzentrationslager.[63]

Und wie anfangs Theodor Eicke schult auch die Waffen-SS weiter den Nachwuchs ihrer Lagerführer in der Kommandantur von Dachau. Nahezu alle Lagerkommandanten und Schutzhaftlagerführer erhalten hier ihr Rüstzeug. Unter den Kommandanten, die aus dem KL Dachau hervorgegangen sind, befinden sich Richard Baer (1944–1945: KL Auschwitz, 1945: KL Dora-Mittelbau),[64] Hermann Baranowski (1938–1939: KL Sachsenhausen),[65] Adam Grünewald (1943–1944: KL Herzogenbusch),[66] Paul Werner Hoppe (1942–1945: KL Stutthof),[67] Max Koegel (1938–1939: KL Lichtenburg und KL Ravensbrück, 1942–1943: KL Lublin-Majdanek, 1943–1945: KL Flossenbürg), [68] Josef Kramer (1942–1944: KL Natzweiler, 1944: KL Auschwitz II-Birkenau, 1944–1945: KL Bergen-Belsen),[69] Martin Gottfried Weiß (1940–1942: KL Neuengamme, 1942–1943: KL Dachau, 1943–1944: KL Lublin-Majdanek),[70] Egon Zill (1942: KL Natzweiler, 1942–1943: KL Flossenbürg)[71] – und Rudolf Höß, der das KL Auschwitz als Kommandant (1940–1943) auf- und ausbaute.

Und von den Schutzhaftlagerführern, die in Dachau ihre Karriere begonnen haben, sind es Hans Aumeier (1938–1941: KL Flossenbürg, 1942–1943: KL Auschwitz, 1943–1944: Kommandant des KL Vaivara in Estland),[72] Ludwig Baumgartner (1944–1945: KL Flossenbürg),[73] Karl Fritzsch (1940–1941: KL Auschwitz, 1942–1944: KL Flossenbürg),[74] Franz Hofmann (1943–1944: KL Auschwitz I, 1944: KL Natzweiler),[75] Max Schobert (1942–1945: KL Buchenwald),[76] Johann Schwarzhuber (1943–1944: KL Auschwitz II-Birkenau, Männerlager, 1945: KL Ravensbrück),[77] Anton Thumann (1941–1943: KL Groß-Rosen, 1943–1944: KL Lublin-Majdanek, 1944–1945: KL Neuengamme)[78] und Franz Xaver Trenkle (1943–1944: KL Bergen-Belsen).[79]

Nicht zuletzt durchläuft auch der Mann, der später die Todestransporte in die Vernichtungslager von Auschwitz II-Birkenau, Belzec, Chelmno (Kulmhof), Lublin-Majdanek, Sobibor und Treblinka rollen läßt, die Dachauer Schule: Adolf Eichmann. Er befindet sich im Jahre 1934 als Unterscharführer im SS-Übungslager, bevor er beim Sicherheitsdienst (SD) als Referent für Judenfragen tätig wird und im August 1938 die „Zentralstelle für jüdische Auswanderung“ in Wien organisiert.[80]

Mit der sogenannten Reichskristallnacht vom 9. November 1938 erreicht die Zahl der Häftlinge in den Konzentrationslagern den bisher höchsten Stand. Die Aktion, mit der, wie der Historiker Martin Broszat schreibt, „den Juden in Deutschland der offene Kampf angesagt“ wird, richtet sich gegen etwa 35000 Juden, die vorübergehend in die KL gebracht werden.[81] Davon nimmt das Lager Buchenwald allein 9845 und das Lager Dachau 10911 Verhaftete auf,[82] die jedoch nach einigen Wochen wieder entlassen werden, nachdem Heydrich am 31. Januar 1939 Eicke mitgeteilt hat, daß jüdische Schutzhäftlinge, „wenn sie im Besitze von Auswanderungspapieren“ seien, „grundsätzlich“ entlassen werden könnten.[83]

Aber bald bleibt den Juden durch das Auswanderungsverbot, das Himmler über sie verhängt, auch der rettende Fluchtweg ins Ausland versperrt. Auf der „Wannseekonferenz“, die am 20. Januar 1942 im Hause der Internationalen Kriminalpolizeilichen Kommission am Großen Wannsee in Berlin stattfindet,[84] werden dann endgültig die Weichen für die „Endlösung der Judenfrage“ gestellt, wie die SS die geplante Ausrottung der Juden umschreibt, der Millionen von europäischen Juden in den Gaskammern der Vernichtungslager im Osten zum Opfer fallen.

Das KL Dachau selbst dient zwar nie als Vernichtungslager. In ihm finden zu keiner Zeit Vergasungen statt. Doch wie alle Lager der SS ist auch Dachau eine Todesmühle, in der Terror, Zwangsarbeit, Hunger, Krankheit und Kälte das Leben der Häftlinge zerbrechen. Von den 206206 Gefangenen,[85] die das Lager in den zwölf Jahren von seiner Eröffnung am 22. März 1933 bis zu seiner Befreiung am 29. April 1945 durch die Amerikaner durchlaufen, finden 31591 Häftlinge in Dachau den Tod.[86]

Anmerkungen

Erster Teil: Die Unbeugsamen

Erste Nachrichten aus der Hölle

1 Hans Beimler betreute als Politkommissar „alle deutschen Kameraden an der Front von Madrid“ (Bredel, Band I, S. 85). Bredel urteilt über Beimler, daß er „jedem mit Rat und Tat zur Seite stand und überall dort war, wo die Lage am ernstesten war und wo die besten Kämpfer gebraucht wurden“.

2 Louis Schuster hieß eigentlich Franz Vehlow. (Bei Bredel ist Vehlows Vorname irrtümlich mit Fritz angegeben.) Als Mitstreiter von Ernst Thälmann (siehe Anmerkung 7) hatte er den Namen „Schuster“ im Widerstandskampf angenommen. Vehlow war der erste Politkommissar des Bataillons „Ernst Thälmann“. Mit seiner „Front-Information“, die über „die großen Zusammenhänge der internationalen Politik und (über) die Bedeutung des Kampfes in Spanien für den Freiheitskampf in Deutschland und der ganzen Welt“ (Bredel, Band I, S. 147) unterrichtete, schuf er für das Bataillon eine eigene Zeitung.

3 Über den Tod von Hans Beimler schrieb Richard Staimer einen Augenzeugenbericht, den der Verfasser seiner Schilderung zugrunde gelegt hat. Das Dokument des Kommandanten ist bei Bredel, Band I, S. 137f., veröffentlicht.

4 Eine detaillierte Zeittafel über die Ereignisse im Spanischen Bürgerkrieg in Verbindung mit der Geschichte des Bataillons „Ernst Thälmann“ findet sich bei Bredel, Band II, S. 348–362. – Willi Bredel, Arbeiterschriftsteller und Redakteur, kämpfte selbst in Spanien. Als Kriegskommissar betreute er dort von August bis November 1937 das Thälmann-Bataillon. Der gelernte Metalldreher wurde am 2. Mai 1901 in Hamburg geboren. Bredel, Sohn eines Zigarrenmachers, trat mit 18 Jahren als Gründungsmitglied der KPD bei. Im Februar 1933 wurde der kommunistische Funktionär von den Nationalsozialisten verhaftet und 13 Monate lang im Konzentrationslager Fuhlsbüttel festgehalten. In seinem Roman „Die Prüfung“, der als der erste literarische Bericht über ein nationalsozialistisches Konzentrationslager gilt, beschreibt er die Erlebnisse in der Haft. Wie das Werk entstand, schildert er in der Vorbemerkung zum Roman (1. Neuauflage 1976, S. 5): „Im Konzentrationslager, in Wochen und Monaten der Einzelhaft konzipiert und im Kopf geschrieben, gelangte dies Buch als geistige Konterbande mit hinaus in die Freiheit. Es in Prag auf Papier zu bringen(,) war nur noch eine technische Angelegenheit, und schon im Herbst 1934 konnte die erste Auflage im Malik-Verlag, London, erscheinen.“ Das Buch wurde in 17 Sprachen übersetzt. Bredel starb am 27. Oktober 1964. (Zur Biographie des Schriftstellers siehe auch Carl Wüsthoff, Geschichte zum Anfassen.)

5 Die rund 40000 Freiwilligen dienten nicht alle gleichzeitig in den Internationalen Brigaden. Nach Auskunft des englischen Historikers Hugh Thomas überstieg deren Stärke nie 18000 Mann. Mit 10000 Kämpfern stellten die Franzosen die meisten Freiwilligen, gefolgt von 5000 Interbrigadisten aus Deutschland und aus Österreich. Den dritten Platz belegten die Italiener mit 3350 Freiwilligen, denen sich die USA mit 2800, England mit 2000 und Jugoslawien mit 1200 Kämpfern anschlossen. Kanada und Ungarn entsandten jeweils 1000 Mann. (Vgl. dazu Thomas,

S. 518.) Unter den Interbrigadisten, die aus insgesamt 53 Ländern kamen, waren auch Argentinier, Australier, Belgier, Bolivianer, Bulgaren, Chilenen, Chinesen, Dänen, Griechen, Kubaner, Mexikaner, Niederländer, Polen, Rumänen, Russen, Schweden, Schweizer, Südafrikaner und Tschechoslowaken (Bredel, Band I, S. 36, 41, 57). Bei ihnen handelte es sich jedoch nicht nur um Kommunisten. Auch Anarchisten, Sozialdemokraten und bürgerliche Demokraten, ja sogar Pazifisten, Katholiken, Puritaner und Quäker kämpften für die Spanische Republik (Bredel, I/S. 57). Die Verluste der Interbrigaden waren überaus hoch: So fielen von den 10000 Franzosen 3000 Mann, von den 5000 Deutschen und Österreichern 2000 Kämpfer, von den 2800 Amerikanern 900 Freiwillige und von den 2000 Engländern mehr als 500 Mann (Thomas, S. 518).

Die Republikaner trugen im Gegensatz zu den grünen Turbanen der Mauren schwarze Baskenmützen, und zum Gruß erhoben sie die rechte Hand, die sie zur Faust ballten (Koestler, S. 26, 46). Ihr Kampfruf lautete: „No pasarán!" („Sie kommen nicht durch!") Diese Worte hatte zuerst die Parlamentsabgeordnete Dolores Ibarruri, genannt „La Pasionaria", ausgesprochen, als die „populärste spanische Kommunistin" (Bernecker, S. 473), die im Februar 1936 in die Cortes gewählt worden war, die Männer in Madrid zur Verteidigung der Stadt gegen den Angriff der Faschisten unter General Emilio Mola aufrief. Diese hatten die Grußformel: „Arriba España!" („Vorwärts, Spanien!") Die erste Internationale Brigade mit deutschen, italienischen, französischen, englischen, polnischen und tschechischen Freiwilligen traf am 7. November 1936 in Madrid ein (Bredel, I/S. 25).

6 Das Zentralkomitee der Kommunistischen Partei Deutschlands am 3. Dezember 1936 in seiner Grußbotschaft an die Internationalen Brigaden zum Tode von Hans Beimler. (Zitiert nach Bredel, I/S. 168.)

7 Ernst Thälmann, der einer Hamburger Arbeiterfamilie entstammte, wurde am 16. April 1886 in der Hansestadt geboren. Der spätere Vorsitzende der KPD verdiente sich seinen Lebensunterhalt zunächst als Kutscher, Möbelträger, Schauermann sowie Kohlentrimmer und dann als Transportarbeiter. Mit 17 Jahren trat er im Mai 1903 der Sozialdemokratischen Partei bei, von der er schließlich zur USPD überwechselte. Im März 1919 wurde er als Abgeordneter in die Hamburgische Bürgerschaft gewählt. Bei der Vereinigung der USPD mit der Kommunistischen Partei Deutschlands im Dezember 1920 in Berlin beriefen die Parteifreunde Thälmann in den Zentralausschuß der KPD, wo er den Bezirk Wasserkante vertrat. Im Oktober 1923 beteiligte er sich in Barmbek aktiv an dem Aufstand der Hamburger Arbeiter, der nach drei Tagen niedergeschlagen wurde.

Den Höhepunkt seiner politischen Karriere erreichte er im August 1925, als er zu einem der beiden Leiter der KPD bestimmt wurde. Noch im November desselben Jahres machte die Partei Thälmann zu ihrem alleinigen Vorsitzenden. Der Hamburger Transportarbeiter kandidierte zweimal vergeblich bei den Reichspräsidentenwahlen im Jahre 1925 und im Frühjahr 1932. Damals warnte er vor den Nationalsozialisten mit dem berühmt gewordenen Ausspruch: „Wer Hitler wählt, wählt den Krieg." Am 3. März 1933 wurde der Führer der KPD von den Braunen verhaftet und ohne Gerichtsurteil zunächst im Gefängnis Moabit in Berlin festgehalten. Die nächsten Stationen seiner elfjährigen Haft waren dann 1937 Hannover, 1943 Bautzen und 1944 das Konzentrationslager Buchenwald, wo er am 18. August 1944 auf Hitlers Befehl mit einer Kugel in den Rücken ermordet wurde. (Vgl. Kraushaar, Band I, S. 15–28.)

8 Vor der Abfahrt der „Centuria ‚Thälmann'" an die Front wandte sich Hans Beimler im Bahnhof von Barcelona u. a. mit folgenden Worten an seine deutschen Landsleute: „Denkt daran, heute abend verkündet der Sender in Barcelona den Einsatz der Centuria ‚Thälmann'. Wir haben den Namen unseres standhaften Genossen und Führers auf unsere Centuriafahne geschrieben, weil er uns ein Vorbild des an-

tifaschistischen Kampfes ist und weil wir hier an der spanischen Front auch gegen Hitler und für die Freiheit unserer deutschen Heimat kämpfen." (Zitiert nach Bredel, I/S. 40.)

9 Das Zitat ist bei Bretschneider, S. 25, wiedergegeben.

10 Zum Kampf bei Dachau siehe auch Toller, S. 103–107, und Richardi, Dachau, Führer durch die Altstadt, die Künstlerkolonie und die KZ-Gedenkstätte, S. 43–48.

11 Zur Biographie von Hans Beimler siehe die Neuauflage seines Berichts „Im Mörderlager Dachau" (erschienen in zweiter Auflage 1980 in der DDR), die einen ausführlichen tabellarischen Lebenslauf enthält (S. 76, 78). Ferner: Heike Bretschneider, Der Widerstand gegen den Nationalsozialismus in München 1933 bis 1945, S. 25–30; Wolfgang Emmerich, Proletarische Lebensläufe, Band II, S. 419f.; Luise Kraushaar, Deutsche Widerstandskämpfer 1933–1945, Band I, S. 102, 104; Hugo Ehrlich, Ein Leben für die Freiheit (Broschüre über Beimler), und Reichstags-Handbuch, VII. Wahlperiode, 1932, S. 227. Aufsätze über Beimler sind außerdem veröffentlicht in: Bayerisches Volksecho (Ausgabe vom 6. Dezember 1952) und Mitteilungsblatt der Lager-Gemeinschaft Dachau (April 1965, Dezember 1971 und Dezember 1976).

12 Die Strafanstalt Niederschönenfeld im Landkreis Donau-Ries, vier Kilometer von Rain am Lech entfernt, ist das älteste Jugendgefängnis in Deutschland. Seine Räume beherbergten ursprünglich ein Zisterzienserinnenkloster, das der Graf Berchthold III. von Lechsgemünd-Graisbach im Jahre 1241 auf dem „schoenenveldt" gegründet hatte. Die Nonnen, die fast ausschließlich dem Adel angehörten, unterstanden der Oberaufsicht des Abts von Kaisheim. Im Zuge der Säkularisation wurde die Ordensstätte, einst neben Benediktbeuern, Kaisheim und Tegernsee das viertreichste Kloster Bayerns, am 18. März 1803 durch den kurfürstlichen Stadtschreiber in Rain, Carron du Val, aufgelöst. Der Umbau zum Gefängnis für politische Häftlinge erfolgte im Jahre 1849. Nachdem das ehemalige Kloster in der Zeit von 1862 bis 1880 als Staatserziehungsheim gedient hatte, nahm der Bau eine Strafanstalt für Jugendliche auf, die heute noch besteht. (Vgl. Kunstführer Nr. 966 für die einstige Klosterkirche Mariae Himmelfahrt von Niederschönenfeld in der Reihe der Kleinen Kunstführer, Verlag Schnell & Steiner, München-Zürich.) – Weitere Angaben über Niederschönenfeld als Festung für politische Gefangene in der Zeit nach dem Ersten Weltkrieg finden sich bei Toller, der auf S. 145–167 über seine Erlebnisse als politischer „Ehrenhäftling" in diesem alten Jugendgefängnis berichtet, und bei Fischer, S. 61f.

13 Hans Beimler vertrat im Reichstag den damaligen Wahlkreis 24 (Oberbayern-Schwaben), in dem von 1306335 gültigen Stimmen (Wahlbeteiligung: 75 Prozent) 321646 Wähler für die NSDAP, 194711 für die SPD, 152741 für die KP und 463645 (!) für die Bayerische Volkspartei (BV) votiert hatten. Damit entfielen in diesem Wahlkreis fünf Sitze auf die NSDAP, drei auf die SPD, zwei auf die KP (Beimler und Michael Höllerzeder aus Deggendorf) und sieben auf die BV. Der Wahlkreis 24, der sich in seiner Fläche mit den Grenzen des Regierungsbezirks Oberbayern-Schwaben deckte, zählte nach einer Erhebung vom 16. Juni 1925 insgesamt 2544163 Einwohner. Er bildete zusammen mit dem Kreis 25 (Niederbayern) den Wahlkreisverband Bayern-Südost. – Beimler saß im Reichstag auf Platz Nr. 420 neben seinem Parteifreund Franz Stenzer (421) aus Pasing. (Reichstags-Handbuch, VII. Wahlperiode, 1932, S. 77, 190f., 209, 227, 295, 419, 570.)

14 Über den Totalitätsanspruch des Nationalsozialismus gibt Der Neue Brockhaus als zeitgenössische Quelle aus dem Jahre 1937 folgende Auskunft: „Mit dem Bekenntnis zum Volk als einer blut- und raummäßig bedingten Gemeinschaft wendet sich der Nationalsozialismus gegen die Ideenwelt der Franz. Revolution von 1789 und des 19. Jahrhunderts. Namentlich dem Liberalismus und dem Marxismus, die er beide in eine innere gesetzmäßige Abhängigkeit voneinander bringt, hat er schärf-

sten Kampf angesagt, da beide die Menschen aus ihren natürl. Bedingungen loslösten. Im besonderen stellt er der liberalistischen Auffassung von der Eigenständigkeit der einzelnen völkischen Kulturbereiche (Kunst, Wissenschaft u.a.) seinen Totalitätsanspruch entgegen, der ihm nicht ein Anspruch auf die totale Macht des Staates an sich ist, sondern ein Anspruch auf die Totalität der Idee im Gesamtbereich des politischen Lebens des Volkes. (...)

Der oberste Grundsatz ist der Führergrundsatz. Er bedeutet die Überwindung des parlamentarischen Systems und der Mehrheitsherrschaft auf allen Gebieten des völkischen Lebens und die Auslese der politisch und leistungsmäßig wertvollsten Kräfte der Nation. Seine Voraussetzungen sind: Gehorsam, Pflicht und Treue. In dem Bewußtsein der Gefolgschaft, daß nur einmütige Unterordnung unter e i n e n Willen den Sieg ihrer Weltanschauung verbürgt, findet der Führergrundsatz seine tiefste Rechtfertigung" (Band III, S. 341 f.).

15 Bretschneider, S. 27 (mit Hinweis auf Quellen in den Münchner Neuesten Nachrichten vom 2. März, 6. März und 7. März 1933). Im Gegensatz zu diesen Quellen gibt Hans Beimler (Im Mörderlager Dachau, S. 13 der Originalausgabe aus dem Jahre 1933) an, daß „die Schließung der Büros aller revolutionären Organisationen und der ‚Neuen Zeitung' (bereits) am 25. Februar" erfolgt sei.

16 Alfred Andersch, der Hans Beimler in seinem autobiographischen Bericht „Die Kirschen der Freiheit" ein literarisches Denkmal setzte, beschreibt darin die letzten Tage der kommunistischen Funktionäre in München vor deren Verhaftung. Nach seiner Schilderung unterschätzten die Führer der KPD die Gefahr, die ihrem Leben drohte, als die Nationalsozialisten nach der Macht griffen. Dem Autor, der Organisationsleiter des Kommunistischen Jugendverbandes von Südbayern war, blieb selbst der Gang ins Konzentrationslager Dachau nicht erspart.

„Unsere Konferenzen und Versammlungen", berichtet Andersch, „dauerten lange, aber die Wirte, bei denen wir sie abhielten, machten uns keine Vorwürfe, wenn wir einen ganzen Tag lang nicht mehr bestellten als einen halben Liter Bier und dazu mitgebrachtes Brot aßen, denn auch sie waren in der Partei. Wieviel besser müssen unsere Reden und Debatten gewesen sein als die Realität, die wir schufen, denn es wurde immer dunkler um uns. Der Schatten, den die Flügel der Niederlage warfen, hatte uns schon erreicht. Oft ergriff mich in den Sitzungen der Bezirksleitung tiefe Melancholie. Ich betrachtete die Männer, die, praktische Maßnahmen des Tages besprechend – Versammlungen, Demonstrationen, Streik-Agitation, Flugblätter –, immer wieder scharfsinnige und tiefe Definitionen der Lage entwickelten. Aber ich besitze nicht die Gabe des Zweiten Gesichts, sonst hätte ich den Proletarier-Tod gesehen, den der tuberkulöse Stadtrat Josef Huber, ein früherer Schuster, nach schweren Hustenstößen in ein Fläschchen spuckte; oder den Geisel- und Rache-Tod, der den einstigen Metalldreher und jetzigen Parteisekretär Josef Götz in die Arrestzellen von Dachau führen würde, als der Leiter der Partei, Hans Beimler, aus dem Lager geflüchtet war. Der aber saß mit seinem harten Schlossergesicht unter uns und ahnte ebensowenig wie ich von dem Soldaten- und Revolutionärs-Tod, der ihn einige Jahre später als Kommandeur der Brigade Thälmann in Madrid holen würde, in der Geschoßgarbe eines marokkanischen Maschinengewehrs. So saßen wir auf den harten Stühlen des Parteibüros in einem elenden Hinterhaus in der Ringseisstraße in München und sprachen mit ruhigen, betont leidenschaftslosen Stimmen zueinander, in einem Jargon, den kaum sonst jemand verstand, der aber von der brennenden Kälte der Abstraktion förmlich barst, und die typusbildende Macht Lenins hatte uns ergriffen. Denn die kleine, versprengte Partei in der bayerischen Diaspora, fern von den Kämpfen in der Berliner Zentrale, war in sehr reiner Form eine Partei Lenins geblieben.

So begegnete ich mit siebzehn Jahren den Arbeitern, und die Geistesmacht, die sie ausstrahlten, läßt mich blitzartig an die abgewetzte Lederjoppe Hans Beimlers denken, wenn ich heutzutage einen Kaufmann in zweireihigem Anzug und mit einem Teiggesicht das, was er Gedanken nennt, träge zwischen seinen Zähnen zerkauen sehe.

Aber was dann kam, war nicht die Revolution. Mit aufgerissenen Augen starrten wir der Niederlage in den dunklen Schlangenblick" (S. 26f.).

17 Befragung von Centa Herker-Beimler durch den Verfasser am 27. November 1980.

18 Seine Verhaftung schildert Beimler selbst in dem Bericht „Im Mörderlager Dachau" (S. 14 der Originalausgabe). Den Ort der Festnahme erfuhr der Verfasser von Centa Herker-Beimler.

19 Der Schilderung der Haft, die der Reichstagsabgeordnete in der Gewalt der Nationalsozialisten im Münchner Polizeigefängnis in der Ettstraße, in der Strafanstalt Stadelheim und im Konzentrationslager Dachau verbrachte, liegt Beimlers Bericht „Im Mörderlager Dachau" zugrunde. Alle Zitate in direkter Rede sind der Schrift wortgetreu entnommen.

20 Um einen Einblick zu gewinnen, woher die Bewacher des Konzentrationslagers Dachau kamen, ist der Verfasser dem Lebenslauf von Hans Steinbrenner nachgegangen, wobei er sich als Quellen der Anklageschrift der Staatsanwaltschaft München II vom 7. August 1951 und der Angaben zur Person im Urteil des Schwurgerichts beim Landgericht München II (beurkundete Abschrift vom 25. April 1952) bediente.

Hans Steinbrenner, von Beruf Waffenhändler, kam am 16. Oktober 1905 als Sohn eines Gewehrfabrikanten in Frankfurt am Main zur Welt. Im Jahre 1910 siedelte der Vater mit der Familie nach München über, wo er ein Waffengeschäft erwarb. Der Sohn, der in geordneten Verhältnissen aufwuchs, erlernte im elterlichen Betrieb das Büchsenmacherhandwerk, ohne jedoch die Lehre mit einer Prüfung abzuschließen. Nach dem Tode des Vaters im Jahre 1929 führte er das Geschäft mit seiner Mutter weiter. „Dieses war", stellte das Schwurgericht fest, „bereits 1918 während der Rätezeit durch Plünderung schwer geschädigt worden, ein Ereignis, das in dem Knaben einen nachhaltigen Eindruck hinterlassen hatte, zumal sein Vater damals kurze Zeit als Geisel verhaftet worden war. Von dem durch die Plünderung erlittenen Schaden – der Angeklagte spricht von etwa 100000 Mark – hat sich das Unternehmen offenbar nie mehr recht erholt, so daß schließlich im Jahre 1932 unter dem Einfluß der allgemeinen Wirtschaftskrise der Konkurs angemeldet werden mußte."

Politisch trat Steinbrenner vor Hitlers Machtergreifung nicht in Erscheinung, obwohl er bereits 1923 der NSDAP angehörte. Nachdem die Partei wieder zugelassen war, bewarb er sich 1932 erneut um die Mitgliedschaft, die ihm 1933 gewährt wurde. Durch sein Geschäft war er mit führenden Nationalsozialisten, unter ihnen SA-Stabschef Ernst Röhm, in Kontakt gekommen, die bei ihm Waffen und Munition einkauften. „Diesen Beziehungen", heißt es im Urteil des Schwurgerichts, „hatte er es zu verdanken, daß ihm 1932 die Schießausbildung der Begleitmannschaft Hitlers übertragen wurde. Damit war sein weiterer Weg im großen und ganzen festgelegt. Im März 1933 wurde er Mitglied eines SS-Motorsturmes und in dieser Eigenschaft bei der Machtergreifung durch die NSDAP in Bayern am 5. 3. 1933 zur Verstärkung der Münchner Schutzpolizei als Hilfspolizist herangezogen. Sein Standquartier hatte er in der Polizeidirektion in München. Auf dem Wege dorthin wurde er am 23. 3. 1933 von einem SS-Kommando, das unter dem Befehl des SS-Sturmführers Erpsmüller (sic!) stand, aufgehalten und aufgefordert, einen Omnibus zu besteigen, in dem sich bereits andere SS-Angehörige befanden. Ein Fahrtziel wurde ihm nicht genannt. Erst bei der Ankunft in Dachau erfuhr er, daß er nunmehr Mitglied der Wachmannschaft des Konzentrationslagers sei."

Steinbrenner versah dort seinen Dienst zunächst als Wachmann, stieg dann („um den 1. 4. 1933 herum") zum Führer einer Häftlingskompanie auf und übte schließ-

lich das Amt des Kammerverwalters aus. Auf eigenen Wunsch wurde er angeblich am 20. Juli 1933 zur Wache im Bayerischen Innenministerium nach München versetzt. Über seinen weiteren Werdegang ermittelte die Staatsanwaltschaft: „Vom 1.10. 34 bis Kriegsende gehörte er, zuletzt als SS-Untersturmführer, der Waffen-SS an. Zunächst war er Oberscharführer bei der SS-Standarte Oberbayern, dann, ab 1.3. 1937, Hauptscharführer bei der SS-Standarte Thüringen, später, ab 1.3. 1939, wurde er in der SS-Sanitätsschule Dachau ausgebildet. Er blieb von nun an im Sanitätsdienst in verschiedenen Verbänden und Lazaretten der SS tätig."
Nach dem Krieg wurde Steinbrenner für die Verbrechen, die er im Konzentrationslager Dachau begangen hatte, zur Rechenschaft gezogen. Nachdem die Hauptkammer Nürnberg, Sitzgruppe Garmisch, ihn am 3. Februar 1949 mit zehn Jahren Arbeitslager bestraft hatte, verurteilte ihn das Schwurgericht beim Landgericht München II im März 1952 „wegen zweier Verbrechen des Mordes (...) und 9 Vergehen der Körperverletzung im Amt" zu lebenslänglichem Zuchthaus.

21 Grünwiedl, S. 6.

22 In seinem Bericht „Im Mörderlager Dachau" spricht Beimler auf S. 62 von einem „dreifachen Drahtverhau (der mittlere ist elektrisch geladen)" und von einer „über zwei Meter hohen Mauer", die das Lager sicherten. Detaillierter ist die Beschreibung der Lagerbefestigung in der „Übersicht der Sicherungsmaßnahmen" (aufbewahrt im KZ-Archiv Dachau), die der damalige Führer des Wachkommandos im Konzentrationslager Dachau, Polizei-Hauptmann Winkler, im Mai 1933 verfaßte. Darin heißt es: „Das innere Gefangenenlager ist durch einen elektrisch geladenen Drahtzaun umschlossen. Der Drahtzaun ist untertags von 6, bei Nacht und Nebel von 9 patrouillierenden Posten umgeben. Ein dem elektrischen Zaun im Lagerinnern vorgelagertes Drahthindernis verhindert ein unbemerktes Herannahen an den elektrischen Zaun. 3 s. M. G. Wachtürme, die nur bei besonderen Anlässen bezogen werden, halten das Gefangenenlager in Schach." („S. M. G." ist die Abkürzung für schweres Maschinengewehr.)

23 Die Darstellung der Flucht stützt sich auf Angaben von Centa Herker-Beimler, der zweiten Frau des bayerischen Arbeiterführers, die der Verfasser am 27. September 1979 in München befragte. Hans Beimler selbst sprach nie darüber, wie ihm der Ausbruch aus dem Konzentrationslager geglückt war. Auch seinen beiden Kindern aus erster Ehe, Hans und Rosemarie, die er nach der Flucht in Prag wiedersah, vertraute er das Geheimnis nicht an. Zu einer Begegnung mit seiner Frau kam es nie mehr. Centa Beimler befand sich seit dem 21. April 1933 selbst in Haft der Nationalsozialisten. Durch Zuruf einer Mitgefangenen erfuhr sie in Stadelheim von der Flucht ihres Mannes. Sie blieb danach weiter in der Gewalt der Braunen. Nachdem sie drei Jahre lang im Gefängnis München-Stadelheim festgehalten worden war, brachte man sie in das Frauenkonzentrationslager Moringen bei Hannover, wo sie durch illegale Verbindungen mit der Außenwelt vom Tod ihres Mannes in Madrid erfuhr. Für die Nationalsozialisten war damit der Grund entfallen, Centa Beimler länger gefangenzuhalten. Ende Februar 1937 wurde sie aus der Haft entlassen. Erst durch eigene Nachforschungen, bei denen ehemalige Dachauer Häftlinge der Witwe behilflich waren, gelang es ihr, sich ein Bild davon zu machen, wie ihrem Mann der Ausbruch aus dem Lager geglückt war und welchen Fluchtweg er danach eingeschlagen hatte. Das Ergebnis ihrer Recherchen ist hier erstmals veröffentlicht.

24 Das Holzbrett, das neben dem Zaun lag, und das kleine Loch, das in das Drahthindernis geschnitten war, sah der Dachauer Schutzhäftling Karl Feuerer, wie er später Centa Herker-Beimler berichtet hat, am Tage nach Beimlers Flucht mit eigenen Augen.

25 Für die Tatsache, daß Beimler einen Wassergraben überquerte, gibt es nach Auskunft von Centa Herker-Beimler einen Beweis: Als Beimler noch im Polizeigefängnis in der Ettstraße inhaftiert war, bat er seine Angehörigen um Kamelhaar-Haus-

schuhe, die ihm auch gebracht wurden. Einen dieser Schuhe ließ er unmittelbar nach der Flucht aus Dachau durch einen Boten seinen Schwiegereltern in München (Schleißheimer Straße 90) übergeben, um diese von seinem geglückten Unternehmen in Kenntnis zu setzen und zugleich vor dem zu erwartenden Besuch der Polizei zu warnen, die in der Tat Beimler allein dreißigmal bei den Schwiegereltern suchte. Als der Hausschuh in die Hände der Angehörigen gelangte, war er noch durchnäßt, was darauf schließen läßt, daß der Fluchtweg durch einen Wassergraben führte.

26 Bericht von Karl Horn, veröffentlicht in: Beimler (Neuauflage), S. 67.

27 Grünwiedl, S. 6.

28 Alfred Fruth, Redakteur der Neuen Zeitung, gehörte dem Antimilitaristischen Apparat an, der im Jahre 1931 von der KPD aufgebaut worden war (Bretschneider, S. 24). Die Aufgaben des AM-Apparats waren unter anderem die Spitzelabwehr, die Beschaffung von Informationen und die Zersetzungsarbeit in Reichswehr, Polizei, SA und SS. Als Leiter dieses Nachrichtendienstes trug Hans Beimler die Abkürzung „AM I", während „AM II" das Erkennungszeichen für Fruth war, „der praktisch die Leitung des illegalen Nachrichtenapparates für Süddeutschland innehatte" (Bretschneider, S. 52). Auch Fruth konnte sich nicht lange der Verfolgung entziehen. Er fiel bereits am 31. Mai 1933 den Nationalsozialisten in die Hände und kam ins Konzentrationslager Dachau. (Über sein weiteres Schicksal wird noch berichtet.)

29 Bericht von Karl Horn, veröffentlicht in: Beimler (Neuauflage), S. 68.

30 Nach Auskunft des ehemaligen Dachau-Häftlings Adolf Maislinger, den der Verfasser am 27. September 1980 danach befragt hat, schrieb Hans Beimler seinen Bericht über das Konzentrationslager Dachau bereits in München im Hause des Polizisten Friedrich Mäusle. Maislinger erinnert sich, das Manuskript damals selbst gesehen zu haben.

31 Um dem Gebot der Authentizität Rechnung zu tragen, wurden hier – im Gegensatz zur Neuauflage aus der DDR – die stilistischen und die orthographischen Eigenheiten sowie die Interpunktion des Originalberichts unverändert übernommen.

32 Fritz Dressel aus Feldmoching, seit Mai 1928 Mitglied des Bayerischen Landtags, war von Beruf Bautechniker. Im März 1919 trat er in München der KPD bei und beteiligte sich an den Kämpfen während der Räterepublik. Im Februar 1921 berief die Partei ihn zum Mitglied der Bezirksleitung Südbayern und zum Gewerkschaftssekretär. Fünf Jahre danach wurde ihm das Amt des KPD-Vorsitzenden in München übertragen. Der spätere Bezirkssekretär zählte zusammen mit dem Politischen Sekretär Hans Beimler und mit dem Organisationssekretär Sepp Götz zu den drei führenden kommunistischen Funktionären in Südbayern. (Vgl. Bretschneider, S. 28, und Kraushaar, Band II/S. 475.)
Über den Tod von Dressel (am 7. Mai 1933) unterrichteten die Nationalsozialisten die Öffentlichkeit mit einer Falschmeldung, die über den wahren Sachverhalt hinwegtäuschen sollte. So berichtete der Amper-Bote (Nr. 111) in Dachau am 11. Mai: „Der ehemalige Vorsitzende der kommunistischen Fraktion des früheren Bayerischen Landtages, Fritz Dressel, Deggendorf (sic!), der erst vor einigen Tagen in München festgestellt und in Schutzhaft genommen worden war, hat sich in der Nacht zum Montag im Konzentrationslager Dachau selbst den Tod gegeben. Er wurde mit geöffneten Pulsadern tot aufgefunden. Der Grund seines Selbstmordes ist nicht bekannt, vermutlich hat er in seelischer Depression Hand an sich gelegt." In derselben Ausgabe meldete die Lokalzeitung die Flucht von Hans Beimler aus dem Dachauer Lager.

33 Der Organisationssekretär der KPD in Südbayern, Josef („Sepp") Götz, Mitglied des Bayerischen Landtags aus München, war bereits im Dachauer Arrest inhaftiert, als Hans Beimler dort am 25. April 1933 eingeliefert wurde. Wie Beimler mit dem

Parteifreund, der am 20. März in die Hände der Nationalsozialisten gefallen war (Bretschneider, S. 28), Kontakt aufnahm, schildert er in seinem Bericht „Im Mörderlager Dachau" (S. 36): „Schon während meiner Polizeihaft hatte ich erfahren, daß sich der Genosse Götz Sepp (langjähriger Parteisekretär) schon seit mehreren Wochen im Konzentrationslager befindet und über ihn vor mehreren Tagen ‚wegen Aufwiegelung des Lagers unbeschränkter strenger Arrest' verhängt worden war. Da ich annahm, daß er sich dann auch in einem solchen Dreckloch wie ich befinden wird, klopfte ich einige Male an die Wand. Als ich darauf keine Antwort bekam, versuchte ich zu rufen. Als er mir dann tatsächlich auf mein Rufen Antwort gab, konnte ich feststellen, daß er neben mir in Zelle 2 lag."

Götz, ein „bei den Arbeitern besonders beliebter Führer" (Grünwiedl, S. 4), wurde am 9. Mai 1933 in Dachau ermordet (Bretschneider, S. 30; Kraushaar, Band II/ S. 475). Über seinen Tod erschien am 11. Mai in der Dachauer Zeitung folgende Meldung, mit der wie im Fall Dressel das Verbrechen der SS vertuscht werden sollte: „Am Dienstag wurde ein Posten im Dachauer Konzentrationslager von dem Kommunisten Götz, der sich mit ihm allein an einer Arbeitsstelle befand, angegriffen. Den ersten gewalttätigen Angriff wies der Wachposten ab, als sich aber Götz wieder auf ihn stürzte, machte der Wachmann von der Waffe Gebrauch und erschoß den Kommunisten." (Zitiert nach Pospischil, S. 29.)

Auch der Major a. D. Herbert Hunglinger aus Pasing, der im selben Transport mit Beimler nach Dachau gebracht worden und dort ebenfalls sofort in Arresthaft (Zelle Nr. 1) gekommen war, sah die Freiheit nicht wieder (Husarek, S. 23). Er schied freiwillig aus dem Leben, nachdem er die schweren Mißhandlungen nicht mehr hatte ertragen können. Ihm war vorgeworfen worden, als Polizeispitzel die eigene Partei verraten zu haben. Über Hunglinger berichtet Beimler (S. 35): „Er war, wie er selbst sagte, seit 1920 Mitglied der NSDAP und spielte auf der Führerschule der Nazis in München eine große Rolle. Er hatte sozusagen das ‚Vertrauen des Führers'. Als die Nazis am 10. März die Polizeiakten nach der Machtübernahme in Bayern in ihre Hände bekamen, soll sich angeblich herausgestellt haben, daß Hunglinger während seiner Tätigkeit in der Hitlerpartei der politischen Polizei Berichte lieferte. War er doch selber Polizeimajor."

34 Vgl. Beimler (Originalausgabe), S. 63.

35 Die „Rote Hilfe" war eine Hilfsorganisation, die politische Häftlinge unterstützte. Ihre Hilfe erstreckte sich jedoch nicht nur auf Mitglieder der KPD, sondern auch auf politisch Verfolgte, die nicht der Partei angehörten. Vor der Machtergreifung durch die Nationalsozialisten bestand die Aufgabe der Roten Hilfe darin, den Rechtsbeistand für politische Gefangene zu stellen. Im Dritten Reich wurde die Organisation, die auch auf internationaler Ebene tätig war, verboten und verfolgt. Zwar versuchten ihre Mitarbeiter anfangs noch, den Familienangehörigen von Häftlingen durch kleinere finanzielle Zuwendungen über die gröbste wirtschaftliche Not hinwegzuhelfen. Doch bald wurde die Organisation zerschlagen, und ihre Mitglieder gerieten nun selbst in Haft. Während seines Aufenthaltes in Zürich war Hans Beimler bemüht, die Rote Hilfe wieder aufzubauen. (Befragung von Centa Herker- Beimler und Adolf Maislinger am 11. Dezember 1980 durch den Verfasser.)

36 Bericht von Artur Dorf, veröffentlicht in: Beimler (Neuauflage), S. 76.

37 Bredel, Band II, S. 355.

38 Bredel, Band II, S. 360.

39 Bredel, Band II, S. 361.

40 Thomas, S. 440.

41 Thomas, S. 442, 444.

42 Bredel, Band II, S. 361.

43 Langbein, S. 203.

44 Langbein, S. 7 ff.

45 Die Mobilgarde, französisch „garde mobile“, wurde als Territorialmiliz von Kaiser Napoleon III. (1852–1870) geschaffen. Die erste Truppe, die diesen Namen getragen hatte, war 1848 in Paris zum Schutz der Republik aufgestellt und im Jahr darauf wieder aufgelöst worden. (Vgl. Der Große Brockhaus, Wiesbaden 1955.)

46 Thomas, S. 442.

47 Der Verfasser folgt hier den Schilderungen von Hermann Langbein, der seine Erlebnisse während der französischen Internierung in dem Buch „Die Stärkeren“ ausführlich beschreibt.

48 Langbein, S. 15.

49 Langbein, S. 24.

50 Langbein, S. 27.

51 Langbein, S. 34.

52 Langbein, S. 32.

53 Über das Schicksal seiner Kameraden, die in Le Vernet zurückblieben, berichtet Langbein: „Die Spanienkämpfer, die nicht mit uns nach Dachau fuhren, mußten später nach Afrika. Sie wurden nach Monaten von den Engländern befreit und fuhren in die Sowjetunion. Die meisten von ihnen kämpften im Partisaneneinsatz für die Befreiung Österreichs. Manche sind dabei gefallen.“ (Langbein, Die Stärkeren, S. 205.)

54 Langbein, S. 38.

55 Benedikt Kautsky, ein sicherer Kenner der Verhältnisse in den nationalsozialistischen Konzentrationslagern, stellt den Spanienkämpfern als Häftlingen das beste Zeugnis aus. Er hebt hervor, daß „sie zu den echten Politischen zählten, unter denen sie eine der aktivsten Gruppen darstellten“. (Kautsky, S. 141.) – Ähnlich urteilt auch der ehemalige Dachau-Häftling Udo Meinecke aus Weyhe-Lahausen, der vorübergehend im KL Dachau auf Block 24/3 als Stubenältester und Kantineneinkäufer eingesetzt war. „Der ganze Block“, berichtet er, „bestand aus kurz zuvor eingelieferten Spanienkämpfern, größtenteils Österreichern. Bei diesen Kd. (= Kameraden) verlebte ich meine sog. ‚beste Zeit‘ im K. L. Dachau, es waren fast alles ganz prachtvolle Kumpels. Blockältester war ein ehemaliger norddeutscher SS(-)Hauptsturmführer mit Vornamen Toni, Schwerkriegsbeschädigter und Offizier des ersten (sic!) Weltkrieges. Er tat, was wir wollten.“ (Udo Meinecke in seinem Bericht an den früheren Sekretär der Lagergemeinschaft Dachau, Hans Schwarz, vom 30. Juni 1963, Photokopie im Besitz des Verfassers.)

56 Spanienkämpfer beteiligten sich auch an dem Aufstand in Dachau, den Bürger der Stadt gemeinsam mit Häftlingen am 28. April 1945 gegen die SS führten. Die Erhebung hatte das Ziel, Dachau den heranrückenden Amerikanern kampflos zu übergeben und die befohlene Evakuierung des Konzentrationslagers zu stoppen, die bereits angelaufen war. Der Anstoß dazu ging von Walter Neff und Georg Scherer aus, die als ehemalige Dachau-Häftlinge wußten, daß die Fortführung der Todesmärsche für die meisten der gesundheitlich völlig heruntergekommenen Gefangenen das Ende bedeuten würde. Deshalb besetzten die Aufständischen am Vormittag des 28. April das Rathaus der Stadt, um die nationalsozialistische Herrschaft in Dachau zu beenden. Die SS im Lager brach darauf die Todesmärsche ab.
Die Widerstandskämpfer konnten die Stadt jedoch nur kurze Zeit halten. Nach wenigen Stunden wurden sie von einer Kampftruppe der Waffen-SS in ein Gefecht verwickelt, das mit der Niederlage der Aufständischen endete. Die Erhebung kostete sechs Männern das Leben: Der Häftling und ehemalige Spanienkämpfer Erich Hubmann und der Dachauer Bürger Hans Pflügler fielen im Kampf vor dem Rathaus, während die anderen vier Opfer, die in die Hände der SS geraten waren, noch am selben Tag vor der Sparkasse der Stadt erschossen wurden. Die Unglücklichen waren die beiden Gefangenen Friedrich Dürr und Anton Hackl sowie die Einheimischen Anton Hechtl und Lorenz Scherer (nicht verwandt mit Georg Scherer).

57 Brief von Hermann Langbein an den Verfasser vom 21. Juli 1979.

58 Hermann Langbein blieb im Konzentrationslager Dachau, wo er als Schreiber in der internen Abteilung des Häftlingsreviers (auf Block 3) arbeitete, bis zum 19. August 1942. Dann wurde er als einziger Spanienkämpfer von seinen Dachauer Kameraden getrennt und ins Konzentrationslager Auschwitz geschickt. Dort nahm der SS-Standortarzt, Hauptsturmführer Dr. Eduard Wirths, der Langbein im Dachauer Krankenbau kennengelernt hatte, den Österreicher als Schreiber zu sich. Am 25. August 1944 ging Langbein, der als führendes Mitglied der „Kampfgruppe Auschwitz", einer internationalen Widerstandsorganisation, angehört hatte, auf Transport in ein Nebenlager des KL Neuengamme nach Bremen. Als dieses Lager, das für die Borgward-Werke gearbeitet hatte und das in einem Fabrikgebäude untergebracht war, am 12. Oktober Brandbomben zum Opfer fiel, kam Langbein zunächst ins Stammlager Neuengamme und dann von dort aus im Dezember ins Außenlager Lerbeck bei Minden. Am 11. April 1945 glückte ihm auf dem Bahnhof von Salzwedel die Flucht vom Evakuierungstransport. Als er am 17. Mai in seine Heimatstadt Wien zurückkehrte, waren seit seinem Aufbruch nach Spanien sieben Jahre vergangen. (Vgl. Langbein, ... nicht wie die Schafe zur Schlachtbank, S. 408, 410.)

Stunde Null des Terrors

1 An das genaue Datum, wann das Unternehmen in der Pupplinger Au stattfand, kann sich Martin Grünwiedl heute nicht mehr erinnern. Nach seiner Schätzung war es, wie er dem Verfasser bei der Befragung am 29. Dezember 1980 erklärte, entweder im Juli oder im August des Jahres 1934.

2 Der Schreiner Fritz Rottmeier leitete als Nachfolger von Alfred Fruth, der am 31. Mai 1933 verhaftet worden war, den Antimilitaristischen Apparat in München. Mit rund zwölf Mitarbeitern war Rottmeier bemüht, durch Flugschriften Verbindungsleute in der Polizei, in der Reichswehr und in den Wehrverbänden zu gewinnen. Zusammen mit Ludwig Ficker stellte er Hunderte von Aufrufen und Flugblättern her, die unter anderem in München auf dem Oberwiesenfeld (heute: Olympiapark) und im Hof der Leopoldkaserne verstreut wurden.
Der erste Strafsenat des Volksgerichtshofes verurteilte Rottmeier am 8. August 1935 zu zwölf Jahren Zuchthaus. Zwei seiner sechs Mitangeklagten waren der Münchner Maler Johann Herker, der später die Witwe Beimlers heiratete (Urteil: zwei Jahre und sechs Monate Zuchthaus), und der Münchner Maschinenschlosser Adolf Maislinger, der mit acht Jahren Zuchthaus bestraft wurde. (Vgl. Bretschneider, S. 38, 52 ff.) Nach seiner Einlieferung ins Konzentrationslager Dachau hat sich Maislinger aktiv an der Arbeit einer Widerstandsgruppe beteiligt.

3 Der Münchner Ludwig Ficker hatte als Mitglied des Antimilitaristischen Apparates die Aufgabe, „Nachrichten über Polizei und Reichswehrangehörige zu besorgen" (Bretschneider, S. 53). Nach seiner Rückkehr aus der Emigration im Jahre 1943 (oder 1944) baute er in München mit zivilen Gruppen eine Widerstandsorganisation auf, die auch mit der „Freiheitsaktion Bayern" in Verbindung trat. Ficker war bereit, sich mit seinen Leuten am Aufstand des Hauptmanns Dr. Rupprecht Gerngross zu beteiligen. Am Ende kam es jedoch nicht dazu, weil Ficker die Nachricht vom Beginn der Aktion zu spät erreichte (Bretschneider, S. 217 f., 226).

4 Dem Organisationsleiter fiel vor allem die Aufgabe zu, „den Kontakt mit den einzelnen kommunistischen Stadtteilgruppen aufrechtzuerhalten" (Bretschneider, S. 32).

5 Bretschneider, S. 54.

6 Bretschneider, S. 29.

7 Befragung von Martin Grünwiedl am 29. Dezember 1980 durch den Verfasser.

8 Der Verfasser schildert die Ereignisse in der Pupplinger Au nach dem Bericht, den Martin Grünwiedl am 20. August 1947 für die „Vereinigungen der Verfolgten des Naziregimes" (VVN) schrieb.

9 Auch die Sozialdemokraten blieben in der Emigration nicht untätig, um die Weltöffentlichkeit auf das Elend der Schutzhäftlinge im Konzentrationslager Dachau hinzuweisen. Bereits im Jahre 1934 erschien in der Sozialdemokratischen Schriftenreihe als neunter Band eine Dokumentation unter dem Titel: „Konzentrationslager – Ein Appell an das Gewissen der Welt. Ein Buch der Greuel. Die Opfer klagen an." In dieser Veröffentlichung, hergestellt von der Druck- und Verlagsanstalt „Graphia" in Karlsbad (Tschechoslowakei), wurden dem Dachauer Lager drei Kapitel gewidmet. Ihre Autoren waren Fritz Ecker („Die Hölle Dachau – Betrachtungen eines Gemarterten nach sieben Monaten Dachau"), Wenzel Rubner („Dachau im Sommer 1933") und ein Unbekannter, der seinen Beitrag „Als Jude in Dachau" nicht mit dem Namen zeichnete.
Außerdem brachte Julius Zerfaß, Feuilleton-Redakteur der SPD-Zeitung „Münchener Post", im Jahre 1936 unter dem Decknamen Walter Hornung in Zürich sein Buch „Dachau – Eine Chronik" heraus. Darin beschrieb er das Lagergeschehen im Jahre 1933 aus eigenem Erleben. Zerfaß hatte während seiner Dachauer Haft in der Lagerbibliothek gearbeitet (vgl. Aretin, S. 305).

10 Auf die Münchner Illustrierte Presse, die dem Konzentrationslager Dachau in ihrer Ausgabe vom 16. Juli 1933 (Nr. 28) eine mehrseitige Bildreportage unter der Überschrift „Die Wahrheit über Dachau" widmete, wird noch ausführlich eingegangen.

11 Die Angaben zur Person stützen sich auf die Befragung von Martin Grünwiedl am 12. August 1980 durch den Verfasser.

12 Buchheim, Die SS – das Herrschaftsinstrument, S. 35, und Höhne, S. 82 f.

13 Zitiert nach Broszat, S. 16.

14 Broszat, S. 14.

15 Heute gilt als erwiesen, daß der niederländische Rätekommunist Marinus van der Lubbe ohne Mittäter das Reichstagsgebäude in Brand gesetzt hat. Das Reichsgericht in Leipzig verurteilte den Maurer (geboren am 13. Januar 1909 in Leiden) am 23. Dezember 1933 wegen Hochverrats in Tateinheit mit aufrührerischer Brandstiftung zum Tode. Seine vier kommunistischen Mitangeklagten, unter ihnen der bulgarische Politiker Georgi Dimitrov, der spätere Generalsekretär der Kommunistischen Internationale (Komintern) in Moskau, sprachen die Richter jedoch frei.
Das Reichsgerichtsurteil blieb lange Zeit heftig umstritten. In einem Wiederaufnahmeverfahren, das der frühere stellvertretende US-Hauptankläger in den Nürnberger Prozessen, der Frankfurter Rechtsanwalt Dr. Robert M. W. Kempner, für den Bruder des Verurteilten, Johan van der Lubbe, beantragt hatte, hob die 10. Strafkammer des Berliner Landgerichts das Urteil gegen den damals 24 Jahre alten Niederländer mit ihrem Beschluß vom 15. Dezember 1980 auf. Das Gericht sprach Marinus van der Lubbe, der im Januar 1934 hingerichtet worden war, frei. Zur Begründung ihres Beschlusses stellte die Strafkammer fest, daß das Reichsgerichtsurteil eine Rechtsbeugung der Richter aus politischen Motiven dargestellt habe. In einem bereits vorangegangenen Verfahren war das Todesurteil im Jahre 1967 in eine achtjährige Zuchthausstrafe umgewandelt worden, nachdem der Vorwurf des Hochverrats fallengelassen, die Verurteilung wegen Brandstiftung aber als gerechtfertigt angesehen worden war. (Vgl. Süddeutsche Zeitung vom 30. Dezember 1980, Nr. 301, und vom 31. Dezember 1980/1. Januar 1981, Nr. 302.)
Der Beschluß des Berliner Landgerichts vom 15. Dezember 1980 stieß auf die leidenschaftliche Kritik des Reichstagsbrandforschers Fritz Tobias, Autor des Buches „Der Reichstagsbrand – Legende und Wirklichkeit", der den Freispruch für unbegründet hält und der in der Korrektur des Reichsgerichtsurteils von 1967 „die revo-

lutionäre Ehre des jungen Rätekommunisten Marinus van der Lubbe gewahrt" sieht. In der Wochenzeitung „Die Zeit" vom 23. Januar 1981 (Nr. 5) schrieb er: „Dabei sollte es bleiben. Lassen wir einmal außer acht, wieviel Leid und Elend van der Lubbe durch seine Brandstifterei über alle deutschen NS-Gegner gebracht hat."
Bei dem Freispruch blieb es jedoch nicht. Im April 1981 hob ein Strafsenat des Berliner Kammergerichts den Beschluß der Vorinstanz mit der Begründung auf, daß das Landgericht den Freispruch zu Unrecht gefällt habe, „weil es keine Regelung für die Zuständigkeit zur Wiederaufnahme von Verfahren des Reichsgerichtes gebe" (Süddeutsche Zeitung vom 24. April 1981, Nr. 94). Außerdem befand das Kammergericht, daß der von dem Rechtsanwalt Kempner vertretene Wiederaufnahmeantrag „auf Behauptungen gestützt worden" sei, „die für die Frage der Brandstiftung keine Bedeutung" hätten. „Ferner", heißt es in der Süddeutschen Zeitung weiter, „seien weder die Bezugnahme auf eine wissenschaftliche Dokumentation über den Reichstagsbrand noch die Erklärungen dreier Zeugen geeignet, die Annahme zu rechtfertigen, van der Lubbe sei zu Unrecht wegen der Reichstagsbrandstiftung verurteilt worden."

16 Görings Erklärung findet sich in der NS-Schrift „Die nationalsozialistische Revolution" (S. 83f.).

17 Vgl. Die nationalsozialistische Revolution, S. 84f. – Horst Duhnke verweist in seinem Buch „Die KPD von 1933 bis 1945" darauf, daß die Notverordnung vom 28. Februar 1933 „praktisch einem Parteiverbot gleichkam" (S. 46), das die Kommunisten in vollem Umfang der Verfolgung preisgab. Offiziell wurde die KPD jedoch erst am 9. März 1933 verboten (Duhnke, S. 65).

18 Der Begriff der „Schutzhaft" ist keine Erfindung der Nationalsozialisten, sondern „entstammt dem Recht des kaiserlichen Deutschlands" (Kautsky, S. 17). „Vor 1914", schreibt Martin Broszat, „verstand man unter Schutzhaft in Preußen und anderen deutschen Ländern ausschließlich die kurzfristige polizeiliche Verwahrung, die zum Schutze und im eigenen Interesse einer Person (vor öffentlicher Gefährdung durch Angriffe einer Volksmenge o. ä.) vorgenommen wurde. Schon während des Weltkrieges wurde es aber üblich, auch die aufgrund des militärischen Belagerungszustandes über staatspolitisch verdächtige Personen verhängte Haft als Schutzhaft zu bezeichnen. Zur Anordnung von präventiver militärischer Schutzhaft in diesem Sinne kam es dann ebenfalls in den Jahren 1919/20 bei der Unterdrükkung kommunistischer oder separatistischer Bestrebungen im Rahmen zeitlich und lokal begrenzten Ausnahmezustandes durch Reichswehrbefehlshaber und im Einvernehmen mit dem Reichswehrminister vor allem in Berlin, Bayern (bei der Niederwerfung der Räterepublik) und im Ruhrgebiet. Schließlich fiel unter den Begriff Schutzhaft später auch die im preußischen Polizeiverwaltungsgesetz vom 1. Juli 1931 (§ 15) vorgesehene Polizeihaft zum Schutz der öffentlichen Ordnung, dabei war jedoch vorgeschrieben, daß der Verhaftete binnen 24 Stunden dem Richter vorgeführt werden müsse" (Broszat, S. 13f.).

19 Zitiert nach Preis, S. 21.

20 Hier ist von Interesse, daß Hermann Esser am 29. Juli 1900 in Röhrmoos im Landkreis Dachau zur Welt kam, wo sein Vater (laut Münchner Neueste Nachrichten vom 25. April 1933) als „Bahnadjunkt bis zum Jahre 1902" tätig war. Das Dorf lag nur wenige Kilometer von den Deutschen Werken entfernt, die später das erste Konzentrationslager der SS aufnahmen. Es ist denkbar, daß Esser, der als alter Münchner Mitkämpfer das Vertrauen Hitlers genoß (siehe Speer, S. 48, 105, 114, 308), die lokalen Verhältnisse im Raum Dachau kannte und deshalb an der Auswahl des Standorts für das Lager beteiligt war.
Auch Heinrich Himmler, der dabei mit Sicherheit ein Wort mitzureden hatte, muß von dem verwaisten Werksgelände der ehemaligen Dachauer Pulver- und Munitionsfabrik, das sich „links abseits der Straße Dachau – Schleißheim" (Münchner

Neueste Nachrichten) erstreckte, gewußt haben, denn er arbeitete in jungen Jahren als landwirtschaftlicher Assistent nach seinem Examen am 5. August 1922 bis Ende August 1923 bei der „Stickstoff-Land G.m.b.H." in Schleißheim, wo er in dieser Zeit auch wohnte. (Vgl. Höhne, S. 41.)

Der Journalist Hermann Esser, nach der „nationalsozialistischen Revolution" in Bayern Staatsminister ohne Geschäftsbereich, Chef der Staatskanzlei und seit dem 28. April 1933 Landtagspräsident, wurde im übrigen vom Gemeinderat seines Geburtsorts Röhrmoos im April 1933 zum Ehrenbürger ernannt. Die Urkunde nahm Esser in Gegenwart seines Vaters am Abend des 27. April in Röhrmoos persönlich entgegen, nachdem die Bewohner ihrem Ehrenbürger einen stürmischen Empfang bereitet hatten. „Durch eine Ehrenpforte", berichteten die Münchner Neuesten Nachrichten zwei Tage darauf, „wurde der Staatsminister dann in das Dorf geführt. Sein Geburtszimmer hatten die Röhrmooser hell beleuchtet und geschmückt. Fahnen wehten von fast allen Häusern. Über eine Stunde weit kamen die Bauern, um in echter Liebe und Vertrauen dem Staatsminister die Hand zu reichen. Es war Feststimmung und Freude im ganzen Dorf. Im geschmückten Saal des Gasthofes Bücherl fand die Überreichung der vom Münchner Graphiker Antmar Eisele entworfenen Ehrenurkunde statt."

Esser hatte Hitler bereits am 26. September 1919 im Alter von 19 Jahren kennengelernt. Nach eigenen Worten trat er am 16. Dezember 1919 der NSDAP, damals noch „Deutsche Arbeiterpartei" genannt, bei und trug „unter Adolf Hitlers Führung die Parteinummer zwei" (Münchner Neueste Nachrichten vom 29. April 1933). Später arbeitete er als Redakteur unter dem ersten Hauptschriftleiter des Völkischen Beobachter, Dietrich Eckart, von dem der Kampfruf der NSDAP stammte: „Deutschland erwache!" Wie R. T. Spitz im Hochland-Boten vom 17. Januar 1947 schreibt, soll Esser bei einer Parteiveranstaltung im Münchner Zirkus Krone für Hitler zum erstenmal die Bezeichnung „der Führer" gebraucht haben. (Zur Person von Esser siehe auch Internationales Biographisches Archiv, Lieferung 5/50 vom 4. Februar 1950.)

21 Über Himmlers Amtsantritt berichteten die Münchner Neuesten Nachrichten am Samstag, 11. März 1933: „Der kommissarische Polizeipräsident Himmler erschien gestern früh zu Beginn der Dienststunden im Polizeipräsidium (sic!) und übernahm die Geschäfte seines neuen Amtes. Auf dem Gange vor den Präsidialräumen ging es lebhaft zu. Ein Doppelposten bewachte den Eingang(,) und S.S.-Männer harrten auf dem Gange der Weisungen. Auch auf dem Gange der Büros der politischen Abteilungen sah man S.A.- und S.S.-Männer herumstehen, dagegen zeigte der übrige Teil des Polizeigebäudes das gewohnte Bild. Der Parteienverkehr konnte ungehindert vor sich gehen. Vor dem Polizeigebäude, auf dem noch in der Nacht die Hakenkreuzfahne gehißt worden war, patrouillierte ein Schutzmann mit zwei S.A.-Männern.

In den Straßen der inneren Stadt herrschte den ganzen Tag über ein lebhafter Verkehr, der in den Abendstunden zunahm. Man sah S.A.-Männer geschäftig hin und her eilen, zum Teil mit Gewehren bewaffnet. Auch größere Gruppen Bewaffneter durchstreiften die Straßen. Die Polizei versah wie üblich den Straßendienst. Zu Zusammenstößen ist es nicht gekommen."

22 Zitiert nach Buchheim, Die SS – das Herrschaftsinstrument, S. 38.

23 Über Himmlers Ernennung zum Politischen Polizeikommandeur Bayerns veröffentlichten die Münchner Neuesten Nachrichten am Montag, 3. April 1933, folgende Mitteilung: „Durch eine Verfügung des kommissarischen Staatsministers des Innern Adolf Wagner wurde, um eine straffe und einheitliche Durchführung der zur Aufrechterhaltung der Sicherheit des Staates erforderlichen Maßnahmen zu gewährleisten, die Stelle eines Politischen Polizeikommandeurs für Bayern geschaffen. Durch eine zweite Verfügung wurde zum Politischen Polizeikommandeur Bay-

erns der Reichsführer der S.S., kommissarischer Polizeipräsident Himmler, ernannt. Die Verfügungen haben folgenden Wortlaut:
‚1. Im Ministerium des Innern wird die Dienststelle ‚Der Politische Polizeikommandeur Bayerns' geschaffen.
2. Die bayerische politische Polizei scheidet mit sofortiger Wirksamkeit aus dem Dienstbereiche der Polizeidirektion München aus.
3. Dem Politischen Polizeikommandeur Bayerns unterstehen:
a) die politische Polizei Bayerns, die gegliedert ist in die Zentrale und in die politischen Abteilungen bei den staatlichen Polizeidirektionen und Polizeiämtern, sowie die politischen Polizeireferate bei den Bezirksämtern und kreisunmittelbaren Städten;
b) die politische Hilfspolizei in ihren sämtlichen Formationen für die Exekutive;
c) die bereits bestehenden und noch einzurichtenden Konzentrationslager.
4. Auf Anforderung stehen dem Politischen Polizeikommandeur Bayerns Bereitschaftspolizei, blaue Polizei und Gendarmerie für die Exekutive zur Verfügung.
5. Die Dienststelle des Politischen Polizeikommandeurs Bayerns erhält eine eigene Wirtschaftsabteilung und Kraftwagenpark.
Zum Politischen Polizeikommandeur Bayerns ernenne ich den Reichsführer der S.S. Heinrich Himmler, zur Zeit kommissarischer Polizeipräsident von München und Nürnberg-Fürth.
Ich beauftrage ihn zugleich mit der Durchführung aller Maßnahmen und Erlaß aller Anordnungen im Benehmen mit den zuständigen Dienststellen des bayerischen Staates, die zur Errichtung der Dienststelle des Politischen Polizeikommandeurs Bayerns notwendig sind.'"

24 Das „Reichsbanner Schwarz-Rot-Gold" war, wie Joseph Rovan in seiner „Geschichte der deutschen Sozialdemokratie" (S. 123) schreibt, eine paramilitärische Verteidigungsorganisation der Sozialdemokraten, „die den Namen der Fahne der Republik trug (die das Banner der Revolution von 1848 gewesen war)". Dieser Vereinigung gehörte aber auch eine „Minderheit von Zentrumsangehörigen und Liberalen" (Rovan) an. Im Januar 1932 schloß sich das Reichsbanner mit den sozialdemokratischen Gewerkschaften und mit proletarischen Sportverbänden zur „Eisernen Front" zusammen, die „zum Kampf gegen die Verschwörungen und Greueltaten der nationalistischen Bünde und des aufkommenden Nationalsozialismus" (Rovan) antrat.
Das Verbot des Reichsbanner in Bayern meldeten die Münchner Neuesten Nachrichten am Sonntag, 12. März 1933. „Der Beauftragte des Reichskommissars Adolf Wagner", gab das Blatt bekannt, „hat folgende Anordnung ausgegeben: ‚Auf Grund § 1 Abs. 2 der Verordnung des Reichspräsidenten zum Schutze von Volk und Staat vom 28. Februar 1933 werden mit sofortiger Wirksamkeit das Reichsbanner Schwarz-Rot-Gold mit sämtlichen Formationen einschließlich Schufo, Eiserne Front und sozialdemokratischer Arbeiterjugend mit sämtlichen Nebenorganisationen für das Gebiet des Freistaates verboten und aufgelöst. Die im Besitz der aufgelösten Organisationen befindlichen Gegenstände, Vermögen, Druckschriften usw. sind sofort polizeilich sicherzustellen und in Verwahrung zu nehmen. Zuwiderhandlungen werden nach § 4 der Verordnung vom 28. Februar 1933 bestraft.'"

25 Der Funkspruch, der „von dem Beauftragten des Reiches, General v. Epp, und dem beauftragten Kommissar für das Innenministerium Adolf Wagner" gezeichnet ist, wurde am 11. März 1933 in den Münchner Neuesten Nachrichten veröffentlicht.

26 Der Schreiner und sozialdemokratische Kommunalpolitiker Thomas Wimmer (1887–1964) bekleidete nach dem Ende der nationalsozialistischen Diktatur als Nachfolger von Karl Scharnagl vom 1. Juli 1948 bis zum 3. Mai 1960 das Amt des Münchner Oberbürgermeisters. Er war am 30. März 1952 und am 18. März 1956 wiedergewählt worden. (Auskunft des SZ-Archivs vom 3. Februar 1981.)

27 Befragung von Martin Grünwiedl am 7. Januar 1981 durch den Verfasser.

28 Zur „Eisernen Front“ siehe Anmerkung 24.

29 Zitiert nach Broszat, S. 18.

30 Vgl. Broszat, S. 18.

31 Siehe Kogon, S. 60.

32 Die Abkürzung „KZ“, die heute für die nationalsozialistischen Konzentrationslager allein gebräuchlich ist, kam erst später auf. Nach Benedikt Kautsky wählten die Häftlinge die Buchstabenkombination „KZ“ in Anlehnung an „Z“, wie unter den Gefangenen die Abkürzung für Zuchthaus lautete. „Wahrscheinlich im Anklang daran“, schreibt er, „hieß das Konzentrationslager in der Häftlingssprache abgekürzt ‚KZ‘; demgegenüber konnte sich die offizielle Abkürzung ‚KL‘ nie recht durchsetzen“ (Kautsky, S. 259).
In Rundschreiben der SS an die Kommandanten der Konzentrationslager war für das Dachauer KL die Abkürzung „Da.“ (wie für Buchenwald „Bu.“, für Flossenbürg „Flo.“, für Mauthausen „Mau.“ und für Sachsenhausen „Sah.“) üblich. So heißt es zum Beispiel in dem Schreiben des SS-Wirtschafts-Verwaltungshauptamts über „Durchführungsbestimmungen für Exekutionen“ vom 22. Januar 1943: „An die Lagerkommandanten der Konzentrationslager Da., Sah., Bu., Mau., Flo.“ (usw.).
Im Konzentrationslager Dachau selbst galt intern die Abkürzung „KLD“. Die Häftlinge machten in ihrem Galgenhumor daraus: „Kann lange dauern.“ (Vgl. Johann Maria Lenz, Christus in Dachau, S. 27.) Das Konzentrationslager war in drei Hauptteile gegliedert: in den Bereich der Kommandantur mit dem Sitz des Kommandanten, dem der Kommandanturstab unterstand, in den Teil mit den Unterkünften der SS-Truppen, die der SS-Totenkopfstandarte 1 „Oberbayern“ angehörten (deshalb „Standartenbereich“ genannt), und in das eigentliche Häftlingslager („Schutzhaftlager“ genannt) mit dem Sitz der Lagerleitung (Kommandanturstab mit Schutzhaftlagerführern, Rapportführern, Blockführern usw.) im Jourhaus. Die Postanschrift „Konzentrationslager Dachau 3 K“, wie sie auf den vorgedruckten Briefbogen und Postkarten für die Häftlinge zu finden ist, hat jedoch mit der Gliederung des Lagers in den beschriebenen drei Teilen nichts zu tun. Das „Dachau 3 K“ weist vielmehr darauf hin, daß es in Dachau neben den beiden Postämtern in der Altstadt und am Bahnhof noch ein drittes Amt gab, über das ausschließlich die Post für das Konzentrationslager (daher das „K“) und für das SS-Lager lief. Zuständig für den Postempfang der Lagerinsassen war also die „Poststelle des K. L. Dachau 3 K“.

33 Im Völkischen Beobachter vom 21. März 1933, der die Meldung von der Eröffnung des Konzentrationslagers Dachau nahezu im gleichen Wortlaut wie die Münchner Neuesten Nachrichten veröffentlichte, heißt es statt „marxistische“ richtiger „sozialdemokratische Funktionäre“.

34 Erst mit dem Erlaß des Reichsstatthalters in Bayern, Franz Ritter von Epp, vom 22. März 1939 (Zeichen: We 3/2.3.) wurde das Konzentrationslager zum 1. April 1939 in die Stadt Dachau eingegliedert. Die Stadt hatte die Eingemeindung am 10. Dezember 1937 beantragt. Das Begehren der Dachauer Stadtverwaltung befürwortete das Bezirksamt Dachau in einem Schreiben vom 15. Februar 1938 („gez. Dr. Böhmer“) an die Regierung von Oberbayern in München unter anderem mit folgender Begründung: „Besonders dringlich erscheint aus verwaltungsmässigen und wehrpolitischen Gründen die Eingemeindung des SS-Übungslagers und Konzentrationslagers, das heute noch in den Gemeindefluren von Etzenhausen und Prittlbach liegt, 2 Landgemeinden, die auf die Zugehörigkeit eines solchen Verwaltungskomplexes wie es das Lager darstellt, durchaus nicht eingerichtet sind. (...)
Das Bezirksamt befürwortet daher im Einvernehmen mit der Kreisleitung Dachau die Eingemeindung entsprechend den Anträgen der Stadt Dachau. Auch die Reichsführung SS hat sich, wie aus dem bei den Akten liegenden Schreiben des SS-Gruppenführers Pohl hervorgeht, mit der Eingemeindung einverstanden erklärt.“

Außerdem wurde ebenfalls mit Wirkung vom 1. April 1939 eine kleine Fläche der Nachbargemeinde Hebertshausen in die Stadt Dachau eingegliedert, weil die „Teilflächen von insgesamt nur 16 ha", wie es im Schreiben des Bezirksamts vom 15. Februar 1938 heißt, „zum einen Teil zum Lagerkomplex gehören (Schiessplatz und 5 Wohnhäuser von SS.-Angehörigen) und Eigentum der NSDAP sind, zum andern Teil Grundstücke des Gutsbesitzes ‚Würmmühle' sind, der (...) mit dem östlichen Teil der Gemeinde Prittlbach zu Dachau eingemeindet werden soll". Den Antrag dazu hatte Dachau am 12. Februar 1938 gestellt. (Die Stadterhebung von Dachau, das bei der Eröffnung des KL noch Markt war, erfolgte am 15. November 1933.) – Die Unterlagen über die Eingemeindung des Konzentrationslagers befinden sich im Archiv der Stadt.

35 Hornung, S. 34.

36 Josef Schwalber, „Dachau", in: Amperland, Heft 1/1968, S. 5.

37 Ludwig Thoma, Erinnerungen, Kapitel: Im Berufe, S. 123.

38 Zu den Angaben über den Ort siehe den Stadtführer des Verfassers, „Dachau", in dem unter anderem die Geschichte der Stadt ausführlich dargestellt ist.

39 Carl Thiemann, Erinnerungen eines Dachauer Malers, S. 38.

40 Die genauen Personalien des Offiziers lauten: Hans Hofmann, zuletzt Oberst a. D., geboren am 21. Januar 1865 in Aschaffenburg, gestorben am 2. Juni 1936 in Dachau. (Auskunft der Einwohnermeldeabteilung der Stadt Dachau vom 16. Januar 1981.)

41 Befragung von Hans Kalteis (Dachau) am 17. September 1980 durch den Verfasser.

42 Josef Schwalber, „Dachau", S. 4.

43 Schreiben des Bezirksamts Dachau an die Regierung von Oberbayern in München vom 15. Februar 1938.

44 Carl Thiemann, Erinnerungen eines Dachauer Malers, S. 38f.

45 Zitiert nach einem Bericht, der am 11. Februar 1976 in den Dachauer Nachrichten, einem Kopfblatt des Münchner Merkur, erschien.

46 Denkschrift „Die Dachauer Not" des Dachauer Bürgermeisters Hans Cramer an das Staatsministerium des Innern vom 19. Januar 1938, S. 1. (Cramer bekleidete das Amt des Bürgermeisters in Dachau vom 19. März 1937 bis zum 29. Mai 1940.)

47 Denkschrift „Die Dachauer Not", S. 2.

48 Denkschrift „Die Dachauer Not", S. 2.

49 Auch Walter Hornung (= Julius Zerfaß) gibt in seinem Buch „Dachau" (S. 47) eine Beschreibung der Pulver- und Munitionsfabrik: „Auf der Suche nach einem Gelände mit gutem, natürlichem Deckungsschutz hatte die deutsche Heeresleitung im Weltkriege die große Waldinsel am Nordrande des Dachauer Moos' zur Erstellung einer riesigen Pulverfabrik ausfindig gemacht. Ein Areal von vielen hundert Tagwerk wurde von einer hohen Betoneinfriedung umgeben. In fieberhaftem Tempo wuchsen große Hallen, Fabrikations- und Lagerräume aus dem Boden. Zwei hohe Fabrikschlote stachen, dem Auge störend und beziehungslos, aus dem Grün des Waldes in die Luft. An den Saum reihte sich eine Kette von Luxusvillen für die Herren Aufsichtsoffiziere. Einige hundert Meter weiter, dem Blickfeld der Offiziersvillen entzogen, lag das Barackenviertel der Arbeiter: lieblos und eilig aus Fachwerk und Bretterverschalung hingehauene, häßliche und niedrige Behausungen. Die Mannschaften waren in ebenso primitiven Baracken innerhalb des Areals untergebracht. Der Klassenstaat hatte auch in den Jahren der großen Schicksalsgemeinschaft sein wahres Gesicht nicht verbergen können.
Nach dem verlorenen Kriege mußte auf Anordnung der Entwaffnungskommission ein großer Teil der maschinellen Einrichtungen zerstört werden. Im Laufe der Jahre wucherten Baum und Strauch wild ins Dickicht, in den Höfen wuchsen Gras und Brennesseln; Wege und Mauern vermoosten. Zerfall fraß."

50 Eugen Mondt, Künstler und Käuze, S. 22f.

51 In der vergangenen Zeit wurde aus Unkenntnis des wahren Sachverhalts wiederholt die Behauptung aufgestellt, daß der Ort Dachau mit der Eröffnung des Konzentrationslagers einen wirtschaftlichen Aufschwung genommen habe. Daß dies nicht der Fall war, beweist die Denkschrift „Die Dachauer Not", die der Bürgermeister Hans Cramer am 19. Januar 1938, also fünf Jahre nach der Errichtung des Lagers, verfaßte. Auf zwanzig Seiten stellte er dem Staatsministerium des Innern dar, wie sehr die Stadt noch immer unter den Folgen der Stillegung der Pulver- und Munitionsfabrik und der damit verbundenen Arbeitslosigkeit litt. Er erinnerte daran, daß Dachau mit der Ministerialentschließung Nr. 6000 ba 11 vom 29. Juni 1934 zur Notstandsgemeinde im Sinne des Paragraphen 33 der Reichsgrundsätze über Voraussetzung, Art und Maß der öffentlichen Fürsorge erklärt werden mußte. „So ist es auch erklärlich", schrieb Cramer weiter (S. 3), „dass die Gemeinde in den vergangenen 2 Jahrzehnten gänzlich ausserstande war, die öffentlichen Einrichtungen der starken Bevölkerungszunahme entsprechend zu erweitern. Die Gemeinde hat in jenen Jahren kaum die notwendigsten Mittel aufgebracht, um die vorhandenen gemeindeeigenen Gebäude und Einrichtungen zu erhalten und vor dem Verfall zu bewahren."
Die Schulden der Stadt gab der Bürgermeister mit insgesamt 1283450 Reichsmark an, womit, wie er hervorhob, „die Verschuldung auf den Kopf der Bevölkerung umgerechnet RM 133" betrug (S. 4). In diesem Zusammenhang beklagte Cramer die „anormal geringen Einnahmen" der Stadt (S. 4). „Die Bevölkerung Dachaus", fuhr er fort (S. 5), „lebt grossenteils in den bescheidensten, ja ärmlichen Verhältnissen, ihre Steuerkraft ist dementsprechend gering."
Der Bürgermeister verhehlte auch nicht, daß die Anwesenheit der SS für die Stadt auf dem Wohnungsmarkt sogar eine zusätzliche Belastung darstelle. „Die geradezu sprichwörtliche ‚Dachauer Not'", führte er dazu aus (S. 7f.), „erstreckt sich über alle Gebiete. Das Wohnungselend in Dachau ist erschütternd gross. Heute noch leben kinderreiche Familien in windigen Baracken oder Kellerlöchern, hausen 5 und 6köpfige Familien in einem Raum, der zum Kochen, Wohnen und Schlafen dient. Die Stadtverwaltung hat seit dem Jahr 1933 das Möglichste getan, um die Wohnungsnot zu verringern und billige Volkswohnungen zu erstellen. Allein die Wohnungsnot ist augenblicklich so gross wie je, da durch die fortwährende Vergrösserung des SS-Übungslagers fast alle in den vergangenen fünf Jahren freigewordenen Wohnungen durch Angehörige der SS bezogen wurden. Hervorgerufen durch das Wohnungselend ist die Zahl der Tuberkulosekranken in Dachau erschreckend hoch; Stadt und Bezirk Dachau weisen den höchsten Prozentsatz an Tuberkulosekranken im ganzen Gaugebiet auf."

52 Die ablehnende Haltung, die viele Dachauer gegenüber der NSDAP einnahmen, belegt am deutlichsten die folgende Feststellung, die der Amper-Bote noch in nationalsozialistischer Zeit im Jahre 1939 in einem historischen Rückblick traf: „Schwer war überall der Kampf, den der Führer mit seiner Bewegung um die Gewinnung des deutschen Volkes führen mußte. Doppelt schwer aber war der Kampf der Bewegung in Dachau und im Dachauer Land. Die Eigenart des Dachauers, nur zögernd an etwas Neues heranzugehen und ihm zu vertrauen einerseits, dann die gesellschaftliche und wirtschaftliche Zerspaltung der Bevölkerung andererseits, machten hier die Arbeit der Nationalsozialistischen Deutschen Arbeiterpartei im besonderen Maße schwer." (Zitiert nach Schwalber, „Dachau", S. 5.)

53 Die Ergebnisse der Reichstagswahlen vom 6. November 1932 und vom 5. März 1933 in Dachau sind der Ausgabe des Amper-Boten entnommen, die am 7. März 1933 (Nr. 56) erschien. – Die politischen Machtverhältnisse spiegelten sich auch in der Zusammensetzung des Dachauer Marktgemeinderates vom 22. April 1933 wider: Von den 15 Sitzen entfielen nur fünf auf die NSDAP; die übrigen Sitze gehörten zu gleichen Teilen der BVP und der SPD. (Vgl. Schwalber, S. 5.)

54 Die Dachauer Zeitung (DZ), die in den Jahren von 1924 bis 1935 bestand, wurde ebenso wie der Völkische Beobachter im „Buchgewerbehaus M. Müller & Sohn“ in München gedruckt und den Lesern in Dachau mit der Post zugestellt. Neben dem Hauptbüro in München unterhielt das Blatt in Dachau eine eigene Lokalredaktion, die der Redaktionschef und Geschäftsführer der DZ, Hermann Larcher, persönlich leitete. Derselbe Larcher schrieb später im Bayerischen Heimgarten vom 22. Juni 1933 (Nr. 25) die beschönigende Reportage „Ein Gang durch das Konzentrationslager Dachau“, auf die in diesem Buch noch eingegangen wird. Im August 1933 übernahm Larcher in der Dachauer Kreisleitung der NSDAP das Amt des „Propaganda-, Presse- und Schriftwarts“. (Siehe Pospischil, S. 9ff.)

55 Dachauer Zeitung vom 25. Januar 1933, zitiert nach Pospischil, S. 17–20.

56 Dachauer Zeitung vom 21. März 1933, veröffentlicht bei Pospischil, S. 20.

57 Dachauer Zeitung vom 22. März 1933, zitiert nach Pospischil, S. 21.

58 Konicsek, S. 15f.

59 Bericht von Dr. Claus Bastian: 22. März 1933 – Der Tag der Errichtung des Konzentrationslagers Dachau, veröffentlicht im Mitteilungsblatt der Lager-Gemeinschaft Dachau, April 1965.

60 Nachdruck im Amper-Boten vom 26./27. März 1933, zitiert nach Kimmel, S. 355.

61 Bericht von Bastian.

62 Martin Grünwiedl blieb in all den Jahren der nationalsozialistischen Herrschaft verfolgt. Zwar wurde er am 10. Februar 1934 aus dem KL Dachau entlassen, doch die Freiheit währte nur wenige Monate. Bereits am 27. August 1934 geriet er wieder in Haft. Diesmal hielt man ihn in Dachau, wo er allein 37 Tage lang an einer Kette im Arrest eingesperrt war, bis zum 21. Dezember 1934 fest. Als Benito Mussolini im Jahre 1937 Deutschland besuchte, erfolgte aus Sicherheitsgründen für den hohen Gast die dritte Verhaftung des Kommunisten, die jedoch nicht nur Grünwiedl, sondern allen politischen Gegnern galt, die der Gestapo bekannt waren. In diesem Fall wurde Grünwiedl bis zur Abreise des „Duce“ vom 21. bis zum 30. September in der Münchner Strafanstalt Stadelheim festgehalten. Mit Beginn des Feldzuges gegen Polen kam er am 1. September 1939 wieder in Schutzhaft, die er bis zur Befreiung des Lagers am 11. April 1945 durch die Amerikaner im KL Buchenwald verbringen mußte. Am 28. Mai 1945 kehrte Grünwiedl nach fünf Jahren und sieben Monaten hinter Stacheldraht in seine bayerische Heimat zurück. (Nach Grünwiedls Aufzeichnungen im Bericht an die VVN vom 20. August 1947.)

63 Die Zahl von „etwa 200 Mann“ ist in dem Zeitungsbericht zu hoch angesetzt. Sie muß bedeutend niedriger gewesen sein, denn bis Ende März 1933 war die Lagerverwaltung mit der Serie der Nummern, die an die Häftlinge im KL Dachau ausgegeben wurden, erst bei der Zahl 170 angelangt. Das geht aus der Übersicht über die Häftlingsnummernzuteilung in den Konzentrationslagern hervor, die der Internationale Suchdienst (ISD) in Arolsen im August 1965 zusammengestellt hat. Darin verweist der ISD allerdings auch auf die Tatsache, daß die ihm vorliegenden Unterlagen bis zum 24. März 1936 unvollständig sind. So beginnt in seinen Akten die Dachauer Nummernserie im März 1933 mit der Zahl 12.

Dachau unter den Sig-Runen

1 Befragung von Dr. Claus Bastian am 26. Januar 1981 durch den Verfasser. – Als die Schutzhäftlinge in Dachau eintrafen, befanden sich die Landespolizisten selbst erst seit wenigen Stunden im Lager, wie dem Schreiben zu entnehmen ist, das am 20. März 1933 das Präsidium der Regierung von Oberbayern an das Kommando der Schutzpolizei München richtete: „Die Hundertschaft tritt ab 21.3., 18 Uhr den Wachdienst im Lager an. Ich ersuche das Eintreffen der Hundertschaft in Dachau so zu regeln, daß sie noch bei Tageslicht den Posten- und Patrouillendienst einwei-

sen kann. Mit der Gefangenenbelegung des Lagers ist ab Mittwoch früh zu rechnen." (KZ-Museum Dachau, Archivnummer 16 102.) Die 2. Polizei-Hundertschaft unter Hauptmann Schlemmer wurde im übrigen von einem gewissen Freiherrn von Imhoff zum Wachdienst im Konzentrationslager Dachau eingeteilt. Für die Offiziers- und Mannschaftsunterkunft sorgte ein Polizei-Major Lehmann. Die Wachhundertschaft sollte „voraussichtlich am 28.3.33", also nach einer Woche, abgelöst werden, was jedoch unterblieb.

2 Schreiben von Bastian an den Verfasser vom 3. Februar 1981.

3 Befragung von Bastian, auf dessen Informationen sich der Verfasser bei der Schilderung der ersten Tage im KL Dachau stützt.

4 Siehe Grünwiedl, S. 2f., und Dittenheber, S. 3.

5 Die doppelte Sig-Rune (auch Siegrune geschrieben) war das Korpszeichen der SS. Es gab die Abkürzung „SS" (für „Schutzstaffel') im Schriftbild einer germanischen Rune wieder, die dem lateinischen „S" ähnlich ist und die als Sig-Rune bezeichnet wird. Das Zeichen symbolisierte den Führungsanspruch der SS, im deutschen Volk als prädestinierter Träger und Wahrer des von Himmler beschworenen germanischen Erbes aufzutreten. Im Gegensatz zur doppelten war die einfache Sig-Rune das Emblem der Hitlerjugend. In nationalsozialistischer Zeit schrieb Otto Uebel in einem Aufsatz „Runen und Runenschrift" über die Wiederentdeckung dieses alten germanischen Schriftzeichens: „Als man in der Zeit der Romantik sich wieder eingehender auch mit der deutschen Vorzeit beschäftigte, als der Turnvater Jahn das Hakenkreuz als Sinnbild germanisch-deutscher Weltanschauung für seinen Turnerbund einführte, wurde auch manch anderes als Zeichen in der völkischen Jugend, im Wandervogel, wieder lebendig, so die Siegrune; heute ist diese Sinnbild des deutschen Jungvolkes geworden." (Erschienen in: Altgermanisches Geisteserbe, S. 52, gedruckt 1937 in Bielefeld.)

6 Bericht von Bastian.

7 Wie Emil Schuler schreibt, war auch die untadelige Behandlung der Schutzhäftlinge durch die Landespolizisten für Himmler ein Grund, den Abzug der Beamten aus dem KL Dachau zu betreiben: „Durch das Ermächtigungsgesetz vom 23. März war der nationalsozialistischen Willkürherrschaft Tür und Tor geöffnet worden, der Weg zur Diktatur frei. Das zeigte sich auch innerhalb der Landespolizei. Die sich in den folgenden Wochen ergebenden Aufgaben unterschieden sich sehr wesentlich von den bisherigen. Die pflicht- und gewissensmäßige Bindung an die Weisungen der neuen Staatsführung mußte sich über das innere Widerstreben bei Durchführung der neuen Aufgaben hinwegsetzen. Diese bestanden darin, die SA, die nunmehr mit polizeilichen Rechten und Befugnissen ausgestattet wurde und als Hilfspolizei auftrat, bei der Festnahme von bisherigen politischen Gegnern zu unterstützen und deren Transporte in landespolizeieigenen Omnibussen in das Konzentrationslager Dachau durchzuführen. (...) Durch ihr korrektes, humanes Verhalten gegenüber den Häftlingen waren die Landespolizisten in den Augen Himmlers (...) für die gestellten Aufgaben nicht geeignet." (Emil Schuler, Die Bayerische Landespolizei 1919–1935, S. 43f.)

8 Zitiert nach Dittenheber, S. 3.

9 Nach Martin Grünwiedl ereignete sich dieser Vorfall am 25. März 1933. In seiner Broschüre (S. 3) schreibt er darüber: „Im Anschluß an eine am 25. März 1933 im Bürgerbräu in München stattgefundene Naziversammlung kamen etwa abends 10 Uhr SS-Männer per Lastauto nach Dachau."

10 Bericht von Bastian.

11 Freiherr von Malsen-Ponickau übernahm selbst im KL Dachau keine Funktion. Am 20. April 1933 wurde er zum Führer des SS-Abschnitts IX (Franken) und zum Polizeipräsidenten von Nürnberg-Fürth ernannt. Er löste Dr. Benno Martin ab, der seit dem 20. März 1933 die Geschäfte der Nürnberger Polizeidirektion geführt hat-

te. Der neue Polizeichef blieb jedoch nur bis zum September 1933 im Amt. Die Nachfolge des Freiherrn trat der SA-Führer Hanns Günther von Obernitz an. (Vgl. Kimmel, S. 355, und Schirmer, S. 56.)

12 Zitiert nach Grünwiedl, S. 3. – Die Ansprache, die Freiherr von Malsen-Ponickau vor den SS-Männern in Dachau hielt, geben auch Bastian und Dittenheber in ihren Berichten wieder.

13 Dittenheber, S. 3.

14 Bericht von Bastian.

15 Grünwiedl, S. 4.

16 Konicsek, S. 20.

17 Konicsek, S. 20.

18 Zitiert nach Konicsek, S. 21.

19 Zitiert nach Konicsek, S. 22.

20 Der SS-Sturmführer Robert Erpsenmüller war von Beruf Kaufmann. Er wurde am 4. März 1903 in Nürnberg geboren. (Nach einer Personalliste der Wachtruppe im Archiv des KZ-Museums Dachau.)

21 Wie die ersten SS-Männer nach Dachau gelangten, schilderte Hans Steinbrenner der Polizei bei seiner Vernehmung am 19. und am 20. August 1948 im Internierten-Krankenhaus in Garmisch-Partenkirchen: „Nach der Machtübernahme im März 1933 machte ich Dienst beim SS-Motorsturm II/1. Ich wurde hierbei mit noch anderen Kameraden zur Verstärkung der Münchner Schutzpolizei herangezogen. Am 23. 3. 33 (sic!) war ich auf dem Wege zur Ettstraße, um dort meinen Dienst zu verrichten. Auf dem Wege dorthin wurde ich in der Promenadestraße (richtig: Promenadeplatz, Anmerkung des Verfassers) von dem damaligen SS-Sturmführer Erpsenmüller angehalten und aufgefordert, in einen bereitstehenden Omnibus einzusteigen. Ich erklärte Erpsenmüller, daß ich zur Ettstraße müsse, worauf er mir zur Antwort gab, daß alle SS-Männer auf Befehl des Standartenführers in den Omnibus steigen müßten. Erpsenmüller habe ich bis dahin nicht gekannt. Mit diesem Omnibus wurden wir in die Schwabinger Brauerei verbracht. Wir wußten damals noch nicht, was los war. In dieser Brauerei sind noch mehrere SS-Männer zugestiegen, außerdem wurden Waffen und Munition verteilt. Im Omnibus, aber noch in der Brauerei in Schwabing, wurde gefragt, wer den Weg nach der Pulverfabrik in Dachau kenne. Anschl. fuhren wir nach Dachau.

Dort angekommen, ging unser Standartenführer Freiherr Malzen von Bonekau (gemeint ist Freiherr von Malsen-Ponickau, Anmerkung des Verfassers) durch das Tor der Pulverfabrik. Vor diesem Tor stand ein Posten der Landespolizei. Als unser Standartenführer wieder zurückkam, führte er uns in das von Stacheldraht umzäunte Gebäude. Dort hielt er an uns eine Ansprache. Sinngemäß sagte er etwa folgendes: ‚Im Auftrag des Führers oder des Reichsführers der SS Himmler wurden wir hierher befohlen, um die größten Staatsfeinde und Verbrecher zu bewachen. Fluchtversuche müssen mit der Waffe verhindert werden. Ich hoffe, daß keine entfliehen, selbst wenn sie erschossen werden müssen, denn je mehr von diesen Schweinen sterben, je besser sei es für Deutschland.‘ (...)

Dann wurde durch unseren Standartenführer die Einteilung getroffen. Er frug, wer mit der Waffe ausgebildet sei. Es meldeten sich mehrere SS-Männer, darunter auch ich. Ich muß hier ganz entschieden betonen, daß ich weder bei der Abfahrt noch vorher oder auch nachher eine Ahnung von dem Kommenden hatte. Ich wurde diesem Kommando zugeteilt, machte die Fahrt nach Dachau mit und hatte noch nicht einmal Wasch- und Rasierzeug bei mir, also ist von einer freiwilligen Teilnahme meinerseits keine Rede.

In diesem Gebäude, das wir von nun an zu bewachen hatten, waren etwas über hundert Häftlinge. Bis zu unserem Eintreffen wurden die Häftlinge ausschließlich von der Landespolizei bewacht. Bei unserem Eintreffen und nach der Einteilung

übernahmen wir SS-Männer die sogenannte Innenwache, Bewachung der Häftlinge, Ordnung und Sauberkeit, und die Landespolizei behielt nur noch die Wache außerhalb dem (sic!) Gelände, die sogenannte Außenwache. Später blieben dann nur noch Landespolizisten als Wachhabende zurück, während wir alle Posten besetzten. Noch einige Zeit später wurde die Landespolizei ganz abgelöst, und wir übernahmen die gesamte Bewachung. Insgesamt waren wir etwa 60 SS-Männer. Der Kommandant war der damalige SS-Sturmführer Erpsenmüller. Schöttel und ich mußten damals die erste Wache übernehmen. (...)
Fortsetzung der Vernehmung am 20.8.48 (...): Die letzten Angaben meiner Vernehmung wurden mir vorgelesen, und ich möchte berichtigen, daß Erpsenmüller nicht Kommandant, sondern Wachtruppenführer war. (...) Von den Wachleuten sind mir noch bekannt Kan(t)schuster, Unterhuber, Schöttel Vinzenz, Werner(,) genannt Muckerl, Vogel. Außerdem ist mir noch Schmidt Max bekannt, der aber damals bei der Außenwache Dienst verrichtete. (...)
In den nächsten Wochen wurde das KZ Dachau erst errichtet. Es wurden Baracken aufgebaut und das Gelände mit Stacheldraht umzäunt. Der Plan zu dieser Sicherung wurde von einem Beamten der Landespolizei gemacht. Nachdem das alles errichtet war, sind wir mit den etwa 100 Häftlingen umgezogen. (...)
Ca. 3 Wochen nach unserem Eintreffen in Dachau kam dann der SS-Sturmhauptführer Weckerle (sic!) als Kommandant zu uns." (Vernehmungsniederschrift der Landpolizei Oberbayern, Kriminalaußenstelle München-Pasing, KZ-Museum Dachau, Archivnummer 12288.)

22 Konicsek, S.23.

23 Von der Landespolizei blieben am 11. April 1933 im KL Dachau zunächst 17 Wachtmeister zurück, die zwei Offizieren unterstanden (Konicsek, S.22). Wie einem Schreiben der Wachtruppe in Dachau an das Kommando der Schutzpolizei München vom 11. Mai 1933 zu entnehmen ist, erhöhte sich dann die Zahl der Polizeibeamten auf 20 Wachtmeister (Konicsek, S.23). Von diesen führten zwölf die sechs Wachzüge, zwei leiteten die Ausbildung der beiden Züge mit den Kommandierten und mit den Neuzugängen, einem Beamten unterstand die Unterkunft der SS-Wachmannschaften, und ein Hauptwachtmeister war für den Innendienst der SS-Wachtruppe verantwortlich. Außerdem stellte die Landespolizei einen Sanitätswachtmeister, einen Waffenwart, einen Kraftfahrer und einen Pferdewärter, der für das Polizeipferd „Bismarck" zu sorgen hatte (Konicsek, S.24, 37). Die Zahl der Polizeibeamten stieg später noch einmal auf 23 Mann, wie aus einem Schreiben des Kommandos der Schutzpolizei München vom 17. Mai 1933 ersichtlich ist (Konicsek, S.25).
Zusammen mit 180 SS-Leuten hatte die Wach- und Ausbildungsmannschaft im KL Dachau demnach um den 19. Mai herum eine Stärke von insgesamt 203 Mann. Die Wachtruppe nahm jedoch rasch weiter zu, wie Konicsek (S.25) berichtet: „Am 9./10. Mai wird die Höchstzahl von 277 Mann erreicht, die bis zum Monatsende leicht auf 264 sinkt." Davon waren laut Konicsek aber „knapp 70" Mann der SS-Kommandantur des Lagers zugeteilt; sie widmeten sich weder dem Wach- noch dem Ausbildungsdienst. Die geplante volle Sollstärke für die sechs Wachzüge (mit je 40 Mann), die zusammen 240 Wachmänner umfaßten, konnte die Wachtruppe jedoch erst Mitte Juli 1933 melden. „Zu diesem Zeitpunkt", schreibt Konicsek (S.28f.), „standen den Wachmannschaften bereits circa 2400 Gefangene gegenüber." Am 12. Juli 1933 setzte sich das Wachpersonal im KL Dachau schließlich aus insgesamt 336 Mann zusammen (Konicsek, S.36).

24 Siehe die „Übersicht der Sicherungsmaßnahmen" für das Konzentrationslager Dachau, herausgegeben im Mai 1933. (Die genaue Datierung fehlt.) Das Dokument trägt die Unterschrift des Polizei-Hauptmanns Winkler. (Archiv des KZ-Museums Dachau.)

25 Die Wachtmeister der Landespolizei führten als Ausbilder ein strenges Regiment, wie der ehemalige politische Häftling Hans Kaltenbacher, der zum erstenmal am 1. Mai 1933 nach Dachau gekommen war, dem Verfasser berichtete: „Der größte Haufen (der SS-Männer) war noch gar nicht militärisch ausgebildet. Die waren einfach von ihren SS-Stürmen nach Dachau eingezogen worden. Die SS-Leute sind von der Landespolizei sehr hart ausgebildet worden – und fast zu hart, weil sie nach jeder Ausbildung dann ihren aufgestauten Haß, den sie gegen die Bayerische Landespolizei hatten, auf uns wieder abgewälzt haben – auf uns Wehrlose." (Befragung von Hans Kaltenbacher am 2. Februar 1976.)
Von strengem Drill zeugt auch die straffe „Diensteinteilung für die SS" vom 24. Mai 1933, die noch Polizei-Hauptmann Winkler unterzeichnet hat (Archiv des KZ-Museums Dachau). Nach dieser Vorschrift war Wecken werktags um 5 Uhr, an Sonn- und an Feiertagen um 7 Uhr. Dem Frühstück, das in der Zeit von 5.15 bis 6.15 Uhr eingenommen wurde, folgten von 6.15 bis 6.30 Uhr die Morgenfreiübungen. Diesen schloß sich um 6.30 Uhr der tägliche Wachtruppenappell an. Die Ausbildung war für die Zeit von 7 bis 11 Uhr und von 14 bis 18 Uhr angesetzt. Neben Wache und Bereitschaftsdienst hatten die SS-Männer auch die Gefangenenbegleitung zu den Arbeitsplätzen außerhalb des Innenlagers zu übernehmen. Der Tag endete mit dem Zapfenstreich um 24 Uhr.

26 Konicsek, S. 22.

27 Konicsek, S. 23.

28 Oberleutnant Schuler wurde am 24. Juni 1933 von Oberleutnant Wimmer abgelöst. Wimmer, der ebenfalls der Bayerischen Landespolizei angehörte, führte die Ausbildung der SS im KL Dachau fort (Konicsek, S. 35).

29 Das wohl älteste Dokument, das Wäckerle als Lagerkommandant unterzeichnet hat, ist das Vernehmungsprotokoll des Schutzhaftgefangenen Karl Brandl vom 19. April 1933. (Siehe Konicsek, S. 21.)

30 Grünwiedl, S. 4.

31 Dittenheber, S. 4, 6.

32 Dr. Claus Bastian wurde am 8. (oder 9.) September 1933 aus dem Konzentrationslager Dachau entlassen. Obwohl er in Dachau Schweres durchgemacht hatte, übertrug er die Verbitterung über das Erlittene nicht auf die Bevölkerung der Stadt. Später wählte er Dachau sogar zu seinem Wohnort, wo er in den Jahren von 1936 bis 1938 in einem Haus der ehemaligen Dachauer Künstlerkolonie, Hindenburgstraße 17 (heute: Hermann-Stockmann-Straße), lebte. Bastian, der zunächst als Rechtsanwalt tätig war, machte sich schließlich auch als Bildhauer und Maler einen Namen. Als sein Hauptwerk gilt der in Kunststein gehauene Kreuzweg „Passion 1964" in 15 Stationen, der in der St.-Lukas-Kirche in München hängt. Bastian stellte hier in der Szene der „Verspottung Christi" Hitler als Antichristen dar. (Befragung von Bastian am 26. Januar 1981 durch den Verfasser.)

33 Zur Geschichte der „Widerstandsbewegung", die im Jahre 1926 von Ernst Niekisch gegründet wurde, siehe Niekischs Autobiographie „Gewagtes Leben" (Köln-Berlin 1958) und Wilhelm Raimund Beyer, Rückkehr unerwünscht; ferner Helmut Beer, Widerstand gegen den Nationalsozialismus in Nürnberg 1933–1945, S. 236–278, und Hermann Schirmer, Das andere Nürnberg, S. 159–168. Über die Person von Professor Ernst Niekisch informieren auch zwei Aufsätze: Wilhelm Lux, Der Politiker und Schriftsteller Ernst Niekisch im Ries (erschienen in der Zeitschrift „Nordschwaben"), und Heinz Töpfer, Gewagtes Leben (veröffentlicht in der Zweimonatsschrift „Der Daniel").

34 Die Angaben zur Person von Karl Riemer verdankt der Verfasser Luise Riemer, die ihn in einem Schreiben vom 9. März 1981 ausführlich über ihren Mann informierte. – In einem Lebenslauf berichtet Riemer selbst über seinen politischen Werdegang: „Schon während meiner Lehrzeit erwachte mein Interesse für Politik. Ich trat dem

Gewerkschaftsbund für Angestellte bei. Später wurde ich Funktionär der Arbeiterbewegung und als solcher ein Gegner der NSDAP. Vom GdA trat ich zum Bund technischer Angestellter und Beamter über, in dem ich mich gewerkschaftlich betätigte. Bis zu meiner Verhaftung war ich Mitarbeiter am Nazispiegel, einer antinazistischen Zeitung, deren Herausgeber in Dachau ermordet wurde." (Das Original befindet sich im Besitz von Luise Riemer. „GdA" ist die Abkürzung für „Gewerkschaftsbund der Angestellten".)

35 Die Einzelheiten über die Festnahme ihres Mannes berichtete Luise Riemer dem Verfasser am 4. März 1981 mündlich. Ihre Angaben ergänzte sie im Schreiben vom 9. März 1981.

36 Willi Gesell, Die ersten Transporte in das KZ Dachau, veröffentlicht in: Mitteilungsblatt der Lager-Gemeinschaft Dachau, Dezember 1972.

37 Brief von Luise Riemer an den Verfasser vom 9. März 1981.

38 Die Angaben zur Haltung von Karl Riemer im KL stützen sich auf Befragungen, für die sich die ehemaligen Dachau-Häftlinge Hans Popp (am 23. März 1977 in Winkelhaid) und Willi Schuster (am 23. März 1980 in Poppenreuth) dem Verfasser zur Verfügung stellten. (Popp war mit Riemer in Dachau der 6. Kompanie des alten Lagers zugeteilt und hatte ständig Kontakt mit ihm.)

39 Welches Bild das Dachauer Lager im Jahre 1933 bot, beschreibt Walter Hornung in seinem Buch „Dachau", S. 71, 74, 193.

40 „In München", berichtet Walter Adam, „kursierte einmal ein Witz über Dachau: das Lager sei eine merkwürdige Festung, es gäbe ringsum Wachen über Wachen, Mauern, Stacheldraht, Gräben und Starkstromhindernisse, und doch komme man so leicht hinein.

Nun, um so schwerer kam man heraus. Eine Flucht aus dem Häftlingslager selbst war so gut wie ausgeschlossen(,) und Versuche, die sich dann und wann ereigneten, hatten in allen mir bekannten Fällen tödlichen Ausgang. Um die Hindernisse, besonders das Hochspannungshindernis, mit heiler Haut zu überwinden, hätte es besonderer Vorbereitung bedurft, da man sogleich in das Feuer der Maschinengewehrtürme geraten wäre. Auch die Nacht bot keine Deckung, denn die Hinderniszone war hell beleuchtet, sogar zu einer Zeit, wo schon strenge Verdunkelungsvorschriften galten. So wurden Fluchtversuche unmittelbar aus dem Lager nur in selbstmörderischer Absicht oder in Sinnesverwirrung unternommen." (Walter Adam, Nacht über Deutschland, S. 66.)

41 Siehe Rubner, S. 56.

42 Grünwiedl, S. 27.

43 Vgl. Ecker, S. 31, und Hornung, S. 107.

44 Rubner, S. 58.

45 Nach Martin Grünwiedl muß zur Sicherung des Lagers später noch eine zweite Mauer errichtet worden sein. Er berichtet: „Eine Flucht aus dem Konzentrationslager Dachau ist (...) einfach undenkbar, jeder Versuch in dieser Richtung wäre Wahnsinn. Um das Lager geht nämlich eine mit spanischen Reitern belegte Zone, die der Gefangene überhaupt nicht betreten darf, dann folgen, in ganz kurzem Abstand, 2 Umfassungsmauern, mit elektrisch geladenem Draht bespannt. Zwischen den beiden Mauern steht alle 25 Meter ein schwerbewaffneter Posten. An der äußeren Mauer stehen außerdem an allen Eckpunkten Türme mit Maschinengewehr-Doppelposten, von wo aus man die ganze Umgebung übersehen und mit Feuer bestreichen kann. (Die Flucht des Genossen Beimler war nur deshalb möglich, weil damals noch nicht alle diese Sicherungen getroffen waren.) Möge sich das jeder einmal ansehen, er wird dann auf die wirklichen Greuellügen von den Fluchtversuchen nicht mehr hereinfallen." (Dachauer Gefangene erzählen, S. 27 f.)

46 Die Aufgaben der sechs Lagerposten, die das Innere Gefangenenlager zu bewachen hatten (in der Nacht und bei Nebel waren es neun), legte Polizei-Hauptmann

Winkler bereits am 29. Mai 1933 in der „Besonderen Wachvorschrift" für die Wachtruppe des Konzentrationslagers Dachau bis in alle Einzelheiten fest. Darin heißt es u.a.: „Die Posten 1–6 patrouillieren ausserhalb des elektrischen Drahtzaunes und haben die allgemeine Aufgabe(,) eine Flucht oder Befreiung der Gefangenen aus dem Inneren Gefangenenlager zu verhindern.
Etwaige Meldungen der Posten sind von Posten zu Posten bis zum Wachhabenden weiterzuleiten. (...)
Die Lagerposten haben im Besonderen ihre ständige Beobachtung auf die Unverletztheit des Drahtzaunes und vor Allem des im Lagerinneren vorgelegten Drahthindernisses zu lenken, so dass ein Versuch des Durchschneidens oder eines Beiseiteschiebens des Drahtzaunes schon in den Anfängen entdeckt wird."
Pflicht des Lagerpostens 5 (L5) war folgende besondere Aufgabe: „Ausser der Beobachtung des Lagers hat er auch die Lagermauern zu beobachten. Ein Über-die-Mauer-schauen und ein Einwerfen von Gegenständen in das Lager ist zu unterbinden. Es ist zu verhindern, dass die Gefangenen etwa eingeworfene Gegenstände an sich nehmen."
Die Lagerposten wurden noch durch zwei Streifen verstärkt, die außerhalb des Lagers Wache hielten. Ihre Aufgaben faßte Winkler folgendermaßen zusammen: „Streife 1, bei Tag ein einfacher Posten, nachts ein Doppelposten, patrouilliert von der Nordecke des Innenlagers (Lagerposten 2b und 3) durch die Waldschneuße (sic!) an der SS Unterkunft vorbei bis zur dortigen Westmauer des Lagers.
Besondere Aufgabe: verhindert ein unbefugtes Verlassen des Lagers und ein Eindringen Unbefugter in das Lager von dieser Seite.
Streife 2, bei Tag ein einfacher, nachts ein Doppelposten, patrouilliert ausserhalb der südlichen und ostwärtigen Lagermauer vom Lagerhaupttor, durch die Vorgärten der dortigen Baracken bis zur Nordseite des Innenlagers (gleichlaufend mit Lagerposten 5, 4 und 3).
Besondere Aufgabe: Verhindern eines Herannahens an die Lagermauer.
Untertags sind insbesondere Neugierige fernzuhalten. Wenn an schönen Sonntagen sich Neugierige besonders häufen, ist nötigenfalls von der Wache Verstärkung zu holen." (Archiv des KZ-Museums Dachau.)

47 In der ersten Zeit waren die MG-Türme, von denen es zunächst lediglich drei gab, nicht ständig besetzt. Wie es in der „Übersicht der Sicherungsmaßnahmen", die Polizei-Hauptmann Winkler im Mai 1933 zusammenstellte, heißt, sollten sie „nur bei besonderen Anlässen bezogen werden".

48 Rubner, S. 57.

49 Dittenheber, S. 6.

50 Rubner, S. 57.

51 Grünwiedl, S. 28.

52 Das Standrecht verankerte der erste Lagerkommandant Hilmar Wäckerle in den sogenannten Sonderbestimmungen, die er „für die im Sammellager Dachau untergebrachten Personen" erließ. Im Teil A („Allgemeines") wählte er dafür diesen Wortlaut: „§ 1. Ueber das Sammellager Dachau wird das Standrecht verhängt und gelten mit sofortiger Wirkung folgende Bestimmungen:
§ 2. Bei Fluchtversuchen von Gefangenen darf die Wach- und Begleittruppe ohne Anruf von der Schusswaffe Gebrauch machen."
Die Sonderbestimmungen, auf die noch ausführlich eingegangen wird, veröffentlichte der „Internationale Militärgerichtshof", englisch „International Military Tribunal" (IMT), in Nürnberg als Dokument 922-D in Band XXXVI, S. 6–10.
Wie ernst der Paragraph 2 der Sonderbestimmungen zu nehmen war, beweist die „Allgemeine Wachvorschrift für sämtliche Wachen", die Polizei-Hauptmann Winkler am 26. Mai 1933 herausgab. Darin wurden die mit Karabinern und mit Seitengewehren bewaffneten Posten zum unnachgiebigen Handeln verpflichtet: „Sind

die besonderen Voraussetzungen gegeben, so ist von der Waffe Gebrauch zu machen. Der Waffengebrauch muss zum Erfolg führen." (Archiv des KZ-Museums Dachau.)

53 Hornung, S.100.
54 Hornung, S.206.
55 Ecker, S.31.
56 Befragung von Dr. Erich Braun am 23.September 1980 durch den Verfasser.
57 Hornung, S.106.
58 Hornung, S.54f., 137.
59 Hornung, S.176f. – Offensichtlich befürchtete das Bewachungspersonal des Dachauer Lagers im Frühjahr 1933 noch die gewaltsame Befreiung von Schutzhäftlingen aus dem KL durch Gesinnungsgenossen von außen. Dafür spricht eine eigene Dienstvorschrift, die Polizei-Hauptmann Winkler im Mai 1933 unter der Überschrift „Abwehr von Angriffen" herausgegeben hat. Sie lautet: „Bei Angriffen von Außen gegen das Lager ist zu alarmieren und die verfügbare Truppe unter Führung des Sicherheitsoffizieres je nach Lage einzusetzen.
In erster Linie ist eine Verbindung der Angreifer und der Gefangenen zu verhindern. Die Gefangenen sind durch ein Abriegeln mit M.G. und Schützen in die Baracken einzuschliessen.
Die dem Gefangenenlager nördlich vorgelagerte Waldschneiße und die mit elektrischem Draht versehene Ostmauer des Lagers erschweren einem Angreifer unbewachtes Herankommen an das Lager. Die hindernisfreie Nordwestseite des Lagers bei der Truppenunterkunft sichert der Wachtruppe die Bewegungsfreiheit.
In jedem Falle, insbesondere bei einer verteidigungsweisen Abwehr, ist auf Rükken- und Seiten-Deckung Bedacht zu nehmen.
Besonders zu beachten sind folgende Angriffsmöglichkeiten für einen Gegner:
Vom Wald zwischen Amperwerken und SS-Unterkunft.
Vom Wald(,) der dem inneren Gefangenenlager nordwestlich vorgelagert ist.
Von den, dem Gefangenenlager südostwärts vorgelagerten fremden Baracken.
Für eine Verteidigung kommen als Hauptkampflinie in erster Linie in Betracht: die SS-Unterkunft; die Waldschneise; die Lagermauer; die dem Lager vorgelagerten fremden Baracken und Villen.
In den meisten Fällen verspricht ein Gegenangriff der Wachtruppe Erfolg." (Archiv des KZ-Museums Dachau.)
60 Die Kommandantur des KL Dachau ließ es bei dieser Warnung nicht bewenden, sondern ergriff bald darauf eine noch drastischere Maßnahme, um das Interesse der Einheimischen vom Lager abzulenken und sich vor neugierigen Blicken der Bürger zu schützen. Am 2.Juni 1933 berichteten die beiden Lokalblätter Amper-Bote und Dachauer Zeitung in gleichlautenden Meldungen über folgenden Vorfall:
„Warnung! Am 30.Mai wurden an der Umgebungsmauer des Konzentrationslagers in Dachau 2 Personen beobachtet, die versuchten, über die Mauer hinwegzuschauen. Selbstverständlich wurden sie sofort festgenommen. Sie erklärten, aus Neugierde, wie das Lager von innen aussehe, über die Mauer geschaut zu haben. Um ihren Wissensdurst befriedigen zu können, und ihnen hierzu Gelegenheit zu geben, wurden sie eine Nacht im Konzentrationslager behalten.
Hoffentlich ist ihre Neugierde nunmehr befriedigt, wenn dies auch auf etwas unvorhergesehene Weise geschehen ist.
Sollten weitere Neugierige sich nicht abhalten lassen, dem Verbot zuwiderhandelnd über die Mauer zu schauen, so sei ihnen jetzt schon zur Befriedigung ihrer Neugierde mitgeteilt, daß die Folgenden nicht nur eine Nacht, sondern länger Gelegenheit zum Studium des Lagers bekommen werden.
Neugierige sind hiermit nochmals gewarnt.
Der Beauftragte der obersten SA-Führung:

Sonderkommissar Friederichs."
(Der Text der Dachauer Zeitung ist zitiert nach Pospischil, S.26; die Meldung des Amper-Boten findet sich bei Rumberg, S.68.)

61 Hornung, S.47–52.

62 Gemeint ist der Kaufmann und SPD-Politiker Erhard Auer (1874–1945), der als Nachfolger Georg von Vollmars in den Jahren von 1918 bis 1933 die bayerische Sozialdemokratie führte. (Siehe Peter Kritzer, Wilhelm Hoegner, S.464.)

63 In der Gestalt des Schutzhäftlings Firner hat Walter Hornung sein eigenes Schicksal im Dachauer Lager dargestellt.

64 Das KL Dachau sicherten drei Tore: ein eisernes Tor am Haupteingang zum Gesamtlager (das sogenannte Lagerhaupttor), das äußere Drahttor bei der Kommandantur und das Drahttor zum Innenlager.

65 „Klappe" war in der Dachauer Lagersprache die Bezeichnung für Bett.

66 Arbeiter-Zeitung (Wien) vom 4. Januar 1934, faksimiliert im Katalog des KZ-Museums Dachau.

67 Aretin, S.281f.

68 In der Häftlingsliteratur gibt es für „Capo" keine einheitliche Schreibweise; mal heißt es „Capo", mal „Kapo". Der Verfasser hat die erste Schreibweise übernommen, da erstens die Bezeichnung der italienischen Sprache (capo = Haupt, Vorstand) entstammt und zweitens die SS im Dienstgebrauch nur „Capo" schrieb. (Siehe dazu zum Beispiel Rudolf Höß, Kommandant in Auschwitz, S.63.)
Wie dieser Begriff in den Wortschatz der SS gelangte, erklärt Hans Maršálek: „Der Ausdruck stammt aus dem Italienischen und wurde von den italienischen Straßenarbeitern, die in den dreißiger Jahren in Bayern eingesetzt waren, verwendet. Im KL Dachau wurde er zuerst eingeführt(,) und dann wurde der Ausdruck Capo in die offizielle Terminologie aller deutschen Konzentrationslager übernommen." (Maršálek, Die Geschichte des Konzentrationslagers Mauthausen, S.348.)
Der Auffassung von Eugen Kogon, daß die Bezeichnung vom französischen „caporal" (= Korporal) abgeleitet sei, kann sich der Verfasser nicht anschließen. (Vgl. Kogon, Der SS-Staat, S.89.)

69 Hornung, S.57.

70 Hornung, S.52, 56.

71 Bei der Beschreibung der Baracken stützt sich der Verfasser auf die Befragung folgender ehemaliger Dachau-Häftlinge: Dr. Erich Braun am 23.September 1980, August Gattinger am 27.Oktober 1980, Hans Kaltenbacher am 2.Februar 1976, Hans Popp am 23.März 1977 und Willi Schuster am 23.März 1980.

72 Aretin, S.280.

73 Hornung, S.53.

74 Aretin, S.284.

75 Ecker, S.30.

76 Befragung von August Gattinger am 27.Oktober 1980 durch den Verfasser.

77 Hornung, S.80.

78 Hornung, S.71.

79 Befragung von Hans Kaltenbacher am 2.Februar 1976 durch den Verfasser.

80 Siehe IMT, Band XXXVI, Dokument 922-D.

81 Vgl. Ecker, S.28, und Hornung, S.54.

82 Siehe Vernehmungsniederschrift der Landpolizei Oberbayern im Verfahren gegen Hans Steinbrenner vom 19.August 1948 (KZ-Museum Dachau, Archivnummer 12288), Zeugenaussage des ehemaligen Dachau-Häftlings Eugen Oehrlein aus Würzburg vom 13.Juli 1948 (KZ-Museum Dachau, Archivnummer 12330) und Hornung, S.79.

83 Dittenheber, S.4.

84 Hornung, S.79.

85 Dittenheber, S. 4.
86 Aretin, S. 297.
87 Vgl. Aretin, S. 275, und Ecker, S. 31.
88 Rubner, S. 60.
89 Über die Nummer der Zugangskompanie findet man in den Quellen widersprüchliche Angaben. Während Erwein von Aretin (Krone und Ketten, S. 276, 282, 287) sie als „9. Kompanie" bezeichnet, sprechen die ehemaligen Dachau-Häftlinge Max Kirmaier aus München und Hans Neupert aus Schlottenhof bei Wunsiedel in ihren Zeugenaussagen (KZ-Museum Dachau, Archivnummer 12314 bzw. 12327) übereinstimmend von der „6. Kompanie". Der Verfasser entschied sich für die letzte Angabe.
90 Adam, S. 21.
91 Befragung von Hans Kaltenbacher am 2. Februar 1976 durch den Verfasser.
92 Hornung, S. 65, sowie Befragung von Willi Schuster am 23. März 1980 durch den Verfasser.
93 Befragung von Hans Popp am 23. März 1977 durch den Verfasser.
94 Ecker, S. 27.
95 Siehe Adam, S. 21, Ecker, S. 27, und Hornung, S. 173 f.
96 Vgl. Hornung, S. 54, und Rubner, S. 60.
97 Hornung, S. 84.
98 Siehe Aretin, S. 276, und Zeugenaussage des ehemaligen Dachau-Häftlings Fritz Schopper aus Weiden vom 27. Juli 1948 (KZ-Museum Dachau, Archivnummer 12339).
99 Aretin, S. 276.
100 Hornung, S. 52.
101 Hornung, S. 53.
102 Aretin, S. 283.
103 Hornung, S. 54.
104 Im Gegensatz zu Walter Hornung (Dachau, S. 54) vermerkt Erwein von Aretin (Krone und Ketten, S. 284) den Beginn der Nachtruhezeit mit 20.30 Uhr. Hornungs Angabe wird jedoch von Hermann Larcher bestätigt, der in seiner Reportage „Ein Gang durch das Konzentrationslager Dachau" schreibt: „Abends Punkt 9 Uhr muß in allen Baracken vollkommene Ruhe herrschen."
105 Vgl. Ecker, S. 32, Hornung, S. 107, und Hermann Larchers Reportage „Ein Gang durch das Konzentrationslager Dachau".
106 Hornung, S. 55 f.
107 Auch der ehemalige Dachau-Häftling Fritz Ecker beklagt die mangelhaften Waschgelegenheiten, die den Gefangenen im KL Dachau in der ersten Zeit zur Verfügung standen: „Etwa vierzig bis fünfzig Gefangene", berichtet er aus eigenem Erleben, „müssen sich nach dem Weckruf in wenigen Minuten in einem Ausgußbecken waschen, das nur etwa 90 Zentimeter lang und unter zwei Wasserhähnen angebracht ist. Der ganze Waschraum ist kaum größer als anderthalb Quadratmeter. Nur drei Mann haben nebeneinander am Becken Platz. Die Übrigen müssen über deren Schultern hinweg mit den hohlen Händen Wasser schöpfen, um sich Gesicht und Hände waschen zu können. Im selben Waschbecken müssen ebenso viele Gefangene auch ihre Eßschüssel spülen. Einer bedrängt den anderen, um heranzukommen." (Die Hölle Dachau, S. 30.)
108 Wie groß das Aufgebot an Sicherheitskräften war, die allein den Speisesaal im KL Dachau bewachten, geht aus der Dienstvorschrift für die „Speiseraumposten" hervor. Sie ist in der „Besonderen Wachvorschrift" enthalten, die Polizei-Hauptmann Winkler am 29. Mai 1933 herausgab. Darin heißt es: „Die Speiseraumposten 1–3 verhindern während der Essenszeit ein Verlassen des eingedrahteten und vermauerten Geländes (Küche und Speiseraum mit Zugang vom Innenlager)."

109 Aretin, S. 282.
110 Aretin, S. 277.
111 Aretin, S. 305.
112 Aretin, S. 282f.
113 Hornung, S. 138.
114 Rubner, S. 56f.
115 Ecker, S. 30.
116 Befragung von Hans Kaltenbacher am 2. Februar 1976 durch den Verfasser.
117 Dittenheber, S. 4.
118 Hornung, S. 61f.
119 Hornung, S. 153f.
120 Hornung, S. 61f., 69, 78, 90, 130.
121 Hornung, S. 56.
122 Aretin, S. 286.
123 Aretin, S. 303.
124 Hornung, S. 65.
125 In seiner propagandistischen Reportage „Ein Gang durch das Konzentrationslager Dachau" zeichnet Hermann Larcher allerdings ein anderes Bild von der Verpflegung der Schutzhäftlinge im KL Dachau. Diese Ausführungen beweisen wieder einmal, wie sehr die Öffentlichkeit über die wahren Verhältnisse im Lager durch die verlogene Berichterstattung in der nationalsozialistischen Presse getäuscht wurde. Larcher schreibt: „Später sahen wir dann einige der Gefangenen nach dem Essenfassen. Die Portionen waren sehr reichlich. Beim Küchenunteroffizier holen wir uns Aufklärung über den wöchentlichen Speisezettel. Bereitwillig erhalten wir Auskunft. Groß und fein säuberlich ist der Speisezettel in seinem Zimmer angeschlagen, die genauen Mengen pro Kopf stehen da, und man muß sagen, daß es reichliche Portionen sind und wohl 75 Prozent der Gefangenen vor der Inhaftierung ein solches Essen seit Jahren schon nicht mehr bekommen haben. Um nur einiges aus der abwechslungsreichen Speisenfolge herauszugreifen(,) sei der Speisezettel für einige Tage hier angeführt:
1. Tag: dicke Reissuppe mit Fleisch, abends Wurst, Brot und Tee.
2. Tag: Sauerkraut mit Schweinefleisch und Kartoffeln, abends Käse, Brot und Tee.
3. Tag: Erbsengemüse mit Speck, abends Wurst, Brot, Tee usw.
Es gibt dann wieder Kartoffelsuppe, Rohrnudeln mit Kompott oder Marmelade, abends Spinat mit gerösteten Kartoffeln, Fischgulasch, abends Wurst mit Kartoffelsalat und Tee. Man sieht, das Essen ist auch abwechslungsreich."
126 Vgl. Zeugenaussagen der ehemaligen Dachau-Häftlinge Georg Bieber aus Nürnberg und Fritz Schopper aus Weiden (KZ-Museum Dachau, Archivnummer 12290 bzw. 12339).
127 Als Jude in Dachau, S. 77f. (Der Autor ist nicht genannt.)
128 Vgl. Dittenheber, S. 4, Ecker, S. 43f., Hornung, S. 65, 70, 134 und Rubner, S. 71f.
129 Hornung, S. 56.
130 Aretin, S. 286ff.
131 Aretin meint den SS-Mann Max Dall'Armi, dem in der ersten Zeit im KL Dachau der Arbeitseinsatz der Häftlinge unterstand. Hornung nennt ihn den „Oberkommandierenden aller Arbeitskommandos" (S. 81f.), der „von der Kanzel des Appellplatzes herunter morgens und mittags stupid roh" die Stärke der einzelnen Kommandos bestimmte. „Als Prellbock zwischen ihm und den Gefangenen stand der Arbeitsfeldwebel." Dall'Armi, geboren am 3. Mai 1912 in Landsberg am Lech, war Kaufmann von Beruf. (Nach einer Personalliste der Wachtruppe im Archiv des KZ-Museums Dachau.)
132 Die Aufgaben der Begleitposten für die einzelnen Arbeitskommandos sind in einer

eigenen Dienstvorschrift beschrieben, die Polizei-Hauptmann Winkler am 24. Mai 1933 herausgab. In dieser „Dienstanweisung für die Gefangenenbegleitung und Gefangenenbewachung“ heißt es:

„1. Einteilung zur Gefangenen-Begleitung.

Die Gef.-Begleitmannschaft wird von dem täglich hiefür (sic!) eingeteilten Wachzug und dem Ergänzungszug gestellt. Bei stärkerem Bedarf wird auch noch der Ausbildungszug herangezogen.

2. Stärke der Begleitung:

Grundsätzlich werden bei Außenarbeiten 10%, bei Arbeiten im Lagerbereich, soweit sie gut überblickt werden können, 5% Begleitmannschaften eingesetzt. Für Arbeiten innerhalb der von Posten unmittelbar umstellten Drahtumzäunungen (Innenlager, Werkstätten, Speiseraum) werden während der Zeit der Postenaufstellungen keine Begleitmannschaften zugeteilt.

3. Anzug:

Wachanzug, Seitengewehr, Karabiner – geladen und gesichert.

4. Gefangenenbegleitmannschaft. (Zuteilung auf Grund von Passierscheinen.)

a) Terminsgemäß: (sic!)

Die Zuteilung der Begleitmannschaft geschieht in folgender Weise: Die Abteilung Arbeitsdienst liefert täglich vormittag 10 Uhr für die Nachmittagsarbeit, um 16 Uhr für die nächste Vormittagsarbeit, die Liste des Arbeitsdienstes, aus der die benötigte Zahl der Gef.-Begleitung einschließlich des verantwortlichen Führers ersichtlich ist, dem Schreiber für den Arbeitsdienst ein. Auf Grund dieser Liste sind für die Arbeitstrupps Passierscheine auszufüllen. (...)

5. Ausgabe der Passierscheine.

Die Passierscheine erhält (mit dem Wachtruppenstempel versehen) der Truppf. v. KTD., der beim Appell 15 Minuten vor Arbeitsbeginn die Begleitmannschaften einteilt und den verantwortlichen Führern die Passierscheine aushändigt. Er führt anschließend die Begleitmannschaft geschlossen in das Innenlager, wo die Gefangenen-Arbeitstrupps bereitstehen.

Auf Verlesen des Gef.-Verw. übernehmen nun die Begleitleute die ihnen zugeteilten Gefangenen. (...)

7. Marschdisziplin und Ehrenbezeigung der Gefangenen.

Größere Gefangenenabteilungen marschieren in Marschkolonne zu vieren, kleinere Gruppen in Doppelreihe.

Der führende Begleitmann ist für ein diszipliniertes Antreten, Wendungmachen, Anmarschieren, Marschieren, Halten und Wegtreten der Gefangenen verantwortlich. Zu diesem Zweck sind die gleichen Kommando (sic!) wie im Truppendienst zu gebrauchen.

Vor Offizieren (vom Sturmführer aufwärts) kommandiert der Führer einer Gef.-Abteilung Ehrenbezeigung. Die Kommandos lauten im Stehen: ‚Stillgestanden! – Mütze ab!‘, im Marsch: ‚Mütze ab! – Augen rechts!‘ (oder ‚Die Augen links!‘). Achtungsmarsch ist von den Gefangenen nicht zu verlangen. Die Ehrenbezeigung wird beendet durch das Kommando ‚Rührt Euch!‘.

Während der Arbeit unterbleibt die Ehrenbezeigung. An ihrer Stelle macht der führende Begleitmann Meldung (z. B. ‚zwei Begleitmann, 24 Gefangene bei der Kiesarbeit!‘).

8. Postenpflicht.

a) Begleitmannschaft.

Der Gefangenenbegleitdienst ist dem Postendienst gleichzuachten (s. Wachvorschrift). Niedersetzen oder Anlehnen und Unterhaltung mit Gefangenen ist dem Begleitmann verboten. Der Karabiner ist stramm geschultert zu tragen.

Die Begleitmannschaft hat die zugeteilten Gefangenen ständig mit größter Aufmerksamkeit zu beobachten. Dabei muß sie sich durch Absetzen von den Gefange-

nen auf dem Marsch und während der Arbeit Bewegungsfreiheit bewahren und sich stets den Rücken frei halten (sic!).
Bei der Bewachung grösserer Arbeitsabteilungen (unter Umständen Einsatz von M.G.) ist die Postenaufstellung so zu nehmen, dass bei etwaigem Gebrauch der Schusswaffe kein Nachbarposten gefährdet wird.
Bei einem Fluchtversuch ist, wenn erforderlich, von der Schusswaffe Gebrauch zu machen (siehe Sonderbestimmungen). Ein vorheriger Anruf unterbleibt, wenn der durch den Anruf bedingte Zeitverlust den Erfolg des Waffengebrauchs in Frage stellt." (Archiv des KZ-Museums Dachau.) Hinweis des Verfassers: Die Abkürzung „Truppf. v. KTD." bedeutet „Truppführer vom Kaserntagesdienst".

133 Siehe Hess, S.64, 76f., Hornung, S.61, und Kupfer-Koberwitz, Band I, S.113.
134 Lenz, S.99.
135 Als Quelle für die Zusammenstellung der Dachauer Lieder diente Kupfer-Koberwitz, Band I, S.89, 197f., 208f., 211f.
136 Lenz, S.99.
137 Befragung von Hans Popp am 23. März 1977 durch den Verfasser und Aretin, S.288.
138 Für den Ausbau des Lagers wurden von den Häftlingen in der Zeit von März bis Dezember 1933 insgesamt 1516459 Arbeitsstunden geleistet (Kimmel, S.359).
139 Vgl. Ecker, S.35, und Hornung, S.77f., 153.
140 Ecker, S.35.
141 Siehe Aretin, S.302f., und Hornung, S.78.
142 Vgl. Aretin, S.288, und Hornung, S.153.
143 Adam, S.34.
144 Hornung, S.78.
145 Hornung, S.99.
146 Befragung von Hans Popp am 23. März 1977 durch den Verfasser, Hornung, S.78, und Rubner, S.66f.
147 Aretin, S.300, 305.
148 Die genauen Uhrzeiten hat der Verfasser den Dienstvorschriften für die Wachtruppe des KL Dachau entnommen.
149 Aretin, S.297.
150 Ecker, S.31.
151 Rubner, S.71.
152 Ecker, S.31.
153 Befragung von Hans Popp am 23. März 1977 durch den Verfasser.
154 Hornung, S.153.
155 Hornung, S.80f.
156 Siehe Aretin, S.315, und Hornung, S.98.
157 Hornung, S.186f.
158 Aretin, S.305.
159 Hornung, S.187.
160 Aretin, S.305.
161 Hornung, S.187f.

Kampf der Staatsanwälte

1 „Dieser Prozentsatz", schreibt Falk Pingel, „ist bis 1938 nicht überstiegen worden." (Häftlinge unter SS-Herrschaft, S.91.)
2 Die Nationalsozialisten, die schon in ihrem Parteiprogramm vom 25. Februar 1920 den Juden den Kampf angesagt hatten, machten ihre Drohung bald nach ihrer

Machtübernahme wahr. Bereits am 1. April 1933 verhängten sie ihren ersten Boykott über jüdische Geschäfte. Der Punkt 4 im Programm der NSDAP lautete: „Staatsbürger kann nur sein, wer Volksgenosse ist. Volksgenosse kann nur sein, wer deutschen Blutes ist, ohne Rücksichtnahme auf Konfession. Kein Jude kann daher Volksgenosse sein." (Gottfried Feder, Das Programm der N.S.D.A.P. und seine weltanschaulichen Grundgedanken, München 1934.)

3 Adolf Hitler, Mein Kampf, S. 751.

4 Husarek, S. 21. – In der Übersicht über die ersten Dachauer Todesfälle, die von der bayerischen Justiz untersucht worden sind, wird Benarios Beruf jedoch mit Diplom-Landwirt angegeben. (Abschrift des Landgerichts München II vom 3. Februar 1951 im KZ-Museum Dachau, Archivnummer 8834.)

5 Vgl. Husarek, S. 24, und Antifaschistischer Gedenk- und Terminkalender 1981, S. 11.

6 Schirmer, S. 195.

7 Mitteilungsblatt der Lager-Gemeinschaft Dachau, Dezember 1972.

8 Zeugenaussage des ehemaligen Dachau-Häftlings Anton Hirnickel aus Fürth vom 30. Juli 1948 (KZ-Museum Dachau, Archivnummer 12310).

9 Dittenheber, S. 5. (Über die Ermordung der Juden berichtet auch Grünwiedl, S. 4f.)

10 Der ehemalige Dachau-Häftling Jakob Lang aus München bestätigte ebenfalls in seiner Zeugenaussage vom 17. Juli 1948 (KZ-Museum Dachau, Archivnummer 12321), daß die vier jüdischen Gefangenen „beim Postverteilen durch Steinbrenner alleine" abgeholt worden waren.

11 Zeugenaussage des ehemaligen Dachau-Häftlings Eugen Oehrlein aus Würzburg vom 13. Juli 1948 (KZ-Museum Dachau, Archivnummer 12330).

12 Übersicht über die ersten Dachauer Todesfälle, die von der bayerischen Justiz untersucht worden sind; Abschrift des Landgerichts München II vom 3. Februar 1951 (KZ-Museum Dachau, Archivnummer 8834).

13 Aussage von Hans Steinbrenner in der Vernehmungsniederschrift der Landpolizei Oberbayern, Kriminalaußenstelle München-Pasing, vom 19. August 1948 (KZ-Museum Dachau, Archivnummer 12288).

14 Dittenheber, S. 5f.

15 Wie der ehemalige Dachau-Häftling Fritz Hertrich in seiner Zeugenaussage zu Protokoll gab, soll Steinbrenner nach der Ermordung der Juden gegenüber ihm und anderen Gefangenen geäußert haben: „Euch tun wir nichts, aber die Juden legen wir alle um!" (Siehe Abschlußbericht der Landpolizei Oberbayern, Kriminalaußenstelle München-Pasing, in der Ermittlungssache gegen Hans Steinbrenner an die Staatsanwaltschaft München II vom 16. September 1948; KZ-Museum Dachau, Archivnummer 12284.)

16 Aussage von Hans Steinbrenner in der Vernehmungsniederschrift der Landpolizei Oberbayern.

17 Übersicht über die ersten Dachauer Todesfälle, die von der bayerischen Justiz untersucht worden sind; Abschrift des Landgerichts München II vom 3. Februar 1951 (KZ-Museum Dachau, Archivnummer 8834).

18 Über das erste Verbrechen im KL Dachau wurde die Öffentlichkeit mit folgender Falschmeldung, die am Karfreitag, 14. April 1933, in den Münchner Neuesten Nachrichten (Nr. 103) unter der Überschrift „Drei Kommunisten auf der Flucht getötet" erschien, unterrichtet: „Nach amtlicher Mitteilung unternahmen gestern nachmittag vier Kommunisten im Konzentrationslager Dachau einen Fluchtversuch. Da sie auf die Halterufe der Posten nicht hielten, gaben die Posten Schüsse ab, wobei drei Kommunisten getötet wurden. Der vierte wurde schwer verletzt."

19 Gruchmann, S. 416.

20 Übersicht über die ersten Dachauer Todesfälle, die von der bayerischen Justiz untersucht worden sind; Abschrift des Landgerichts München II vom 3. Februar 1951 (KZ-Museum Dachau, Archivnummer 8834).

21 Grünwiedl, S. 5f.
22 Zeugenaussagen der ehemaligen Dachau-Häftlinge Fritz Schaper aus Tettau bei Kronach und Fritz Schopper aus Weiden, beide vom 27. Juli 1948 (KZ-Museum Dachau, Archivnummer 12334 und 12339).
23 Befragung von Matthias Keller am 1. März 1973 durch Hans Kaltenbacher. (Eine Tonbandabschrift des Gespräches befindet sich im Besitz des Verfassers.)
24 Ecker, S. 36.
25 Den Anlaß zu dieser Untersuchung gab der rätselhafte Tod des Häftlings Louis Schloss am 16. Mai 1933 im Dachauer Arrest, von dem noch die Rede sein wird.
26 Das Protokoll hat im KZ-Museum Dachau die Archivnummer 8832.
27 Vgl. Aretin, S. 280, Dittenheber, S. 6, und Hornung, S. 67.
28 Arbeiter-Zeitung (Wien) vom 4. Januar 1934, faksimiliert im Katalog des KZ-Museums Dachau, S. 81, und Befragung von Hans Popp am 23. März 1977 durch den Verfasser.
29 Befragung von Matthias Keller am 1. März 1973 durch Hans Kaltenbacher.
30 Grünwiedl, S. 17, und Befragung von Matthias Keller.
31 Befragung von Hans Popp am 23. März 1977 durch den Verfasser.
32 Befragung von Matthias Keller.
33 Befragung von Hans Popp.
34 Arbeiter-Zeitung (Wien) vom 4. Januar 1934.
35 Ecker, S. 36.
36 Befragung von Matthias Keller.
37 Schirmer, S. 53.
38 Boulanger, S. 9.
39 Boulanger, S. 9f.
40 Aretin, S. 280.
41 Befragung von Matthias Keller.
42 Boulanger, S. 15.
43 Aretin, S. 280.
44 Grünwiedl, S. 18f.
45 Auf das Schicksal des jüdischen Rechtsanwalts Dr. Albert Rosenfelder wird noch ausführlich eingegangen.
46 Der Redakteur Walter Häbich, geboren am 15. Oktober 1904 in Stuttgart, wurde im Zuge der Röhm-Affäre am 1. Juli 1934 im KL Dachau erschossen. Mit ihm starben die Dachauer Häftlinge Dr. Julius Adler, Erich Gans, Adam Hereth und Paul Röhrbein. (Vgl. Husarek, S. 23, und Kimmel, S. 366.)
47 Rubner, S. 64, Schirmer, S. 101, und Befragung von Hans Popp.
48 Befragung von Matthias Keller.
49 Schirmer, S. 101f.
50 Hornung, S. 119.
51 Tscheka ist die russische Abkürzung für „Tschreswytschajnaja Kommissija", wie die politische Geheimpolizei hieß, die im November 1918 in Rußland gegründet wurde. Die Nachfolge der „Außerordentlichen Kommission", die sich die Bekämpfung der Gegenrevolution zum Ziel gesetzt hatte, trat im Jahre 1922 die GPU an. Ihre volle Bezeichnung lautete: „Gossudarstwennoje polititscheskoje uprawlenije", was „staatliche politische Verwaltung" bedeutet. (Siehe Der Neue Brockhaus, Band II, S. 268, und Band IV, S. 483, Leipzig 1937/38.)
52 Das Braune Haus an der Brienner Straße in München beherbergte die Reichsleitung der NSDAP, nachdem es im Jahre 1930 von den Nationalsozialisten erworben worden war. Das im klassizistischen Stil errichtete Gebäude aus der Zeit um 1830 ließ Hitler von dem Architekten Ludwig Troost ausbauen. (Vgl. Der Neue Brockhaus, Band I, S. 369, Leipzig 1937.)
53 Grünwiedl, S. 19.

54 Dittenheber, S. 8f.

55 Bericht der Staatsanwaltschaft München II über „Todesfälle im Konzentrationslager Dachau" vom 30. Mai 1933 (KZ-Museum Dachau, Archivnummer 8833).

56 Dittenheber, S. 9.

57 Zeugenaussage des Senatspräsidenten Carl Wintersberger aus Bamberg vom 7. März 1951 (KZ-Museum Dachau, Archivnummer 2766).

58 Bericht der Staatsanwaltschaft München II vom 30. Mai 1933.

59 Als der einstige SS-Wachmann und spätere Hauptsturmführer Karl Friedrich Wicklmayr aus Landshut, geboren am 12. Oktober 1909 in München, nach dem Zweiten Weltkrieg wegen „eines Verbrechens des Mordes" an Sepp Götz vom Schwurgericht beim Landgericht München II zur Rechenschaft gezogen werden sollte, gab er zu, daß der Dachauer Kommandant Hilmar Wäckerle ihm befohlen hatte, die Schuld an dem Verbrechen auf sich zu nehmen, obwohl er die Tat nicht begangen hatte.

In seinem Geständnis, das er am 30. August 1948 vor dem Ermittlungsrichter in Garmisch-Partenkirchen ablegte, erklärt Wicklmayr, wie es dazu gekommen war: „Der damalige Lagerkommandant Wäckerle gab mir den Befehl, mich in eine der im Frontalgang des Arrestlokals gelegene Zelle mit gezogener Pistole hineinzustellen (...), dann, wenn ein Schuß gefallen sei, solle ich mit der Pistole in der Hand aus der Zelle hervortreten und den Kommandanten Wäckerle im Lager aufsuchen und ihm melden, daß ich den Götz erschossen hätte, weil er mich angefallen hätte." So sei es denn auch geschehen. „Als der Schuß fiel", fährt Wicklmayr fort, „verließ ich wohl die mir zugewiesene Zelle, sah auf dem Gang den Götz liegen (...). Befehlsgemäß suchte ich den Wäckerle auf und meldete ihm, daß ich den Götz, als er mich angreifen wollte, erschossen hätte, wie mir vorher aufgegeben war. In eben derselben Weise schilderte ich auftragsgemäß den Vorfall den mich einvernehmenden Beamten des Amtsgerichts Dachau."

Das Schwurgericht, vor dem sich Wicklmayr am 2. und 3. Juli 1951 zu verantworten hatte, schenkte diesen Ausführungen Glauben und verurteilte den Angeklagten „wegen eines Verbrechens der Beihilfe zu einem Verbrechen des Totschlags" zu sechs Jahren Zuchthaus. Der SS-Mann, der tatsächlich den tödlichen Schuß auf Götz abgefeuert hatte, konnte nicht mehr ermittelt werden.

Zur Erklärung, wie es möglich sein konnte, daß sich ein Wachmann zu einer Tat bekannte, die er nicht begangen hatte, führte das Gericht in der Urteilsbegründung die Aussagen der ehemaligen SS-Leute Dirrnagel und Vogel an: „Diese haben unter Eid glaubhaft bekundet, daß von der Lagerführung in Dachau Morde gleichsam ‚organisiert' worden sind, daß entweder einzelnen SS-Angehörigen nahegelegt worden ist, einen bestimmten Gefangenen zu töten (so die Aussage Vogel) oder daß nach erfolgter Tötung eines Gefangenen einem Wachmann zugemutet worden ist, ein Schriftstück zu unterzeichnen, in dem er wahrheitswidrig bekannte, den Gefangenen erschossen zu haben oder sonstwie die Verantwortung für die Tötung übernehmen zu wollen, damit der wirkliche, der Staatsanwaltschaft bereits aus früherem Anlaß aufgefallene Täter dieser gegenüber entlastet werde."

Wie weiter aus dem Urteil hervorgeht, geschah der Mord an Götz unmittelbar nach der Flucht von Hans Beimler aus dem Arrest. In diesem Sinne äußerte sich auch der ehemalige Dachau-Häftling Fritz Schaper aus Tettau in seiner Zeugenaussage vom 27. Juli 1948 (KZ-Museum Dachau, Archivnummer 12334): „Der im Revierbunker untergebrachte Mitgefangene Hans Beimler war Anfang Mai 1933 durch die Flucht aus dem Lager entkommen. Als diese Flucht von Steinbrenner am Morgen nach der Fluchtnacht entdeckt wurde, ging er wutentbrannt durch das Revier in den Bunkergang. Kurz darauf hörten wir einen Schuß und einen Körper zusammenfallen. Steinbrenner kam zurück und schrie: Der reißt uns nicht mehr aus! Eine Stunde später mußte ich aufstehen und wurde von Steinbrenner hinausgeführt in

den Reviergang. Auf einem Tisch ausgestreckt lag mit durchschossenem Kopf Josef Götz."
Auch das Schwurgericht, das allerdings bei der Tatzeit von einem falschen Datum ausging, kam zu der Erkenntnis, daß Götz erst nach der Flucht von Beimler den Tod gefunden hatte. „In der Nacht zum 8. Mai 1933", heißt es dazu im Urteil gegen Wicklmayr, „war aus dem sog. Strafbunker (einer Baracke) des Lagers Dachau der in Einzelhaft verwahrte kommunistische Landtagsabgeordnete Bäumler (sic!) aus der Zelle Nr. 1 ausgebrochen und aus dem Lager entwichen. Diese Tatsache verursachte am folgenden Morgen bei den Verantwortlichen des Lagers große Erregung. Der (...) SS-Scharführer Hans Steinbrenner versuchte erfolglos, von den allein noch im Bunker festgehaltenen Häftlingen Götz und Hirsch über die Flucht des Bäumler etwas in Erfahrung zu bringen. (...)
Im Laufe des Vormittags des 8. Mai 1933 erschien der stellvertr. Lagerkommandant Erbsenmüller (sic!) im Bunker. Mit der freigemachten Pistole in der Hand hielt er sich einige Zeit zusammen mit dem Zeugen Steinbrenner vor den Arrestzellen auf. Gegen 10½ Uhr öffnete Steinbrenner die Tür der Arrestzelle des Zeugen Hirsch und forderte ihn auf, zum Abholen eines Strohsackes herauszutreten. Hirsch, das Schlimmste befürchtend, weigerte sich hartnäckig herauszutreten und blieb dabei auch, als er von Steinbrenner mit einem Ochsenfiesel über Kopf und Rücken geschlagen wurde. Steinbrenner, der dem damals sehr kräftigen Hirsch körperlich nicht gewachsen war, ließ von ihm ab und öffnete die folgende Zelle, in der Götz saß. Er richtete an diesen dieselbe Aufforderung(,) und Götz kam ihr nach. Kaum hatte Götz seine Zelle verlassen, als Hirsch einen Pistolenschuß und anschließend das Fallen eines Körpers hörte."
Nach eigenen Angaben flüchtete Wicklmayr, der nach der Reifeprüfung begonnen hatte, an der Münchner Universität Zeitungswissenschaften zu studieren, „bereits um die Mitte des Jahres 1933" aus dem KL Dachau, weil angeblich, wie das Schwurgericht in seinem Urteil vermerkte, „ihm die an den Häftlingen verübten Mißhandlungen ein Ärgernis waren, sicherlich aber auch, weil er kein inneres Verhältnis zu den Kameraden gewinnen konnte und sein Studium weiterführen wollte". Er hielt sich danach für viele Monate bei einem Bauern versteckt, der ihm Arbeit gab. Später gelang es ihm, das Studium an der Universität in München fortzusetzen und „sein Verhältnis zur SS zu klären".
Wicklmayr wurde im übrigen in seinem Prozeß vor dem Schwurgericht von dem Rechtsanwalt Dr. Claus Bastian verteidigt, der seinerzeit bei der Einlieferung ins KL von der Landespolizei als erster Dachauer Schutzhäftling registriert worden war.

60 Zeugenaussage von Josef Zäuner aus Baar vom 6. August 1948 (KZ-Museum Dachau, Archivnummer 12354).

61 Auch Hans Steinbrenner hat bei seinen Vernehmungen vor der Landpolizei Oberbayern bestätigt, daß das Geschoß, das Sepp Götz getötet hatte, in die Zelle von Josef Zäuner einschlug. Siehe die Vernehmungsniederschrift vom 19. August 1948 (KZ-Museum Dachau, Archivnummer 12288) und das Protokoll über die Vernehmung von Steinbrenner bei der Gegenüberstellung mit dem ehemaligen SS-Mann Karl Friedrich Wicklmayr am 29. August 1948 in Garmisch-Partenkirchen (KZ-Museum Dachau, Archivnummer 12 280).

62 Josef Zäuner kam als uneheliches Kind am 2. Mai 1890 in Augsburg zur Welt und wuchs bei seinem Großvater in Gaimersheim bei Ingolstadt auf, der dort als Schafhüter lebte. Auch der Enkel, der eigentlich Priester werden wollte, was ihm aber versagt blieb, verdiente sich sein Brot zunächst als Schäfer. Später siedelte Zäuner nach Baar in der Nähe von Reichertshofen im heutigen Landkreis Pfaffenhofen an der Ilm über, wo er noch wohnte, als er im Jahre 1933 verhaftet und nach Dachau ins KL gebracht wurde. Die Nationalsozialisten legten ihm seine Mitgliedschaft in

der KPD zur Last. Erst im März 1935 wurde Zäuner, von dem im Buch noch die Rede sein wird, aus dem Konzentrationslager entlassen.
Als er später wieder in Haft genommen und nach Dachau abgeschoben werden sollte, warnte ihn der Ortsgruppenleiter von Reichertshofen vor der bevorstehenden Festnahme. Zäuner entschloß sich darauf zur Flucht aus Baar, wobei ihm Freunde behilflich waren. Auf einem Motorrad wurde er nach Lindau an den Bodensee gebracht und von dort aus mit einem Boot in die Schweiz übergesetzt. Sein weiterer Fluchtweg führte ihn über Frankreich nach Spanien, wo er als Freiwilliger in den Internationalen Brigaden gegen Franco kämpfte.
Nach dem Zweiten Weltkrieg kehrte Zäuner in die Heimat zurück. Seine Mitbürger in Baar wählten den wegen seiner Hilfsbereitschaft und Toleranz überaus beliebten Mann, der sich selbst als Arbeiter und Gütler bezeichnete, zum Bürgermeister des Dorfes. Er war damit der erste kommunistische Bürgermeister im Landkreis Ingolstadt, zu dem Baar damals vor der Gebietsreform in Bayern noch gehörte. Im Januar 1950 starb er an einem Schlaganfall. (Befragung von Karl Segl, der unter Zäuner als Gemeindeschreiber in Baar tätig war, am 28. Mai 1981 durch den Verfasser.)

63 Aussage von Hans Steinbrenner in der Vernehmungsniederschrift vom 19. August 1948.

64 Zeugenaussage des ehemaligen Dachau-Häftlings Fritz Schopper aus Weiden vom 27. Juli 1948 (KZ-Museum Dachau, Archivnummer 12339).

65 Zeugenaussage von Josef Zäuner.

66 Zeugenaussage von Fritz Schopper.

67 Zeugenaussage von Josef Zäuner.

68 Protokoll des Amtsgerichts Dachau über den Besuch der Gerichtskommission mit Oberamtsrichter Lorenz Meyer, Landgerichtsarzt Dr. Flamm und Justizsekretär Brücklmeier, die am 18. Mai 1933 die Maße der Zelle von Louis Schloss aufnahmen (KZ-Museum Dachau, Archivnummer 8832).

69 Bericht des Oberstaatsanwalts Wintersberger an den Generalstaatsanwalt bei dem Oberlandesgericht München vom 22. Mai 1933 (KZ-Museum Dachau, Archivnummer 1472/129).

70 Mit der Abkürzung ist die Gendarmerie-Hauptstation Dachau gemeint.

71 Im Original ist der Name „Schloss" irrtümlich mit „ß" geschrieben.

72 Mitteilung des Landgerichtsdirektors und späteren Landgerichtspräsidenten Josef Hartinger aus Amberg über die Ermittlungen in den ersten Dachauer Todesfällen vom 13. Juli 1949 (KZ-Museum Dachau, Archivnummer 8834).

73 Bericht des damaligen Ersten Staatsanwalts Hartinger an den „Herrn Untersuchungsrichter II beim Landgerichte München II" vom 1. Juni 1933 mit dem Antrag auf „Eröffnung und Durchführung der gerichtlichen Voruntersuchung und Erlassung eines Haftbefehls gegen die bekannten Beschuldigten wegen dringender Verdunkelungsgefahr" (KZ-Museum Dachau, Archivnummer 8832).

74 Bericht des Oberstaatsanwalts Wintersberger an den Generalstaatsanwalt bei dem Oberlandesgericht München vom 1. Juni 1933 (KZ-Museum Dachau, Archivnummer 1458/132).

75 Siehe das Urteil des Schwurgerichts beim Landgericht München II vom 10. März 1952 gegen Hans Steinbrenner (rechtskräftig seit dem 5. September 1952) und gegen Johann Unterhuber (rechtskräftig seit dem 18. März 1952), S. 17.

76 Urteil des Schwurgerichts gegen Steinbrenner und Unterhuber, S. 17.

77 Bericht der Gendarmerie-Hauptstation Dachau an die Staatsanwaltschaft München II vom 18. Mai 1933 (KZ-Museum Dachau, Archivnummer 8833).

78 Anzeige der Politischen Abteilung (KL Dachau) vom 17. Mai 1933 (KZ-Museum Dachau, Archivnummer 8833). Orthographie und Interpunktion des Originaldokuments blieben unverändert.

79 Der Bericht ist im Originalwortlaut ohne jede Korrektur wiedergegeben.

80 Bericht der Staatsanwaltschaft München II über die „Todesfälle im Konzentrationslager Dachau“ vom 30. Mai 1933 (KZ-Museum Dachau, Archivnummer 8833).
81 Bericht des Oberstaatsanwalts Wintersberger an den Generalstaatsanwalt bei dem Oberlandesgericht München vom 1. Juni 1933 (KZ-Museum Dachau, Archivnummer 1474/134).
82 Zeugenaussage von Josef Zäuner aus Baar vom 6. August 1948 (KZ-Museum Dachau, Archivnummer 12354).
83 Der ehemalige Dachau-Häftling Eugen Oehrlein aus Würzburg sagte als Zeuge am 13. Juli 1948 vor der Polizei aus, daß er mit dem Transport, dem auch Aron und Schloss angehört hatten, am 14. Mai 1933 nach Dachau gekommen war. Dagegen gibt das Schwurgericht beim Landgericht München II in seinem Urteil gegen Steinbrenner und Unterhuber als Einlieferungsdatum den 15. Mai 1933 an. Der Verfasser schließt sich hier dem Untersuchungsergebnis des Gerichts an.
84 Zeugenaussage von Eugen Oehrlein aus Würzburg vom 13. Juli 1948 (KZ-Museum Dachau, Archivnummer 12330).
85 Laut Husarek (S. 21) ist nur das Geburtsjahr von Wilhelm Aron, nämlich 1907, bekannt. Somit kann das genaue Alter des Referendars nicht mehr ermittelt werden.
86 Urteil des Schwurgerichts gegen Steinbrenner und Unterhuber, S. 11 f.
87 Zeugenaussage von Fritz Schaper aus Tettau bei Kronach vom 27. Juli 1948 (KZ-Museum Dachau, Archivnummer 12334).
88 Vormerkung des Landgerichtsarztes Dr. Flamm zum Fall Nefzger vom 1. Juni 1933 (KZ-Museum Dachau, Archivnummer 8834).
89 Zeugenaussage des ehemaligen Dachau-Häftlings Anton Hirnickel aus Fürth vom 30. Juli 1948 (KZ-Museum Dachau, Archivnummer 12310).
90 Vgl. Zeugenaussage von Eugen Oehrlein und Hornung, S. 79.
91 Grünwiedl, S. 17.
92 Siehe Zeugenaussagen der ehemaligen Dachau-Häftlinge Anton Hirnickel aus Fürth, Eugen Oehrlein aus Würzburg und Karl Obpacher aus Raubling vom 16. Juli 1948 (KZ-Museum Dachau).
93 Grünwiedl, S. 17.
94 In seiner Zeugenaussage vom 13. Juli 1948 erklärte Eugen Oehrlein dazu: „Ich erinnere mich, daß die Angehörigen des Aron seine Leiche angefordert haben. Die gesamten Lagerinsassen waren deshalb der Meinung, daß die Baracke vorsätzlich abgebrannt wurde, um die Spuren des Totschlags zu verwischen.“ Diese Erklärung deckt sich auch mit der Zeugenaussage von Karl Obpacher aus Raubling.
95 Grünwiedl, S. 16.
96 Husarek, S. 27.
97 Dittenheber, S. 8.
98 Ecker, S. 44.
99 Zeugenaussage des ehemaligen Dachau-Häftlings Hans Steinberger aus Rosenheim vom 16. Juli 1948 (KZ-Museum Dachau, Archivnummer 12348).
100 Bericht des damaligen Landgerichtsdirektors Josef Hartinger an den Landgerichtspräsidenten in Amberg vom 13. Juli 1949 (KZ-Museum Dachau, Archivnummer 8834).
101 Übersicht über die ersten Dachauer Todesfälle, die von der bayerischen Justiz untersucht worden sind; Abschrift des Landgerichts München II vom 3. Februar 1951 (KZ-Museum Dachau, Archivnummer 8834).
102 Zeugenvernehmung des Senatspräsidenten Carl Wintersberger aus Bamberg „in der Voruntersuchung gegen Steinbrenner Hans wegen Kriegsverbrechen“ vom 7. März 1951 (KZ-Museum Dachau, Archivnummer 2766).
103 Bericht des Oberstaatsanwalts Wintersberger an den Generalstaatsanwalt bei dem

Oberlandesgericht München vom 1. Juni 1933 (KZ-Museum Dachau, Archivnummer 1460/135).

104 Die Schreibweise des Namens variiert im Originaldokument.

105 Bericht der Staatsanwaltschaft München II über die „Todesfälle im Konzentrationslager Dachau" vom 30. Mai 1933 (KZ-Museum Dachau, Archivnummer 8833).

106 Husarek, S. 24.

107 Schirmer, S. 195.

108 Schirmer, S. 104.

109 Schirmer, S. 104.

110 Vgl. Zeugenaussagen der ehemaligen Dachau-Häftlinge Georg Bieber aus Nürnberg vom 5. August 1948 (KZ-Museum Dachau, Archivnummer 12290) und Fritz Schopper aus Weiden vom 27. Juli 1948 (KZ-Museum Dachau, Archivnummer 12339).

111 Zeugenaussage von Fritz Schopper.

112 Siehe Zeugenaussage des ehemaligen Dachau-Häftlings Eugen Oehrlein aus Würzburg vom 13. Juli 1948 (KZ-Museum Dachau, Archivnummer 12330) und Schirmer, S. 104.

113 Zeugenaussage von Fritz Schopper.

114 Zeugenaussage von Fritz Schaper aus Tettau bei Kronach vom 27. Juli 1948 (KZ-Museum Dachau, Archivnummer 12334).

115 Zeugenaussage von Georg Bieber aus Nürnberg vom 5. August 1948 (KZ-Museum Dachau, Archivnummer 12290).

116 Zeugenaussage von Fritz Schopper.

117 Aussage von Hans Steinbrenner in der Vernehmungsniederschrift der Landpolizei Oberbayern, Kriminalaußenstelle München-Pasing, vom 19. August 1948 (KZ-Museum Dachau, Archivnummer 12288).

118 Aussage von Hans Steinbrenner in der Vernehmungsniederschrift der Landpolizei Oberbayern.

119 Abschlußbericht der Landpolizei Oberbayern, Kriminalaußenstelle München-Pasing, in der Ermittlungssache gegen Hans Steinbrenner an die Staatsanwaltschaft München II vom 16. September 1948 (KZ-Museum Dachau, Archivnummer 12284).

120 Urteil des Schwurgerichts gegen Steinbrenner und Unterhuber, S. 7 f.

121 Aussage von Hans Steinbrenner in der Vernehmungsniederschrift der Landpolizei Oberbayern.

122 Übersicht über die ersten Dachauer Todesfälle, die von der bayerischen Justiz untersucht worden sind; Abschrift des Landgerichts München II vom 3. Februar 1951 (KZ-Museum Dachau, Archivnummer 8834).

123 Gruchmann, S. 417.

124 Zeugenaussage von Fritz Schopper.

125 Eigener Aussage zufolge bat Steinbrenner nach dem Mord an Lehrburger den Kommandanten um seine Versetzung nach München. „Diese Bitte wurde jedoch von Wäckerle abgelehnt", berichtet Steinbrenner. „Ich wurde lediglich als Kompanieführer abgelöst und als Kammerverwalter eingesetzt." Erst am 20. Juli 1933 verließ er auf eigenen Wunsch das KL Dachau für immer. (Siehe die Vernehmungsniederschrift der Landpolizei Oberbayern vom 19. August 1948.) Das Schwurgericht beim Landgericht München II verurteilte Steinbrenner am 10. März 1952 wegen der beiden Morde an Lehrburger und an Aron sowie wegen neun Vergehen der Körperverletzung im Amt zu einer lebenslänglichen Zuchthausstrafe. Im Fall Lehrburger hatte sich Steinbrenner auf Befehlsnotstand berufen.

126 Protokoll des Kanzleiobersekretärs Josef Mutzbauer vom 26. Mai 1933 (KZ-Museum Dachau, Archivnummer 8834).

127 Gemeint ist der Lagerverwalter Hans Wienhardt, von den Häftlingen „Sabotake“ genannt, weil der SS-Scharführer das Wort „Sabotage“ so aussprach. (Vgl. Dittenheber, S. 4, und Hornung, S. 125.) Wie Steinbrenner am 29. August 1948 vor der Landpolizei Oberbayern in Garmisch-Partenkirchen aussagte (KZ-Museum Dachau, Archivnummer 12280), bewahrte Wienhardt immer die Schlüssel zu den Arrestzellen auf. Bevor er nach Dachau kam, war er als Aufseher im Arbeitshaus Rebdorf tätig (Dittenheber, S. 9).

128 Bescheinigung des Lagerarztes Dr. Nuernbergk vom 27. Mai 1933, die von der Politischen Abteilung im Konzentrationslager Dachau an das Amtsgericht Dachau gesandt wurde (KZ-Museum Dachau, Archivnummer 8834).

129 Vormerkung des Landgerichtsarztes Dr. Flamm zum Fall Nefzger vom 1. Juni 1933 (KZ-Museum Dachau, Archivnummer 8834).

130 Vormerkung des Landgerichtsarztes Dr. Flamm.

131 Anklageerhebung des Ersten Staatsanwalts Hartinger vom 1. Juni 1933 (KZ-Museum Dachau, Archivnummer 8834).

132 Bericht des Oberstaatsanwalts Wintersberger an den Generalstaatsanwalt bei dem Oberlandesgericht München vom 1. Juni 1933 (KZ-Museum Dachau, Archivnummer 1468/127).

133 Dittenheber, S. 8.

134 Bericht des damaligen Landgerichtsdirektors Josef Hartinger an den Landgerichtspräsidenten in Amberg vom 13. Juli 1949 (KZ-Museum Dachau, Archivnummer 8834).

135 Gruchmann, S. 418 f.

136 Bericht des Oberstaatsanwalts Wintersberger an das Bayerische Staatsministerium der Justiz vom 29. Mai 1933.

137 Siehe IMT, Band XXXVI, Dokument 922-D.

138 Zitiert nach Gruchmann, S. 419.

139 Zitiert nach Gruchmann, S. 420.

140 Bericht des Oberstaatsanwalts Wintersberger an das Bayerische Staatsministerium der Justiz vom 2. Juni 1933 (KZ-Museum Dachau, Archivnummer 1464/112).

141 Gruchmann, S. 420.

142 Die Dienstgrade „Sturmhauptführer“ (Wäckerle) und „Sturmführer“ (Erpsenmüller) sind alte Rangbezeichnungen der SS, die später neuen Rangstufen wichen. (Siehe Personalliste der Wachtruppe aus dem Jahre 1933 im Archiv des KZ-Museums Dachau.)

143 Aussage von Hans Steinbrenner in der Vernehmungsniederschrift der Landpolizei Oberbayern.

144 Vgl. Dittenheber, S. 4, und Rubner, S. 69.

145 Aussage von Hans Steinbrenner in der Vernehmungsniederschrift der Landpolizei Oberbayern.

146 Hilmar Wäckerle kam ebenso wie der stellvertretende Kommandant Robert Erpsenmüller im Zweiten Weltkrieg ums Leben. Er fiel am 2. Juli 1941 in Slovitz/Sowjetunion (Kimmel, S. 355). Sein letzter Dienstrang war SS-Sturmbannführer.

147 Konicsek, S. 26.

148 Zitiert nach Konicsek.

149 „Zu welchem Zeitpunkt“, schreibt Karl-Heinz Konicsek, „das Kommando der Ausbildungsgruppe der Landespolizei im KL Dachau beendet war, konnte nicht ermittelt werden; jedoch läßt der letzte Tätigkeitsbericht Wimmers darauf schließen, daß er und die letzten Dienstgrade schon bald nach dem 13.9. (1933) das KL verließen. (Anmerkung des Verfassers: Polizei-Oberleutnant Wimmer leitete vom 24. Juni 1933 bis zuletzt die Ausbildung der Dachauer SS.) Damit war auch der letzte Teil der Aufbauarbeit der Landespolizei beendet. Im abschließenden Teil der Ausbildung wurden die SS-Führer in die Lage versetzt, die Funktionen, die bisher

die Landespolizei ausgeübt hatte, selbst zu übernehmen. Auch auf dem Ausbildungssektor war somit die SS von der Unterstützung durch die Landespolizei unabhängig geworden." (Aufbau und Organisation des Konzentrationslagers Dachau, S. 37 f.)

Wie Rudolf Höß, der am 1. Dezember 1934 zur Wachtruppe des KL Dachau stieß, in seinen Aufzeichnungen vermerkt, war Theodor Eicke, der Nachfolger des ersten Dachauer Kommandanten, an einer weiteren Zusammenarbeit mit der Landespolizei nicht mehr interessiert. „Für Eicke", schreibt er, „ist die Polizei an und für sich schon ein rotes Tuch, noch dazu die Landespolizei, die den Nazis in der Kampfzeit das Leben so schwer gemacht hat. In kürzester Zeit ersetzt er alle Polizisten durch SS-Männer – bis auf zwei, die er in die SS übernimmt(,) – und jagt die ‚Laponesen', wie die Landespolizisten in der Lagersprache genannt wurden, zum Lager hinaus." (Höß, Kommandant in Auschwitz, Fußnote 3 auf S. 55.)

150 „Bekleidungsverzeichnis für die Übergabe" vom 26. Mai 1933 (Archiv des KZ-Museums Dachau).

151 „Protokoll über die Übernahme und Übergabe der Bekleidung" vom 27. Mai 1933 (Archiv des KZ-Museums Dachau).

152 „Protokoll über die Übernahme und Übergabe der Waffen" vom 26. Mai 1933 (Archiv des KZ-Museums Dachau).

153 „Waffenverzeichnis für die Übergabe", ohne Datum (Archiv des KZ-Museums Dachau).

154 Dem Besuch der Auslandspresse im KL Dachau ging bereits am 3. April 1933 eine Besprechung mit ausländischen Journalisten in Berlin voraus, in der zum erstenmal in diesem Kreis vom Dachauer Lager die Rede war. Die Münchner Neuesten Nachrichten berichteten in ihrer Ausgabe vom Dienstag, 4. April, daß die bayerische Staatsregierung „am Montag die Berliner Vertreter der Auslandspresse in den Räumen der bayerischen Gesandtschaft in Berlin" empfangen habe. „Von der bayerischen Regierung war Staatssekretär Esser, der Leiter des amtlichen bayerischen Presse- und Propagandadienstes, nach Berlin gekommen, um nach einleitenden Worten des Gesandten Sperr vor den zahlreich erschienenen Vertretern der Weltpresse und größeren Nachrichtenbüros bedeutsame Ausführungen über die Neugestaltung in Bayern zu machen. Der Zweck des Empfangs, zu dem von der Reichsregierung Staatssekretär Funk vom Ministerium für Volksaufklärung und Propaganda erschienen war, war vor allem, dem Ausland die Haltlosigkeit der zum Teil auch über Bayern aufgetauchten Greuelnachrichten darzutun und vor aller Welt die Versicherung abzugeben, daß sich auch in Bayern die Machtübernahme durch die Regierung der nationalen Erhebung in durchaus friedlicher Form abgewickelt hat."

Nachdem Esser betont hatte, „daß der Umschwung in Bayern kein einziges Todesopfer gefordert hat, daß es überhaupt ohne Verwundungen abging, daß keinerlei politische Ausfälle stattgefunden haben, daß nicht einmal den jüdischen Staatsbürgern und erst recht keinem Ausländer auch nur ein Haar gekrümmt worden ist", ging der Staatssekretär auf das KL Dachau ein: „Das neue Konzentrationslager in Dachau stehe der ausländischen Presse zur Besichtigung offen, es wird die ausländische Presse noch besonders zu einer Besichtigung dieses Lagers eingeladen werden. Der Zweck des Lagers sei, den kommunistischen Funktionären und sonstigen staatsfeindlichen Elementen das Arbeiten wieder beizubringen, das sie in den letzten Jahren so gründlich verlernt hatten."

Zweiter Teil: Insel der Ausgestoßenen

Reglement des Schreckens

1 Vgl. Gesamtdienstzeitbescheinigung für SS-Obergruppenführer und General der Waffen-SS Theodor Eicke, ausgestellt vom SS-Personalhauptamt in Berlin am 30. März 1943 (KZ-Museum Dachau, Archivnummer 11635); Shlomo Aronson, Reinhard Heydrich und die Frühgeschichte von Gestapo und SD, S. 105, und Kimmel, S. 360.
2 Höhne, S. 189.
3 Broszat, S. 49.
4 Höhne, S. 189.
5 Broszat, S. 49.
6 Die Bezeichnung des Konzerns geht auf die Verschmelzung von sechs chemischen Unternehmen im Jahre 1925 zu diesem größten deutschen Industrieunternehmen vor dem Zweiten Weltkrieg zurück. (Siehe Der Neue Brockhaus, Band II, S. 466, Leipzig 1937.)
7 Broszat, S. 49.
8 Gesamtdienstzeitbescheinigung für Theodor Eicke.
9 Kimmel, S. 360.
10 Vgl. Gesamtdienstzeitbescheinigung des SS-Personalhauptamts, der auch die folgenden Angaben über Eickes Aufstieg in der SS entnommen sind.
11 Kimmel, S. 360.
12 Broszat, S. 49.
13 Kimmel, S. 360.
14 Broszat, S. 49.
15 Kimmel, S. 361.
16 Broszat, S. 49.
17 Broszat, S. 50.
18 Gesamtdienstzeitbescheinigung für Theodor Eicke.
19 Broszat, S. 49.
20 Gesamtdienstzeitbescheinigung für Theodor Eicke.
21 Höß, S. 67.
22 Vgl. IMT, Band XXVI, Dokument 778-PS.
23 Bericht von Theodor Eicke an Heinrich Himmler vom 10. September 1936, zitiert nach Broszat, S. 55f.
24 Siehe Personalliste der SS-Verwaltung im KZ-Museum Dachau (Archivnummer 579) und Höhne, S. 189.
25 Broszat, S. 61.
26 Höß, S. 58.
27 Rubner, S. 68.
28 Adam, S. 15.
29 Kautsky, S. 62.
30 Rudolf Höß in einer Aufzeichnung über Theodor Eicke, die er im November 1946 in Krakau verfaßte. (Höß, Kommandant in Auschwitz, S. 67, Fußnote 1.)
31 Broszat, S. 66.
32 Zitiert nach einer Reproduktion in: Christoph Heubner, Alwin Meyer und Jürgen Pieplow, Gesehen in Auschwitz: Lebenszeichen, S. 60.
33 Dienstvorschriften für die Begleitpersonen und Gefangenenbewachung vom 1. Oktober 1933, wiedergegeben nach Broszat, S. 52f.

34 Dienstvorschriften für die Begleitpersonen und Gefangenenbewachung, zitiert nach IMT, Band XXVI, Dokument 778-PS. (Hier ist jedoch nur der Auszug „6. Postenpflicht“ dokumentiert.)

35 Über den Fortbestand der Dienstvorschriften schreibt Martin Broszat: „Die in Dachau im Oktober 1933 entwickelten allgemeinen Postenvorschriften galten dem Sinne nach bis Kriegsende. In einem späteren Runderlaß an die Lagerkommandanten vom 27. Juli 1943 übersandte der Inspekteur der KL ein siebenseitiges Merkblatt als Grundlage für den ‚Unterricht über Aufgaben und Pflichten der Wachposten‘, das in Inhalt und Tenor weitgehend den alten Anweisungen Eickes entsprach“ (Broszat, S. 54).

36 Siehe hierzu die gleichlautenden Strafbestimmungen für das KL Lichtenburg, veröffentlicht in: Ernst Antoni, KZ – Von Dachau bis Auschwitz, S. 99 f. (Faksimile eines Flugblattes, das der Zentralvorstand der Roten Hilfe Deutschland im Dezember 1935 in Prag verbreiten ließ.)

37 Broszat, S. 53.

38 Zitiert nach Kimmel, S. 362, Fußnote 52.

39 Wie Martin Broszat schreibt, zog die Gestapo ebenfalls ihre Konsequenzen: „Um den wegen der zahlreichen unnatürlichen Todesfälle in den Konzentrationslagern wachsenden Bedenken der Justiz den Boden zu entziehen, erließ im Oktober 1935 auch die Gestapo besondere Richtlinien für die Konzentrationslager, denen zufolge die Kommandanten verpflichtet waren, von sich aus bei nicht einwandfrei ärztlich festgestellter natürlicher Todesursache der Staatsanwaltschaft sofortige Anzeige zu erstatten. Der Willkür der Kommandanten waren damit Grenzen gesetzt“ (Broszat, S. 55).

40 Zitiert nach Antoni, S. 105.

41 Ablichtung des Dokuments im KZ-Museum Dachau, Archivnummer 1780. – Wie aus dem geheimen Rundschreiben des Amtschefs D I, Arthur Liebehenschel, vom 10. November 1942 an alle Lagerkommandanten bezüglich der „Strafverfügungen für P.-Strafen“ hervorgeht, unterlag die Prügelstrafe der Geheimhaltung. Darin heißt es: „Wie hier festgestellt wurde, sind von der Kommandantur eines Konzentrationslagers Vordrucke für Strafverfügungen durch eine Zivildruckerei im SS-Standort beschafft worden.
Dieses Verfahren ist falsch und darf keinesfalls Wiederholung finden, da die Strafverfügungen ein Teil der Dienstvorschrift für die Konzentrationslager und als Geheimsache nur zum Dienstgebrauch bestimmt sind.
Der Lagerkommandant des in Frage kommenden Konzentrationslagers hat dafür Sorge zu tragen, daß noch vorhandene Druckmatrizen, Probeabzüge, pp. vernichtet werden.
In Zukunft sind Strafverfügungen allein durch den SS-Vordruckverlag W. F. Mayr, Miesbach (Bayer.-Hochland) unter der Nr. 14732 zu beschaffen.“ (Photokopie des Rundschreibens im KZ-Museum Dachau, Archivnummer 1779.)

42 Ablichtung des Dokuments im KZ-Museum Dachau, Archivnummer 1433/1 und 1433/2.

43 Kautsky, S. 84.

44 Eidesstattliche Erklärung des SS-Sturmbannführers Max Schobert vom 27. Februar 1947 (KZ-Museum Dachau, Archivnummer 5971). – Schobert fungierte in den Jahren von 1942 bis 1945 im KL Buchenwald als Erster Schutzhaftlagerführer.

45 Kupfer-Koberwitz, Band I, S. 176.

46 Jan Domagala, Ci, Którzy Przeszli Przez Dachau – Duchowni w Dachau (Die durch Dachau gingen), aus dem Polnischen ins Deutsche übertragen von Salvatorianerpater Angelus Siebert (unveröffentlichtes Manuskript im KZ-Museum Dachau, Archivnummer 2994); Kupfer-Koberwitz, Band I, S. 61, und Paul Berben, Histoire du Camp de Concentration de Dachau (1933–1945), herausgegeben vom Co-

mité International de Dachau, Brüssel 1968 (unveröffentlichtes Manuskript der deutschen Übersetzung im KZ-Museum Dachau, Archivnummer 7662).

47 Adam, S. 47; Gostner, S. 27; Hess, S. 119, und Rost, Konzentrationslager Dachau, S. 18.

48 Kogon, S. 128; Kupfer-Koberwitz, Band I, S. 132; Rost, Ich war wieder in Dachau, S. 30f., und Schätzle, S. 16.

49 Berben (Manuskript der deutschen Übersetzung); Domagala (Manuskript der deutschen Übersetzung); Hess, S. 119; Kupfer-Koberwitz, Band I, S. 61; Rost, Konzentrationslager Dachau, S. 18; Schätzle, S. 16, und Konzentrationslager Dachau (Broschüre österreichischer Dachau-Häftlinge aus dem Jahre 1945), S. 18.

50 Gostner, S. 27.

51 Vgl. SS-Dokument mit der Aufstellung der Vergehen, die mit der Prügelstrafe geahndet wurden (KZ-Museum Dachau, Archivnummer 7151).

52 Adam, S. 47; Domagala (Manuskript der deutschen Übersetzung); Rost, Konzentrationslager Dachau, S. 18; eidesstattliche Erklärung von Max Schobert und Übersicht über die Lagerstrafen (KZ-Museum Dachau, Archivnummer 579).

53 Kupfer-Koberwitz, Band I, S. 61, und Rost, Ich war wieder in Dachau, S. 31.

54 Konzentrationslager Dachau (Broschüre österreichischer Dachau-Häftlinge), S. 18.

55 Vermerk der Staatsanwaltschaft bei dem Landgericht München II zum Stand des Verfahrens gegen Egon Zill vom 27. Juni 1968, S. 4 (KZ-Museum Dachau, Archivnummer 8007, Ordner Zill).

56 Adam, S. 47; Kautsky, S. 84; Kupfer-Koberwitz, Band I, S. 133; Schätzle, S. 16, und Anmerkungen zu Berben (Archiv des KZ-Museums Dachau).

57 Schätzle, S. 15.

58 Kupfer-Koberwitz, Band I, S. 139.

59 Schätzle, S. 16.

60 Gostner, S. 27; Kogon, S. 129, und Konzentrationslager Dachau (Broschüre österreichischer Dachau-Häftlinge), S. 18.

61 Theodor Drey, Mördergrube Dachau (Bericht im Main-Echo, Aschaffenburg, Ostern 1947, Nr. 26); Hess, S. 119, und Kupfer-Koberwitz, Band I, S. 133.

62 Anmerkungen zu Berben (Archiv des KZ-Museums Dachau) und Hess, S. 119.

63 Hess, S. 119, und Kupfer-Koberwitz, Band I, S. 138.

64 Adam, S. 47, und Kupfer-Koberwitz, Band I, S. 138.

65 Konzentrationslager Dachau (Broschüre österreichischer Dachau-Häftlinge), S. 18.

66 Berben (Manuskript der deutschen Übersetzung); Domagala (Manuskript der deutschen Übersetzung); Kogon, S. 129; Kupfer-Koberwitz, Band I, S. 61, und Rost, Ich war wieder in Dachau, S. 31.

67 Kupfer-Koberwitz, Band I, S. 138.

68 Übersicht über die Lagerstrafen (KZ-Museum Dachau, Archivnummer 579). Das gleiche Zitat findet sich auch bei Rost, Konzentrationslager Dachau, S. 19.

69 Schätzle, S. 16.

70 Kupfer-Koberwitz, Band I, S. 133.

71 Schätzle, S. 16.

72 Kogon, S. 129.

73 Berben (Manuskript der deutschen Übersetzung); Kogon, S. 129; Kupfer-Koberwitz, Band I, S. 61, und Übersicht über die Lagerstrafen (KZ-Museum Dachau, Archivnummer 579).

74 Berben (Manuskript der deutschen Übersetzung), Kogon, S. 129, und Kupfer-Koberwitz, Band I, S. 61.

75 Konzentrationslager Dachau (Broschüre österreichischer Dachau-Häftlinge), S. 18.

76 Adam, S. 47, und eidesstattliche Erklärung von Max Schobert.

77 Kupfer-Koberwitz, Band I, S. 139, und eidesstattliche Erklärung von Max Schobert.

78 Übersicht über die Lagerstrafen (KZ-Museum Dachau, Archivnummer 579).

79 Kimmel, S. 379.
80 Ablichtung des Dokuments im KZ-Museum Dachau, Archivnummer 1778.
81 Kogon, S. 130.
82 Anmerkungen zu Berben (Archiv des KZ-Museums Dachau).
83 Zum öffentlichen Strafvollzug im Lager schreibt Martin Broszat: „Auf Eicke scheint auch die besondere Anordnung zurückzugehen, daß die Prügelstrafe vor der angetretenen Truppe der SS-Wachmannschaft und den Häftlingen sowie in Gegenwart des Kommandanten beziehungsweise Schutzhaftlagerführers von mehreren SS-Leuten (später auch Häftlingen) auszuführen sei. Dadurch sollte bewußt dokumentiert und einexerziert werden, daß die Prügelstrafe der Willkür des einzelnen Bewachers entzogen und gleichsam ein ordentlicher Strafvollzug sei. Durch die Ausführung der Prügelstrafe durch jeweils mehrere SS-Männer sollte die Mißhandlung zugleich unpersönlich und anonym gemacht und jeder Angehörige der Wachtruppe von Anfang an an diesen Vorgang gewöhnt werden, zu dem er jederzeit kommandiert werden konnte" (Broszat, S. 50 f.).
In diesem Sinn äußert sich auch Erwin Gostner, der als ehemaliger Dachau-Häftling über folgende Beobachtung berichtet: „Vor dem Bunker ist eine SS.-Einheit in Zugsstärke angetreten, lauter junge Burschen, die sich an den Anblick des Auspeitschens gewöhnen sollen. Es scheint eine neue Lagervorschrift zu sein, um den Nachwuchs der SS. abzuhärten" (Gostner, S. 78).
84 Adam, S. 47.
85 Gostner, S. 33 ff.
86 Gemeint ist Johann Kantschuster, ein früherer Fremdenlegionär, der jahrelang den Bunker im KL Dachau leitete. Er hatte das Amt von Ende 1933 (oder Anfang 1934) bis zum Mai 1939 inne. (Siehe dazu die Angaben der ehemaligen Dachau-Häftlinge Alfred Haag aus München und Karl Röder aus Wien im KZ-Museum Dachau, Archivnummer 572/487 bzw. 75/577.)
87 Übersicht über die Lagerstrafen (KZ-Museum Dachau, Archivnummer 579).
88 Ecker, S. 23, und Arbeiter-Zeitung (Wien) vom 4. Januar 1934.
89 Ecker, S. 28; Hornung, S. 140; Rubner, S. 61, und Als Jude in Dachau (Autor nicht genannt; der Bericht erschien bereits 1934, was erklärt, warum sich der Verfasser davor scheute, seinen Namen preiszugeben), S. 79.
90 Dittenheber, S. 6.
91 Hornung, S. 76 f.
92 Gemeint ist Anton Hoffmann. (Vgl. Dittenheber, S. 6.)
93 Ecker, S. 23 f.
94 Ecker, S. 43.
95 Aretin, S. 274.
96 Befragung von Willi Schuster am 23. März 1980 durch den Verfasser.
97 Eidesstattliche Erklärung von Max Schobert.
98 Berben (Manuskript der deutschen Übersetzung) und Rost, Konzentrationslager Dachau, S. 19.
99 Kautsky, S. 85, und Schätzle, S. 17.
100 Bernard, S. 35; Hess, S. 121; Kupfer-Koberwitz, Band I, S. 138, und Wandel, S. 38.
101 Adam, S. 47, Domagala (Manuskript der deutschen Übersetzung) und Kimmel, S. 380.
102 Berben (Manuskript der deutschen Übersetzung); Theodor Drey, Mördergrube Dachau (Bericht im Main-Echo); Kupfer-Koberwitz, Band I, S. 139, und Rost, Konzentrationslager Dachau, S. 19.
103 Schätzle, S. 17.
104 Adam, S. 47 f.; Berben (Manuskript der deutschen Übersetzung); Domagala (Manuskript der deutschen Übersetzung); Kupfer-Koberwitz, Band I, S. 139; Rost, Konzentrationslager Dachau, S. 19, und Schätzle, S. 17.

105 Theodor Drey, Mördergrube Dachau (Bericht im Main-Echo).
106 Berben (Manuskript der deutschen Übersetzung), Kupfer-Koberwitz, Band I, S. 139, und Schätzle, S. 17.
107 Adam, S. 48; Hess, S. 121; Kautsky, S. 85; Kogon, S. 130, und Kupfer-Koberwitz, Band I, S. 139.
108 Schätzle, S. 17.
109 Wandel, S. 38.
110 Berben (Manuskript der deutschen Übersetzung).
111 Kupfer-Koberwitz, Band I, S. 138 f.
112 Berben (Manuskript der dt. Übersetzung), Gostner, S. 27, und Schätzle, S. 17.
113 Hess, S. 121.
114 Adam, S. 48; Hans Ballmann, Im K-Z., S. 9; Bernard, S. 35, und Kogon, S. 131.
115 Hess, S. 121, und Kupfer-Koberwitz, Band I, S. 141.
116 Übersicht über die Lagerstrafen (KZ-Museum Dachau, Archivnummer 579).
117 Kimmel, S. 380.
118 Rost, Konzentrationslager Dachau, S. 19, und Übersicht über die Lagerstrafen (KZ-Museum Dachau, Archivnummer 579).
119 Berben (Manuskript der deutschen Übersetzung).
120 Berben (Manuskript der deutschen Übersetzung), Domagala (Manuskript der deutschen Übersetzung) und Übersicht über die Lagerstrafen (KZ-Museum Dachau, Archivnummer 579).
121 Berben (Manuskript der deutschen Übersetzung) und Katalog des KZ-Museums Dachau, S. 66.
122 Kupfer-Koberwitz, Band I, S. 122; Rost, Konzentrationslager Dachau, S. 19, und Übersicht über die Lagerstrafen (KZ-Museum Dachau, Archivnummer 579).
123 Adam, S. 48.
124 Hess, S. 122, und Kupfer-Koberwitz, Band I, S. 140.
125 Hess, S. 121, und Konzentrationslager Dachau (Broschüre österreichischer Dachau-Häftlinge), S. 17.
126 Adam, S. 48.
127 Hess, S. 121.
128 Adam, S. 48; Berben (Manuskript der deutschen Übersetzung); Domagala (Manuskript der deutschen Übersetzung); Hess, S. 121; Kogon, S. 130; Kupfer-Koberwitz, Band I, S. 139, und Konzentrationslager Dachau (Broschüre österreichischer Dachau-Häftlinge), S. 17.
129 Kogon, S. 130; Kupfer-Koberwitz, Band I, S. 139, und Konzentrationslager Dachau (Broschüre österreichischer Dachau-Häftlinge), S. 17.
130 Kupfer-Koberwitz, Band I, S. 140, und Schätzle, S. 17.
131 Übersicht über die Lagerstrafen (KZ-Museum Dachau, Archivnummer 579).
132 Eidesstattliche Erklärung von Max Schobert.
133 Konzentrationslager Dachau (Broschüre österreichischer Dachau-Häftlinge), S. 17 f.
134 Wandel, S. 38 f.
135 Kupfer-Koberwitz, Band I, S. 141, und Wandel, S. 9. – Über seine Begegnung mit dem „Bunker-Bernhard" in Dachau berichtet auch Erwin Gostner (1000 Tage im KZ, S. 78–80) ausführlich.
136 Kupfer-Koberwitz, Band I, S. 140.
137 Adam, S. 49; Bericht über den Kommandantur-Arrest Dachau (KA) von Alfred Haag (KZ-Museum Dachau, Archivnummer 572/487) und Befragung von Dr. Heinz Dietrich Feldheim am 4. März 1981 durch den Verfasser.
138 Gostner, S. 30.
139 Boulanger, S. 21, und Befragung von Matthias Keller am 1. März 1973 durch Hans Kaltenbacher (Protokoll des Gesprächs im Besitz des Verfassers).

140 Bericht „Zum Bunker in Dachau" von Karl Röder (KZ-Museum Dachau, Archivnummer 75/577).
141 Paul Tastesen, Erlebnisbericht über meine Haft im Konzentrationslager Dachau, S.5, unveröffentlichtes Manuskript (KZ-Museum Dachau, Archivnummer 7674).
142 Vgl. Berichte von Alfred Haag, Karl Röder und Paul Tastesen (S.5).
143 Tastesen, Erlebnisbericht, S.11.
144 Bernhard Giebel, der am 24.Oktober 1881 in Hamburg geboren worden war, starb am 11.Januar 1944 im KL Dachau. (Vgl. Husarek, S.41, und Konzentrationslager Dachau, Broschüre österreichischer Dachau-Häftlinge, S.14.)
145 Domagala (Manuskript der deutschen Übersetzung), Kupfer-Koberwitz, Band I, S.138, 219, und Schätzle, S.21.
146 Domagala (Manuskript der deutschen Übersetzung).
147 Bettina Wenke, Interviews mit Überlebenden, S.157f.
148 Kautsky, S.76, und Maršálek, S.353.
149 Befragung von Dr. Heinz Dietrich Feldheim am 4.März 1981 durch den Verfasser.
150 Verzeichnis der Delikte, die mit der Prügelstrafe geahndet wurden (KZ-Museum Dachau, Archivnummer 7151).
151 Hess, S.75.
152 Domagala (Manuskript der deutschen Übersetzung), Gostner, S.76f., und Wandel, S.11.
153 Berben (Manuskript der deutschen Übersetzung).
154 Kautsky, S.84.
155 Eidesstattliche Erklärung von Max Schobert.
156 Kupfer-Koberwitz, Band I, S.138.
157 Gostner, S.77.
158 Kupfer-Koberwitz, Band I, S.139.
159 Kupfer-Koberwitz, Band I, S.143.
160 Rost, Konzentrationslager Dachau, S.18.
161 Übersicht über die Lagerstrafen (KZ-Museum Dachau, Archivnummer 579).
162 Eidesstattliche Erklärung von Max Schobert.
163 Rost, Konzentrationslager Dachau, S.18.
164 Übersicht über die Lagerstrafen.
165 Anmerkungen zu Berben (Archiv des KZ-Museums Dachau).
166 Übersicht über die Lagerstrafen.
167 Kupfer-Koberwitz, Band I, S.142.
168 Anmerkungen zu Berben (Archiv des KZ-Museums Dachau).
169 Wandel, S.11f.
170 Bernard, S.112; Maršálek, S.361; Pingel, S.49, und Rost, Konzentrationslager Dachau, S.20.
171 Kogon, S.131.
172 Kupfer-Koberwitz, Band I, S.142.
173 Pingel, S.49.
174 Wandel, S.7.
175 Rost, Konzentrationslager Dachau, S.20.
176 Eidesstattliche Erklärung von Max Schobert.
177 Kautsky, S.86.
178 Berben (Manuskript der deutschen Übersetzung).
179 Domagala (Manuskript der deutschen Übersetzung).
180 Klaus Trostorff, Direktor der Nationalen Mahn- und Gedenkstätte Buchenwald, am 1.April 1981 im Gespräch mit dem Verfasser.
181 Rost, Konzentrationslager Dachau, S.13.
182 Befragung von Willi Schuster am 23.März 1980 durch den Verfasser.
183 Domagala (Manuskript der deutschen Übersetzung) und Schätzle, S.32.

184 Wandel, S. 23 f.
185 Lenz, S. 248, und Schätzle, S. 32. – Im Gegensatz zu Lenz gibt Schätzle den Urlaub, der den Todesschützen gewährt wurde, mit acht Tagen an.
186 Konzentrationslager Dachau (Broschüre österreichischer Dachau-Häftlinge), S. 11 ff.
187 Gostner, S. 139.
188 Befragung von Willi Schuster am 23. März 1980 durch den Verfasser.
189 Befragung von August Gattinger am 13. August 1981 durch den Verfasser.
190 Adam, S. 35, Domagala (Manuskript der deutschen Übersetzung) und Konzentrationslager Dachau (Broschüre österreichischer Dachau-Häftlinge), S. 14.
191 Kupfer-Koberwitz, Band I, S. 136 ff.
192 Alle Briefbogen, die das Lager verließen, enthielten diesen Aufdruck: „Folgende Anordnungen sind beim Schriftverkehr mit Gefangenen zu beachten:
1.) Jeder Schutzhaftgefangene darf im Monat zwei Briefe od. zwei Karten von seinen Angehörigen empfangen und an sie absenden. Die Briefe an die Gefangenen müssen gut lesbar mit Tinte geschrieben sein und dürfen nur 15 Zeilen auf einer Seite enthalten. Gestattet ist nur ein Briefbogen normaler Größe. Briefumschläge müssen ungefüttert sein. In einem Briefe dürfen nur 5 Briefmarken à 12 Pfg. beigelegt werden. Alles andere ist verboten und unterliegt der Beschlagnahme. Postkarten haben 10 Zeilen. Lichtbilder dürfen als Postkarten nicht verwendet werden.
2.) Geldsendungen sind gestattet.
3.) Es ist darauf zu achten, daß bei Geld- oder Postsendungen die genaue Adresse, bestehend aus Name, Geburtsdatum und Gefangenen-Nummer, auf die Sendungen zu schreiben ist. Ebenso müssen alle Schreiben den genauen und vollständigen Absender tragen. Wenn die Adresse fehlerhaft ist, geht die Post an den Absender zurück oder wird vernichtet.
4.) Zeitungen sind gestattet, dürfen aber nur durch die Poststelle des K. L. Dachau bestellt werden.
5.) Pakete dürfen nicht geschickt werden, da die Gefangenen im Lager alles kaufen können.
6.) Entlassungsgesuche aus der Schutzhaft an die Lagerleitung sind zwecklos.
7.) Sprecherlaubnis und Besuche von Gefangenen im Konzentrations-Lager sind grundsätzlich nicht gestattet. Der Lagerkommandant."
(Der vorliegende Text ist einem vorgedruckten Briefformular aus dem Jahre 1942 entnommen.)
193 Domagala (Manuskript der deutschen Übersetzung).
194 Kautsky, S. 98 f., Lenz, S. 149, und Wandel, S. 10.
195 Adam, S. 37.
196 Befragung von August Gattinger am 13. August 1981 durch den Verfasser.
197 Hess, S. 76.
198 Kupfer-Koberwitz, Band I, S. 146–151.
199 Bernard, S. 48.
200 Kupfer-Koberwitz, Band I, S. 237.
201 Wandel, S. 26.
202 Kupfer-Koberwitz, Band I, S. 227.
203 Befragung von Martin Grünwiedl am 12. August 1980 durch den Verfasser.
204 Kimmel, S. 382, Fußnote 147.
205 Münchner Merkur (München) vom 17. August 1949.
206 Südbayerische Volkszeitung (München) vom 27. August 1949.
207 Rudolf Kalmar, Zeit ohne Gnade, S. 177.
208 Das Arbeitskommando „Schwester Pia" in München-Schwabing (Schwabinger Krankenhaus) ist auch im Verzeichnis aller Außenkommandos des KL Dachau aufgeführt, das von der Leitung des KZ-Museums Dachau zusammengestellt wur-

de. Laut dieser Liste bestand das Kommando vom 9. März 1937 bis zum 18. Dezember 1942.

209 Wandel, S. 26.

210 Befragung von Dr. Heinz Dietrich Feldheim am 4. März 1981 durch den Verfasser.

211 Lenz, S. 152f.

212 Eleonore Baur starb am 18. Mai 1981 im Alter von 95 Jahren in München, wie das Hamburger Nachrichtenmagazin „Der Spiegel" in seiner Ausgabe vom 1. Juni 1981 (Nr. 23) meldete.

213 Aretin, S. 292f., und Ecker, S. 45.

214 Rost, Konzentrationslager Dachau, S. 15.

215 Befragung von Willi Schuster am 23. März 1980 durch den Verfasser.

216 Gostner, S. 62f.

217 Rost, Konzentrationslager Dachau, S. 15.

218 Befragung von Willi Schuster am 23. März 1980 durch den Verfasser.

219 Floris B. Bakels, Nacht und Nebel, S. 110f.

220 Reimund Schnabel, Die Frommen in der Hölle, S. 183.

221 Maršálek, S. 356.

222 Erich Kunter, Weltreise nach Dachau, S. 176. (Das Buch verfaßte Max Wittmann gemeinsam mit Erich Kunter.)

223 Domagala (Manuskript der deutschen Übersetzung).

224 Höß, S. 68.

225 Konzentrationslager Dachau (Broschüre österreichischer Dachau-Häftlinge), S. 14.

226 Rost, Konzentrationslager Dachau, S. 21.

227 Rudolf Kalmar, Zeit ohne Gnade, S. 34.

228 Floris B. Bakels, Nacht und Nebel, S. 211.

229 Kupfer-Koberwitz, Band I, S. 104.

230 Kalmar, S. 34f.

231 Höß, S. 60.

232 Zur Haftdauer in der ersten Zeit der Konzentrationslager (1933–1936) schreibt Falk Pingel: „Im Jahre 1933 waren noch Häftlinge für nur einige Tage, viele für einige Wochen ins Lager eingeliefert worden. Bis Mitte 1934 dürfte eine Haftdauer zwischen einem halben und einem Jahr die Regel gewesen sein. In der ersten Periode insgesamt lag der Durchschnitt bei etwa einem Jahr" (Pingel, S. 41f.).

233 Kogon, S. 302.

234 Seit dem 1. Oktober 1936 führten alle politischen Polizeien im Reich, also auch die Bayerische Politische Polizei (BayPoPo), die einheitliche Bezeichnung „Geheime Staatspolizei" (Höhne, S. 185, Fußnote).

235 Schätzle, S. 9.

236 Pingel, S. 41.

237 Schätzle, S. 9.

238 Siehe Otto Gritschneder, NS-Pflichtverteidigung, veröffentlicht in: Münchner Stadtanzeiger (München) vom 14. Juli 1981, Nr. 52.

239 Kogon, S. 303.

240 Broszat, S. 64.

241 Die Gestapo-Leitstellen, eigentlich „Staatspolizeileitstellen" genannt, abgekürzt „Stapo-Leitstellen" (STL), entstanden im Jahre 1937. Sie befanden sich am Sitz eines Oberpräsidenten oder einer Landesregierung, die Gestapo-Stellen in jedem Regierungsbezirk (Höhne, S. 173). – Ein Oberpräsident war der ständige Vertreter der Reichsregierung in der ihm unterstellten Provinz. Seine Stellung entsprach der des Reichsstatthalters. (Der Neue Brockhaus, Band III, S. 413, Leipzig 1937.)

242 Kogon, S. 302.

243 Daß die Lagerleitungen Häftlinge als Arbeitskräfte mit Billigung der SS-Führung zurückhielten, beweist das Rundschreiben des Inspekteurs der Konzentrationsla-

ger, SS-Oberführer Richard Glücks, vom 11. Dezember 1940 an alle Lagerkommandanten: „Um auftretende Schwierigkeiten bei der Durchführung der Entlassung von Häftlingen aus dem Konz.-Lager, die auf wichtigen Arbeitsplätzen beschäftigt werden, rechtzeitig entgegen treten (sic!) zu können, wird angeordnet, dass(,) *sobald* Häftlinge in solchen Arbeitsstellen eingesetzt werden, von dem Lagerkommandanten dem Geheimen Staatspolizeiamt (VI C 2) bezw. Reichskriminalpolizeiamt sofort eine entsprechende Mitteilung zu machen ist. In diesen Mitteilungen sind außer den personellen Angaben (einweisende Dienststelle, Haftnummer pp.) kurz die Begründung der Nichtdurchführung einer sofortigen Entlassung mit Zeitangabe der Einarbeitung einer Ersatzkraft anzuführen. Die vorbezeichneten Mitteilungen werden bei der Entscheidung der Entlassungsfrage durch die Polizeidienststellen entsprechende Berücksichtigung finden." (Zitiert nach einem Faksimile des Schreibens im Katalog des KZ-Museums Dachau, S. 53.)

244 Höß, S. 60.

245 Die „Belehrung für Entlassungen", die im KL Dachau an die Häftlinge vor ihrer Freilassung gerichtet wurde, lautet im vollen Umfang: „Ihr sollt zeigen, daß Ihr bereit seid, zu arbeiten und zu schaffen probeweise. Man will Euch, mit anderen Worten gesagt, Gelegenheit geben, sich in die deutsche Volksgemeinschaft restlos einzugliedern.

Ihr sollt zeigen, daß Ihr bereit seid, zu arbeiten und zu schaffen für Euch, für Eure Familie und damit auch für das ganze deutsche Volk. Es verlangt niemand von Euch, daß Ihr Nationalsozialisten werdet; das überlaßt uns; aber es wird dagegen verlangt, daß Ihr 100%ig Volksgenossen werdet! Ihr sollt arbeiten mit all Eurer Kraft und Eurem Können an dem Platze, an den Ihr gestellt werdet! Jede Beschäftigung ist anzunehmen, auch wenn sie vorläufig Eurem erlernten Beruf nicht entsprechen sollte. Wir kennen keine Arbeitslosigkeit; im Gegenteil, bei uns herrscht Arbeitermangel.

Es gibt draußen keine Not und keinen Hunger. Ein jeder verdient entsprechend seiner Arbeitsleistung, und ein jeder wird mit der Zeit an dem Platze eingesetzt, für den er sich außerordentlich eignet.

Wer unverschuldet in Not gerät, wird unterstützt, und zwar durch die Organisationen, die dafür eingesetzt sind (NSV, Wohlfahrt). Es kommt jedoch nicht in Frage, daß man diese Organisationen ausnützen darf! Für Ausspannen, Unterhaltung und Zerstreuung wird gesorgt, und zwar durch die KdF-Stellen. Der Urlaub ist gesetzlich geregelt und geschützt und steht jedem Schaffenden zu. Wer jedoch meint, er kann gegen den Willen des deutschen Volkes arbeiten, sich dem deutschen Volk widersetzen, vielleicht nach dem Auslande fliehen, um von dort aus gegen die Deutschen zu arbeiten, den warne ich! Wir holen uns nämlich jeden einzelnen aus dem Reich wie auch aus dem Ausland zurück, und keiner entzieht sich unserer Bestrafung. Es ist dabei ganz gleich, ob dieser oder jener am Leben bleibt; denn auf den einzelnen kommt es hierbei nicht an. Die Ziele, die uns der Führer gesteckt hat, erreichen wir auch gegen den Willen dieser Volksschädlinge. Über das Lager selbst habt Ihr mit niemandem zu sprechen, sei es im Guten oder im Schlechten. Man trägt Euch nicht nach, daß Ihr im Konzentrationslager ward. Wir verbitten es uns aber auch, daß Ihr über die Einrichtungen des Lagers sprecht. Ihr habt keine Verbindungen aufzunehmen mit ehemaligen Schutzhäftlingen, und Ihr habt keine Aufträge auszuführen, und sei es ein harmloser Gruß.

Beherzigt diese Worte und richtet Euch danach! Tut Ihr es nicht, so erfolgt Euch Wiedereinlieferung ins Lager, und dann dauert die Schutzhaft nicht nur Monate, sondern Jahre, und für manchen gibt es überhaupt keine Freiheit mehr. Eine Wiedereinlieferung zieht Haftverschärfung nach sich, und was dies bedeutet, das wißt Ihr am besten.

Geht, schafft und arbeitet fleißig zum Wohle für Euch, für Eure Familie und damit zum Nutzen für unser deutsches Volk und seine Minderheiten." (Zitiert nach dem Katalog des KZ-Museums Dachau, S. 53.)

246 Kogon, S. 304.

247 Kogon, S. 305.

248 Schätzle, S. 7.

249 Zweitmalige hatten nach ihrer Einlieferung ins KL Dachau unverzüglich eine „Mitteilung" mit folgendem Inhalt an ihre Angehörigen zu senden: „Da ich mich erneut gegen Volk und Staat in staatsfeindlichem Sinne betätigt habe und daher zum 2. mal in Schutzhaft genommen werden mußte, unterliege ich den verschärften Haftmaßnahmen.
1. Ich darf im ¼ Jahr nur einen Brief empfangen und schreiben.
2. Ich darf im ¼ Jahr nur 10 RM. empfangen.
3. Der Empfang jeglicher Pakete ist verboten."
(Zitiert nach dem Faksimile einer Mitteilung aus dem Jahre 1937 im Katalog des KZ-Museums Dachau, S. 72.)

Zeichen der Solidarität

1 Die ersten Verhaftungen von SPD-Funktionären fanden bereits vor der Auflösung der Partei am 22. Juni 1933 statt, nachdem die Sozialdemokraten am 23. März 1933 im Reichstag gegen die Annahme des Ermächtigungsgesetzes gestimmt hatten.

2 Ecker, S. 28.

3 Hornung, S. 51. – Mit diesem Ausspruch spielten die Kommunisten auf die Haltung eines Flügels in der Reichstagsfraktion der SPD an, der gegenüber der nationalsozialistischen Regierung zu Zugeständnissen bereit war, um den Fortbestand der Partei zu sichern. (Vgl. Pingel, S. 24.)

4 Joseph Rovan, Geschichte der deutschen Sozialdemokratie, S. 135.

5 Rovan, S. 128.

6 Rubner, S. 67.

7 Ecker, S. 45 f.

8 Hornung, S. 82.

9 Aretin, S. 288 f.

10 Benedikt Kautsky stellt dazu fest: „Es war eine Lebensfrage für den gewöhnlichen Häftling, ob in einem Lager die Verbrecher oder die Politischen herrschten. In Lagern wie Buchenwald oder Dachau wurde von den Lagerfunktionären aus den Reihen der Politischen die Last, die die SS aufs Lager wälzte, so geschickt wie möglich verteilt, manche Anschläge der SS wurden im Keim erstickt, sabotiert, durch passive Resistenz um ihre Wirkung gebracht. Andere Lager unter der Leitung von Verbrechern, wie Auschwitz oder Mauthausen, wurden Herde der Korruption, wo der Häftling um die ihm zustehende Ration an Essen, Kleidung usw. betrogen und obendrein von seinen Mithäftlingen aufs gröblichste mißhandelt wurde" (Kautsky, S. 9).

11 Hornung, S. 101. – Im Zitat ist die Schreibweise des Familiennamens von Sepp Zäuner korrigiert. Hornung gibt den Namen irrtümlich mit „Zeuner" wieder.

12 Hornung, S. 82.

13 Rubner, S. 64.

14 Hornung, S. 101.

15 Hornung, S. 82.

16 Hornung, S. 101.

17 Rubner, S. 64.

18 Zeugenaussage von Josef („Sepp") Zäuner aus Baar vom 6. August 1948 (KZ-

Museum Dachau, Archivnummer 12354). – Die Namen der SS-Männer und des Häftlings Eugen Oehrlein, die in der Vernehmungsniederschrift der Landpolizei Oberbayern, Kriminalaußenstelle München-Pasing, falsch wiedergegeben wurden, hat der Verfasser korrigiert.

19 Hornung, S. 102.

20 Die Gassen im Lager trugen Namen. „Es gab", berichtet Hornung, „eine Handwerker-, Feuerwehr- und Judengasse; zwei neue Gassen wurden zu ‚Ehren' der S. P. D. ‚Friedrich Ebert'- und ‚Bonzen'-Straße getauft. Die Judengasse hieß auch Ghetto" (Hornung, S. 68).

21 Zäuners Angaben wurden auch von Hans Steinbrenner bestätigt, der nach eigener Aussage im Auftrag des Kommandanten gehandelt hatte. (Siehe Vernehmungsniederschrift der Landpolizei Oberbayern, Kriminalaußenstelle München-Pasing, vom 19. August 1948 im KZ-Museum Dachau, Archivnummer 12288.)

22 Hornung, S. 102.

23 Vgl. Ecker, S. 37; Willi Gesell, Die ersten Transporte in das KZ Dachau (Mitteilungsblatt der Lager-Gemeinschaft Dachau, Dezember 1972); Rubner, S. 65 f.; Zeugenaussage des ehemaligen Dachau-Häftlings Georg Bieber aus Nürnberg vom 5. August 1948 (KZ-Museum Dachau, Archivnummer 12290) und Abschlußbericht der Landpolizei Oberbayern, Kriminalaußenstelle München-Pasing, an die Staatsanwaltschaft München II in der Ermittlungssache gegen Hans Steinbrenner vom 16. September 1948 (KZ-Museum Dachau, Archivnummer 12284).

24 Hornung, S. 119.

25 Hornung, S. 102.

26 Hornung, S. 102.

27 Aussage von Hans Steinbrenner in der Vernehmungsniederschrift der Landpolizei Oberbayern, Kriminalaußenstelle München-Pasing, vom 19. August 1948 (KZ-Museum Dachau, Archivnummer 12288).

28 Ecker, S. 37.

29 Hornung, S. 102.

30 Siehe Rubner, S. 64, und Zeugenaussage von Fritz Schopper aus Weiden vom 27. Juli 1948 (KZ-Museum Dachau, Archivnummer 12339). – Wie Schopper berichtet, war Zäuner nach der Entlassung aus dem Bunker in Baracke V/1 sein Bettnachbar.

31 Hornung, S. 154. – Hornungs Schilderung bestätigt auch Wenzel Rubner, der schreibt: „Wir sahen ihn (Anm. d. Verf.: Zäuner) später, wenn er zwischen zwei SS-Leuten ins Freie ging" (S. 64).

32 Hornung, S. 212.

33 Hornung, S. 213.

34 Über das weitere Schicksal von Sepp Zäuner siehe die Anmerkung 62 zum Kapitel: Kampf der Staatsanwälte.

35 Grünwiedl, S. 13.

36 Rubner, S. 63.

37 Grünwiedl, S. 14.

38 Rubner, S. 63.

39 Rubner, S. 63.

40 Grünwiedl, S. 14.

41 Grünwiedl, S. 14 f.

42 Rubner, S. 63.

43 Grünwiedl, S. 15.

44 Rubner, S. 64.

45 Der Lagerbefehl wurde am Schwarzen Brett angeschlagen, wo er von jedem Häftling zur Kenntnis genommen werden konnte. Er blieb dort zur Abschreckung für längere Zeit hängen. (Siehe Rubner, S. 64.)

46 Schreiben von Dr. Erich Braun an das Bundesverteidigungsministerium in Bonn vom 20. April 1981.

47 Von den annähernd 100000 jüdischen Soldaten (von rund 550000 jüdischen Mitbürgern!), die im Ersten Weltkrieg als Mannschaften, Unteroffiziere, Offiziere und Militärärzte für Deutschland kämpften, fielen 12000. „Das sind", schreibt Heinrich Walle, „mehr Gefallene als in den Nahostkriegen von 1948 bis 1973. Manche deutsche Juden hätten sich vor den Konzentrationslagern und Gaskammern der Nationalsozialisten retten können, wenn sie nicht darauf vertraut hätten, durch ihr Eisernes Kreuz, durch ihren tapferen Einsatz für das Vaterland, geschützt zu sein." (Heinrich Walle in: Deutsche Jüdische Soldaten 1914–1945, Katalog zur Sonderausstellung im Wehrgeschichtlichen Museum Schloß Rastatt, 16. April bis 31. Oktober 1981, S. 9.)

48 Die Angaben zum Lebenslauf von Dr. Erich Braun hat der Verfasser den autobiographischen Aufzeichnungen des Arztes (S. 1) entnommen. Braun machte sie im Jahre 1942 in englischer Sprache. Das Manuskript, das den Titel „Dachau – The life of a German born jewish doctor" trägt, wurde bisher nicht veröffentlicht. (Eine Photokopie befindet sich im Besitz des Verfassers.)

49 Befragung von Dr. Erich Braun am 21. Juli 1981 durch den Verfasser.

50 Franz Schwede, der sich seit 1935 Schwede-Coburg nannte, stieg 1933 zum Oberbürgermeister von Coburg und 1934 zum Gauleiter und Oberpräsidenten von Pommern auf. (Vgl. Der Neue Brockhaus, Band IV, S. 150, Leipzig 1938.)

51 Erich Braun, Dachau, S. 2. (Alle Auszüge aus dem Manuskript von Braun, die hier erstmals zitiert werden, hat der Verfasser aus dem Englischen übersetzt.)

52 Braun, S. 3.

53 Braun, S. 4.

54 Erich Braun in der Festschrift „Laßt uns Brücken bauen von Mensch zu Mensch" (S. 6), herausgegeben von der Gesellschaft für christlich-jüdische Zusammenarbeit nach einem Konzert des Josef-Effner-Gymnasiums im Dachauer Schloß am 19. Juni 1980.

55 Braun, S. 4.

56 Ecker, S. 20f.

57 Braun, S. 5. – In seinem Manuskript schreibt Braun irrtümlich „Erbsmoeller" (statt Erpsenmüller). Der Fehler wurde bei der Übersetzung vom Verfasser korrigiert.

58 Braun, S. 6.

59 Konicsek, S. 24f.

60 Hornung, S. 83f.

61 Ecker, S. 21.

62 Braun, S. 6.

63 Hornung, S. 85.

64 Hornung, S. 86.

65 Ecker, S. 21.

66 Vgl. Ecker, S. 40; Grünwiedl, S. 20f.; Zeugenaussagen der ehemaligen Dachau-Häftlinge Anton Hirnickel aus Fürth vom 30. Juli 1948 (KZ-Museum Dachau, Archivnummer 12310) und Konrad Link aus Schweinfurt vom 7. Juli 1948 (KZ-Museum Dachau, Archivnummer 12323) sowie Bericht „Als Jude in Dachau" (Autor nicht genannt), S. 80.

67 Zeugenaussage von Anton Hirnickel aus Fürth vom 30. Juli 1948 (KZ-Museum Dachau, Archivnummer 12310).

68 Grünwiedl, S. 21.

69 Braun, S. 7f.

70 Braun, S. 11.

71 Eine Photokopie der Verleihungsurkunde befindet sich im Besitz des Verfassers.

72 Braun, S. 12, und Befragung von Braun am 29. Juli 1981 durch den Verfasser. (Dr. Erich Braun starb am 6. Juli 1982 in München.)

Ohnmacht der Justiz

1 Münchner Neueste Nachrichten vom 6. August 1933.
2 Rubner, S. 72.
3 Das sogenannte Horst-Wessel-Lied (Text und Musik: Horst Wessel) erhoben die Nationalsozialisten im Jahre 1933 neben dem Deutschlandlied zur Nationalhymne.
4 Der Neue Brockhaus, Band IV, S. 711 (Leipzig 1938).
5 Rubner, S. 72.
6 Hornung, S. 81.
7 Münchner Neueste Nachrichten vom 6. August 1933 (einem Sonntag!).
8 Hornung, S. 81. – Ein Bild vom Horst-Wessel-Denkmal erschien in der Zeitschrift „The Illustrated London News" in der Ausgabe vom 10. Februar 1934.
9 Hornung, S. 74, und Rubner, S. 72. – Eine Abbildung des Schlageter-Denkmals befindet sich in der Zeitschrift „Bayerischer Heimgarten", Ausgabe vom 22. Juni 1933 (Nr. 25), als Illustration zum Bericht von Hermann Larcher: Ein Gang durch das Konzentrationslager Dachau. (Zum zehnten Todestag von Albert Leo Schlageter erschien in den Münchner Neuesten Nachrichten, Ausgabe vom 24./25. Mai 1933, eine Sonderseite über den Nationalsozialisten, der bereits 1922 der NSDAP beigetreten war, mit einem Beitrag von Josef Magnus Wehner: Der Lohn des Helden ist das Vaterland!)
10 Hornung, S. 112. – Auch Martin Grünwiedl berichtet über die Ansprache, die der Jude Rosenfelder dem Nationalsozialisten Schlageter widmen mußte (S. 12).
11 Hornung, S. 74.
12 Hornung, S. 97.
13 Wilhelm Hoegner, Flucht vor Hitler, S. 190f.
14 Aretin, S. 259.
15 Husarek, S. 26.
16 Höhne, S. 71.
17 Aretin, S. 341.
18 Aretin, S. 210, und Hornung, S. 97.
19 Aretin, S. 430.
20 Aretin, S. 429.
21 Aretin, S. 193, 429.
22 Shlomo Aronson, Reinhard Heydrich und die Frühgeschichte von Gestapo und SD, S. 102.
23 Aretin, S. 429.
24 Aretin, S. 193.
25 Aretin, S. 207.
26 Aretin, S. 193.
27 Aretin, S. 194.
28 Aretin, S. 210.
29 Aretin, S. 260f.
30 Aretin, S. 193, 212.
31 Bretschneider, S. 30f.; Leben und Werk des Revolutionärs der Deutschen Arbeiterklasse, Franz Stenzer (Schrift des Reichsbahnausbesserungswerks Berlin – Warschauer Straße zur Verleihung des Namens „Franz Stenzer" anläßlich des hundertjährigen Bestehens im Oktober 1967), S. 6, und Brief von Franz Stenzer an seine Mutter und an seinen Bruder Ruppert aus dem KL Dachau vom 26. Juni 1933 (KZ-Museum Dachau, Archivnummer 16151).
32 Bretschneider, S. 52.
33 Husarek, S. 22.

34 Nazi-Bastille Dachau, Dokumentation des Internationalen Zentrums für Recht und Freiheit in Deutschland, erschienen im Jahre 1939 in Paris, S. 87.
35 Bericht von Willy Grimm und Max Holy über Fruths Schicksal vom 5. Dezember 1946 (KZ-Museum Dachau, Archivnummer 12524).
36 Nazi-Bastille Dachau, S. 87f.
37 Die Angaben zum Lebenslauf von Franz Stenzer entnahm der Verfasser der Schrift: Leben und Werk des Revolutionärs der Deutschen Arbeiterklasse, Franz Stenzer, S. 2ff., 6, 15.
38 Reichstags-Handbuch, VII. Wahlperiode, 1932, S. 419.
39 Hornung, S. 98.
40 Grünwiedl, S. 17.
41 Rubner, S. 65.
42 Ecker, S. 36.
43 Hornung, S. 113.
44 Brief von Franz Stenzer an seine Mutter und an seinen Bruder Ruppert aus dem KL Dachau vom 26. Juni 1933 (KZ-Museum Dachau, Archivnummer 16151).
45 Leben und Werk des Revolutionärs der Deutschen Arbeiterklasse, Franz Stenzer, S. 7, und Bericht von Willy Grimm und Max Holy über Fruths Schicksal vom 5. Dezember 1946 (KZ-Museum Dachau, Archivnummer 12524).
46 Hornung, S. 113.
47 Hornung, S. 114, und Nazi-Bastille Dachau, S. 88.
48 Bericht von Willy Grimm und Max Holy über Fruths Schicksal.
49 Hornung, S. 115.
50 Nazi-Bastille Dachau, S. 88.
51 Bericht von Willy Grimm und Max Holy über Fruths Schicksal.
52 Aussage von Hans Steinbrenner in der Vernehmungsniederschrift der Landpolizei Oberbayern, Kriminalaußenstelle München-Pasing, S. 10 (KZ-Museum Dachau, Archivnummer 12288). – Steinbrenner unterstrich vor der Polizei, daß ihm das Schicksal von Fruth nur „vom Hörensagen" bekannt sei. Er selbst habe sich zu dieser Zeit nicht mehr im KL Dachau aufgehalten. Er gab an, daß er bereits am 20. Juli 1933 aus dem Wachpersonal ausgeschieden sei. Doch muß er sich bei dieser Aussage geirrt haben, denn er ist noch im August von Häftlingen im Lager gesehen worden. (Vgl. Zeugenaussagen von Konrad Link aus Schweinfurt vom 7. Juli 1948, Hans Neupert aus Schlottenhof vom 14. Juli 1948, Eugen Oehrlein aus Würzburg vom 13. Juli 1948 und Josef Zäuner aus Baar vom 6. August 1948, alle im Archiv des KZ-Museums Dachau; ferner Ecker, S. 37; Hornung, S. 102, und Rubner, S. 65f., sowie Nazi-Bastille Dachau, S. 89, und Bericht von Josef Eckstein, S. 10, im KZ-Museum Dachau, Archivnummer 8836.)
53 Husarek, S. 22.
54 Nazi-Bastille Dachau, S. 87.
55 Leben und Werk des Revolutionärs der Deutschen Arbeiterklasse, Franz Stenzer, S. 7.
56 Leben und Werk des Revolutionärs der Deutschen Arbeiterklasse, Franz Stenzer, S. 8.
57 Leben und Werk des Revolutionärs der Deutschen Arbeiterklasse, Franz Stenzer, S. 7.
58 Leben und Werk des Revolutionärs der Deutschen Arbeiterklasse, Franz Stenzer, S. 9.
59 Daß Stenzer am 22. August 1933 noch von „vielen Gefangenen" gesehen worden ist, bevor er am selben Tag sein Ende gefunden hat, bezeugt auch der ehemalige Dachau-Häftling Josef Eckstein in seinem Bericht über die Verbrechen der SS im Konzentrationslager Dachau (S. 10).
Die Schrift, die der Plastiker aus Selb in Bayern im August 1936 herausgab, ist inso-

fern von besonderem Interesse, als er mit ihr bereits während der NS-Herrschaft Anklage gegen das nationalsozialistische Regime erhob. Eckstein sandte seinen Bericht per Einschreiben an den Oberreichsanwalt beim Reichsgericht in Leipzig und forderte ihn auf, „diese Schilderung als Strafanzeige zu behandeln" (S. 2). Dazu schrieb er: „Sie haben als höchster Deutscher Justizbeamter die Pflicht(,) gegen diese hier geschilderten Verbrechen Untersuchung und Strafgerichtliche Verfolgung einzuleiten" (S. 22).

Weitere Exemplare seiner Broschüre richtete er an das Justizministerium in München sowie an Goebbels und an Hitler, dem er mitteilte: „Als verantwortlicher Führer des ‚3. Reiches' erhalten sie (sic!) Kenntnis von den Verbrechen & Zuständen in (sic!) Konzentrationslager Dachau. Ich fühle mich in (sic!) Namen der Menschlichkeit verpflichtet, Ihnen diese Schilderungen per Einschreibebrief zu übersenden. Ich fordere Sie auf(,) im Namen der Gerechtigkeit diese Zustände in den Deutschen Konzentrationslagern zu beseitigen. Wenn Sie in ihren (sic!) öffentlichen Reden das Menschliche Recht nicht weiterhin verhöhnen wollen, so sind Sie verpflichtet, diese Zustände zu verbieten und die angeführten Schuldigen zur Rechenschaft zu ziehen" (S. 23).

Eckstein, der bereit war, sich „unter Zusicherung freien Geleites von ausländischen Journalisten mit Beweismitteln als Zeuge" (S. 2) dem Reichsgericht in Leipzig zur Verfügung zu stellen, rief auch das Flüchtlingskommissariat des Völkerbunds in Genf an: „Ich übersende Ihnen hiemit eine Aufstellung der im Konzentrationslager Dachau begangenen Verbrechen in ihren Einzelheiten. Ich verpflichte mich(,) falls die Deutsche Staatsanwaltschaft die Anklage gegen die Angeschuldigten in dieser Schrift erhebt(,) die hier geschilderten Verbrechen mit Eidesstattlichen Protokollen zu beweisen und als Zeuge vor dem deutschen Gericht zu erscheinen. In diesem Falle bitte ich das Flüchtlingskommissariat(,) mir eventuell Beistand zu leisten" (S. 23).

Josef Eckstein, der am 6. Mai 1933 nach Dachau gebracht worden war, befand sich nach eigenen Angaben mehr als zwei Jahre lang in Schutzhaft. Der Kommunist, der sich mit seiner Kampfansage an die Nationalsozialisten der weiteren Verfolgung aussetzte, gelangte im März 1939 mit Hilfe des Nansenkomitees nach Norwegen. Seine Frau, die in Deutschland zurückblieb, wurde 1936 zu fünf Jahren Gefängnis verurteilt. Die beiden Kinder kamen zur Zwangserziehung in ein nationalsozialistisches Heim, nachdem den Eltern das Sorgerecht aberkannt worden war. – Ein Exemplar der von Eckstein verfaßten Schrift wird im KZ-Museum Dachau (Archivnummer 8836) aufbewahrt.

60 Rubner, S. 65.

61 Zeugenaussage des ehemaligen Dachau-Häftlings Konrad Link aus Schweinfurt vom 7. Juli 1948 (KZ-Museum Dachau, Archivnummer 12323).

62 Rubner, S. 65 f.

63 Zeugenaussage von Konrad Link aus Schweinfurt vom 7. Juli 1948.

64 Grünwiedl, S. 18.

65 Rubner, S. 66.

66 Husarek, S. 17.

67 Gruchmann, S. 422.

68 Bericht von Himmler an Innenminister Wagner vom 23. August 1933 (KZ-Museum Dachau, Archivnummer 8835). – Von dem Schreiben erhielten auch der Reichsstatthalter und der Ministerpräsident Kenntnis.

69 Der Familienname des SS-Scharführers erscheint in den Akten in unterschiedlicher Schreibweise. Während Himmler ihn mit Dürnagl angibt, bezeichnet Wintersberger ihn mit Dirnagl und auch mit Dirnagel. In der Übersicht über die ersten Dachauer Todesfälle, die von der bayerischen Justiz untersucht worden sind, ist ebenfalls mal von Dirnagel und mal von Dirnagl die Rede; der Vorname lautet Rudolf. (Ab-

schrift des Landgerichts München II vom 3. Februar 1951/KZ-Museum Dachau, Archivnummer 8834.)

70 Bericht von Oberstaatsanwalt Wintersberger an den Generalstaatsanwalt beim Oberlandesgericht München vom 21. Dezember 1933 (KZ-Museum Dachau, Archivnummer 8835).

71 Wintersberger berichtete dem Generalstaatsanwalt bereits am 9. September 1933 über den Stand der Ermittlungen im Fall Stenzer.

72 Ecker, S. 16. – Franz Stenzer wurde zunächst am 26. August 1933 auf dem Friedhof von Dachau begraben und später nach dem Zweiten Weltkrieg auf den Friedhof von Pasing in München übergeführt, wo er heute noch liegt. Seine Leiche war die letzte, die von der Dachauer Lagerleitung und von der Bayerischen Politischen Polizei zur Bestattung freigegeben wurde. (Vgl. Leben und Werk des Revolutionärs der Deutschen Arbeiterklasse, Franz Stenzer, S. 10.)

73 Niederschrift der Vernehmung von Thea Kink durch Oberstaatsanwalt Wintersberger vom 21. September 1933. (IMT, Band XXXVI, Dokument 926-D, S. 45 f.)

74 Schreiben des Justizministers Frank an Ministerpräsident Siebert vom 2. Dezember 1933. (IMT, Band XXXVI, Dokument 926-D, S. 48–53.)

75 Übersicht über die ersten Dachauer Todesfälle, die von der bayerischen Justiz untersucht worden sind; Abschrift des Landgerichts München II vom 3. Februar 1951 (KZ-Museum Dachau, Archivnummer 8834).

76 Schreiben von Frank an Siebert vom 2. Dezember 1933.

77 Bericht von Oberstaatsanwalt Wintersberger an das Bayerische Staatsministerium der Justiz vom 21. September 1933 (KZ-Museum Dachau, Archivnummer 1588/9/116).

78 Schreiben von Oberstaatsanwalt Wintersberger an das Justizministerium in München vom 26. September 1933 (KZ-Museum Dachau, Archivnummer 1588/15/117).

79 Die genaue Zahl der Gruppe ist nicht mehr zu ermitteln. Die Quellen, die dem Verfasser zur Verfügung standen, machen hier unterschiedliche Angaben. Es überwiegen jedoch die Stimmen, die von sieben Mann sprechen. (Vgl. Ecker, S. 42, Nazi-Bastille Dachau, S. 88, und Zeugenaussage von Eugen Oehrlein aus Würzburg vom 13. Juli 1948.)

80 Ecker, S. 42; Bericht von Josef Eckstein, S. 9; Grünwiedl, S. 20; Husarek, S. 17, und Nazi-Bastille Dachau, S. 88.

81 Zeugenaussage von Eugen Oehrlein aus Würzburg vom 13. Juli 1948 (KZ-Museum Dachau, Archivnummer 12330).

82 Über Josef Amuschel sind nur spärliche Informationen vorhanden. Paul Husarek führt lediglich an, daß er von Beruf Kaufmann war, in München wohnte und im Jahre 1913 in Dingolfing zur Welt kam (S. 21).

83 Zeugenaussage von Hans Neupert aus Schlottenhof vom 14. Juli 1948 (KZ-Museum Dachau, Archivnummer 12327).

84 Bericht von Josef Eckstein, S. 9; Grünwiedl, S. 20; Nazi-Bastille Dachau, S. 88, und Zeugenaussage von Eugen Oehrlein.

85 Zeugenaussagen von Hans Neupert und Eugen Oehrlein.

86 Ecker, S. 42 f. – Die schweren Verletzungen, die Handschuch davongetragen hatte, wurden auch von Neupert und von Oehrlein gesehen. Laut Neupert bekam Handschuch allein „hundert Stockschläge auf die Fußsohlen".

87 Zeugenaussagen von Hans Neupert und Eugen Oehrlein.

88 Niederschrift der Vernehmung von Thea Kink durch Oberstaatsanwalt Wintersberger vom 21. September 1933.

89 Grünwiedl, S. 20, und Nazi-Bastille Dachau, S. 88.

90 Husarek, S. 17.

91 Bericht von Josef Eckstein, S. 9.

92 Aretin, S. 309.
93 Husarek, S. 24.
94 Schirmer, S. 195.
95 Hornung, S. 163.
96 Aretin, S. 309, Grünwiedl, S. 11, und Hornung, S. 163 f.
97 Braun, S. 10.
98 Hornung, S. 163.
99 Als Jude in Dachau, S. 86.
100 Als Jude in Dachau, S. 78.
101 Ecker, S. 29.
102 Hans Popp, Erlebnisse in der Gewalt der nationalsozialistischen deutschen Volksbeglücker (unveröffentlichtes Manuskript im Besitz des Verfassers), S. 10.
103 Ecker, S. 33 f.
104 Grünwiedl, S. 25.
105 Als Jude in Dachau, S. 77.
106 Als Jude in Dachau, S. 78.
107 Rubner, S. 62.
108 Rubner, S. 60.
109 Hornung, S. 163.
110 Hornung, S. 164.
111 Ecker, S. 38.
112 Hornung, S. 164.
113 Husarek, S. 27.
114 Als Jude in Dachau, S. 79.
115 Rubner, S. 60.
116 Hornung, S. 111.
117 Hornung, S. 110 f.
118 Konzentrationslager – Ein Appell an das Gewissen der Welt, Bildtext gegenüber S. 80.
119 Hornung, S. 111.
120 Ecker, S. 34.
121 Wie sehr die SS nach außen auf ihren Ruf bedacht war, zeigt der Fall Strauss. Der SS-Mann aus Pasing wurde aus der SS ausgestoßen, weil er in der Öffentlichkeit Einzelheiten über den Arbeitseinsatz von Häftlingen an der Straßenwalze berichtet hatte. In der Dokumentation des Internationalen Zentrums für Recht und Freiheit in Deutschland (Paris) aus dem Jahre 1939 heißt es dazu: „In Pasing brüstete er sich im Rausch damit, wurde gemeldet und flog wegen Greuelpropaganda aus der SS. Er bekam nun im Gefängnis Stadelheim, in das er eingeliefert wurde, die Stahlruten und Gummiknüppel in einem Masse selbst zu spüren, dass er lange an zwei Krücken gehen musste und wohl Zeit seines Lebens daran zu tun hat.“ (Nazi-Bastille Dachau, S. 48.)
122 Hornung, S. 111.
123 Hornung, S. 110.
124 Als Jude in Dachau, S. 85. – Die Vorfälle, die sich im Oktober 1933 in Dachau ereigneten, schildern auch in ihren Erlebnisberichten Dr. Erich Braun (S. 9 f.), Josef Eckstein (S. 11 f.) und Walter Hornung (S. 165–170). Außerdem berichtete der ehemalige Dachau-Häftling Hans Kaltenbacher dem Verfasser in der Befragung am 2. Februar 1976 davon.
125 Als Jude in Dachau, S. 86.
126 Hornung, S. 166.
127 Als Jude in Dachau, S. 86.
128 Schirmer, S. 196.
129 Husarek, S. 27.

130 Nazi-Bastille Dachau, S. 86.
131 Hornung, S. 165.
132 Als Jude in Dachau, S. 86.
133 Ecker, S. 38.
134 Bericht von Josef Eckstein, S. 11.
135 Als Jude in Dachau, S. 81.
136 Schirmer, S. 195. – Zur Verhaftung von Dr. Albert Rosenfelder führt das Internationale Zentrum für Recht und Freiheit in Deutschland (Paris) in seiner Dokumentation aus dem Jahre 1939 an: „Abgesehen davon, dass er sich durch die vielen Prozesse, die er gegen die Nazi vertrat, deren Hass zuzog, waren der Grund seiner Verhaftung die drei Schleicher-Briefe, die während der Kanzlerschaft Schleichers durch einen Einbruch in die Reichskanzlei gestohlen wurden und die für Hitler sehr kompromittierend waren. Diese Briefe besiegelten das Schicksal Rosenfelders. Er führte im Lager mit nur wenigen Gefangenen politische Gespräche. Man musste sein ganzes Vertrauen besitzen, bevor er aus sich herausging. Die Briefe, erzählte er einem Leidensgefährten, habe er für 5000 Mark gekauft und sofort in Sicherheit gebracht. Zwei Stunden später kam die Polizei und verlangte die Briefe, da die Spur zu Rosenfelder führte. Rosenfelder leugnete. Nach einer vergeblichen Haussuchung wurde er verhaftet und nach Dachau gebracht. Die Gestapo (sic!) hoffte immer noch, die Briefe zu bekommen. Doch Rosenfelder sagte: ‚Wenn ich ihnen die Briefe herausgebe, bin ich ohnehin tot.‘ Aus diesem Grunde bestand er darauf, dass die Briefe im Ausland seien und dass sie in dem Moment veröffentlicht würden, da sein Tod öffentlich bekannt gemacht würde. Es war der Versuch einer Irreführung. Das konnte ihn aber nicht retten.“ (Nazi-Bastille Dachau, S. 87.)
137 Grünwiedl, S. 11 f.
138 Hornung, S. 112.
139 Braun, S. 10.
140 Grünwiedl, S. 12, Hornung, S. 112, und Als Jude in Dachau, S. 81.
141 Hornung, S. 111 f.
142 Rubner, S. 62.
143 Grünwiedl, S. 18.
144 Braun, S. 10.
145 Das Internationale Zentrum für Recht und Freiheit in Deutschland behauptet in seiner Dokumentation, daß Dr. Albert Rosenfelder am 30. Juni 1934 in Dachau ermordet worden sei (Nazi-Bastille Dachau, S. 87). Diese Angabe erscheint dem Verfasser jedoch fragwürdig, da sie von keiner anderen Quelle gestützt wird. Auch Paul Husarek gibt das genaue Todesdatum nicht an. Er schreibt nur, daß Rosenfelder „getötet“ worden sei, nachdem er „schwerste Mißhandlungen hatte erleiden müssen“ (S. 17). Ebenso legt sich Josef Eckstein nicht fest. Er berichtet über Rosenfelders Schicksal in seinen Aufzeichnungen (S. 11): „Er wurde in den Bunker geschleppt und ist seit dieser Zeit verschollen. Er wird in keiner Kartot(h)ek mehr geführt.“ (Siehe auch die Anmerkung 98 zum folgenden Kapitel „Lohn des Verrats“.)
146 Braun, S. 10.
147 Als Jude in Dachau, S. 87.
148 Braun, S. 9.
149 Als Jude in Dachau, S. 87.
150 Hornung, S. 168.
151 Als Jude in Dachau, S. 88.
152 Josef Eckstein bestätigt, daß die Photographien im Lager jedermann zugänglich waren. In seinem Bericht (S. 12) schreibt er: „Ich hatte verschiedene Photographien vom Lager gesammelt und in der Kunstabteilung versteckt.“ Diese Bilder seien „vorher von der SS angefertigt“ und offiziell an die Gefangenen „zum Preis von 25 Pfennig“ pro Stück verkauft worden.

Eckstein geriet selbst in den Verdacht, Nachrichten aus dem Lager geschmuggelt zu haben. Mutzbauer ließ ihn deshalb am 28. Oktober 1933 als „Hauptmatador", wie er sich ausdrückte, in den Bunker bringen. Die Durchsuchung seines Arbeitsplatzes in der Kunstabteilung, in der Eckstein tätig war, förderte jedoch für ihn kein belastendes Material zutage. „Wahrscheinlich", vermutet Eckstein, „haben die anderen Gen(ossen) die Bilder rechtzeitig vernichtet."

153 Hornung, S. 168.

154 Als Jude in Dachau, S. 88.

155 Hornung, S. 168.

156 Hornung, S. 169.

157 Ecker, S. 15.

158 Nazi-Bastille Dachau, S. 86.

159 Gruchmann, S. 423.

160 Karl Feuerer-Carolus behauptet in seinem Artikel „Kommunisten und KZ.", der am 8. März 1946 in der Süddeutschen Zeitung (Nr. 20) erschienen ist, daß Wilhelm Franz tatsächlich „Nachrichten aus Dachau schmuggelte".

161 Husarek, S. 21. – Ob Josef Altmann durch die Hand der SS umgekommen war, konnte von der Staatsanwaltschaft München II nicht festgestellt werden. Sie bemerkte dazu lediglich: „Am 12. Februar 1934 abends 20.30 Uhr wurde der Schutzhaftgefangene Altmann in seiner Einzelhaftzelle im Lager erhängt aufgefunden. Die am 14. 2. 1934 durchgeführte Leichenöffnung ergab keine Anhaltspunkte für ein fremdes Verschulden." (Übersicht über die ersten Dachauer Todesfälle, die von der bayerischen Justiz untersucht worden sind/Abschrift des Landgerichts München II vom 3. Februar 1951; KZ-Museum Dachau, Archivnummer 8834.)
Altmann war in Himmlers Bericht an Siebert beschuldigt worden, daß er es versucht hatte, den Kassiber aus dem Lager zu schmuggeln (Gruchmann, S. 423, Fußnote 42).

162 Husarek, S. 27. – Mit Sicherheit starb Martin Stiebel eines gewaltsamen Todes. Die Obduktion der Leiche erhärtete den Verdacht der Staatsanwaltschaft, „daß der festgestellte Erstickungstod durch Einwirkung Dritter hervorgerufen wurde". Demgegenüber hatte die SS behauptet, daß Stiebel Selbstmord durch Erhängen verübt habe. Lothar Gruchmann, der im übrigen das Todesdatum von Stiebel mit dem 9. April 1934 angibt, berichtet, daß der Reichsstatthalter Ritter von Epp über diesen neuen Todesfall im KL Dachau „verärgert war". Er zitiert eine undatierte Notiz, die sich in den Akten des Reichsstatthalters fand und die offenbar für eine Ministerratssitzung bestimmt war: „Mit Mißhandlungen und sonstigen des national. Staates unwürdigen Dingen in Konzentrationslagern ... ist immer noch nicht Schluß (ursprünglich: muß endgültig Schluß gemacht werden)." Es müsse „darauf hingearbeitet werden, daß die Berichterstattung der Polizeibehörden ein Bild der wahren Sachlage geben, daß die Erhebungen der Polizei der Erforschung der Wahrheit dienen" (Gruchmann, S. 426, Fußnote 54).

163 Nazi-Bastille Dachau, S. 86.

164 Braun, S. 9.

165 Hornung, S. 170.

166 Laut Himmlers Bericht an Ministerpräsident Siebert vom 20. Oktober 1933 galt die Entlassungssperre zunächst für die Dauer von sechs Wochen (Gruchmann, S. 423, Fußnote 40).

167 Die Juden unterschrieben die Erklärung nie, die Eicke von ihnen forderte. In dem nicht namentlich gezeichneten Bericht des jüdischen Häftlings aus dem Jahre 1934 heißt es dazu: „Wir haben unausgesetzt nach einem Ausweg aus dieser Situation gesucht. Wir haben uns auch mit unsern christlichen Leidensgenossen beraten. Sie waren wie wir der Meinung, daß die Unterschrift unter die verlangte Erklärung das Eingeständnis des vollendeten Hochverrats gewesen wäre. Und was dieses Einge-

ständnis, auch ohne Gerichtsverfahren, im Dritten Reich bedeutet, wußte ein jeder." (Als Jude in Dachau, S. 89.)

168 Hornung, S. 170.

169 Bericht des Justizministers Hans Frank an Ministerpräsident Siebert vom 2. Dezember 1933 (IMT, Band XXXVI, Dokument 926-D, S. 48–52). – Warum die SS selbst die Todesfälle der Staatsanwaltschaft meldete, erklärte sich Wintersberger, wie er bei der Zeugenvernehmung am 7. März 1951 in Bamberg aussagte, folgendermaßen: „Von einer Anzahl von Todesfällen, die gleich in den allerersten Monaten nach der Machtübernahme durch Hitler und nach Eröffnung des KZ-Dachau dort anfielen, hat die Staatsanwaltschaft München II überhaupt keine Kenntnis bekommen. (...) Etwa im Mai oder Juni 1933 war schon in die Öffentlichkeit das Gerücht gedrungen, dass im KZ-Dachau Häftlinge erschossen worden seien. SS-Wachmannschaften des Lagers hatten offenbar in öffentlichen Lokalen Dachaus nicht ganz dicht gehalten (sic!). Dieser Umstand, dass in der Öffentlichkeit schon über Todesfälle im KZ-Dachau einiges durchsickerte, war meiner Meinung nach für die Lagerleitung der Grund, dass sie etwa von dieser Zeit an Todesfälle der Staatsanwaltschaft meldete, um sich eine Art amtlicher Deckung zu verschaffen." (KZ-Museum Dachau, Archivnummer 8768.)

170 Husarek, S. 22.

171 Zeugenaussage von Carl Wintersberger in der Voruntersuchung gegen Hans Steinbrenner durch den Untersuchungsrichter beim Landgericht München II am 7. März 1951 in Bamberg (KZ-Museum Dachau, Archivnummer 8768).

172 Bericht des Justizministers an den Ministerpräsidenten vom 2. Dezember 1933.

173 Übersicht über die ersten Dachauer Todesfälle, die von der bayerischen Justiz untersucht worden sind (Abschrift des Landgerichts München II vom 3. Februar 1951/KZ-Museum Dachau, Archivnummer 8834).

174 Bericht des Justizministers an den Ministerpräsidenten vom 2. Dezember 1933.

175 Schreiben des Innenministers Adolf Wagner an den Justizminister vom 29. November 1933 (IMT, Band XXXVI, Dokument 926-D, S. 47 f.).

176 Bericht des Justizministers an den Ministerpräsidenten vom 2. Dezember 1933.

177 Husarek, S. 21.

178 Ecker, S. 39.

179 Aretin, S. 307.

180 Übersicht über die ersten Dachauer Todesfälle, die von der bayerischen Justiz untersucht worden sind.

181 Gruchmann, S. 424, Fußnote 44.

182 Über den Tod von Fritz Bürk erschien am 2. Dezember 1933 in den Münchner Neuesten Nachrichten (Nr. 329) unter der Überschrift „Fluchtversuch" eine Meldung. „Die Bayerische Politische Polizei", heißt es darin, „teilt mit:
Am 28. November versuchte ein Schutzhaftgefangener(,) aus dem Konzentrationslager Dachau zu entfliehen. Bevor er das von ihm vorgesehene Versteck erreichen konnte, wurde er entdeckt und wieder in das Lager zurückgebracht. Der gleiche Gefangene hat schon vor einigen Wochen einen Fluchtversuch unternommen, der noch rechtzeitig vereitelt werden konnte.
Am gleichen Tag hat der Schutzhaftgefangene Fritz Bürk aus Memmingen den ihn begleitenden Posten tätlich angegriffen. Er sprang den Posten vollkommen unerwartet an und versuchte(,) ihn zu erwürgen. Der Posten gab mehrere Schüsse ab, wodurch Bürk getötet wurde. Bürk hat sich schon wiederholt gegen die Wachmannschaft aufgelehnt und gegen die Lagerordnung verstoßen."

183 Aretin, S. 307 f.

184 Die Ermordung von Bürk schildern in ihren Berichten auch Josef Eckstein (S. 12), Martin Grünwiedl (S. 23), Walter Hornung (S. 193) und das Internationale Zentrum für Recht und Freiheit in Deutschland (Nazi-Bastille Dachau, S. 91).

185 Gruchmann, S.424.
186 Zitiert nach Gruchmann, S.425.
187 Vormerkung des Ministerialrats Döbig vom 6. Dezember 1933 (IMT, Band XXXVI, Dokument 926-D, S. 53f.).
188 Vormerkung 1 des Oberstaatsanwalts Wintersberger vom 6. Dezember 1933 (KZ-Museum Dachau, Archivnummer 8834). – Diese Vormerkung ist eine von insgesamt acht „persönlichen Notizen", die Wintersberger zu den Ermittlungsverfahren in den Fällen Handschuch, Franz und Katz in der Zeit vom 6. Dezember 1933 bis zum 11. Juli 1934 machte. Er übergab sie bei seiner Zeugenvernehmung in der Voruntersuchung gegen Hans Steinbrenner am 7. März 1951 in Bamberg dem Gericht.
189 Bericht des Ersten Staatsanwalts Dr. Walther Stepp vom 6. Dezember 1933 (IMT, Band XXXVI, Dokument 926-D, S. 54f.).
190 Vormerkung 2 des Oberstaatsanwalts Wintersberger vom 7. Dezember 1933 (KZ-Museum Dachau, Archivnummer 8834).
191 Notiz des Ministerialrats Döbig vom 7. Dezember 1933 (IMT, Band XXXVI, Dokument 926-D, S. 55).
192 Vormerkung 3 des Oberstaatsanwalts Wintersberger vom 9. Dezember 1933 (KZ-Museum Dachau, Archivnummer 8834).
193 Vormerkung 4 des Oberstaatsanwalts Wintersberger vom 14. Dezember 1933 (KZ-Museum Dachau, Archivnummer 8834).
194 Vormerkung 5 des Oberstaatsanwalts Wintersberger vom 23. Dezember 1933 (KZ-Museum Dachau, Archivnummer 8834).
195 Vormerkung 6 des Oberstaatsanwalts Wintersberger vom 26. Februar 1934 (KZ-Museum Dachau, Archivnummer 8834).
196 Vormerkung 7 des Oberstaatsanwalts Wintersberger vom 12. April 1934 (KZ-Museum Dachau, Archivnummer 8834).
197 Vormerkung 8 des Oberstaatsanwalts Wintersberger vom 11. Juli 1934 (KZ-Museum Dachau, Archivnummer 8834).
198 Wie Wintersberger bei seiner Zeugenvernehmung am 7. März 1951 in Bamberg ausgesagt hat, war er der Ansicht, daß Handschuch schon in der Münchner Polizeidirektion an den Folgen der im Braunen Haus erlittenen Mißhandlungen gestorben sei. „Seine Leiche", meinte er, „wurde dann in das KZ-Dachau hinausgebracht." Das war jedoch ein Irrtum, der nicht ohne Folgen für die Ermittlungen blieb. Wintersberger, der leider der ersten zutreffenden Information über Handschuchs Sterbeort keinen Glauben geschenkt hatte, erklärte dazu: „Als die mir zuerst (bekannt)-gewordene Meldung, dass Handschuch erst im KZ-Dachau verstorben sei, sich als unrichtig herausgestellt hatte, musste ich die angefallenen Ermittlungsakten auf Weisung des Justizministeriums zuständigkeitshalber an die Staatsanwaltschaft München I zur weiteren Behandlung dieses Falles abgeben." (KZ-Museum Dachau, Archivnummer 8768.)
Inzwischen ist durch Aussagen von Häftlingen, wie der Verfasser recherchiert hat, belegt, daß Handschuch erst nach seiner Ankunft im KL Dachau starb.
199 Bericht des Oberstaatsanwalts Wintersberger an Generalstaatsanwalt Sotier vom 30. Juli 1934 (IMT, Band XXXVI, Dokument 926-D, S. 55ff.).
200 Über die Schwierigkeiten, die dem Oberstaatsanwalt bei den Ermittlungen im KL Dachau von der SS bereitet worden waren, sagte Wintersberger am 7. März 1951 in Bamberg aus: „In einigen Fällen hat die Lagerleitung, auf deren Mitwirkung bei den Ermittlungen ich allein angewiesen war, da andere Organe in das Lager überhaupt nicht eingelassen wurden, meine Ermittlungsersuchen einfach sabotiert und angeforderte Überführungsstücke offensichtlich vernichtet. (...)
Ich war mit dem Landgerichtsarzt mindestens viermal im KZ-Lager Dachau selbst und habe mit den Lagerleitern (...) gesprochen und sie um Durchführung zuverlässiger Ermittlungen zu den einzelnen Fällen und Sicherstellung etwaiger Beweis-

stücke eindringlich ersucht. Von der Überführung der Leichen in das Leichenhaus des Ortes Dachau zum Zwecke der Leichenöffnung abgesehen, bekam ich von der Lagerleitung meines Erinnerns in keinem Fall von ihr durchgeführte Ermittlungen." (KZ-Museum Dachau, Archivnummer 8768.)

201 Carl Wintersberger, der am 27. Oktober 1880 in Eggenfelden (Niederbayern) zur Welt gekommen war, blieb bis zu seiner Pensionierung in Bamberg. Am 1. Mai 1940 war er zum Senatspräsidenten beim Oberlandesgericht Bamberg befördert worden. Mit dem 8. Mai 1945 trat er in den Ruhestand. Wintersberger starb am 28. April 1970 in Bamberg. Er wurde in Lauf bestattet. (Die Angaben zur Person von Carl Wintersberger verdankt der Verfasser dem Bayerischen Staatsministerium der Justiz und der Witwe des Senatspräsidenten, Therese Wintersberger, die er am 18. Januar 1982 befragte.)

202 Schreiben des Oberstaatsanwalts Dr. Barnickel an den Generalstaatsanwalt vom 27. September 1934 (IMT, Band XXXVI, Dokument 926-D, S. 57 f.).

Lohn des Verrats

1 Aretin, S. 210.

2 Anfragen von Angehörigen nach dem Wohlergehen eines Gefangenen beantwortete die Lagerleitung während der Postsperre selbst. So erhielt eine Familie in Holzkirchen am 18. November 1933 von der Politischen Abteilung des Konzentrationslagers Dachau folgende Nachricht: „In Erwiderung Ihrer Karte teilen wir Ihnen mit, dass es dem Schutzhaftgefangenen Otto Kaindl gesundheitlich gut geht. Eine Nachricht kann er Ihnen deswegen nicht zukommen lassen, weil die Umtriebe einiger kommunistischer Lumpen eine Postsperre notwendig machten. Wann er entlassen wird, ist hier nicht bekannt. Dies wird von Fall zu Fall von der Bayerischen Politischen Polizei München verfügt." (Faksimile der Postkarte im Katalog des KZ-Museums Dachau, S. 86.)

3 Ecker, S. 49.

4 Hornung, S. 172 f.

5 Aretin, S. 280.

6 Laut Fritz Ecker (S. 48) geschah das erst am Freitag, dem 3. November 1933, was sich jedoch nicht mehr genau klären läßt. Der Verfasser stützt sich bei seiner Angabe auf die Schilderung von Walter Hornung (S. 177) und auf die Dokumentation des Internationalen Zentrums für Recht und Freiheit in Deutschland (Paris) aus dem Jahre 1939 (Nazi-Bastille Dachau, S. 70).

7 Hornung, S. 177.

8 Hornung, S. 178.

9 Über die Rede von Staatssekretär Dauser im KL Dachau berichten neben Walter Hornung auch Fritz Ecker (S. 48), Martin Grünwiedl (S. 23) und das Internationale Zentrum für Recht und Freiheit in Deutschland (Nazi-Bastille Dachau, S. 70).

10 Zitiert nach Hornung, S. 178.

11 Hornung, S. 179.

12 Grünwiedl, S. 23.

13 Nazi-Bastille Dachau, S. 70.

14 Ecker, S. 48, und Hornung, S. 179 f.

15 Nazi-Bastille Dachau, S. 70 f.

16 Aretin, S. 299; Ecker, S. 48; Grünwiedl, S. 24, und Hornung, S. 180.

17 Grünwiedl, S. 24.

18 Ecker, S. 48.

19 Ecker, S. 49.
20 Grünwiedl, S. 25.
21 Nazi-Bastille Dachau, S. 71.
22 Hornung, S. 180.
23 Aretin, S. 299. – Aretin bedauerte im übrigen das Wahlergebnis, das er lieber als ein einstimmiges Ja-Votum gesehen hätte. Zur Begründung schreibt er (S. 299 f.): „Die vier ‚Outsider' konnten in der Außenwelt nur den gänzlich irreführenden Eindruck erwecken, als sei in Dachau die Wahl wirklich frei gewesen. (Ich glaube übrigens, daß die Neinstimme zu diesem Zweck abgegeben wurde. Es wurden nämlich nur die drei Nichtwähler barbarisch verprügelt, während man von dem Heroen, der mit ‚Nein' gestimmt hatte, nichts erfuhr!)"
Die Nationalsozialisten gaben offiziell völlig abweichende Zahlen bekannt, wie dem Amper-Boten vom 14. November 1933 (Nr. 269) zu entnehmen ist. Demnach waren im KL Dachau 2243 Schutzhaftgefangene stimmberechtigt. Von diesen votierten angeblich bei der Volksabstimmung, die mit der Reichstagswahl verbunden war, 2231 Häftlinge mit Ja und drei mit Nein. Neun abgegebene Stimmen waren ungültig. „Bei der Reichstagswahl", berichtet der Amper-Bote, „stimmten für die NSDAP. 2154, ungültige Stimmen wurden 89 abgegeben."
Bei der Wahl waren zwei Stimmzettel anzukreuzen – ein grüner für die sogenannte Volksabstimmung und ein weißer für die Reichstagswahl. Auf dem weißen Schein stand als einzige Partei die „Nationalsozialistische Deutsche Arbeiterpartei (Hitlerbewegung)" mit folgenden Personen zur Wahl: Adolf Hitler, Rudolf Heß, Dr. Wilhelm Frick, Hermann Göring, Dr. Joseph Goebbels, Ernst Röhm, R. Walther Darré, Franz Seldte, Franz von Papen und Alfred Hugenberg.
Der grüne Stimmzettel für die Volksabstimmung trug folgenden Text, der mit Ja oder mit Nein zu beantworten war: „Billigst Du, deutscher Mann, und Du, deutsche Frau, diese Politik Deiner Reichsregierung, und bist Du bereit, sie als den Ausdruck Deiner eigenen Auffassung und Deines eigenen Willens zu erklären und Dich feierlich zu ihr zu bekennen?"
Bezeichnend für das damals herrschende Regime ist die Belehrung, mit der die Bürger vor der Reichstagswahl in der Presse auf ihre Wahlpflicht hingewiesen wurden: „Der Wähler", heißt es in der Ausgabe des Amper-Boten vom 9. November 1933 (Nr. 265), „hat bei der Volksabstimmung auf dem grünen Stimmzettel in den Kreis unter dem vorgedruckten ‚Ja' sein Kreuz einzusetzen. Der Kreis unter ‚Nein' bleibt frei.
Auf dem Stimmzettel für die Reichstagswahl wird in den Kreis hinter dem Namen der Nationalsozialistischen Deutschen Arbeiterpartei ein Kreuz eingezeichnet."
24 Hornung, S. 180.
25 Hornung, S. 181.
26 Aretin, S. 300.
27 Ecker, S. 49.
28 Aretin, S. 315.
29 Hornung, S. 181.
30 Aretin, S. 317 f., und Hornung, S. 181 f.
31 Hornung, S. 182.
32 Ecker, S. 33, und Hans Popp, Erlebnisse in der Gewalt der nationalsozialistischen deutschen Volksbeglücker, S. 6.
33 Hornung, S. 183.
34 Hornung, S. 184.
35 Hornung, S. 188.
36 Nazi-Bastille Dachau, S. 95.
37 Rubner, S. 67.
38 Das Arbeitshaus Rebdorf war in einem ehemaligen Augustiner-Chorherrenstift un-

tergebracht, das der Eichstätter Bischof Konrad I. von Morsbach (1153–1173) im Jahre 1156 gegründet hatte. Nach der Säkularisation im Jahre 1803 verkaufte der bayerische Staat die Gebäude des Klosters, das eine bedeutende Sammlung von mittelalterlichen Handschriften beherbergt hatte, an Privatleute. Im Jahre 1824 gelangte Rebdorf in den Besitz des Prinzen Eugen Beauharnais, des ersten Herzogs von Leuchtenberg und Fürsten von Eichstätt. (Dieser war Napoleons Stiefsohn und der Schwiegersohn des ersten bayerischen Königs Max I. Joseph.) Im Jahre 1857 wandelte der bayerische Staat dann das frühere Kloster in ein Arbeitshaus um. Die Strafanstalt wurde schließlich am 31. März 1958 aufgelöst. (Handbuch der historischen Stätten Deutschlands, Bayern, Band VII, S. 604, August Sieghardt/Wilhelm Malter, Altmühltal von Treuchtlingen bis Kelheim mit Eichstätt, S. 177–181, und Passauer Neue Presse vom 14. Februar 1959.)
Wie die Einweisung in ein Arbeitshaus von den Nationalsozialisten gehandhabt wurde, erläutert Der Neue Brockhaus (Band I, S. 125) aus dem Jahre 1937 folgendermaßen: „Nach dem Ges. gegen gefährliche Gewohnheitsverbrecher und über Maßregeln der Sicherung und Besserung v. 24. Nov. 1933 kann das Gericht anordnen, daß die zu Haftstrafe verurteilten Landstreicher, Bettler, Müßiggänger, Dirnen, Arbeitsscheuen und Obdachlosen in einem A. unterzubringen sind, wenn diese Maßnahme erforderlich ist, um sie zur Arbeit anzuhalten und an ein gesetzmäßiges und geordnetes Leben zu gewöhnen."

39 Hornung, S. 189f.

40 Der ehemalige Dachau-Häftling Willi Schuster hat nur einmal erlebt, daß ein Gefangener aus dem Arbeitshaus Rebdorf der SS gegenüber Widerstand leistete und zurückschlug. (Befragung von Willi Schuster am 23. März 1980 durch den Verfasser.)

41 Hornung, S. 190f.

42 Nazi-Bastille Dachau, S. 95.

43 Aretin, S. 318.

44 Hornung, S. 194.

45 Aretin, S. 318.

46 Hornung, S. 196.

47 Hornung, S. 194.

48 Wolfgang Wehner, Karl Kapp auf der Waage der Justiz, Süddeutsche Zeitung vom 11. Oktober 1960 (Nr. 244).

49 Hornung, S. 195.

50 Hornung, S. 200.

51 Hornung, S. 200f.

52 Aretin, S. 315, Ecker, S. 50, und Hornung, S. 201.
Die Meldung, die über die Weihnachtsamnestie am 9. Dezember 1933 im Amper-Boten in Dachau erschien, hatte folgenden Wortlaut: „Aus Anlaß des überwältigenden Sieges des Nationalismus am 12. November und des herannahenden Weihnachtsfriedens hat der polit. Polizeikommandeur Bayerns eine Entlassung von über 500 Schutzhaftgefangenen in ganz Bayern verfügt. Aus dem Konzentrationslager Dachau werden etwa 400 Schutzhäftlinge entlassen. Grundsätzlich werden nur solche Schutzgefangene (sic!) entlassen, die sich bisher einwandfrei geführt haben und von denen zu erwarten ist, daß sie sich wieder als nützliche Mitglieder der Volksgemeinschaft erweisen werden." (Faksimile der Zeitungsmeldung im Katalog des KZ-Museums Dachau, S. 53.)

53 Aretin, S. 322.

54 Hornung, S. 203.

55 Aretin, S. 322f.

56 Im Gegensatz zu Aretin behauptet Hornung, daß am Freitag noch ein Mann zur Entlassung aufgerufen worden sei (S. 203).

57 Aretin, S. 325.
58 Hornung, S. 206.
59 Ecker, S. 50.
60 Hans Popp, Erlebnisse in der Gewalt der nationalsozialistischen deutschen Volksbeglücker, S. 6.
61 Vgl. Auszug aus der Häftlingsnummernzuteilung in den Konzentrationslagern, zusammengestellt vom Internationalen Suchdienst (ISD) in Arolsen im August 1965. – In den einzelnen Monaten des Jahres 1933 gab die Kommandantur des KL Dachau folgende Nummern an die Schutzhaftgefangenen aus: 12 bis 170 im März, 172 bis 1137 im April, 1163 bis 2033 im Mai, 2046 bis 2375 im Juni, 2448 bis 3092 im Juli, 3103 bis 3567 im August, 3574 bis 3870 im September, 3873 bis 4228 im Oktober, 4241 bis 4551 im November und 4578 bis 4821 im Dezember. (Die Lücken in den Nummernreihen ergeben sich aus den unvollständigen Unterlagen, die dem ISD vorliegen.)
62 Die Zahl der Dachauer Todesopfer im Jahre 1933 stützt sich auf die Angaben von Paul Husarek (S. 21–28) und auf eigene Recherchen des Verfassers.
63 Max Sailer, der zuletzt in München lebte, war von Beruf Werkzeugmacher. Er wurde am 11. Juni 1912 in Bamberg geboren. Sailer fand im September 1933 in Dachau den Tod. Sein genaues Sterbedatum ist nicht bekannt (Husarek, S. 26).
64 Pingel, S. 50.
65 Karl Feuerer-Carolus, Kommunisten und KZ., Süddeutsche Zeitung vom 8. März 1946 (Nr. 20).
66 Nazi-Bastille Dachau, S. 25.
67 Nazi-Bastille Dachau, S. 48.
68 Zitiert nach Bretschneider, S. 45 f.
69 Gesamtdienstzeitbescheinigung für SS-Obergruppenführer und General der Waffen-SS Theodor Eicke, ausgestellt vom SS-Personalhauptamt in Berlin am 30. März 1943 (KZ-Museum Dachau, Archivnummer 11635).
70 Zitiert nach dem Glonntal-Boten (Nr. 77 vom 1./2./3. April 1934), veröffentlicht als Faksimile im Katalog des KZ-Museums Dachau, S. 80. – Im Völkischen Beobachter erschien der Brief des Ministerpräsidenten an Himmler bereits am 31. März 1934. (Siehe Nazi-Bastille Dachau, S. 49.)
71 Höhne, S. 90.
72 Höhne, S. 96.
73 Höhne, S. 93, 95, 103.
74 Höhne, S. 97.
75 Höhne, S. 93 f.
76 Höhne, S. 94.
77 Höhne, S. 98, 103 ff.
78 Höhne, S. 111 f.
79 Höhne, S. 121 f.
80 Höhne, S. 95 f., 101 f.
81 Höhne, S. 97.
82 André Brissaud, Canaris, S. 30.
83 Höhne, S. 97.
84 Höhne, S. 96, 101.
85 Bericht von Josef Eckstein, S. 14.
86 Höhne, S. 110.
87 Höhne, S. 97, 105.
88 Kimmel, S. 364.
89 Kimmel, S. 365.
90 Nazi-Bastille Dachau, S. 99.
91 Bericht von Josef Eckstein, S. 15.

92 Nazi-Bastille Dachau, S. 99 f.

93 Bericht von Josef Eckstein, S. 15.

94 Nazi-Bastille Dachau, S. 99.

95 Ernestina Zoref kam unter dem Mädchennamen Zenker am 23. Mai 1896 in Wien zur Welt. Ihren Lebensunterhalt verdiente sie sich als Hausdame (Husarek, S. 28). Sie war, wie Günther Kimmel schreibt, „die einzige Frau, die im Verlauf der Röhm-Affäre in Bayern ermordet wurde" (S. 365 f.).

96 Aretin, S. 261.

97 Aretin, S. 210 f.

98 Der Fall Hahn wird durch die Tatsache noch mysteriöser, daß am 14. April 1934 in dem Deutschen Kriminalpolizei-Blatt eine Fahndungsanzeige erschien, die den Schriftsteller betraf. Hahn sei, hieß es darin, aus der Schutzhaft entlassen und seitdem flüchtig. Er stehe im Verdacht des Landesverrats.
Am 12. April 1934 hatte im übrigen dasselbe Blatt in fast gleichlautender Aufmachung eine weitere Fahndungsanzeige gebracht, die Dr. Albert Rosenfelder galt. Von dem Rechtsanwalt wurde ebenfalls behauptet, daß er seit seiner Entlassung aus der Schutzhaft auf der Flucht sei. Wahrscheinlich hätten sich beide ins Ausland abgesetzt (Hornung, S. 213).

99 Bericht von Josef Eckstein, S. 15.

100 Extra-Blatt vom 30. Juni 1934, gedruckt im Münchner Buchgewerbehaus M. Müller & Sohn, mit der Schlagzeile: „Röhm verhaftet und abgesetzt." Neben den Namen der SA-Führer („Meuterer" und „Verräter" genannt), die „im Zusammenhang mit dem aufgedeckten Komplott" erschossen wurden, enthält das von Hauptschriftleiter W. Rettich redigierte Blatt auch die folgende Verfügung des Obersten Partei- und SA-Führers Adolf Hitler, die von der Reichspressestelle der NSDAP mitgeteilt wurde: „Ich habe mit dem heutigen Tage den Stabschef Röhm seiner Stellung enthoben und aus Partei und S. A. ausgestoßen. Ich ernenne zum Chef des Stabes Obergruppenführer Lutze. S. A.-Führer und S. A.-Männer, die seinen Befehlen nicht nachkommen oder zuwiderhandeln, werden aus S. A. und Partei entfernt bzw. verhaftet und abgeurteilt."
Von den hier namentlich aufgeführten sieben SA-Führern wurden alle bis auf den Berliner SA-Chef Karl Ernst am 30. Juni 1934 auf dem Hof des Gefängnisses Stadelheim erschossen (Aretin, S. 364 ff., und Höhne, S. 113). Die Hinrichtung des SA-Gruppenführers Ernst erfolgte auf dem Hof der Kadettenanstalt in Berlin-Lichterfelde (Höhne, S. 115).

101 Hornung, S. 222 f. – Die Erschießung der vier SA-Führer, deren Haltung angesichts des Todes auf die Dachauer Häftlinge einen großen Eindruck machte, schildern auch Josef Eckstein (S. 16) und das Internationale Zentrum für Recht und Freiheit in Deutschland (Nazi-Bastille Dachau, S. 100).

102 Höhne, S. 121.

103 Kimmel, S. 366. – Außerhalb des KL Dachau wurden am 30. Juni 1934 weitere drei Personen von der SS ermordet: Otto Ballerstedt, ehemaliger Führer des „Bayernbundes", gegen 24 Uhr im Gündinger Wald bei Dachau, Professor Fritz Beck, Direktor des Internationalen Studentenhilfswerks in München, ebenfalls in der Nacht im Allacher Forst und Karl Zehnter, Wirt des „Bratwurstglöckl" in München, wo Röhm seinen Stammtisch hatte (Höhne, S. 70), gegen 19 Uhr auf der Straße von Schwabhausen nach Dachau. (Vgl. Hornung, S. 221 f., und Kimmel, S. 366, Fußnote 70.) Hornung behauptet, daß die Leiche des Gastwirts im Himmelreich bei Dachau gefunden worden sei.

104 Kimmel, S. 364 ff. – Heinrich König, geboren am 27. April 1898 in München und von Beruf Geschäftsführer, war der Chauffeur von Röhm. Martin Schätzl, geboren am 23. März 1909 in München, begleitete Röhm nach Bolivien. Julius Uhl, geboren am 3. März 1903 in Böbing und von Beruf Kaufmann, war der Chef der Stabswache

Röhms. Von den anderen SA-Opfern sind folgende Personalien bekannt: Paul Neumayer, Friseur, geboren am 8. August 1908 in München, Johann Schweighart, Student, geboren am 12. Juli 1894 in Allach bei München, Max Vogel, Mechaniker, geboren am 18. Juli 1908 in München. Über Erich Schieweck liegen keine Angaben vor. (Siehe Höhne, S. 109, Husarek, S. 24–28, und Kimmel, S. 366, Fußnote 69.)

105 Höhne, S. 110. – Dr. Bernhard Rudolf Stempfle wurde am 17. April 1888 in München geboren (Husarek, S. 27).

106 Aretin, S. 428 f. – Dr. Fritz Michael Gerlich kam am 15. Februar 1883 in Stettin zur Welt (Husarek, S. 22). Die Verhaftung des Journalisten, der in den Jahren von 1920 bis 1928 als Chefredakteur die Münchner Neuesten Nachrichten leitete, schildert Dr. Johannes Steiner in dem Artikel „Der Sturm auf den ‚Geraden Weg'" (veröffentlicht am 8. März 1946 in der Süddeutschen Zeitung). Der Erinnerung an den Widerstandskämpfer widmete außerdem Erwein von Aretin die Biographie: Fritz Michael Gerlich, ein Märtyrer unsrer Tage. Das Buch erschien im Jahre 1949 in München.

107 Höhne, S. 110. – Dr. Wilhelm Eduard Schmid wurde am 12. April 1893 in Weilheim geboren (Husarek, S. 27).

108 Kimmel, S. 366. – Dr. Julius Adler wurde am 29. September 1882 in Würzburg geboren (Husarek, S. 21). – Von Erich Gans ist bekannt, daß er jüdischer Herkunft war, der KPD angehörte und seit 1928 Mitglied der Roten Hilfe war. Seine Asche erhielten die Eltern erst im Oktober 1934 (Nazi-Bastille Dachau, S. 86 f.). Gans kam am 5. Mai 1908 in Nürnberg zur Welt (Husarek, S. 22). – Über Adam Hereth liegen keine genauen Informationen vor. Man weiß nur, daß er im Jahre 1896 geboren wurde (Husarek, S. 23).
Walter Häbich, der am 15. Oktober 1904 in Stuttgart zur Welt gekommen war (Husarek, S. 23), führte die Redaktion der Neuen Zeitung in München im Untergrund weiter, bis er im Oktober 1933 selbst verhaftet wurde (Bretschneider, S. 35, 37). Von seinem Tode wurde die Mutter des Redakteurs, Erna Häbich, am 8. August 1934 benachrichtigt. Als sie Näheres über das Schicksal ihres Sohnes erfahren wollte und sich deshalb unmittelbar an Hitler wandte, erhielt sie am 18. Januar 1935 vom Politischen Polizeikommandeur der Länder aus Berlin folgende Antwort: „Auf Grund Ihrer am 19. XI. 1934 an den Führer gerichteten und nach hier abgegebenen Eingabe teile ich Ihnen im Auftrage des Politischen Polizeikommandeurs der Länder, Reichsführer SS Himmler, mit, daß Ihr Sohn Walther (sic!) Häbich am 1. VII. 1934 im Zuge der Röhmrevolte standrechtlich erschossen worden ist.
Da es sich bei der Erschießung Ihres Sohnes um einen Akt der Staatsnotwehr gehandelt hat, liegt zu weiteren Erklärungen keine Veranlassung vor." (KZ-Museum Dachau, Archivnummer 165/505.)

109 Aretin, S. 260.

110 Die Schilderung der Ermordung von Röhm stützt sich auf folgende Quellen: Aretin, S. 366 f., Max Gallo, Der schwarze Freitag der SA, S. 266 f., und Höhne, S. 120 f.

111 Buchheim, Die SS – das Herrschaftsinstrument, S. 163.

112 Gesamtdienstzeitbescheinigung für Theodor Eicke.

113 Broszat, S. 61, und Buchheim, Die SS – das Herrschaftsinstrument, S. 162.

114 Gesamtdienstzeitbescheinigung für Theodor Eicke.

115 Broszat, S. 49.

Ausblick: Der Weg nach Auschwitz

1 Broszat, S. 56.
Vorübergehend war in Dachau auch die „Österreichische Legion" stationiert, die Freiwilligen aus Österreich nach dem Verbot der österreichischen NSDAP durch Bundeskanzler Dr. Engelbert Dollfuß im Sommer 1933 ein Unterkommen bot. „Aus Furcht vor der hart zuschlagenden Dollfuß-Polizei", schreibt Heinz Höhne (S. 247), „flohen Tausende österreichischer Nationalsozialisten nach Bayern, direkt in die Arme Himmlers, der neue Rekruten für sein Heer suchte." Die SS fing die Flüchtlinge in der Österreichischen Legion auf, die der SS-Brigadeführer Alfred Rodenbücher auf dem Militärübungsplatz Lagerlechfeld ausbildete. Die Legionäre erhielten von der Reichsführung der SS Waffen und blieben an ihren Standorten Dachau und Lagerlechfeld in Bereitschaft liegen (Hornung, S. 220). Nach dem gescheiterten Putsch der österreichischen Nationalsozialisten gegen Bundeskanzler Dollfuß am 25. Juli 1934 ließ Hitler die Österreichische Legion entwaffnen (Höhne, S. 254). – Die Anwesenheit der österreichischen Legionäre in Dachau bezeugen neben Walter Hornung (S. 98, 220 f.) auch Wenzel Rubner (S. 73) und das Internationale Zentrum für Recht und Freiheit in Deutschland (Paris) in seiner Dokumentation aus dem Jahre 1939 (Nazi-Bastille Dachau, S. 59 f.).
2 Eidesstattliche Erklärung von Max Schobert (KZ-Museum Dachau, Archivnummer 5971) und Andrew Mollo, Uniforms of the SS, Volume 4: SS-Totenkopfverbände 1933–1945, S. 13.
3 Broszat, S. 56.
4 Schreiben von Theodor Eicke an Heinrich Himmler vom 10. September 1936.
5 Broszat, S. 62.
6 Buchheim, Die SS – das Herrschaftsinstrument, S. 164.
7 Buchheim, Befehl und Gehorsam, S. 308.
8 Statistisches Jahrbuch der SS der NSDAP aus dem Jahre 1937, S. 51, als Faksimile veröffentlicht in: Mollo, S. 50.
9 Mollo, S. 3. – Jeder Wachsturmbann, der etwa die Stärke eines Bataillons hatte, war wiederum in Wachstürme unterteilt, die der Stärke einer Kompanie entsprachen.
10 Buchheim, Die SS – das Herrschaftsinstrument, S. 164.
11 Mollo, S. 48. – Die Wachstürme hießen nun „Totenkopfstürme" (Mollo, S. 28).
12 Verfügung des Chefs des SS-Hauptamtes, SS-Gruppenführer August Heißmeyer, vom 9. März 1936, zitiert nach Broszat, S. 62.
13 Broszat, S. 62.
14 Mollo, S. 22. – Den feldgrauen Feldanzug begann die Führung der SS bereits im Jahre 1937 an die Angehörigen der TV auszugeben (Mollo, S. 21).
15 Broszat, S. 65.
16 Führer durch die Nationale Mahn- und Gedenkstätte Sachsenhausen, S. 2.
17 Willy Perk, Hölle im Moor, S. 118.
18 Statistisches Jahrbuch der SS (1937), S. 51.
19 Broszat, S. 65.
20 Führer durch die Nationale Mahn- und Gedenkstätte Sachsenhausen, S. 2.
21 Broszat, S. 65, und Statistisches Jahrbuch der SS (1937), S. 51.
22 Führer durch die Nationale Mahn- und Gedenkstätte Buchenwald, S. 3.
23 Broszat, S. 65.
24 Ernst Antoni, KZ – Von Dachau bis Auschwitz, S. 42, und Broszat, S. 81.
25 Statistisches Jahrbuch der SS (1937), S. 51.
26 Mollo, S. 15.
27 Statistisches Jahrbuch der SS (1937), S. 51.
28 Maršálek, S. 33, Anmerkung 3, und Mollo, S. 17.

29 Maršálek, S. 31.
30 Zitiert nach Maršálek, S. 31.
31 Maršálek, S. 31.
32 Broszat, S. 62 f.
33 Kimmel, S. 367.
34 Broszat, S. 63.
35 Buchheim, Die SS – das Herrschaftsinstrument, S. 167.
36 Zitiert nach Buchheim, Die SS – das Herrschaftsinstrument, S. 167.
37 Zitiert nach Buchheim, Befehl und Gehorsam, S. 268.
38 Buchheim, Befehl und Gehorsam, S. 268.
39 Zitiert nach Buchheim, Die SS – das Herrschaftsinstrument, S. 167.
40 Zitiert nach Buchheim, Befehl und Gehorsam, S. 315.
41 Zitiert nach Buchheim, Befehl und Gehorsam, S. 244.
42 Broszat, S. 64.
43 Broszat, S. 76.
44 Broszat, S. 77 f.
45 KZ-Grab- und Gedenkstätte Flossenbürg (Faltblatt ohne weitere Angaben).
46 Antoni, S. 54.
47 K.Z. Lager Natzweiler-Struthof, zusammengestellt von dem „Comité National pour l'Erection et la Conservation d'un Memorial de la Deportation au Struthof", S. 50.
48 Broszat, S. 76.
49 Vgl. Buchheim, Die SS – das Herrschaftsinstrument, S. 168–171.
50 Zitiert nach Buchheim, Die SS – das Herrschaftsinstrument, S. 170.
51 Buchheim, Die SS – das Herrschaftsinstrument, S. 176.
52 Zitiert nach Buchheim, Die SS – das Herrschaftsinstrument, S. 176.
53 Mollo, S. 13 ff.
54 Mollo, S. 14.
55 Buchheim, Die SS – das Herrschaftsinstrument, S. 177.
56 Gesamtdienstzeitbescheinigung für SS-Obergruppenführer und General der Waffen-SS Theodor Eicke, ausgestellt vom SS-Personalhauptamt in Berlin am 30. März 1943 (KZ-Museum Dachau, Archivnummer 11635).
57 Eickes Nachfolge als Inspekteur der KL trat im November 1939 der SS-Oberführer Richard Glücks an, der Eicke bereits seit 1936 als Stabsführer in Oranienburg gedient hatte (Höß, S. 67, Fußnote 2).
58 Gesamtdienstzeitbescheinigung für Theodor Eicke und Kimmel, S. 361, Anmerkung 50.
Die SS-Totenkopfdivision mußte an der Ostfront schreckliche Verluste hinnehmen. Bereits am 15. November 1941, nur fünf Monate nach Beginn der deutschen Offensive gegen die Sowjetunion am 22. Juni, meldete Eicke dem SS-Führungshauptamt: „Die im Kampf bisher erlittenen Verluste haben das tragende Führer- und Unterführergerippe des Kampfverbandes nahezu (zu) 60% aufgezehrt. Katastrophal wirkt sich der Blutverlust beim Unterführerkorps aus. (…) Eine Kompanie, die ihre alten, eingeschulten Unterführer und Rottenführer verloren hat, kann nicht mehr angreifen. In der Verteidigung ist sie unzuverlässig, weil ihr das Rückgrat fehlt. Es gibt in der Division jetzt schon Kompanieführer, die vor ihrem Gefechtsabschnitt nicht mehr aufklären können." (Zitiert nach Höhne, S. 438.)
59 Bevor die Totenkopfverbände am Anfang des Zweiten Weltkrieges zur kämpfenden Truppe stießen, sorgte die Reichsführung der SS in den eigenen Reihen propagandistisch für eine Rückenstärkung der ehemaligen KL-Bewacher. In einem Artikel, der am 21. Dezember 1939 in der Zeitung „Das Schwarze Korps", dem Organ der Reichsführung-SS, erschien, ließ sie herausstellen, daß die Angehörigen der TV auch als Wachmannschaften in der Vergangenheit den Beweis für soldatische Tu-

genden erbracht hätten und daß sie sich deshalb mit Selbstbewußtsein als ebenbürtige Kämpfer in die Reihen der Frontsoldaten eingliedern könnten.
„Die x-tausend Häftlinge, die in den Konzentrationslagern behütet werden", heißt es in dem Beitrag, „sind zum Teil in der Person, zum Teil dem Wesen nach die gleichen Staatsfeinde, die Deutschlands innere Front während des (Ersten) Weltkrieges zermürbten und zertrümmerten, sei es durch Verbindung mit dem äußeren Feind und aktiven Hoch- und Landesverrat, sei es durch Sabotage, schlechtes Beispiel und bewußte Stimmungsmache. Sie haben sich während des Weltkrieges insgesamt als stärker erwiesen als der äußere Feind. Denn während der Soldat an allen Fronten siegte, arbeitete der innere Feind im Rücken des Soldaten erfolgreich an Deutschlands Niederlage.
Der nationalsozialistische Staat wäre nicht ein Staat der Frontsoldaten, hätte er nicht beizeiten dafür gesorgt, daß die Front gegen den inneren Feind errichtet wurde. Es erwies sich als zweckdienlich, die als Feinde des Volkes erkannten Kreaturen, ehe sie im Ernstfall gefährlich werden konnten, in sicheren Gewahrsam zu nehmen und unter Aufsicht zu stellen.
So bilden die Konzentrationslager inselhafte Kampfgebiete der inneren Front, Kriegsschauplätze, an denen jeweils eine Handvoll Männer Deutschland vor dem inneren Feind bewahrt.
Diese Männer haben von ihrem Wirken nie viel Aufhebens gemacht. Wenn aber aus den ersten SS-Wachmannschaften in den Konzentrationslagern eine Kampftruppe von den menschlichen und soldatischen Qualitäten der SS-Totenkopfverbände entstand, dann beweist allein diese Entwicklung, welche Anforderungen an die soldatischen und charakterlichen Eigenschaften jener Männer gestellt wurden, die nun seit vielen Jahren im Kriegsgebiet der inneren Front stehen.
Es galt ja nicht nur, jeweils einige tausend Häftlinge einzuschließen und an der Flucht zu hindern. Es mußte dafür gesorgt werden, daß diejenigen, die sich gegen das Lebensrecht der Nation auflehnten, ihr eigenes schäbiges Leben auch durch eigene Arbeit sich verdienten. Dadurch wuchsen die Aufgaben, die an dieser Front gestellt wurden, weit über die einer Wachmannschaft hinaus. Nur eine auserwählte Truppe ist imstande, diesen einförmigen, entsagungsvollen, selbstlosen und ruhmlosen Dienst zu versehen, und nur der Mann bewährt sich an dieser Front, der sehr genau weiß, wozu er an seinem Posten steht.
Als beim Ausbruch des Krieges die SS-Totenkopfverbände mit den SS-Verfügungstruppen im Verband der Wehrmacht neue Aufgaben erhielten und erfüllten, wurden die in den Wachmannschaften der Konzentrationslager entstandenen Lücken teilweise durch Reservisten, oft durch 40 bis 50 Jahre alte Weltkriegsteilnehmer, besetzt.
An diese in Ehren ergrauten Familienväter wurden die gleichen Anforderungen gestellt wie an die Jungen, und sie waren nun in erhöhtem Maße dafür verantwortlich, daß die Konzentrationslager Inseln blieben, aus denen das Gift der inneren Zersetzung niemals wieder in den Volkskörper der Heimat gelangen konnte. (...)
Von dem Krieg an diesem Abschnitt wird nicht viel geredet und soll auch nicht viel geredet werden. Aber das deutsche Volk möge bei gegebenem Anlaß daran denken, daß auch hier deutsche Soldaten auf der Wacht stehen." (Zitiert nach Antoni, S. 113f.)

60 Buchheim, Die SS – das Herrschaftsinstrument, S. 178.
61 Buchheim, Die SS – das Herrschaftsinstrument, S. 178, und Mollo, S. 5.
62 Buchheim, Die SS – das Herrschaftsinstrument, S. 179.
63 Buchheim, Die SS – das Herrschaftsinstrument, S. 179ff.
64 Danuta Czech, Konzentrationslager Auschwitz – Abriß der Geschichte, veröffentlicht in: Auschwitz – Geschichte und Wirklichkeit des Vernichtungslagers, S. 43, Höß, S. 145, Fußnote 2, und Kimmel, S. 363.

65 Höß, S. 71, Fußnote 1, und Kimmel, S. 363.
66 Kimmel, S. 363.
67 Kimmel, S. 363.
68 Kimmel, S. 363 f., und Toni Siegert, Das Konzentrationslager Flossenbürg, S. 453 f.
69 Czech, Konzentrationslager Auschwitz, S. 19, 43, und Höß, S. 140, Fußnote 2.
70 Kimmel, S. 364.
71 Kimmel, S. 364, und Siegert, S. 449 f.
72 Höß, S. 93, Fußnote 1, Kimmel, S. 363, und Siegert, S. 437, 449.
73 Siegert, S. 455.
74 Siegert, S. 449.
75 Czech, Konzentrationslager Auschwitz, S. 44, und Katalog des KZ-Museums Dachau, S. 78 f.
76 Eidesstattliche Erklärung von Max Schobert (KZ-Museum Dachau, Archivnummer 5971).
77 Czech, Konzentrationslager Auschwitz, S. 38, und Katalog des KZ-Museums Dachau, S. 78 f.
78 Fritz Bringmann, KZ Neuengamme, S. 80, und Katalog des KZ-Museums Dachau, S. 78 f.
79 Eberhard Kolb, Bergen-Belsen, S. 338.
80 Helmut Krausnick, Judenverfolgung, S. 282, und Katalog des KZ-Museums Dachau, S. 78 f.
81 Broszat, S. 80.
82 Karl-Heinz Janßen, Die Nacht im November, veröffentlicht als „Zeit-Dossier" in der Wochenzeitung „Die Zeit" vom 3. November 1978 (Nr. 45).
83 Broszat, S. 80 f.
84 Krausnick, S. 322.
85 Katalog des KZ-Museums Dachau, S. 204.
86 Mitteilung des Internationalen Suchdienstes in Arolsen an die Leitung der KZ-Gedenkstätte Dachau vom 28. Mai 1980.

Bildnachweis

Der Verfasser dankt folgenden Institutionen für die Erlaubnis zur Wiedergabe von Abbildungen: KZ-Gedenkstätte Dachau (Abb. 2, 4, 5, 7, 8, 10, 11, 12, 13, 14, 15, 16, 19, 20, 21, 23, 24, 25, 26, 28, 29, 30, 31), Süddeutscher Verlag, München (Abb. 9), Sammlung Hugh Page Taylor, London (Abb. 17). Aus Privatbesitz stammen Abb. 1, 3, 6, 22, 27.

Literaturverzeichnis

Adam, Walter: Nacht über Deutschland. Erinnerungen an Dachau, Wien 1947.

Als Jude in Dachau (Autor ungenannt), in: Konzentrationslager. Ein Appell an das Gewissen der Welt, Karlsbad 1934.

Andersch, Alfred: Die Kirschen der Freiheit, Zürich 1972.

Antifaschistischer Gedenk- und Terminkalender 1981. Ehrentafel für Kameraden, die im Kampf gegen den Faschismus fielen, herausgegeben vom Komitee der Antifaschistischen Widerstandskämpfer der DDR (Zentralleitung).

Antoni, Ernst: KZ – Von Dachau bis Auschwitz. Faschistische Konzentrationslager 1933–1945, Frankfurt am Main 1979.

Aretin, Erwein von: Krone und Ketten. Erinnerungen eines bayerischen Edelmannes, herausgegeben von Karl Buchheim und Karl Otmar von Aretin, München 1955.

Aronson, Shlomo: Reinhard Heydrich und die Frühgeschichte von Gestapo und SD. Studien zur Zeitgeschichte, herausgegeben vom Institut für Zeitgeschichte, Stuttgart 1971.

Artzt, Heinz: Mörder in Uniform. Organisationen, die zu Vollstreckern nationalsozialistischer Verbrechen wurden, München 1979.

Auschwitz – Geschichte und Wirklichkeit des Vernichtungslagers (mit Beiträgen von Danuta Czech, Tadeusz Iwaszko, Franciszek Piper, Barbara Jarosz, Andrzej Strzelecki und Kazimierz Smoleń), Hamburg 1980.

Bakels, Floris B.: Nacht und Nebel. Der Bericht eines holländischen Christen aus deutschen Gefängnissen und Konzentrationslagern, Frankfurt am Main 1979.

Ballmann, Hans: Im K-Z. Ein Tatsachenbericht aus dem Konzentrationslager, Backnang o. J.

Beer, Helmut: Widerstand gegen den Nationalsozialismus in Nürnberg 1933–1945. Nürnberger Werkstücke zur Stadt- und Landesgeschichte, Band 20 der Schriftenreihe des Stadtarchivs Nürnberg, Nürnberg 1976.

Beimler, Hans: Im Mörderlager Dachau. Vier Wochen in den Händen der braunen Banditen, Moskau-Leningrad 1933 sowie Berlin/DDR 1980 (Neuauflage).

Berben, Paul: Histoire du Camp de Concentration de Dachau (1933–1945), herausgegeben vom Comité International de Dachau, Brüssel 1968.

Bernard, Jean: Pfarrerblock 25487, herausgegeben von Charles Reinert und Gebhard Stillfried, München 1962.

Bernecker, Walther L. (Hrsg.): Kollektivismus und Freiheit. Quellen zur Sozialen Revolution im Spanischen Bürgerkrieg 1936–1939, München 1980.

Beyer, Wilhelm Raimund (Hrsg.): Rückkehr unerwünscht. Joseph Drexels „Reise nach Mauthausen" und der Widerstandskreis Ernst Niekisch, München 1980.

Boulanger, Jakob: Eine Ziffer über dem Herzen. Erlebnisbericht aus zwölf Jahren Haft, aufgezeichnet von Michael Tschesno-Hell, Berlin/DDR 1960.

Bredel, Willi: Spanienkrieg. 2 Bände, herausgegeben von Manfred Hahn, Berlin und Weimar 1977.

Bretschneider, Heike: Der Widerstand gegen den Nationalsozialismus in München 1933 bis 1945. Heft 4 der Neuen Schriftenreihe des Stadtarchivs München, München 1968.

Bringmann, Fritz: KZ Neuengamme. Berichte, Erinnerungen, Dokumente, herausgegeben von der Arbeitsgemeinschaft Neuengamme für die BRD (Hamburg), Frankfurt am Main 1981.

Brissaud, André: Canaris. Fürst des deutschen Geheimdienstes oder: Meister des Doppelspiels? Frankfurt am Main 1976.

Broszat, Martin: Nationalsozialistische Konzentrationslager 1933–1945, in: Anatomie des SS-Staates, Band II, München 1979.

Buchheim, Hans: Befehl und Gehorsam, in: Anatomie des SS-Staates, Band I, München 1979.

Buchheim Hans: Die SS – das Herrschaftsinstrument, in: Anatomie des SS-Staates, Band I, München 1979.

Deutsche Jüdische Soldaten 1914–1945. Katalog zur Sonderausstellung im Wehrgeschichtlichen Museum Schloß Rastatt, 16. April – 31. Oktober 1981, herausgegeben vom Militärgeschichtlichen Forschungsamt.

Domagala, Jan: Ci, Którzy Przeszli Przez Dachau – Duchowni w Dachau (Die durch Dachau gingen), Warschau 1957.

Duhnke, Horst: Die KPD von 1933 bis 1945, Köln 1972.

Ecker, Fritz: Die Hölle Dachau, in: Konzentrationslager. Ein Appell an das Gewissen der Welt, Karlsbad 1934.

Ehrlich, Hugo (Hrsg.): Hans Beimler. Ein Leben für die Freiheit, München o.J.

Emmerich, Wolfgang (Hrsg.): Proletarische Lebensläufe. Autobiographische Dokumente zur Entstehung der Zweiten Kultur in Deutschland, Band II: 1914 bis 1945, Reinbek 1975.

Fischer, Georg: Vom aufrechten Gang eines Sozialisten. Ein Parteiarbeiter erzählt, Berlin/Bonn 1979.

Gallo, Max: Der schwarze Freitag der SA, Wien-München 1977.

Gostner, Erwin: 1000 Tage im KZ. Ein Erlebnisbericht aus den Konzentrationslagern Dachau, Mauthausen und Gusen, Innsbruck o.J.

Gruchmann, Lothar: Die bayerische Justiz im politischen Machtkampf 1933/34. Ihr Scheitern bei der Strafverfolgung von Mordfällen in Dachau, in: Bayern in der NS-Zeit, Band II, München 1979.

Grünwiedl, Martin: Dachauer Gefangene erzählen, München 1934.

Hess, Sales: Dachau – eine Welt ohne Gott, Nürnberg 1946.

Heubner, Christoph u.a.: Gesehen in Auschwitz: Lebenszeichen, Bornheim-Merten 1979.

Hoegner, Wilhelm: Flucht vor Hitler. Erinnerungen an die Kapitulation der ersten deutschen Republik 1933, München 1977.

Höhne, Heinz: Der Orden unter dem Totenkopf. Die Geschichte der SS, München 1978.

Höß, Rudolf: Kommandant in Auschwitz. Autobiographische Aufzeichnungen, herausgegeben von Martin Broszat, München 1978.

Hornung, Walter: Dachau. Eine Chronik, Zürich 1936.

Husarek, Paul: Die Toten von Dachau. Deutsche und Österreicher. Ein Gedenk- und Nachschlagewerk, herausgegeben von der Generalanwaltschaft für die Wiedergutmachung, München 1948.

Kalmar, Rudolf: Zeit ohne Gnade, Wien 1946.

Kautsky, Benedikt: Teufel und Verdammte. Erfahrungen und Erkenntnisse aus sieben Jahren in deutschen Konzentrationslagern, Zürich 1946.

Kimmel, Günther: Das Konzentrationslager Dachau. Eine Studie zu den nationalsozialistischen Gewaltverbrechen, in: Bayern in der NS-Zeit, Band II, München 1979.

Koestler, Arthur: Ein spanisches Testament. Aufzeichnungen aus dem Bürgerkrieg, Frankfurt am Main 1980.

Kogon, Eugen: Der SS-Staat. Das System der deutschen Konzentrationslager, München 1979 (7. Auflage).

Konzentrationslager Dachau. Geschildert von Dachauer Häftlingen, Wien 1945. (Diese Broschüre erschien mit dem gleichen Text auch unter dem Titel: Inferno. Dachauer Häftlinge erzählen ...)

Kraushaar, Luise: Deutsche Widerstandskämpfer 1933–1945. Biographien und Briefe, 2 Bände, herausgegeben vom Institut für Marxismus-Leninismus beim Zentralkomitee der Sozialistischen Einheitspartei Deutschlands, Berlin/DDR 1970.

Krausnick, Helmut: Judenverfolgung, in: Anatomie des SS-Staates, Band II, München 1979.

Kritzer, Peter: Wilhelm Hoegner. Politische Biographie eines bayerischen Sozialdemokraten, München 1979.

Kunter, Erich: Weltreise nach Dachau. Ein Tatsachenroman nach den Erlebnissen und Berichten des Weltreisenden und ehemaligen politischen Häftlings Max Wittmann, Bad Wildbad 1947.

Kupfer-Koberwitz, Edgar: Die Mächtigen und die Hilflosen. Als Häftling in Dachau, 2 Bände, Stuttgart 1957 und 1960.

Langbein, Hermann: Die Stärkeren, Wien 1949.

Leben und Werk des Revolutionärs der Deutschen Arbeiterklasse, Franz Stenzer. Schrift des Reichsbahnausbesserungswerks Berlin – Warschauer Straße zur Verleihung des Namens „Franz Stenzer" anläßlich des hundertjährigen Bestehens im Oktober 1967, Berlin/DDR o.J.

Lenz, Johann Maria: Christus in Dachau oder Christus der Sieger. Ein religiöses Volksbuch und ein kirchengeschichtliches Zeugnis, Wien 1957.

Maršálek, Hans: Die Geschichte des Konzentrationslagers Mauthausen. Dokumentation, herausgegeben von der Österreichischen Lagergemeinschaft Mauthausen, Wien 1980.

Mollo, Andrew: Uniforms of the SS. Volume 4: SS-Totenkopfverbände 1933–1945, London 1971.

Mondt, Eugen: Künstler und Käuze. Aufzeichnungen aus dem Dachau der 20er Jahre, München 1979.

Nazi-Bastille Dachau. Schicksal und Heldentum deutscher Freiheitskämpfer, herausgegeben vom Internationalen Zentrum für Recht und Freiheit in Deutschland, Paris 1939.

Perk, Willy: Hölle im Moor. Zur Geschichte der Emslandlager 1933–1945, Frankfurt am Main 1979.

Pingel, Falk: Häftlinge unter SS-Herrschaft. Widerstand, Selbstbehauptung und Vernichtung im Konzentrationslager, Band 12 der Reihe „Historische Perspektiven", Hamburg 1978.

Preis, Kurt: München unterm Hakenkreuz. Die Hauptstadt der Bewegung: Zwischen Pracht und Trümmern, München 1980.

Der Prozeß gegen die Hauptkriegsverbrecher vor dem Internationalen Militärgerichtshof, Band I–XXIII (Verhandlungsprotokolle), XXIV–XLII (Dokumente), Nürnberg 1947–49.

Reichstags-Handbuch. VII. Wahlperiode, 1932, herausgegeben vom Büro des Reichstags, Berlin 1933.

Richardi, Hans-Günter: Dachau. Führer durch die Altstadt, die Künstlerkolonie und die KZ-Gedenkstätte, Passau 1979.

Rost, Nico: Ich war wieder in Dachau, herausgegeben von der Lagergemeinschaft Dachau, Deutsche Sektion des Internationalen Dachau-Komitees, Frankfurt am Main 1956.

Rost, Nico: Konzentrationslager Dachau, herausgegeben vom Comité International de Dachau, Brüssel o.J.

Rovan, Joseph: Geschichte der deutschen Sozialdemokratie, Frankfurt am Main 1980.

Rubner, Wenzel: Dachau im Sommer 1933, in: Konzentrationslager. Ein Appell an das Gewissen der Welt, Karlsbad 1934.

Schätzle, Julius: Wir klagen an! Ein Bericht über den Kampf, das Leiden und das Sterben in deutschen Konzentrationslagern, Stuttgart o.J.

Schirmer, Hermann: Das andere Nürnberg. Antifaschistischer Widerstand in der Stadt der Reichsparteitage, Frankfurt am Main 1974.

Schnabel, Reimund: Die Frommen in der Hölle. Geistliche in Dachau, Frankfurt am Main 1965.

Schuler, Emil: Die Bayerische Landespolizei 1919–1935, München 1964.
Siegert, Toni: Das Konzentrationslager Flossenbürg. Ein Lager für sogenannte Asoziale und Kriminelle, in: Bayern in der NS-Zeit, Band II, München 1979.
Speer, Albert: Erinnerungen, Frankfurt/Berlin/Wien 1979.
Thiemann, Carl: Erinnerungen eines Dachauer Malers. Beiträge zur Geschichte Dachaus als Künstlerort, Dachau 1966.
Thoma, Ludwig: Erinnerungen, München/Zürich 1980.
Thomas, Hugh: Der spanische Bürgerkrieg, Frankfurt am Main und Berlin 1962.
Toller, Ernst: Eine Jugend in Deutschland, Hamburg 1963.
Wandel, Fritz: In der Hölle von Dachau. Erlebnisbericht, Reutlingen o.J.
Wenke, Bettina: Interviews mit Überlebenden. Verfolgung und Widerstand in Südwestdeutschland, herausgegeben von der Landeszentrale für politische Bildung Baden-Württemberg, Stuttgart 1980.
Wüsthoff, Carl: Geschichte zum Anfassen. Erlebnisse und Anekdoten des Roten Großvaters, veröffentlicht vom Werkkreis Literatur der Arbeitswelt (Köln), herausgegeben von Susanne und Uwe Dombrowski sowie Edgar Pragst (Literatur-Werkstatt Hamburg), Frankfurt am Main 1980.

Unveröffentlichte Häftlingsberichte

Braun, Erich: Dachau. The life of a German born jewish doctor.
Dittenheber, Kasimir: Ich war Hitlers Gefangener. Der Weg in den Abgrund. Ein Erlebnisbericht 1933–39 (KZ-Museum Dachau, Archivnummer 554/84).
Haag, Alfred: Bericht über den Kommandantur-Arrest Dachau (KZ-Museum Dachau, Archivnummer 572/487).
Popp, Hans: Erlebnisse in der Gewalt der nationalsozialistischen deutschen Volksbeglücker.
Röder, Karl: Zum Bunker in Dachau (KZ-Museum Dachau, Archivnummer 75/577).
Tastesen, Paul: Erlebnisbericht über meine Haft im Konzentrationslager Dachau (KZ-Museum Dachau, Archivnummer 7674).
Bericht von Josef Eckstein (KZ-Museum Dachau, Archivnummer 8836).

Nationalsozialistische Quellen

Feder, Gottfried: Das Programm der N.S.D.A.P. und seine weltanschaulichen Grundgedanken, Heft 1 der Nationalsozialistischen Bibliothek, München 1934.
Gehl, Walther (Hrsg.): Die nationalsozialistische Revolution. Tatsachen und Urkunden, Reden und Schilderungen, 1. August 1914 bis 1. Mai 1933, Band 6 der Reihe „Hirts Deutsche Sammlung“, Breslau o.J.
Hitler, Adolf: Mein Kampf. Erster Band: Eine Abrechnung. Zweiter Band: Die nationalsozialistische Bewegung, München 1941.
Uebel, Otto (Hrsg.): Altgermanisches Geisteserbe. Aufsätze zur germanisch-deutschen Vorzeit, Bielefeld und Leipzig 1937.

Veröffentlichungen in Zeitschriften und Zeitungen

Bastian, Claus: 22. März 1933 – Der Tag der Errichtung des Konzentrationslagers Dachau, in: Mitteilungsblatt der Lager-Gemeinschaft Dachau, April 1965.
Drey, Theodor: Mördergrube Dachau. Aus den Erlebnissen eines fränkischen Antifaschisten, in: Main-Echo, Aschaffenburg, Ostern 1947 (Nr. 26).

Ein Leben für die Freiheit. Dem Andenken Hans Beimlers (Autor nicht genannt), in: Bayerisches Volksecho, 6. Dezember 1952.

Feuerer-Carolus, Karl: Kommunisten und KZ., in: Süddeutsche Zeitung, 8. März 1946 (Nr. 20).

Gesell, Willi: Die ersten Transporte in das KZ Dachau, in: Mitteilungsblatt der Lager-Gemeinschaft Dachau, Dezember 1972.

Gritschneder, Otto: NS-Pflichtverteidigung, in: Münchner Stadtanzeiger, 14. Juli 1981 (Nr. 52).

Hans Beimler zur Erinnerung (Autor nicht genannt), in: Mitteilungsblatt der Lager-Gemeinschaft Dachau, April 1965.

Herker-Beimler, Centa: Ein Leben für die Freiheit, in: Mitteilungsblatt der Lager-Gemeinschaft Dachau, Dezember 1971.

Herker-Beimler, Centa: Erinnerungen an Hans Beimler, in: Mitteilungsblatt der Lager-Gemeinschaft Dachau, Dezember 1976.

Janßen, Karl-Heinz: Die Nacht im November, in: Die Zeit, 3. November 1978 (Nr. 45).

Lux, Wilhelm: Der Politiker und Schriftsteller Ernst Niekisch im Ries, in: Nordschwaben. Zeitschrift für Landschaft, Geschichte, Kultur und Zeitgeschehen, Heft 3/1978.

Schwalber, Josef: „Dachau", in: Amperland. Heimatkundliche Vierteljahresschrift für die Kreise Dachau, Freising und Fürstenfeldbruck, Heft 1/1968.

Steiner, Johannes: Der Sturm auf den „Geraden Weg", in: Süddeutsche Zeitung, 8. März 1946 (Nr. 20).

Töpfer, Heinz: Gewagtes Leben, in: Der Daniel. Heimatkundlich-kulturelle Zweimonatsschrift für das Ries und Umgebung, Heft 5/1967.

Wehner, Wolfgang: Karl Kapp auf der Waage der Justiz, in: Süddeutsche Zeitung, 11. Oktober 1960 (Nr. 244).

Führer und Kataloge von KZ-Gedenkstätten

Führer durch die Nationale Mahn- und Gedenkstätte Buchenwald (ohne weitere Angaben).

Konzentrationslager Dachau 1933–1945. Katalog des KZ-Museums Dachau (Redaktion: Barbara Distel und Ruth Jakusch), herausgegeben vom Comité International de Dachau, Brüssel o. J.

KZ-Grab- und Gedenkstätte Flossenbürg (Faltblatt ohne weitere Angaben).

K. Z. Lager Natzweiler-Struthof, zusammengestellt vom Comité National pour l'Erection et la Conservation d'un Memorial de la Deportation au Struthof, Nancy 1978.

Führer durch die Nationale Mahn- und Gedenkstätte Sachsenhausen (ohne weitere Angaben).

Ungedruckte Arbeiten

Konicsek, Karl-Heinz: Aufbau und Organisation des Konzentrationslagers Dachau, Zulassungsarbeit für die Wissenschaftliche Prüfung für das Lehramt an Gymnasien, Dachau 1976.

Pospischil, Rudi: Das Konzentrationslager Dachau 1933 im Spiegel der Presse. Die „Dachauer Zeitung" berichtet, Facharbeit, Sauerlach o. J.

Rumberg, Dirk: Alltag in Dachau 1933, Arbeit für den Schülerwettbewerb Deutsche Geschichte um den Preis des Bundespräsidenten zum Thema: Alltag im Nationalsozialismus, Haimhausen 1981.

Personenregister

Zeichenerklärung:

A Die Mauer um das Lager, knapp 3 Meter hoch und durch Stacheldrahthindernisse bewehrt
B Stacheldraht und Hochspannungsleitung um die Gefangenenbaracken Vor der Drahtleitung ist ein niedriger Lattenzaun, der die „neutrale Zone“ abgrenzt
D Zaun
C Kanalisierter Bach

1. Haupteingang zum Lager
2. Straße nach Dachau, von den Gefangenen erbaut
3. Torwache
4. SS-Bereitschaft mit Küche, Kantine und Speiseraum für die SS
5. Gefangenen-Küche mit Keller
6. Gefangenen-Aufnahmeraum, Schubraum
7. Gefangenen-Speiseraum
8. Aborte
9. Maschinengewehrtürme mit Scheinwerfern
10. Denkmal
11. Eingang zu den Gefangenenbaracken
12. Gefangenenbaracken, die römischen Ziffern entsprechen der Unterkunft der zehn Gefangenenkompanien
13. Revier, das Lazarett der Gefangenen
14. Arrestzellen
15. Waschküche
16. Appellplatz der Gefangenen
17. Das Rondell
18. Die Kiesgrube
19. Alte Kiesgrube mit dem Weiher

19a Brückensteg über den Weiher

20. Schießstand der SS
21. SS-Lagerwachen
22. Folterkammer „Schlageterhaus“
23. Neuerbaute Arreste, die „Bunker“ und Aborte
24. Werkstätten der Handwerker
25. Exerzierplatz der SS mit Hindernisgarten, Eskaladierwand, Fuchsbau, Gräben usw.
26. Kommandantur
27. SS-Revier
28. Transformatorenhaus mit Waffenkammer
29. Starkstromkabel
30. SS-Unterkunft
31. SS-Aborte
32. Sportplatz der SS

Die Stellen des Lagers, an denen bevorzugt Mißhandlungen der Gefangenen erfolgten, sind durch ein † gekennzeichnet.

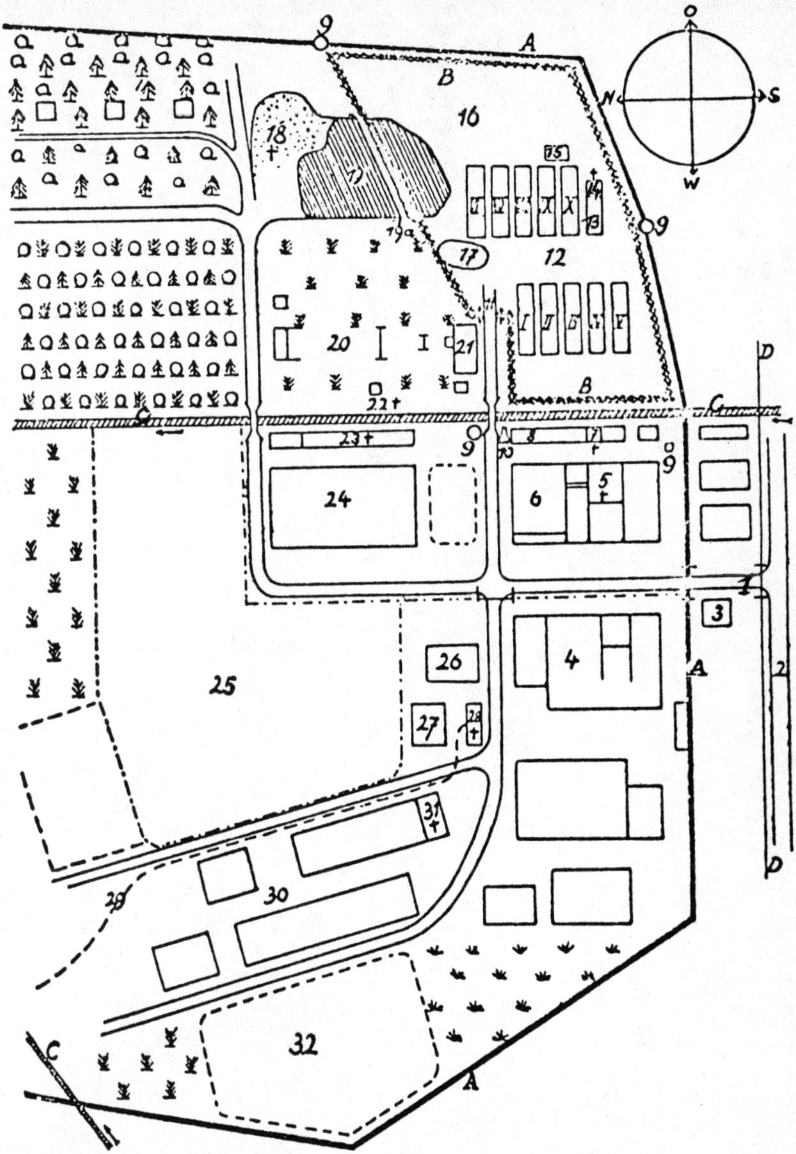

Der Plan des Konzentrationslagers Dachau im Jahre 1933. Die Zeichnung mit den Erläuterungen ist der Dokumentation „Konzentrationslager“ entnommen, die 1934 in der „Sozialdemokratischen Schriftenreihe“ in Karlsbad (Tschechoslowakei) erschien.

SP 1060

Ziel dieser Dokumentation ist es, den nationalsozialistischen Judenmord in seiner Gesamtheit darzustellen. In einer Auswahl von rund 220 Schlüsseldokumenten werden Land für Land die Mechanismen des ganz Hitler-Europa umfassenden Vernichtungsprozesses veranschaulicht.

Michael R. Lang
Die Treppen zur Hölle

Im Konzentrationslager Drancy – letzte Station vor der Vernichtung
192 Seiten. SP 1372

SP 1066

Vor fünfzig Jahren trat mit der »Reichskristallnacht« die Judenverfolgung in ihre mörderische Phase – Anlaß genug, heute das gesamte System der Verfolgung, Beraubung und Ermordung der Juden in Deutschland zu diskutieren.

Johannes Ludwig
Boykott – Enteignung – Mord

Die »Entjudung« der deutschen Wirtschaft
400 Seiten mit Fotos und Faksimiles. SP 1580

Joseph Rovan
Geschichten aus Dachau

297 Seiten. SP 1254

SP 954

Der Autor, als polnischer Widerstandskämpfer in nationalsozialistischen Konzentrationslagern inhaftiert, 1973 aus Polen emigriert, erarbeitet in diesem Buch eine erste Typologie von Lagern seit Ende des 19. Jahrhunderts nach ihren Funktionen.

Franz Thaler
Unvergessen

Option, Konzentrationslager, Kriegsgefangenschaft, Heimkehr: Ein Sarner erzählt.

255 Seiten mit Zeichnungen von Sepp Pfettner und fünf Fotos.
SP 1360